석도石濤, 「서원아집도권西園雅集圖卷」, 상하이박물관.
북송 시대 유명한 문인들이 서원西園에서 모이는 장면을 제재로 한 것이다.
그러나 이런 장면을 재현할 가능성은 더 이상 존재하지 않았다.

석도石濤, 「회양결추도淮揚潔秋圖」, 난징박물원.
'깨끗함潔'으로 스스로를 비유하고 '가을秋'로 자신의 정서를 표현하고 있다.

「강희제 서양 판화상」, 파리국립기메동양박물관.
중국에 다녀온 서양 선교사의 소개로 유럽인은 중국의 황제에 대해 깊은 흥미를 느끼게 됐다.
그림은 바로 당시 유럽인이 상상한 강희제康熙帝 및 중국 조정朝廷의 모습이다.

「동음사녀도桐蔭仕女圖」병풍, 고궁박물원.
여성에 대한 청나라 황제의 미의식은 점차 강남 문화의 영향을 받는다.
그림 속 상류층 부녀자들의 옷차림, 건물의 분포 등은 모두 강남 여성의 이미지로 그려졌다.
이것은 청나라 옹정제雍正帝 침궁 내의 병풍이다.

「옹정제임옹강학도雍正帝臨雍講學圖」(부분), 고궁박물원.
청나라 황제는 '임옹강학臨雍講學' 제도를 회복함으로써
더욱 확실하게 제왕의 권위를 확립했다.

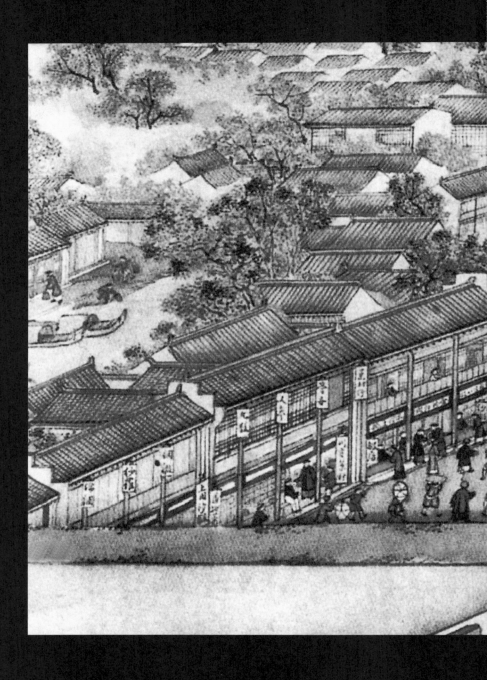

「건륭제 훈풍금운도乾隆帝熏風琴韻圖」, 고궁박물원.
건륭제의 기품 있는 풍격은 이미 일반 유학자들이 따라올 수 없었다.
그러나 단번에 만주족의 풍속과 전통을 보유하는 것과
한족 문화를 인정하는 것 사이의 긴장감을 해소하긴 어려웠다.

강남은 어디인가

강남은 어디인가

일러두기
- 원저자 주는 미주, 옮긴이 주는 각주로 처리했다.

강남은 어디인가

청나라 황제의 강남 지식인 길들이기

양녠췬 지음 | 명청문화연구회 옮김

글항아리

청나라 역사 이해의 관건:
'정통성'을 어떻게 해석할 것인가

중국의 청사清史 연구에는 전통적인 이슈가 많다. 예를 들면 청나라와 명나라의 궁정 구조와 제도 차이, 거대한 영토의 통제와 민간 통치에 있어서의 득실, 만주족과 한족 간의 지속적인 갈등, 폭발적인 인구 증가와 경제발전의 관계 등과 같은 것이다. 전통적인 이슈에 지속적으로 몰두하다 보면 특정 이론이 생겨나기 쉽다. 즉 명·청 두 왕조의 연속성을 강조하기를 좋아하다보면, 청 왕조 통치의 성공 경험을 단지 명 왕조 체제에 대한 재현과 모방으로 귀결시키며 청 왕조의 특수성을 간과하게 된다. 심지어 청조가 반복적으로 비난받는 현상들, 예를 들어 만주족과 한족의 충돌로 인한 민족 탄압 같은 것도 만주족의 문명화 정도가 높지 않아서 그런 것이라고 단정 짓는다. 이것은 기본적으로 '한화론漢化論'의 핵심 관점이다. 최근 몇 년 사이 강세로 떠오른 신청사新淸史 연구에서는 청 왕조와 이전 왕조, 주로 명 왕조와의 제도적 차이성을 강조한다. 청 왕조는 이민족 신분으로 중원에 들어와 통일 왕조를 이루었고, 동시에 실제로 여러 민족이 공존하는 유사 이래 가장 넓고 복잡한 영토 공간을 통제했다. 여러 민족의 공존과 넓은 영토라는 이 두 조건은 기존의 한족 왕조의 통치에서는 없던 것이었다. 따라서 서양 학자의 눈에, 청 왕조는 일종의 서양의 제국다운 기상을 드러낸 것으로 보였다. 그러나 나는 이 두 극단적인 주장이 모두 편파적이어서 상대방에게 비판의 빌미를 제공하기 쉽다고 생각한다.

현대의 일부 학자들은 송宋·명明 이학가理學家들의 견해를 따르는 경향이 있다. 즉 송·명 왕조를 모델로 삼아 청 왕조 통치의 득실을 따지는 동시에 유가儒家 이데올로기의 내면화 정도를 문명의 우열을 판별하는 유일한 기준으로 삼는다. 그들은 다음과 같이 가정한다. 송대 이래로 한족 중심의 유학 체계가 중국 역사 내내 독보적인 지위를 차지해왔으며, 다른 민족이 중원에 들어와 통일을 하려면 반드시 한화漢化를 기본 전제로 해야 했다는 것이다. 그러나 최근의 연구는 송 이전 기층 사회에 대한 유가의 통제력이 매우 미약했다는 것을 보여주고 있다. 유가는 단지 상층의 왕권 세력이 통치의 정당성을 쟁취하는 데 필요한 도구에 불과했으며, 향촌을 다스리는 측면에서는 결코 효과적으로 운용되지 못했다. 적어도 유가가 일반 백성의 일상생활에 어떤 결정적인 영향을 끼쳤다는 것을 증명할 만한 충분한 증거가 없다. 주자朱子가 『가례』를 편찬하고 솔선수범하여 유가의 예의를 향촌의 기층 사회에 주입하고 나서야 일반 민중이 도덕 교화를 접할 기회를 가질 수 있게 됐다고 가정해도 무방할 것이다. 과연 그 이전에는 어떤 경로를 통해 유학이 아래로 침투했을까? 늘 일부 '선량한 관리'가 생각나는 대로 시행하는 단기적인 교화 처방만으로 곳곳에 그 꽃을 피울 수는 없는 노릇 아닌가? 다시 말하면, 송대 이전에는 유학을 제도화하고 보급시킨 설득력 있는 모델이 존재하지 않았다는 것이다. 그래서 소위 '한화설'이란 것은 그저 송명 이학가들이 만들어낸 응당 그럴 것이라고 생각하는 유가의 이상론에 불과하며, 과거 역사에 대한 해석 능력으로는 매우 한계가 있다.

그리고 우리는 이러한 '한화론'의 배후에 상당히 난감한 역사 배경이 숨어 있다는 사실을 알아야 한다. 당시 송나라의 형세를 살펴보면, 송나라는 늘 북방의 요遼와 금金의 압박을 받고 있었고 영토는 날로 축소됐다. 첸중수錢鍾書 선생은 송나라 세력이 이전의 강대했던 한·당 세력보다 훨씬 못하다고 여겼다. 그의 익살스러운 표현에 의하면, 송 태조太祖는 그나마 침상에서 잠을 잤지만 남송에 이르러 그 8척 크기의 네모난 침상은 거친 삼베로 된 야전 침상으로 쪼그라들어버렸다는 것이다. '일통'을 이루는 것이 끝내 꿈이 돼버린 이상, 송나라 사람들은 열심히 노력해서 문화적 우월감을 키워야 한다고 생각했다. 종족이 뒤섞이고 대립하는 상황을 타개하기 위해서는 무력으로 해결해선 안 된다는 논리를 내세워 요나라와 금나라에 대해 심리적 우위를 지키고자 했다. '이하지변夷夏之辨(오랑캐와 한족의 구별)' 사상이 송대에 흥성했는데, 이는 영토의 협소함으로 인한 열등감에서 비롯된 것이라고 할 수 있다. 또한 이것은 송나라 유학자들이 문화적 우세로 군사적 약세를 보완하려 한 심리 상태와도 관련 있다. 그러니 이런 미묘한 형세에 대해 논할 때는 깊이 살피고 따지지 않으면 안 된다. 물론 유가 문화는 송·명대에 상당히 온건한 모습으로 궁정과 민간에 스며들었거니와 최종적으로 통치자의 주도적인 이데올로기가 됐다. 그러나 '이하지변'에서 발전된 '한화론'을 빌려 청조 통치의 정당성을 설명하는 것은 분명 한계가 있다. 그것으로는 청 왕조가 『춘추공양전春秋公羊傳』에서 이미 제기됐던 '대일통大一統'의 틀을 어떻게 실현할 수 있었는지, 또 여러 민족이 함께 융화되고 공존하는 국면을 새로이 구축한 것의 진정한 의미가 무엇인지 해석할 방법이 없기 때문이다. 그리고 이민족을 요괴나 마귀로 상상하며 그 안에 자신을 가둬두기 쉽다. 나아가 송대 사람들의 여론을 토대로 한 '한화론'은 또 한漢·당唐 왕조 형성의 역사적 특징을 설명할 방법이 없다. 자고이래로 종족과 문화의 우열 문제는 시종일관 일촉즉발의 긴장과 갈등상태에 처했던 것이 아니라 때에 따라 변했다. 진秦나라가 천하를 통일한 이후, 서북 지역 출신이었던 진나라 사람들은 곧 오랑캐의 피가 섞였다는 의심을 받아왔다. 또한 한·당 왕조 중 당나라 사람들도 오랑캐와 한족이 섞인 신분이라는 게 이미 정론이 되고 있다. 그래서 천위안陳垣 선생은 『원서역인화화고元西域人華化考』에서 신중한 태도로 '한화漢化'라는 표현 대신 '화화華化'라는 표현을 사용했는데, 나는 이것이 상당히 현명한 선택이라고 생각한다.

그 밖에 또 다른 극단적인 의견은 신청사新淸史 연구에서 비롯됐다. 신청사 연구에서는 청 왕조가 명 왕조와 완전히 다른 실체의 왕조였다고 가정하며 오언 래티모어Owen Lattimore(1900~1989)의 '변경에서 중국을 발견하다'라는 독창적인 발상을 답습하여 청 왕조의 역사가 '중앙 내륙 아시아적 성격'을 드러내고 있다고 보았다. 신청사는 중국이 '제국'이었는지의 여부를 토론하는 데 초점을 맞췄다. 이것은 청 왕조의 서북 지역에 대한 통치를 서양의 제국 통치의 특성과 연결시키려는 시도이기도 했다. 이에 근거하여 두 제국 형태의 공통점과 차이점을 분석함으로써 중국의 전통적인 역사 서술 관점에서 벗어나고자 했다. 예를 들어 그들은 유럽인의 시각을 빌려 언제 중국이 '제국'이 됐는지 고증하는 데 열중했다. 그들이 보기에, 13세기에 마르코 폴로Marco Polo가 원나라를 이미 '제국'이라 칭하긴 했지만 그가 거란어Khitan인 '카타이Catai'라는 말로 지칭한 제국은 칭기즈 칸과 쿠빌라이 칸의 몽골 대제국Yeke Mongghol ulus, 즉 중원 북부 일대의 영토를 가리키는 것이지 중원의 영토를 가리키는 것이 아니었다. 그의 여행기 중 지금의 '중국' 강남에 해당하는 지역은 몽골인의 지리 개념에서는 '만자蠻子, Mangi'로 불렸을 뿐이며 이곳은 바로 전 왕조 남송의 영토이기도 했다.

17세기 중엽까지도 서양에서는 중국을 여전히 '지역' 내지 '왕국'으로 간주했다. 17세기 중엽 이후, 만주족이 중원을 정복하고 대청국大淸國을 세우자 유럽의 관찰자들은 그 개국開國의 업적을 보며 청나라가 일종의 제국다운 면모를 드러냈다고 느꼈다. 청나라가 여러 종족을 아울러 통치하는 모습은 유럽인들의 눈에 신성 로마 제국(962~1806)이나 오스만 제국(1299~1922), 무굴 제국(1526~1857), 러시아 로마노프 왕조(1613~1917) 등과 비슷해 보일 수밖에 없었다. 만약 게르만, 무굴, 터키, 러시아를 '제국'이라고 칭할 수 있다면 같은 논리가 중국에도 적용될 수 있는 것이다. 중국은 '제국'이며 그 통치자인 황皇 또는 제帝(혹은 칸)는 자동적으로 제국의 황제가 된다. 이러한 생각이 18세기 이후 유럽 각 언어 기록에서 이미 공통적으로 나타났다.

바로 이러한 공통된 인식을 이어받아 신청사 역사학자들은 그들의 핵심적인 견해를 제기했다. 즉 의심 없이 청 왕조를 바로 중국이라고 할 수 있을까? 그것을 하나의 '만주滿洲' 제국으로 보고 중국은 그 일부분으로 봐서는 안 된단 말인가? 신청사 연구자들은 '청 왕조'와 '중국' 사이에 경계선을 그어 청 왕조를 단순히 '중국'이라고 부르는 것을 피하고 또 청나라 황제를 중국 황제라고 부르려 하지 않는다. 청 왕조가 표준적 의미의 '중국'이 아님을 논증하기 위해 신청사는 청조의 제도 운용에서 명조와 구별되는 '만주적 특성'을 찾으려 했다. 이를 통해 그들이 세운 황권이 중국과 아시아 내륙의 서로 다른 두 정치 질서에서 이끌어낸 혼합체임을 발견했다. 예를 들어 청 조정이 지닌 두드러진 티베트 불교 성향, 여러 언어의 공용 현상, 비공식적인 경로로 관방 사무를 처리하기를 선호하는 경향, 서북 변경 지역에 대한 중시와 경영 등이다.

진부하고 상투적인 한화론의 논조를 귀에 못이 박히게 들어온 청사연구 학계에 있어 이러한 방법론은 확실히 이목을 일신시키는 참신한 느낌을 주는 것이었다. 신청사는 명 왕조 이래 한족 통치의 역사 모델을 포함하는 동시에 만주족이 서북과 동북 지역에서 개발한 독특한 통치 기술도 아울러 고려한 '제국'의 개념을 적용하여 중국의 전통적인 역사 서사 맥락 속에 있던 청사 연구를 대신하고자 했다. 이러한 시도는 참으로 청사 연구에 새로운 길을 열었다고 하지 않을 수 없다. 그러나 한편, 나는 이 또한 폐단의 근원이 되기 쉽다고 생각한다. 신청사는 아시아 내륙에 대한 청 왕조의 정치 운용이 명나라와 분명한 차이가 있다는 사실을 발견해냈다. 그러나 명나라를 확고하게 '중국'에 끼워 넣고, 청나라가 실시한 내륙 아시아 정책을 '중국' 역사와 분리하여 '아시아 내륙'과 '중국'을 확실하게 대립시켰다. 그런 뒤 다시 서양의 '제국' 개념을 접착제로 삼아 이 둘을 어색하게 이어 붙이고자 했다.

문제는 이러한 접합 방식이 아시아 내륙과 '중국'을 동일한 왕조의 통치 아래 통일시킬 수 있었던 요소가 무엇이었는지 결코 명확하게 밝히지 못했다는 데 있다. 즉 단순하게 서양식 '제국' 개념을 차용한 해석으로는 청조가 어떤 정치 이념에 기대어 광대한 지역의 엘리트와 민중에게 광범위한 인정을 받게 됐는지 대답할 방법이 없다는 것이다. 기껏해야 서양 '제국' 이론의 모방에 불과한 신청사의 주장은 기능론적 색채가 너무 강했기 때문에 청나라의 성공적인 통치에 대한 심층적이고도 합리적인 증거를 제공할 방법이 없었다. 소위 '내륙 아시아 성격'을 끌어들이는 것은 단지 청 왕조가 정치적 통치 방면에서 더욱 다양한 융통성을 발휘했음을 설명할 뿐이며, 이전 왕조가 갖추지 못한 통치술에 의지하여 자연스럽게 통치의 합리성을 얻어낼 수 있다고는 설명할 수 없다. 다시 말해 '중국'과 '내륙 아시아'를 통합시키는 데 서양의 '제국' 개념을 맹목적으로 따라서는 안 되며, 역시 중국 역사 형성의 고유한 맥락 가운데서 답안을 찾아야 한다. 당연히 이 답안은 전통적인 '한화론'의 논리와도 엄격히 구분해야 한다. 나는 한족, 몽골족, 만주족을 막론하고 그 어떤 종족의 인물이 황제가 되든지 간에 정권이 어떻게 '정통성'을 획득하느냐라는 이 중요한 문제를 피해갈 방법이 없다고 생각한다. 즉 청나라가 어떻게 '정통성'의 지위를 획득했는지 분명히 해야만 청나라 역사의 특수성과 보편성을 진정으로 이해할 수 있게 될 것이다.

중국 역사상 어느 왕조, 어느 종족이 대통大統을 쟁취했는가를 불문하고 제왕의 자리에 오른 초창기에 가장 먼저 고려했던 것은 바로 어떻게 자신의 '정통성'을 확립하느냐의 문제였다. '정통성'의 핵심적인 내용은 세 가지다. 첫째는 '대일통大─統'이다. 즉 왕조는 충분히 광활한 영토를 차지해야 하는 동시에 하늘이 부여한 덕성德性을 지녀야 한다. 둘째는 예악禮樂을 제정하는 것이다. 동중서董仲舒는 "왕은 반드시 역법을 고치고 복식을 바꾸고 예악을 제정하여 천하를 하나로 통일해야 한다"고 말했다. 셋째는 중국 땅을 중심으로 '그 안에는 한족들이 있고 밖에는 오랑캐가 있다'內諸夏而外夷狄'고 여겨 종족 간 이합집산의 관계를 처리하는 것이다. 이 가운데 세 번째 사항이 곧잘 신청사 학자들에게 인용됐는데, 이는 예로부터 '중국'이 '오랑캐'와 구분되는 증거가 되거나 청나라의 '내륙 아시아 성격' 형성의 근원이 됐다. 사실 '정통성' 획득 과정을 자세히 분석해 보면 예로부터 '오랑캐' 신분은 융통성 있게 조정이 됐으며 종종 '대일통'의 논리 속에 포함됐다. 결코 모 아니면 도라는 식의 대립적인 상태에 처한 것이 아니었다. 관건은 진정으로 덕정德政을 시행할 수 있었는지 여부에 달려 있었다.

고대의 역사 기록에는 '정위正位·윤위閏位'의 주장과 '왕도王道·패도霸道'의 구분, '정사正史·패사霸史'의 구분이 있었다. 만약 누군가에 의해 '패사'에 편입되면 곧 윤위閏位(비정통의 제위)에 처해지며 정통의 지위를 잃게 됐다. 이것은 통치자마다 모두 경외심을 가지고 바라보는 표준이었고 절대 소홀히 여길 수 없는 것이었다. 원나라는 한족의 눈에 시종 윤위閏位에 처해 있었고 패도霸道의 전형으로 여겨졌다. 당나라의 왕발王勃은 당나라가 직접 주나라와 한나라를 계승했으며, 위魏·진晉 이하는 모두 윤위閏位였다고 주장했다. 이러한 역사 서사 규칙은 마찬가지로 이민족 통치였던 청나라 황제에게 큰 스트레스를 주었고, 그들로 하여금 진지하게 정통성의 문제를 대면하게 했다.

정위·윤위의 역사 서사 규칙은 종종 '정통'과 위僞, 적賊, 만이蠻夷의 경계를 구분하는 것을 자신의 임무로 여기며 송대에 저명한 학파를 형성시켰다. 정위·윤위, 왕도와 패도의 문제가 서로 대응하며, 단지 무력에 의해서만 천하를 평정하려 한다면 '정통'의 지위를 얻을 수 없다는 것을 분명히 드러냈다. 청나라가 중원을 차지한 후 직면한 정위와 윤위 간의 문제는 아주 두드러졌다. 첫째는 청나라가 무력으로 명나라를 멸망시켰으니 '패'의 혐의가 있었고, 둘째는 만주족이 이민족 신분으로 중국을 차지했으니 오랑캐가 왕권을 찬탈했다는 비난을 당하기 쉬웠다.

구양수歐陽脩의 「정통론正統論」에 '정통'에 대한 경전적인 정의가 나온다. 그는 "정正이라는 것은 천하의 바르지 않은 것을 바로잡는 것이고, 통統이라는 것은 천하의 하나가 아닌 것들을 합하는 것이다"라고 했다. 이러한 기준으로 생각해보면, 청초의 통치자는 비록 영토를 확대시키고 각 종족을 정복시켜 이전의 왕조가 필적할 수 없을 정도의 넓은 공간을 차지했지만 '천하의 하나가 아닌 것을 합한' 업적 하나만을 충족시켰을 뿐이었다. 널리 정통의 지위를 얻으려면 이민족의 더러운 냄새를 최대한 제거하고 강제로 왕위를 찬탈한 모습을 감춰야만 했다. 그렇지 않으면 위僞, 적賊, 만이蠻夷의 칭호에서 벗어날 수 없었고 정통의 계보에서도 입지를 찾을 수 없었던 것이다. 곤경에서 벗어나기 위해 옹정제는 총명한 주장을 펼쳤다. 그는 애써 종족의 지역성을 모호하게 하고 그들을 '대일통'의 해설 범주로 집어넣었다. 그는 옛 제왕과 성인들도 모두 동이東夷·서이西夷의 신분이었다고 말하며, 만이蠻夷 칭호는 결코 어느 한 지역에만 국한된 것이 아니라고 여겼다. 이것은 한족과 오랑캐의 경계를 자유롭게 늘였다 줄였다 할 수 있는 체계로 변화시켰다.

청나라 황제는 또 『북사北史』에 나오는 말을 인용하며 말했다. "남쪽의 책에서는 북쪽 사람들을 삭로索虜(변발한 북방 민족을 얕잡아 부르는 말)라고 하고, 북쪽의 책에서는 남쪽 사람들을 도이島夷(바다의 섬에 사는 소수민족을 일컫는 말)라고 하며" 서로를 공격하고 상대방을 무시했는데, 이러한 말들은 '한족'의 신분도 끊임없이 변한다는 진리를 말해주는 것이라고 했다. 일찍이 탄치샹譚其驤 선생이 후난湖南 사람들의 '남만南蠻' 혈통을 고증한 것도 바로 좋은 검증 자료가 된다. 이러한 점으로 볼 때, 청나라 황제는 일찌감치 '한족 중심론'을 파기했지만 그렇다고 그들이 중국의 '정통' 자격을 포기하고 또 다른 '내륙 아시아 성격'을 지닌 제국을 새로이 창건했음을 의미하는 것은 아니다. 어쩌면 정반대로, 청나라는 이전 시대보다 '정통성' 확보를 중시하는 정도가 훨씬 높았고 또한 이전 왕조의 정통 계보를 이어 그와 더불어 하나의 연속체를 형성하길 희망했던 것 같다. 만주족이 산해관을 넘어와 처음에 이자성李自成의 무리들을 소탕하고 명나라 왕실의 복수를 위한다는 기치를 내세운 그 숨은 뜻도 여기에 있었다. 그래서 신청사와 '한화론'이 논쟁을 벌이는 가운데 학자들이 빈번하게 계속 '한화'라는 말로 청 왕조의 역사를 묘사한 것은 오독이라고 하겠다. 왜냐하면 중국 역사상 순수한 '한화' 이론은 존재한 적이 없었기 때문이다.

가장 격렬했던 '이하설夷夏說' 주장을 예로 들어 분석해보더라도, 그것이 넓은 의미에서의 '화화론華化論'에 불과했음을 알 수 있다. 전통적인 역사 서술에서는 통치자가 '덕'을 지니고 왕도정치를 행하기만 하면 정통의 왕위를 차지할 수 있었다. '이하夷夏'의 구별을 가장 중시했던 송나라 사람들도 정통正統과 패통覇統을 구별할 때의 단서가 '공덕으로 천하를 얻는 자'인지의 여부에 있었다. 진秦나라가 중국을 통일했음에도 단명한 원인은 제왕이 바뀌는 순서를 하늘로부터 부여받지 못하고 혼란을 다스리는 권한을 백성으로부터 부여받지 못한 데 있다. 따라서 진나라를 정통이라 칭할 수 없는 것이다. 이것은 진나라 사람이 서북 지역 이적의 혈통을 가지고 있는지 여부와 큰 관련이 없다. 그래서 '한화'를 강조하는 학자들은 상대에게 칼자루를 쥐어주고 스스로 함정을 판 것과 다름없다고 할 수 있다.

우리는 또 극단적인 이하夷夏 대립 주장을 통해 분석해볼 수 있다. 남송의 유민遺民인 정사초鄭思肖는 『심사心史』에서 오랑캐가 중국의 일을 행하는 것을 '참僭'이라 하고, 신하가 군왕의 지위를 빼앗는 것을 '역逆'이라 한다고 지적했다. 그리고 성인과 정통·중국은 반드시 하나로 합쳐서 살펴봐야 한다고 했다. 천하를 얻은 자가 만약 이적이라면 중국이라 말할 수 없으며, 중국을 얻은 자가 많은 부분을 통일했어도 모두 바르지 않다면 이는 정통이라 말할 수 없고, 정통을 얻은 자라 해도 반드시 성인이라고 말할 수 없다는 것이다. 만약 문명으로 들어가는 이런 입장 조건들이 청나라 사람들에게 모두 요구된다면 너무 지나친 것이긴 하지만, 이는 또한 그 '중국화'의 내재적 동력을 촉진하는 것이며 결코 '한화'라는 편협한 종족관이 해석해낼 수 있는 바가 아니다.

어떻게 해야 '정통성'의 자격을 확보할 수 있는가 하는 것이 청나라 전성시기 몇몇 황제가 고심하고 마음 졸이며 해결해야 할 중요한 문제였다. 역사 편찬을 관장하는 사관史館에서 양유정楊維楨의 역사 서술 방식을 처리할 때 건륭제가 보인 반응이 바로 그 두드러진 예다. 양유정은 비록 원나라 신하였지만 송나라 사람들의 역사 서술 습관을 계승하여 '도통道統'을 '치통治統'과 조화시켰으며, 원나라가 송나라의 정통적인 지위를 이어야지 요나라·금나라의 역사와 함께 묶여서는 안 된다고 여겼다. 즉 설령 이적의 신분을 가지고 있더라도 '도통'의 길을 통해 정통의 계보에 들어갈 수 있다고 했다. 이러한 정통론은 청나라 황제의 마음에 딱 들었다. 건륭제는 속으로 그 이로움과 해로움을 헤아려 사관들에게 청 왕조를 송·

원·명 세 왕조와 연결시키라고 지시하고 요·금과 연결하려는 생각을 과감히 버렸다. 청나라가 '중국'의 맥락에서 어떤 지위에 처하는지에 그가 얼마나 관심을 두었는지 알 수 있다. 청나라 황제의 주장은 분명히 한족 엘리트의 지지를 얻었다. 이자명李慈銘과 같은 이는 "정위·윤위는 '바르지 못한 것邪'과 '바른 것正'으로 논해야지, 안內과 밖外으로 논해서는 안 된다"라고 말했다. 이로부터 '안은 제하諸夏이고 밖은 이적夷狄'이라는 종족 대립을 과도하게 강조하는 전통적인 역사관이 수정됐다.

홍미로운 사실은 '정통성'이 서로 다른 종족과 왕조 간에 마치 릴레이 하듯 왕래하고 옮겨갈 수 있다는 것이다. 청나라에 대한 조선의 태도가 바로 그 좋은 예다. 조선 왕실은 오랫동안 청나라의 통치를 인정하지 않았다. 만주족은 이적夷狄이며 청나라 통치는 이적들의 참위僭位에 해당한다고 여긴 것이다. 이러한 생각은 명대 유민의 관점과 완전히 일치한다. 조선 사람들의 눈에 중국 대륙의 '화이華夷' 전통 개념과 질서가 이미 오염되고 사라지는 추세였으므로 조선만이 그 순결성을 유지할 자격이 있다고 여겨졌다. 따라서 매사 명나라를 대표로 하는 중화中華 예의 풍속을 엄격하게 준수하고 유교의 정통 사상과 주자가례를 구석구석 보급시켰다. 그러나 조선이 명나라의 '화이' 질서를 지키려 했던 모습은 또한 '화이' 개념이 결코 중국이나 한족들만이 가지고 있던 것이 아니며 끊임없이 이동하는 상태에 있다는 점을 증명해준다. 그 개념 안에는 보편주의적인 입장이 포함되어 있어 어떤 지역이나 민족도 모두 적합한 조건을 지니기만 하면 '화華'가 될 수 있다고 해석한다. 나중에 일본에서도 중국 문명을 무시하는 핵심 세력이 나타나 일본을 중화 문명의 계승자로 여기는 '화이변태론華夷變態論'을 제기했다. 이러한 것들은 모두 중화의 '정통성'을 쟁취하고자 하는 예다. 이는 또한 '정통성'을 세우고 유지하는 것이 여전히 왕조의 통치를 유지하는 기본 조건임을 반증한다.

위에서 거론한 사실들로부터 다음의 결론을 도출할 수 있을 듯하다. 무엇이 '중국'인가를 토론할 때 청대 '제국'의 '외재적인' 또는 '내재적인'이라고 하는 소위 새로운 시각을 맹목적으로 따라서는 안 된다. 신청사가 제시한 청나라의 '내륙 아시아 성격'은 변경 통치의 기술적인 수단일 뿐이다. 이 수단은 매우 중요한 것이긴 하지만 기능적인 의의만 지니고 있을 뿐 왕조 정치의 정당성을 세우는 기초가 될 수 없기 때문이다. 이와는 반대로 청 왕조 통치의 핵심적인 근거는 바로 이전 왕조가 획득한 '정통성'의 역사 경험과 서로 연결 짓는 것이었으며 이는 떼어버릴 수 없는 연속성의 과정이었다. 이러한 과정은 '한화론'으로는 해석할 방법이 없다. 신청사에서 표방하는 '내륙 아시아'적 풍격을 지닌 사회 통제와 관리 기술은 이전 왕조의 '정통성'을 계속 이어가는 기술적인 수단에 불과했으며, 그것은 청나라의 통치 방식을 더욱 풍부하게 해주었지만 왕조 건립의 핵심적인 문제가 될 수는 없다는 것을 논증할 뿐이다.

마지막으로, 한국에서 『강남은 어디인가何處是江南』가 번역 출판될 수 있게 되어 매우 영광스럽게 생각한다. 책에서 언급한 여러 이슈가 조선시대 역사와도 밀접한 관계가 있어서 많은 조선시대 한문 문헌으로부터 청나라 역사를 되돌아보며 나 또한 많은 영감을 받았기 때문이다. 또한 졸고의 한국어 번역을 위해 번역 팀을 꾸려 수고와 노력을 아끼지 않은 박계화, 이영섭, 이민숙, 정민경, 채미현, 홍영림 선생께 특별히 감사드린다. 이 책에서 인용한 많은 고문 사료를 다른 언어로 번역해내는 것만도 얼마나 힘든 일인지 충분히 상상할 수 있기 때문에 이 지면을 빌려 진심어린 존경과 감사의 마음을 전한다.

양녠췬

차 례

'한화漢化 모델'의 득과 실,
그리고 '강남'의 복잡한 의미

청나라 초기 '만주족滿洲族'과 '한족漢族'은 서로 어떻게 역사의식을 일치시켜나갔는가? 이 책에서는 넓은 의미에서 '사람과 지역 간의 관계人地關係'라는 관점으로 이에 대해 살펴보고자 한다. '지역'은 '강남江南'을 가리킨다. '사람'도 물론 특별한 이들을 지칭한다. 여기서 사람은 청나라 초기 북방의 경성京城에서 생활한 황제와 강남 지역에서 생활한 신사紳士 계층을 가리킨다. 청나라 군주는 중원을 장악한 뒤 두 가지 큰 문제를 잘 처리해야 했다. 하나는 공간적 의미에서 합법적인 지위를 얻기 위한 영토의 확장과 정립 문제였다. 만주족은 이민족 신분으로 나라를 통일하고 통치자가 됐다. 그 통치의 출발점은 포용성이 더 강하고 각 민족 문화를 용납할 수 있는 다원적인 정치체제의 수립 여부에 달려 있었다. 이런 포용성은 서로 다른 지역에 분포한 차이를 이용하고 용인함으로써 생기는 결과물인데, 역대 왕조의 경험에서는 이와 관련하여 빌려올 만한 모델이 없었다. 그렇기 때문에 청 왕조의 통치는 다소 '단절성'의 특징을 지니고 있었으며, '다多'의 문제를 해결해야 했다. 다른 하나는 '강남' 지역을 중심으로 한 '한족 문명'에 맞서 도전하는 것이었다. 한족 문명은 유구한 역사를 지니고 있었기에 한족 문화를 모방하고 소화해야만 한족 지역을 효과적으로 통치하고 다스릴 수 있었다. 또한 그렇게 해야 시스템 구축에 있어서 이전 왕조의 통치 메커니즘과 스타일을 효과적으로 연장시키면서 과도기 시대에 만나는 여러 난제를 극복할 수 있었다. 그래서 또한 다소 '연속성'의 특징을 지닌 '일一'의 문제를 해결해야 했다.

'다多'이든 '일一'이든 모두가 '사람과 지역 간의 관계'라는 '문화' 선택에서 나온 표현 방식이다. 그것은 단순히 지리적 의미의 '사람과 지역 간의 관계'만을 드러내는 것이 아니라 상당히 복잡한 맥락을 포함한다. 명청 교체기의 역사를 살펴보면, 문화적 의미의 '지역'은 그 땅에 사는 '사람'으로 하여금 지속적으로 강한 우월감과 역사적 기억을 간직하게 했다. 외래 민족의 침입을 당했을 때, 이런 우월감과 역사 기억은 어떻게 유지되는가? 그리고 외래 민족은 그들이 우월감과 역사 기억을 지속하도록 그대로 두는 정책을 취할 것인가? 아니면 자기 민족의 문화와 특질에 동화되도록 온갖 수단과 방법을 동원하여 피정복 민족의 역사 기억을 수정하고 개조하며 이민족에 대한 그들의 저항을 와해시킬 것인가? 이러한 문제들은 두 민족 모두에게 생사와 존망이 걸린 핵심적인 문제가 됐다.

모든 민족이 평등하다는 추상적 의미에서 말하자면, 각 민족은 모두 각자의 입장에서 자신의 문화가 핵심적인 가치와 의미를 지닌다고 생각한다. 그런데 지역 간 비교의 관점에서 말하자면, 자기 문화의 핵심 가치를 다른 민족에 침투·확장시키는 것은 결코 간단한 동일화 방식으로 성공할 수 있는 것이 아니며 필연적으로 복잡한 권력 운용과정이 수반된다. 따라서 민족의 동일화 문제를 이야기할 때는 반드시 그것을 현실과 역사의 권력 게임 속에 넣고 관찰해야만 한다. '민족적 자각'을 수호하는 추상적인 색안경을 끼고 '정의'를 가장한 평가를 내려서는 안 된다는 뜻이다.

이렇게 볼 때, 청나라 건국과 더불어 그 통치 계층은 '다多'와 '일一'의 관계를 어떻게 처리해야 하는가의 문제에 직면하게 된다. '다'와 '일' 중에 어느 쪽의 비중이 더 큰가에 관한 문제는 오늘날 사학계의 치열한 논쟁거리다. 전통적인 견해는 이른바 '한화漢化 모델'을 주장한다. 즉 주변의 소수민족이 중국사의 발전 과정에서 점차 중원과 강남을 중심으로 하는 한족 문화의 영향을 받았다고 생각하는 입장이다. 중국은 역사 발전 과정 중 몇 차례에 걸쳐 이민족이 통치하는 시대를 경험했다. 그러나 본질적으로는 이민족이 완전히 한족 문명을 받아들이면서 그 통치의 합법적인 지위를 확립할 수 있었고, 결국 중화민족의 일체화된 모습을 형성하게 됐다는 것이 전통적인 생각이었다. 하지만 최근 대두된 '신청사新清史'*학설은 청나라가 점차 '한화'된 것이라는 역사관에 강하게 반발한다. 그들은 청나라 황제들이 '만주족의 문화적 특성'을 잘 운용했으며 또 그것이 바로 성공적인 통치의 관건이었다고 주장한다. '팔기제도八旗制度' 등과 같은 '만주족 특성'을 지닌 특수한 통치 책략의 시행과 더불어 청나라 초기 통치자들이 타민족 문화에 베푼 관용과 존중이 청대 '대일통大一統'의 정치 국면을 이루게 했다는 것이다. '다'로써 '일'을 거부하는 이러한

---

* 1990년대 말부터 등장한 미국 학계의 새로운 청대사 연구 경향을 '신청사New Qing History'라고 통칭한다. 대표적인 학자로 에벌린 로스키Evelyn S. Rawski, 패멀라 크로슬리Pamela K. Crossley, 마크 엘리엇Mark C. Elliott 등이 있다. 이들은 만주족의 문화에는 중화제국의 전통 말고도 내륙 아시아적 전통이 강하게 남아 있음을 강조하고, 이를 논증하기 위해 만문滿文 자료를 아주 적극적으로 활용한다. 그렇기 때문에 신청사학파는 청나라를 중국의 단일한 역사 계보에 위치시키기 위해 '한화漢化'를 강조하는 중국 학계의 주류 입장에 대해 비판적인 입장을 견지한다.

역사 주장이 지금 상당히 유행하고 있다.

이 책은 '다'와 '일' 중 어느 것이 더 중요한가를 따지는 의미 없는 논쟁에 개입하지는 않을 것이다. 그리고 청조가 '한화'된 것인지 '만족화滿族化'된 것인지, 그 난처한 양자택일의 문제도 피하고자 한다. 이 연구의 목적은 '사람과 지역 간의 관계'라는 관점에서 강남 사대부 계층과 황권皇權 통치의 미묘한 관계를 새로이 분석하는 데 있다. 이 관계에서 어떤 것들은 둘의 직접적인 접촉을 통해 확립된 것이 아니지만 '권력 게임'과 '사상사'의 맥락에서 상호 복잡한 갈등 관계를 만들어내고 있다. 동시에 이는 청조의 합법적인 통치를 구축하는 데 대단히 중요한 자원이 되었다. 내가 설명하고 싶은 것은 이런 것이다. 넓은 의미의 '한족'은 자신의 문화를 다른 지역으로 스며들게 하고 확장시키는 데 있어 다른 민족보다 상대적으로 그 영향력이 컸다. 이것은 '신청사'에서 말하는 것과 같은 근대 민족주의 건립의 산물이 아니라 여러 세밀한 연구에서 증명된 역사적 사실이다. 그러나 이 강대한 '동화력同化力'이 바로 '한화 모델'의 성립을 증명하는 것이라고는 할 수 없다. 청조 통치자와 여타 다른 민족들 역시 능동적으로 한족의 핵심 가치를 자신들을 위해 이용했기 때문이다. 그들은 창조성이라곤 전혀 없이 피동적으로 한족에 동화된 것이 아니었다. 이 책에서는 청조의 통치자들이 뛰어난 통치술로 '강남' 사대부의 역사관 및 가치관을 성공적으로 재편했고, 그것을 '대일통' 통치 모델의 합법적인 자원으로 삼았다는 점을 증명할 것이다. 또한 그들의 복잡한 통치기술이 그 운용 면에서 전 시대와는 전혀 다른 차원의 것이었다는 점도 함께 살펴볼 것이다.

한화漢化인가, 화화華化인가?

역사학의 방법론이 다변화되면서 그에 따라 이슈 전환도 빨라지고 있다. 이런 가운데 청나라 초기의 역사를 다루면서 이른바 '강남' 문제를 계속 언급하는 것은 시대에 뒤떨어진 이야기로 들릴 수 있다. 최근 10년간 대두된 신청사의 도전으로 강남 문제가 점차 비주류가 됐기 때문이다. 전통적인 청사 연구에서는 중국 역사상 청나라의 특수성을 언급할 때면 늘 한족 문화의 영향을 깊이 받은 사례로서 분석할 것을 강조해왔던 듯하다. 다시 말해 청나라의 건립은 그저 기존의 한족 문화를 중심으로 한 정치 사회 체제의 또 다른 모습일 뿐이라는 것이다. 하지만 이 논리는 1990년대 말 큰 비판을 받았다. 허빙디何炳棣와 뤄유즈羅友枝가 『아주연구잡지亞洲研究雜誌』에서 벌인 격렬한 논쟁으로 인해 청나라의 통치가 '한화漢化'인가 '비한화非漢化'인가에 관한 논쟁은 절정에 이르렀다. 허빙디는 '한족'이 기타 소수민족을 동화시킬 수 있는 문화적 힘을 가지고 있다고 보았다. 또한 유가 사상을 포함한 한족의 가치관과 윤리 원칙에는 기타 민족 문화를 흡수하고 개조시킬 수 있는 대단한 능력이 있었다고 보았으며, 이러한 문화의 융합 능력은 민족의 우월 정도를 결정한다고 주장했다.

따라서 허빙디는 청나라의 건국을 만주족이 한족에 동화된 결과라고 보고 '우세문화'의 확립은 종족 차이를 없애는 핵심적 요소라고 보았다. 반면 뤄유즈는 이 '한화 모델'에 반발하며, 한족 문화 중심의 견해로는 청나라 군주가 광대한 비한족 거주 지역을 성공적으로 통치한 것을 설명할 수 없다고 비판했다. 그런데 이러한 뤄유즈의 비판 역시 어느 '민족'이 더 우월하다는 역사 비교 관점에 얽매여 있었다. 그는 도리어 '만주족 특성'이 청나라 통치에서 결정적 역할을 했음을 강조함으로써 역시 '허빙디의 이슈'에서 벗어나지 못했다. 그래서 신청사의 후속 저서들은 한화 모델의 편파성을 전적으로 수정하고 소위 만주족 특성의 존재 및 만주족의 강한 동일화 역량을 증명하고자 했다. 이와 같은 '만주족과 한족의 이원 대립滿漢二元對立'이라는 해석 모델은 신청사가 한화론에 반박하는 출발점이 된다. 따라서 '종족 차이'라는 전제하의 '문화우월성'이 청나라 통치 특성의 핵심 논제가 되는 것이다. 다시 말해 "누가 누구를 동화시켰는가?"라는 것이 여전히 논쟁의 초점이다. 그런데 두 주장은 모두 '동화'가 한 방향으로만 흐르는 '문화 침투'의 문제가 아니라는 것을 인식하지 못했다. 청나라 통치의 특성은 단순히 종족 구별의 의미에서 '누가 누구를 동화시켰다'거나 '스스로 문화를 지킨다'는 역사 논리에 의해 개괄할 수 있는 것이 아니다. 더구나 '한화'나 '만주족 특성' 중 어느 것이 문화적 자기장 속에서 더 강한 흡수와 융합 능력을 가지고 있는가의 문제로 설명할 수 있는 것도 아니다. 따라서 '동화의 정도'나 '동화의 패권'을 쟁탈하는 시각으로만 청나라 역사를 해석하는 방식에는 한계가 있을 수밖에 없다.

'신청사'에서는 '한화 모델'이 급진적인 근대 민족주의의 산물이라고 비판했다. 즉 량치차오梁啓超나 장타이옌章太炎 등이 반만주족 사상을 외치며 당시 새로이 대두된 '중화민국' 담론을 촉진시킨 결과라고 본 것이다. 특히 량치차오가 다윈의 진화론을 끌어들인 이후, 한족은 경계가 명확한 민족으로 정의되고 이로부터 중국은 '한족의 계보'로 이루어진 것이라는 민족주의적 상상과 중국 공동체 의식이 구축됐다.[1] 표면적으로 보면 청나라 역사를 평가하는 근현대의 많은 역사 연구자는 당시 청나라가 처했던 사면초가의 곤궁한 처치에 대해 확실히 느끼는 바가 있었다. 예컨대 천위안은 『원서역인화화고元西域人華化考』를 편찬하며 이 책의 저술 동기에 대해 다음과 같이 솔직하게 밝혔다. "이 책은 중국이 가장 무시당한 시기에 지어진 것으로, 마침 전반서화론全盤西化論을 주장하는 사람이 있어서 화화華化에 대해 얘기하게 됐다."[2] 첸무錢穆도 『국사대강國史大綱』 첫 페이지에서 독자가 이 책을 읽을 때 갖춰야 할 신념에 대해 말했다. 또한 본국의 역사에 대해서는 열정을 지니고 경의를 표해야 하며, '허무주의'와 문화적 자괴감에 빠져서는 안 된다고 밝히고 있다.

다음에 이어지는 첸무의 논의는 『국사대강』의 편찬 의도를 더욱 잘 보여준다. 역사를 읽는 것과 국가가 앞으로 발전할 것이라는 희망은 국민이 국사를 이해하는 데 달려 있다는 것이다. 즉 "역사에 대한 이해가 없는 개혁과 진보는 단지 정복된 나라나 식민지에 버금가는 나라의 개혁과 진보일 뿐, 그 국가 자신과는 아무런 관계가 없다. 다시 말해 이 개혁과 진보는 일종의 변형된 문화 정복과 같다. 즉 그 문화 스스로의 위축과 소멸이지 전환과 발전이 아니다."[3] 그는 또한 '문화'가 역사 변천과정에서 어떠한 역할을 하는지 그 핵심적 의의에 대해 여러 차례 언급했다. "민족 형성과 국가 건립은 모두가 문화 발전의 한 단계다. 따라서 민족과 국가라는 것은 모두 인류 문화의 산물이다. 전 세계의 민족과 국가가 다양한 모습을 보이는 것은 그 배경이 되는 문화가 각각 다르다는 것을 말해준다. 문화는 민족과 국가를 그림자처럼 뒤따른다. 인류는 문화 발전에 대한 모종의 사명감을 가지고 있어서 이 때문에 반드시 민족을 형성하고 국가를 건립하게 된다. 그런 다음 그 배후의 문화가 비로소 민족과 국가에 기대어 더욱 확대되고 발전한다. 만약 문화 발전에 대한 사명감이 중

도에 사라지면 국가가 소멸될 수 있고 민족도 분리될 수 있다. 따라서 국가나 민족이 영원히 지속되지 못할 것을 염려할 것이 아니라, 국가나 민족이 낳은 문화가 단절되는 것을 슬퍼해야 하는 것이다. 민족 문화가 여전히 찬란하게 빛나고 있는데 갑자기 나라가 망하거나 사라지는 경우는 없다. 또한 민족 문화가 이미 사라지고 단절되었는데, 나라의 운명이 계속 이어지는 경우도 없다."[4]

첸무의 논의 중에 특히 주목할 만한 점은 외부의 비한족 세력이 중국을 장악한 상황에서 한족이 자신의 '문화'를 보존하는 것의 의의를 강조했다는 것이다. 그는 청나라 통치 국면을 구체적으로 설명하면서 청나라가 세운 정권을 '부족 정권部族政權'이라 했고, 이를 한족이 세운 '사인 정권士人政權'과 서로 대립되는 것으로 여겼다. 또한 부족 정권을 사인정치士人政治 전통의 변형된 형태라 보았다. '부족 정권'은 바로 '이민족 정권異族政權'이다. 부족이 정부를 통제하고 정권을 장악하면 이런 정권은 사심私心을 가질 수밖에 없다. 그래서 그들이 취한 조치는 정치 제도가 아니라 일종의 법술法術이나 정권을 통제하는 수단이라 할 수 있을 뿐이다. 이것은 '사인 정권'과 비교했을 때 하늘과 땅 차이다.[5] 사인 정권이 부족 정권과 달리 '정치제도'라고 할 수 있는 이유도 바로 그 배후에 문화가 작용하기 때문이다. 첸무가 여기서 말하는 '문화'는 바로 '한족 문명'에서 출발하여 정의된 것이다. 그런데 반드시 짚고 넘어가야 할 점이 있다. 청나라 역사에 대한 첸무의 해석이 근대 시기 서양에서 수입된 민족주의 종족론에 의해 구축된 것이 아니라 중국 역사 가운데 '종족種族'으로 '문화'를 분별하는 역사관에 깊은 영향을 받았다는 것이다.

표면적으로 보면, 첸무의 주장은 서양의 진화론적 역사관의 영향을 받아 문화가 역사 변천에 따라 작용한다는 점을 강조하는 것 같다. 하지만 첸무 등의 학자들이 이용한 논의의 틀은 역시 송나라 이래 이학가理學家에 의해 개조된 『춘추春秋』의 '화이관華夷觀'에서 비롯됐다. 명나라의 흥기에 대해 얘기할 때 첸무는 "명나라 선조들이 일어나 오랑캐를 멸하고 한족의 옛 땅을 회복한 것은 한 단계 진보한 발전이라고 할 수 있다"라고 했다.[6] 여기서 '오랑캐'는 몽골족을 말한다. 첸무의 '문화결정론'의 뿌리를 간접적으로 증명할 수 있는 또 하나의 예가 있다. 그는 『중국근삼백년학술사中國近三百年學術史』 「자서自序」에서 급진주의자가 보수적인 문화 인사를 공격하는 것을 비판했다. "자신의 과거를 잊지 않고서 인류와 정사政事에 통달하는 방법을 구하며 송명대 학술 정신에 가까운 주장을 하는 사람들이 있다. 급진주의자들은 이들을 질시하고 멀리하며 자신과 같은 부류의 사람이 아니라고 질책한다."[7] 첸무의 이러한 평론도 그의 사상이 근대 사상의 영향을 받은 것이 아니라 실은 송나라 때까지 거슬러 올라갈 수 있다는 것을 방증해준다.

원나라 때 서역의 여진인女眞人 고리古里 씨가 한족 성씨로 성을 바꾸려고 하자 유인劉因이라는 사람이 반대한 일이 있었다. 천위안은 "종족이라는 편협한 견해가 대일통 시대에 나와서는 안 된다"[8]는 이유로 이를 비판했다. 천위안이 이해한 대일통은 역시 한족 문화를 중심으로 주변 민족 문화를 흡수한다는 '한화漢化' 역사관이다. 두 사람의 한화관은 모두 근대 민족주의 영향을 받은 것이 아니다. 허빙디가 뤄유즈에게 반박할 때 '한화를 수호한' 중요한 이유는 바로 청나라가 정주程朱 신이학新理學을 철저히 실행했다는 것 때문이었으며 그래서 이를 한화 정책의 핵심 내용으로 삼아 분석했다.[9] 사실 청나라 초기의 군주들이 정주 이학에 대해 모두 다 같은 태도를 보인 것은 아니었다. 예를 들어 강희제康熙帝는 주자를 매우 숭상했지만 건륭제乾隆帝는 주자를 폄하하는 경향이 있었다. 그럼에도 허빙디는 청나라 사람들이 송나라로부터 '도통道統'을 이어받았다고 일관되게 주장한다. 이렇게 보면 한화론의 원천은 근대 민족주의에서 비롯된 것이 아니라 사대부의 서술 전통을 계승했다고 할 수 있다.

물론 허빙디의 한화설은 전통 역사 서술의 연속이라는 측면에서 상당한 대표성을 띠고 있으며, 그 가운데 전통적인 '화이지변華夷之辨'의 내용이 포함되어 있다. 전통의 '화이론華夷論'은 흔히 사회 변혁과 왕조 교체기에 나타나곤 했다. 송나라 말기나 명말 청초 또는 청나라 말기에 일부 사대부나 지식인들은 나라가 무너지는 현실을 보며 그렇게 된 이유를 민족 간의 차이로 인해 쌓인 원한 탓으로 돌렸다. 또한 열등한 민족이 무력으로 나라를 차지한 다음에는 한족 문화를 잘 모방하고 따라가야 통치의 합법성을 얻을 자격이 있다고 생각했다. 그런데 역사적으로 안정된 시기의 사인士人들에게는 엄밀한 의미에서의 '종족'으로써 문화를 구분하는 전통이 없었다. 천인커陳寅恪는 적어도 당나라 때 사인들 사이에는 '종족'이 아닌 '문화'로 사람을 구분하는 생각이 성행했으며, '한화'와 '오랑캐화胡化'가 서로 번갈아 진행되어 종족 차이로 문화 우열을 구분하는 고정된 틀이 없었다고 지적했다.[10] 훗날 북송과 명대 초기 사대부들의 언론은 다 이를 따른 것 같다. 송대 사인들은 『춘추』 대의를 따르기는 했지만 해석은 각각 달랐다. 『춘추』의 핵심인 '존왕양이尊王攘夷(왕실을 높이고 오랑캐를 물리침)'의 해석에 있어서도 북송과 남송 사이에 차이가 있었다. 북송 때는 '존왕尊王'에 역점을 두었고, 남송 때는 주로 '양이攘夷'를 기치로 삼았다.[11] 따라서 소위 '한화사관漢化史觀'이라는 것도 단지 '양이'에 대한 역사 해석의 틀 내에서만 한자리를 차지할 수 있을 뿐이었다.

송대 유학자들은 유가 도통道統의 전승관계에 대해 밝혔다. 도통을 세우는 것 뒤에는 양이라는 논의가 뒷받침되었다. 따라서 주희朱熹도 『자치통감강목資治通鑑綱目』을 편찬하면서 이에 대해 설명했던 것이다. 그런데 남송에서는 '종족 차이'를 가지고 문화를 구분했다. 여기에는 부득이한 이유가 있었다. 즉 좁은 영토를 지배함으로써 생긴 일종의 심리적 긴장감을 문화적 우월감으로 해소하기 위함이었다. '만이蠻夷'는 넓은 영토를 차지하고는 있지만 열등한 종족과 문화 탓에 통치의 합법성을 당연히 갖추지 못했다는 것이 그 배후에 함축된 이념이었다. 지리적으로 중심을 차지하지 못했기 때문에 '문화'의 포용과 통섭 역할을 강조할 수밖에 없었다. 이 주장은 남송 이후에야 비로소 형성된 생각이었다. 하지만 이 주장은 청나라 초기 '대일통'의 통치 이론에 의해 와해됐다. 청초의 통치자들이 우선적으로 한 일은 사인들이 고심하여 구축한 '이하지별夷夏之別(오랑캐와 한족의 구별)'의 경계를 완전히 없애는 것이었다. 종족이 아닌 예의禮儀로 내외를 구별한 것은 청대 통치자들이 사상 확립에 있어 남송 사인들의 견해의 틀을 깨뜨리고 거둔 가장 큰 수확이라고 하겠다.[12] 그런데 이는 청나라 황제들이 이미 유가 정통관의 한계를 넘어섰다는 걸 의미하지는 않는다. 그것보다는 송대의 편협한 '사람과 지역 간의 관계'에 따른 문화 해석을 극복하고, 종족으로 문화를 구분하지 않았던 한漢·당唐대 모델을 다시 회복한 것이라고 할 수 있다.

따라서 청나라가 스스로의 정통성을 확립하는 과정은 단순히 한화인지 아닌지를 따지는 문제로 개괄할 수 있는 것이 아니다. 예를 들어 청나라 황제들이 시문詩文을 읊고 화답하는 강남 사인들의 전통을 모방한 것은 표면적인 한화 행위였을 뿐이다. 그러나 궁정의 예의와 지방의 종족 재건을 중시한 것과 '가家'를 단위로 하는 '효孝' 문화를 제창한 것은 전반적으로 '중화예의中華禮儀'를 구축하는 측면에서 고려해야 할 문제들이다. 따라서 한화론이나 만주 특성의 모델로 단정해서 평가하는 것은 핵심을 놓치는 편협한 판단이 될 수밖에 없다. 그러니 오늘날 학자들은 더 이상 종족론을 이민족 통치 시기의 문화 우열을 판단하는 전제로 삼아서는 안 된다. 천위안도 당시에 '한화'라는 단어 사용의 위험성에 대해 어렴풋이 인식하고 있었다. 그래서 책 제목을 『원서역인화화고元西域人華化考』라고 하여 '한화'가 아니라 특별히 '화화華化'라는 용어를 사용함으로써 전체 주제를 개괄했다. 비록 책의 내용은 '한화'의 해석 전통을 벗어나지 못했지만 말이다.

남송이 '문화적 우월감'으로 좁은 국토에서 생기는 열등감을 해소하려 했다고 주장하는 방식은 중화인민공화국 건국 이후 사학계의 역사 기술에서 때때로 정치적 표현 방식으로 재현됐다. 구청顧誠은 『남명사南明史』에서 만주족 귀족들이 비교적 낙후된 생산 방식을 대표하고 있으며, 한족이 비록 정복을 당했지만 '꽤나 선진적인 문화'를 갖고 있다고 했다.[13] 표면적으로 보면 그의 주장은 현대 정치경제학 용어로 표현되고 있지만 그 이면에는 남송 화이론華夷論의 그림자가 숨어 있다.

'한화 모델'은 '문화 흡수'의 문명관으로 '영토 관리'의 제도 분석을 대신할 것을 지나치게 강조하는 경향이 있다. 이를 감안하여 '신청사'는 청나라가 영토 확장과 통제 방면에서 거둔 성과에 특히 주목하고 있다. 신청사는 청나라 시대의 전성기가 중원과 강남 지역만을 핵심으로 한 것이 아니라 더 멀고 넓은 몽골, 티베트와 동북, 신장新疆 등 중앙아시아 등

지까지도 관심을 두고 있었음을 밝히고 있다. 중원과 강남은 그들의 '대일통' 기획 중의 한 부분에 불과하다. 청나라는 아시아의 여러 내륙 지역과 강남을 동등하게 대한 것이다. 각각의 신청사 연구는 청나라가 창조적으로 아시아 내륙 지역과 중원의 전통을 서로 결합시키려 했음을 여러 방식으로 증명했다. 다시 말해 청나라 황제들은 온갖 방법을 강구하여 본인이 정착하고 있는 중원의 농업 지대와 기타 초원에 펼쳐진 유목세계, 즉 이전에는 엄격한 경계선이 있었던 두 세계 사이에 연속체를 만들어냈다는 것이다.[14]

뤄유즈도 청나라의 성공을 '한화'에서 찾지 않았다. 반대로 제국의 건립 측면에서 볼 때 청나라 황제들이 내륙 아시아 비한족들과의 문화적 연계를 이용하여 비한족 지역에 대해 이전의 명나라 때와는 다른 관할 능력을 갖추고 효과적으로 통치했기 때문이라고 보았다.[15] 이런 관점은 한족이 집중적으로 거주하는 중원과 강남 지역을 중심으로 주변 민족을 통합한다는 기존의 '중심-주변'이란 분석의 틀을 깨뜨린 것이다. 그리고 '만주족 특성'이 전체 제국 건설 과정에서 매우 중요한 역할을 했음을 강조한다. 그중에는 만주어, 팔기제도 등 특수한 요소들이 중요한 역할을 했다는 점도 포함된다. 뤄유즈는 중국사 편찬 작업을 할 때 '한화'를 기본 전제로 하지 않는 서사 전략을 취해야 한다고 주장했다. 한화는 단지 20세기 한족 민족주의의 중국 역사에 대한 해석이며 근대 이래에 제기된 의제일 뿐이라고 했다. 이처럼 '중심'을 관찰하는 데 '주변'이라는 의제를 둔 서사 전략은 신청사 연구가 번성하게 된 중요한 동인이 됐다.

장몐즈張勉治를 비롯한 일부 후속 연구자들은 단지 나라의 영토 구조라는 시각에서만 청나라 역사를 재인식하려는 편파적인 주장을 바로잡으려 했다. 그는 강남 문제가 차지하는 위상을 여전히 중시했지만, 강남을 청나라의 전체적인 '무력 전쟁' 계획의 일부분이라고 보았다. 즉 청나라 황제들의 '남순南巡'은 그들의 전쟁 노선에 따라 행차하도록 세심하게 의도된 행위였으며, 이를 통해 남방의 한족들에게 청나라의 강력한 무력을 주의해야 함을 일깨우려는 것이었다. 이런 취지는 그가 지은 책의 제목 『말 등 위에서의 조정A Court on Horseback』을 통해서도 엿볼 수 있다.[16]

'중심-주변'이라는 역사 서사의 틀을 뒤바꾸려는 '신청사'의 노력은 독창적인 의미가 있긴 하다. 그러나 한편으로는 현대 민족국가 건립의 역사적 맥락에서 청나라 역사의 변천과정을 관찰하려는 것이었다. 예를 들어 '만주족 특성'과 '한화'의 대립을 지나치게 강조하는 이유는 순수한 '민족성'으로 특정한 종족을 구별해놓고서, 이로써 그 통치의 합법성이 이전의 한족 왕조와 다르다는 것을 증명하고 싶어서다. 이는 현대 민족국가 이론의 가설인 '하나의 민족, 하나의 국가'라는 기대에 부합하는 것이다. 그런데 그들은 문화의 상호 융합이 민족의 경계를 약화시키고 새로운 공동체를 창출할 수 있다는 점을 의식하지 못했다. 천인커는 한화라고 하는 것이나 오랑캐화라고 하는 것이 단순한 종족 문제가 아니고 문화가 서로 흡수되어 융합되는 과정임을 입증했다. 단지 송나라 유학자들은 융합 과정 중의 한족 요인을 이하지변夷夏之辨이라는 충돌 방식으로 다시 두드러지게 했을 뿐이다. 다시 말해 한화설은 민족 문화가 서로 흡수 통합됨을 나타내는 극단적인 표현에 불과하다는 것이다. 신청사는 한화설을 근대 민족주의의 산물로 여긴다. 그러나 이것은 중국 역사 기술에서의 『춘추』 대의大義의 전통을 무시한 것이라고 할 수 있다.

다민족 문화를 효과적으로 통합하고 전 왕조의 영토를 훨씬 초월한 대일통의 국면을 형성했다는 점에서 말하자면, 청나라가 통치의 합법성을 확립한 것은 사실 '남송-명말'의 이하夷夏 역사관을 극복한 것이라고 할 수 있다. 그러나 그 극복은 아예 새로운 방식의 절대적인 대립을 통해서가 아니라 『춘추』에서 설명한 대일통의 원칙에 따라 이루어진 것이다. 유가 경전에서 대일통의 의미는 공간적으로 국토를 통일한다는 의미뿐만 아니라 문화적 책략으로 통치를 합법화시킨다는 의미도 포함된다. 동중서董仲舒는 『춘추번로春秋繁露』에서 "왕은 반드시 역법을 바꾸고 복색을 바꾸며 예악禮樂을 제정함으로써 천하를 통일시킨다"고 했는데, 이것은 바로 예의를 만듦으로써 통치의 합법성을 획득한다는 원리를 밝힌 것이다. 『춘추』에서 '일통一統'의 의미는 천하의 중심에 자리 잡고서 대내적으로 제하諸夏를 통치하고 대외적으로 이적夷狄을 통합한다는 의미가 포함된다. 일통이라고 하면 단지 지연地緣에 따른 정치적 확장과 통치의 문제가 아니라 예의의 제정과 도덕의 유지 면에서도 성공을 거두어야 한다는 뜻이다. 그리고 이런 예의를 제하 이외의 지역에까지 널리 파급시켜야만 대일통이 실현되고 본격적인 '정통'의 자격을 얻을 수 있다.

청나라는 각 민족 지역의 풍습과 정치 종교 체제를 유지시켰지만 대일통 이념을 구축하면서 『춘추』의 옛 취지를 따랐다. 이는 강희제로부터 건륭제에 이르기까지 반포한 칙명을 통해 알 수 있다. 청초의 황제들은 유지를 내려 대일통의 의미를 수없이 강조했다. 실제로 건륭제에 이르러 대일통에 대한 황제들의 인식은 종족을 토대로 했던 남송 이래 유학자들의 '일통관一統觀'의 범위를 훨씬 넘어섰다. 그들은 특히 '예의'로써 '제하諸夏-이적夷狄' 구도의 전통적인 종족 차이를 해소하려고 했다. 물론 여기서 예의는 한족이 말하는 유가 예법뿐만 아니라 각 민족의 문화적 전승에 따른 유산이기도 하므로 그 나름의 가치를 인정해야 했다. 이 사상은 『춘추』의 일통의 의미를 발전시킨 것이지만 그 핵심은 역시 『춘추』에서 이야기한 정통 자격을 취득하는 필수 조건이었다. 다시 말해 청나라 통치자들은 대일통 이념을 구축할 때 『춘추』에서 언급한 범위를 뛰어넘은 것이 아니라 원래의 의미를 새로이 확장시키고 풍부하게 만들었다. 따라서 단순히 청나라 황제가 한화됐다고 이야기하는 것은 분명 한족 문화를 소화하고 개조한 청 황제들의 창의력을 과소평가하는 것이다. 또한 한족의 유가 경전에서 영향을 받았다는 사실을 완전히 무시하고 '만주족 특성'을 발휘한 한 측면만 지나치게 강조하는 것 역시 역사적 진실에 어긋난다. 청나라 통치자들은 정통성의 핵심 정신을 확립하면서 기본적으로 유가 이데올로기에 근거했다고 할 수 있다. 다만 송나라 이전의 한·당 시대 정통관을 더욱 숭상했을 뿐이다. 심지어 신청사가 표방한 새로운 발견, 즉 청나라 통치자들이 비한족 문화와의 연계를 강화했던 정책은 명나라 때의 정책과 다른 것 같지만 사실은 『춘추』대일통이라는 말 자체에 포함되어 있다고 할 수 있다. 한·당대 제하와 이적의 종족 경계선은 송대 이후처럼 그렇게 엄격하게 구분된 것이 아니었기 때문이다.

그렇다면 청초 황제와 사대부 사이의 정신적 연계와 충돌을 다시 살펴보는 일은 결코 아무런 의미가 없지 않다. 청대 통치자들이 자신의 합법성을 확립하는 과정에서 우선적으로 직면해야 했던 것은 강남 지역 사인들의 머릿속에 남아 있는 '이하지변' 사상의 도전이었다. 강남 지역 '남송-명말' 역사관의 영향을 일소시키는 것이야말로 정통 이데올로기를 효과적으로 구축하는 관건이 됐다. 그리고 강남 사대부 집단이 최종적으로 왕권의 이데올로기에 의해 재편된 후, 바로 이 강남 사대부들의 협조하에 청조가 행한 대일통 행위의 합법성을 성공적으로 확인시켜나갔다. 이런 역사 사실에 대한 재구성은 한화의 틀로 적절하게 해석할 수 있는 것이 아니다. 따라서 청나라 정통관의 확립에서는 차라리 화화華化라고 표현하는 것이 나을 것이다. 여기서 '화華'라는 글자는 '한漢'이라는 글자가 규정하고 있는 역사적 의미를 넘어서는 것이며, 나아가 더욱 복잡한 의미를 함축하고 있다.

강남에 대한 상상:
지리적인 것인가, 문화적인 것인가, 아니면 기억 속의 것인가?

강남 지역의 지리적 범위는 처음부터 확정된 것이 아니다. 옛날에는 지금과 많이 달랐다. 역사 지리학 연구자의 말에 따르면 진한秦漢 시기에는 주로 지금의 창장 강 중류 이남 지역을 가리켰다. 즉 오늘날의 후베이湖北 성 남부와 후난湖南 성 남부다. 이 시기 강남 지역은 기후가 매우 습하고 더웠으며, 생산 방식과 경제 발전이 뒤떨어진 곳이라서 백성이 겨우 살아갈 수 있는 정도였다. 오늘날 강남에 속하는 안후이安徽 성 남부와 장쑤江蘇 성 남부 일대는 진한 시기에 '강동'으로 불렸다. 이후 당나라 때 강남의 범위는 더 확대된다. 한유韓愈는 "강남에서 내는 세금이 천하의 8~9할을 차지한다"고 했다. 이때 말한 강남은 강회江淮 이남 남령南嶺 이북의 광대한 동남 지역을 가리킨다. 오늘날 강남이라고 하는 지역은 이때에도 여전히 강동이라 불렸다. 당나라 때 강남의 가장 정확한 의미는 창장長江 강 이남 지역만을 가리킨다. 북송과 남송 때 전장鎭江 동쪽의 장쑤 성 남부와 저장 성 전 지역은 절동로浙東路와 절서로浙西路라 불렸는데, 이

곳이 바로 강남 지역의 핵심이자, 좁은 의미의 강남이기도 했다.

명대부터 절동로와 절서로 지역의 농업 경제는 이미 전국에서 선두를 차지했다. 이제 '강남'은 순수하게 지리적인 범위를 넘어 '경제적 풍요 지역'을 가리키는 말이 됐다. 명대 쑤저우蘇州, 쑹장松江, 창저우常州, 자싱嘉興, 후저우湖州 다섯 부府의 세금의 합은 전국 총액의 5분의 1을 차지했으며 쑤저우 한 곳의 것만도 거의 10분의 1을 차지했다.[17] 그리고 명대 이후로 강남 지역의 범위가 점차 고정되기 시작했다. 첸융錢泳의 주장에 따르면 좁은 의미의 강남은 쑤저우, 쑹장, 창저우, 전장, 항저우, 자싱, 후저우 일곱 부를 포함한다.[18]

그렇다면 문화적 의미에서 강남이란 무엇을 말하는가? 강남은 황제와 지방 사인들의 상상 속에서 각각 다른 의미를 부여받았다. 문인의 마음 속에서 강남은 보통 어떤 고정적이고 폐쇄적인 이미지를 나타내고 있었으며, 나아가 영원히 퇴색하지 않는 마음의 지도와 같은 것이었다. 심지어 외부 야만족의 침략을 당했을 때도 점점 희석되어가긴 했지만 그 고정된 인상이 여전히 남아 있었다. 순치제順治帝 때 청에 거짓 투항한 강남 문단의 영수 전겸익錢謙益(1582~1664)은 강남에 대해서 다음과 같이 말했다. "천하에 꼭 쟁취해야 할 요충지는 네 군데에 불과한데, 중원의 근본은 당연히 강남에 있습니다. 그리고 화이허淮河 강 연안과 변경汴京(지금의 카이펑開封)은 모두 도시이므로 초楚 땅 남쪽의 병력을 동원해서 전력을 다해 형양荊襄 땅을 회복해야 합니다. 위로는 한수이漢水 강과 몐수이沔水 강을 지키고 아래로는 우창武昌을 장악해야 합니다. 그렇게 된다면 창장 강 남쪽은 우리의 세력 범위로 확보할 수 있습니다. 강남이 안정되면 세금과 재화가 점점 충만해지고 근본이 튼튼해지니, 그런 후에 형양과 변경의 병력을 이동시켜 황허 강 이북의 이민족을 제거하고 천하를 도모할 수 있을 것입니다."[19] 이는 전겸익이 사적으로 보낸 비밀 서신의 한 내용이다. 이 서신을 쓴 것은 남명 영력永曆 3년(1649) 명말의 정권이 남은 목숨을 겨우 부지해가며 청나라와 대치하고 있을 때였다. 전겸익의 말에는 청초 문인들이 제국의 부의 중심으로 여기는 강남에 대한 자신감이 드러나 있다. 동시에 강남 문화를 사치스러운 소비 분위기와 떼어놓을 수 없음을 보여준다. 명대 홍무洪武 26년(1393) 태조는 "장시, 저장, 쑤저우, 쑹장 사람을 호부戶部의 관리로 임용해서는 안 된다"는 칙명을 내렸다. 이유는 "해당 지역의 세금이 많아서 속임수로 탈세하는 부패가 생기기 쉽기 때문이었다."[20] 강남 사람들이 줄곧 제국의 재정을 장악하고 있었기 때문에 명대 황제들은 그들을 특별히 통제하지 않을 수 없었다. 이는 황제들도 강남을 경제의 중추 지역으로 묵인했다는 것을 의미한다. 경제적 풍요는 문화 번영의 기반을 제공했고, 또한 넉넉한 경제력은 명말 이후 문화 소비주의의 현실적인 보장이 됐다. 강남이라는 이 사치스러운 지역은 청나라 황제들의 마음속에 자부심 강한 '매혹적인 문화 도시'로 상상되기 쉬웠다.

청대에 들어와 더욱 부패한 강남의 사치 풍조는 부와 문화를 지닌 강남에 대해 이중적인 상상을 하게 했으며, 그리하여 기괴한 심리 상태를 유발시켰다. 청대 사람들의 눈에 비친 강남은 우아하고 운치 있는 원림園林, 음악이 흐르는 유람선, 문인들의 시흥詩興 넘치는 모임, 노래와 춤으로 흥을 돋우는 기생들의 풍류와 불가분의 관계에 있었다. 청대 사람들, 특히 청초의 황제들은 강남에 대해 공포와 불신의 감정을 갖는 한편, 다른 한편으론 끝없는 찬탄과 질투심도 동시에 갖고 있었다. 가장 심각한 것은 역대 문화의 중심으로서의 강남에 대해 애정과 원망의 복잡한 심경을 지니고 있었다는 점이다. 강남 지역에서는 다른 지역에 비해 과거시험에 대한 관심이 더 높았기 때문에, 강남의 도서출판업도 이에 따라 흥성했다. 청대 건륭 연간(1736~1795)에 어떤 이는 다음과 같이 말했다. "전문적으로 서적을 판매하는 곳을 서방書坊이라 한다. 서방은 강남, 장시, 저장에 있고 다른 곳엔 없다. 어쩌다 점포가 있어도 모두 이 세 지역 사람들이 운영하는 것이다."[21] 만주족의 눈에 비친 한족의 가장 핵심적 특징은 모두 강남 지역을 상징하는 기호들과 밀접한 관계가 있었다. 강남의 문화는 가장 사치스럽고, 가장 학구적이고, 가장 예술적인 품위를 갖고 있었다. 그러나 융통성 없고 근엄한 만주족의 시각에서 볼 때 강남 문화는 또한 가장 타락한 것이기도 했다.[22] 그들이 가장 싫어했던 것은 강남 문인들이 술과 시와 풍류를 즐기면서 과거를 추억하는 방식으로 이전 왕조에 대한 애상과 회한을 기탁하는 것이었다. 강남 사람의 눈에 무력으로 영토를 확장해나가는 만주족의 이미지는 그들의 '문화적 열등감'을 더욱 강하게 부각시킬 뿐이었다. 그래서인지 만주족이 강남 지역에서 저지른 학살에 대한 기억이 각종 저서와 시문에 흩어져 기록되어 있으며, 강남의 사인들은 종종 괴상한 행동과 글로써 오랑캐인 만주족이 중원에 들어온 것에 대한 불만을 표현했다.[23] 이렇게 괴이하고 길들이기 힘든 지역 사람들을 어떻게 통제할 것인가 하는 문제는 당시 황제들이 풀어야 할 난제였다. 강남 사인들을 마음으로부터 항복시키는 일은 결코 단순한 지역 정복이나 제도 마련의 문제가 아니었다. 대일통의 설계는 문화 전쟁의 측면까지 철저히 고려된 후에야 비로소 그 효과가 나타날 수 있었다.

중국 역사상 '화이질서華夷秩序'는 처음에는 상대적으로 단일한 핵심

씨족을 위주로 생겨났고, 점차 외곽으로 영토를 확장하면서 가까운 곳에서 먼 곳으로 원형의 망이 형성됐다. 그런데 그 핵심 씨족도 결코 불변하는 것은 아니었다. 왕조가 바뀜에 따라서 그 주체도 끊임없이 변했다. 예를 들어 하夏, 상商, 주周의 교체를 통해서 바로 종족의 변화 상황을 볼 수 있다. 옹정제雍正帝는 화이질서 중에 동이와 서이의 신분 자체가 시간에 따라 달라졌다고 여겼다. 그래서 "이적이란 이름을 우리 왕조에서는 기피하지 않는다"라고 했다. 그는 『맹자』의 말을 인용하며, "순舜임금은 동이 사람이고 문왕文王은 서이 사람이다"라고 했는데, 이는 출생지에 따라 말한 것으로, 곧 "지금 사람들의 본관과 비슷한 것이다."[24] 그러니 만주족이 천하를 얻은 것도 전혀 이상할 것이 없다는 뜻이다. 그런데 화이질서관에는 역시 중심-주변이라는 종족적 차이로 문화 우열을 구별하려는 흔적이 남아 있다. 주변 종족이 때로는 중심 종족에게 적으로 여겨지는데, 그 까닭은 대일통을 실현하는 데 강대한 정치적·군사적 실력을 갖추지 못했기 때문이 아니라 충분한 문화적 역량과 침투 능력을 갖추지 못했기 때문이다. 따라서 '이적'은 중심적 지위를 쟁탈하려는 욕망을 가지고 마침내 중심적 지위에 오르는 데 성공한다 해도, 진정한 정통성을 확립하지 못할 수 있다. 원나라는 바로 중심의 위치를 차지하고도 합법성을 획득하지 못한 예다. 화이질서는 유사한 가치 시스템을 구축함과 동시에 끊임없이 자신과 다른 세력을 성장시키고 있었다. 주변 이민족 정권들은 기회만 생기면 중원을 차지하려고 애썼다. 이렇게 하지 않으면 정통과 중심의 자리에 오를 자격을 얻지 못한다고 생각한 듯하다. 그러나 역사는 늘 문화적인 기준을 제시했고, 이러한 강탈을 영토 공간의 점유로만 표현되게 하지는 않았다. 나아가 이것은 정서적이고 심리적인 심층 문화의 대결이었다. 심지어 이런 정서와 심리적 갈등을 해결하는 데 성공했는지의 여부가 종종 정통성의 확립 정도를 결정했다. 과거 중원 지역을 점령한다는 것에는 상징적 의미가 있었지만, 청나라가 중국을 장악했을 때는 중원을 점유한 것만으로는 합법성을 쟁취하기 어려웠다. 강남 지역의 정서까지 정복해야만 그 합법성의 기반이 마련될 수 있었던 것이다.

각 장의 주요 내용

명말 청초의 왕조 교체기, 시적인 정취가 물씬 풍기면서도 비애감을 자아내는 '잔산잉수殘山剩水(전란 후 황폐해진 산수)'와 같은 용어가 이 시기 사인들의 시와 글에 반복적으로 나타나고 있다는 걸 발견할 수 있다.

책의 제1장에서 유민遺民의 글을 정리해봄으로써 '잔산잉수'라는 말이 적어도 다음과 같은 의미를 나타낸다는 것을 알게 될 것이다. 상업이 한창 흥성하고 번화했던 명말의 전성 국면이 청초에 곧바로 사라졌다고는 할 수 없다. 그러나 복잡하게 변화하는 시대 배경 속에서 새롭게 평가되고 해석된다. 번화한 현상은 계속됐지만 여기에는 표면적인 형상만 남았던 것이다. 예컨대 시와 문장의 교류, 정원 수리, 결사모임, 서예와 회화 품평 등 예술적 행위는 겉으로 보자면 명말과 유사한 것 같지만, 실제로는 다른 내용을 내포하고 있으며 특수한 역사 상황의 흔적을 내비친다. 명말의 연속이 아니라 반대로 연속성의 중단으로 봐야 한다는 것이다.

'잔산잉수'란 말은 송말 원초 한족 유민들의 시문詩文에 빈번히 나타났다. 마찬가지로 명말 청초 유민들의 작품 속에도 자주 나타났는데, 이 말은 강한 은유적 색채를 띠고 있으며 남송이라는 특수한 역사 시기에 대한 그리움과 반성을 드러내고 있다. 새로운 왕조에 적응하지 못하는 유민 사인들의 심정을 대변하는 말인 동시에 명말 청초 변혁에 대한 냉철한 사고도 내포되어 있다. 또한 송말 원초, 명말 청초 두 시기의 역사적으로 비슷하면서도 다른 운명을 은유적으로 표현하고 있다. 남송과 명말의 역사를 연결해서 기술하는 것은 시문詩文, 서화書畫, 원림園林, 비각碑刻에 두루 나타난 잔산잉수라는 이미지를 통해서 가능하다. 즉 잔산잉수의 이미지를 통해 서로 다른 시간과 공간 안에서 이질적인 두 역사 장면을 연결하고 있는 것이다. 청초의 서예와 회화작품에서는 고적하고 앙상한 이미지에 대해 편애하고 탐닉하는 현상이 자주 발견된다. 이는 왕조교체기 유민들이 자신들의 불완전함을 뼈저리게 느끼며 탓하는 자학 심리와 부합한다. 이런 이미지의 유추는 '달라진 산수山水異色'와 '오랑캐의 남침蠻人南侵'이라는 서로 다른 두 이미지 간의 유사 관계를 반복하여 강화시킨다. 아울러 '문명과 야만의 차이'에 대한 유민들의 사고가 역사 기억을 통해 표출된 것이기도 하다. 이는 또한 그들이 괴이한 행위로 '절의節義'를 지키는 동력이 됐다. 유민들은 불가사의하면서도 비상식적인 행위를 많이 했다. 그러한 행위 이면의 심리적 근원은 오랑캐 손에 넘어간 세월과 영토에 대한 역사 상상으로 거슬러 올라가서 합리적으로 해석할 수 있을 것 같다.

'잔산잉수'는 단순히 유민 정서의 표현인 것만은 아니다. 남송-명말이 상호 침투하는 모습을 보이는 이 서술 구조는 왕조 교체기 사인 집단이 명말 역사에 대한 새로운 반성의 틀을 세우려는 일종의 시도이기도 하다. 잔산잉수라는 표현에는 명말의 정치 질서와 생활 행태에 대한 엄준한 자기비판이 내재되어 있다. 또한 명말의 당쟁黨爭, 강학講學, 유람, 출사와 은거出處의 선택 등 여러 역사 현상에 대한 반성도 대부분 잔산잉수의 언어 이미지 속에서 이루어졌다. 청초 사인들은 출사와 은거를 선택해야 할 때도 명말을 거의 남송에 비유하면서 송말 원초 사인들의 생존 방식을 참조하여 결정했다. 심지어 기층 사회의 예禮를 재건하는 일에 대해 생각할 때도 '잔산잉수'의 형세가 자신들에게 요구한 역할의 역사적 위상에 기초했다.

　제2장은 제1장의 서술 맥락을 이어받아 강남 사인들이 잔산잉수를 복구하려는 관점에서 어떻게 기층 사회 조직을 재건했는지 그 의도와 시도에 대해 중점적으로 분석했다. 왕조 교체기에 만주족이 한족을 학살하는 과정에서 도시의 번화했던 모습은 먼지처럼 사라지고 지난날 시끌벅적했던 모습은 적막함으로 바뀌었다. 왕조가 교체된 것에 대한 강남 사인들의 반성을 통해 점차 '도시-향촌'이라는 대립적인 이미지가 형성됐다. 당시 사인들은 대부분 향촌에 은둔함으로써 절개를 지키는 태도를 취했다. 그러나 어쩔 수 없이 향촌에 은둔하는 것을 선택하여 삶을 모색한 것은 사인들의 학문 방식과 인생행로를 바꿔놓았다. 향촌의 고례古禮를 회복하고 종족을 재건함으로써 문화적 혈통을 지속시키는 것이 당시 사인들의 공통된 소망이 됐다. 이와 동시에 청초의 황제들도 상층에서는 '효도'를 제창하고 '가족'의 형식을 통해 민의民意를 응집시키면서, 기층에서는 '향약鄕約'과 '종족宗族' 등의 조직을 다시 제도화시켰다. 이는 향촌에서 잔산잉수를 원래대로 회복시키려는 한족 사인들의 행위와 약속이나 한 듯 완전히 일치하는 것이었고, 따라서 군주와 사인들은 점차 같은 세력이 됐다. 이 장에서는 청초의 '경연회강經筵會講'을 예로 들어 사인과 군주의 교화 역할이 어떻게 바뀌었는가를 분석했다. 강남 사인들은 왕조

교체의 아픔을 겪고 나서 명나라 멸망의 교훈을 되새겼고, 청나라 통치자들도 명조를 대신할 만한 정당한 명분과 이유를 찾아야 했다. 따라서 양자는 모두 명말 사인들의 풍조에 대해 맹렬히 비판했다. 예컨대 그들은 대개 붕당朋黨이라는 당파 투쟁과 공소한 학문 풍토에 따른 폐해를 비판했다. 그러나 그들의 의도와 지향하는 바는 서로 달랐다. 강남 사인들은 절개를 숭상하는 전통을 다시 회복시키려 했고, 황제들은 '도통道統'을 '치통治統'의 기치 아래로 포함시킨 후 사상의 '일통一統' 국면을 실현시키고자 했다. 여러 차례 반복된 갈등을 겪으면서 사인들의 변혁 의지는 결국 군왕의 이데올로기에 동화되어갔다.

왕조 교체기, 강남 사인들의 생계 문제는 날로 심각해지고 있었다. 어떻게 하면 기본적인 생계를 유지하는 동시에 정신적인 측면에서 반성과 사고의 능력을 잃지 않고 지속할 수 있을까? 이는 청초 사인들이 직면한 어려운 문제 중 하나였다.

제3장에서는 청초에 정치적으로 민감한 인물이 됐던 여유량呂留良에 초점을 맞춰, 그의 복잡하고도 궁핍한 인생과 그러면서도 절개를 지키려 했던 정신력 사이의 관계를 분석하고자 했다. 여유량의 가족은 줄곧 조정에서 추적하여 체포하려 했던 중범들이었다. 그러나 아이러니하게도 여유량은 청초 이학理學 부흥의 선구자이기도 했다. 여유량의 주자 숭상은 강희제의 주자 숭상 노선과 서로 일치하는 듯 보이기도 했다. 그런데 그는 과거시험의 문장인 시문時文 비평선집의 대가로서, 그의 마음속에는 남송으로부터 이어져온 '한족과 오랑캐'에 대한 차별적 정서가 남아 있었다. 그는 자신이 세운 '천개루天蓋樓'라는 시문時文 판매망을 통해 자신의 사상을 널리 전파했으며, 이는 청초 '대일통' 사상의 구축 계획에 심

한 타격을 입혔다. 생계의 이로움을 도모하는 것과 도리와 절의를 지키려는 것 사이에 처해 있던 여유량의 복잡한 처지는 청초 유민들의 생활과 사풍士風이 변화하는 모습을 보여주는 축소판이라 할 수 있다.

중국 고대 사상을 논하는 글 가운데는 역사관에 관한 서술이 많다. 역사관은 개인에게만 국한된 것이 아니라 인간관계, 정치 이익과 예의 관념의 종합적 표현이다. '문질文質'이라는 말은 바로 이 같은 복잡한 의미를 포함한다. 제4장과 제5장에서는 '문-질' 관계에 대한 청초 강남 사대부들과 제왕들의 서로 다른 이해가 서서히 같아지는 과정을 보여줌으로써 왕조 교체기에 지식인 계층과 제왕들이 그들 사이의 관계를 어떻게 재정립했는지 다시 살펴보고자 했다.

'문질지변文質之辨(화려함과 질박함의 구별)'은 중국 문화사의 맥락에서 오랜 해석의 역사를 가지고 있지만 명말 청초에 또 새로운 의미가 부여됐다. 그 의미는 대체로 다음 몇 가지 방면에서 드러난다. 우선, 청초에 중원에 들어와 대통을 계승한 이민족으로서 만주족이 가져온 새로운 생활방식은 나아가 사상과 사회적 측면에서도 일련의 변화를 일으켰다. 이 변화는 문질에 대한 청초 사인들의 전통적 이해방식을 바꿔놓았다. 다음으로, 남북 지역과 종족種族으로 문명과 야만을 구별하던 한족들의 전통적 인식은 만주족이 내세운 대일통 이념의 도전과 수정 요구를 받게 됐다. 마지막으로, 사치스럽거나 검소한 생활에 대한 청대 황제들과 사인들의 선택도 문질 관계에 대한 이해를 둘러싸고 전개됐다. 명나라의 화려한 생활 방식에 대해 똑같이 비판적 태도를 취하고 있었기에 황제와 사인들은 모두 다 검소한 생활을 숭상했지만 실행 방식에서는 차이가 있었다. 사인들은 기층 사회에서 예치禮治 질서를 회복하려 한 것이고, 황제는 사치스러운 생활을 억제하고 검소한 생활을 숭상하면서 이를 통치 전략의 표현으로 삼은 것이다.

역대 황제들은 모두 등극 초기에 자신의 대통 계승을 합리화하려고 노력했다. 만주족 황제는 이민족 신분으로서 한족 군주의 천하를 빼앗았기 때문에 물론 더욱 복잡한 절차와 방법으로 정통성을 확립하려고 했다. 제6장에서는 역대 '정통관正統觀'의 형성 계보를 간단히 정리함으로써 정통관의 확립과 변천이 송대 사인들의 도통관道統觀의 형성과 밀접한 갈등 관계에 있음을 논의했다. 그런 다음 청나라 황제들이 이 '도통'의 의미를 구별하고 개조하고 빼앗음으로써 어떻게 정통관의 해석을 자신들에게 유리하게 만들고 또 '군사君師'와 '도치道治'의 합일이라는 정치적 목표에 복종시켰는지를 설명했다. 정통관의 확립은 동시에 역사 서술의 풍격과도 관계가 있다. 명나라 때는 개인의 역사 편찬이 성행했다. 개인이 편찬한 역사서 중에는 야사가 많아 역사적 사실의 진위를 변별하기 어려운 폐단이 있었으나 한편으로는 이로 인해 다차원적인 역사 기술 방식이 수립되고 역사에 대한 개인적인 비평 규칙이 만들어지기도 했다. 그러나 청나라 황제들은 '사의私意'와 '공론公論'을 엄격하게 구별했다. 개인적으로 역사를 기술하고 편찬하는 것에는 점차 이단과 반역이라는 꼬리표가 붙게 됐고, 정통을 대표하는 '공론'과 대립하는 것이 됐다. 사림士林 집단은 '공론' 규칙이라는 잠재적인 제한 속에 역사적 사실에 대해 비판적으로 포폄을 가하는 권리를 점차 포기했으며, 결국 역사를 기술적으로 열람하는 고증학 방식으로 전향했다.

최근 학계에서는 '경세經世' 관념과 '경세사상'을 품고 있는 인물에 대해 많은 연구가 이루어지고 있다. 심지어 경세를 어떤 변혁과 계몽운동의 촉매로 이해하기도 한다. 따라서 경세라는 말은 청나라 건립 초기와 멸망 전후라는 특수한 두 역사 시기와 관련이 많다. 경세사상은 왕조 교체기의 급진적 변혁 목표와 행동 논리로서 드러날 뿐만 아니라 일상적인 정치 운영에서의 정치논리로서 드러나기도 한다.

제7장에서는 장학성章學誠의 사상을 예로 들면서 그 사상과 건륭제의 대일통 이데올로기 사이의 복잡한 관계를 살펴보았다. 특히 기타 지방지地方志 편찬의 의도와 청나라 통치자들이 전체적으로 구상하는 지방에 대한 통치 방안 사이에 미묘한 협력 관계가 있음을 보여주고자 한다.

청대 '문자옥文字獄'에 관한 이전 연구에서는 그것을 단순히 일부 사인들에 대한 박해 행위로 여기는 경우가 많았다. 이 책의 마지막 장에서는 문자옥이 실은 청대 대일통을 건립하는 전체적 계획과 밀접한 관련이 있으며, 그것이 청나라 황실의 전반적 통치 기술의 한 부분이었다는 점을 밝혔다. 예를 들어 옹정제 때 문자옥은 '이하지변夷夏之辨'의 논쟁을 없애는 것과 관련이 있었고, 건륭제 때 문자옥의 빈번한 발생은 『사고전서四庫全書』를 편찬하는 전 과정에 나타난 것으로 책을 수집하고 금지 서적을 몰수하는 모든 과정과 연결되어 있었다. 그 기간은 장장 20여 년에 달했으며, 이는 분명 고심하여 세운 계획의 결과였다. 문자옥 발생 과정에서 주목받지 못한 또 다른 측면은 건륭제가 지방 관원들에게 일상적인 업무 처리 감각을 훈련시켰다는 점이다. 문자옥은 사림 계층에 대한 사상적 통제일 뿐만 아니라 지방 관원들이 자각적으로 청조의 일상적인 통치 과정을 실현할 수 있도록 훈련시키는 것이기도 했다. 궁극적으로 지방 관원들에게 황제의 엄명과 엄격한 감독이 없어도 스스로 알아서 왕권의 의도를 실현할 수 있도록 규율하는 목적을 달성할 수 있었다. 관원과 사림에 동시에 이중의 구속력을 효과적으로 발휘한 문자옥의 영향력은 정말 대단했다고 할 수 있다.

이상 이 책의 각 장절은 모두 명나라 말기로부터 청나라 건륭 연간까지의 '강남' 사림을 주체로 한 인물들과 청조 전성기의 몇몇 황제를 다룬다. 사림의 사상과 행위에는 비록 스스로의 운영 논리가 있었지만, 청나라의 엄격한 통제 분위기 아래 그 사상은 갈수록 자족적인 상태를 유지하기가 어려워졌다. 청대 황제들과 상대하면서 사림 계층은 점차 청대 통치자의 전반적 정치 계획 아래 한 구성 성분이 됐다. 이것이야말로 중국 문화와 사상의 궁극적인 운명이었다.

제1장

잔산잉수의 비유와
청초 사인들의 처세

황제가 죽고 종묘가 무너지니, 파괴된 중원은 다시 회복하기 어렵도다

宮車出, 廟社傾, 破碎中原費整

문신은 조정에서 지략을 논할 수 없고, 무신은 전장에서 용맹을 떨치지 못하네

養文臣帷幄無謀, 豢武夫疆場不猛

이제 산수는 황폐해지고, 장강의 밝은 달과 맑은 물결 마주 대하니

到今日山殘水剩, 對大江月明浪明

누각에선 온통 한탄 소리 통곡 소리뿐

滿樓頭呼聲哭聲

— 『도화선桃花扇』 제13척

1절
잔산잉수의 비유: 남송과 명말

|

한 폭의 낡은 그림이 유발한 유민의 말 못할 고통

강희 2년(1663), 광시廣西로 도망하여 은둔했던 영력제永曆帝(남명南明 정권 마지막 황제 주유랑朱由榔)가 여러 차례 청나라 군대의 추격을 받는 상황에서 명말 황족 혈통의 명맥을 근근이 이어간 지 17년째였다. 강남의 혼란스럽고 시끄러웠던 전쟁도 이미 평정을 찾아가고 있었다. 그해 강남 사인 여유량呂留良(1629~1683)은 35세가 됐다. 왕조 교체기 차마 돌이켜볼 수 없이 가슴 졸이던 유민遺民 생활을 겪은 후, 그는 주변 친구들과 비밀스런 말을 주고 받다보면 고독하고 우울한 자신의 기분이 좀 풀릴 수 있으리라 생각했던 듯하다. 그래서 그는 달을 벗 삼아 내키는 대로 노래하고 나라의 큰일을 논하던 명말의 흘러간 세월을 서서히 그리워하기 시작했다.

강희 2년 수년간 조용히 지내던 강남 유민 여유량은 4, 5월에 명말 결사結社의 연락망을 물려받으며 마침내 다시 활약하기 시작한다. 그는 여전히 황종희黃宗羲(1610~1695), 오지진吳之振(1640~1717), 오이요吳爾堯 (1634~1677) 등 친한 친구들과 같이 송시宋詩를 선별하고 화답하며 회화 작품을 감상하고 품평하는 것을 즐거움으로 삼았다. 그중에서 「송석문화망천도宋石門畫輞川圖」라는 그림은 그들의 가장 중요한 감상 작품이었다.[1] 오지진의 말에 따르면, "이 작품은 세상에 이리저리 흘러 다니다가 어느새 보기 드문 희귀한 작품이 됐다."[2]

명말 문인들의 생활 모습은 사람들에게 화려하다는 인상을 주었다. 여행, 인쇄, 서적 간행이나 장서藏書 등의 활동이 모두 이전과는 비교할 수 없을 정도로 그 규모가 확대됐고 새로운 형식들이 다양하게 나타났다.[3] 상업적인 교류가 활발해질수록 생활 모습이 다양해졌으며, 이 둘 사이의 관계가 갈수록 밀접해지는 가운데 사치스럽고 겉만 화려한 풍격이 지속적으로 나타났다. 송대 문인들이 그랬던 것처럼 모여서 서로 시에 화답하고 서화 작품을 품평하는 행위는 이제 더욱 큰 규모와 정교한 형태를 갖추고 독특한 감성 공간을 만들어냈다. 또한 여기서 배태된 세상을 대하는 태도는 명말 사인이 세상에서 최고라고 여기는 기이한 풍격으로 변화·발전했다.

청나라 초기, 비록 왕조가 바뀌고 시대가 달라졌지만 음주를 즐기면서 시문詩文을 짓는 풍속은 여전했다. 그러나 이런 행위에는 고통스러운 성찰의 의미와 반성의 징후만 남아 있을 뿐, 명말의 화려하고 사치스러운 풍격과는 이미 전혀 다른 모습이었다. 유민의 시사詩詞는 명말의 화려한 시구에 함축된 내용과 본질적으로 다르다고 당시 유민 섭상고葉尙皐(1607~1647)가 확실하게 선을 그었다. 그는 명나라가 망할 때 운명을 같이하지 않은 이유에 대해 다음과 같이 말했다. "작은 개울물에서 목매고 죽는 것보다 미친 척하면서 희롱을 욕설로 삼아 난신亂臣을 실색케 하고 적자賊子를 두려움에 떨게 할 수 있다면 나는 죽어도 한이 없을 것이다. 그러므로 시를 지어 내 뜻을 표현하거나, 사물에 내 마음을 기탁하거나, 한밤중에 딱따기를 두드리거나 또는 긴 밤에 방울을 들고 흔드는 일 등은 모두 이 세상을 일깨우려는 것이며 인간으로 하여금 짐승과 다르게 하려는 것뿐이다."[4]

이와 같이 시와 술을 빌려 자신의 뜻과 정서를 표현하는 것이 뜻밖에도 절개를 지킨 후 '죽지 않는' 이유가 될 수 있다는 것은 이처럼 특수한 역사 시기에만 볼 수 있는 현상이었다. 당시 강남 은현鄞縣(지금의 닝보寧波인저우鄞州) 일대에 유민들이 석사汐社라는 문사文社를 만들었다. 많은 사람이 "찾아오지 않는 날이 없었고, 큰 절의와 옛 도리로 서로를 격려했다. 이야기하는 사람, 침묵하는 사람, 서책을 훑어보는 사람, 미친듯이 술을 퍼마시고 백안白眼*을 드러내는 사람, 끊임없이 하늘에 호소하며 통곡하는 사람, 이런 사람들의 뜻이 모두 시에 드러났다."[5]

청초 유민들 중에서도 원림園林을 지어 이를 문인들에게 집회 장소로 제공하는 사람이 적지 않았지만 입과 귀의 즐거움을 위해 온갖 사치를 불사한 명말 사인들의 풍조와는 그 의도가 매우 달랐다. 이런 행위는 주로 전 왕조에 대해 애도하고 슬퍼하는 것과 관련된 것으로 송말 원초의 정서와 비교할 만하다. 예를 들어 명말 유민 모양冒襄(1611~1693, 자는 벽강辟疆)이 수회원水繪園이라는 원림을 지었는데 당시 사람들은 이 수회원을 원나라의 상황과 연결시키면서 그 의의를 논했다. "내가 보기에 원나라 때 현인 지사들은 억울하고 불만스러울 때면 곧 술을 마시고 시를 지음으로써 스스로를 달랬다. 이때 현명하고 호기로운 연장자를 주인으로 삼

---

* 『진서晉書』「완적전阮籍傳」에 의하면 완적은 마음이 맞는 사람은 보통 눈인 청안青眼으로 대하고, 싫은 사람은 옆으로 노려보는 눈인 백안白眼으로 대했다고 하는데, 이는 여기서 나온 말이다.

왔다. (…) 이제 벽강辟疆은 모든 것을 버리고 오로지 친구들과 더불어 시와 술에 빠져 지내는데, 원림에 울려 퍼지는 음악 소리는 예전보다 더 성대한 것 같다."[6] 이러한 말 속에는 '남송'과 '명말'이 하나로 엮인 이미지가 보일 듯 말 듯 은근히 감춰져 있으며, 호방하게 휘두르는 필치 중에도 의기소침함이 느껴진다. 또한 모양冒襄이 이 원림을 조성한 심정과 왕조가 바뀌기 이전 명말 사인들이 원림을 지은 동기의 차이를 어느 정도 반영하고 있다.

서화 작품에 단체로 관관觀款(제명題名이라고도 하며 작품을 감상한 후 이름을 적는 것)이나 발문跋文을 쓰는 것은 원나라 때 형성되고 유행했으며 청나라 때까지도 계속 이어졌다. 제문題文과 발문의 글자체로는 해서楷書·행서行書·소초小草·장초章草·예서隸書 등이 있었고 서예의 풍격도 각기 달랐으며 들쑥날쑥 가지런하지 않은 중에 정취가 가득했다. 이러한 것들은 명말 청초 문인들의 시각적인 습관이 날로 복잡해졌다는 것을 보여준다.[7] 그런데 왕조 교체의 과도기가 아직 끝나지 않은 이런 특정한 시기에 작성된 서화의 제문과 발문은 단순히 시각적 혁명의 문제에 그치는 것이 아니었다. 그 안에는 명 유민으로서 제발題跋을 쓴 사람들의 전 왕조에 대한 애도의 마음과 말 못할 괴로움이 종종 숨어 있었다.

따라서 '송나라를 빌려 명나라를 비유하는 것'이 왕조 교체라는 아픔에 대한 청초 유민들의 가슴속 울분을 표현하는 방식이 되었음을 알 수 있다. 송대는 명 유민들의 눈에 단순히 손에 들고 감상하며 이야기에 흥을 돋우는 대상일 수만은 없었다. 그것은 이미 오랜 시간에 걸쳐 공감대가 형성된 아주 민감한 글자이자 화제가 됐다. 일단 빈번하게 이 영역을 건드리게 되자 품평의 분위기는 더 이상 유유자적한 정취를 풍기며 우아하고 여유로울 수 없었다. 결국 그해 9월이 되면서 가벼웠던 집회 분위기에 변화가 일기 시작했다.

9월 9일 중양절에 부슬부슬 가랑비가 내렸다. 여유량은 오지진, 황자석黃子錫(1612~1672, 자는 복중復仲, 호는 여농산인麗農山人)과 함께 비를 맞으며 흙탕길을 걸어 역행당力行堂에 가서 술을 마셨다. 황자석은 「여차강산도如此江山圖」라는 진귀한 작품을 내보였다. 다들 흥취가 한껏 높아져서 작품의 제문과 시들에 대해 분분히 품평하기 시작했다. 술을 마시며 시문에 화답하면서 여러 차례 탄식했다. 그러나 당시 그 자리에 있던 사람들은 아무도 예상하지 못했다. 이 모임이 있은 지 40년 뒤, 이 작품으로 인해 격발된 불평과 한탄이 바로 후난湖南 사인 증정曾靜이 함부로 '이하지변夷夏之辨'을 논했다는 죄의 증거가 되리라는 것을 말이다.

「여차강산도」는 송나라 말기 유민 진림陳琳(?~?, 자는 중미仲美)의 작품이다. 오지진이 시를 지은 다음 여유량이 종이를 펴고 붓에 먹을 묻혀 창밖의 빗소리를 들으며 몇 마디 서언을 써서 이 작품의 유래를 소개했다. 여유량의 해설에 따르면 남송 때 오산吳山에 여차강정如此江亭이 있었는데, 송나라 유민이 이 그림을 그려 자신의 마음을 표현한 것이라고 한다. 작품에는 '자지생제紫芝生題'라는 네 글자가 있었다. 명나라 때 자칭 원나라 사람이라고 하는 장욱張昱(1289?~1371?, 자는 광필光弼)이 손님을 데리고 이 정자에 올라 슬피 노래를 부르며 옛일을 회고했다. 원나라의 멸망을 애도하고자 한 것이다. 그는 도사 사현중史玄中의 집에서 이 그림을 발견하고 작품에 서언과 시를 적어 넣었다. 이에 대해 여유량은 "나라의 멸망을 슬퍼하는 것은 같지만, 나라의 멸망이 질적으로 다르다는 것을 모른다"라고 했다. 즉 장욱이 슬피 노래하며 애도한 것은 원나라의 멸망이며, 이것은 송나라의 멸망을 애도하는 것과는 근본적으로 다르다는 의미다. "시에 화답한 사람이 송나라든 원나라든 상관없이 되는 대로 흥망에 대한 감회를 지어내니" 시비를 혼란스럽게 한 혐의가 있다는 것이다. 다시 말해, 여유량의 눈에 원나라 유민과 송나라 유민은 완전히 다른 개념이었다. 그가 이 그림에 다시 제사題辭를 쓴 것은 바로 "후대 사람이 이 두 시대를 동등하게 보고 평론할까봐" 걱정됐기 때문이다. 그가 이렇게 일깨워준 뒤 사람들이 원나라 유민과 송나라 유민을 함께 논하는 일은 없었다.

　얼핏 보면 이 그림은 고요하고 아늑한 전원의 경치를 표현한 것 같다. 여유량은 다음과 같이 시를 지었다.

또 정자 밖을 바라보니 강물이 마을을 에워싸고 흐르고　　又看亭外環村莊
볏짚은 작은 고기잡이배에 10장丈 높이로 쌓여 있구나　　稻堆十丈釣艇横
태평성대가 백 년 동안 이어져야 이런 모습이 되리라　　太平百年庶幾有此事

그림 속에 나타난 정서를 자세히 음미하고 난 다음에야 여유량은 비로소 그림의 섬세한 풍경 묘사가 자아내는 표면적인 정취에 속아서는 안 된다는 것을 깨달았다. "이로써 그림 그린 자의 깊은 뜻을 찾아냈으니, 그림 그린 이가 진심을 보이지 않고 줄곧 위장극을 하고 있었기以是鈎索畫者義, 全無心肝直詭戲" 때문이다. 그리고 자신의 느낌을 이렇게 말했다.

이제야 이 그림을 그린 뜻을 깨달았으니　　　　吾今始悟作圖意
통곡하고 눈물 흘림이 이와 같도다　　　　　　痛哭流涕有若是
당시의 유로는 지금의 유민이며　　　　　　　當時遺老今遺民

농부도 아니고 관리도 아니라네	自非草服非金紫
이처럼 강산 한쪽은 태평스러우나	如此江山偏太平
화려하게 그릴수록 수심은 더 깊어진다	越畫繁華越愁悝
보지 못했는가, 정사초가 사사로이 기록한 책을	不見鄭億托私書
철갑에 넣어 우물 밑에 둘 수밖에 없었음을	只好鐵匣置井底

그림을 그린 사람은 분명 그림을 그릴수록 마음이 더욱 아파졌을 것이다. 말하기 어려운 그 숨은 뜻을 토로할 방법이 없어서 그림을 그려 풀어내려 한 것 같다. 그 마음은 당시 남송 유민 정사초鄭思肖(1241~1318, 자는 억옹億翁)의 마음과 비슷했다고 할 수 있다. 송나라가 망한 뒤 정사초는 비분강개함을 가득 토로한 저서 『심사心史』를 우물 밑에 깊숙이 감춰두었는데, 이 책은 청초에 이르러 비로소 발견됐다.[8]

여유량의 입장에서 보면, 장욱이 정자에 올라 원나라의 멸망을 한탄한 것은 그 내용이 제목과 맞지 않는 일이니 이는 바로 "슬피 노래하는 것 또한 송나라 유민을 따른 것이지만, 지네는 뱀을 좋아하고 쥐는 똥을 좋아하는 법悲歌亦學宋遺民, 蝍蛆甘帶鼠嗜屎"이라는 것이다. 장욱의 시에 "예나 지금이나 영웅들의 한은 끝이 없으니, 강호의 취객에게 들려주노라古今何限英雄恨, 付與江湖醉客聽"라는 말이 있다. 이에 대해 여유량은 단도직입적으로 묻는다. "송나라의 남천을 얘기하는 것인가? 그러면 이 강산은 너무 수치스러운 것이고 애산崖山 대전* 후를 얘기하는 것인가? 그러면 이 강산은 차마 바라볼 수 없다其爲宋之南渡耶, 如此江山眞可恥. 其爲崖山以後耶, 如此江山不忍視."

---

* 송과 원의 마지막 전투다.

여유량는 "이자가 어찌 책을 읽지 않았다고 하겠는가, 오직 대의를 잘 모를 뿐이다"라고 비판했다. 여유량은 십칠사十七史에서 흥망의 일을 논한 것 중 "원나라가 망한 일만은 망국에 비할 수 없다"고 했는데, 이는 원나라가 명나라 손에 멸망당한 것은 '망국亡國'에 비교할 수 없으며 오히려 정통이 회복된 것이라는 뜻이다. "따라서 홍무 연간에 이 그림을 감상할 때는 술잔을 들기만 하면 이 그림을 그린 작가를 추억했으리라. 원나라의 멸망은 슬퍼할 일이 아닐뿐더러, 원나라가 멸망함으로써 송나라 멸망의 한도 풀렸다." 이 말은 명나라가 남송의 치욕을 씻어냈음을 암시하는 것이다. 동시에 여유량은 명나라 초기에 남아 있던 정자가 지금은 이미 사라지고 없다는 사실에 탄식했다.

그 당시 정자에 오른 사람은 정이 너무 없었고	其時登者苦無情
우리들은 정은 있지만 정자가 이미 사라졌다네	我輩情深亭已毁
옛사람은 이처럼 강산을 숭상했지만	古人如此尚江山
오늘의 강산은 또 이와 같구나	今日江山更如此

다음의 몇 구는 가장 핵심적인 내용을 보여준다.

어찌 다시 정자 짓는 사람을 얻어	安得復起作亭人
남송 흥망의 이유를 자세히 알게 할 수 있을까	南宋興亡詳所以
원나라 때 그림 그린 이에게 다시 묻나니	更問元時畫圖者
보고 들은 것을 비슷하게 그렸는가	所見所聞試相擬
또 명나라 초 이 그림에 제사를 쓴 객에게 고하노니	並告國初題畫客

지금 그대가 한스러워하는 것이 어찌 그러한가　　　　　　今君所恨何如彼

가장 마지막 구절에서는 다음과 같이 부탁하고 있다.

황자석에게 부탁하노니　　　　　　　　　　　　　　　拜乞麗農
날 위해 수묵기법으로 다시 그림을 그려　　　　　　　爲我破墨重作圖
황폐해진 산수를 좀 손보아주시게　　　　　　　　　　收拾殘山與剩水[9]

'잔산잉수殘山剩水(황폐해진 산수)'라는 말은 유민의 시에서 빈번히 나타
난다. 오지진은 「재영망천도차운再咏輞川圖次韻」에서 그림 속 경치와 사물
을 논평할 때 마지막에서야 자신의 침통한 심정을 토로했다.

그대는 보지 못했는가. 황폐해진 산수는 슬피 노래하지 못하고

　　　　　　　　　　　　　　　　　君不見殘山剩水莫悲歌
썩고 해진 비단과 종이만이 날 위해 수고롭다　　　　朽繪敗紙爲身累
차라리 그대와 함께 분지산盆池山을 구경하고　　　　不如與君領略盆池山
그대와 술을 나누며 그대 눈물 닦아주리　　　　　　沃君醇醪拭君淚[10]

오지진의 비통한 심정과 기억이 시 구절 중에 함축적이면서 침울하게
표현되어 있다. 또한 여유량의 시에서도 '잔산잉수'라는 말을 통해 남송
의 멸망으로 명나라 멸망의 아픔을 비유했는데, 이러한 시 구절을 통해
저자의 숨은 의미가 더욱 분명히 드러나고 있다.

잔산잉수에서 드러나는 유민의 기억

여유량이 시에서 쓴 '잉수膡水'의 '잉膡(남다)' 자는 대부분 유민들의 문헌 중에는 '잉剩(남다)'으로 되어 있다. 그러나 '잉膡'이든 '잉剩'이든 그 시적 분위기는 모두 일정한 뜻을 함축하고 있다. 즉 송나라 멸망의 흔적을 추억하고 이로써 명나라 멸망에 대한 애도의 뜻을 표현하려는 것이다. 다음 황종희黃宗羲의 시 「영사詠史」에는 이런 생각이 더욱 명확하게 드러난다.

변양(주밀周密의 호)의 돌조각*이 당서塘棲**에서 나왔는데	弁陽片石出塘棲
남은 먹물 여전히 물가에 고여 있었네	餘墨猶然積水湄
반은 송나라 멸망을 기록하고	一半已書亡宋事
반은 오늘의 일을 쓰고자 남겨두었구나	更留一半寫今時
'잉수잔산剩水殘山'이라는 자구의 의미 풍부하니	剩水殘山字句饒
섬원·인근***과 함께 퇴고했네	剡源仁近共推敲
벼루에 보이는 얼룩은 유민들의 눈물이요	硯中斑駁遺民淚
우물 밑 천 년 한은 다하지 않았도다[11]	井底千年恨未銷

시 중에서 '망송亡宋' '유민遺民' 등의 글자가 이미 나왔고, 정사초가 지

---

* 이 시의 제목은 「周公謹硯」이며 여기서 공근은 바로 주밀周密(1232~1298)의 자이다. 주밀의 호는 초창草窗, 사수잠부四水潛夫, 변양노인弁陽老人, 화불주산인華不注山人 등으로, 시에서 '변양弁陽'이라고 한 것은 바로 변양노인을 가리킨다. 송말 원초의 문학가로 남송 격률사파의 대표 작가이며 원나라에 들어서는 우울하고 처량한 풍격으로 바뀌어 망국의 한을 많이 노래했다. 시에서 돌조각이라고 표현한 것은 바로 주밀의 벼루를 가리킨다.

** 지금의 저장 성 항저우 북부의 당서진塘棲鎭을 말한다.

*** 섬원은 송말 원초의 문학가 대표원戴表元(1244~1310)의 호다. 대표원은 저장 성 봉화奉化 섬원剡源 유림楡林(지금의 반계진班溪鎭 유림촌楡林村) 사람으로 당시에 '동남문장대가東南文章大家'로 불렸다. 인근은 송말 원초의 문학가이자 서법가인 구원仇遠(1247~1326)의 자다.

은 『심사心史』의 운명을 암시한 구절이 있으니, 남송의 역사 사실로 자신의 마음속에 맺힌 망국의 한을 드러낸 것이 분명하다. 그러므로 유민의 가슴속에 있는 '잔산잉수'는 단순히 산수 작품을 품평할 때 화풍을 표현하던 상징적 용어에 불과한 것이 아니었음을 알 수 있다. 명말청초 화가이자 승려인 석계石溪(법명은 곤잔髡殘)는 그의 법호와 자칭으로 '잔殘'자를 자주 썼다. 예를 들어, 그는 스스로를 '잔납殘衲' '잔독殘禿'이라 불렀고, 많은 회화작품의 서명과 인장 중에서도 '잔자殘者' '잔도인殘道人' '천양잔자天壤殘者'라는 이름을 사용했다. 그는 또한 '잔殘'으로 자기의 그림을 형용하기도 했다. 일찍이 그는 한 폭의 산수화 제지題識에서 "잔산잉수는 우리 도인들의 일이다"라고 했다.[12]

유민들이 시에서 '잔殘'이나 '난亂' 자를 즐겨 쓰는 것은 유행이 됐던 듯하다. 석계의 절친 동열董說의 시에는 '잔일殘日' '잔양殘陽' '잔성殘星' '잔하殘霞' '잔우殘雨' '잔설殘雪' '잔등殘燈' '잔망殘網' '잔영殘影' '잔풍殘楓' '잔비殘碑' '잔승殘僧' '잔종殘鍾' 등의 이미지가 많이 등장한다.[13] 「술여서계객어述與西溪客語」라는 시에서 그는 또 잔산잉수를 사용하여 자기의 심정을 표현했다.

어젯밤 등나무 그늘에 서서	昨夜立藤陰
거칠게 귀신을 향해 말했네	莽向鬼神說
맹세하노니 매화를 찾아가고자	誓因訪梅花
가족과 영영 이별하겠다고	永與家人別
함에 들은 경서는 산사에 오래도록 묻혀 있고	函經老山寺
큰 돌솥에는 타고 남은 솔잎 가루	石鼎焚松屑
황폐한 산과 남겨진 물	殘山幷剩水.

눈에 들어와 내내 흐느껴 운다　　　　　　　　觸眼盡嗚咽

만 봉 꼭대기에 올라 눈 감고 있으니　　　　　　閉目萬峯頭

떠다니는 구름 따라 이 몸 사라지도다　　　　　一任飛雲滅

옛부터 영웅들은　　　　　　　　　　　　　　古來英雄人

목숨을 아끼지 않았지　　　　　　　　　　　　不惜頸中血

진실로 정을 위해 죽는 것이 아니라면　　　　　苟非爲情死

어찌 차마 이별할 수 있으리　　　　　　　　　邪忍相決裂

그래서 「이소」경은　　　　　　　　　　　　所以「離騷」經

애절하면서 화려하고 변화무쌍하도다　　　　　哀艶多急節

천추의 아름다운 정　　　　　　　　　　　　千秋婉變情

마음이 차가운 쇠와 같다고 잘못 말했네　　　　謬道心如鐵

그대에게 귀신에게 했던 말 풀어놓자니　　　　爲君述鬼言

이 늙은이 눈물을 그칠 수 없네　　　　　　　老淚不能竭[14]

　　한편 잔산잉수는 이전 왕조의 성대했던 모습을 그리워하는 심리의 은
유적 표현으로 쓰이면서 종종 정통으로 삼는 이전 왕조에 대한 절개를
지키려는 정서의 표현이 됐다. 전조망全祖望(1705~1755)은 숭정 17년(1644)
진사들의 행적을 칭찬하면서 "모두 잔산잉수의 절개를 지키면서 삶을 마
쳤다"[15]라고 했다. 이때 전조망은 잔산잉수라는 말에 '절개를 지킨다'는
의미를 부여한 것이다.

　　가슴에 품고 있는 말을 직접적으로 표현할 수 없었기 때문에, 유민시
遺民詩 중에는 잔산잉수와 같은 은유적인 표현이 많이 사용됐다.[16] 이런
침통한 정서의 표현은 남송과 명말 청초, 즉 이민족이 한족 왕조를 교체

한 특정 두 시기에 집중적으로 나타났으며, 이 둘은 서로 호응하는 미묘한 관계가 됐다. 명나라 사람 섭성葉盛(1420~1474)의 필기에 이런 이야기가 있다. 원나라 초 어떤 사인이 서화 작품을 감상할 때 "글씨는 운간雲間 심도沈度의 것을 가장 좋아하고 그림은 영가永嘉 곽문통郭文通의 것을 가장 좋아한다. 심도의 글씨는 풍만하고 온화하며 곽문통의 그림은 산수가 무성하고 울창하기 때문이다"라고 했다. 다른 사람이 남송 화가 하규夏珪와 마원馬遠의 작품을 추천하자 그는 신경을 곤두세우며 거론할 필요도 없다는 듯 꾸짖었다. "이것들은 잔산잉수로서 송나라가 중원을 잃고 남쪽 구석에 안주하고 있을 때 나온 것들인데 무슨 취할 것이 있는가?"[17]

위의 대화 상황에서 잔산잉수는 송나라 말기의 쇠락한 모습을 경멸하는 부정적인 뜻으로 쓰였다. 그러나 적어도 원나라 초에 잔산잉수라는 말이 원래의 영토를 잃고 남쪽에서 안주하며 지내던 남송의 상태를 나타내는 일종의 은어로 사용됐음을 알 수 있다.[18] 이러한 용법은 명말 청초 시기에 다시 계승됐으며 동시에 옛 왕조를 그리워하는 긍정적 의미가 더 강해졌다. 황종희는 송말 문천상文天祥(1236~1283) 막부를 평가할 기회가 있었다. 그는 문천상의 막부에 인재가 많았던 것에 감탄하며 명말에는 인재가 많지 않았다고 은근히 풍자했다. 이때도 바로 잔산잉수의 이미지를 이용했다. "정광천鄭光鷹은 문천상 막부를 위해 전기傳記를 지었다. 그의 막부에 있던 막료와 장군, 병사들 중 기록할 만한 인물이 60여 명이 있었다. 송말 원초 여러 문인의 문집에서 산견되는 문천상 막부의 인물들은 잔산잉수 사이에 나타나거나 은둔하거나 했다. 그것을 읽는 독자들이 그들의 풍격을 회상하며 탄식을 금치 못하는 일 또한 얼마나 될지 알지 못하겠다."[19] '송말 원초'와 '잔산잉수'의 호응 관계는 명말 상황 속의 황종희에게 강한 느낌을 주었던 것이 분명하다. 청초 오위업吳偉業 (1609~1672)도 일찍이 명초의 명신名臣 송렴宋濂(1310~1381)의 문집에 서언을 쓰며 남송의 유신과 잔산잉수를 언급했다. 즉 송렴에게 가르침을 주었던 몇 분의 스승이 남송의 유신들이었으며 그들은 자주 '잔산잉수의 한가로움 속에서 서로의 시에 화답했다'[20]고 했다.

명말 강남 사인들은 종종 남송의 유적을 방문하곤 했다. 당시 전겸익錢謙益(호는 목재牧齋)과 유여시柳如是는 강물에 배를 띄우고 남송의 전쟁터를 찾아가본 적이 있었다. 둘은 양홍옥梁紅玉(1102~1135, 송대 명장 한세충韓世忠의 아내)이 호방하게 술을 마신 뒤 북을 치며 금金나라를 공격했던 영웅적인 기백을 회상하면서 자연스럽게 명말 잔산잉수에 대한 심상을 끌어냈다. 전겸익은 다음과 같이 말했다. "하동군河東君(유여시)과 같이 경강京江에 배를 띄우고 금산金山과 초산焦山을 돌아보았다. 금나라 올출兀朮이 형세가 다급해져 대화를 청했을 때 남송 기왕蘄王(한세충)의 부인 양홍옥이 금봉병金鳳瓶의 술을 사람들과 호탕하게 나눠 마신 뒤 북 두드리며 싸우던 곳을 보고 싶었다. 은은하게 흘러가는 강물 속에서 마침내 '향기 풍기며 분가루 날리던 영웅의 기개, 눈 깜박할 새 잉수잔산 되었구나餘香墜粉英雄氣, 剩水殘雲俯仰間'라는 시를 짓고 서로 오랫동안 탄식했다." 명이 멸망한 이듬해 두 사람은 또 한세충의 묘지를 방문하여 "쌓인 낙엽을 청소하고 이끼를 제거했으며 술을 따르고 큰절을 한 다음 떠났다."[21] 전겸익은 「증황개령서贈黃皆令序」에서 자기의 장서루 '강운루絳雲樓'에 소장했던 "만 권의 장서가 하루저녁에 모두 재가 됐다. 서청西淸과 동관東館* 같은 장서루,

---

* 서청과 동관은 모두 청대와 동학 시기 황실 내 도서 보관 장소였다.

진귀한 서적과 서화들이 모두 사라져버렸다"라고 한탄했다. 또 "개령皆令 (1620?~1669?, 명말 청초의 여류 시인 황원개黃媛介의 자)은 비록 궁한 처지이 지만 청아한 말로 잔산잉수 사이를 아름답게 묘사했으니 진실로 불행하 다고 할 수 없다"[22]라고 칭송했다. 유민 동열董說은 심지어 밤에 놀러 나가 낙엽을 밟고 비석을 만지는 괴이한 습관이 있었다. 그가 자주 촛불을 들 고 밤놀이를 나간 것은 유희를 즐기기 위해서가 아니라 야외에 있는 사 당을 찾아가 옛 비석을 만지기 위해서였다. 이른바 "경전 펼쳐놓는 책상 지나며 까마귀 차갑게 쫓아내고, 비석의 글자 쓰다듬다 어두워져 등불의 종이 심지 사른다過經案冷驅鳥散, 摸字碑昏紙燭擎"(「밀설중密雪中」)라든지 "어제 돌아다니다 황폐해진 사당에 이르러, 차가운 비석을 쓰다듬었다昨行詣荒祠, 摩挲碑石冷"(「연석촌구대대암형죽여硯石村口待碓庵兄竹輿」)라는 시 구절을 통해서 도 그 사실을 알 수 있다. 또 다른 시에서는 그가 어루만진 것이 남송의 비석이었다고 더 구체적으로 알려주고 있다.

전란 속 건염제	風塵建炎帝[23]
역사는 반토막이 되고	史筆事半遺
하늘이 비석의 쓸쓸함을 알려주니	天申碑石冷
손으로 더듬어 밤마다 읽는다네	手摸夜讀之

「경신정월종청산정자저소대, 재석향오일, 후동초상초출지소적벽庚申正月從菁山 艇子抵蘇臺, 在夕香五日, 後同超霜樵出至小赤壁」

기암*의 옛일에 대해 청산이 말했지	楷庵舊事菁山說
애석하게도 건염 시대 문자들이 훼손되었다고	苦惜建炎文字殘

황혼 녘 이끼 낀 비석을 샘물로 씻어내고   昏碑已著苔泉洗

대낮에 다시 등불을 들고 살펴보네   白晝重拈紙燭看

「세한기추수歲寒寄秋邃」

이렇게 옛 비석을 찾아가 살펴보는 그의 괴이한 행동은 모두 남송의
역사와 관련이 있었다.[24]

명말을 남송과 비교하는 것은 심지어 남명 홍광弘光 연간의 예의禮儀 제
정에 관한 토론에서도 나타났다. 당시 감국監國(황제 대리)으로 있었던 홍
광제弘光帝는 즉위할 때 '등극登極' 의식을 거행하고 싶어했다. 호부상서 고
굉도高宏圖(1583~1645) 막부에서 생계를 도모하던 담천談遷(1594~1657)은
절차상 예제禮制에 어긋난다고 생각했다. "『회전會典』은 전성기에 만들어
진 것으로 왕조 말기의 상황과는 좀 다르기 때문에 동진東晉이나 남송의
예제를 따라야 한다"[25]는 주장이었다. 즉 홍광제 시대는 이미 명나라 전
성기에 비할 수 없는 쇠퇴기이고, 한쪽 구석으로 밀려나 안주하고 있는
당시의 상황이 남송의 경우와 비슷했다. 그래서 담천은 남송의 예의 제도
를 참조하는 것이 마땅하며 명나라 전성기를 따라서는 안 된다고 한 것
이다. 명말 '나라가 위태롭고 오랑캐 분위기가 고조되는' 상황에서 명말
대신들의 행위는 동진이나 남송 시기 대신들의 행위와 비교됐다. 또한 궁
지에 빠진 명말의 상황도 서진西晉의 회제懷帝가 흉노족의 포로가 되어 처
형당한 힘없던 영가永嘉 연간이나 여진족의 포로가 된 송나라 휘종徽宗을

---

* 기암檜庵은 음재蔭在(1637~1674)의 호다. 음재는 청나라 때 시승詩僧으로 자는 향곡香谷, 속성俗
姓은 황보皇甫이며 우장吳江 사람이다. 후저우湖州 청산菁山 상조사常照寺의 선사禪師였으며 눈이
많이 오는 날 지촉인연紙燭因緣을 묻다가 문득 깨달음을 얻었다고 한다.

그대로 둘 수밖에 없었던 정강靖康 연간의 상황으로 형용됐다. 일반 조정 대신들은 "등용되면 동진시대 유능한 정치가 왕도王導(276~339)와 같은 사람이요, 황제와 친밀하면 당나라 현종, 숙종, 대종, 덕종 네 황제의 총애를 받은 이필李泌(722~789)과 같은 사람으로서 세상을 다시 세우기 위해 밤낮으로 일하고 생각하는" 사람으로 비유됐다. 고굉도의 경우는 남송 건염建炎 연간(1127~1130, 남송 첫 황제 고종의 연호)의 신하들에 견줄 만한 사람으로 여겨졌다. "건염 연간의 신하들은 건염 시대의 기초를 닦고 하늘의 뜻을 받들어 황제의 어가를 호위했다. 그들은 진실로 어떤 사람이었는가? 공公이야말로 그들과 필적할 만하다."[26]

청초에 잔산잉수라는 말은 명말 사인들의 억누르기 어려운 강렬한 역사적 비애감을 빗대어 나타내고 있다. 술자리에서 시로 화답하는 중에 어떤 선현이 살았던 곳이나 생활 분위기에 대해 추억하는 것은 늘 자연스럽게 순수 예술 활동으로 보이는 담론으로 이어지면서 생각지 못했던 작용을 일으켰다. 그래서 서화나 시 작품을 품평할 때 그림이나 시에 나타난 선현의 활동 공간, 예를 들어 살던 집이나 책을 읽고 쉬던 곳 등에는 일반적인 장소와는 다른 공간적 의미가 부여됐다. 이러한 장소에 대해 어떻게 묘사하느냐에 따라 종종 또 다른 깊은 뜻을 갖게 됐다. 예를 들어 송나라 때 지어진 강남 은현鄞縣의 중락정衆樂亭은 원나라 때는 역참이 됐다. 그 후 송을 배반하고 원의 신하가 된 왕적옹王積翁(1229~1284)이 여기에 또 사당을 세워 제사를 지냈다. 이렇게 됨으로써 "호상湖上의 풍류가 다 사라진" 상태가 됐다. 나중에 중락정이 재건되어 호수의 아름다운 산수 경치를 되찾았을 때 당시 사람이 이렇게 강조했다. "세상 사람들은 모두 성 남쪽 바위 계곡의 핵심 부분을 수리한 건 알지만 정자의 위치 선

석도石濤, 『시화책詩畫冊』, 광저우미술관, 『중국미술전집 9』, 『청대회화』상,
상하이런민미술출판사, 1988, 76쪽.

택에 깊은 의미가 있음을 모른다. 어찌하여 청명한 호수 경치만 칭찬하여 문인들에게 그저 마음 내키는 대로 유람하게만 하는가?"²⁷

명말 고인들이 남긴 옛집은 종종 과거를 추억하는 장소가 되곤 했다. 남명 정권의 중요 인물인 장긍당張肯堂(?~1651)은 옹주翁洲에 설교정雪交亭을 지었다. 전조망은 다음과 같이 기록했다. "공이 이사한 뒤 설교정을 지었다고 들었다. 정자 좌우에 원래 매화나무 하나와 배나무 하나가 심어져 있었고 그 꽃들이 피면 서로 이어졌다. 공은 이것을 가장 즐겨 감상했고 그래서 거기에 초정草亭을 지었다. 공이 죽음을 맞이한 곳도 이 정자에서였다. 정자 밖에 차나무, 황양黃楊나무, 대나무가 많았고 특히 추색秋色(가을빛)이 만연했다."²⁸ '추색'은 심경이 암담함을 비유적으로 보여주는 것으로 울적한 정서가 언외에 드러나고 있다.

유민들은 '추색'과 같은 계절을 나타내는 어휘를 사용하여 명나라에 대한 애도의 뜻을 암시하는 것을 좋아했다. 또한 이전 왕조 때 살던 곳이 파괴된 것에 대한 탄식도 시를 통해 자주 드러냈다. 황종희는 「송육릉宋六陵」이라는 시에서 다음과 같이 표현했다.

나라의 망함 어느 조대엔 없었으랴마는	亡國何代無
이 한은 정말 끝이 없도다!	此恨眞無窮
푸른 하늘 밝은 해가 빛을 잃으니	青天白日淡
깊은 계곡에 슬픈 바람 가득하고	幽谷多悲風
잡새들도 오지 않고	更無雜鳥來
소쩍새 울음소리 몽롱하구나	杜宇哭朦朧²⁹

대다수 유민은 명말 군주가 살던 곳의 경치나 사물로 자신의 마음을 완곡하게 표현하곤 했다. 대명세戴名世(1653~1713)는 금릉金陵(난징)의 여러 사찰에 있는 사라수娑羅樹에 대해 "그 가지들은 오래됐지만, 잎사귀는 다른 나무가 비교되지 않을 정도로 파랗다네. 맑은 향기에 고결함이 묻어나고 짙푸름이 뚝뚝 떨어질 것 같다"라고 칭찬했다. 또 그 나무 아래서 배회하며 떠나고 싶지 않다고 했다. 이러한 말들은 겉으로 보면 단순히 자신의 감상을 표현한 듯하다. 이후 푸젠에서 지낼 때 그는 용수榕樹 나무도 매우 좋아하게 됐다. 당시 경정충耿精忠이 살던 집의 용수 나무 네 그루에 대해서도 많은 관심을 표했다. "그러나 그 품격은 사라수보다 훨씬 못하다"[30]라고 하며 자신의 마음을 드러냈다. 금릉에 대한 유민들의 감정은 단순히 사물에 대한 미련이 아니라 역사에 대한 추억의 상징으로 봐야 한다. 이것은 다른 사료들을 통해서도 증명할 수 있다. 청나라에 투항한 명나라 장군 홍승주洪承疇(1593~1665)는 금릉의 관상대觀象臺에 올라가 본 뒤 명 효릉孝陵 일대에 나무가 울창하여 그 기운이 왕성함을 발견했다. 따라서 그는 "명나라가 다시 부활할까 걱정하여 그 나무들을 모두 자르라고 명령했다." 이 나무들은 대부분 해외에서 가져온 진귀한 수종으로 약 200~300년의 역사를 지니고 있었는데, 순식간에 잘려나가 모두 없어졌다. 기록에 따르면 "잘려나간 나무들은 인근의 백성이 밥 지을 때 땔감으로 사용했으며, 그 향기가 한두 달 동안 거리 전체에 진동했다"[31]고 한다. 유민은 금릉의 변화를 애도할 때면 "백대를 이어온 유자들은 재야로 쫓겨나고, 육조六朝 궁궐의 분내는 피비린내로 변했다百代儒冠淪草莽, 六朝宮粉汚膻腥"며 길게 탄식했다.[32]

사물은 그대로인데 사람이 변하고 상황이 변한 세상에 대해 청초의 유민들은 대략 다음과 같이 말했다. "옛날 뜻 있는 사람들은 세상이 변하면 산소를 버리고 고향을 떠나서 객지를 떠돌다 죽음으로써 그 어찌할 수 없는 무력감을 표시했다. 어디로 가야 할지 몰라 넋을 잃고 작디작은 굴뚝새 마냥 날갯짓하는데, 보이는 것은 모두 잔산잉수의 아픔이니 깨끗하고 좋은 곳을 따져 거처할 마음이 어디 있겠는가?" 그렇다 하더라도 "현자가 머무르던 곳에는 속된 경치와 사물이 없다. 그가 사용했던 책상이나 침대, 다기, 부엌 등은 모두 온 나라의 아름다운 이야깃거리가 되었다."³³ 잔산잉수는 여전히 유민 생활의 품위를 나타내는 담담한 흔적으로서 반복적으로 음미됐으며, 그리하여 이 은유는 일반적인 경치에서 기타 다른 경우로까지 확산되어 사용됐다. 예를 들어 송나라가 망한 다음 은현鄞縣의 전씨田氏 의전義田이 보존될 수 있었는데, 전조망은 이 행위에 대해서도 비슷한 논조로 묘사했다. "송이 망하자 잔산잉수 사이에서 슬퍼했으니 만고의 스승이 아니겠는가. 하물며 근본을 돈독히 하고 종족을 화목하게 하는 것이 이와 같음에랴?"³⁴ 심지어 원래는 술 마시며 화답시를 짓던 장소들이 유민들에 의해 충혼忠魂에 제사지내는 곳이 되기도 했다. 예를 들어 앞서 얘기했던 중락정衆樂亭 근처에 불파항不波航이라는 곳이 있었다. 한번은 은현의 서문西門에서 명말 아무개 시랑侍郎이 효수를 당했다. 그때 중락정의 주인은 그 시랑의 머리를 몰래 훔쳐 와서 "그것을 밀실에 숨겼다. 한식과 중양절이면 동지들과 같이 불파항에서 제사지내며 통곡했다. 통곡한 뒤 각각 시를 지어 기록했으며, 가족들도 그들이 누구에게 제사지내는지 몰랐다."³⁵ 양빈梁份(1641~1729)은 명릉明陵에 관한 도설圖說의 편찬 의도를 설명하면서 송대 유민들이 동청冬青(감탕나무)을 심던* 잔산잉수 이미지를 사용했다. "성조聖祖 신종神宗(만력제)의 활과 검이 세상

천지간에 영원히 전해지게 하려고 한다. 그것들이 만약 역대 제왕의 영혼이 깃든 장소에 있지 않고 혹 잔산잉수 사이를 떠돌다 사라진다 해도, 도설을 편찬하는 이런 행동은 대체로 동청을 심은 것에 비할 만하니 나는 이로써 조상을 대신해 수백 년간의 성은에 보답하는 것이다."[36]

속세를 떠나 불교에 귀의한 사인들도 잔산잉수 이미지로 명나라 멸망에 대한 애통함을 드러내곤 했다. 명말 쿤산昆山 현령 양영언楊永言은 청나라에 항거하다 실패한 뒤 머리를 깎고 승려가 됐으며 법명은 '나운懶雲'이라 했다. 그를 찾아간 한 친구는 서글픈 감정이 복받쳐 올랐다. "산수는 예전 그대로인데 세상사는 날로 달라졌다. 서로 마주보고 흐느껴 울면서 옛일을 회고하니 그 슬픔을 감당할 수 없네."[37] 나운의 시에 이런 구절이 있다.

막막한 남국 전滇(지금의 윈난 지역) 땅 도처가 구름이고	漠漠滇雲何處是
어지러운 산과 깊은 강물 사이에 떠 있는 작은 배 한 척	亂山叢水一輕橈
깊은 가을 비바람 치는 밤에 원숭이는 놀라고	秋深風雨夜猿驚
영락한 고립무원의 신하는 만감이 교차하네	零落孤臣萬感生

이에 화답하는 친구의 시 구절은 마침 그의 심경에 대해 설명하고 있다.

---

* 남송이 망한 뒤 얼마 지나지 않아 원나라 황제의 명을 받고 강남 지역 불교를 관리하도록 파견된 양련진가楊璉眞伽, Rin-chen-skyabs가 소흥紹興 일대 남송 황제와 황후의 능묘를 파헤쳐 도굴하고 그 유골을 풀숲에 버렸다. 남송 유로遺老 임경희林景熙·사고謝翱·당각唐珏 등이 약초 캐는 사람으로 가장하여 위험을 무릅쓰고 유골을 수습해 난정산蘭亭山에 매장했으며, 송대 궁전 상조전常朝殿 앞에 있던 동청수冬青樹를 가져다 심어서 매장한 곳을 표시했다.

5년 동안 세상을 피해 살며 여전히 한나라를 그리워하고   五年避世仍思漢

만 리 길 집으로 돌아왔건만 아직 고국의 은혜 갚지 못했네萬里還家未服韓

성남의 전쟁터를 돌이켜 생각해보니   回首城南征戰處

분명히 일어났던 일들이 오히려 꿈에서 본 듯하네   分明却向夢中看[38]

이 시는 그가 속세를 떠나 불교에 귀의한 것의 상징적 의미와 마음속 깊이 숨어 있는 유민의 아픔을 드러냈다. 속세를 떠나 승려가 된 몇몇 사람은 언제나 선정禪定에 든 기쁨으로 잔산잉수의 기억을 잊고 싶어했다. 예를 들어 어떤 사람이 "월 땅의 산과 오 땅의 강물은 이별을 더욱 슬퍼한다越山吳水重悵別"고 했더니 다른 사람이 얼른 시를 지어 이렇게 위로했다. "남북과 동서라고 구별하여 말하지 말지니, 불법 앞에서 세상 만물은 다 같도다. 깨달음은 스스로 터득해도 무방하니, 어느 곳이 진정 머물 곳인지 분명히 알겠네休云南北與東西, 法法當前物物齊. 覷破不妨隨自得, 了知何處着眞棲!"[39] 이렇게 선정에 든 기쁨은 정신을 마비시키는 방식으로 변했다.

따라서 '잔산잉수를 수습한다'는 말도 마찬가지로 여유량이 명나라 옛 강산을 회복하고자 한 것의 은유적 표현이 되었다. 이와 같이 산수의 황폐함을 빌려 말 못할 슬픈 심정을 풀어내는 방식은 여유량이 41세가 되던 그해까지 계속 이어졌다. 그는 친구인 왕석천王錫闡(1628~1682), 장이상張履祥(1611~1674), 소명성巢鳴盛(1611~1680)과 함께 만창산萬蒼山 서루書樓에 모여 서로 시를 지어 화답했다. 장이상이 이렇게 읊었다.

한 말의 술로는 큰 뜻을 이룰 수 없고   斗酒難將壯志酬

전쟁 이야기는 멈출 수가 없네   談兵說劍不能休

어부나 나무꾼 노릇이나 하면서 흥망의 일일랑 논하지 마오

漁樵莫議興亡事

옛날 이 장군은 끝내 백발이 되었으니   故李將軍竟白頭

그러자 한쪽 옆에 있던 여유량은 「전묘송가錢墓松歌」를 지어 읊었다.

만창산의 소나무는 300년도 더 되었으니   萬蒼不只三百多

홍무(1368) 이후 심은 것이라 해야 합당하리   只合題名洪武後

그사이에(송나라와 명나라 사이) 비록 수십 년의 세월이 있었으나

其中雖有數十年

하늘이 황폐해지고 땅이 무너져 사람이 살 만한 세상이 아니었지.

天荒地塌非人間

그대는 보지 못했는가? 하·상·주 삼대의 태평성대가 다시 나타나지 않은

지 천 년이 넘었고   君不見三代不復千餘載

한 고조와 당 태종의 시대도 모두 사라진 것을   漢高唐太猶虛懸

청나라에 약간의 시간을 허용해도 무방할 터   不妨架漏如許日

하물며 원의 하늘 아래 있던 시간도 길지 않았거늘!   何況短景穹廬天

술년과 미일(원나라의 세월)을 빼면   除却戌年與未日

송나라의 소나무와 명나라의 소나무가 바로 이어지리라   宋松明松正相接[40]

'송나라의 소나무'과 '명나라의 소나무'라는 표현은 이미 남송-명말
의 호응되는 이미지를 분명하게 보여줬다. 그리고 몇 년 후 후난의 향신
증정이 이 시를 읽은 다음 마음속의 격정을 억누를 수 없어서 놀라운 반

역 사건을 일으키게 된다.

2절
잔산과 잉수 사이:
'출사'와 '은거'의 이중적인 어려움

|

달라진 모습의 산수와 풍속의 변화

명말 청초 사인들의 눈에 비친 왕조 교체 전후의 산수풍경은 하늘과
땅 차이였다. 원래 그들의 자랑이었던 강남의 금수강산은 만주족 철기
鐵騎 부대에 짓밟혀 원래의 모습을 완전히 상실했다. '야만'의 풍기가 남
하하여 산수를 오염시킨 것은 강남 사인들이 매우 가슴 아파하는 화제
가 됐다. 심지어 '북쪽 사람 북쪽 땅北人北地'에 대한 증오가 시각과 미각
을 통해 표현되기도 했다. 담천談遷은 "어제는 주나라 제후국이었는데 오
늘은 오랑캐 땅이 되었다" "사직社稷이 연이어 함락되고 『시詩』『서書』가
어지러워졌다"라고 한탄한 뒤 이적 침입에 대한 느낌을 이렇게 형용했다.
"『시경』에서 말하는 '판탕板蕩'*의 난세, 비린 냄새가 천지를 덮는다. 서
적이 훼손되고 성을 바꾸니, 우리 왕조의 기년紀年이 아니다."⁴¹ 풍속이 변

---

* '판탕'은 정국이나 사회가 혼란스러움을 나타내는 말로 사용된다. 원래 『시경』 「대아大雅」에 나오는
「판板」 편과 「탕蕩」 편을 말하며, 주나라 여왕厲王이 무도하여 나라가 기울고 사회가 어지러워짐을 풍
자하는 내용을 담고 있다.

한 것은 북인北人의 비린내가 오염시켰기 때문이라고 여겼다. 이는 남송 유민 정사초가 '북인'의 신체에 대해 드러냈던 심한 배척감이 명말에 다시 나타난 증거라고 할 수 있다. 소정채邵廷采(1648~1711)는 정사초에 대해 이렇게 기록했다. "송나라가 망한 다음에 오중吳中에서 은거했다. 앉을 때 반드시 남쪽을 향하고 여름 삼복과 음력 섣달에는 남쪽 들녘을 향해 울며 재배하고 돌아섰다. 북인을 사귀지 않겠다고 맹세하고 혹시 여러 사람이 앉은 자리에서 말투가 다른 사람이 보이면 끌어내게 했다. 사람들 역시 그의 편협한 행동을 이해해주며 이상하게 생각하지 않았다."42 사람들이 '이상하게 생각하지 않았다'는 표현은 바로 유민의 태도를 지닌 정사초가 지극히 '이상하게' 말하고 행동했다는 점을 더욱 두드러지게 한다. 정사초가 심지어 좌중에 북인 말투를 쓰는 사람에 대해 반감을 가졌다는 이야기를 통해 '북인'에 대한 그의 혐오감이 이미 극에 달했음을 알 수 있다.

'물'의 남북 차이도 유민들 사이에서 흔한 화제였다. 유헌정劉獻廷 (1648~1711)이 '수리水利' 건설의 예를 들어 '산수'의 남북 차이를 설명했다. "북쪽 지역은 2000여 년 동안 이제삼왕二帝三王의 옛 수도로서 동남쪽에 도움을 바란 적이 없었다. 어째서인가? 고랑을 파서 물길을 트고 수리 시설을 만들었기 때문이다. 오호五胡의 혼란으로부터 금金·원元에 이르기까지 북쪽 지역은 이적의 손에 넘어간 지 1000여 년이 되었다. 사람들은 모두 겨우 생계를 이어가는 터라 멀리 생각할 여력이 없었으며, 이것이 습관이 되어 수리라는 것이 어떤 것인지 모르게 됐다. 그러므로 서북 지역은 물이 없는 것이 아니라 물은 있지만 활용할 줄 모르는 것이다. 물이 오히려 백성에게 이로움이 되지 못하고 해로움이 된다. 가뭄이 들면 곡식이 없이 텅 빈 황량한 땅이 천 리나 되고, 홍수가 나면 민가가 수몰되고 길이 없어진다. 사람은 본래 물을 어찌하지 못하고, 물 또한 사람을 어찌하지 못한다." 이것은 바로 문명과 야만의 가장 큰 차이다. 따라서 "성인이 나와 천하를 다스리면 꼭 서북쪽 지역의 수리부터 시작한다. 수리가 잘 되어야 천하가 태평해지고 외환이 종식되며 교화가 잘 될 수 있다." 이 가운데 핵심어는 역시 '교화敎化'다.[43] 그러나 유헌정이 생각하지 못한 것이 있었다. 북인에 대한 교화가 제대로 시행되지 못한 채 야만 풍습이 이미 침입하여 강산이 달라졌다는 사실이다.

북쪽에 비해 남쪽의 유리한 점은 수로망이 빽빽하게 연결돼 있다는 것이다. 유헌정의 눈에 강남 분위기는 "아름답고 부귀하면서 여성스러운 기운이 있긴 했지만"[44] 물이 빼어난 기운을 지닌 문인 기풍을 길러낼 수 있다는 것도 확실히 반박의 여지가 없었다. 물은 '더러운 먼지를 씻어내는' 효과가 있으며, '물'이 빼어난 것을 잉태한다는 것도 남-북의 문화와 야만의 차이를 구별해주는 중요한 설명 방식이 됐다. 청초에 강남의 금수강산은 '북병北兵(만주족 군대)'과 도적에 의해 더럽혀졌다. 위희魏禧(1624~1680)는 강남 양저우揚州 일대의 참상에 대해 침통하게 묘사했다. "강남 땅이 군사와 도적에 의해 짓밟히니 부모와 처자식이 죽거나 헤어지게 된 자들이 열 명 중 대여섯 명이고, 춥고 배고픔에 죽은 자들도 열 명 중 일고여덟 명이었다. 강남은 낙원이라고 하지만 열 집 중 다섯 집 이상의 백성이 무거운 조세와 부역에 견디지 못했다. 양저우의 한 현縣은 7년 넘게 물난리를 겪고 백성이 거의 다 죽었다. 지난 8월 싱화興化에 사는 이정위李廷尉를 문병하러 갔다. 배가 농경지 위에서 백 리를 가는데 끝이 안 보이는 바다 위를 떠가는 것 같았다. 그곳을 떠나지 못한 자들은 판을 깔아놓고 밥을 짓고 있었고, 부녀자와 아이들은 거의 알몸으로 물에서 진흙 속 고둥이나 조개류를 주웠다. 뱃사공에 따르면 이와 같이 된 곳이 천 여 리에 걸쳐 몇 개 현에 이른다고 했다. 나는 양저우에 다섯 차례 갔었는데 처음부터 지금까지 갈 때마다 저잣거리에서 구걸하는 이재민이 끊임없이 어깨를 스쳤고, 성 밖에는 길거리에서 죽은 사람이 많았다."[45] 대체 어디에 강남의 수려한 경치라고 할 만한 것이 있단 말인가?

수려한 산하 경치가 더 이상 존재하지 않게 된 것은 물론 외부의 힘에 의해 파괴된 결과이지만 강남 사인들은 종종 자신의 행위와 마음 상태로부터 그 원인을 찾으려고 했다. 특히 풍속이 훼손됐을 때 자신들이 할 수 있는 것이 뭐가 있는가에 대해 반성했다. 이 가운데 토론의 핵심은 '도道'와 '속俗'의 관계에 대한 재인식이었다. 고염무顧炎武(1613~1682, 호는 정림亭林)는 이렇게 탄식했다. "세상의 추세를 보니 성세와 난세의 관건은 인심과 풍습에 있다는 것을 알겠다. 인심을 움직이고 풍습을 정돈하는 데에는 반드시 교화와 기강이 있어야 한다."[46] 일부 강남 사인들은 명말에 강학을 명목으로 내세운 가짜 '도학'이 많이 나타났다고 생각했다. 가짜 도학이란 소위 '형식적으로는 선禪이지만 속으로는 속俗'인 경우를 말하는 것으로, 겉으로는 도를 지킨다고 했지만 실제로는 매우 천박하고 비루했다. 즉 많은 사인의 행위가 표리부동하며 항간에서 귀감이 되지 못한다는 점으로부터 그들은 당혹감을 느꼈다. 당시 사람들은 "오늘날의 사인은 종종 입으로 도를 얘기하지만 행동은 속되다. 속될 것 같으면 진짜로 속되면 그만이지 왜 도를 얘기하는가?"[47]라며 비난했다. 또한 사풍士風에 대해서도 비판했다. "세상에 제대로 된 사풍을 길러내기에는 100년도 부족하지만, 사풍이 훼손되는 것은 하루아침 저녁의 짧은 시간으로도 충분하다."[48] 이는 사인이 겉으로 공리공론을 일삼는 것에만 익숙하고 몸으로 제대로 실천하지 못함을 비판한 것이다. 또한 이러한 인식은 이후 사림에서 '경세經世'를 논하는 기풍의 기원이 된다고 할 수 있다. 따라서 평범한 생활 속에서 어떻게 '도'의 진정한 의미를 구현시킬 것인지가 매우 중요한 문제가 됐다. 그리고 구체적으로 '예禮'를 인지하고 실천한다는 것이 도를 실현하는 이상적인 길로 간주됐다.

"일상생활의 예는, 관혼상제뿐이다"라는 말이야말로 민간 속으로 들어간 '예'를 잘 표현해주고 있다. 사인이 정말 도를 지키는지 여부는 담론이 심오한지에 달려 있지 않고 일상적인 예를 잘 실천하는가에 달려 있었다. 예를 들어 다음과 같은 문제가 모두 '도'의 실천을 검정하는 기준이 됐다. 즉 상례를 행할 때 "술과 고기를 먹지 않고, 성생활을 하지 않고, 세상일에 불문한다"는 규정을 지킬 수 있는지, 제례를 행할 때 "세속의 사람들이 각자 자기 식으로 제사지내고, 사인들 역시 각자 자기 식으로 제사지내는" 당시의 풍조에서 "서자는 제사를 드리지 않고, 제사는 곧 종가의 장자가 지내므로 종가의 장자를 중시한다"는 옛사람의 가르침을 고수할 것인지 또는 "산소 제사는 중시하고 사당 제사는 소홀이 하는" 예에 어긋나는 행위를 극복할 수 있는지 등의 문제였다. 따라서 왕권 교체의 과도기에 '도'와 '속' 관계에 대한 인식은 상당히 실질적인 차원에 놓이게 됐다. 즉 "일상을 떠나서 도를 얘기하는 것은 마치 음식을 먹지 않으면서 배부르기를 원해 결국은 배가 부를 수 없는 것과 같다. 반대로 일상에 빠져 도를 얘기하는 것은 마치 사지를 갖춘 것은 다 사람이라고 여겨 진흙 인형이나 나무인형도 사람과 다르지 않다고 말하는 것과 같다."[49] 진확陳確(1604~1677)의 이런 말은 청초 강남 사인들의 '풍속을 변화시키는 것'에 대한 생각의 출발점이라고 볼 수 있다.

외압과 내란: 폭력 전염의 역사

청나라 군대의 남하로 인해 강남은 물질적으로 크게 파괴됐을 뿐만 아니라 강남 사인의 생활 분위기와 심리 상태도 큰 영향을 받았다. 오늘날 학계의 추세는 청나라가 문화적으로 낙후됐고 전제적인 통치를 했다는 낡은 관점을 깨뜨리기 위해 명·청 정권 교체의 연속성을 강조하는 분위기다. 따라서 청나라 문화가 명나라의 상업 번영과 문인 연회 풍습의 맥과 추세를 계속 이어나갔다고 지적하고 있다.[50] 한편 청초 역사를 이와 같은 연속성의 관점으로 보는 데 반대하는 학자도 있다. 그들은 청초 사대부들 사이에 일종의 '엄격한 도덕주의'가 존재한다는 것을 발견했다.[51] 사실 명말에서 청초로 넘어가는 과정은 전방위적으로 일어난 것이어서 단편적인 사상이나 장면만 취해 분석해서는 설명이 안 된다. 잔산잉수가 자아내는 슬픈 생각과 표현은 집단적인 심리에서 표출되는 슬픈 독백일 뿐만 아니라 물질문화 측면에서 큰 변화를 겪은 심리적인 반응이라고 볼 수 있다.

앞에서 얘기한 것처럼 사인들이 전란 중에 형성한 잔산잉수의 인상은 화풍畫風의 변화에 반영됐을 뿐만 아니라 현실의 생생한 감정을 반영하고 있었다. 명말 청초 서화 작품에 반영된 유민 풍격은 그림에서는 산수의 분방함과 거칠고 조야함으로, 글씨에서는 '무질서'와 '추하고 서투름'으로 드러났다. 이는 모두 유민들이 정치적 입장을 표현하는 방식으로 볼 수 있다.[52] 청군이 남침하여 강남 명문가들을 대부분 쇠락하게 만든 것도 잔산잉수 심경을 불러일으킨 실제적인 원인 중 하나였다.

자오위안趙園은 명말 청초 시기 곳곳에 '악한 기운'이 가득하여 잔혹하고 살벌한 분위기를 조성했다고 언급했다.[53] 이 잔혹한 분위기는 겉으로 보기에 청군의 남침과 학살이라는 외부적인 요인 때문인 것 같지만 실은 명말 내부에서 이미 이런 징조가 있었다. 다만 청군의 남침이 기폭제가 되어 이런 잔학하고 폭력적인 분위기가 전면으로 드러났을 뿐이었다. 명대 사인들의 부화한 풍속과 처참한 자학 행위는 집안 내부에서 기인한 '노변奴變' 풍조와 서로 영향을 끼치며 전체적인 쇠퇴의 조짐을 만들어냈다. 남명의 '목숨을 다해 나라를 지킨다' '목숨을 다해 성을 지킨다'는 의거는 종종 '일이 성사되지 않을 줄 뻔히 알지만 굳이 한다'는 비탄과 함께 이루어졌다. 더욱 놀라운 사실은 청군의 침략과 사인들의 절의·도적의 횡행, 강남의 '노변' 등의 현상이 서로 얽혀 영향을 주는 상황에서 강남의 수려한 산수 내부에 쌓여 있던 여러 원한과 불평이 뜻밖에 공포의 핏빛 참상을 빚어냈다는 것이다. 이런 참상은 피비린내 나는 내부의 도살과 청군의 도시 학살이 어지럽게 뒤섞이며 나타났다.

강남 사회는 청의 군대가 남하하기 이전에 벌써 어지러운 모습을 보였다. "곳곳에서 살인 사건이 났고, 원수가 원한을 갚거나 강도질하고 불태우는 사건이 많이 발생했다." 심지어 "길에 다니는 사람은 칼을 지니지 않은 이가 없었고, 멀리 가는 사람은 반드시 예상할 수 없는 참혹한 일을 당했다."[54] 자딩嘉定 지역 대학살 사건 전에 일어난 지방 명문가의 불행은 바로 그 하나의 예다. "이 마을 명문가 이씨의 집안은 가정제 이후로 그 명성이 끊이지 않았다. 공사貢士 이척李陟은 어렸을 때부터 재주가 많았고 당시 이름이 널리 알려져 있었다. 그는 성 안에 거주하며 남쪽 도성이 파괴됐다는 소식을 듣고는 권농 관서인 기곡사起糓社에서 명령을 전달하고 순찰을 돌았다. 하능허何凌虛 등과 같이 '광정군匡定軍'이라는 의병을 소집하고 난샹南翔의 여러 부유한 상인에게 재물을 보내주길 요청했는데, 여러 상인이 그 요청을 받아들였다." 이는 낙관적인 의거義擧의 시작으로 보였다. 그러나 얼마 안 되어 이처럼 한뜻으로 적에 대항했던 행동은 피 비린내 나는 내부의 싸움으로 막을 내렸다. 역사 기록에 따르면, 사가법史可法(1601~1645)의 부하 장령이 은 5000냥을 횡령했다. 백성은 이를 빼앗아 의병의 군량과 급료로 쓰려고 "있는 힘을 다해 공격했는데 그 기세가 천둥 치듯 요란했다. 부자조손 삼대 가운데 다섯 명이 죽었고 이들은 모두 참수되어 머리가 성 위에 매달렸다." 그 당시 첩자가 구석구석 퍼져 있는 것 같았으므로 사람들은 저마다 위험하다고 생각했다. 이때 이척은 친구들과 성 남쪽에서 술을 마시고 있었는데, 변고 소식을 듣고는 즉시 술잔을 버리고 도망갔다. "밤에 난샹을 공격하니, 이아里兒가 이를 책망하며 이척이 적과 내통한다고 함부로 떠들고 다녔다. 공빈共瀕이라는 사람이 정탐꾼들을 기용하여 이척에게 아부했는데 이 때문에 사람들에게 무시당하며 첩자로 의심받았다. 공빈은 겁이 나서 이척의 집으로 숨어버렸다. 성안 불량배들이 이척의 집에 들이닥쳤고, 이척은 당숙과 함께 대항했다. 공빈 등은 사람들에게 여전히 태연하게 욕을 해댔다. 이아는 평소에 이척을 무서워했으므로, 일이 수습된 뒤 이척이 자신에게 죄를 물을까 두려워 사람들을 데리고 이씨의 집에 쳐들어가서 남녀노소 할 것 없이 모두 다 죽였고 이씨들을 샅샅이 잡아 죽여 그 일족을 몰살시켰다." 이렇게 명문대가를 공격하고 죽이는 일은 일시에 강남의 유행 풍조가 됐고 마치 통쾌하게 원수를 갚는 것처럼 살인을 일삼았다.

위의 경우는 단지 이씨 가문에 대한 살인행위였지만 전쟁으로 인해 생겨난 사람들 사이의 불신과 심리적 스트레스 때문에 이러한 비이성적인 학살은 전염병처럼 퍼져나갔다. "길마다 소문이 분분하고 사람들은 서로 불신하여 따져 물었다. 혼자 다니는 사람이 조금만 이상하다 싶으면 붙잡아 창으로 마구 찔러 죽이고 그 시체는 강에 내버렸다. 심지어 말 한마디가 귀에 거슬려도 순식간에 상대방을 칼로 찌르니, 상대방은 변명하기도 전에 몸과 머리가 벌써 분리됐다. 외진 시골 지역에서는 자기들끼리 서로 원한이 생겨 살인을 했다. 서너 명이 무리지어 칼을 들고 남의 집에 쳐들어가서는 종종 온 가족을 죽이기도 했는데, 친소에 관계없이 살해하는 일이 부지기수였다."[55]

강남 사족은 내부의 학살로 인한 손실이 아주 컸다. 게다가 청나라 군대의 칼 아래 쇠락 현상은 더욱 심해졌다. 자딩성嘉定城이 함락될 때 "제생 당배唐培는 향병鄕兵을 데리고 시가전을 벌이다 죽었다. 당배는 절대로 후퇴하지 않겠다고 맹세했고 청병은 총과 화살을 마구 쏘아댔다. 당배는 결국 죽임을 당하고 마을은 모두 파괴됐다. 당시 제생 주하朱霞는 장소개張小蓋를 도와 지붕 위에 올라가 징을 치면서 사람들을 불러 모아 다시 싸우고자 했다. 청병이 사방에서 몰려들었다. 그는 몸 여러 군데 상처를 입고 크게 외치며 강물로 떨어졌고 하루 만에 죽었다."[56]

청병들은 성을 점령하여 그 주민을 학살하라는 명령을 받았다. "약속된 대포 소리를 듣자 병사들은 사람을 마구 죽이며 작은 골목까지 집집마다 쳐들어가 수색했다. 갈대나 가시덤불을 보면 무기로 마구 찔러댔고 그곳에 사람이 없는 것을 확인하고 나서야 그만뒀다. 병사들은 누군가를 붙잡기만 하면 '남쪽 놈들은 당장 보물을 내놔라'라고 소리쳤고, 잡힌

사람은 자신의 전대를 풀어 모두 바쳤다. 병사들은 빼앗은 것이 마음에
들어야 붙잡은 사람을 풀어줬다. 풀려난 사람이 또 다른 병사를 만나 앞
의 경우처럼 다시 위협을 당하기도 했다. 이때 바치는 것이 많지 않으면
병사는 그를 칼로 세 번 베었고, 더 이상 뺏을 물건이 없으면 죽였다. 따
라서 길에 가득한 시신은 온몸이 상처투성이였다. 한 사람의 칼에 맞아
죽은 것이 아니라 이처럼 여러 사람에 의해 여러 차례 칼에 맞아 죽은
것이었다."[57] 이러한 모습을 목격한 자는 다음과 같이 말했다. "칼 소리
가 곳곳에서 들리고 살려달라는 소리가 저잣거리처럼 시끄럽게 들렸으
며 죽은 사람은 셀 수 없이 많았다. 대들보에 목을 맨 사람, 우물에 몸을
던지는 사람, 칼을 맞았는데 아직 죽지 않고 손과 발이 움직이는 사람 등
눈에 보이는 것들은 모두 골육이 낭자했고, 강물에 몸을 던져 죽은 사람
만 해도 수천 명에 이르렀다."[58]

왕조 교체기 강남 명문 집안의 중도 몰락 현상도 전염병처럼 사방으로
퍼졌다. 명문가가 비교적 집중되어 있던 쑹장松江 지역 67개 명문 집안 중
에서 3분의 1은 명·청 교체기에 몰락했다.[59] 이런 명문대가 중 대부분은
명말 과거시험으로 인해 흥하게 된 집안이었다. 예를 들어 첫손에 꼽히는
윈간雲間(쑹장의 옛 이름)의 명문 육陸씨 가문에서는 숭정 임오년(1642) 한
과科에서 형제 4명이 함께 합격했다. "기타 명경과明經科나 수재秀才, 다른
등급까지 합하면 수십 명 이상이었으니 한때 지극히 흥성했다고 할 수
있다." 그런데 왕조 교체 이후 나날이 쇠퇴했다. 또 두완삼杜完三의 경우,
"집안이 크고 사람이 많았다. 과거시험 명경과 효수孝秀에 합격한 사람이
잇따랐다." 왕조 교체기에 두완삼은 절의를 지키기 위해 죽었으며 "그 후
그의 집안은 몰락했다."[60] 섭몽주葉夢珠의 기록에 의하면, 그 지역 명문가

교喬씨의 발원지 숭복암崇福庵은 숭정 연간에 장날만 되면 "아침부터 저녁 늦게까지 배가 끊임없이 왕래했다. 분향하러 온 사람들의 배가 꼬리에 꼬리를 물고 3~4리에 이어졌다." 명이 망한 다음에 "날이 갈수록 쇠락하여 20년 이래 한 명도 찾아온 사람이 없었고 사당의 모습도 점점 쓰러져 갔다."[61]

만주족 군대가 국경을 위협하는 것과 같은 외부적인 힘의 압박과 함께 '노변奴變'이 만연히 일어났다. 나라가 바뀌었다고 생각하여 큰 가문에 속해 있던 세습 노비들이 분분히 일어나 주인집을 약탈하거나 주인 가족들을 죽였다. 자딩 지역에서는 청군이 도착하기 전에 벌써 "술 심부름꾼이나 부엌데기 같은 노비들이 모두 일어나 난을 일으켰다. 그들은 무리를 지어 대낮에 무기를 들고 주인집으로 쳐들어가 위협하며 주인에게 노비 문서를 내놓게 했다. 노비는 당상堂上에 앉아 태연하게 먹고 마시고, 주인은 당하에 무릎을 꿇고 머리를 조아리며 살려달라고 했다. 요행히 죽음은 면하더라도 노비들이 그들의 집을 불태우고 재물을 빼앗아갔다."[62] 휘주부徽州府도 청병이 도착하기 전에 "마을의 노비들 열두 무리가 서로 결탁하여 주인의 문서를 요구했다. 조금만 그들의 뜻에 어긋나면 불에 태워 죽여버렸다. 그러면서 황제가 이미 바뀌었으니 주인도 노비가 되어 자신들을 섬겨야 한다고 했다."[63] 당시 강남 지역의 마을에서 다음과 같은 모습을 자주 볼 수 있었다. "징을 치며 사람을 모은 뒤 매일 수천 명이 북을 치면서 시끄럽게 몰려갔다. 그들은 무리지어 주인집에 쳐들어갔으며 주인이 넋을 잃고 있는 틈에, 순식간에 주인집 사람들을 죽이고 재물을 빼앗고 집을 불태웠다."[64]

다음은 당시의 참변을 기록한 것이다. "을유년에 변란이 일어났다. 호

「마회대馬迴臺」, 『당토명승도회唐土名勝圖會』 6권.

숫가에 1000여 명이 무리를 지어 농기구를 들고 원수를 갚는다고 큰 소리를 질렀다. 원한이 있는 사람들은 서로 의기투합하여 그들을 따라 각각 원한을 산 집에 모여서 그 집 문과 담을 부수고 그들의 자녀를 붙잡았다. 사람을 죽이고 집을 불태우는 일이 거의 한 달 동안 지속됐다. 옛 세도가들은 도망갈 데가 없었다. 사태가 진정된 뒤에 다들 집안을 보전하기 위해 조상의 은택에 기대지 않고 누차 과거에 응시하여 공명을 꾀했다. 음모를 꾸미려는 사람들은 대의를 평계로 산해관山海關 밖에 있는 청군과 몰래 내통했다. 그런 경우 가혹한 법령에 걸리지 않는 자가 없었는데 목숨을 잃고 멸족되거나 남녀가 먼 지역으로 추방된 것이 열에 네

다섯이나 됐다. 요행히 목숨을 보전한 경우에도 무거운 조세나 부역을 견딜 수 없어 잇따라 옥에 갇혔다. 달아나 은둔하며 여기저기 떠돌다가 죽은 자도 셀 수 없이 많았다. 재상이 살던 마을에는 폐허만 보이고 총재冢宰(이부상서吏部尙書)의 후손이 거지나 노예가 되는 경우도 있었다."[65] 놀라서 두근거리는 마음과 침통한 정을 드러내고 있는 이 글은 지금 읽어도 가슴을 쓸어내리게 한다. 그중에서도 송결宋乞의 변란은 그 화가 가장 심했다. 송결은 "자칭 송왕宋王이라 하며 감생監生 100여 명을 죽이고 재물을 강제로 빼앗아 군사비를 원조했다. 소를 죽여 하늘에 제사지내고 (…) 높은 단에 올라가 맹세를 다짐하며 희생의 피를 마시고, 기일을 정해 모든 부자를 죽이자고 했다."[66]

역사 기록을 보면, 송결은 "평소 구군九郡 향신鄕臣의 집안"에 불만이 있어 스스로 산채를 세우고 왕이 됐다. "여러 산채의 무리를 이끌고 서舒씨 마을을 공격하여 불태우고 죽였는데 그 형상이 매우 참혹했다. 이후 날마다 주변 부잣집을 공격하여 마구잡이로 죽였다. 생매장이라는 형벌을 만들어 생원 강완경江完卿 집안 17명의 식구를 생매장했다. 마을 사람들은 자신의 집안이 벼슬아치 집안이라고 감히 말도 못하고 집안의 건장한 사람들은 마을 밖으로 도망쳤으며 노약자는 짓밟혔는데 누가 왜 그러는지 감히 묻는 자가 없었다."[67] 당시 쿤산昆山·바오산寶山 일대의 명문대가, 예를 들어 다창大場의 지支씨와 대戴씨, 난샹南翔의 이李씨, 쿤산의 고顧씨가 모두 화를 당했다. 진탄金壇에도 '삭비반削鼻班'이라는 노비 조직이 있었다. "그들은 주인을 잡아 고문하여 노비문서를 빼앗았다. 그 무리가 천만 명이나 되니 읍의 수령도 그들을 소탕할 수 없었다." 관아도 잔혹한 수단으로 노변奴變에 대처했다. "태수太守가 군대를 파견하여 그들을 붙잡았다.

100여 명은 사형에 처했고 우두머리 몇 명은 먼저 코를 벤 다음에 효수했다. 사통팔달의 대로에 방을 붙여 '이들의 이름이 삭비반이니 그들의 코를 베어 대중에게 공개한다'라고 공고했다."[68] 당시 청군이 남침하여 약탈하는 사이에 강도나 의병이 서로 뒤섞여 구분되지 않은 채 살인과 약탈을 일삼으며 공격의 대오에 가담했던 것이다.

왕사정王士禛은 일찍이 다음과 같은 사실을 알게 됐다. 갑신년(1644) 산둥 지역의 신성新城 왕王씨와 쯔촨淄川 한韓씨가 의병을 일으켰다는 소문이 돌았다. 그런데 알고 보니 "혼란스런 틈을 타 군중들이 강도질을 하는 것이었지 의병이 아니었다."[69] 의병과 강도, 폭동을 일으킨 노비의 신분이 이렇게 겹치고 서로 뒤바뀔 수 있었다. 또 노변 외에 각종 민변民變, 병변兵變, 구변寇變 등이 뒤섞여 있었다. 예를 들어 루이안瑞安 지역에서는 청병 남침에 대처하기 위해 「보갑법保甲法」을 만들었다. "각각 향병을 세우고 무기를 만들었다. 그런데 백성이 사납게 일어나 세금을 체납하고 자신들의 원한을 갚았다. 좌칠左七이라는 사람은 페이윈飛雲 강 남쪽 기슭에서 노란 깃발을 세우고 봉기했다. 그는 불평등을 폐지하고 조세를 감면할 것을 요구했다. 마을마다 악행을 따라하며 부잣집에 쳐들어가 장원과 집을 불태우거나 대낮에 강도질을 하고 분분히 난을 일으켰다."[70] 이와 같은 순환식의 상호 약탈과 살인 때문에 수려한 풍경으로 유명한 강남은 얼마 안 되어 거의 황폐한 곳이 됐다. 당시 사람이 이런 모습을 보고 다음과 같은 시를 지었다.

곳곳에서 향병이 사람을 죽이니　　　　　　　　　處處鄕兵能殺人
청천백일 하에 혼백이 원한을 호소하네　　　　　青天白日魂號寃

가난한 집 아이 갑자기 배부르고 부잣집 아이 굶주리며	貧兒驟飽富兒餒
흉악한 사람은 오래 살고 착한 사람은 죽는다네	凶人久活善人死

의병의 상황에 대해서도 묘사했다.

의병 백만은 정말 흉포한 맹수 비휴와 같아	義軍百萬眞貔貅
집을 불태우고 강도질을 하며 기세등등하도다	焚家劫藏勇趐趐
하루아침에 천 기騎의 청군 기병 들이닥치니	一旦驕兵千騎來
의병은 분분히 해산되고 사대부 집안은 수심에 젖네	甲士雲散衣冠愁

또한 사족들이 노비들을 능욕한 것이 이러한 대란과 복수 행위를 일으킨 요인 중 하나라고 했다.

지난날 태평한 시절 풍속이 나빠지니	昔日承平風俗惡
향신들은 권세를 믿고 노비들을 함부로 다루네	鄕官豪橫恣群僕
마을을 돌며 파괴하지만 관리들도 어쩌지 못하고	沿村撲促吏不呵
눈 감박할 새 신세가 뒤바뀌어 오늘 어제를 슬퍼하네	須臾出反悲今昨
분분히 원한 갚고 나니 결국 아무것도 남지 않고	紛紛報復總成虛
큰 집 작은 집 모두 돌아갈 곳이 없네	大家小家同歸無[71]

당시 어떤 이는 노변의 원인에 대해 다음과 같이 치밀하게 분석했다. "명대의 향신은 본래 청렴하다는 명성이 있는 자들이었지만 그들의 화려한 집과 정원, 땅이나 토지는 다 좋은 자리를 차지하고 경치 좋은 곳을

끼고 길과 길이 연결되어 있었다. 그 원인을 생각해보면, 이는 모두 그들의 제자나 속관들이 대신 경영해준 것이며 자신의 자금만으로 한 것이 아니었다. 또한 그들의 하인은 지위고하를 막론하고 권세를 믿고 전횡을 휘둘렀으므로 그 이웃들이 편안하게 지낼 수 없었다. 그래서 시정의 서민들은 다들 그 문하에 들어가 하인이 되고자 애썼다. 이 무리와 잘 융합할 수 있고 또 그들의 권세에 기대어 나쁜 짓을 하며 이익을 꾀할 수도 있었기 때문이다. 따라서 읍과 향에서 명목상 하인인 자가 열에 두셋이나 됐다. 나라가 망한 다음에도 그들이 여전히 오만방자하게 다른 사람들을 마음대로 부린 탓에 세상의 불만은 가라앉지 않았다."[72] 세귀전謝國楨이 지적한 것처럼 '노변'의 주요 원인은 청병의 남침에 있었던 것이 아니었다. 강남 호족들이 원나라 유풍의 영향을 받았고 사람들은 이러한 권세가에 기대어 보호받음으로써 조세를 감면받으려고 했다. 여러 해가 지나며 이런 일이 더욱 유행처럼 되면서 민중의 빈부격차가 심해졌으며[73] 이로 인해 노변이 일어나게 된 것이다.

청병의 남하에 따라 강남 지역에서 이런 분화 양상이 각종 극단적인 폭력의 방식으로 터져 나와 명문대가들을 연쇄적으로 붕괴시켰다. 순치順治 연간과 강희康熙 연간 초기에 일어난 주소안奏銷案은 사족 집안의 쇠락을 가속시키는 결정적인 역할을 했다. 강희 원년(1662)에 강남 사족이 조세를 체불한다는 이유로 쑤저우·쑹장·창저우常州·전장鎭江 네 부府의 진사進士·거인擧人·공생貢生·감생監生 등 총 1만3000여 명의 신분을 박탈하여 처벌했다. 이는 상당히 방대한 숫자였고 수많은 사인이 이것 때문에 출세의 길이 막혔다. 명나라 말기에 강남 사인과 향신들은 몇 년 동안 조세를 질질 끄는 것이 습관이 되어 대수롭지 않게 여겼는데 현령조차 그들을 어찌할 수 없었다. 이진李璡이 강남 호족들을 포함해 '수실법首實法(가구마다 실제 밭 크기를 보고하여 세금을 정하는 방법)'을 실시하자고 상소했다. 그러나 예부상서 전사승錢士升(1574~1652)이 반대하여 실시하지 못했다. "호족들은 국가의 원기에 관련된다. 따라서 『주례周禮』에서도 흉년에 백성을 구제하려면 반드시 부잣집을 확보하는 것부터 한다고 했다. 지금 천하에 진秦·진晉·예豫·초楚 지역 및 강북에는 평안한 곳이 한 군데도 없는데 유독 강남 여러 군郡만이 태평하다. 이 법이 실행되면 백성 절반을 강도가 되라고 떠미는 것이나 다름없다"라는 것이 그 이유였다. 전사승은 심지어 물러날 각오로 투쟁의 의지를 표했다. 그 결과 그는 정말 이 일로 인해 관직에서 물러났다.[74] 그러나 명말에는 이 법령이 시행됐다는 기록이 남아 있지 않으며, 순치 16년(1659)이 돼서야 이에 대한 조례가 제정되기 시작했다. "향신들이 조세의 80~90퍼센트를 체납하면 신분을 박탈하고 2개월 동안 수감하며 장형 40대를 치고 체납한 조세를 추징한다. 30~40퍼센트를 체납하면 장형 20대를 치고 신분을 박탈하지만 수감은 면한다."

그렇다 하더라도 세상 사람들은 여전히 느긋하게 생각했다. 오하吳下의 어떤 사인이 조세를 체납한 상황에 대해 당시 사람은 다음과 같이 말했다. "본적本籍이 있는 곳을 떠나 이 지역에 기거하면서 평생 관아에 조세를 한 푼도 납부하지 않은 사인이 있었다. 그런 그가 과거시험 갑과 효렴에 합격한 뒤 착복한 재물은 헤아릴 수 없이 많았다. 주위 여러 군 내에 그 소문이 파다하게 퍼지자 다른 관리와 제생들도 분분히 그 잘못을 따라하여 나라에 체납한 조세가 수십만에 이르렀다."[75] 순치 17년(1660) 겨울에 자딩嘉定 향신들이 조세를 체납했다는 이유로 관아에서 수십 명을 체포했다. 그제야 사대부들은 충격을 받고 당황하기 시작했다. "토지를 가진 사람은 얼굴을 찌푸리며 불안해하면서 차라리 무畝마다 1냥兩씩 쳐서 다른 사람에게 빌려주어 세금을 완납하고자 했지만 끝내 응하는 사람이 없었다. 또 유생 명부를 남에게 빌려주고 관직을 삭탈당한 뒤 배상하기도 했다. 장부를 정리하는 사람은 앉을 겨를도 없이 장부에 기재된 조세 액수를 조사하고 호적을 가진 가구를 압박해 납부하도록 했다. 또 각 현에서 잘못 기록했던 것까지 조사하는 바람에 심지어 전혀 아는 바가 없는데도 거짓 장부 때문에 관직에서 쫓겨난 이들도 있었다." 그래서 어떤 사람은 이렇게 한탄했다. "길에 다니는 사람들을 보니 모두 근심에 눈썹을 잔뜩 찡그리고 죽고 싶어도 죽지 못하는 사람들 같다. 토지가 많은 사람은 더 비참하다." 이 말은 토지를 많이 보유한 명문대가들의 부담이 오히려 더 컸다는 뜻이다. 그리고 사인 신분의 사람들도 태형을 당하는 마당에 염치고 체면이고 돌볼 겨를이 없었다. "어떤 탐화探花(명·청 시대 과거시험 중 전시殿試에서 3등을 차지한 사람)는 1전錢밖에 체납하지 않았는데도 파면됐다. 그래서 민간에 '탐화가 돈 일전보다 못하다'는 노래가 떠돌았다. 관리들은 공무가 우선이라는 이유로 지위가 높은 사람들과 잡범들을 같은 죄목으로 다루고, 천금이나 되는 많은 돈을 체납한 사람과 한 푼 정도의 적은 돈을 체납한 사람에게 같은 벌을 주었다. 이 때문에 사적仕籍과 학교가 텅 비게 됐다. 그러나 탐관오리와 악질 관리들은 천만 냥을 횡령했는데도 이들은 제쳐두고 아무것도 묻지 않았다."[76]

　명문대가들이 공격받아 사라지게 된 것은 그들이 노예를 세습하고 부를 자랑한 풍조 때문이었지만, 일반 사인의 집안이 공격당한 것은 조세에 관한 기본적인 상식이 결핍됐던 것과 관련이 있었다. 주소안奏銷案의 상황을 기록한 청초 필기를 살펴보면 다음과 같은 말이 나온다. "당시 오중吳中(쑤저우 부)의 많은 사인이 국법을 잘 몰랐다. 정말로 조세를 체납하는 사람도 있었지만 아닌 상황도 많았다. 이미 조세를 납부했지만 장부상 아직 청산이 안 된 자, 실은 체납하지 않았는데 다른 사람에 의해 이름이 도용된 자, 자기 읍에서는 체납하지 않았지만 다른 읍에서 이름이 도용된 자, 전부 납부했지만 사소한 원한 때문에 하나도 납부하지 않은 것으로 잘못 기록된 자 등 여러 가지 상황이 있었다."[77] 주소안이 끝난 다음에 어떤 사람은 당시 부유한 세족의 상황에 대해 약간 과장해서 이렇게 얘기했다. "부자는 땅이 많다는 것 때문에 종종 골치가 아팠다. 그는 토지문서를 길에 버리고 누가 주워가길 기다렸다. 누군가 그것을 줍자 그 부자는 '토지는 이미 당신 것이고, 내가 준 것이 아니오'라고 외쳤다."[78] 당시 주소안에 연루되어 처벌을 받은 한 사인이 그의 후손에게 경고했다. "나중에 땅을 장만하면 꼭 미리미리 조세부터 고려해야 한다. 여러 해 체납하면서 사면을 기대하지 마라. 이번에 덮친 화를 본보기로 삼아야 할 것이다."[79] 이후 왕흠예王欽豫(1596~1658)가 「간검변慳儉辨」에서 경고했다. "검소한 사람은 항상 여유 있게 남기고 인색한 사람은 오직 부족할까봐 걱정한다."[80] 황종희는 다음과 같이 평론했다. "전란 이래 옛 명문대가 사인들은 관아의 하급 관리로 신분이 내려가 스스로 일어날 수 없게 되었고 기근을 면하는 사람이 드물었다. 하물며 화살 없는 활을 가지고서 여러 세대에 걸쳐 몰락한 가문을 일으킬 수 있을까!"[81] 이것이 아마도 왕조 교체 이후 강남 사인들이 '생계를 꾸리는' 능력을 우선시하게 된 이유 중 하나일 것이다.

당시 강남의 부역은 다른 성의 100배나 됐다. 특히 쑤저우와 쑹장 지역이 과중했다는 것은 이미 모두 아는 사실이었다. 그런데 청나라 정부가 이렇게 심한 수단으로 강남의 신사紳士들을 징벌한 것은 그 목적이 경제적 요인에 있지 않고 인심을 수습하는 데 있었다. 멍썬孟森(1869~1937, 민국 시기 청사 연구자)은 이러한 점을 분명히 알고 있었다. "그 당시 청나라 조정은 의도적으로 진신縉紳들을 박해하고 오로지 사대부들을 괴롭히며 끊임없이 파면시키고 마구 태형을 가했는데 그 참상이 이와 같았다. 다년간 체납한 조세를 징수하여 나라의 재정을 충족시키는 것이 주목적이 아니었으니 원래 유학자와 평민의 계급을 따질 필요가 없었다." 결론은 "청나라 조정이 의도적으로 권문세가를 괴롭히고 힘들게 함으로써 강남 사람들을 위협했다"는 것이다.[82] 주소안으로 인해 일어난 '곡묘안哭廟案'은 일찍이 거리낌 없이 자유분방했던 강남 사풍의 풍격이 어쩔 수 없이 가라앉게 된 것을 더욱 잘 보여주었다. 기록에 따르면, 강남 사인들은 붕어한 순치제 애도 기간을 기회로 모여들었는데 "문묘文廟에 따라온 제생 100여 명이 종을 치고 북을 두드리며 곧바로 부당府堂에 도착했다. 그들은 부府의 감찰 관리들이 모두 한자리에 있는 기회에 무릎을 꿇고 고소장을 바쳤다. 이들을 따라온 1000여 명의 사람이 모두 큰 소리로 외치며 백성을 탄압하고 횡령을 일삼은 현령 임유초任維初를 내쫓고자 했다. 순무가 노하여 부하들에게 그들을 잡아들이라고 명했다. 사람들은 순무가 노한 것을 보고 이리저리 흩어져 도망갔으며 겨우 11명만 붙잡혔다."[83] 11명이 붙잡혀 처형당했다는 것은 모종의 상징적인 의미가 있으며, 앞에서 언급한 멍썬의 판단을 증명해주는 것이기도 했다. 즉 강남 사인에 대한 학살은 단순히 어떤 구체적인 사건이 원인이 되어 일어난 것이라고 경솔하게 판단해서는 안 된다. 그것은 단지 강남 사인들의 강경한 반역적 성격

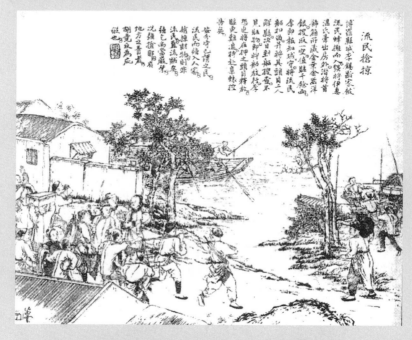

인관尹爟, 「유민창약流民搶掠」, 『시사화보時事畵報』 1907, 제31기,
가오젠푸高劍父·허젠스何劍士·천위안陳垣 등 편집, 1907, 석인본石印本,
광둥 중산도서관中山圖書館 편, 『구월백태舊粤百態: 중산도서관 소장 만청화보선집』,
런민대학출판사, 2008, 48쪽.

에 대한 청 조정의 반감에서 기인한 것일 수도 있다.

섭몽주葉夢珠는 쑹장 지역의 명문 집안이 대부분 이번 주소안 때문에 쇠락하게 됐다고 했다. 예를 들어 유명한 고顧씨 가문은 "순치 연간에 그 자손들이 조세 몇 만을 체납한 것 때문에 집안이 망하고, 강희 연간 초에는 가업이 완전히 끊어졌다."[84] 또 전錢씨 집안의 "자손들은 조세를 체납하여 집안이 망하고 그 식구들은 다 떠돌아다니게 됐다고 한다."[85] 유명한 동기창董其昌(1555~1636) 집안은 "순치 17년 주소안에 연루되어 벼슬길이 막혔다." 또 주소안 때문에 승진이 안 된 자도 있었다. 예를 들어 막방백莫方伯의 막내아들은 "향시에 합격했지만 곧 주소안에 연루되어 회시에 응시하지 못했다." 한편 주소안 때문에 관직을 잃은 사람이 있었다. 예를 들어 주부산周釜山은 "괄창括蒼 태수를 역임했는데 관리 생활 7년 동안 그 업적이 뛰어났다. 순치 17년 주소안 때문에 사퇴하고 고향으로 돌아와 결국 벼슬길에 나갈 뜻을 접었다."[86] 주소안으로 인해 좌천된 사람도 있었다. 푸난浦南 이씨 집안은 명나라 가정 연간 "잇따라 과거시험에 합격하여 명문 가문이 됐다." 순치 연간 이연구李延榘가 진사에 급제하여 광시 난닝南寧에 사리보司理補로 가게 됐다. 그러나 "부임한 지 얼마 안 되어 역시 순치 17년 주소안으로 인해 광둥 향산香山 현승으로 좌천당했고 관직을 수행하다 죽었다. 가난해서 거의 장례를 치르지 못했는데 마침내 친지의 도움을 받아 고향으로 호송되어 장례를 치를 수 있었다."[87] 이밖에도 주소안으로 인해 쇠락해진 집안으로는 현동縣東 주朱씨, 천사川沙 교喬씨, 상하이 조趙씨 등의 명문 가문이 있다. 청초에 명문 가문이 잇따라 무너졌다는 것도 '달라진 모습의 산하山河易色'와 같은 식의 큰 심리적 변화를 일으켰다.

유민은 왜 죽기는 쉽고 살기는 어려운가?

명나라 사인 가문 출신의 석도石濤는 청초에 형상이 괴이한 매화를 그려 책자를 만든 적이 있다.* 그림 속의 매화꽃은 눈부시게 아름다운데 가지는 마디마디 끊어져 있다. 화면 전체에 드러난 것은 앙상한 가지, 시든 잎과 같은 기이한 경치다. 화첩의 제시題詩에는 이렇게 적혀 있다.

고풍스러운 꽃은 마치 옛 유민을 보는 듯	古花如見古遺民
누가 꽃가지로 고인을 비추는가	誰遣花枝照古人
육조 시대를 살펴보니 오직 은둔뿐	閱歷六朝惟隱逸
산산조각 난 음력 섣달에 정신은 더 또렷해지네	支離殘臘倍精神

그림 속 앙상한 가지는 전 왕조의 은일을 상징한 것이고, 시어 중에 '산산조각 나다支離'라는 단어는 '파괴되어 황폐하다'는 의미를 전달하는 동시에 명나라 유민의 생존 상태를 지적한 것이다. 화승 곤잔髡殘의 많은 작품에도 불완전하고 파괴된 산수가 표현되어 있다. 그는 선지宣紙에 건조하면서도 짧고 굵은 필치로 산과 바위의 주름을 표현하는 준찰皴擦** 기법을 반복해 그렸다. 이런 파필破筆(붓끝을 갈라지게 하여 그리는 방법)은 담백하고 습윤한 먹 점으로 시적 분위기를 만들어내는 송대 미불米芾과 미우인米友仁 부자의 '미가산수米家山水'와는 완전히 다르며, 삭막하고 고독

---

* 정확히 말하자면 석도는 사인 가문 출신이 아니라 명나라 황족으로 원래 이름이 주약극朱若極이었다.

** 북송 시대 화가 곽희郭熙는 그의 저서 『임천고치林泉高致』에서 '날카로운 붓을 옆으로 뉘어 끌면서 거두는 것을 준찰이라 한다'고 했다. 동양화에서 산과 바위의 주름과 질감을 표현하는 기법이라고 할 수 있다.

한 느낌이 넘친다.[88]

명말 유민의 적막하고 고독한 기분은 그들로 하여금 일반 사람이 이해하기 어려운 행동을 하게 만들었다. 예를 들어 도시에 가지 않는다거나, 유학자 의복을 불태운다거나, 관아에 들어가지 않는다거나, 강학회에 가지 않는다거나, 결사를 결성하지 않는다거나, 책 한 권에 두 개의 서序를 넣지 않는다거나, 제자를 받지 않는다는 것 등의 행동이다. 이렇게 괴이해 보이는 행동들은 청초 유민의 생활과 행위 방식에 있어서 명대와는 다른 새로운 국면이 출현했다는 것을 보여주고 있다.[89]

청초 사상계에는 확실히 질박을 숭상한 흔적과 담론들이 있었다. 황종희는 '문질文質'의 차이에 대해 다음과 같이 논의했다. "질質(질박함)을 좋아하고 문文(화려함)을 싫어하는 것이 인지상정이다. 서로가 추구하는 것이 질에 있으면 성현이라도 어쩔 수 없다"[90] "세상에서 문을 추구하는 것은 힘들고 질을 추구하는 것은 자유로우니 사람의 성정은 자유로운 것을 좋아하고 힘든 것을 싫어한다. 그래서 질을 추구하는 것은 마치 물이 아래로 흘러가는 것과 같다."[91] 사실 '문에서 질로' 가는 과정이나 사인의 심리적 황폐함·행동의 괴이함은 나라 안팎으로 침략이 횡행한 상황 하에 가세家世의 급변으로 인해 생겨난 것이었다. 이런 격변이 불러온 비참한 결과는 사인의 심리를 기형적으로 변화시켰다. 황종희는 '문에서 질로' 가는 외재적 원인을 '오랑캐의 도'의 압박과 형상화로 귀결시켰다. 이런 외부적인 힘은 심지어 사인들의 성격과 생활 습관을 바꿔놓았다. 예를 들어 유민인 진확은 "어릴 때부터 흥이 넘치고 소탈했으며, 서법의 풍격은 진晉나라 사람들의 유풍을 이어받았다. 거문고를 연주하고 퉁소를 불었는데 때때로 산꼭대기나 물가에서 연주했다. 전각과 바둑 등 여러 취미를 즐겼는데 못하는 것이 없었다." 그러나 이후에 "성정性情을 발산시키는 모든 기예는 다 해롭다고 여기며 그만두었다. 의로움에 용감히 나서고 불공평한 것에 격분하던 것도 다 제멋대로 행동하는 것으로 여겨 더 이상 하지 않았다."[92] 그의 『연보年譜』에는 "빈사濱社가 있었는데 집회를 할 때마다 배가 수백여 척이 모였다. 선생에게 서신을 보내 모시려고 했으나, 선생은 사절하고 가지 않았으며 다만 화답시를 한 번 지었을 뿐이다"[93]라고 되어 있다. "세상일에 연연하여 응대해야 할 일이 더욱 많아지고 애증이 분분해지는" 국면을 피하기 위해 반드시 의도적으로 '교제하려는 마음'을 줄여야 했다. 이것은 바로 황종희가 "쓸데없는 교제를 피하려면 청빈清貧으로부터 시작해야 한다"[94]라고 한 말에 해당되는 것이었다.

이와 같은 행위의 변화는 개별적인 현상이 아니었다. 행위의 변화에 이어 명대 각종 생활 방식에 대한 격렬한 비판이 뒤따랐다. 예를 들어 강학이 '의기意氣'를 부추긴다는 것, 또 세족이 부를 모으는 것만 알고 지키는 것을 모른다는 것, 인심과 학술이 훼손됐다는 것 등에 대해 의문을 제기했다. 황종희는 저중浙中 지역의 풍속이 문란해진 원인에 대해 명쾌하게 말했다. "대개 부드럽고 아름다운 자태, 순종하는 말에 익숙하지 시비곡직을 따지려고 하지 않으며, 충·의·명예·절개가 귀한 줄을 모른다."[95] 후인들은 종종 명나라 300년 동안 사인을 양성한 결과 충·의·명예·절개가 중요한 가치로 부각됐다고 여겼다. 그러나 사실 이러한 가치는 심리와 행동 면에서 이중적인 의미가 부여됐다. 즉 죽음으로써 전 왕조에 충절을 다하는 존엄함은 단지 절개를 지키다 죽는 것밖에 할 수 없는 무능함과 함께 나타났다. 소위 "평소에는 팔짱을 끼고 심성을 담론하고, 나라가 위급할 때는 죽음으로 군왕에게 충성한다"는 식의 '순절殉節'은 매우 장렬한 행위라고 할 수 있다. 그러나 일단 그것이 모든 사람이 따라하는 의식이 되거나 심지어 널리 퍼져 유행이 되면, 그 장렬함은 이에 따라 난처하거나 우스운 일이 됐다. 이에 대해 왕원王源은 자신의 견해를 내놓았다. "군자는 구차하게 살거나 헛되이 죽어서는 안 된다. 구차하게 사는 사람은 아예 논할 것도 없다. 그러나 일시적인 의협심에 사로잡혀 분연히 일어나 죽음도 불사함으로써 명성을 얻는 것은 나라에 아무런 도움이 되지 않을뿐더러 그 화가 자신에게서만 끝나는 것이 아니다. 지혜로운 사람은 본래 이렇게 하지 않는다."[96]

담천談遷은 명말 예부상서 전사승이 순절한 것에 대해 높이 평가했다. "오로지 당당히 죽음으로써 삼강오륜의 도리를 다해 300년 동안 사인들을 길러낸 나라에 보답했다. 순수한 충정 변치 않으니 역사에 부끄럽지 않을 만하다."[97] 고홍도高弘圖(1583~1645)를 애도하는 또 다른 글에서 담천은 이렇게 한탄했다. "조상들이 280년간 사인을 길러냈지만 갑신년(1644)에 이르러서는 뛰어난 사인을 찾기가 어려웠고 을유년(1645)에는 사인 자체가 거의 없었다."[98] 이 말은 고홍도와 같은 유능한 인재 외에도 죽음으로 순국한 사람이 많았지만 이 국면을 견뎌내며 나라의 중흥을 실현할 수 있는 인재들은 드물었다는 뜻으로 이해된다. 이와 같은 심리는 심지어 순절한 사람 사이에서도 나타났다. 기표가祁彪佳(1602~1645)는 순절하기 전에 "책상에 다음과 같은 유서를 남겼다. '순절하기는 쉽지만 공을 세우기는 어렵다. 이 어려움은 후세 현인들이 해결해주길 기대한다.'"[99] 순절하는 것이 이미 하나의 풍조가 된 이상, 죽는 것은 사는 것보다 상대적으로 쉽게 느껴졌다.

명나라 유민은 늘 송나라 유민에 대해 높이 평가하며 '천운'이 작용했다고 생각했다. 소정채는 이렇게 말했다. "문천상文天祥이 살던 시대에는 훌륭한 열사와 현사가 많았으며 이들이 서로 만나 일을 도모했다. 함께 모여 일을 도모하다 성공하지 못하자 그중 가장 훌륭한 사람은 날카로운 칼날을 밟고 물과 불로 뛰어들 듯 국난에 맞서 용감하게 나갔고 그다음 사람은 강이나 바다에 몸을 던져 죽거나 깊은 산림에 몸을 숨겨 종신토록 은둔하며 아침저녁으로 뜻을 바르게 했다. 옳음을 알아주지 않아도 고민이 없으니 새로운 주인에게 법도에 대해 말하지 않고, 현명한 옛 조정에 기꺼이 마음을 다했다. 이는 천운이고 사람의 힘으로 되는 일이 아니다."[100] 웅개원熊開元(1599~1676)은 명말과 송말을 비교하면서 명말에 순절한 사람에 대해 약간 낮게 평가했다. "근래 순절한 여러 사람을 보니 그 숫자는 송말의 만분의 일도 안 되고 그 사람들 역시 크게 다르다." 낮게 평가한 이유는 순절한 사람 중에 뛰어난 사람이 많지 않다는 것 때문이었다. "평생 나라를 걱정하다 나라에 재앙이 닥치자 차마 보고 들을 수 없어 온 가족과 함께 목숨을 바친" 사람은 가장 뛰어난 상품上品에 속한다. "그저 명예를 위해 절개를 지킨 사람이 그다음이고 다른 방법이 없어 순절한 사람이 또 그다음이다."[101] '절의'의 기준을 높게 잡은 것 같기는 하지만, 명말에 순절을 내세운 사람 가운데 이 기준에 도달할 수 있는 사람은 드물었다. 진확은 이 점을 잘 알았다. 명나라가 망한 뒤 "명성을 추구하는 사인들이 무리하게 국사에 참여하다 죽는 경우가 계속 잇따르는" 상황 아래 진확은 '삶도 모르는데 어떻게 죽음을 알겠는가?'라는 공자의 말이 명말 시기에 갖는 특수한 의미를 잘 이해하게 됐다. "지금 사람들은 걸핏하면 순절을 최후의 한 수라고 하며 마침내 간사한 사람이나 강도나 광대, 배우들도 똑같이 절의의 반열에 오르게 했으니, 극히 혼란스럽다. 순절이라는 이 사건은 정말 가슴 아프다."[102] 생존의 '정상적인 상태'를 회복시키는 데 있어서 심리적 치료와 상처의 회복은 점점 중요한 문제가 됐다.

세상 변천의 교훈을 통해 삶과 죽음에 있어 가장 중요한 부분이 무엇인지 탐구하고자 하는 것은 유민의 보편적인 심리였다. 하지만 탐구하는 과정은 매우 복잡하고 변화무쌍했다. 심학心學과 선학禪學의 영향을 받아 기이함 중에 소탈함을 드러내는 명사들의 행위 방식에 대해 사람들은 갈수록 의문을 표했다. 진확은 지인들과 함께 토론하는 과정에서 명말 청초 왕조 교체기 사인들 사이에 보편적으로 존재하는 심리적 장애를 발견했다. 지인은 유종주劉宗周(1578~1645)의 연보를 읽다가 "임종이 가까워졌을 때 향신 중에 변발을 하고 청인의 부름에 응하는 사람이 있다는 것을 듣고 선생은 크게 탄식하면서 뒤척이며 잠을 이루지 못했다"는 구절을 보았다. 그는 유종주가 그 일을 침착하게 대하지 못한 것은 지혜롭다는 그의 이미지에 손상을 입힌다고 여겨 이 말을 바꿔야 한다고 주장했다. 진확은 이것이 사실대로 기록한 말이니 바꿔서는 안 된다고 생각했지만 지인이 이 행동에 의문을 제기한 깊은 뜻은 이미 잘 알고 있었다. 지인이 "병이 위독하여 죽음을 앞두고도 사람들과 느긋하게 담소를 나누고 끊임없이 도道에 관해 담론하며 집안일에 대해서는 하나도 거론하지 않았을" 때, 진확은 오히려 이렇게 평가했다. "이는 옛 군자들도 하기 어려워하는 것이다. 그런데 이 현자는 좀 지나친 것 같다." 그 지인은 불교의 생사관에 빠져 있었고, 진확은 이에 대해 다음과 같이 생각했다. "나는 삶과 죽음은 하나라고 여긴다. 희로애락이 절도에 부합하면 '화和'라고 하는데, 어째서 죽을 때에 기쁨과 즐거움만 있고 노여움과 슬픔은 없어야 된단 말인가? 그러므로 웃으면서 죽어도 되고, 울면서 죽더라도 안 될 것이 없다. 지팡이 끌며 아무런 구속도 받지 않고 유유자적하게 지내도 되지만 뒤척이며 불안해한다 해도 안 될 것이 없다. 때에 따라 다를 뿐이다."[103]

소위 '때'의 의미로 생각해볼 때, 왕조 교체기에 생사의 고통에 대해 아무런 감각이 없는 태도와 경지가 보이는 것은 분명 적절하지 않다. 생사 고통에 대해 무감각한 태도는 반대로 태평한 기운이 농후한 성세 시기에만 그 존재의 이유가 있을 것 같다. 그리고 사인이 정말로 생사를 동일시하는 지경에 이르렀는지 아니면 그런 자세만 드러낸 것이었는지에 대해서도 여전히 의문이 남아 있다. 따라서 여기서 알 수 있는 것은 청초 사인들이 불교를 반박한 배경이 이치를 추구하는 학문적 의미에서의 행위만은 아니었으며 왕조 교체 시기의 경험과 밀접한 관계가 있다는 것이다. 더욱 많은 사인이 겪었던 심신의 고난은 필경 '선정에 들어선 기쁨禪悅'이라는 한 가지 방법으로 쉽게 해결되는 것이 아니기 때문이다.

'출사와 은거'의 새로운 해석과 사인 집단의 분화

강남 사족의 쇠락에는 다중적인 요소가 얽혀 있었다. 예를 들어 여유량呂留良의 가족은 청 조정에 의해 여러 차례 형벌을 받았다. 그의 조카 여선충呂宣忠(자는 양공亮功)은 명말 의사 오역吳易을 따라 봉기했다가 실패하여 잡혀 죽었다. 그뿐만 아니라 여씨 집안도 노변의 피해를 입었다. "갑자기 하인 100여 명이 공모하고 집으로 쳐들어와 강도질을 했다."[104] 따라서 청초 사인들의 각종 괴이한 행동 양식이 많든 적든 여유량에게도 나타난 이유를 쉽게 이해할 수 있다. 그는 오랫동안 도시에 가지 않았을 뿐만 아니라 유학자의 신분을 버리고 승려가 된 적이 있었다. 그리고 고국의 황폐해진 산수를 그리워하는 작품도 많이 지었다. 그러나 우리는 청초 사인들이 왕권 교체의 참담한 변란을 겪은 뒤 실제적으로 무엇을 했는지 주목해야 한다. 왜냐하면 많은 괴이한 행동이 실은 명말 청초의 아주 짧은 한 시기에만 발생했기 때문이다. 대부분 시간에 사인들은 정상적인 일상생활 속에서도 명나라 사인들과 퍽 다른 행위 특징을 보여주었다.

사실 강남 사인은 청초에 이미 다양한 생활 양태를 보였다. 일부 명말 유민은 전 왕조를 그리워하고 끝까지 절의를 지켰으며, 자학하는 방식으로 마음속의 괴로움을 가라앉혔다. 명말 명사 왕광승王光承(1606~1677)은 청초에 지방관이 "그에게 편지를 보내 과거시험에 응시하라고 재촉하며 그를 높은 실력을 가진 인물로 대우했는데 그는 이에 응하지 않았다." "형제가 힘껏 농사지어 부모님을 모셨으며, 친척이나 친구들이 그를 서당 스승으로 모시고자 해도 가지 않고 대신 학문을 하려는 제자들을 보내 그 일을 하게 했다. 사는 집은 사방 벽에 아무것도 없이 텅 비었고 비바람도 거의 막지 못했다. 그럼에도 사발을 치고 즐겁게 노래하며 태연자약 만족해했고 모든 벼슬이나 선물은 전혀 받지 않았다."[105] 이는 물론 유민의 전형적인 사례이지만 시간의 흐름에 따라 관찰한다면 이 또한 극단적인 사례일 뿐이다. 유민 첫 세대는 대부분 후손에게 명나라 고인의 입장을 지키라고 요구하고 청인과의 협력을 거절했다. 왕서남王瑞楠은 「순난유서殉難遺書」에서 분명하게 말했다. "나의 자손이라면 각각 누추한 초가집에 은거하면서 벼슬길에 나가 공명을 얻으려는 마음을 접어야 한다. 조상의 공덕을 마음에 새기고 내 생에 때를 얻지 못했다고 생각하면서 농사지으며 스스로 만족하고 제사는 삼가 정성을 다해 지내야 한다."[106] 그런데 유민의 후손들은 대부분 가난한 생활을 계속 고수해나갈 수 없었을 뿐만 아니라 대부분 선인의 염원을 저버린 채 과거시험을 보고 벼슬길로 나갔다. 심지어 사인이 경성에 가서 생계를 모색하는 것이 유행이 된 듯했다. 당시 이것을 두고 명대 이래 없었던 사풍의 변화라고 여겼다. 예를 들어 쑹장 사인들만 해도 원래 경성에 올라가 유학하는 풍습이 없었다. 설령 있다고 해도 아주 드물었다. 강남 사인은 난세에 돌아다니는 것에 대해 이렇게 생각했다. "보고 듣는 것은 비루하고 저속한 언론과 위험하고 간사한 일밖에 없다. 그런 일과 언론을 접촉하면 식견이 날로 용렬하고 조잡해질 수밖에 없다. 원래 품성이 좋은 사람이라도 자기도 모르게 그 속에 빠져들 것이니, 어찌 인품이 곧 저속한 지경으로 떨어지지 않겠는가?" 오직 산림에 들어가 은거하는 것만이 가장 믿을 만한 것이었다.[107] 그런데 순치 연간 주소안奏銷案이 발생한 다음 갑자기 '경성에 올라가 유학하는 사람이 많아지는' 현상이 나타났다. "과거시험에 응시하거나, 돈을 기부하고 관직을 얻거나, 강학을 하거나, 막부에 들어가 막료가 되거나, 유랑하거나, 고관대작에 올랐다. 처음에는 형편이 어렵고 실의에 빠졌던 사람들이 갔지만 얼마 지나지 않아 관리 계층의 자제나 부자들의 자식들도 잇따라 갔다. 하나의 작은 재주나 기예를 지닌 사람 중에 경성으로 달려가 출세하길 바라지 않는 이들이 없었다."[108] 고염무는 이것을 보고 탄식했다. "근래에 인심은 이익만을 추구하며, 자신의 뜻을 견고히 지킬 수 있는 사람이 드물다. 같은 뜻을 지녔던 사람들 중에 출사한 사람이 많을 뿐만 아니라 문을 닫고 은거하던 이들도 결국 그 처음의 뜻을 지킬 수 없게 됐다."[109] 이 말은 '절의'와 '출사와 은거出處'의 복잡한 관계를 언급한 것으로, 출사와 은거의 어려움은 명나라 유민에게 가장 중요한 토론 주제가 됐다.

출사와 은거에 관한 논의는 명나라 때도 많이 있었다. 예를 들어 진헌장陳獻章(1428~1500)은 '출사'와 '은거'에 대해 이미 도덕적 차원으로까지 끌어올려 사고하며 매우 자세히 논의했다. 주흥린朱鴻林이 그의 논의를 정리하여 말했다. "진백사陳白沙(진헌장의 호)는 출사하거나 은거함을 자연에 맡기고 신중하게 해야 한다는 것을 여러 번 강조했다. 자연에 맡긴다는 것은 무리하게 하지 않고 상황이 되는 대로 따르며 만족한다는 뜻이고 출사나 은거를 신중히 한다는 것은 행동이 뜻과 일치해야 한다는 뜻이었다." "관직에서 하는 일은 도를 실천하는 것이다. 뜻을 이룰 수 있는 자리라면 마음대로 사양해서는 안 되며, 뜻을 이룰 수 없는 자리라면 미련을 가져서는 안 된다. 중요한 점은 뜻을 가지고 관직에 나간 사람은 자신을 굽히고 지조를 잃어서는 안 된다는 것이다. 지조 없이 벼슬하면 단연코 일을 성사시키고 뜻을 이룰 가능성이 없다. 따라서 관직에 나가는 데 신중함의 선결 조건은 물러나는 데 신중한 것이며, 출사와 은거의 관건은 의義에 부합하는 때인가 하는 것이다."[110] 명말에 이르러 강남 사인은 출사와 은거의 선택에 있어 더욱 심한 곤경에 처했다. 청초에 고염무는 심지어 이 문제가 '성性' '명命' '천天'과 같은 유가의 주제들보다 더 중요하다고 생각했다. 나아가 출사와 은거 같은 핵심 문제를 얘기하지 않은 것이야말로 명말 학풍이 쇠퇴하게 된 원인 중 하나라고 여겼다. 그는 또 지적했다. "따라서 성性이나 명命이나 천天에 대해 공자께서는 거의 얘기하지 않았는데 지금의 군자들은 늘 얘기하고 있다. 출처出處(출사와 은거), 거취去就(버림과 취함), 사수辭受(거절함과 받아들임), 취여取與(받는 것과 주는 것)

의 구별에 대해 공자와 맹자는 늘 얘기했는데 지금의 군자들은 거의 얘기하지 않는다." 그는 명말 학풍이 성性과 명命만을 얘기하고 염치에 관한 일은 말하지 않는다고 비판했다. "부자·군신·형제·붕우부터 출입出入·왕래往來·거취去就·사수辭受·취여取與까지 모두 다 염치에 관한 일이다. 염치는 인간 세상에 있어 중요한 것이다!"[111] 염치를 얘기하지 않으면 곧 '공허한 학문'인 것이다. '출사와 은거'의 선택과 '염치'의 관계는 명말 청초의 특수한 분위기에서 더욱 심각해졌다.

출사와 은거의 다양한 경우와 선택은 명말과 청초라는 시기에 따라 또 달랐다. 담천談遷은 명말 그 '시기'의 특징을 '치우쳐서偏' '편안安'하지 못했던 것이라고 했다. 이른바 "강동 지역에 새로 조성되어 중원에서 밀려나 한쪽 구석에 치우쳐 자리 잡고 아직 안정을 찾지 못했는데, 마침 화를 당해 동남쪽 한 기둥이 삐걱거리고 사직이 몰락했다"[112]는 것이다. 난징 이부상서吏部尚書 장신언張愼言(1578~1646, 호는 막산藐山)이 관직에 나아가고 물러난 경우에서 볼 수 있는 것은 바로 왕조 교체의 중압감 속에 안 될 줄 알지만 힘을 다해야 한다는 비장감과 어쩔 수 없다는 체념이었다. 담천은 명이 망하기 전 장신언이 "꽃나무와 대나무를 심고 새와 물고기를 기르며 무릉도원에서 노년을 즐기고 습지蟄池*에서 편안한 죽음을 맞이할 수 있을 것으로 생각했다"고 했다. 그러나 "얼마 지나지 않아 나라가 망했다." 원래 장신언이 표현했던 대로 말하자면 '완릉宛陵의 물'은 이미 '비려서 더 이상 마실 수 없는 물'이 되었고 시국은 더 이상 치료할 약이 없

---

* 동한 시대 초기 양양후襄陽侯 습욱習郁의 개인 정원으로, 호북湖北 양양 성 남쪽 봉황산鳳凰山 남쪽 기슭에 있다. 기록에 의하면 이 정원은 습욱이 범려范蠡의 물고기 양식 방법을 모방하여 지은 것이라 하며 '사가원림私家園林의 비조'라 불린다.

는 지경까지 썩어 문드러졌다. 담천의 관심은 "선생이 어떻게 선택할 것인가?"[113]에 있었다. 이런 상황에서는 도망가려 해도 도망갈 데가 없었다. 이 점은 장신언의 편지에서도 드러난다. 그가 사직하고 진회秦准(난징)의 하씨何氏 원림에 기거할 때 이렇게 말했다. "오늘의 일은 말로 다투어서는 안 된다. 다투어도 도움이 안 될뿐더러 오히려 일을 더 그르쳐서 수습할 수 없다. 만약 받은 은혜가 깊고 군주의 총애가 두터운 상황이라면 몸을 더럽히지 않겠다고 곧바로 물러나지 못한다." 그가 설령 억지로 출사했다 하더라도 지금 우리는 그가 관리사회에서 쉽게 몸을 빼기가 곤란했다는 것을 알 수 있다. "대신大臣은 다른 사람을 받아들이고, 군주를 굳건히 보필해야 하고, 치욕을 참아야 한다. 소위 '식초 세 말을 먹는다吃三斗醋'*는 것이다." 그 우울하고 편치 않은 심경은 자신만이 느낄 수 있었다. "대인大人의 마음속에 꽉 막히고 답답한 것을 헤아려보자면 알 수는 있어도 말로 표현할 수는 없다. 고충이 이와 같은 것은, 마치 『주역周易』「비괘否卦」중 육일六一과 육이六二에서 형통하다가 육삼六三에 이르러 치욕을 참아내는 형국**에 이른 격이니, 치욕을 참고 견딜 뿐이다. 처한 자리가 마땅치 않기에 이렇게 할 수밖에 없었다."[114]

다른 한 가지 태도는 '출'에서 '처'로 움직이는 것이다. 그런데 자연스

---

* '식초 세 말을 먹는다'는 말은 당나라 때 재상 위징魏徵이 당 태종이 하사한 많은 양의 식초를 단숨에 마신 이야기에서 나왔으며 그의 담대함과 강한 인내심을 표현한 것이다. 즉 재상과 같은 높은 지위에 있는 사람은 도량이 넓고 포용심이 있고 참을성이 있어야 한다는 말로 쓰인다. '식초 세 말을 먹어야 재상이 될 수 있다吃得三斗釅醋, 方做得宰相'라고도 한다.

** 『주역』「비괘否卦」를 보면 첫 번째 음효陰爻와 두 번째 음효에는 '형통하다亨'는 풀이가 있지만 세 번째 음효에 이르러서는 오로지 '포수包羞', 즉 '치욕을 견딘다'는 풀이뿐이다. 「비괘」는 '비색否塞', 즉 막히는 괘인데, 일반적으로 군자는 밀려나고 소인이 득세하여 판치는 상황을 의미한다. 특히 세 번째 음효부터 막히기 시작하는데, 이는 군자가 정당한 지위를 얻지 못해 치욕을 당하기 시작함을 의미한다.

럽게 물러나는 것도 결코 쉬운 일이 아니었다. 당시 고홍도高弘圖 막부에 있던 담천은 세 가지 이유를 들었다. "오늘날 떠나야 하는 데는 세 가지 이유가 있습니다. 군주의 사랑, 세상 물정, 권력이 모두 암암리에 바뀌었습니다." 고홍도가 대답했다. "하늘이 나로 하여금 나랏일을 하게 하신 지 1년이 지나 대충이나마 가문을 일으켰으니 물러나도 여한이 없다. 지금 내 자신의 고결함을 지키고자 물러나는 것은 출사와 은거의 도道에 부합한다."[115] 설령 그렇다 해도 이에 따라 사퇴하고 물러난 담천은 정신적인 부담을 많이 느꼈다. "나라의 재목인 사인들의 이름에 먹칠을 하고 재상을 끝까지 보좌하지 못했으니 사람을 알아봐준 장막산 선생께 누를 끼친 것 같다"고 생각했다.[116]

청초 제왕은 여러 차례 은사隱士들을 불러 관직을 주었다. 유민이 새 왕조를 거부하고 자신을 지키려는 것은 더 어려워졌다. 이옹李顒(1627~1705)은 자신이 박학홍사博學鴻儒 추천을 거부한 뒤 당한 모욕을 다음과 같이 묘사했다. "경승經承(관아의 문서 담당 서리)이 추상秋霜과 같은 격문檄文을 발표했다. 격문 받침대를 들고 자세히 보니, 실로 천고에 없었던 것이었으며, 사방으로 소문을 내서 이미 국체國體를 모독하고 천하의 사인을 모욕했다. 서리가 나를 죄인처럼 결박하고 관리가 곧 출발하라고 독촉했다. 나는 핍박을 견디기 힘들어 더 이상 살고 싶지 않았다. 5일 동안 쌀 한 톨, 물 한 방울도 먹지 않았다. 아들이 통곡하고 제자들은 슬피 울었다. 나는 일일이 유언을 남기고 떠났다."[117] 나중에 관부에서 풀려났지만 이옹이 마음에 받은 상처는 일생 동안 영향을 미쳤다.

청초의 일반 사인들도 마찬가지로 '출사와 은거'의 문제에 부딪혔지만 역사적 배경의 차이로 그 명분이 좀 달랐다. 소정채는 송 유민과 명 유민이 출사와 은거의 곤란한 상황에 대해 취한 자세가 달랐던 것을 언급하며 탄식했다. "아! 명말의 모습은 꼭 송말의 모습과 같은데 명말 유민은 송말 유민과 같지 않구나! 절개는 본래 같지만 때가 달랐다. 송나라 말기, 재상 마정란馬廷鸞(1222~1289)을 비롯한 옛 대신들은 10년이나 초야에 있었지만 다시 출사하라고 강요한 사람이 없었다. 출사의 강요를 받고 죽었다는 사람은 사방득謝枋得(1226~1289) 외에는 들어본 적이 없었다. 명나라 말기, 옛 대신과 사인은 종종 사찰로 피신하여 자신의 뜻을 지키거나 아니면 관직을 맡아 벼슬을 지냈다. 승려 중에 유민이 많은 건 명나라 때부터였다."[118] 명 유민과 송 유민에게 가해지는 압박은 그 정도가 달랐다. 그러므로 이들이 출사와 은거를 선택할 때 보인 행위의 차이에 대해 그저 절개를 지키는 인내력과 수양의 차이 때문이라고 한마디로 개괄할 수만은 없다. 심지어 청나라 초기 외부적 압박의 잔혹함은 원나라 초기보다 훨씬 심했다는 것을 암시한다. 유민은 자신이 행했던 행위에 대해 그 대가를 치러야 하는 동시에 기본적 생존을 위해 치열하게 싸워야 했다. 소정채는 '출사와 은거'란 선택의 어려움을 다음과 같이 이야기했다. "출사와 은거 사이에서 그 선택이 어렵도다! 오늘의 사인들은 불행하게도 왕권 교체의 운명을 만나 형세의 변화에 밀려서 관직을 맡지 않을 수가 없게 됐다. 관직에 나아가면 백성을 사랑하고 직무에 충실해야 그나마 세상 사람의 비판을 면할 수 있다. 만약에 부귀영화에 빠져 제자리로 돌아오지 못한다면 수십 년 뒤 그 모습이 완전히 달라질 것이니 군자는 그것을 수치스럽게 여길 것이다."[119]

고염무는 친구가 "군자는 죽은 후에 이름이 알려지지 않는 것을 근심한다"고 걱정하자 이렇게 대답했다. "군자가 추구하는 것은 죽은 뒤의 명성이다. 오늘날 사람들이 추구하는 것은 살아 있을 때의 명성이다. 살아 있을 때의 명성은 죽으면 없어진다. 오늘날 사람들이 추구하는 명성은 바로 군자가 싫어하는 것이다."[120] 그런데 '죽은 뒤의 명성'을 추구하는 것은 또 어찌 쉽다고 하겠는가? 도시가 아닌 시골에서도 유민의 괴이한 행위는 자주 남의 오해와 냉대를 받았다. 소정채는 도극기陶克己라는 인물에 관해 이렇게 기록했다. "내가 도씨의 남호南湖에서 공부를 하고 있을 때 연회가 있어 사람들이 모인 적이 있다. 도씨 일족 중에 사릉思陵 황제*를 애도하고 곡한 것 때문에 마을 사람들에게 조소를 받는 사람이 있다고 듣고는 속으로 이상하게 생각했다." 그런데 그가 가서 만나보려 할 때마다 "가지 말라고 막는 사람이 많아서 결국 만나지 못했다." 2년 뒤에야 그 이상한 사람을 만날 수 있었다. 그의 말에 의하면, 도극기란 사람은 사종思宗이 죽은 뒤 "문에 기대어 몇 달 동안 곡을 했는데"[121] 너무 오래 울었는지 주변 사람의 반감을 불러일으켰다고 한다. 도극기는 나중에 동董 선생을 만나고서야 자신을 알아주는 지기를 얻은 느낌이 들었다. 동 선생은 자신의 느낌을 이렇게 말했다. "나라의 변란을 겪은 이후 동문수학한 내 친구들은 절개를 지키려고 죽거나, 사방으로 흩어져 은거했다. 나 역시 자포자기하는 마음으로 되는대로 늙어갔다. 만년에 도극기와 사귀었는데 의식주에 있어서 담박한 모습이 나와 같았다." 이와 같이 뜻이 같고 서로 격려하는 상태에서만이 괴이한 행위와 '출사와 은거'에 대한 선택이 합리적이라는 신념을 굳게 할 수 있었다. "나는 도극기를 만나서 더 확고해졌고 도극기도 나 때문에 출사와 은거에 대한 자신의 선택이 그

---

* 명나라 16대 황제인 숭정제崇禎帝 주유검朱由檢(1611~1644)으로, 그의 시호가 사종思宗이다.

룻되지 않았다고 자신하게 됐다." 이렇게 하고 나서야 "세상 걱정을 떨쳐내고서 자신의 뜻과 지조를 펼치고, 종족 구성원들의 의론을 떠나 군주와 가족을 대할 수 있게 됐다. 또한 글은 영예를 얻을 만하니 애써 명성을 따지지 않아도 되고, 병은 편안하고 안정된 마음으로 다스려지니 지치지 않고 학문에 힘쓸 수 있게 됐다."[122]

출사와 은거의 문제는 그 한계를 파악하는 것이 어렵기 때문에 토론에도 어려움이 따른다. 마찬가지로 현명한 유민들은 외곬으로 절개를 지키는 데 따른 심리적 긴장감을 택하지 않았다. 유민 이옹李顒(자는 중부中孚)은 "고관대작의 강요로 인해 가마에 태워져 근교에 이르렀을 때 땅에 누워서 칼을 들고는 자결할 것을 맹세했다." 관중關中의 친구가 "관련 담당자에게 사정하여 병을 핑계로 풀려나 돌아올 수 있었다." 그러나 고염무의 평가는 이랬다. 설령 "나라는 사인을 죽였다는 소리를 듣지 않을 수있었고 이옹 자신은 초야에 몸을 둘 곳이 있게 되었으니, 진실로 맹자가말한 '위압과 무력에도 굴복하지 않는 대장부의 모습'[*]"이라는 명성을얻을 수는 있었더라도 "결국 그러한 명성으로 인해 이 같은 곤란한 상황에 이르게 되었다가, 간신히 모든 것을 잊고 일상으로 돌아오게 된 것이다."[123] 이옹에게 쓴 편지에서 고염무는 무작정 '죽음으로 절개를 지키려는 것'의 효과에 대해 다른 의견을 표명했다. "생사를 도외시하는 것에대해 말하자면, 저는 그건 아니라고 생각합니다. 천하의 일 가운데 죽음으로 인을 완성하는殺身成仁 경우도 있습니다. 그러나 죽어도 되고 죽지 않

---

[*] 『맹자』「등문공」 하에 이르길 "부귀해져도 문란해지지 않고, 가난해져도 마음을 바꾸지 않고, 권위와 무력 앞에서도 굽히지 않을 수 있다면, 이를 일러 대장부라 한다富貴不能淫, 貧賤不能移, 威武不能屈, 此之謂大丈夫"라고 했다.

아도 되고 또 죽어도 인을 완성할 수 없는 경우도 있습니다." 따라서 "때가 아니면 멈추고 때가 되면 행하면서 하나에 집착하지 않아야" 한다고 했다. 그는 고인의 예를 들어 설명하기도 했다. "따라서 백이·숙제처럼 굶어 죽지 않고 주나라에서 계속 살아가고, 굴욕적으로 던져주는 음식도 거부하지 않고 먹는 것*에 대해 고인들은 잘못이라고 여기지 않았습니다." 그리고 "작은 혐의를 피하고 작은 절의를 지키고자 지나치게 따질 필요는 없습니다."[124]

그런데 청초에 명 유민이 송 유민보다 더 큰 정치적 압력을 받았을 때 보여준 지혜와 융통성도 종종 후인들에게 높은 평가를 받았다. 명말에 벼슬을 했던 서석기徐石麒(1577~1645)는 청 조정의 부름을 받았다. 산에서 나와 "새 왕조에 출사하여 '서로 보고 배우면觀摩' 나중에 커다란 공덕을 세울 수 있다"와 같은 부드러우면서 강한 압박에 대해 그는 단호하게 거절했는데, '명예와 절개'를 지키는 것도 새 왕조의 교화에 마찬가지로 중요하다는 것이 그 이유였다. 이것도 처사處士의 독특한 의론으로 간주될 수 있다. 그가 '서로 보고 배움觀摩'의 뜻을 해석하며 격앙되어 한 말은 자못 심금을 울린다. "저는 황상께서 말씀하신 '서로 보고 배운다'는 것이 어떤 건지 잘 모르겠습니다. 장차 산악과 같이 높고 빼어난 명예와 절개를 추구하는 사람이 되게 하시려는 겁니까? 아니면 매끄러운 기름과 부드러운 가죽처럼 아첨하고 사람을 사귀어 봉록을 탐내고 붕당을 짓는 사람이 되게 하시려는 겁니까? 저는 수양산首陽山에 백이라는 사람

---

* 백이와 숙제가 은나라를 멸망시킨 주나라의 음식을 먹지 않겠다고 수양산에 들어가 굶어 죽은 일과 제나라의 부자 검오黔敖가 기근으로 굶은 백성에게 '옜다! 먹어라'라고 모욕적으로 음식을 나눠주자 굶주린 이가 이를 거절하고 결국 죽은 일을 예로 들어 그렇게까지 하지 않아도 잘못된 것이 아니라고 말한 것이다.(『사기』「백이열전伯夷列傳」과 『예기』「단궁檀弓」 하 참조)

이 주나라의 풍속을 '의義'로써 권하고 동강桐江의 엄광嚴光이라는 사람이 후한後漢의 풍속을 '도道'로 밝혔다고 들었습니다. 소위 백이가 세운 풍속이 탐욕스러운 사람은 청렴하게 만들 수 있고 유약한 사람은 뜻을 세우게 할 수 있다는 것*과 엄광이 동강의 풍속으로 한나라의 구정九鼎을 단단히 묶었다(왕권을 공고히 했다)는 것이 어찌 허튼 말이겠습니까! 뜻하는 바가 여기에 있고 풍속은 저기에 있는데 '보고 배우는 것'은 너무 멀리 있습니다."[125] 다음의 출사와 은거에 관한 논의는 유민의 마음으로 청인淸人의 심리를 짐작해본 것으로, 아픈 곳을 건드리기는 매한가지였다.

"그러니 청나라가 이 백발성성한 노인으로 하여금 산수 사이에서 지내도록 허락하는 것은 사회 풍속과 교화에 도움이 될 수 있습니다. 대개 나라가 흥성하려면 반드시 훌륭한 신하가 있어야 하고, 세상이 변할 때는 구름 자욱한 깊은 산속에서 늙어가는 노인이 있어야 합니다. 『시경』에 들어 있는 온유돈후함의 정신과 『예기』에 들어 있는 고례의 규칙에 따라 정사를 돌보는 이가 있는가 하면, 오동나무에 기대어 무심히 늙어가는 사람이 있습니다. 출사하는 사람이 없으면 누가 공을 세우고 은거하는 사람이 없으면 누가 절의를 밝히겠습니까?"[126]

이이곡李二曲(이옹의 호)이 출사를 거절한 이유를 살펴보면, 자신의 이익을 떠나 제왕이 사회 풍속을 바로잡고 돈독히 하는 관점에서 출처를 논의한 것처럼 보인다. "선현들은 사인들의 출사 선택을 두고 이것이 그 자신 혼자만의 일이라고 생각하지 않았습니다. 출사와 은거의 득실은 풍속

---

* 『맹자』「만장萬章」하에 다음과 같은 구절이 있다. "그러므로 백이의 기풍을 들은 자는 욕심이 많은 사람이라도 청렴해지고 나약한 사람이라도 뜻을 세우게 된다故聞伯夷之風者, 頑夫廉, 懦夫有立志."

의 성쇠와 관련이 있으므로 신중히 살피지 않을 수 없습니다. 지금 제가 은거하는 것이 명예를 얻기 위한 것이라면 은거하면서도 고관요직을 쉽게 얻을 수 있을 것이니 이것은 허위의 효시가 되는 게 아니겠습니까? 과거 급제하지 못한 사람은 분명 물러나서 겉으로는 고상하다는 허울 좋은 이름을 가지고 속으로는 관직을 얻는 실속을 구하며 저마다 종남산에서 은거하는 것을 출세의 지름길로 삼을 것입니다." 다음의 말들은 더욱 더 황권의 관점에서 생각한 것 같다. "한결같은 마음으로 황은에 조금이나마 보답할 수 있는 길은 인심을 끌어들이고 사람들에게 잘못을 고치고 선한 것을 따르도록 권고하는 것입니다. 그래서 저는 터무니없게도 스스로를 헤아려보지도 않고 사람들을 만나면 가르쳤고, 사람들은 제가 청빈함을 달갑게 여겨 명리를 좇는 마음이 없는 것을 보고 저를 믿고 따랐습니다. 만약에 갑자기 마음이 바뀌면 사람들은 분명히 제가 평소에 권고하던 것을 그저 명리를 추구하는 수단이었다고 생각하고 비웃을 것입니다. 그러면 선한 것을 따르려던 생각이 꺾여 앞으로 아무리 권고해도 사람들은 더 이상 믿지 않을 것입니다. 그러면 제가 어떻게 황제의 교화를 묵묵히 지지할 수 있겠습니까?"[127]

청초 제왕은 명말 절의를 지킨 사인과 '귀순한 신하貳臣'를 평가할 때 어찌해야 좋을지 모를 난처한 지경에 빠진 적이 있었다. 귀순한 사람을 중용하여 국토를 넓히는 공리적인 효과를 얻으려면 필연적으로 그 반대 입장에 서서 명에 충성을 다하는 사인들을 억압해야만 했다. 그러나 이런 눈앞의 이익에 급급한 평가 방식은 청 왕조에 충성을 다하는 사람들을 표창할 때 발생하는 곤란한 문제에 대처할 수 있는 장기적인 인재 평가 시스템이 되지 못했다. 이 문제는 건륭 시기에 이르러 역사서 편찬 기준을 다시 세우는 것을 통해서야 비로소 최종적으로 해결됐다.

유민의 후손은 출사와 은거의 문제에서 부모들 세대와 갈수록 큰 차이를 보였다. 갑신년 왕권 교체 직후 사인들 중에는 과거에 응시하는 사람이 적었지만 그들의 후대는 잇따라 응시하러 나섰다. 진확은 이 문제에 대해 지인들과 논쟁한 적이 있었다. 진확은 아버지나 아들이나 출사와 은거에 있어서 기준이 같아야 한다고 했다. "된다면 모두 되고, 안 된다면 모두 안 된다." 서로 달리 적용해서는 안 된다는 것이었다. 그의 질문은 아주 예리했다. "어찌 은거해도 된다는 것으로 자신의 순결을 지키고 은거하면 안 된다는 것으로 자손 후대를 오염시키는가?" "이 시대에 사는 군자는 자신의 마음으로 세속 사람들이 과거시험에 응시하는 것을 비판해도 안 되고 세속 사람들의 마음으로 내 자손 후대를 대하며 과거응시를 격려해도 안 된다"는 이유였다. 그의 지인은 "자손이 과거에 응시하지 않으면 분명히 학문을 중도에 포기할 것이다"라고 하며 과거에 응시하지 않으면 유능한 사람이 출세의 기회를 놓칠 거라고 따졌다. 그러자 진확은 자손의 재주와 학식이 과거에 응시하는 것으로만 증명되는 것은 아니라고 대답했다. "아버지나 형님의 품행으로 가르치는 것은 친근하면서도 특별하며 이치에 맞으면서 바른 것이다. 출세 진퇴로 격려하면 수고롭고 힘들며 실속이 없고 명예가 훼손된다."[128] 관직에 나아가느냐 마느냐는 이미 학술적·도덕적 인품을 판단하는 기준이 되지 못했다. "그래서 나는 이전에 자신의 마음으로 세속 사람들이 과거시험에 응시하는 것을 비판하면 안 된다고 한 것이다."[129] 하지만 과거에 응시하는 사람의 심리와 동기에 대해서는 구별했다. "이 시대에 사는 사인들이 어쩔 수 없이 나가서 과거에 응시해 관리가 되는 것에 대해서는 미워하는 마음이 없다. 하지만 응시하여 출세에만 목적을 두는 것에 대해서는 차마 말할 수 없는 것이 있다."[130] 그는 마음속에 여전히 남아 있었던 유민의 도덕적 평가 기준을 일관되게 실행시킬 방법이 없다는 무력감을 드러내기도 했다. 다른 한편으로 진확은 다음과 같이 융통성 있는 태도를 보이기도 했다. "출사와 은거는 다르지만, 도를 따른다는 점에서는 같다. 그러므로 지금 관직에 있는 사람이라고 해서 무조건 속되다고 할 수 없다."[131]

새 왕조의 과거시험에 응시할 것인지의 여부는 강남 사대부들 사이에서 확실히 민감하고 논의하기 어려운 화제였다. 이 문제를 언급하면 이것이 아니면 저것이라는 극단에 빠지기 쉬웠다. 즉 새 왕조에 나서면 배신하고 절개를 잃었다는 욕만 먹었고, 나서지 않으면 또 성세盛世에 고의로 은둔하고 고결한 품행을 과시한다는 혐의를 받았던 것이다. 그 후손들에게 과거에 응시하지 말라고 하는 유민의 동기에 대해 진확은 "중립을 주장하면서 세상의 이목을 안심시키고 자신의 몸 돌보기를 챙긴 것"이라고 여겼다. 심지어 부끄럽지 않게 하려는 세속적 동기를 품은 것일 수도 있다고 했다. "자신의 자식이 출사하는 것을 자신은 출사하지 않는 것으로 간주하는 것 역시 일반 사람들의 견해로 치면 그뿐이다."* 진확이 봤을 때, 당시 새 왕조의 분위기에서 출사의 여부는 형식일 뿐이고 뜻이나 절개와는 이미 관계가 없었다. 물과 불처럼 첨예하게 대립하는 논의에 직면하여 그는 다음과 같이 애매하게 말했다. "출사하려는 의도는 곧 출사하지 않는 의도와 같으며 이 둘은 동일하다." 왜냐하면 "출사한 사람은 그저 한 번 더 나아갔을 뿐이고 그 자신은 역시 그대로다. 출사하지 않은

---

* 「도덕론道德論」 상, 173쪽. 쪽수는 맞는데 편명이 틀렸다. 이 문장은 「사자제출시의使子弟出試議」에 보인다.

사람도 그저 한 번 나아가지 않았을 뿐이고 그 자신은 역시 그대로다. 그러니 무슨 차이가 있는가? 출사한 사람도 도를 실천하다 죽고, 출사하지 않은 사람도 도를 실천하다 죽는다." 사실 시간이 지남에 따라 출사와 은거의 문제에 대한 명 유민의 태도는 점점 관용적으로 변해갔다. 굴대균屈大均(1630~1696)은 허형許衡(1209~1281, 호는 노재魯齋)이 원나라 관리를 지낸 것을 평가할 때 역시 이하지변夷夏之辨에 집착했다. "우리 유학자들은 출사와 은거의 문제를 우선시한다. 허형이 원나라의 관리가 된 것은 명분이나 교화에 큰 누를 끼친 것이다." 그는 은둔하는 것이 명예와 절개를 지키는 유일한 선택이라고 했다. "사인과 군자가 허형과 같은 시대에 태어나 도와 학문을 추구하려면 반드시 산림에서 은거해야 한다."[132] 그러나 장이상에 와서는 많이 관용적이 되었다. "사인과 군자가 난세에 살면 사직하고 시골에 가서 은둔하거나, 낮은 자리에서 부침을 거듭하거나, 은거하며 고용되어 일하거나, 도성에서 노닐며 쉬거나 하는데 이것은 역시 때가 그렇게 만드는 것이므로 일률적으로 말할 수 없다. 스스로 자신의 순결을 지키면 된다."[133] 이 논의에서 '순결을 지킨다'는 의미는 예전과 비교하면 이미 많이 넓어진 상태다.

소정채는 더욱 직접적으로 논했다. '은둔'을 선택하는 자들 중 '진짜도 있고 가짜도 있다'고 생각했다. 이 둘은 구별하기 어려운데, 정말로 세상에 쓰일 만한 능력을 가진 사람이어야만 칭송받을 만하다는 것이다. "재주가 정사를 돌보기에 충분하면서도 영예와 이익에 얽매이지 않는 것은 아주 귀한 것이다. 말세에 살면서 기지機智가 있는 사람은 유자儒者와 협객俠客 사이에 그 이름을 올리고, 자신의 재주에 힘입어 산속 동굴 안에서 세월을 보내려 하지 않으며, 집정자執政者 역시 그의 실력에 의지한다. 이런 사람은 본래부터 많았다."[134] 이와 같은 출사와 은거에 관한 논의는 매우 실리적이었던 것 같다. 자연히 청나라에 출사한 사인들에 대한 태도도 많이 누그러졌다. 진조법陳祖法(호는 집재執齋)이 청나라에 출사한 원인에 대해 소정채는 이렇게 해석했다. "늙어 죽을 때까지 걱정이 없는 사람은 많다. 그러나 집안에 늙으신 부모가 계시고, 가문에 중대한 일이 생기고, 게다가 세상이 시끄러우며 향간에 도적이 날뛴다면 어쩔 수 없이 절개를 꺾고 새 왕조의 부름에 응한다. 관복을 입고 정사에 임하니 평화롭고 화목하며, 유민들로 하여금 갱생의 은혜를 입게 하고, 집권하며 유자儒者로서 공을 세운다. 시대의 흐름에 따르면서 세상 백성에게 큰 복을 가져다준다."[135] 군세게 절개를 지키는 사인이 볼 때, 이와 같이 적나라하면서 실질적인 발언은 자신의 몸을 스스로 오염시키는 반역의 의론임에 틀림없었다.

새 왕조에 출사하는 사인은 출사와 은거라는 화제를 언급할 때 그들 나름대로 정당한 이유가 있었다. 탕빈湯斌(1627~1687)은 강희제 때 "천자의 다스림이 날로 새로워지고 요순시대와 비교할 만하다"는 상황에서 산에서 나와 출사해야 할 합리성이 커졌다고 생각했다. 왜냐하면 "고인은 관직에 나서려고 하지 않은 것이 아니라 도에 따라 하지 않는 것을 미워할 뿐"이었기 때문이다. 도를 실행할 새로운 기회가 왔으니까 놓치지 말아야 했다. 따라서 탕빈은 지인들에게 출사하라고 권할 때 다음과 같이 말했다. "출사와 은거가 절개와 맺는 관계 문제에 있어 30년간 어떤 것을 배우겠는가? 14년간 산수 초야에 있었는데 마치 하루아침과 같았다. 이렇게 14년이 더 지나면 60대 노인이 될 것이다. 인생은 쏜살같이 지나가니 어찌 도를 왜곡하여 구구하게 작은 부분만 확대하여 논하겠는가?"[136]

'죽음'에 대해서 진확은 이렇게 이해했다. 출사를 하면 군주에게 충성을 다하고 군주의 명령에 따라 전쟁터에서 죽을 가능성이 많다고 했다. "그렇지 않으면 출사한 보람이 없는 것이다." 출사하지 않은 사람은 '얼마 안 되어 곧 치욕과 굶주림에 죽는 경우도 있고 치욕과 굶주림에 죽지 않을 수 없는 경우도 있고, 또 치욕과 굶주림에 죽을 수가 없는 경우가 있는데 이러한 것들은 모두 출사하지 않은 보람이 없는 것이다.' 그의 결론은 "언제나 도로써 자신의 모범을 삼고 죽을 때까지 시종여일하게 지키면 궁함이나 현달함은 다를 것이 없으니 출사와 출사하지 않는 것에 무슨 차이가 있겠는가?"[137] 진확의 선택은 출사하지 않는 것이었다. 자연히 치욕스럽고 가난한 경지에 맞닥뜨릴 수밖에 없었다. 그런데 출사하지 않는 사람이 급격하게 줄어드는 것이 숨길 수 없는 현실이 되었을 때, 출사하는 행위의 동기에 대한 관용적인 태도는 명·청 왕조가 바뀌는 과정에서 유민의 사상 변천을 보여주었다. 출사와 은거에 대한 선택의 어려움은 단지 왕조 교체기의 사람들 사이에서만 이렇게 심각할 뿐이었다. 출사를 막으려고 해도 안 되는 추세는 청초 사인들로 하여금 어쩔 수 없이 새로운 도덕 기준으로 출사의 합리성을 입증하게 만들었다.

제2장

예제질서의 재건 및
'사 – 군' 관계의 재정리

폐하께서는 세심하고 한결같은 마음으로
'중화위육中和位育(치우치지 않고 조화를 이루어 그 사이에서
천지가 자리를 잡고 만물이 자람)'*의 통치 국면을 성취하셨다.
천덕天德과 왕도王道가 시종일관 한결같으시다.
성훈聖訓이 정교하고 심오하니 만세에 드러내 보이기에 충분하시다.

— 장정옥張廷玉

---

* 『중용』제1장에 나오는 말이다. "희로애락이 일어나기 전을 중中이라 하고, 일어나 모두 절도에 맞
는 것을 화和라 이르는 것이니, 중은 천하의 대본이요, 화는 천하의 달도다. 중화를 이루면 천지가 제
자리에 위치하고 만물이 길러진다喜怒哀樂之未發, 謂之中; 發而皆中節, 謂之和. 中也者, 天下之大本
也; 和也者, 天下之達道也. 致中和, 天地位焉, 萬物育焉."

시작하는 말: 강남 산수가 달라진 후

왕조 교체 후 강산이 달라졌다. 청나라 초기 유민들의 심리적인 변화는 도시에 대한 공포감에서 엿볼 수 있다. '도시'가 이미 오랑캐에게 더럽혀졌으니 '잔산잉수殘山剩水'는 향촌에서만 찾아볼 수 있게 된 듯했다. 청나라 황제들의 눈에 '사림士林 쓰레기'와 다름없었던 여유량은 지인에게 편지를 보내 당시 자신의 처지가 탈출구 없이 노역을 당하는 상태였다고 표현하며 원망스럽게 말했다. "대도시 및 군현郡縣에 있는 사람부터 더 빨리 압박을 받았다." 그 몇 년 동안 여유량은 각종 외부 세력의 압박을 받고서 세상에 나가 과거시험에 응시할지 여부로 깊은 부담감을 안고 있었다. '도시'는 이때 그의 마음속에서 이미 공포감을 주는 이미지와 부호가 됐다. 그래서 그의 말투에는 빨리 달아나 은둔하고자 하는 심리가 묻어났다. "이제 난양南陽 시골집에 묻혀 살고자 결심했다. '나쁜 무리와 어울려 나쁜 일을 일삼는 짓*은 할 수 없어, 지금부터 사람과 왕래를 끊고 세상을 피해 은둔하기 시작한다同流合汚非所能, 絶人逃世從玆始'라는 말이 있다. 그러니 거석巨石을 병풍 삼아 세우고 다시는 도시를 맴돌지 않을 것이다." 그는 '도시'를 '비린내 나는 더러운 곳'으로 보고 속히 떠나려고 했다. 친구가 찾아오면 이렇게 말하기도 했다. "훗날 작은 배를 타고 갈대밭과 대나무 숲 사이에 살고 있는 나를 방문하여 함께 등불 심지를 돋우며 간단하게 식사하고 풀을 깔고 앉아 경전을 담론한다면 나름대로 정취가 있을 것이다."[1] 그때 그들에게 '향촌'은 '도시'와 대치되는 깨끗하고 고요한 이미지로 변모했다.

---

* 『맹자』「진심盡心」하에 "속된 흐름에 동조하고 더러운 세상에 합류한다同乎流俗, 合乎汙世"는 구절이 있다. 사상과 언행이 속된 풍조와 더러운 세상에 동조한다는 뜻이다.

앞에서 이미 언급했듯이 '오랑캐'로서의 만주족이 명나라의 강산을 빼앗은 다음, 청초 유민들은 스스로 '잔산잉수'라는 애도 분위기를 만들어 그 속에서 나오려 하지 않고 반대로 누에가 자기 몸을 꽁꽁 싸매듯 그 속으로 깊이 빠져들었다. 오랑캐에 의해 더럽혀진 시끄러운 도시에 비하면 향촌은 잔산잉수의 은유 속에 들어 있는 단순하고 고요한 분위기를 진솔하게 반영해내고 있다. 비록 이런 순수하고 깨끗함이 대부분 유민들의 마음에서 나온 상상일 뿐이고 현실과 많이 다른 것이라도 말이다.

　그런데 향촌에서 은둔하는 것은 여유량이 묘사한 것처럼 그렇게 한가하고 탈속적인 것만은 아니었다. 대부분 유민은 도시에서 사라진 고례古禮를 순박한 향촌에서 다시 부흥시킬 수 있을 거라고 믿었다. 또한 몇몇 시골 노인이 제자들을 모아 성현의 책을 공부하고, 예의를 수양하여 '도통道統'의 전통을 전할 수 있다고 생각했다. 여유량이 개정한 강학 관련 규율은 심지어 세부적인 신체적 동작에까지 확대되어 구체화됐다. 예를 들어 수업 관련 규율 외에 또 다음과 같은 내용들이 포함돼 있었다. "밤에 함께 모여 음주할 때는 반드시 화목하고 경건해야 하고, 식사할 때는 몸가짐과 예절에 주의해야 한다. 밤에 등불 아래 배운 것을 익히는데, 먼저 공부를 끝낸 사람도 조용히 앉아 깊이 생각하며 반복하여 곱씹어야 한다." 또 일상 행동의 예의도 포함됐다. "독서와 식사, 점심 식사 후의 휴식 또는 밤에 같이 음주한 전후에 산책하며 한담을 나누는 시간 외에 사적으로 서로 만나면 안 되고 모여서 놀이를 즐겨서도 안 된다. 말로 대답할 때는 크고 맑고 절도 있는 소리로 해야 하며, 갑작스럽게 사나운 소리를 내서는 안 된다. 인사할 때는 머리를 깊이 숙여야 하고 똑바로 서서 쳐다봐서는 안 되며 허리를 굽히고 두 손을 맞잡고는 너무 빠르지도 느리지도 않게 해야 한다. 읍할 때는 단정하게 서서 천천히 물러나되 안절부절 급하게 가서는 안 되고 정중하게 하되 뛰어오르거나 비틀거려서는 안 된다."[2] 이처럼 엄격한 예의 규정은 아직까지 오랑캐에 의해 오염이 되지 않은 향촌에서만 지켜질 수 있을 것 같았다.

명대 유학儒學과 사대부의 지위가 나날이 떨어지면서 사인들은 점차 '내성內聖(자기 안에 성인의 재덕을 갖추는 것)'의 내적 수련과 반성으로 그 노선을 바꾸면서 '외왕外王(세상에서 왕도를 실현하는 것)'의 추구를 포기했다. 이런 변화는 그들이 결코 그것을 달갑게 여겨서가 아니라 정치적·문화적 분위기가 점점 악화됐기 때문이었다. '군주의 마음을 바로잡는 것格君心'으로 천하를 다스리는 역할을 담당해야 한다는 사인들의 열정은 이미 사라졌다. 양명학이 사방을 주유하며 강학하는 방식으로 '양지良知'의 의의를 밝히고 또 방향을 바꾸어 민간 차원에서 도의를 전파한 것도 정치적 환경의 압박 때문이었다. 그래서 송나라 사람들은 '군주를 얻어 도를 실행했고得君行道', 명나라 사람은 '백성을 깨우쳐 도를 실행했다覺民行道'는 말이 나오게 됐다.[3] 즉 송나라 때 사인과 군주가 함께 천하를 다스리던 국면이 더 이상 재현되지 않았기 때문에 명나라 사인들은 방향을 바꿔 직관적인 깨우침의 방식으로 초야의 백성을 계도함으로써 세속의 차원에서 유학의 역할을 발휘하고자 했다는 뜻이다.

문제는 왕권 교체 시기의 절박함 속에서 청초 유학자 사인들이 양명학을 명나라 멸망의 가장 중요한 역사적 원인 중 하나로 귀결시켰다는데 있다. 즉 양명학에서 주장하는 개별적으로 도를 깨닫는 원칙 및 '백성을 깨우쳐 도를 실행하는' 사고와 행동 방식, 또 '차가운 바람, 뜨거운 피로 천하를 깨끗하게 만든다'는 것과 같이 마음에 쉽게 와 닿는 강학講學

등이 명나라 멸망에 큰 영향을 끼쳤다고 보았다. 이는 '사맹社盟' 모임을 맹렬하게 비판하는 그들의 논의 중에서도 쉽게 알 수 있다. 심지어 어떤 유민은 가훈을 이렇게 정했다. '관리가 된 사람은 당黨에 가입하지 않고, 수재秀才가 된 사람은 사맹社盟에 가입하지 않는다. 그것이 곧 존중받는 신분이 되는 자격 요건의 절반을 차지한다.'[4] 이는 사인의 활동 범위를 크게 축소시켰다. 도를 전파하고 학문을 구하는 방식도 이에 따라 큰 변화를 겪었다. 유민 사인들은 대부분 향촌에 은거하며 서신 왕래와 극도로 억제된 개인적 교제만으로 '도'에 대한 탐색을 유지했다.

물론 집안의 부흥을 기반으로 기층에서 고례古禮의 역할을 복원하는 것은 청초 유민들이 열중하는 일 가운데 하나였다. 종족과 가족을 기본 단위로 문화의 근본을 회복하려는 것은 사인들이 명나라 멸망의 교훈을 통해 반성한 결과라고 볼 수 있다. 그런데 청나라 조정의 상위층들도 마찬가지로 '효'로써 천하를 다스리는 통치 원칙을 제창하여 '가家'를 중심으로 한 기본적 예의를 숭상했다. 이 둘의 책략이 암암리에 일치되었기 때문에 청초 유민들의 도덕적 자각의 행동이 청나라 통치자들이 구축한 이데올로기 재건의 거대한 통제망을 넘을 수 없게 됐다. 사림의 도덕 수양은 개인적인 의지意志와 자아 훈련으로 겨우 유지됐지만 명말 사풍士風에서 보였던 것 같은 상호간의 자극과 충격이 없어서 그 틀이 점점 좁아졌다. 관직으로 나간 사인은 더욱 황실의 통제를 받았고 제왕을 교화시키는 역할은 완전히 사라졌다. 이제 이러한 과정에 대해 한 걸음 더 나아가 분석하고자 한다.

1절

잔산잉수를 수습하다:
풍속이 바뀐다는 것의 의미

|

도시-향촌의 대치 이미지

청나라 군대는 강남을 정복하는 과정에서 강남 사인에게 심한 타격을 입
혔다. 그런데 이 산산조각 난 폐허에서 그 후손들은 유민들의 자학적인
생존 방식과는 완전히 다른 생존 방식을 찾았다. 어떻게 보면 이 두 가지
극단적인 방식은 모두 왕조 교체 시기 사인들의 보편적인 생활 상태가 아
니었다. 일반 사인들은 극단적이고 괴상한 생활태도가 아닌 조용하고 평
범한 생활태도로 백성이 도탄에 빠진 이 시국에 대처했다.

안팎으로 침입을 당한 강남에서 도시는 단시간에 폐허가 됐고, 사치스
럽고 번화했던 시절이 지나간 뒤 남겨진 일종의 추억과 아픔이 됐다. 쑤
저우성蘇州城의 내란 상황을 기록한 것을 보면 다음과 같다.

"지나가면서 보니 음마교飮馬橋 옆에 있었던 많은 민가가 완전히 파괴됐다.
양산楊山 태묘太廟 부둣가에도 집 수십 채가 불에 탔다. 월성月城 안에는 서
까래 하나도 안 남았고 성 밖 민가들은 열 집 가운데 네다섯 집이 없어졌

다. 이런 모습을 보니 마음이 아프구나!"[5]

'도시'는 마침내 변화와 쇠락에 대한 아픈 기억의 장소로 변했다. 왕판썬王汎森에 따르면, 청초 사인들이 도시는 더러움에 오염된 장소이고 향촌만이 순박한 도를 유지하는 고장이라고 여겼기 때문에 이로부터 명대 도시 시민 문화와는 다른 새로운 전통이 형성됐다고 한다.[6] 더군다나 유민들의 눈에 비치는 강남 생활은 다음과 같았다. "음란하고 사치스러운 일이 고상한 것으로 여겨지며 성행한다. 나쁜 풍습은 갈수록 기괴해진다."[7]

오늘날 사람들은 명나라 소품문小品文의 흥취가 매우 의미심장하다고 여기는데 사실 그 가운데에는 상당히 비참하고 고통스러운 반성의 정서가 깃들어 있다. 장대張岱(1597~1684)는 명나라 숭정崇禎 7년(1634) 윤달 중추절 때 친구들과 후추虎丘에서 모임 하던 장면을 회고했다. 다들 술잔을 들고 여인을 끼고 "자리에 빽빽하게 앉아 있었다." 그 장면의 성대함은 다음과 같았다.

"산을 따라 70여 개의 상을 펼치고 사람들이 둘러앉았다. 어린 시동과 교태 부리는 기녀들이 자리마다 시중들고 있었다. 자리한 손님들은 700여 명이나 되고 노래를 부를 수 있는 사람도 100여 명이나 됐다. 다들 같은 목소리로 '징호만경澄湖萬頃(만 경의 드넓은 맑은 호수)'이라는 노래를 불렀다. 노랫소리가 파도처럼 퍼져 온 산이 흔들리는 것 같았다. 술 좋아하는 사람들은 실컷 마셨고 술은 샘물처럼 끊임없이 나왔다."

밤이 깊어지면서 손님들은 배가 고파졌다. 계주사戒珠寺 스님의 큰 솥을 빌려서 밥을 지어 대접했는데, "머슴들이 큰 통으로 끊임없이 밥을 날랐다." 이어서 산속 정자에서 배우들에게 희곡 10여 척斷(희곡의 레파토리를 세는 단위)을 공연하게 하니, "구경하는 사람은 천 명이나 되고 모기와 벌레들 소리는 들리지 않았다. 사경四更(새벽 1시~3시)이 돼서야 끝났다."⁸ 장대가 이러한 이야기를 하게 된 것은 물론 옛날을 그리워하는 마음이 컸기 때문이었다. 하지만 "나라도 망하고 집도 없어져 돌아가 머무를 데가 없어서" 야인처럼 머리를 풀어 헤치고 산속으로 들어간 극히 비참한 처지가 되어서야 그는 이런 추억의 여행을 시작했다. 그의 이런 처지를 보고 "옛 친구들은 마치 독사나 맹수를 보는 것처럼 숨도 못 쉴 정도로 놀라며 감히 만나려 하지 않았다." 전통적인 혈연 관계망도 모두 정상적으로 유지되기 어려웠다. 그 비참한 처지는 단지 옛날을 추억한다는 한 마디로 다 개괄할 수 있는 것이 아니었다. 장대는 이를 '인과응보'로 해석하려고 했다. "내가 살아온 지난 세월을 생각해보니 화려하고 사치스럽던 것이 눈 깜짝할 사이에 사라지고 50년의 시간이 모두 꿈이 됐다. 이제 마땅히 황량몽黃粱夢이나 남가몽南柯夢*과 같은 꿈에서 깨어나야 하지만 이런 나날을 어떻게 견딜 수 있을까?" 따라서 "옛일을 추억하면서 기억나는 대로 바로 기록하여 부처님 앞에 바치며 반성한다."⁹ 이런 자책하는 분위기 아래 당시 호방했던 시주詩酒 풍류風流는 이제 밉살스러운 '천민'의 행위가 되었다. 심지어 '세속적인 사인'이 하는 짓이라고 천시되었

---

* 황량몽은 심기제沈既濟가 지은 당나라 전기傳奇 『침중기枕中記』의 이야기를 말하며 남가몽은 이공좌李公佐가 지은 『남가태수전南柯太守傳』의 이야기를 말한다. 『침중기』는 주인공 노생盧生이 도사 여옹呂翁이 준 베개를 베고 잠이 들어 온갖 부귀영화를 누리는 꿈을 꾸다 깨어났는데 옆에서 여관 주인이 짓고 있던 기장밥이 아직도 다 익지 않은 것을 보고 깨달음을 얻었다는 이야기다. 『남가태수전』은 순우분淳于棼이 술에 취한 후 '괴안국槐安國'에 들어가 부마가 되어 부귀영화를 누리는 꿈을 꾸면서 시작된다. 순우분이 전쟁에서 패하고 공주가 죽으면서 신세를 한탄하다 꿈에서 깨어나 보니 자신이 잠이 든 홰나무 밑에 꿈에 본 것과 같은 개미굴이 있었다는 이야기다. 두 이야기 모두 부귀영화가 꿈같이 덧없음을 말해주고 있다.

다. 이들이 하는 것은 "부채 위에 시문詩文으로 제사題詞하고, 사람들과 어울려 어지러이 술과 풍류를 즐기며, 높은 곳에 앉아 강연하며 기량을 뽐내는 이러한 일들에 불과했다." 진확은 친구들을 향해 이런 '당시 사인들의 습성'에 대한 경멸의 태도를 드러냈다.[10]

따라서 유민들은 우선 도시를 떠나는 것을 선택했다. 도시는 명리名利에 구속되어 있는 사치의 상징일 뿐만 아니라 전쟁이 발생하는 위험한 곳이었기 때문이다. 따라서 '작은 난이 일어나면 성읍에 있고 큰 난이 일어나면 향촌으로 피한다'는 것이 보편적인 생각이 됐다. 당시 피난을 떠났던 한 쑤저우蘇州 사람은 이렇게 기록했다.

"쑤저우성蘇州城의 성문 여섯 개가 밤새 열려 있었고 전란을 피해 이주하는 사람들이 드나들었다. 닫히면 민심이 더욱 소란스러워지고 내란이 생길까봐 걱정됐기 때문이다. (이튿날) 도시를 떠나 향촌으로 도망하는 사람이 더욱 많았다. 가마 한 대를 임대하면 은 1~2냥, 적어도 1000~2000전錢은 됐다. 작은 배를 임대하면 은 수 냥 적어도 만여 전을 내야 했다. 그래도 구한 사람은 운이 좋다고 생각하고 돈을 아끼지 않는다."[11]

도시에서 향촌으로 가는 것은 상식이 되었고 소위 "왕조가 바뀌는 변란을 겪으면서 사람들은 다들 향촌에 거주하는 것이 좋다고 여겼다." 그래서 쑤저우성 근처의 향촌은 "돈을 가지고 가서 거주할 곳을 정해 잠시 머무는 사람들로 채워졌다." 그러나 향촌이 편안하다는 생각은 얼마 안 되어 달라졌다. "도둑이나 강도짓이 많이 발생하여 향촌도 더 이상 편안한 곳이 못 된다"고 여겨진 것이다. 게다가 지방 관원들이 자주 "향촌에 출병시켰는데, 명목상으로는 도적을 소탕하는 것이었지만 사실 병사들은 이곳에서 사람을 죽이고 재산을 빼앗아 가득 싣고 돌아갔다."[12] 그래서 많은 사인이 대부분 산에 들어가 승려가 되거나 은거하는 방법을 택했다.

물론 산에 들어가 은거하는 것도 대가가 컸다. 심지어 가장 기본적인 생활도 유지하기가 어려웠다. 위희魏禧는 은사隱士 이잠부李潛夫의 비참한 처지를 이렇게 기록했다.

"갑신甲申, 을유乙酉 이래 머리를 밀고 검은 옷을 걸치고 27년간 사람을 만나지 않았다. 집안이 극히 가난하고 아들이 없었으며 탈장이 되는 병을 앓아 이백 걸음도 걸을 수가 없었다. 오래 앉아 있으면 탈장이 되어 평소에는 누워서 책을 읽었다. 집 안에 어린 시동도 없고 부엌일을 하는 하녀도 없었다. 집에는 나이 든 아내만 있어 기운 없이 서로 마주 볼 뿐, 먹을 것이 없는 게 분명했다."[13]

이는 은둔한 사람들의 보편적인 생활상이었으며, 생계를 꾸리기가 심각했다는 것을 여실히 보여주고 있다. '도시를 떠나' 향촌으로 내려가고 또다시 뿔뿔이 흩어져 은거하게 되는 과정은 강남 사인들의 이동 경로가 됐다. 이 이동 경로는 결코 평안하지 않았고 자꾸 방해에 부딪혔다.

그래서 전해지는 필기筆記 중에는 은거한 이후에도 출사를 거부하며 편안하게 지낼 수 없었다는 이야기와 전설이 많다. 예를 들어 루이안瑞安의 포세창包世昌은 "왕조 교체 이후 홀로 작은 누각에 거하며 10여 년 동안 땅을 밟지 않았다. 옛날 의관 차림으로 하루 종일 단정히 앉아 있기만 했다." 그럼에도 지방 관원들의 괴롭힘을 면치 못했다. "가족들은 그가 병에 걸렸다고 거절했지만 그들을 막지 못했다. 곧이어 그들은 누각으로 올라갔다." 이에 포세창은 "겨우 일어서서 길게 읍하고 묵묵히 말 한 마디 없이 슬프게 오열할 뿐이었다." 참담하고 고통스러움에 어찌할 바 모르는 포세창의 마음이 이러한 표현에서 충분히 드러나고 있다.[14] 심지어 은둔하려고 선택한 장소가 어떤 계기로 인해 사람들의 주목을 끌면 그 은거의 의미가 없어지는 것이었으니, 이것이 가장 두려운 일이었다. 예를 들어 영가永嘉 사인 동광꿩董光紘은 명나라가 망한 이후 곽계郭溪라는 곳으로 가 은거했다. "강에서 낚시할 때마다 많은 물고기가 모두 그 앞에 모였고, 주변 사람들은 모두 이것을 이상하게 생각했다." 그러다가 곧 화가 닥쳤다. 어떤 사람이 이 광경을 보고 "당신은 100만의 백성을 다스려야 합니다"라고 했는데, 그 소문이 멀리 퍼져서 지방 관리가 그를 추포하러 왔기 때문이었다. 아마도 사람이 없는 곳으로 도망해야만 자유로워질 것 같았다. 예를 들어 오영방吳英芳은 관병들의 추포를 피하기 위해 "머리를 산발하고 안산雁山으로 숨어들어 가족들이 아무리 권해도 돌아오지 않았다. 그는 자신을 찾아온 친구를 선고동仙姑洞에 재웠다. 동굴 입구에 호랑이가 웅크리고 있는 것을 보고 친구는 매우 무서워했다." 오영방이 말했다. "나라가 망하고 집이 무너졌다. 이 몸도 더 이상 내 것이 아니니 무엇이 두렵겠는가?" 후인이 이에 대해 '그 울분이 자신을 돌보지 않는 지경까지 이르렀다'라고 평가했다.[15] 이렇게 스스로를 궁지에 몰아넣는 사람이 적지 않았지만 더욱 많은 사람은 좀더 실질적인 선택을 했다. 그들은 은거보다는 전란이 끝난 후에 어떻게 향촌에서 기본 생계를 유지할 것인가를 더 많이 생각했다. 다음과 같은 말도 있었다. "군사에 대해 얘기해서는 안 된다. 군사를 얘기하는 사람은 군사를 모른다. 시 짓는 재주를 뽐내서는 안 된다. 시 짓는 재주를 뽐내는 사람은 실은 시를 모른다. 은둔하고자 속세를 떠나 선도禪道에 귀의해서는 안 된다. 속세를 떠나 선도에 귀의하는 사람은 실은 선도를 잘 모른다."[16] 이 말은 얼핏 보면 서로 모순된 것처럼 보이지만 실은 전란과 유랑 과정에서 체득한 피눈물 나는 통탄의 말이다.

향촌 사회도 이미 청정한 곳이 못되는 상황에서 더 이상 도망갈 곳이 없는 것 같았다. 따라서 어떻게 향촌에서 일상생활을 정상화시키고 절의를 지키는가 하는 문제가 더욱더 중요하게 느껴졌다. 심지어 이것은 난세에 예의질서 재건을 담당하는 가장 중대한 이유가 됐다. 고염무는 하夏·은殷·주周 삼대 이후 세상을 다스리는 수단이 없어졌다는 것을 반성하면서 향촌에서의 교화의 중요성을 얘기한 적이 있다. 소위 "삼대三代 이후 백성은 임금에게 있어서 세금을 거둬들이고 노역을 시키는 대상일 뿐이었다. 삶을 풍요롭게 하고 덕을 바로잡는 일은 모두 버려두고 돌보지 않았으며 백성이 하는 대로 따랐다. 그리하여 교화의 권한은 늘 상층에 있지 않고 하층에 있었다."[17] 그는 풍습을 바로잡는 것을 기층 사인들이 하는 일이라고 여기면서 동시에 정사政事 또는 국가의 근본이라고 간주했다. "그러므로 인륜이 있어야 풍습이 있고, 풍습이 있어야 정사가 있고, 정사가 있어야 국가가 있다"[18]라고 했다. 황종희黃宗羲의 시에서도 '삼대三代의 다스림은 정말 회복시킬 수 있다네三代之治眞可復'[19]라고 확신하고 있다. 그러나 이 말은 단지 추상적으로 '삼대의 통치 국면을 회복하자'는 말이 아니라 향촌 사인들이 어떻게 이 어려운 임무를 담당할 것인가를 특별히 지적한 것이다. 청초 사인들은 대부분 농사일과 친근했다. 이는 모종의 심경 변화를 반영한 것이라고 볼 수 있다. 장이상이 이렇게 말했다. "전란 이래 더욱 자학하면서 입을 다물고 용모를 추하게 하고는 속세에 뒤섞여 살며 칭찬과 비난을 모두 잊어버리고자 했다." 그래서 "농민이나 목동들과 왕래하면서 사람들이 나를 몰라보는 것을 점점 좋아하게 됐다."[20]

황종희는 시에서 이렇게 말했다.

몇 칸짜리 초가집에서 한가로움 만끽하며	數間茅屋盡從容
반은 독서하고 반은 농사짓네	一半書齋一半農
왼손엔 호미 쟁기 서너 자루요	左手犂鋤三四件
오른손엔 글과 그림 백천 통이로다	右方翰墨百千通[21]

이는 명말 청초 시대에 농사를 천하게 여겨 사풍士風이 타락했다고 생각한 데서 나온 것이다. 이러한 특수한 상황 아래 장이상은 조용히 탄식했지만 그 비판은 매우 매서웠다.

"예로부터 독서하는 사람 중에 농사를 모르는 사람이 없었다. 당·송 이래 학자들은 공허하고 형식적인 글만 숭상하고 농사일은 농부나 서민들이 하는 일이라고 여겼으므로 사인士人과 군자君子 중에 농사일에 대해 돌아보며 묻는 이들이 거의 없었다. 그렇다 해도 오늘날만큼 농사를 천시하지는 않았다."[22]

이는 명말 사풍에 대한 비판 여론으로 볼 수 있을 듯하다. 그러나 그는 더 다양한 의미에서 농사를 제창함으로써 사치스러운 옛 풍습을 다시 없애기를 바란 것이며, 그러한 행동 중에 명말 사인의 풍격과 구별되기를 간절히 원했던 것 같다.

대부분 유민은 향촌에 정착하는 것을 선택했기 때문에 자연히 농사를 생계유지 수단으로 강조했다. 왕흠예는 "젊은이는 반드시 마음에 뜻하는 바가 있어야 한다. 만약 글공부를 하지 않는다면 생계를 도모해야 한다"고 말했다. 생계를 도모하는 각종 수단 중에서 농사짓는 일은 상대적으로 안전하다. 왜냐하면 "장사를 하는 것은 이득이 많지만 기민한 사람이 아니면 쉽게 할 수 없다. 농사를 짓는 것은 머리가 똑똑하지 않아도 되니 이것이 하나의 장점이다. 장사를 잘하려면 산 넘고 물 건너 멀리 가야 되고 위험이나 의외의 사고를 당할 수도 있다. 농사를 지으면 가뭄과 홍수 외에 더 이상 걱정할 일이 없으니 이것이 또 하나의 장점이다. 장사하는 사람은 고용된 자나 고용한 자나 본래 손발에 군은살이 박이도록 열심히 뛰어다녀도 이익을 얻기 쉽지 않다. 그러나 농사짓는 사람은 아침저녁으로 부지런히 일하면서 쉴 틈 없이 머리는 써야 하니 이로써 씨 뿌리고 수확하는 것의 어려움을 알게 된다. 그래서 글공부 외에 농사가 가장 좋은 일이다."[23] 향촌으로 가서 사는 것은 강남 사인들에게 생계를 꾸리는 데 확실히 더 많은 선택의 여지를 주었다. 물론 이런 선택은 어쩔 수 없이 하게 된 경우가 많긴 했다. 황자석의 집안에는 높은 벼슬을 한 사람이 많았지만 그 자신은 만년에 주산杼山에서 농사를 지었다. "아들 항沆과 하인에게 땅을 일구고 박을 심는 것을 가르쳤다. 박의 크기는 됫박만 했고 맛이 달았다. 마침내 이를 주업으로 삼았고 이로 인해 '여농과麗農瓜'라는 별명을 얻었다."[24]

한편, 이런 행위는 참회의 의미를 지닌 것이었지만 명말 시기 '황폐해진 산수殘山剩水'를 복구하고자 하는 자각적인 행동이기도 했다. 농사에 친근해지는 것을 일부러 강조하는 것은 단순히 개인적인 생계유지나 어떤 감정의 토로를 위한 것이 아니라 사인 집단이 무너진 기층 사회를 회복시키기 위해 보여준 행동이었다. 이런 행동들은 모두 '문文에서 질質로' 향하자는 황종희의 주장을 실천한 것처럼 보이기도 한다. 그러나 이것들은 소극적인 행동이 아니라 반대로 적극적인 행동으로 볼 수 있다. '도시에 들어가지 않는다'는 것은 철저히 은둔하여 아무 일도 하지 않는다는 의미가 아니다. 따라서 이 유민들은 향촌에서 여전히 활발하게 활동했는데, 다만 명말에 취했던 방식과는 완전히 달라졌을 뿐이다. 예를 들면 여유량이 청나라 초기에 잠시 결사結社에 참여한 적이 있었다. 그런데 나중에 그는 뜻밖에도 이런 말을 했다. "강학講學이란 것이 원래 내가 알던 그 강학이 아니었다. 나는 이런 강학을 평생토록 싫어하여 더 이상 들으려 하지 않았다."[25] 이 말은 강학을 '세상을 속이고 명예를 훔치는' 일로 보는 것보다는 훨씬 낫지만[26] 강학에 대한 증오를 잘 나타내고 있다. 그런데 이것은 또 청초의 유민들이 '강학'의 성격이 달라진 '결사結社'를 완전히 반대했다는 걸 의미하지는 않는다. 오히려 그들은 새로운 형식으로 '사社'의 의미를 부활시키려 했던 것 같고, 다만 이는 '강학'으로서의 결사와 많이 다를 뿐이었다.

장이상의 경우도 또 하나의 예다. 그도 일찍이 결사를 심하게 비판했다. "사인들이 의관을 잘 차려입고 널리 교유하며 사社의 일에 대해 담론하기를 좋아했다. 이런 풍조가 오래되어 붓이 무기보다 더 강하고 친척끼리 물과 불같이 대립하는 지경에 이르렀다. 내가 탄식하며 말하노니, 옛날에 수십 명이 선동하면 수천만 명이 바람에 쏠리듯 다 따라하며 당파를 세우고 승부를 겨루었다. 조정과 나라 안에서 그 화禍에 깊이 빠지지 않는 사람이 없었다. 정사政事의 어지러움과 관리사회의 부패는 다 여기서부터 시작되고 인심의 미혹됨과 풍속의 타락도 다 이것 때문이다. 이제 그 화와 어지러움이 절정에 이르렀는데, 사인들은 옛날을 반성하며 혁신을 도모하는 데 힘을 기울이지 않고, 그저 기존의 잘못을 따라가는 것이 더 심해졌다."[27]

이 말은 청초 사인들의 '결사'에 대한 일반적인 의견을 충분히 개괄해 주고 있다. 특히 정사나 사회 풍조에 대한 폐단을 지적한다. 장이상도 젊은 시기에 결사에 참여한 적이 있었는데 이 일 때문에 친구의 오해를 받아서 절교까지 할 뻔했다.[28] 당시 강남에는 심지어 "궁벽한 산골에도 수많은 사람이 모여 맹약하고 곳곳마다 사社를 결성하지 않은 곳이 없었다." 장이상의 친구 안사봉顔士鳳은 이에 대해 몹시 못마땅하게 생각했다. "옛날에는 백 리의 땅에 사인士人이 한 명 있고 천 리의 땅에 현인賢人이 한 명 있다고 했다. 그들이 다 현사賢士라고 하면 현사가 너무 많은 것이 아닌가? 만약 그들이 현사가 아니라면 사회 풍속을 망치고 교화에 해를 끼치는 것이 이보다 더 심한 것은 없다." 장이상이 당시의 결사 단체 협석산사硤石山社와 어수사語水社에 연이어 가입했을 때, 안사봉은 그와 거의 절교하다시피 했다.[29] 사실 명나라 말기 난세를 겪으면서 장이상은 속으로 이미 이런 상황을 간파했다. "마을 사람들의 인정세태는 차마 보고 들을 수 없는 지경이 됐고 그 상태는 나날이 더 심해지고 있다. 그런데 또 이런 상황에 익숙해지지 않을 수도 없다." 이로 인해 "어떻게 세속에 물들지 않고 빨리 죽을 수 있을까" 하는 것이 그들의 첫 번째 과제가 된 듯하다. 그래서 그는 사람들에게 강학할 때 특별히 "손님과 인사하지 않고 연회에 참석하지 않으며 음력 초하루와 보름날의 모임에 가지 않는다"는 것을 조건으로 내세우곤 했다. 그러나 이것은 장이상이 '사社'와 관련된 모든 활동을 거절했다는 것을 의미하지는 않는다. 이와는 반대로 마을 사람들이 장례를 치르기 위한 향약을 발기했을 때, 그는 이런 '의로운 행동'이 '민덕民德을 후하게 만들 수 있다'고 칭찬했다. 심지어 경건하게 자신이 직접 규약을 한 장 작성하여 마을에 전파시켰다. 그리고 특히 고시

告示한 글에서 '맹盟'이라고 쓴 글자를 '사社'자로 바꾸자고 건의하며 정중함을 표했다.[30]

당시 진확과 같은 유민도 강학을 멀리했던 것 같다. "호쾌하게 실컷 취하고 먹는 것은 몸과 마음에 이로운 일이 아니다"라고 여겼다.[31] 그런데 진확은 사社를 결성하여 일을 의논하는 것에 반대하지는 않았다. 다만 그가 속으로 생각하는 '사社'는 술 마시고 시를 지으며 풍류를 즐기던 명말의 문회文會와 이미 큰 차이가 있을 뿐이었다. 예를 들자면, 그는 지인이 지방에서 '서사書社'를 만드는 일에 찬성했다. "소위 서사라는 것은 단순한 독서 모임이 아니다. 가난한 벗의 급한 사정을 도와주기 위해 잠시 그 이름을 빌린 것이다." 또 "그 명칭을 좀 바꿔서 서사의 성원을 반으로 나눠 용산龍山 북쪽에 의사義社를 만들었다. 규칙은 다르지만 서사의 뜻과 같았다. 명분이 실로 부합하니 집회할 때마다 두 곳의 성원들이 번갈아 서로 주인과 손님이 되었다."[32] 서사書社의 강학 내용은 확실히 예전과 달랐다. 일상생활에서의 인륜 도덕의 수양과 성찰을 더욱 중시했던 듯하다. 심지어 "아버지나 형님의 일상적인 말씀이 강학에서 가장 친근하게 많이 언급됐다." 진확은 나아가 친구의 의견을 그대로 따라갔다. "어찌 아버지와 형님, 스승님과 친구의 말뿐이겠는가. 범위를 넓혀 말하자면 집사람과 자식 또는 하인들의 이치에 어긋난 말, 박정한 세상의 비방하는 말, 원수들의 모함하는 말과 여러 억지스럽고 무례한 말이라도 그것이 없으면 강학이 아니다. 즉 그것이 없으면 잘못을 고쳐 선善으로 인도할 수도 없고 덕을 수양할 수 없다."[33] 이 말은 바뀐 분위기 속에서 어떻게 잘못을 고쳐 선으로 향하게 할 수 있는지의 문제를 얘기한 것이다. 일상의 윤리가 강학의 주제였다. 이는 분명히 명말의 강학과는 완전히 다른 모습이었다.

당호유唐顥儒와 장이상이 각각 장사葬社를 세울 때 진확은 "사社의 일이 지금보다 더 성대한 적이 없었다"라고 칭찬까지 했다.[34]

청초 유민이 '농사'에 대해 즐겨 말하는 데는 깊고도 특별한 뜻이 있다. 사대부들이 향촌의 규범이나 종족의 계보, 간소함을 숭상하고 사치를 배척하는 일에 대해 담론하는 일은 예전부터 있었지만 청초의 '농사론' '종족론' '풍속론'은 왕조 교체 시기의 담론 환경에서 해석되어야 한다. 즉 전대前代 풍습에 대한 강력한 반항 심리가 밑에 깔려 있다는 것이다. 그 강력한 반항은 자학의 방식으로 나타나기도 하고, 첨예한 이원 대립으로 드러나기도 했으며, 이것 아니면 저것이라는 식의 도발적인 자세를 보이기도 했다. 진확은 아주 단호하게 말했다. "퇴폐에 빠진 풍속과 경박하고 가식적인 행위는 모두 금수의 모습이다. 오직 농민만이 근검하고 고풍을 잘 지키는데 그 노고는 옛사람의 열 배나 된다. 인간이 금수와 다른 이유는 농사를 지을 줄 안다는 데 있다."[35] 극단적으로 말해 명말의 행태들은 이미 농사일을 하지 않아 사람 노릇을 할 방법이 없고 옛사람과 통하는 방법은 더욱더 찾아볼 수 없는 지경까지 간 것 같았다. 명나라 사인들의 생활이 지나치게 사치스러웠다면, 청초 유민들은 고생하며 절의를 지키는 '고절苦節'의 형태로 자신들을 학대했다. 명나라 사인들은 정신적인 선열禪悅의 행동을 좋아했지만 청초 유민들은 힘들게 농사를 지으며 몸을 피곤하게 하는 것으로 반응했다. 명말에는 강학과 집회가 사회 풍조를 이루었지만 청초에는 '홀로 지내기'를 강조하며 외로움과 적막함을 숭상했다. 이들은 마치 곳곳에서 대립하고 어긋나는 듯했다. 그 괴상하고 폐쇄적인 행위에 대해서는 이미 많이 거론된 바 있다.

다만 유민들의 괴벽스럽고 자학적인 은둔 행위와 스스로를 파괴하는 식의 생활태도는 단순히 태도의 문제가 아니라는 점을 강조하고 싶다. 그들의 행동과 태도에는 명나라 때의 사치스럽고 퇴폐적인 풍조로 인해 붕괴된 사회, 그리고 나라가 망함으로써 생긴 지극히 황폐해진 마음 상태를 복구할 수 있는 처방을 찾으려는 실질적 의미가 함축되어 있었다. '잔산잉수殘山剩水'의 수습을 노래한 여유량의 시는 결코 단순한 시적인 묘사에 불과한 것이 아니다. 그것은 정상적인 유민 행위에 대한 은유다. 예를 들어 장이상은 농사일을 익히는 것은 일시적인 충동이 아닌 자각적인 행동이라고 자인했다. 그는 친구에게 쓴 편지에서 다음과 같이 말했다.

"저는 근래에 농사일을 배우며 익히고 있습니다. 형제와 처자식은 농사일이 힘들다는 것과 그 수확이 너무 적다는 것을 걱정하며 한 달이 멀다하고 계속 그만두라고 말렸습니다. 하지만 저는 좀더 넓게 생각하여 늘 깨닫는 것이 있었으니 농사일이란 본래 가난하고 천한 일만은 아니라는 점입니다. 그래서 가뭄이나 홍수의 피해를 보더라도 농사일을 즐기며 그만두지 않습니다."[36]

주변 사람은 다 농사를 가난하고 천한 일이라고 생각했지만 장이상이 지치지 않고 즐겁게 농사를 지을 수 있는 동력은 '깨달음'을 체화시킬 수 있는 그 자신에게 있었다. 물론 이런 즐거움은 지인들끼리만 알고 공감하는 데 그쳐서는 안 되고 구체적으로 실천하며 이끌고 전파해야 했다. 여유량의 집 사랑채에서 장이상은 이렇게 말했다. "「빈풍豳風·무일無逸」*의 의미를 알고 사치스러운 생활을 추구하는 마음을 없애는 것을 영원불변

---

* 「빈풍豳風」은 『시경』 열다섯 국풍國風 중 하나로 모두 7편으로 되어 있다. 선진시대 빈豳 땅에서 불리던 민가로, 대부분 그 지역의 농촌 생활을 묘사하고 있다. 「무일無逸」은 『상서』에 나오는 내용으로 방탕한 생활을 금지하는 사상을 담고 있다. "군자는 방탕함이 없고 농사의 어려움을 안다君子所其無逸, 知稼穡之艱難"라는 구절이 그 주장하는 바의 핵심이다.

의 방책으로 여기게 합니다. 그래서 성현의 도리로 자신을 바로잡고 남의 훈계에 휘둘리지 않는다면 대대로 자신을 지킬 수 있습니다." 이런 깨달음을 통한 권계의 말 속에 '도시'는 여전히 "명리名利에 얽매여 빠져나오기 어려운" 사치와 타락을 나타내는 부호符號였다. "이후에 후손들이 다 현명한 것은 아니라서 도시에 길들여지고, 행실이 바르지 못한 사람과 가까이하면 그 화는 일일이 말할 수 없을 것입니다." 그는 이처럼 도시 사람을 '행실이 바르지 못한 사람'에 비유했다. 자연히 도시도 그의 눈에는 험한 곳이 됐다. 이것은 그가 향촌에 사는 소박한 사인 신분을 긍정했다는 사실을 분명히 보여주었다. 물론 장이상의 교화가 성공할 수 있을지는 시간이 지나야 알 수 있는 것이었지만 그는 자신의 '깨달음'이 집단적인 행위로 이어지기 어려울 것이라는 걸 이미 알고 있었다. "봄여름 이래로 주변의 상황을 보면 대부분 농사일이 힘든 것을 싫어하여 급히 도시로 가고 싶어합니다. 이는 또한 거칠고 미개한 사람들이 따를 수 없는 일입니다."[37]

이적夷狄과 도적이 창궐하는 난세에 자신을 지키는 것은 유민들에게 가장 중요한 문제가 됐다. 이러한 난세에 당황하지 않고 이를 일종의 생활태도로 내면화시킨 사람도 있었다. 예를 들어 무림武林(지금의 항저우杭州) 영은사靈隱寺에 있던 황도주黃道周(1585~1646, 호는 석재石齋) 선생은 이렇게 말했다.

"군자의 도道는 담담하여 물리지 않는다. '담담함淡'이 바로 도道의 맛이다. 고인은 부귀나 빈천, 오랑캐나 환난을 모두 똑같이 다루었는데 단지 담담하게 할 뿐이었다. 담담하게 하면 부귀함은 부귀하지 않은 것처럼 대하고 빈천한 것은 빈천하지 않은 것처럼 대하며, 오랑캐는 오랑캐가 없는 것처럼 대하고, 환난도 환난이 없는 것처럼 대한다. 그것들이 있는 것이나 없는 것이나 그 심정이 모두 똑같다."[38]

고통을 음미하는 것은 유민들로 하여금 괴상하기 그지없는 행동을 하게 만들었고 이렇게 고통에 무감각해지는 것은 좋은 진통제가 될 수 있었던 것 같다. 그렇다 해도 난세를 만난 대부분 사인의 '심정'을 '똑같다'라는 말로 개괄하긴 어려울 것이다. 오히려 부귀와 빈천이 뒤바뀐 것에 대한, 그리고 오랑캐의 약탈을 겪은 후의 슬픔과 아픔이 더 많이 생겨났다. 이전에 부유했던 청초의 명사들이 왕조 교체와 전란을 겪은 후 명대의 명사들에 비해 소탈하지 못하고 실리를 많이 따지게 된 이유를 이로부터 알 수 있다.

청초 사인들이 가장 많이 언급한 화제는 바로 '생계유지'에 관한 것이다. 명말 사풍士風의 쇠락 원인은 바로 사인들이 생계를 유지하는 법은 모르면서 재물과 부를 소모하기만 하는 생활태도를 지녔던 데 있었다고 보았다. 심지어 강학으로 이름난 사인을 '유랑민'과 똑같이 여겼다.

"오늘날은 유랑하는 사람이 너무 많다. 이 때문에 사회 풍속이 나날이 악화되고 민생이 점차 궁박해진다. 사민四民(사농공상士農工商)에 속하는 사람이라도 하는 일 없이 빈둥거리는 것이 습관이 된 자들이 있다. 그중 사인이 가장 심한데, 그들은 종일 배불리 먹기만 하고 마음을 쓸 데가 없다. 하루종일 무리지어 떠들지만 공론만 일삼으며 의義에 관한 이야기는 하지 않는다. 그 폐해를 살펴보면 유랑민보다 더 심하다. 이제는 아침에 일어나 일하고 밤에 열심히 생각하며 자신들이 몰랐던 것과 할 수 없었던 것을 추구해야 한다. 장차 온 평생을 바쳐도 이룰 수 없을까봐 걱정이니, 바둑을 두거나 술을 마시고, 한담을 나누거나 방랑할 여유가 어디 있는가?"

왕조가 바뀐 후 확실히 사인들은 기본적인 의식주 문제에 대한 걱정이 많았다. 문집 중에 이런 말이 많이 나온다. "올해 수확이 좋지 않다. 그러나 인건비는 지난해의 두 배다. 내년에 식구들이 어떻게 먹고살 수 있을지 모르겠다. (…) 그러나 내가 스스로 헤아려보니, 다른 일은 할 것이 없다. 오직 낡은 옷을 입고 거친 밥을 먹으며 검소하게 생활하는 것 외에 조금이라도 분수에 맞지 않는 생각은 하지 않고 헛되이 낭비하는 것이 없게 할 따름이다."[39]

생계유지의 측면에서 보면 유랑하고 한담을 나누는 것은 농사를 지어 생계를 돕는 것만 못하다. 왜냐하면 "농부가 농사를 지을 때 여름에 일을 하지 않으면 가을에 벼를 거두지 못하고, 겨울에 일하지 않으면 밀을 거두지 못하며, 봄에 일을 하지 않으면 조를 거두지 못한다. 그래서 자신의 본분을 넘어서는 생각이 없다고 하는 것이다. 강학을 한다고 한가로이 돌아다니는 것에 열중하면 대부분 소인小人의 길로 빠지게 된다."[40] 따라서 다음과 같은 한탄이 흘러나왔다. "농사가 힘든 일이라는 것을 학자들이라면 더욱 모르면 안 된다. 농사는 백성의 근본이며, 천하의 안정이나 반란, 나라의 흥망을 결정하는 근본이기도 하다." 사인들의 자존심의 기준도 이에 따라 변화가 생겼다. "농사를 짓거나 한 가지 기술을 갖추거나 또는 소에 물건을 싣고 가 장사를 해서 자신의 의義를 지키는 것이 훨씬 낫다."[41] 심지어 어느 유민은 자식이 허약해서 농사지으며 글공부하는 것을 제대로 감당하지 못하자 탄식했다. "내가 죽으면 누구에게 고용되어 먹고살 것인가?" 그래서 자식에게 공부는 대의만 대충 알게 하고는 대나무와 나무를 가공하는 기술을 가르치고 농사는 힘이 닿는 데까지만 하게 했다. 기술을 한 가지라도 갖추면 자기 힘으로 생존할 수 있어서 선인의 명예를 더럽히지 않을 수 있다고 여겼다.[42] 난세가 가져온 심리적 불안감은 항상 그림자처럼 따라다니며 유민의 행위 선택을 좌우하곤 했다. 그래서 그들은 "제사를 지내지 않으면 가축을 죽이지 않고, 손님이 오지 않으면 식탁에 고기를 올리지 않고 주로 채식을 했다. 다만 농민과 기술자들은 고기나 술로 대접하는 것을 피할 수 없었다." 이렇게 하는 이유는 다음과 같았다. "벌어진 일들을 말로 다 표현할 수 없어 가슴속에 아픈 응어리가 있어서 그렇다. 또한 장년에 불행한 전란을 겪으면서 부모와 자식, 형제간에 굶어 죽어도 서로 보살펴줄 수 없고 군사들이 지나간 성읍과 촌락이 폐허가 되는 것을 보았기 때문이다. 이 천지 사람들은 모두 똑같이 누군가의 아들이 아니겠는가? 생각이 여기에 미치자 마음속에 측은한 생각이 들고 몸에 소름이 돋는다. 다행히 무명옷에 거친 음식으로나마 선조의 제사를 이어갈 수 있다. 이것도 분에 넘치고 그 은혜가 두터우니 어찌 감히 사치스러운 마음이 생기겠는가?"[43] 이로써 난세에 대한 기억이 그들의 마음과 행위에 어떤 작용을 했는지 명백히 알 수 있다.

오랑캐의 변란과 명문세가·고례古禮의 흥망성쇠

'농사와 독서는 근본이다'라는 옛말이 다시 제기된 것은 '농사'가 현실적인 생계유지에 효과적임을 분명하게 보여주었다. 또한 '가문'의 부흥과 유지도 한순간에 중요한 것이 됐다. 웅개원은 "삼대三代 이래로 교화를 유지할 수 있는 수단을 살펴보니 오직 족보만이 옛 수단과 비슷하다"라고 했다.[44] '도적' '이적夷狄' '가노家奴' 등 여러 방면에서의 타격으로 인한 강남 명문세가의 흥망성쇠는 왕조 교체기 사람들의 마음을 가장 아프게 하는 기억이 됐다. 강학하는 유랑민들의 사치스러움, 생계유지 수단의 결여, 종족 의식의 부재는 다 명나라의 문란하고 부패한 풍속 때문이라고 인식됐다. 이처럼 서로 무관한 것으로 보이는 요소들이 전란 시기에 강제적으로 하나로 엮였다. 따라서 "변하는 것은 세상이고 불변하는 것은 종족이다. 야박한 것은 풍속이고 야박하지 않은 것은 마음이다"라는 여러 교훈[45]이 나오고, 또 "성현을 배우는 사람이 어찌 부모님과 처자식을 보살펴주지 못하고 오히려 다른 사람에게 보살핌을 받는가?"라는 한탄의 목소리가 나왔다.[46] 명문 가문의 몰락과 이민족의 침입을 겪은 후 출현한 '가문'에 대한 강조는 명나라 사림 풍조에 대한 강한 반항 심리에서 비롯됐다. 그리고 학자들의 '생계유지' 능력에 대해 강조한 것도 '가족'의 부흥에 대한 이전 시대의 일반적인 논의에서는 볼 수 없었던 것이다. 심지어 학문의 큰 주제들도 일상에서 가장 많이 접하는 윤리 문제들과 실질적인 관련이 있었다. 그래서 "근면하고 알뜰하게 생계를 유지한다는 것은 참으로 학문하는 사람들의 능력이었다."[47]

망국의 아픔 속에서 '가문'의 위상을 다시 이야기하는 것에는 어떤 시대적 현실감이 들어 있었다.

"집안의 근본이 세워지지 않으면, 비록 제기祭器, 묘지, 가옥, 논밭, 원림, 하인이 있더라도 집이라 할 수 없으며 심지어 처자식이 있더라도 집이라고 할 수 없다. 조상이 멀게는 수백 년, 가깝게는 수십 년 동안 부지런히 살림함으로써 집안을 세웠는데 후손들이 이를 지킬 줄 모르면 길면 몇 년 짧으면 1, 2년 만에 무너뜨릴 수 있다. 그러니 집안이 무너져 통곡하며 눈물 흘리는 것은 나라가 망했을 때와 다르지 않다."[48]

이는 결코 태평성세에 나오는 말이 아니라 난세에 나오는 말이다. 집안이 무너지는 것이 나라가 망하는 것과 다르지 않다는 사고방식은 나라가 멸망하고 집안이 몰락한 상황에서만 이렇게 침통함을 드러낸다. 따라서 '가문'은 지방의 예의를 재정비하는 중요한 장소가 됐다.

'가문'과 '예禮' 그리고 지방질서의 재건은 이 시기 사인들의 가장 중요한 화제 중 하나였다. 심지어 예전에 모호하고 추상적이라고 일컬어진 '도'라는 것도 일상 윤리 행위로 환원되어 자리를 잡게 됐다. 어떻게 보면 '예'를 강조한다는 것은 그 자체가 '강학을 반대하는' 행위다. 이것은 청초의 상황에서 '공허한 말이나 실질에 맞지 않는 의론'과 더욱 대립적인 의미를 갖는 것이었다. 고염무는 "오늘날 강학은 매우 많지만 평상심을 가지고 바른말을 하는 사람은 많지 않다. 인심이 안정되지 않은 이 시기에 '예'를 강조하지 않으면 어떻게 잘못된 것을 바로잡을 수 있는가?"라고 했다.[49] 진확은 사인들이 걸핏하면 이것이 이단이다 저것이 이단이다 하면서 불교·도교 신자들과 끊임없이 논쟁하는 것을 반대했다. 그는 '이단異端'을 일상생활에서 많이 볼 수 있다고 했다. 예를 들어 '장사葬師'*의 횡행은 준수해야 할 장례 예의를 잊어버리게 만든다. 소위 "도道라는 것은 멀리 있는 것이 아니라 일상생활 속에서 만날 수 있다"는 것이다. 나아가 일상생활의 장면을 통해 더 구체적으로 설명했다. "예를 들어 오늘 갑자기 가까운 친족상을 당했다고 하면 이 일은 본래 중요한 것으로 생각하기에 대충 치르려고 하지 않을 것이다. 그러므로 상복과 상례에 대해 제대로 제정해놓는다면 일이 도리에 합당하게 될 것이니 얼마나 마음

---

* 옛날 장사를 지낼 때 풍수를 따지고 택일 등의 활동을 업으로 삼았던 사람을 말한다.

이 편안할 것인가? 이밖에 도道를 어디에서 더 구한단 말인가?" '예禮'라는 것도 일상의 윤리 안에서 이해되어야 하며, "마음이 편안한 것이 바로 예가 추구하는 것이다."[50] '예'에 관련된 질서의 재정비도 공론으로 이루어지는 게 아니다. 즉 먹고사는 생계와 연결되어야 비로소 현실적 의의가 있다. 이는 청나라 황제들의 견해와 일치했다. 건륭제는 다음과 같이 말한 적이 있다.

"성인은 천하를 다스리는 데 백성의 양식을 물과 불처럼 충분하게 하고* 오직 사람이 할 수 있는 노력을 다한 후 하늘의 공에 감사할 뿐이었다. 먹을 것이 없을까봐 농사를 가르쳐주고 여유가 없을까봐 저장하는 방법을 가르쳐주었다. 때를 지켜 먹고 예로써 절제 있게 사용하는 것이야말로 양식을 물과 불처럼 충분하게 하는 도일 것이다. 지금은 땅이 날로 넓어지고 인구가 점점 많아져서 일단 가뭄이나 홍수가 발생하면 쉽게 기근이 일어난다. 이것은 다 양식을 물과 불처럼 충분하게 하지 못했기 때문이다."[51]

예를 들어 상례에 대해 말하자면, 이는 단순한 예의의 문제가 아니며, 지방 사회의 농사 계획과도 깊은 관련이 있다. 어떤 지방에서 풍수를 따지는 장사葬師의 말에 현혹되어 가족을 따로 매장하는 것이 유행했다. 묘지가 논밭을 잠식한다는 이유로 진확은 이러한 행위를 비판했다. 가족을 따로 매장하는 것은 "가족의 장례에 관한 옛 제도를 무너뜨려 부모와 자식, 조부모와 손자가 같은 곳에 묻힐 수 없게 만든다"고 했다. 이것보다 더 심한 손해는 "상여 하나를 매장할 때마다 좋은 땅을 구해야 하

---

* 이 말은 『맹자』「진심盡心」 상에 나온다. 원문은 다음과 같다. "聖人治天下, 使有菽粟如水火."

니 그럴 때마다 수 무畝의 좋은 농지가 없어진다. 묘지를 크게 만들면 심지어 10~20무의 농지를 차지한다. 농민은 땅이 없어 손을 놓고 더 이상 농사를 짓지 못하니 큰 아픔이 아닐 수 없다." 진확이 대략 계산해봤는데 그가 사는 지역에 "1년에 장례를 치르는 집은 100집이 넘고 해마다 1000무畝의 농지가 없어졌다. 이것은 사람 천 명의 양식을 빼앗아간 것이나 다름없었다." 더 멀리 생각하면 "100년이면 수십만 무의 농지가 없어지고 이는 1억 명의 양식을 뺏는 셈이다. 큰 읍은 농지가 백만 무에 불과하고, 작은 읍은 농지가 10만 무도 안 된다. 지금의 도道로 지금과 같은 풍습이 계속된다면 대기근이 일어날 수밖에 없다."[52] 이와 동시에 명나라 멸망의 고통과 지역적 혼란이 집안의 몰락을 초래하는 사이, 과거의 역사 기억을 통해 '인구를 늘리고 물자를 모으며 백성을 가르치고 군사를 훈련시켜 나라를 부강하게 해야 한다'는 새로운 생각이 자리하게 됐다. 강남의 명문 가문이 자각적으로 집안을 무너뜨리고 난을 피한 것이든 비자각적으로 '노변奴變'에 의해 집안이 몰락한 것이든 간에 집안과 국난 사이의 관계는 밀접한 것이었다. "집안은 몸과 같아서 원기元氣가 다하면 죽는다. 집안은 또한 나라와도 같아서 원기가 다하면 망한다"[53]는 말이 그러한 상황을 잘 드러내고 있다.

난세에 스스로를 지키는 방식으로서 가장 기층의 세포 조직인 '가문'을 중시한다는 것이 특히 더 중요하게 생각됐다. "옛사람들은 모든 일에 있어서 작고 미세한 것을 신중히 다루었고 집안에서 더욱 그러했다. 갈등이 생기면 크게 확대되기 전에 현명하게 해결했다. 그러면 큰 갈등은 작은 것으로, 작은 갈등은 없는 것으로 될 수 있다. 그렇지 않다면 반대로 없던 갈등을 있는 것으로, 작은 갈등은 큰 것으로 될 수 있으니 정말 무서운 일이다."[54] 왕조 교체기의 급격한 시대적 변화에서 얻은 교훈으로 말미암아 가정은 사회의 기층 세포로 그 지위를 부여받게 된 것이다.

왕조 교체기의 혼란 속에 집안이 몰락하는 상황에서 사인들은 각종 자구책을 생각해냈다. 난을 피해 옮겨가는 것이 하나의 선택이었다. 예를 들어 북쪽에 살던 손기봉孫奇逢은 여러 읍에서 온 수천 명을 데리고 난을 피해 이주한 적이 있었다.[55] 원저우溫州에서도 서徐씨라는 사람이 전란을 피하기 위해 머리를 깎고 옌당산雁宕山에 수십 년이나 은둔한 예가 있었다. 그는 "종족 수십 명에게 소, 양, 닭, 개, 야채와 곡식 종류, 경작과 방직 기구 등을 가져오게 한 뒤 살림을 하는 데 필요한 제반 물건이 완비되자 산으로 올라갔다. 풀을 베어 수십 칸짜리 초가집을 지은 다음 왔던 길을 막아버렸다." 또한 "산에서 30여 년이나 보냈는데 친척들은 그의 소식을 듣지 못했고 그가 살았는지 죽었는지도 알 수 없었다."[56] 황종희는 「피지부避地賦」에서 자신의 피신 경험을 이야기했다. 그는 천계天啓 연간 당화黨禍 때 화를 피해 다른 곳으로 도망간 것을 시작으로 20여 년간 "도망 안 간 해가 없었고, 도망한 곳도 여러 곳이나 됐다." 좀 안정됐다 싶으면 또 난이 일어났고 그러면 할 수 없이 다시 노모를 모시고 멀리 도망갔다.[57] 그러나 그 지역을 떠나 다른 곳으로 피해가는 생활은 임시방편일 수밖에 없었다. 종족이 밀집한 강남에서 가장 중요한 과제는 종족의 명예와 전통을 어떻게 다시 진흥시키는가 하는 것이었다. 그러면서 향촌에만 있는 '집단 방어 계획保聚設計'이 많이 생겼다. 따라서 '난세에 처신하는 데 집단으로 방어하는 것이 상책이고, 다른 곳으로 피신하는 것은 그다음이다'라는 말이 나왔다. 그 이유는 대체로 세 가지다.

"가난한 집은 재산이 없어서 멀리 못 간다. 멀리 가면 생활이 더 어려워질 수밖에 없다. 부자는 재산이 많아서 또한 멀리 못 간다. 멀리 가면 도적의 난을 당할 수 있다. 이것이 도망가기 어려운 두 번째 이유다. 종족과 묘지를 버리고 생업을 포기한 채 멀리 도망가는 것은 마치 둥지가 불에 타버린 새나 집을 잃은 강아지와 다름없다. 이것이 도망가기 어려운 세 번째 이유다. 멀리 다른 곳으로 도망가기 어려움을 알면 함께 집단으로 방어하여 가족을 지키고 정착하는 게 좋다는 것을 알 수 있을 것이다."[58]

난을 피해 정처 없이 돌아다니는 도망 생활을 하소연하는 것에서 자신들의 영역을 지키는 '정착' 생활을 고려하는 것으로 변화한 것은 청초 과도기의 지방 사인들의 사고방식에 있어서 중대한 변화였다. 즉 집안일에 신경 쓰지 않는 은둔 생활에서 농사를 가까이하는 것으로 화제를 바꿔 얘기하게 된 것은 아주 중요한 행동 변화라고 할 수 있다.

이로부터 우리는 진확이 왜 다음과 같이 말했는지 쉽게 이해할 수 있다. "이 시대의 추세를 살펴볼 때 봉건정전제封建井田制와 같은 선왕들의 인정仁政은 다시 회복되기 어렵다. 다만 종족의 장례 의법은 꼭 수행해야 한다."[59] 장이상은 더칭德淸 사람인 친구 당호유唐顥儒가 하는 것을 흉내 내어 칭펑리淸風里에 '장친사약葬親社約'을 만들었다. 장이상의 「연보年譜」에 이렇게 기록되어 있다.

"사社는 8종宗으로 나누고 종마다 8인으로 구성하며 종수宗首와 종부宗副 각 한 명을 둔다. 종 내에 장례를 치르는 집이 있으면 해당 종의 종수와 종부는 다른 종의 종수와 종부에게 통보하고, 여덟 집의 부의금을 모은다. 사람들은 재財·녹祿·수壽의 삼성신三星神을 모시고 장사葬師에게 간다. 8종 종인宗人의 자식들이 모두 상갓집에 조문하러 모인다."

그 지역 풍속에서는 풍수에 대한 이야기를 믿어서 사람이 죽으면 상여를 수십 년이나 집에 두고 매장하지 않는 경우가 있었다. 장이상은 "지인이 자기 부모의 장례를 치르지 못하고 있다는 말을 들으면 곧바로 근심 어린 기색을 내비쳤다. 그리고 만약에 그가 장례를 치르고자 한다고 뜻을 밝히기만 하면, 바로 장례 치르기를 권하면서 대신 계획을 세워줘 반드시 장례를 마칠 수 있게 했다." 이렇게 7년간 수십 가정을 성공적으로 설득하여 장례를 치르게 했다. 동시에 장례를 치르는 행위는 점차 지방적 성격을 띤 예의 행위로 확대됐다. 장이상이 지인 전일사錢一士의 집에서 가르치던 시기에, 집에다 또 '장친회葬親會'를 조직하여 "장사葬社에 가입한 사람들과 사방에서 조문하러 온 사람들을 모아 학문과 품행을 갖춘 사람은 손님으로, 선생(장이상)은 주인으로 삼았다. 맹자의 초상이 당堂에 걸렸고, 참여한 사인들은 서로 인사를 했다. 『여씨향약呂氏鄉約』 등의 책을 강의하고, 「금작불사율禁作佛事律」을 읽었으며, 현령 호순胡舜은 「금화장시禁火葬示」를 허락했다."[60] 여기서 주목할 것은 '화장火葬'을 배척하는 것이 향촌 예의 재건의 중요한 절차일 뿐만 아니라 나아가 '오랑캐의 풍속'을 극복하는 특정한 시대적 의의가 있는 행위라는 점이다. 진자룡陳子龍 (1608~1647)은 이 두 번째 역할에 대해 직설적으로 말했다. "지금 사람들은 아들이 아버지를 불태우고 동생이 형을 불태운다. 아침에 세상을 떠났는데 저녁에 벌써 재가 됐다. 아아! 오랑캐 원나라의 유풍遺風은 어찌 이리 잔인한가?" 이후에 또 명 태조 주원장朱元璋이 금릉성金陵城(난징)에 갔을 때의 일을 예로 들었다. 어느 날 태조는 "사람을 불태우는 역한 냄새를 맡고서 신하들에게 물어보고는 이에 대해 슬픔을 표했다. 이어서 각 지방 장관에게 의총義冢을 만들라고 조서를 내리고 화장하는 사람이 있으면 그 죄를 용서하지 않았다." 진자룡은 "이것이 풍습을 바로잡고 교화를 중시하는 것이며 인애仁愛의 극치다"라고 했다.[61] 왕조 교체기에 이런 옛이야기를 다시 한다는 것은 매우 의미심장한 것으로, 그저 부분적인 예의를 회복하고자 하는 일반적인 얘기로 볼 수만은 없다.

명문세족이 쇠락한 원인에 대해 유민들이 반성하지 않은 것은 아니다. 전란과 도적 외에 '노변奴變'의 원인에 대해서도 스스로 깊이 반성했다. 그들은 세족에 대해 이렇게 비판했다.

"오늘날 사인의 집에서는 토지를 소작농에게 빌려주고 1년에 그 수확의 반을 회수한다. 여기에서 수확의 십분의 일을 토지세로 내고, 십분의 일을 부역세로 내고 나면 아직 십분의 삼이 남는다. 그래도 여전히 부족하다고 느끼고 양곡의 양을 잴 때 각미脚米, 곡면斛面* 등 여러 수단을 동원해 이익을 모색한다."

세족과 향촌 백성 간의 긴장된 관계도 지방을 불안하게 하는 중요한 원인이 됐다. "주인은 소작농에 대해 정도 없고 전혀 상관하지 않는다. 병환이나 죽고 장례 치르는 일에 대해 물어보지도 않거니와, 권리를 침해당하고 소송당해도 관심이 없다. 가만히 앉아서 다른 사람의 수확을 차지하니 고대 제왕들보다 훨씬 낫고, 교양은 전준田畯이나 여사閭師**의 만분의 일에도 못 미친다. 의를 잃어버린 것이 지극히 심각하다."[62] 진확도 하인들에게 잘해주어야 한다고 종인宗人들에게 권한 적이 있었다. "날마다

---

* '각미'는 백성이 양곡을 세금으로 낼 때 관부에서 곡식을 곡斛에 수북하게 담은 뒤 발로 차서 옆으로 떨어진 것을 말하는데, 이때 떨어진 곡식들은 백성에게 다시 돌려주지 않고 관리들이 사사로이 착복하거나 관부의 비자금으로 사용했다. '곡면'은 곡에 담은 곡식의 윗면을 곧은 막대기로 평평하게 쓸어내지 않고 초승달처럼 굽은 막대기로 볼록하게 남게 쓸어내 원래 양보다 더 많이 취하는 것을 말하며, 이러한 방식으로 취한 초과분의 곡식을 '곡면미斛面米'라고 했다.

쌀 한 되를 주고 땔감과 채소, 옷, 신발 등 일상 비용을 더 계산해 그들이 좀더 여유 있게 살 수 있도록 해야 한다." 또한 그는 이 조치를 "근래에 집안을 다스리는 가장 중요한 도이며 시급히 돌보지 않으면 안 되는 것"으로 여겼다.[63] 진확은 「곡망복원충문哭亡僕願忠文」이라는 글에서 다음과 같이 한탄했다. "세상의 많은 왕공귀족王公貴族은 본래 살아생전에는 지극히 존귀하고 영예로웠는데 죽은 다음에는 그를 애도하는 사람이 별로 없다. 그런데 그대는 비천한 하인으로서 여기 온 지 불과 2년밖에 안 됐는데 이웃에 무슨 덕을 베풀었기에 사람들이 이렇게 애도하는가? 저 왕공 귀족들의 죽음과 비교해볼 때 어떠한가?"[64] 강남 세족의 쇠락을 외적 요인에 의한 것으로 보는 견해도 있었지만 유민들은 반성적 태도로 세족 내부에서의 부富에 대한 불공평한 분배로부터 그 원인을 찾기 시작했다. 이는 상당히 발전된 생각이라고 하지 않을 수 없다.

예를 들어 어떤 사람은 구이안歸安 모茅씨 가문이 쇠락한 이유에 대해 "과중한 부역과 도적의 창궐, 가혹한 징수로 인해 어려워졌다"고 생각하며 "모두 자초한 것이 아니며 그 자손들은 죄가 없다고 생각한다"고 했다. 이에 대해 장이상은 다음과 같이 비판했다. "그 집이 차지했던 넓은 토지는 다 조상들이 다른 사람의 것을 차지해서 얻은 것이다. 이것 때문에 주변 가난한 사람들이 원래 자신의 집에 속했던 밭에 농사를 짓지 못하게 된 경우가 많다. 어찌 죄가 없다고 할 수 있을까? 그들의 자손은 백성이 낸 세금으로 공후公侯나 다름없이 생활하지만 두터운 은혜를 그 주

** '전준'은 고대의 관직명으로 농사와 토지법을 관장하던 관리. '여사'는 주周대의 관직명이다. 『주례』 「지관사도」에 의하면 토지세를 관장하는 재사載師 밑에 여사閭師, 현사縣師, 유인遺人, 균인均人의 4관官을 두었다고 한다. 여사는 주로 외각 지역의 땅을 관리했기 때문에 후에는 지방의 소관을 지칭하게 되었다.

변 사람에게 베풀었다는 말은 들어본 적이 없다. 훌륭한 덕으로 자신을 잘 수양한다 해도 몇 대가 지나면 그 복이 사라지게 마련이다. 그 쇠락함에 대해 후손들의 정의롭지 못함을 따져봐야지 어찌 땅에서 수확한 것에 대한 세금 탓을 하는가."[65] 심지어 무인武人의 거친 말을 인용하여 예의를 상실한 명말의 상황을 증명했다. "명말 사람들의 얼굴이 가장 두껍다. 힘껏 할퀴어도 피 한 방울 안 난다. 그래서 군왕과 부모에 대해 정이 조금도 없다." 위희는 "이 말에 탄복하며, 수많은 사대부가 무인에게 한마디로 욕을 먹었다고 여겼다."[66] 이를 통해 우리는 유민들이 이후에 왜 반복적으로 농사일의 중요성을 강조했는가를 추리해볼 수 있다. 이것은 단순히 농사에 대한 한가하고 낭만적인 흥미에서 비롯된 것이 아니라 난세의 배경에서 비롯된 것이며, '노변奴變'의 빈번한 발생에 대한 반성의 결과였던 것이다.

집단 방어의 목적은 다음과 같다. "집안과 집안이 서로 보호하고 사람과 사람이 서로 모여 힘을 합한다. 이렇게 함으로써 운 좋게 전쟁을 피하고 난세에서 버틸 수 있다. 다시 태평 시대가 왔을 때 조상의 묘와 집들, 종족과 이웃이 예전처럼 그대로 있는 것은 모두 집단 방어의 힘이다."[67] 많은 사인의 눈에 '집단 방어'는 도시 생활과 대치되는 지방 향촌의 의의를 분명하게 드러내고 있었다. "이 일은 큰 도시에 적합하지 않고 작은 읍에 적합하다. 또 작은 읍보다는 향촌에 더 적합하다. 향촌에 가까운 작은 읍, 또는 큰 읍이지만 요충지가 아니라면 또한 적합하다. 산골과 섬이야말로 가장 적합하다."[68] "작은 난이 일어나면 도시에 거하고, 큰 난이 일어나면 향촌에 거한다"라고 하지만 "왕도王道는 향촌 사람에 근본을 두고 있다"[69]는 것이 난세를 겪은 후 사람들의 공통된 인식이었던 것 같다.

가장 핵심적인 것은 향촌에서의 '왕도王道'가 진작에 고례古禮를 그 근 거로 삼고 있었다는 점이다. 집단 방어론의 실행 가능성에 대해 어떤 사 람이 질문했을 때 장이상은 '고례古禮'가 실행될 수 있다는 것으로 해석 했다. "선비들의 견해라고 비웃지 말라. 정전井田이나 봉건封建처럼 완벽하 지 않지만 실행할 수 있는 가능성이 있다"라고 했다. 향촌에서 집단 방어 법을 실행하는 것은 고례를 회복하는 현실적인 수단이다. 소위 "『예기』 에서 말한 것처럼 나라가 멸망하고 집안이 무너지고 사람이 망가지는 것 은 다 예를 먼저 상실했기 때문이다.* 부모에게 효도하고 형제자매가 서 로 사랑한다는 것은 예의 근본이다. 근본 뿌리가 뽑히면 가지와 잎이 시 들어 죽을 수밖에 없다."[70] 향촌에서 고례는 또한 하·은·주 삼대의 가치 를 회복할 수단 중 하나였다. "선대의 유학자들은 이렇게 말했다. '정치를 하면서 삼대를 본받지 않는 것은 결국 구차한 도입니다.' 이 뜻을 집안 에 적용시킨다면, 부모에게 효도하고 형제간에 서로 사랑하는 것을 근본 으로 하지 않는 것은 결국 실패하는 길이다. 옛날에 비추어 잘 살펴보면 미래의 일을 점검해볼 수 있다. 농부의 자손이라도 점점 번창해질 수 있 고 사대부 집이라도 하루아침에 쇠락해질 수 있는 것은 다 이것 때문이 다. '우환憂患의식이 있어야 살아남을 수 있다'**는 말을 반드시 유념해야 한다." 장이상의 논의는 난세 중에 예를 회복한다는 것과 성세 중에 예를 지킨다는 것 사이의 미묘한 차이를 밝혀냈다.

유민들의 산발적인 기록 중에 '예禮'는 늘 사람과 짐승을 구별하는 중

---

* 『예기』「예운禮運」에 나오는 구절로 원문은 다음과 같다. "나라가 망하고, 집안이 몰락하고, 개인이 망하는 것은 이에 앞서 예를 상실했기 때문이다故壞國, 喪家, 亡人, 必先去其禮."
** 『맹자』「고자告子」하에 나오는 구절로 원문은 다음과 같다. "···그런 연후에 사람들은 우환 속에 서 살아남고, 안락한 데서 죽는다는 것을 안다···然後知生於憂患, 而死於安樂也."

요한 기준이며, '이하지변夷夏之辨'이라는 옛 명제와 종종 교차되기도 한다. "군자는 소인과 다르고 중국은 오랑캐와 다르고 인간은 짐승과 다르다는 것은 다 예가 있는지 없는지의 차이일 뿐이다."[71] 중국과 오랑캐, 인간과 짐승을 분별하는 것은 시간이 지남에 따라 더 이상 명말 유민들과 같은 격렬한 태도로 나타나진 않았지만, 기층 사회 조직의 활동 중 사람들의 언행에서 삼대三代 고례古禮의 모습을 회복하자는 형태로 나타났다. 심지어 위희는 왕조 교체 후 '예'의 회복에 대해 상당히 낙관적인 태도를 갖고 있었다. "지금 천하의 난이 절정에 달했다. 모든 일은 그 형세가 절정에 이르면 꼭 변화가 생긴다. 태평성대한 삼대의 다스림은 수천 년 동안 이 세상에 다시 나타나지 않았는데, 그 기세도 마땅히 회복될 날이 올 것이다."[72]

유민들의 논의는 시간이 흐름에 따라 그 강개하고 격앙된 기조가 점점 약해졌지만 또 다른 논의 방법을 통해 안과 밖, 중국과 오랑캐 변별의 중요성을 계승하고 스며들게 할 수 있었다. 심지어 향토 예의를 회복한다는 논조로 새로운 의의를 얻었다. 예를 들어 오랑캐의 침입은 고례의 상실 때문이며 물론 명말 강학의 풍조도 오랑캐의 침입에 책임이 있다는 생각이었다. 진확은 "말이 불가佛家에 가까운 것을 정精이라 하고 책이 성인聖人의 말씀과 다른 것을 경經이라 하며 이렇게 500~600년 동안 어리석고 현명하지 못한 내용을 강학해왔다. 인간이 어찌 짐승이 되지 않을 수 있으며, 중국이 어찌 오랑캐가 되지 않을 수 있겠는가"[73]라고 했는데, 이것은 명말 학술의 관점에서 반성한 것으로 일상생활에서 '예'의 지위를 재건하는 의의와도 부합한다. "짐승만이 예를 행하지 않으며, 예가 사라지면 오랑캐가 쳐들어왔는데 이것은 옛날부터 그랬다."[74] 이러한 표현은 역사적이면서 현실적이다. 청나라 만주족이 산하이관山海關으로 들어온 이후 순조롭게 곧바로 남쪽까지 쳐들어오고 남명이 남송보다 이처럼 더 빨리 단명하게 된 원인은 내부의 예의 통제 기능이 상실됐기 때문이었다. 그래서 고례에 대한 재정비는 고전 속 의미 해석을 통해 중국과 오랑캐, 안과 밖을 구분하는 합법성을 얻었다.

"춘추시대 때 이적夷狄이 중화中華를 침입했다. 신하가 군주를 죽이고 자식이 아비를 죽였으며 아랫사람은 윗사람을 능멸하고, 윗사람은 태만하여 사회 기강이 문란해졌다. 비천한 첩이 남편에게 감히 대들고 소인이 군자를 욕보였다. 따라서 공자께서는 절박하게 느끼고 제자와 함께 예를 익히셨다." "공자의 예를 익히지 않으면 후대에 대대로 이적의 화를 당할 것이다." 청초 상황을 감안했을 때 은둔하여 자신의 뜻을 추구한 저 유민들은 삼대의 옛 교훈 가운데에서 세상을 구할 방법을 찾아야 했다. "의義를 행함으로써 도를 성취하고, 올바른 것을 가지고 잘못된 것을 바로잡으며, 악행을 막고 선행을 제창하고 백성과 같이 삼대의 바른 도를 실천하고자 했다." [75] 이렇게 되면 '삼대三代를 회복하고자 하고' '고례古禮를 숭상하는' 행위는 그 동기가 단순히 복고復古에 있다고만 할 수 없으며, 옛 왕조를 다시 되찾겠다는 깊은 의미가 담겨 있다고 할 수 있다. 또한 파괴된 집안을 다시 보수하고 복원하는 과정 중 하나로도 볼 수 있다.

'예禮'의 붕괴를 이적 침입의 원인으로 보고 동시에 '예' 질서의 재건을 사회 갱신의 계기로 본다는 논의는 직설적으로 표현된 것이 아니라 유민들이 적어놓은 글의 행간에 숨어 있었다. 이적으로서의 청나라 사람은 예를 논할 자격이 없다는 뜻이었다. 유민 섭천장葉天章은 「곡묘문哭廟文」에서 '오호嗚呼'라는 감탄사를 몇 번이나 사용함으로써 예제禮制 상실의 애통함을 표현했다.

"오호라! 명나라 옷을 개조하니, 근엄한 의복 어디서 볼 수 있을까? (…) 오호라! 머리를 산발하고 옷섶을 오랑캐식으로 왼쪽으로 여몄으니, 그런 다음에야 존왕양이를 주장했던 관이오管夷吾(기원전 723~기원전 645, 자는 중仲)의 은혜를 많이 받았다는 것을 알겠네. 오호라! 호랑이와 표범에게 무늬가 없으니, 다만 개나 양의 가죽 같은 것만 남았구나. 오호라! 봉황(성인)이 자신의 재주를 감추니, 복희씨가 황하에서 나온 용마의 무늬를 본떠 그린 '하도河圖(성인의 법도)' 같은 것이 끝내 없도다. 오호라! 옛날에 일찍이 오랑캐 땅에 살던 것을 그리워하더니, 이제야 그 습속이 비루함을 싫어하겠네."[76]

예禮의 상실이 직접적으로 이적夷狄의 침입을 초래했다는 이런 주장은 청나라 통치자에게 막대한 위협이 됐으므로, 그들은 이에 반응하지 않을 수 없었다. 강남 사인 중에서는 불교에 반대하고 유가의 예를 지지하는 것을 명분으로 하여 '중국과 오랑캐의 분별'을 분명하게 드러내는 사람도 있었다. 예를 들어 왕흠예의 「일소록一笑錄」에 따르면 그는 친구들을 모아 '대생회大生會'를 만들어서 불교에 반대했으며, "불교를 반대했던 고금의 명인과 현사의 일을 선택하여 책으로 만들려 하니 해와 달이 끊임없이 하늘을 운행하듯 영원히 사라지지 않기를 바란다"[77]고 했다. 본래 제목이 『익정초편翼正初編』이라는 이 책은 「자서自序」에서 "천지간에 전쟁이 오래됐다. 밝은 대낮이 어두워지기도 하고, 이적이 정통을 물리치고 중원을 차지하기도 했다. 그 이치는 알 수 없지만 결국 낮은 밤이라 할 수 없고 이적은 화하華夏(중국)라 할 수 없다. 이는 결코 바꿀 수 없는 것이다"라고 했다. 후인들의 평은 다음과 같았다. "불교를 배척하는 주장을 하여 존왕양이尊王攘夷(이적을 배척하고 정통 군주를 추앙한다)의 뜻을 기탁한 것으로 정학正學(이학理學)을 돕는 데에만 그치지 않았다."[78]

2절
사士—군君 교화 역할의 전환

'명말 사풍' 비판의 이중적 의미

앞 절에서 서술했듯이, 강남 사인들이 지방에서 '고례古禮'를 회복하고자
했던 언행들은 사실 청의 군대가 남하한 뒤 생긴 예악의 붕괴 현상과 관
련이 있다. 동시에 남하하는 과정에서 청나라 사람들도 강남 사람들에
대한 선입견이 형성됐다. 강남 사인과 만주족 통치자들이 각자 적응하
는 과정 중에 직면한 문제는 우선 신체적·생리적 내지 문화적 심리 사이
에서 서로 혐오하는 것을 어떻게 극복할 것인가 하는 것이었다. 강남 사
인들의 눈에 '북쪽 오랑캐'는 짐승과 다르지 않았을 뿐만 아니라 강남의
빼어난 산수를 오염시킨 죄인들이었다. 만주족이 남하한 것을 두고 강남
사람들은 그들이 온 땅을 누린내로 진동시켰다고 묘사했는데 이것은 바
로 배척 심리의 시각적·후각적 표현이다. 강남에 대한 청초 황제들의 상
상은 더욱 복잡했다. 기본적으로 사치스럽고 타락한 문화에 대한 증오감
및 그곳을 문화 중심으로 보는 데서 생긴 부러움이 뒤섞인 이중적인 감
정이었다. 시간이 흐름에 따라 황제와 사인은 모두 각자의 심리를 조절

하여 시대 변화에 적응하려고 했다. 북쪽 오랑캐에 대한 강남 사람의 배척 심리도 점점 퇴색했다. 위희도 이런 상황을 인정했다. "을유년(1645), 병술년(1646) 이래로 왕조가 교체되는 것을 겪은 사람들은 그 낙담한 모습이 마치 자상한 어머니를 잃은 아들 같았다. 사인들은 비분강개하여 비장한 노래를 부르는데 쓸쓸하면서도 격앙된 기운이 많이 느껴졌다. 농민과 서민들 역시 그리워하고 탄식하며 하루 종일 어쩔 줄 몰랐다. 그러나 천하가 통일되고 사방이 안정되면서 인심이 태평함 속에 안주하게 됐다. 예전의 강개하고 슬퍼 탄식하던 소리는 결국 더 이상 듣기 어렵게 되었다."[79]

앞에서 언급했던 강학에 대한 비판과 사치스런 풍속에 대한 반성은 날이 갈수록 하나로 합쳐졌는데 이는 바로 이러한 심리적 조절에서 드러난 현상이라고 볼 수 있다. 과거에 지녔던 강남 문화에 대한 자신감도 청 왕조의 정치가 안정됨에 따라 다른 시각을 드러냈다. 고염무顧炎武는 이미 이렇게 말하기 시작했다. "옛날 강남에서 대장부라 불리던 사람의 근황을 물어보니, 그 역시 생각과 모습이 완전히 바뀌었고 정통과 전혀 다른 것(오랑캐의 것)을 배우고 있었다."[80] 당시 북쪽 오랑캐의 "누린내가 천지에 가득하다"라고 성토했던 담천談遷도 "강남 문풍이 쇠퇴하여 1만 개의 입이 하나의 혀가 된 듯 천편일률적이고, 조금 큰 아이들과 성인이 된 남자들은 침 뱉기 내기 놀이를 하며 즐기니, 나는 이전부터 이를 걱정스러워했다"고 했다. 또 오吳 지역 사람을 보고 이렇게 말했다. "오 지역 사람은 맥없이 지나치게 화려하기만 한 사인이다. 그저 주미麈尾(사슴 꼬리로 만든 부채 모양의 도구)를 든 청담가淸談家 같은 이들만 늘릴 뿐, 칼과 검의 기운을 빌려 뛰어난 공을 세우지는 못한다. 남북의 분열은 다 이것 때문이다." 이는 북쪽 오랑캐의 무력에 대해 정면으로 평가한 것이다. 역사상 '진과 오의 전쟁晉吳之爭'*을 얘기할 때도 '오 지역 사람'에 대한 비판이 많았다. "오 지역 사람들은 끈기가 없어서 오래 못 버틴다. 아침에 한 사람을 습격하고는 저녁에 바로 느슨해져 딴생각을 한다. 따라서 오나라와 진나라가 싸울 때 열 배의 사람이 있었더라도 이길 수 없었을 것이다."[81] 그래서 앞서 황종희가 '문文'과 '질質'의 차이를 언급할 때도 '문을 억제하고 질을 숭상한다'는 새로운 의견이 나온 것이다.

심지어 사인과 청초 황제들의 관계를 이야기할 때도 흔들리는 기미가 보였다. 허형許衡이 원나라에서 벼슬한 행위의 득실을 따질 때 강남 사람들의 의견 중에는 그가 원나라 군주를 위해 관직에 나간 것은 어쩔 수 없는 선택이었다고 변호하는 소리도 있었다. "쿠빌라이가 군주가 되고서 허형을 부르니 그가 다시 거절하고 나가지 않을 수 있었겠는가? 거절하고 나가지 않을 수 있었겠는가? 이때 허형은 원나라 군주의 뜻이 이미 분명함을 알고 본래는 원나라에서 벼슬하는 것이 옳지 않다고 여겼지만 당시 상황에서 벼슬을 안 할 수가 없었던 것이다. 그래서 관직에 나가 평생 배웠던 것을 펼쳐냈고 자기의 뜻에 부합하지 않으면 정절을 지켜 사퇴했다. 이런 행위는 자신을 지키면서 의를 잃지 않은 것과 같다고 할 수 있다." 그들은 또한 '원나라가 한漢의 법도를 사용한' 데는 일정 정도 허형의 공도 있다고 했다. "따라서 현명한 사람은 그를 높이 받들며 그가 관직에 나가고 물러난 것이 공자의 설에 부합한다고 여겼다." 이러한 말

---

* 진나라와 오나라의 전쟁은 삼국시대 마지막 전쟁으로, 이때 진晉이 오吳를 멸망시키고 전국을 통일시켰다. 진晉 함령咸寧 5년(279) 진晉 무제武帝 사마염司馬炎이 오를 정벌하기 위해 군사를 일으켰고, 이듬해 오왕 손호孫皓가 정식으로 항복하며 전쟁이 끝났다. 전쟁이 끝나고 진 무제가 연호를 태강太康으로 바꿨기에 이 전쟁을 '태강지역太康之役'이라고도 한다.

들은 허형이 관직에 나갔던 곤란한 상황을 이상적으로 해석한 혐의가 있기 때문에 어떤 사인들에게는 비판을 받기도 했다. 그러나 또한 한편으로는 청초 사인들이 적막하게 하는 일 없이 있는 것을 견디지 못해 정치에 나가 무언가 해보고 싶어하기 시작한 심리 상태를 반영한 것이기도 했다.[82]

아주 분명하게 드러나는 또 하나의 현상은 강남 사인들이 명말의 여러 현상에 대해 반성적 태도를 보일 때 청초 황제들이 그 통치의 합법성을 강조하는 데 있어 이를 가장 유력한 여론으로 변화시켰다는 것이다. 이는 강남 사인들이 미처 생각하지 못했던 일이며 동시에 그들이 스스로를 분석한 다음에 나타난 뜻밖의 결과였다. 예를 들어 청초 사인들의 '질박한' 행동 방식에 대한 찬성은 청초 통치자들이 기층에서 '교화'를 실시하는 데 중요한 여론 근거가 됐다. 강희 9년(1670) 10월 황제의 조서에 다음과 같은 말이 있다. "짐은 이제 고대 제왕들을 본받아 덕을 숭상하고 형벌을 가볍게 하며 민중을 교화하고 좋은 풍속을 만들 것이다."[83] 건륭제도 강남 사인을 직접적으로 겨냥한 훈시를 내린 적이 있다. "짐이 듣건대, 진晉 땅과 예豫 땅(오늘날의 산시山西 성 허난河南 지역)의 민풍은 대부분 근검 소박하며 집집마다 모아둔 것이 있다. 장쑤 저장 지역 민풍은 사치스러운 것을 숭상하여 종종 집에 모아둔 게 조금도 없는데도 반드시 화려하기 그지없는 옷을 입으려 하고 담백한 것이 아닌 기름지고 좋은 것을 먹으려 한다. 게다가 마을 곳곳에 찻집과 술집이 빽빽하게 늘어서 있다. 젊은이들은 공부를 안 하고 빈둥거리기만 한다. 안 그래도 거기는 땅이 좁고 사람이 많아서 먹고 입을 것이 충분하지 않을까 자꾸 걱정되는데 민풍이 이렇게 사치스러우면 민생이 어찌 더 어려워지지 않을 수 있겠는가? 짐은 백성을 불쌍히 여겨 그들이 풍요롭게 지내기를 바라는 마음에서 과거 여러 해 동안 체납한 조세를 모두 탕감한다. 백성은 손발이 가벼워진 이 기회를 이용해 각자 생업에 부지런히 임하며 소박함을 숭상하고 사치스러움을 버려 가난에 대비해야 한다. 사치스러운 습관에 익숙해져 서로 따라하고 또 이것이 나날이 심해지고 쌓여서 걱정스러운 풍속이 되게 해서는 안 된다." 동시에 해결 방안을 제시하기도 했다. "관리 집안은 특히 몸소 근검을 실천하며 솔선수범해야 한다. 옷은 편하면 되지 반드시 무늬가 화려할 필요는 없다. 거친 밥이라도 먹을 만하면 되지 반드시 진수성찬일 필요는 없다. 물자들은 아껴야지 평평 낭비해서는 안 된다. 평생을 계획해야지 눈앞에만 급급해서는 안 된다. 다 같이 검소함을 우선으로 하고 절약을 숭상해야 한다. 이렇게 하다보면 점점 순박함으로 돌아올 수 있고 쌓인 악습이 고쳐져 주나라 시기 제후국 중 검소하고 질박했던 당唐과 위魏의 풍습*과 거의 같아질 것이다."[84]

다음의 '풍속이 무엇인가'에 대한 사인의 설명도 '질박'의 의미에 가까웠다. "어째서 '풍속'이라고 부르는가? 남북 지역은 강함과 부드러움, 성격의 느긋함과 급함이 각각 다른데 이는 모두 풍조에서 온 것이다. 또 사치함과 검소함, 인정의 후함과 각박함 등이 각각 다른데 이는 모두 습속에서 온 것이다. 그래서 '풍속'이라고 한다. 풍속은 순박하고 인정이 두터워야 좋다. 그런데 어떻게 순박하고 인정이 두터운 풍속이 될 수 있을

---

* 당唐과 위魏는 지금의 산시山西 성 일대에 있었던 주나라의 제후국으로, 『시경』에 수록된 열다섯 국풍國風 중 「당풍唐風」과 「위풍魏風」을 통해 그 지역 백성이 검소하고 소박했다는 것을 알 수 있다. 주희는 『시집전詩集傳』에서 이렇게 말했다. "당의 풍속은 땅이 척박하고 백성이 가난하여 검소하고 질박하며 근심이 많다. (…) 위는 땅이 협소하여 백성의 풍속이 검소하고 인색하다唐風土瘠民貧, 勤儉質樸, 憂思深遠. (…) 魏地狹窄, 民俗儉嗇."

까? 옛날부터 선왕들은 예禮를 제정해서 천하 만민이 모두 더도 말고 덜도 말고 예에 따라 행동하게 했다. 만약 예를 지키지 않으면 제대로 된 인간이 못 된다. 그러므로 제각각인 천하 사람들을 예로써 통일시키면 된다."[85]

강남 사인들이 '강학의 공허함' '사치의 곤혹스러움' '출사와 은거의 어려움' '당파 결성의 해로움'을 얘기할 때 이러한 어휘들 안에 침통하고 초조한 심정이 적잖이 드러났다. 이런 논의들은 명말 청초의 각종 문집 중에 흩어져 나타나고 있다. 예를 들어 장이상은 동림당東林黨에 대해 이렇게 비판했다. "동림의 여러 군자는 양명학의 폐단을 극복하려는 뜻이 있었으며, 그들이 내세우는 것은 명예와 절개뿐이었다. 그러나 당쟁에 빠져들면서 당에 사람을 뽑을 때 오로지 재주가 있는지만 보았기 때문에, 묵묵히 자신의 수양에 힘을 다하는 데는 소홀함이 있었다." 따라서 "이들이 시국을 바로잡으려 했다고는 할 수 있겠지만, 제대로 도를 밝힌 것은 아니었다."[86] 당을 결성하여 사사로운 이익을 꾀하는 것과 명말 사인의 활동을 연결 짓는 것도 당시의 풍조가 됐다. 당견唐甄(1630~1704)은 일찍이 이렇게 말했다. "강학을 하면 반드시 당파를 세우고 당파가 세워지면 꼭 승부를 따졌다."[87] "무리를 모아 강학할 때 처음에는 당을 만들 생각이 없었더라도 점점 당파 분위기를 형성시켰다."[88] 위희는 붕당朋黨의 폐단에 대해 다음과 같이 말했다. "군자라고 불리는 사람은 처음엔 대개 청렴하고 강직하여 천하에 우뚝 그 명성을 떨치게 된다. 또한 다른 사람이 감히 못하는 말을 하고 감히 못하는 일을 한다. 그런데 점점 더 유명해지고 권력이 생기면 자신과 의견이 다른 사람을 속히 제거하지 못할까 걱정한다. 의견이 다른 사람을 제거하려면 반드시 우선 자신과 뜻이 같은 사람을 심어놓아야 하므로 자신의 제자나 부하 관리들을 칭찬하고 추천하는 데 힘써서 그들을 조정에 포진시킨다. 그리하여 자기와 같은 편은 힘이 세지고 자기와 다른 편을 제거하는 힘도 더 강해진다." 그래서 그는 이렇게 결론을 내렸다. "소인小人의 당파를 없애는 것은 쉽지만 군자로 하여금 스스로 당파를 없애게 하는 것은 어렵다고 생각한다. 군자란 당인黨人들이 하는 행위와 거리를 두어야 진정한 군자라 할 것이다."[89] 심지어 사인들은 "몇 마디 평가의 말로 어느 당 사람이라고 간주되고 남들의 평가에서 벗어날 수 없는 것"을 몹시 두려워했다.[90]

고염무는 제자를 받아들이는 것이야말로 당을 결성하려는 사심이 있는 것이라고 여기며 이렇게 말했다. "저에게 옛날의 몇몇 선생처럼 제자를 받아들이고 명예를 얻어 세상에 이름을 빛내라고 하신다면, 그것은 제가 마음속으로 원하는 일이 아닙니다."[91] "이후에 상황이 달라지면 제가 어느 한 지역을 이끌 수도 있을 것입니다. 그러나 강학하지 않고 제자도 받지 않을 것인데, 이는 모두 정덕正德 연간(1506~1521) 이래 여러 원로 선생의 오랜 관습에 반하는 것입니다. 바라건대, 후인들이 이를 간과하지 않았으면 합니다."[92] 그는 '동림東林'을 '당화黨禍'라고 보고 시에서 "송나라 구법당舊法黨 내에 낙파와 촉파가 서로 쟁론하며 당화가 깊어졌는데, 저 소인배들은 도대체 무슨 생각으로 동림에 가담하는 것인가維蜀交爭黨禍深, 膏人何意附東林"라고 했다.* 심지어 친구가 그의 시 작품을 칭찬할 때 그는 "시 한 수를 지을 때마다 높이 평가하는 것은 옛사람들의 치켜세우기 습관에서 비롯된 것으로 이것은 군자가 할 일이 아니다"라고 생각하며 "붕당이라는 누명을 쓰고 쓸데없이 화를 당하는 것"을 걱정했다.[93] 당시 교제하는 사람들 사이에 '붕당'이라는 것이 얼마나 민감한 단어였는지 알 수 있다.

명말 학풍에 대한 청초 유민들의 분석과 명말 학풍을 파벌과 당쟁의 폐단으로 귀결시킨 의견들은 놀랍게도 청나라 조정의 분석과 일치했다. 예를 들어 강희제는 붕당을 결성하여 사리사욕을 꾀하는 것이 명말 학풍의 전형적인 특징이라고 했다. 그는 명말의 많은 사람이 다음과 같이 행동했다고 말했다. "스승과 제자, 동창이라는 것을 따져서 사사로이 원한을 갚거나 서로 치켜세웠다. 공공의 이익을 위한 마음은 전혀 없고 이치에 안 맞는 억울한 일이 있어도 스승 제자 사이거나 동창이라고 하면 체면 때문에 결국 봐주었고, 공평무사하게 일을 처리하는 사람이 없었다. 명말에 이르러 모든 기강이 문란해졌다. 이러한 풍속은 지극히 나쁜 것인데, 오늘날에도 완전히 없어졌다고 말할 수 없다."[94] 건륭제는 더 구체적으로 동림당 당인의 언행을 비판했다. 그는 '당파門戶를 치켜세우는 풍조'를 명나라 멸망의 주요 원인으로 보았다. "동림당 인사들은 당초에는 바른 일에 나서서 행동했다. 그러나 나중에 그 명성에 영합하려는 이들이 동림당의 이름을 앞세워 서로 치켜세우며 어지럽게 뒤섞였고, 소인들은 이 기회를 틈타 동림당 탄압사건을 일으켰다. 도적과 같은 이들을

---

* 「육공사래복술석년대허사인희초소공정만사陸貢士來復述昔年代許舍人曦草疏攻鄭事」, 『고정림시문집顧亭林詩文集』, 360쪽. 동림東林이 '당화黨禍'였는지에 대해서도 여러 의견이 있었다. 황종희는 동림당에는 "내세우는 명부名簿가 없었다. 이후 (신종 때 황태자 책봉에 관해) 국본國本 문제를 쟁론하던 자들이 들어오고, 엄당閹黨을 탄핵하던 이들이 들어왔다. 소위 당인黨人이라고 한 것은 소인배들이 아무렇게나 거론한 것이 사실처럼 됐을 뿐이다"라고 여겼다.(「유서留書·붕당朋黨」, 『황종희전집黃宗羲全集』 제11책, 10쪽) 낙파洛派와 촉파蜀派: 1069년, 송 신종神宗은 왕안석王安石의 신법新法을 채택해 정치 개혁을 추진하고자 했다. 신법은 대지주와 호족들의 토지 겸병을 막고 소상인들을 보호하며, 관료체제를 정비해 중앙집권을 강화하고자 한 부국강병책이었다. 사마광司馬光을 중심으로 한 구법파舊法派는 지주계층의 이익을 대변하며 신법을 반대했는데, 신법파와 구법파의 다툼은 나날이 격렬해져갔다. 한편, 이후 구법파 내에서도 사마광, 정이程頤의 낙파洛派와 소씨 삼부자(소순蘇洵, 소식蘇軾, 소철蘇轍)의 촉파蜀派로 나뉘어 갈등을 빚게 되었다.

받아들인 것은 본래 동림당 스스로 자초한 것이었다. 그러니 명이 망한 뒤 군왕을 뒤따라 순국하는 것이 어찌 영예로운 일이라 하겠는가!" 사인들의 순국 행위에 대한 그의 평가는 훗날 강남 사인의 반성과 놀랍게도 일치했다. 강남 사인도 이렇게 질문한 적이 있었다. "조상의 업을 지키지 못하면서 그저 나라가 멸망했다고 순국하는 것을 영예로운 일로 생각한다. 그런 이치가 어디 있는가?"[95]

건륭제는 마찬가지로 '강학'을 붕당의 폐단과 연결시켰다. 심지어 그 유래를 송나라까지 거슬러 올라가 찾으며 그것이 명말의 풍조에 악영향을 끼쳤다고 보았다. "송나라 때 주돈이, 정이, 장재, 주희 등은 유가의 이치를 명백히 밝히는 데 있어서 실로 공이 없지 않았다. 그러나 군왕을 보좌하고 백성의 삶을 윤택하게 한 실제적인 공적을 따지자면, 옛사람이 한 것과 같은 것을 이 사람들이 어찌 어깨를 나란히 하고 따라갈 수 있겠는가? 구법파의 촉파蜀派와 낙파洛派, 주희와 육상산陸象山의 파벌 논쟁에서 이미 서로 공격하는 징조가 보이기 시작했다. 따라서 강학이 있으면 반드시 치켜세워 칭송함標榜이 생기고, 치켜세워 칭송함이 있으면 반드시 당파가 생긴다. 당파의 폐해가 심해져 손쓸 수 없게 되면 반드시 나라가 망하고 집이 무너지게 된다. 이는 한나라·송나라·명나라의 교훈이다. 나라가 망하고 집이 무너지면 헤아릴 수 없이 많은 백성이 도탄에 빠진다. 죽음으로써 순절한 사람이 많은 것을 영광스러운 일이라고 여긴 것은 강학의 효과였다. 그런데 이 효과는 해가 될 뿐이다. 소위 '나라의 운명이 기울면 꼭 불길한 징조가 생긴다'는 것이다."[96] 건륭제의 이 말은 사풍에 대한 명말 유민들의 반성과 이미 상당히 가까워졌다. 또한 사고관四庫館 대신들이 명나라 멸망에 대해 묘사한 것도 참고해볼 수 있다. "명나라의 멸망은 당파에서 비롯됐다. 당파는 붕당에서 비롯되고 붕당은 강학에서 비롯됐다. 강학은 동림에서 비롯되고 동림은 양시楊時(1053~1135)로부터 비롯됐다."* 이와 같이 '붕당'과 '강학'을 '동림'과 서로 연결시켜 서술한 글은 건륭제의 논조와 거의 똑같았다. 물론 이런 의론들은 이미 청초 유민들의 글 여기저기에서 보였던 것으로, 사고관 대신들이 그들의 의론을 더욱 표준화시켰을 뿐이다. 따라서 강남 사인과 청나라 제왕들의 무의식적인 합의는 여기서부터 이미 시작됐다고 볼 수 있다.

　일부 사인들은 이런 의식적 또는 무의식적인 합의가 가져온 해로움에 대해 경계하기 시작했다. 그들은 명나라 때 대신들이 권력을 독점하고, 언관言官(간관諫官: 황제에게 간언하는 일을 맡은 관리)들이 세세히 따지며 논쟁하고, 강학이 성행하고, 사인들이 정치적 논평을 일삼았던 사실을 발견했다. 이와 같은 명나라 때의 풍습에 비해, 청나라에서 독무督撫는 황제의 명령을 받들어 시행하는 일밖에 하지 못했고 어사御史들도 사안에 대해 일일이 논할 수 없었다. 또한 사람을 모아 사社를 결성했다는 말도 거의 들리지 않았고, 과거시험에서 당시의 정치적 사안을 언급하기만 하면 임용되지 못했다. 나라는 '관리들이 전횡을 휘두르고 사인들이 교만한' 폐단을 시정하고자 했던 것 같았다. 일부 사인들이 보기에, 명나라 풍속의 폐단이 심하다 하더라도 그 처음 의도는 '사인의 기풍을 지지하고 인재를 양성하기 위한' 것이었다. 그런데 청나라 통치자들이 전대前代의 풍속

---

* 장열張烈, 『왕학질의王學質疑』(『흠정사고전서총목欽定四庫全書總目』 자부子部 유가류존목삼儒家類存目三, 중화서국, 1997, 1281쪽). 양시楊時는 정호와 정이 형제에게 사사하고 그들의 학문을 발전시켜 낙학洛學의 대종大宗이 되었다. 문하에서 주자와 장식張栻, 여조겸呂祖謙 등 뛰어난 학자가 많이 배출되었다. 양시는 정화政和 원년(1111)에 우시無錫에 동림서원을 열고 강학을 했으며, 명말 고헌성顧憲成은 양시의 동림서원을 복원해 고반룡高攀龍 등과 함께 강학하며 동림학파를 형성했다.

한수루이韓書瑞, 뤄유즈羅友枝 編, 『18세기 중국과 사회十八世紀的中國與社會』,
장쑤 런민출판사, 2008, 55쪽.

을 반성하고 폐단을 교정하는 것은 주로 '그 말류만 살펴보고' 한 것이었으니, 그들이 '그 처음 의도를 살펴보도록' 만들어야 했다. "삼대(하·은·주)의 성왕들은 모두 전대를 계승하면서 개혁시키는 것도 있고 이어받는 것도 있었으며, 힘써 모든 것을 다 바꿔버리지는 않았다. 힘써 모든 것을 바꿔버리면 이치에 안 맞아서 억울한 것이 생기고 이에 또 다른 화가 생긴다. 왜인가? 재난은 항상 방어하는 데서 생기고, 폐단은 항상 바로잡는 데서 생긴다"[97]는 이유에서였다. 구습을 지나치게 교정한 결과는 다음과 같았다. "대신들은 권한이 없고 위의 명령에 두려워하며 순순히 따랐다. 대간台諫(청대의 간관諫官)들은 자신의 의견을 내세우지 못하고 다들 침묵을 지키는 데 익숙해졌다. 당시 당파로 인한 화는 일어나지 않았지만 천하 사람들은 더 이상 학문을 논하지 않았다. 민간에서 정치적인 논의를 하는 사람의 목소리도 들리지 않았다. 다 각자의 재산을 관리하는 일에만 몰두했고 절의節義나 나라를 다스리는 일 같은 것은 자신과 상관없는 일이 됐다."[98] 이 말을 한 사인은 또 다음과 같이 경고했다. "나라가 명말의 폐단을 분명히 살폈으나 잘못을 바로잡으려는 것이 좀 과했다. 그래서 지금과 같은 풍속이 생겨난 것이다. 위에서 제창하면 밑에서는 당연히 따라한다. 한동안 숭상하면 많은 사람이 그것을 추구하게 된다."[99] 청초에 이와 같은 언론의 목소리는 너무 미약했다. 따라서 명나라 풍속을 반성하면서 통치자와 사인의 사고가 전체적으로 일치되어가는 당시 여론 분위기를 바꿀 수는 없었다.

황제도 '삼대三代'를 이야기하다

청초 기층 사인들이 '예의禮儀' 복원에 주목한 것은 결코 그들만의 고립된 현상이 아니었다. 왕조 교체의 과도기에 청초 황제들도 마찬가지로 '예의' 재건의 중요성을 인식했다. 물론 황제들의 관심사가 유민들의 관심과 완전히 같을 수는 없었지만 그들이 왕조 통치의 합법성을 빨리 확립하려면 강남 지역의 오래된 역사 문화적 전통의 도전을 직시하고 적응하지 않을 수 없었다. 강남 사인은 분명히 기층의 '예의' 담론에 대한 심층적인 해석 권한을 장악하고 있었기 때문이다. 특히 광대한 영토를 통일한 군사 전쟁이 거의 끝난 다음에 '오랑캐' 신분으로 중원의 주인이 된 청나라 황제들은 통치의 합법성을 확립하는 데 있어 풍습을 고치고 예의를 재건하는 것의 중요성을 더욱 크게 의식하기 시작했다. '삼대三代의 통치'를 추구한다고 강조하는 것은 바로 이와 같은 자각적인 의도를 드러냈다.

이전 사람들이 지적하기를, 청초 학풍이 변화한 것은 통치 정책이 너무 엄했기 때문이라고 했는데 사실 그 원인은 이보다 훨씬 복잡했다. 사인들 스스로도 엄격한 태도로 이전의 학풍을 검토했다. 예를 들어 고염무는 이렇게 비판했다. "나는 전국을 돌아다니면서 시와 어록語錄의 출판물들이 책상에 쌓여 있는 것을 보았다. 그런데 거의 다 소리만 요란할 뿐 내용은 보잘것없는 것들이었다. 그들에게 「주남周南」 「소남召南」 「아雅」 「송頌」의 자세한 의미를 물어보면 다 대답하지 못했다."[100] '유학자 옷을 불태우고' '도시에 들어가지 않고' '은거를 핑계 삼아 불교에 귀의'하는 등 사인들의 의기소침하고 괴상한 행위는 '도통道統' 권위에 대한 고의적인 포기라고 볼 수 있었다. 이러한 언행을 통한 자기비하는 청초 황제들의 이중적인 심리 상태와 일치하기도 했다. 즉 강남의 잠재적인 문화 질서 재건에 대해 상당히 강한 기대 심리를 가지면서도 동시에 이런 재건의 해석 권한이 강남 사인들의 손에 쥐어지는 것을 원치 않았다. 청초 황제들이 '삼대三代'와 예의를 얘기한다는 것은 강남 사인들의 '고례古禮'를 회복시킨다는 기대와 관련이 있었지만 '중국과 오랑캐의 구분夷夏之防'이라는 사인들의 처음 동기와는 완전히 달랐다. 둘이 보여주는 은밀한 기대 효과는 겉으로는 같았지만 실질적으로 완전히 달랐기 때문에 늘 고도의 긴장 상태에 놓여 있었다. 황종희가 말했다. "옛날에 천하를 다스리는 사람은 예·악·형벌·정치에 신경을 많이 써서 태평성세의 통치를 실현할 수 있었다. 그러나 후세의 통치자들은 전쟁터에 신경을 많이 써서 되는 대로 아무렇게나 다스린다." 이 말은 청나라 사람들이 전쟁만 알고 예의 질서를 모르는 짐승과 같다는 뜻으로 바로 해석할 수는 없지만, 이와 비슷한 말들이 청나라 통치자들에게 막대한 스트레스가 되었음은 분명하다. 오랑캐 신분을 씻어내야만 강남 사인으로 하여금 마음속으로부터 항복하게 할 수 있을 것 같았다. 옹정제雍正帝는 강남 사인에 대한 생리적 혐오감을 애써 억누르고 자세를 낮추어 증정曾靜과 '중국과 오랑캐의 구분'의 진정한 의미에 대해 토론한 적이 있었다. 실은 그도 강남 사인과 같이 문화 해석의 권위를 공유하고 싶은 마음이 컸던 것이다. '중국과 오랑캐의 구분'은 그들이 꼭 넘어야 하는 관문이었고, 그다음 관문은 바로 '예의' 질서 문제였다. 이것도 문화 재건의 중요한 부분이었다.

이 방면에서 강남 사인은 능동적으로 조정과 소통하기도 했다. 예를 들어 일부 유민은 청나라 지방 관리들과 관계가 상당히 밀접했다.[101] 사실 지방의 일부 한족 관리들이 청나라에 항복하긴 했지만 그들의 사고방식은 여전히 유민과 통하는 면이 많았다. 심지어 한족 유생들 상당수는 관직에 나간 다음에 유민을 보호해주는 주요한 힘이 됐다. 전통 경전에 대한 그들의 학문 기반도 상당히 두터웠다. 따라서 그들은 더 나아가 유민과 황제를 연결시키는 매개가 됐다.[102] 예를 들어 당시 저장의 순무巡撫로 부임한 이본성李本晟은 황종희에게 편지를 보내 산에서 나오라고 권유했다. 이때 편지에서 역사서를 편찬해야 할 이유에 대해 얘기했는데, 이는 유민의 심리에 딱 부합했으며 관리 특유의 상투적인 표현도 거의 없었다. 그가 황종희에게 『명사明史』 편찬에 참여해달라고 요청한 이유는 아주 단호하고 명료했다.

"명나라의 큰 사건으로는 예를 들어 교지交趾(지금의 베트남), 하미哈密(지금의 신장新疆), 오르도스河套(지금의 내몽골 일부와 닝샤寧夏 지역)의 영토 분쟁, 경태제景泰帝 등극의 공과功過,* 가정제嘉靖帝 때의 대례大禮 시비,** 만력·태창 연간 당인들의 당파 싸움, 홍환紅丸, 정격挺擊 사건의 의혹,*** 이자성李自成·장헌충張獻忠 두 난적 중 누가 명나라 멸망의 실제 원인인지, 천계·숭정 연간에 누가 매국을 했는지 등이 있습니다. 전 왕조인 명나라는 원래 사인을 키우고 인재를 양성하는 은덕을 베풀었으니, 초나라를 배

---

* 정통제正統帝가 오이라트 부장 에센과 토목土木에서 싸우다가 포로가 되자 그의 동생인 경태제가 황제로 등극하게 된다. 이후 다시 명으로 송환된 정통제는 유폐 생활 끝에 경태제가 병이 난 기회를 틈타 폐위시킨 뒤 다시 황제의 자리에 오른다.

** 정덕제가 후사 없이 죽자 그의 사촌인 가정제가 즉위했다. 그러자 가정제의 아버지 흥헌왕의 호칭을 둘러싼 논쟁이 발생했고, 가정제는 흥헌왕을 황제로 추존하려는 과정에서 이를 반대하는 중신들을 제압했다. 결국 흥헌왕을 황고로, 홍치제는 황백고로 규정해 3년간의 예송禮訟을 끝맺는다. 그러나 이는 단순한 예송이라기보다 가정제 즉위의 합법성에 관한 논쟁이었다고 볼 수 있다.

*** 정격안挺擊案은 홍환안紅丸案, 이궁안移宮案과 함께 삼안三案이라 불리는 17세기 초반 태창제의 즉위를 둘러싸고 일어난 사건이다. 이 세 사건이 나타난 직접적인 배경은 신종 때 황태자 책봉과 관련한 '국본國本의 쟁爭'으로 명나라 멸망의 중요 원인 가운데 하나인 당쟁의 격화를 가져왔다. 정격안은 1615년에 일어난 황태자, 즉 후일의 태창제 암살미수사건이며 홍환안은 태창제가 붉은 환약을 먹고 죽은 사건이다.

신하고 한나라를 도운 정공丁公*이 한나라를 배신할까봐 유방에게 죽임을 당했던 것처럼 명나라를 배신하고 미리 청을 도왔다가 죽임을 당한 이들에 대해서는 거론할 가치가 없습니다. 지금의 왕조인 청나라는 하늘의 뜻을 따르고 사람의 요구에 순응하니, 걸왕의 개가 요임금을 보고 짖었듯이 나쁜 주인에 맹목적으로 충성을 다하는 이들에 대해 이야기하는 것을 꺼릴 필요가 없습니다. 머지않아 믿음직스런 역사서를 편찬하고자 하면 반드시 그 역사 속에 담긴 깊고 심오한 도리를 세상 사람에게 알려주고 만세萬世에 모범이 되는 책을 만들어야 합니다. 지금의 군자들이 어디로 가고 무엇을 따라야 할지가 결정될 것이니, 선생의 붓끝으로 포폄을 가함에 확고한 역사적 식견이 없을 수 있겠습니까?"[103]

역사서 편찬에 관한 이러한 세심한 통찰은 정곡을 정확히 찔렀다고 할 수 있다. 즉 이본성의 권유는 단순히 장황하게 설득함으로써 유민들을 회유하는 정치적 수단으로만 볼 수 있는 게 아니었다.

이본성은 심지어 민감한 왕조 교체 시기의 역사 서술을 언급할 때도 매우 진지한 태도를 보였다. "더욱 의문 나는 점이 있습니다. 송나라 덕우德佑 연간에 공종恭宗 조현趙㬎이 원나라의 포로가 되어 북쪽으로 간 이후 남은 신하들이 민閩 땅을 근거지로 항전하다가 송 회종懷宗 조병趙昺 때 결국 애산厓山 대전에서 실패하여 송나라의 강산을 잃어버렸습니다. 이에 대해 후세의 역사가들이 그 연호를 삭제했다는 경우를 들어본 적이 없습니다. 명나라 숭정제崇禎帝가 황제의 지위를 잃어버린 후 남쪽에서 방계

---

* 이름이 고固이며 진秦나라 말기 설현薛縣 사람으로 초나라 항우項羽의 무장武將이었다. 팽성彭城 전투(기원전 205)에서 패한 유방劉邦이 도주하던 중 정공이 이끄는 군대를 만나지만 설득 끝에 무사히 돌아가게 된다. 항우가 죽은 후 정공이 유방에게 가자 유방은 신하로서 불충했다는 죄로 그를 죽이고 사람들에게 정공과 같은 사람을 닮지 말라고 경고했다.

친척이 대를 이어 황제의 자리에 올랐는데 이런 것은 어떤 예에 편입시켜야 할지 아직 살펴보지 못했습니다. 이 역시 대대적으로 심사숙고해서 수정·보완을 해야 할 문제인데, 생각건대 선생께서 산속에 계시면서 깊이 사색하고 탐구해오셨으니 분명 이미 완성된 구상이 있으실 것입니다. 만약 선생께서 영원히 변치 않을 탁월한 견해를 내시어 세상 사람들이 의심스러워하는 점들을 해결하시고, 일가를 이룰 만한 책을 완성하여 정사正史에 빠진 내용을 보완시키시는 것 역시 안 될 게 어디 있겠습니까?"[104] 이전 왕조에 대한 올바른 역사 서술을 기치로 내걸고 간곡하게 청하는 이러한 방식은 황종희와 같은 유민에게는 일종의 유혹이 아닐 수 없었다. 後에 그의 아들인 황백가黃百家(1643~1709)가 청나라 사국史局에 들어간 것도 아마 편지에서 언급했던 실현 가능성 있는 역사 편찬 방향과 관련이 있었을 것이다. 청초에 많은 한족 관리도 유민의 학문적 성취를 추앙하고 학술적 관점을 토론하는 과정에서 유민들과 관계가 점점 가까워졌다. 명말 현상에 대해 유민과 같은 비판적인 입장을 갖고 있다는 점 역시 그들의 관계를 밀접하게 만들었다. 황종희는 여러 사람을 통해 저장 향시鄕試 주임 시험관인 탕빈에게 편지를 보내 그가 지은 「즙산학안蕺山學案」*의 서언을 써달라고 요청했다. 이때 탕빈이 황종희에게 보낸 답장에는 다음과 같은 말들이 있었다. "삼가 생각건대, 학자라면 힘껏 실행하는 것이 중요한데, 오늘날 강학한다는 사람들은 그저 한가하게 공론만 일삼고 있을 뿐입니다. 그들은 선유先儒들을 비방하면서 장단점을 시시콜콜 따지지만 실은 선유들의 진면목을 제대로 보지 못한 자들입니다. 학자라는

---

* 「즙산학안」은 황종희가 지은 『명유학안明儒學案』 권62에 수록되어 있다. '즙산'은 황종희의 스승 유종주를 가리킨다.

사람들이 일상의 윤리를 몸소 실천하면서 천명天命이 널리 행해지고 있음을 체득하지 않는다면 어떻게 위로 천덕天德에 이를 수 있으며 어떻게 천고千古의 성현聖賢과 소통할 수 있겠습니까?"[105] 이 말이 어디서 나온 것인지 그 출처를 밝히지 않고 본다면, 탕빈의 이러한 주장과 유민의 관점이 무슨 차이가 있는지 전혀 찾아낼 수 없을 것이다. 탕빈은 이러한 말들을 토대로 조금은 과하게 황종희를 치켜세우며 말했다. "선생은 진정 유림들의 거대한 바다요, 우리 무리를 이끄는 태두泰斗이십니다."[106] 이러한 말들은 심리적으로 쉽게 받아들여졌다.

'역사 기록存史'과 '예의 회복修禮'은 새로운 시기에 유민들이 어쩔 수 없이 택해야 했던 문화적 선택이라고 할 수 있다. 단지 유민들은 '예의 회복'에 관련하여 기층의 예의와 풍속이 삼대三代로 다시 돌아가야 한다는 것을 더 강조했을 뿐이다. 육세의陸世儀(1611~1672)는 '삼대의 예의 풍속을 회복시키는 것'을 명말 사치 풍조를 없애자는 주장과 연결시키기 시작했다. "지금의 풍속은 명말의 쇠퇴한 풍속이 이어진 것으로 그 사치스러운 풍조는 하루 이틀 된 것이 아니다. 지금의 풍속을 교정하고 옛날 번성했던 시대로 올라가려면 다른 것이 아니라 삼대에 백성을 이끌었던 방식으로 해야 할 뿐이라고 생각한다. 물론 삼대의 법을 지금 시대에 하나하나 다 시행할 수 있다고 말하는 것은 아니지만 그 중요한 도리는 역시 바꿀 수 없는 것이 있다." 육세의가 말한 '삼대의 예의 풍속을 회복시키는 것'의 내용은 우선 '민간의 관혼상제, 궁중의 의복과 음식 예절'이었다.[107] 여기에서도 육세의는 민간의 입장에서 기층에서의 풍습 변화를 고려했다. 그렇지만 '삼대의 것을 회복'한다는 것은 절대로 기층 신사紳士 어느 한 개인의 일이 아니라 청나라 통치자들이 나라의 기틀을 마련하는 데 꼭 고려해야 할 총체적인 전략이었다. 그 함축된 의미와 출발점은 모두 차이가 있었지만 청초 사인들의 구상과 점점 가까워지고 결국 위아래가 서로 호응하는 국면이 이루어졌다.

강희 37년(1698) 10월, 강희제는 상유上諭에서 '삼대'를 부흥시키고자 하는 소망을 이미 밝히기 시작했다. "짐은 늘 삼대三代에 뜻을 두고 있다."[108] 옹정 연간에는 더 나아가 '인심과 풍속'을 교정한다는 이슈를 명확하게 제시했다. 옹정 5년(1727) 6월 임인壬寅 일, 옹정제는 내각에 유지를 내렸다. "짐은 대소 신료들과 서로 격려하여 예의염치禮儀廉恥의 중요성에 대해 자세히 생각해보고자 한다. 몸소 힘껏 실천한다면, 인심과 풍습은 나날이 좋아지고 요순과 삼대의 다스림이 다시 나타날 수 있게 될 것이다."[109] 옹정 13년(1735) 9월 즉위한 지 한 달밖에 안 된 고종高宗 건륭제는 삼대를 부흥시키는 것을 '백성을 교화시키고 기른다敎民養民'라는 경제적인 틀속에 넣고 해석했다. "예부터 황제들이 중국을 키우는 도는 백성을 교화하고 기르는 두 가지 일밖에 없었다. (…) 항산恒産(살아갈 수 있는 일정한 재산이나 생업)에 여유가 있을 수 있으면 항심恒心(일정한 양심, 도덕심)이 생겨스스로 깨우칠 것이다. 선황(옹정제)의 성훈聖訓에 '삼대의 다스림은 반드시 회복시킬 수 있고 요순의 도는 반드시 행해질 수 있다'고 한 것이 그만분의 일이라도 계속 이어질 수 있기를 바란다. 이는 짐이 아침부터 저녁까지 정성을 다해 애쓰고 있는 것이며, 새로 즉위했다고 명예를 얻을 수 있는 말을 하여 그저 천하 백성의 칭송을 널리 받고자 하는 것이 아니다. 짐의 마음은 이러한 일들이 실효를 거둘 수 있도록 힘쓰는 데 있으니 어찌 헛되이 빈말을 하겠는가?"[110]

건륭 원년(1736) 4월, 공사貢士 조청려趙靑藜 등을 책시策試(정치, 경제, 군사 등 실무 대책을 묻는 시험)할 때, 건륭제는 기층에서 온 사인들을 직접 대면하고 말했다. "짐이 나라를 다스리는 법도를 생각해보니, 요순이 전한 심법心法보다 더 귀한 것이 없으며, 오로지 언행이 치우치지 않고 중용中庸의 도에 부합하게 하는 데 있다. (…) 짐은 백성을 사랑하고 부유하게 만들고자 하며 이것이 교화의 근본이라 여긴다. 사인들의 능력을 발휘시키고 집집마다 토지를 합리적으로 분배받을 수 있게 하면 요순의 성대한 치세에 이를 수 있을 것이다. 중용의 도가 전해지도록 힘쓰고 빈말을 하지 않으며, 중용의 도를 이용하여 일이 잘 실현되게 해야 한다. 여러 사인은 자신이 배운 것 중에 얻은 바가 있으면 선현들의 생각을 칭찬하거나 비판하며 실로 오늘 직접 짐에게 얘기하되 과장하지도 숨기지도 말라. 짐이 장차 친히 채택할 것이다."[111] 예교의 재건에 대한 건의들을 황제가 친히 받아들인다는 표현이다. 이것은 기층 사인들이 예의를 재건하는 것에 대해 간접적으로 반응했다고 볼 수 있다. 심지어 사풍士風을 좌지우지하려는 의도가 그 안에 깔려 있는 것으로 보인다. 그때 일부 사람은 '사풍'과 상층이 제기한 의견의 관계에 대해 정확하게 알아차렸다. "사풍의 변화가 누구로부터 시작됐는지는 알 수 없다. 대개 처음 한두 사람이 제창하고 그다음에 많은 사람이 따라한다. 따라하는 사람이 많아지면 풍속이 되고 풍속이 되면 짧은 시간 내에 변하기가 어렵다. 변화가 생길 때도 처음에 한두 사람부터 시작하고 그다음에 또 많은 사람이 따라한다. 처음에는 사람들이 이상하게 생각할 수 있지만 풍속이 되면 대부분 거기에 익숙해지고 자신도 모르게 따라가게 된다. 결국 나중에는 풍속을 바꾸는 권한이 상층으로 넘어가게 되는데 그러면 수고스럽지 않고도 빠른 효력을 발휘한다."[112] 여기서 섭몽주葉夢珠가 말한 상층은 바로 청초의 황제를 암시한 것이다. 왜냐하면 그들은 이미 '도통道統'의 권한과 '정통政統'의 정치적 운용을 서로 결합시키기 시작했기 때문이다.

건륭 2년(1737) 5월, 공사貢士 하기예何其睿 등을 책시할 때도 건륭제는 '농사'를 근본으로 삼는 것의 중요성을 제기했다. "짐은 역사상 통치가 가장 잘된 시대는 요순 시대였다고 생각한다. 『서경書經』 「우서虞書」에서 이르기를, '하늘의 명을 경계하고 삼가되, 언제나 때를 살피고 기미를 잘 살펴야 한다'고 했다. 또 '조심하고 두려워해야 할 것이니, 하루 이틀이 모든 일의 기미가 된다'고 했다. 대개 전성기 때 조심하고 잘 대비하여 그 풍요로움을 지키고 안정을 유지한다는 것은 쉬운 일이 아니다. 고요皐陶 (순임금의 신하로서 군사와 형벌에 관한 일을 관장함)가 말하길, '왕도는 사람을 아는 데 있고, 백성을 편안하게 하는 데 있다'고 했다. (…) 백성을 안정시키는 근본에 대해 '먹을 것을 생산하는 농사는 때에 맞춰 하는 것이 중요하다'라고 했다. 이것은 백성의 일 중에 농사가 가장 중요하다는 것을 의미하며 근본적인 계획을 중시한 것이다."[113] 지방 관리에게 내린 칙명에서도 건륭제는 삼대의 모습을 부흥시키고자 하는 계획과 절차를 밝혔다. 다음은 7월 경인庚寅 일에 내린 조서다.

"짐의 원래 소망은, 백성을 기르는 정치가 점차 완성되고 백성도 대략 풍족하고 편안한 모습이 된 이후, 교화를 추진하고 풍습을 바꾸어 이상적인 세상이 되는 것이다. 지방장관들이 지방의 일상 업무 한두 건을 잘 처리한다고 하여 어찌 짐의 소망을 만족시킬 수 있겠는가? 짐은 날마다 고요皐陶, 기夔, 직稷, 계契와 같은 사람들이 천하의 독무督撫(총독과 순무의 합칭으로, 지방 행정장관을 가리킴)가 되었으면 한다. 천하의 독무들도 또한 스스로를 고요, 기, 직, 계로 여겨야 할 것이다. 식견이 짧거나, 스스로를 너무 비하하거나, 명예만 추구하거나, 포상만 받으려고 해서 언관言官들에게 무시당해서는 안 된다."[114]

정치적 목표의 배후에는 늘 그것을 지탱해주는 문화적 근기根基가 있으며, 단순한 군사 행동으로 귀결할 수 있는 것이 아니다. '삼대三代의 회복'은 그들의 정치 행위에 문화적 합법성을 부여하는 조치 중 하나였다. 또한 강남을 중심으로 한 지식인 계층이 예의 재건에 도전하는 것에 대한 반응이었다고 이해할 수도 있다. 물론 강남 사인의 출발점과는 완전히 달랐다. 특히 '교화' 역할의 권위를 가졌는지 여부에 대해 강남 사인은 여전히 상당히 확고한 태도를 가지고 있는 듯했다. 예를 들어 '학교'에 대해 황종희는 '사士를 키우는 것'뿐 아니라 "천하를 다스리는 재능이 모두 학교에서 나온다"고 이해했다. 학교의 목적은 조정의 관리들로 하여금 '『시경』와 『서경』의 관대한 기풍에 푹 물들어 있게 하는 것'이다. 또한 가장 핵심적인 것은 "천자가 옳다고 하는 것이 반드시 옳은 것은 아니고, 천자가 그르다고 하는 것이 반드시 그른 것도 아니다. 천자도 결국 감히 자신이 옳다 그르다 하지 못하고 학교에서 시비를 공론한다"는 것이다. 이는 분명히 이상적인 구상이지만 '삼대'와 연결이 되면서 모종의 합법성이 생긴 듯하다. "삼대 이래 천하의 시비는 모두 조정에서 나왔다. 천자가 그것을 영광스럽게 여기면 모두들 이를 따라 옳다고 하고, 천자가 그것을 치욕스럽게 여기면 모두들 내치며 그르다고 했기"[115] 때문이다. 그러면 황제는 어떤 의미에서 사인과 대화하고 소통한 것인가? 황종희의 이런 이야기들은 사실 직접적으로 황제에게 전해질 가능성이 적었다. 의견을 전할 수 있는 별다른 경로가 없었기 때문이다. 청나라 황제들이 사인과 대화하고 소통한 중요한 경로는 바로 경연經筵*의 강의 자리였다. 그러므로 다음 부분에서는 명대와 청대의 경연 강의의 차이점과 변화에 대해, 그리고 강습하는 과정에서 황제와 사인의 역할이 어떻게 바뀌게 되는지에 중점을 두고 살펴보겠다.

경연經筵 강의로 본 사-군 교화 역할의 뒤바뀜

기층에서 예의 질서를 회복하려 노력한 것 외에 경연 강의는 사대부가 왕권 가까이에서 황제를 교화하는 중요한 수단이자 아마도 유일한 수단이었을 것이다. 송나라 때부터 조정의 유생들은 황제의 덕성을 끊임없이 개선시키려는 기대가 있었다. 이런 기대는 이학理學을 통해 '집안을 다스리고 자신을 수양하는 것治家觀身'을 강조하고, 또는 '성심誠心'을 강조함으로써 강하게 표현됐다. 송나라 때부터 명나라 때까지 이런 전통은 진덕수眞德秀(1178~1235)의 『대학연의大學衍義』, 구준丘濬(1421~1495)의 『대학연의보大學衍義補』, 또는 담약수湛若水(1466~1560)의 『성학격물통聖學格物通』 등의 문헌을 통해 지속적으로 전해졌다.[116] 황제의 마음을 '성심誠心'으로 감동시키고 구속시키는 데 있어 가장 어려운 점은 군신 간의 존비尊卑를 어떻게 처리하는가 하는 문제였다. 다행히 사인들에게는 '도통'의 합법성이 뒷받침됐다. 명나라 때의 경연 강의에서 이에 상응하는 증거를 찾을 수 있다. 명나라 때의 사인과 황제의 관계는 행동 능력 면에서 이미 송나라 때처럼 '군주와 함께 천하를 다스린다'는 분위기가 아니었다. 그래도

---

* 경악經幄이라고도 하며, 군주와 신하가 모여 경사經史를 비롯한 유교 경전들을 중심으로 강경講經하면서 군주를 교육한 제도다. 덕에 의한 교화를 이상으로 하는 정치원리를 근거로 유교의 이상정치를 실현하려는 것이 목적이었으나, 실제로는 전제왕권의 사적인 행사를 규제하는 데 중요한 기능을 수행했다.

사인으로서의 존엄은 여전히 유지되고 있었다. 명 효종孝宗는 경연을 열어 사인들이 강의하는 『상서』『맹자』『대학연의』를 들었다. 당시 문헌에 다음과 같은 기록이 있다. "강의가 끝나면 차를 하사하셨고, 황상께서는 그들의 이름을 부르지 않고 선생이라고 불렀다." "당시 황상께서는 경연을 아주 좋아하셨으며, 유신儒臣이나 학사學士들과 가까이 지내셨다. 장원정張元禎(1437~1506)은 키가 작았는데, 그가 강의를 할 때마다 황상께서는 책상에 몸을 숙이고 들으셨다."[117] 『명사明史』에는 다음과 같이 기록되어 있다. 경연 강관講官 전당錢唐(1314~1394)이 "일찍이 『상서』의 「우서虞書」를 강의한 적이 있었다. 그가 계단에 올라서서 강의하자 어떤 사람이 전당에게 군신君臣의 예를 모르고 저속한 행동을 한다고 지적했다. 이에 전당은 정색을 하고는 '옛 제왕의 도를 폐하에게 알려드리고 있으니 무릎을 구부리지 않아도 예의에 어긋난 것이 아니다'라고 했다."[118] 문진맹文震孟(1574~1636)이 일강관日講官*으로서 경연에서 강의할 때였다. "황상께서 발을 무릎 위에 올려놓으셨다. 그때 마침 「오자지가五子之歌」**를 강의하고 있었는데 '군주로서 어찌 삼가 조심하지 않을 수 있겠는가?爲人上者, 奈何不敬'라는 구절이 나오자 문진맹이 황상의 발을 쳐다보았다. 황상께서 곧 소매로 가리면서 천천히 발을 내려놓으셨다. 당시 사람들이 그를 보고 '진정한 강관眞講官'이라고 했다."[119] 명나라 때의 문헌을 통해 우리는 경연 강관의 위엄 있는 행동이 여전히 황제에게 영향력을 행사했다는 것을 느낄 수 있다. 전겸익錢謙益은 손승종孫承宗(1563~1638)이 경연에서 강의할

---

* 명청대 관직명으로, 황제를 상대로 경사經史를 강의하거나 질문에 대답하고 그 언행을 기록하는 일을 맡았다.

** 「오자지가」는 『상서』「하서夏書」에 나오는 중국에서 가장 오래된 시다. 망국에 대한 탄식이 주된 내용이며 선민사상을 드러내고 있다.

때의 일을 이렇게 기록했다. "황상께서 기침을 하시고는 종이로 콧물과 침을 닦으셨다. 이걸 보고 그는 동쪽을 향해 공손히 서서 들어가지 않았다. 황상께서 그를 쳐다보면서 들어오라는 의사를 표시하셨다. 동반관東班官도 눈짓으로 그를 재촉했다. 그러나 그는 그대로 공손히 서 있었다. 황상께서 콧물을 다 닦고 복장 의용을 다 정리한 다음에야 앞에 나가 『상서』「경명囧命」에 있는 '출입기거(나가고 들어가고 하는 일상생활)에서 경건히 하지 않음이 없었다出入起居, 囧有不欽'는 내용을 강의했다. 특히 '출입기거'라는 글자를 하나하나 분명하게 읽고 그 음절에 억양을 넣으면서 황상께서 주의 깊게 들으시도록 했다."[120] 이러한 예들을 보면, 사인들이 황제의 일상 행동을 교화하는 역할을 담당하고 있었으며 또 일정한 영향력이 있었다는 사실을 분명히 알 수 있다. 물론 이런 신체 언어로 감히 왕권에 직접적으로 맞서는 '진정한 강관' 이야기는 명나라 때 이미 찾아보기 힘들어졌고, 청나라 때는 거의 사라졌다.[121]

『고양집高陽集』에는 손승종이 명나라 희종熹宗에게 「요전堯典」을 강의했다는 기록이 있다. 여기서 명나라 황제와 사인 사이의 미묘한 관계를 엿볼 수 있다. 손승종은 우선 요임금의 공덕을 강의하며 말했다. "요임금께서는 공업功業은 마음으로만 높이 여기시고, 천하 백성의 마음을 소홀히 여기지 않으셨으며, 이 점을 분명히 알아 백성의 존경을 받으셨습니다." 또 이렇게 의견을 제시했다. "마음속에 천하 백성을 위한 생각이 있으면 느슨해지지 못할 것입니다. 사덕四德을 체득하고 익혀서 익숙해지면 천하가 안정될 것입니다." 하지만 이렇게도 말했다. "군주는 천하를 통치하며 만민에게 지극히 존귀한 존재이지만 공손하고 겸양해야 합니다. 천하를 다스리는 데 조금이라도 교만함을 보여서는 안 됩니다. 그래서 이 책은 처음에 먼저 '흠欽(공경함)'부터 말하고 있습니다." 이어서 손승종은 선황先皇 만력제의 기대를 교화의 근거로 삼았다. "선황께서는 폐하께서 요순 같은 성군이 되기를 바라셨습니다. 오직 폐하께서는 옛 제왕의 덕을 따르시어 출입기거에 있어서 삼가 조심스럽게 하셔야 합니다."[122] 그날 손승종은 일기에 아주 재미있는 이야기를 적어놓았다. 그는 당시 황제의 반응을 이렇게 기술했다. "'군주는 천하를 통치하며'라고 얘기하자 황상께서는 공손히 귀를 기울이셨다." 또 선황제를 언급할 때 폐하께서 엄숙하고 경건한 표정을 지으셨다고 기록했다. 이는 황제가 손승종의 강의에서 마음 깊이 느낀 바가 있어 그것이 표정과 행동에 나타났다는 것을 설명해준다. 또 한번은 손승종이 "요임금의 흠명欽明(공손함과 분명히 살핌), 순임금의 긍업兢業(신중하고 조심스러움) 및 역대 선조들이 하늘을 경외한 것과 가법家法" 등에 대해 자세히 설명한 적이 있었다. 그의 설명을 들은 후 명 희종熹宗 천계제天啓帝는 다음과 같이 반응했다. "경건하게 경의를 표하고 뒤로 물러나며 말씀하셨다. '강관講官은 예에 대해 잘 안다. 그래서 예로부터 군덕君德을 성취시키는 책임이 경연經筵에 있다고 했는데 과연 그러하다.'"[123] 이런 반응은 청나라 초 황제들의 경연 의식에서 더 이상 볼 수 없는 것이었다. 그래서 손승종은 「요전」을 강의한 뒤 '정말로 성주聖主이시다' 하고 감탄했다.

이 감탄에는 두 가지 의미가 있다. 하나는 황제의 현명함에 대한 탄복이고, 또 다른 하나는 황제가 그의 교화를 받아들이는 데서 생긴 만족감이다. 황제의 스승으로서 반가운 심정도 포함돼 있었다. 손승종이 일기에서 구어투로 기술한 당시 현장의 분위기는 상당히 편해 보였다. "강의가 끝난 뒤 황상께서는 '선생들은 술과 음식을 들라' 말씀하시고 또

'선생들께 술과 음식을 드리라'고 하셨다." 이처럼 글에는 친밀감이 드러나고 있다. 이틀 뒤 손승종은 '구족九族의 중요함'에 대해 강의했다. "집안 친족들에게 과실이 있으면 예법으로 단속하고, 어려움이 있으면 관심을 가지고 드나들어야 합니다." 황제의 반응은 이러했다. "황상께서는 단정하게 응시하고 공손하게 귀를 기울이셨다." 강의가 끝난 뒤 황제는 "강의가 아주 명쾌하다"고 뜻을 밝혔고, "오늘에서야 구족에 대해 알게 됐으니 어찌 먼저 경의를 표하지 않겠는가"[124]라고 했다. 심지어 숭정제가 죽은 다음에 진자룡은 「경연의중소經筵宜重疏」를 올려 강관에 대해 "융숭한 예의를 갖춰야 한다"고 강조했다. 그리고 송나라 팽구년彭龜年(1142~1206)이 광종光宗(1147~1200)에게 올린 상소문의 예를 들었다. "정이程頤 선생(1033~1107)이 말하길, 천하에서 가장 중요한 책임은 재상과 경연에 있다고 하였습니다. 제가 봤을 때 군주로서 덕을 수양하지 않으면 통치가 오래갈 수 없습니다. 그리고 경연이 재상보다 더 중요하다는 것을 아셔야 합니다." 진자룡은 또한 탄식하며 말했다. "고대의 스승에 대한 예의를 참고하셔서 앉아서 강의하는 것을 너그러이 허락하시며, 경전을 존중하고 의리를 중시하는 풍모를 보이셔야 합니다." 그리고 송나라 신하들의 의론에서 느낀 바를 서술했다. "강관에게 예의로 대해야 할 뿐만 아니라 그들이 자유롭게 자신의 주장을 표현할 수 있게 해야 합니다. 옛날 송나라 신하 조변趙抃(1008~1084)은 이렇게 말했습니다. '경연에서 강의하는 자는 길한 말만 하고 흉한 말은 하지 않습니다. 또, 통치가 잘 이루어진 시기의 이야기만 하고 어지러운 시기의 이야기는 하지 않습니다. 이러한 것은 지혜를 넓히는 방법이 아닙니다.' 좋은 것은 모범으로 삼을 만하고 나쁜 것은 경계로 삼을 만하니 본래 기피할 것이 없습니다. 하물며 글을 쓰고 연구하는 데 기피하는 것이 있거나 숨기고 가리는 것이 있으면 그 뜻을 어떻게 밝힐 수 있겠습니까? 폐하께서는 이런 이치를 강관에게 명시하시어 그들로 하여금 꺼리는 것 없이 의도한 대로 자신의 주장을 얘기할 수 있게 하셔야 합니다."[125] 경연 강의에서의 군君와 신臣의 위치를 규정하는 진자룡의 태도는 여전히 명나라의 전통을 이어받았다는 것을 알 수 있다.

청초의 한족 사인들도 끊임없이 만주족 군주에게 호소했다. 그들은 궁정의 예의 절차 중에서 경연 강의를 회복시키기를 희망했다. 송명대 사인들은 '군주의 마음을 바로잡음格君心'을 통해 제왕들의 정신적 세계에 영향을 미치고자 했는데, 청초의 한족 사인들도 이러한 전통적 사고방식을 이어받았던 것이다. 순치順治 원년(1644)에 호과급사중戶科給事中 학걸郝杰이 먼저 건의했다. "단정하고 고아한 유신儒臣을 선발하여 날마다 『대학연의大學衍義』와 『상서尚書』의 모범이 되는 몇몇 구절을 해석하여 올리게 하십시오."[126] 순치 8년(1651) 10월, 어떤 관원은 또 이렇게 제의했다. "성인의 학문은 정밀하고 심오하며 특히 순수하고 완전하다고 여겨집니다. 송나라 진덕수의 『대학연의』는 천명天命과 인정人情, 개인과 집안, 국가에 대한 중요한 요점들을 모두 모아놓은 책입니다. 엎드려 청하오니 유신儒臣들로 하여금 이를 해석하여 황제께 바치도록 칙령을 내리십시오." 같은 달에 비서원검토祕書院檢討 서필원徐必遠이 상주했다. "고금의 제왕은 반드시 성학聖學에 마음을 두셨고, 그래서 태평성대를 이룰 수 있었습니다. 신은 8월에 이 관서로 배치된 이래 『통감通鑑』의 번역이 점차 완성되어가는 것을 보았습니다. 폐하께서는 이 책을 통해 잘 다스려지던 시대와 혼란스러웠던 시기에 대해 두루 보실 수 있겠지만, 군주의 마음을 바로잡음으로써 더 많은 것을 얻고 교화가 잘 이루어짐을 보실 수 있을 것입니다."[127]

특히 『대학연의』의 번역을 요구하는 것은 송나라 이래로 채택한 교재 방침을 따른 것 같다. 그러나 순치제의 반응은 그리 적극적이지 않았다. 아마 순치제는 나라를 통일한 지 얼마 안 되어 한어漢語(중국어)도 그리 익숙하지 않았고 더군다나 유가 경전을 공부할 여유가 없었을 것이다. 순치 8년 10월, 비서원검토 서필원은 옛일을 다시 거론했다. 그는 상소문을 올려 순치제에게 성학에 마음을 둘 것을 청하고 『대학연의』를 번역하고 강의하게 해달라고 건의했다. 순치 9년(1652) 9월, 공과급사중工科給事中 주윤현朱允顯이 경연 강의를 열어달라고 상소를 올렸다. "만주족과 한족 유신들을 신중하게 선발하셔서 지극한 도리를 궁구하시고 성치聖治를 빛내십시오."[128] 같은 해 10월, 편수編修 조본영曹本榮도 성학聖學 강의를 요청하며 순치제에게 사서와 육경, 『통감』을 공부하라고 건의했다.

이러한 일련의 언행들은 한족 사인들이 유가 경전으로 제왕을 교화하기 위해 다시 움직이기 시작한 것으로 볼 수 있다. 그런데 순치제는 경연 강습 장소로 특별히 문화전文華殿을 짓기로 허락했지만 공사가 아직 끝나지 않았다는 핑계로 경연 강습의 시작을 자꾸 뒤로 미뤘다. 얼마 지나지 않아 사인들은 황제가 교화를 받아들이기를 바라는 다급한 마음을 내비쳤다. 공과급사중 주윤현이 강력하게 다시 제의했다. "삼가 생각하건대, 천하를 통치하는 것은 군주의 덕에 달려 있고, 군주의 덕을 성취하는 것은 경연이 그 근본입니다. 경연을 실시하는 것은 대대로 가장 중시하는 일이었습니다. 황상께서는 요순처럼 되시기를 바라시며 하시는 일마다 옛 도리에 맞게 하십니다. 그러니 이제는 배움을 즐기시고 생각을 깊이 하시며 아래 사람들의 자문을 구하셔야 합니다. 엎드려 비오니, 문화전이 완공될 때까지 기다릴 필요 없이 칙령을 내리시어 만주족과 한족 유신들을 널리 선발하시고, 그들을 편전으로 불러 모으셔서 아침저녁으로 함께 연구하시며, 경사經史 이외의 것은 사안에 따라 널리 이치를 구하고 찾으십시오. 관리들은 어떻게 공무를 잘 처리하고, 조세는 어떻게 정확하게 거두며, 형벌은 어떻게 공평하게 하고, 제도는 어떻게 완벽하게 할 수 있는지, 또 천하는 어떻게 재해가 없이 이롭게 할 수 있고, 백성은 어떻게 위험 없이 편안하게 할 수 있는지 등의 문제에 대해 의견을 개진하게 하시어 실행하셔야 합니다."[129] 사인들의 끊임없는 노력으로 순치 10년(1653), 드디어 황제의 마음이 움직이기 시작했던 것 같다. 이해 정월, 순치제는 대학사大學士 진명하陳名夏(1601~1654)에게 치국治國의 전략에 대해 자문을 구했다. 진명하는 기회를 보아 '마음을 살피는 것觀心'의 중요성을 다시 제기했다. 당시에 순치제는 천하가 어떻게 하면 태평성세가 되고 어떻게 하면 어지러워지는지, 어떻게 하면 나라의 통치가 오래가는지를 물어보았다. 진명하가 대답했다. "황상께서는 하늘과 같으시니, 황상의 마음은 바로 하늘의 마음입니다. 천하가 태평하게 잘 다스려지는 것은 오직 황상께 달려 있습니다. 황상께서 천하를 태평하게 다스리고자 하는 것은 오로지 마음에 달려 있습니다. 그러니 천하를 태평하게 다스리는 데 마음을 두신다면 태평성세를 이루실 수 있습니다."[130] 이 당시 사인들에게는 황제를 교화시킨다는 전통적인 자신감이 아직 있었던 것으로 보인다.

진명하와 이야기를 나눈 이후 순치제는 사인들의 끊임없는 설득에 감화를 받았던 듯하다. 그때부터 순치제는 자주 내원內院(청대 내각의 전신으로 황제의 정무를 보좌하는 핵심기구)에 가서 상소문을 열람하는 일 외에 사람들을 불러 오경五經이나 『통감』, 만력 시기의 역사서를 번역하게 했다. 그렇지만 아직까지 경연 강습을 실행에 옮기지는 않았다. 대리시소경

大理寺少卿 곽달霍達(?~1661)은 이에 다시 상주문을 올렸다. "제왕들이 천하를 다스리는 도는 마음을 바로잡고 열심히 공부하는 데 있습니다. 그러나 경전을 선택하여 연구하고 실천하지 않으면 고대 성왕들이 이룬 성대한 업적에 미치지 못할 것입니다. 폐하께서는 한창 젊은 시절이시니 때를 놓치지 말고 열심히 공부하셔야 합니다. 그러기 위해서는 일강관日講官을 따로 설치하시고 강습하는 것을 서두르셔야 합니다. 『대학』『논어』『제감도설帝鑒圖說』『정관정요貞觀政要』『대학연의』 등 여러 책을 신중히 선택하시어 강관들에게 매일 한두 장章씩 강의하게 하십시오. 폐하께서 정밀한 사고와 분별력을 지니시고 몸소 예를 잘 실천하신다면 배우신 것들이 실제로 쓸모가 있을 것입니다. 그러면 선왕을 본받아 태평성세를 이루고도 남을 것입니다."[131] 5월에 황제의 명으로 문화전을 짓고 경연 강의를 준비하게 했다. 그렇지만 순치 12년(1655) 4월에 이르러서야 순치제는 마륵길麻勒吉(?~1689) 등을 일강관으로 임명하여 그달 25일에 처음으로 일강日講을 시작했다. 그 후에 또 순치 14년(1657) 9월, 경연강관經筵講官을 임명하여 처음으로 경연을 거행했다.[132] 그러나 순치제 때의 경연은 완전히 형식적인 것이었다. 경연이 처음 행해진 뒤 매년 봄과 가을에 전례대로 각각 한 번씩 열렸지만 상징적인 의례에 불과했다.

순치제는 경연에 별로 신경을 쓰지 않았고 또 이를 엄격하게 제도화시키지도 않았다. 이는 사인들을 매우 실망시켰다. 그러나 유가 경전에 대한 태도에 있어서는 '문文에서 질質로'라는 방식을 취했다. 상대적으로 간소화된 방식으로 한족의 전통사상을 흡수했다. 예를 들어 순치제는 연이어 『어제자정요람御制資政要覽』과 『어제권선요언御制勸善要言』『순치대훈順治大訓』 등의 편찬을 주관했다. 이 책들은 다 순치제 본인의 낮은 한어漢語 실력을 감안하여 간소화시켜 편찬한 것이었다. 그는 『어제자정요람』의 편찬 배경에 대해 다음과 같이 말했다. "성인들의 자기 수양은 다 덕德으로부터 시작하여 배움學에서 완성된다. 장인이 직각자와 곡선자 등의 도구로 네모와 원을 그리고 악사가 육률六律로 오음五音을 바르게 하는 것처럼 모든 일에 기준이 되는 지침이 있어야 잘될 수 있다. 경전에 실려 있는 고인들의 좋은 말씀과 선행은 모두 자신을 수련하고 다른 사람을 다스리는 좋은 지침이 되며 오늘날에도 적용될 수 있다." 동시에 자신도 "근면한 자세로 통치에 임하고 옛 교훈에서 배워야 한다"고 말했다. 다만 "경전의 내용이 너무 많아서 만약 그것으로 사람들을 가르치려면 짧은 시간 안에 그 정수를 이해하지 못할까 걱정이 된다"고 했다. 그래서 간소화하여 읽을 필요가 있었다.[133] 『권선요언』도 "현명한 사람이나 우둔한 사람, 어른이나 어린이 모두 이해할 수 있도록 해야 한다"고 했으며, 그러므로 편찬의 기준은 "언어는 꾸미지 않고 소박하게 하면서 이치를 잘 밝히는 것"이었다.[134] 『순치대훈』도 "역대 경서와 사서에서 기록한 충신과 의사義士, 효자와 유순한 손자, 현명한 신하와 청렴한 관리, 슬기롭고 정조 곧은 부녀자와 열녀 및 간사하고 부패하는 사람, 어리석거나 불효한 사람 등을 유형별로 분류하여 하나의 책으로 엮은 것으로, 모범으로 삼아 따를 것과 경계할 것을 밝히고자 한다"는 목적에 부합하는 내용을 담고 있었다. 여기에도 역시 '문文에서 질質로'라는 사고방식이 작용하고 있었다. "심오한 언어는 무지몽매한 사람을 이해시키기 어렵고, 질박한 언어는 근거가 상세하지 않고 단순하다"[135]라는 말이 있다. 질박한 상태에서 경전 한두 권만 알면 된다는 태도를 취한 탓에 순치제는 거칠고 섬세하지 못한 황제 같은 인상을 주기도 한다. 하지만 이와 같이 경전에 대한 '질박'한 태도는 사실 강남에서 유행한 '문에서 질로'라는 풍조와 일치하는 것이 아니겠는가?

강희제 시기에 이르러 경전을 대하는 황제의 태도가 크게 달라졌다. 강희제의 유가 경전에 대한 사랑은 말로 표현할 수 없을 정도였다. 그뿐만 아니라, 경연 강의도 이전에는 없었던 강희제 자신의 기호를 만족시키는 의식으로 만들었다. 강희 9년(1670), 경연 일강日講을 본격적으로 시작한 이후 강희제는 강습의 밀도가 떨어진다고 생각했다. 그래서 강희 12년(1673) 2월부터 격일로 강의하던 것을 매일 하는 것으로 바꾸며 말했다. "짐은 정사政事를 처리하는 틈틈이 궁에서 경전을 열람한다. 그 이치가 무궁하다는 것을 깊이 느끼니 이를 즐기면서 피곤한 줄 모른다. 그동안 격일로 강습했는데 짐은 좀 부족하다고 느꼈다. 지금부터 그대들은 매일 강습하고 통독하며 경전의 취지를 설명해야 한다. 학문을 하는 데 한가한 틈이 있어서는 안 된다."[136] 그때부터 경연 일강은 15년이나 되는 긴 세월 계속됐고, 강희제 생애에 진행된 일강은 무려 896회라는 놀라운 기록을 세웠다.[137] 일강의 내용에는 사서四書, 『상서』『역경』『시경』『통감강목』『자치통감』 등 유학과 역사 경전이 포함됐다.

경연의 빈도가 잦아진 것 외에 경연의 형식도 많이 달라졌다. 강희제는 경연 일강을 더 이상 한족의 경전을 배우는 수단으로 보는 것이 아니라 거꾸로 한족 대신들을 훈시하는 역방향의 의식으로 탈바꿈시켰다. 동시에 강관과 황제의 교화 역할도 완전히 전도됐다. 강희제는 일찍이 경연 강습의 효과에 대해 질문한 적이 있었다. "역대에 강연을 모두 대전大殿에서 행하고, 대신들은 아는 이야기 몇 개를 강의했을 뿐이니 무슨 도움이 됐겠는가? 반드시 조용한 편전에서 마음을 집중하여 송독하며 아침

저녁으로 부지런하게 연구해야 그 심오한 이치를 꿰뚫어볼 수 있고 마음에 깨닫는 것이 있을 것이다."[138] 강희 14년(1675) 4월, 강희제는 칙령을 내렸다. "일강은 원래 몸과 마음에 이롭고 학문을 증진시키는 역할을 할 것으로 기대되었다. 그러나 지금은 강관만 강의하고 짐은 더 이상 얘기하지 않으며 그저 전례대로 할 뿐이니 시간이 오래 지나면 옛이야기가 될 것이다. 학문에 도움이 되지 않을뿐더러 후세에도 모범이 되지 못한다. 오늘부터 강의할 때 강관이 강의를 마치면 짐이 다시 논할 것이다. 이렇게 서로 토론하면 학문에 실질적으로 도움이 될 것이다."[139] 이는 역대에 전례가 없던 일로, 황제와 우매한 백성을 교화시키는 '도통'으로서의 사인들의 역할과 권한이 약해졌다는 증거이기도 하다.

강희 14년 4월부터 강관의 강의가 끝나면 강희제가 다시 이야기하기 시작했다. 이 과정에서 황제는 여전히 교화되는 입장이었다. 그런데 강희 16년(1677) 5월 이후, 강희제는 또 다음과 같은 문제를 제기했다. "지금까지 일강을 보면, 오직 강관이 경연 강의를 위해 뽑아놓은 내용을 그대로 늘어놓을 뿐, 경전과 역사서의 정밀한 의미에 대해 깊이 연구하고 증명하지는 않아서 이에 대해 짐은 늘 불만스러웠다. 예전에 내각대신들에게 짐이 친히 주자의 주석을 설명하거나 경전의 내용을 해석하는 것이 어떤지 상의했었다. 내각대신들은 짐이 이해한 대로 책의 취지를 밝히면 된다고 하고 꼭 예정된 내용대로 진행하지 않아도 된다고 상주를 올렸다. 강학하는 것은 반드시 서로 토론하고 설명해야 그 뜻과 이치가 더 깊이 밝혀지고 몸과 마음에 도움이 될 수 있다고 생각된다. 이후로는 일강할 때 짐이 친히 주자의 주석을 설명하고 경전 내용을 해석한 다음에 강관들로 하여금 원래대로 강의하게 할 것이다." 즉 이전에 강관이 먼저 강의한

다음 자신이 '강의 내용을 되풀이하여 말하던 것'을 자신이 먼저 해설한 다음 강관이 다시 강습하는 것으로 바꾼 것이다. 이는 강희제가 이미 유가 경전에 대해 상당히 자신감을 갖고 있었다는 증거다. 이러한 제안에 대해 이상하게도 강관들은 아무런 이의를 제기하지 않았다. 그들의 대답에는 명나라 때 사인들이 지녔던 오만과 자존심이 완전히 없어졌다. 대학사들은 논의한 다음 이렇게 대답했다. "강관이 강의할 때, 폐하께서 먼저 사서의 주자 주석을 설명하시거나 우선 『통감』 등의 책 내용을 해석하셔서 성학聖學에 존경의 마음을 품게 하십시오. 폐하의 말씀이 끝난 뒤 강관들이 원래대로 강의를 하게 되면 이치가 더욱 잘 밝혀지고 훨씬 도움이 될 것입니다."[140] 즉 강희제가 먼저 강의 내용 전부나 부분을 설명하고 그다음에 강관이 발언했다. 이렇게 되면서 황제와 사인의 역할이 완전히 바뀌게 됐다. 그러나 더 큰 위험은 경연 강관들이 유가 경전에 대한 권위적인 해석권을 상실했다는 사실이었고, 이뿐만 아니라 자신들도 모르는 사이에 황제에게 사상을 주입하는 자가 아닌 황제의 이데올로기와 사상을 수정하고 보완하는 자가 됐다는 것이었다.

청나라 때는 황제를 교화하는 데 중점을 둔 『대학연의』나 『대학연의보』 또는 『성학격물통』과 같은 책들이 더 이상 나오지 않았다. 이것은 명청대 사인의 경전 해석 역할이 완전히 달라진 것이라고 할 수 있다. 강희제가 더 이상 피동적으로 교화되는 사람이 아니라 임의적으로 유가 경전을 취해 활용하는 실용주의자가 됐다는 것이 그 증거다. 예를 들어 강희 16년(1677) 5월, 그는 강관들에게 이렇게 말했다. "그대들이 강학하는 내용은 다 내적으로 성인이 되고內聖 외적으로 왕도를 실현하는外王 법, 자신을 수양하고修身 집안을 잘 다스리고齊家 나라를 잘 다스리며治國 천하를

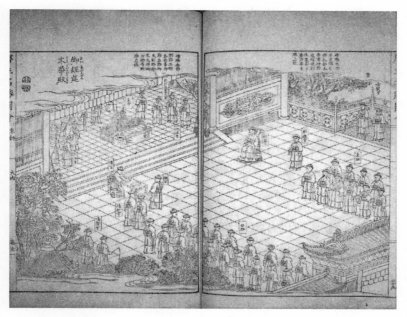

「어경연문화전御經筵文華殿」, 『당토명승도회モロコシ メイショウ ズエ(唐土名勝圖會)』, 1권.

편안하게 만드는平天下 도다. 짐도 부지런히 배우며 매 강의 때마다 정성껏 듣는다. 그런데 학문은 끝이 없고 말로만 하는 것이 아니다. 반드시 몸소 실천해야만 배운 보람이 있다. 그대들은 거리낌 없이 직언하여 학문을 좋아하고 연마하고자 하는 짐의 뜻에 힘을 보태주었으면 한다."141 강희제의 어투는 가르침을 받는 사람이 아닌 가르치는 사람의 어투였다. 당시에 강습했던 사인들의 반응을 보면, 이들도 이런 전도된 역할에 날이 갈수록 익숙해져간 듯하다. 명말에 태어난 대유大儒 탕빈湯斌은 두 편의 「시강연기사侍講筵紀事」라는 시에서 경연 강의에 참석했던 느낌을 토로했다. 그

중 한 수의 마지막 구절에서 이렇게 말했다.

> 학문에 힘쓰시는 성왕 오랜만에 나타나셨네 典學千秋際聖王
> 미천한 신하들은 그 만남을 어떻게 칭송하는가 微臣何以稱遭逢[142]

강희제 때 유가 경전에 대한 황제의 숭상이 천만 년 만에 가장 절정에 이르렀다는 뜻이었다. 다른 시에서는 황제의 성훈을 받은 사인이 그 은혜에 감격한 심정을 더욱 진솔하게 드러냈다.

> 『상서』와 같은 경전의 문장 강의하니 천심이 바르게 되고 經陳謨典天心正
> 요순을 배우고 도리를 밝히니 제왕의 도가 번창하도다 學闡勳華帝道昌
> 어찌 감히 우리 청나라 조정을 향해 관중管仲과 안영晏嬰을 칭찬하고
> 敢向盛朝稱管晏
> 문장에 있어서 반고班固와 양웅揚雄을 계승할 필요가 있겠는가
> 何須文藻繼班楊
> 황은이 천지간에 깊이 스며드니 어떻게 보답할 수 있으리 恩深覆載安能報
> 허름한 초가집에 앉아 소리 내어 글 읽으며 뜻을 잊지 않도다
> 誦讀衡茅志未忘[143]

황제가 이렇게 유가 경전을 숭상하기만 한다면 이것은 신하로서 이미 막대한 영광이라는 뜻이다. 이 말은 기왕 이렇게 됐으니 자신들이 더 이상 '도통'의 해석권을 따질 필요가 없다는 의미를 함축하고 있다. 경전을 해석하는 데 있어 자신들의 역할 변화가 가져올 미래의 결과에 대해 의

문을 제기할 용기와 욕망이 전혀 보이지 않았다.

건륭제는 일강의 비중과 경서 연구에 대한 열정이 강희제보다는 못했지만 유가 경전에 대한 상당한 자신감이 있었다.[144] "짐은 어렸을 때부터 독서하고 이치와 도리를 연구했으며, 지금은 『주자전서朱子全書』를 손에서 놓은 적이 없다. 뿐만 아니라 '도량이 넓고 공평무사하며 천리에 순응한다'*와 같은 이치도 짐은 수시로 체험하고 몸소 실천하고 있다."[145] 건륭제는 경연 일강을 비교적 일찍 시작했다. 건륭 3년(1738) 정월부터 강연 의식을 준비하기 시작했다. 건륭제는 자신이 "어렸을 때부터 부친의 가르침을 이어받아 경전 공부를 열심히 했다. 등극한 이래로 다스림의 요체를 열심히 탐색하고 있다. 이미 여러 한림 대신으로 하여금 경사經史를 정리하여 올리게 하고 격언과 정론들을 앞에서 설명하게 하지 않은 날이 없다. 다만 상喪중에 있어 경연을 아직 열지 못하고 있으나, 거상居喪 기간이 끝나면 즉시 경연經筵을 시작해야 한다"[146]라고 했다. 전대와 다른 점이 있다면, 경연 전례 거행을 더욱 규범화시키고 강의 순서 배열을 더욱 의례화한 것이다. 경연 장소에는 강관뿐만 아니라 대학사大學士도 반드시 같이 참석해야 했다. 강의 절차는 다음과 같았다. "강관 및 당직하는 대학사, 구경九卿, 첨사詹事 등은 황제에게 무릎 꿇고 세 번 머리를 땅에 닿도록 하는 절을 두 번 반복한다. 다음에 반班별로 대전大殿에 들어가서 순서대로 선다. 다음에 그날 강의를 맡은 직강관直講官 네 사람이 나와 강의하는 탁자 쪽으로 가서 무릎 꿇고 세 번 머리를 땅에 닿도록 절을 한 다음 제

---

* 이 말은 송대 정이程頤가 "군자의 학문은 도량이 넓고 공평무사하며, 천리에 순응하는 것만 한 것이 없다君子之學, 莫若廓然而大公, 物來而順應"는 말에서 나온 것이다.(『하남정씨수언河南程氏粹言』 2권 「심성편心性篇」 참고)

자리로 돌아간다." 직강관은 만주족과 한족 각 2명씩이며 두 반으로 나누어 강의하고 논의했다. 건륭제는 강희제처럼 자신이 먼저 발언하여 자신의 유가 경전에 대한 이해가 심원함을 보이고자 하지 않았고, 또 언행상으로도 경전에 대한 해석권을 우선적으로 쟁취하려고 하지 않았다. 강관이 먼저 경전을 해석한 다음에 건륭제는 이어서 자신이 이해한 내용을 이야기했다. 그러나 건륭제가 발언을 마친 뒤에는 늘 대학사 한 명이 나와서 최종 정리하여 발표했다. 그 주된 논조는 황제의 경전에 대한 이해가 정확하고 현명하다는 것을 칭찬하는 것이었으며, 이것이 바로 '예'를 '완성'시키는 피날레가 되었다. 다음에서 건륭 3년(1738) 2월 경연 일강의 전 과정을 살펴보고자 한다.

제1장: "직강관直講官 아산阿山(?~1647), 임난지任蘭枝(1677~1746)가 『논어』의 '도덕으로 백성을 인도하고 예의로 백성을 다스리면 백성이 수치심이 생기고 바르게 된다道之以德, 齊之以禮, 有恥且格'는 내용을 강의했다." 끝나고 나서 "황상께서 발언하셨다. '정령政令과 형벌은 덕과 예의 전제이고, 덕과 예는 정령과 형벌의 근본이다. 덕과 예를 무시하고 정령과 형벌만 실시하면 반드시 폭정이 된다. 정령과 형벌을 시행하되 예의와 도덕이 깃들어 있으면 왕도가 드러난다. 하나이면서 둘이고, 둘이면서 하나로, 양자는 서로 분리될 수 없는 것이다. 예의도덕 외에 정령과 형벌이 따로 있다고 한다면 이것은 성인 교화의 본의가 아닐 터이다.' 강관과 관원들이 무릎을 꿇고 황제의 발언을 모두 들은 뒤 일어섰다."

제2장: "직강관 반제班第(?~1755), 손가금孫嘉金(1683~1753)이 『상서』의 '12개 주의 장관들에게 자문하니, 농사짓는 일은 때를 잘 지켜야 한다고

했다畬十有二牧, 曰食哉惟時'는 내용을 강의했다." 끝나고 나서 "황상께서 발언하셨다. '고대 제왕 중에 현명한 왕들은 모두 요순을 가장 모범으로 삼았다. 요임금께서는 희씨羲氏와 화씨和氏에게 명령하여 백성에게 역법을 전해주어 농사의 때를 알게 하라고 하셨다. 순임금께서 12개 주의 장관에게 자문했더니 그들은 농사짓는 때를 잘 지켜야 한다고 대답했다. 백성의 양식을 중시하는 것과 백성의 삶을 풍요롭게 하려는 마음은 똑같은 것이다. 그 근본을 탐구해보면 '때時'보다 중요한 것이 없다. 때가 중요한 것을 알기에 장마나 가뭄은 언제나 황실의 근심거리가 된다. 혹독한 추위와 더위는 때때로 백성의 걱정거리가 된다. 무릇 강이나 산에서 하는 일들도 때가 아니면 금하는 것이 있고, 노역이나 병역 등 부역의 일들도 때가 아니면 시키지 않는다. 특히 후자의 일이 그러하다." "강관과 관원들이 무릎을 꿇은 채 황제의 발언을 다 듣고 나자" 마지막으로 대학사 장정옥張廷玉(1672~1755)이 나와서 황제에게 칭송하는 발언을 했다. "황상께서는 세심하고 한결같은 마음으로 '중화위육中和位育(치우치지 않고 조화를 이루어 그 사이에서 천지가 자리를 잡고 만물이 자람)'의 통치 국면을 이루셨습니다. 천덕天德과 왕도王道도 하나로 이어져 관통하고 있습니다. 성훈聖訓이 심오하여 진실로 만세에 전해질 것입니다. 신臣 등은 흠모와 경탄을 금할 수 없습니다. 황상께 올리는 말이 모두 끝났으니 대신 여러분은 예를 행하는 자리로 나와 무릎 꿇고 세 번 머리를 땅에 닿도록 하는 절을 두 번 반복하시오."[147]

모든 경연 의식이 비로소 다 끝난 셈이었다. 건륭 3년 3월, 또 한 차례의 강의에서 어얼타이鄂爾泰(1677~1745)는 심지어 이렇게까지 칭송했다. "황상께서 밝히신 경서의 의미는 광대하고 심오합니다. 이러한 것은 선유

先儒들도 모두 이르지 못한 경지이며 제왕의 도통 전수의 진정한 요체입니다."[148]

'사'와 '군'의 교화 역할이 변화한 것에 대해 건륭제도 결코 모르지 않았다. 한번은 경연의 강의가 끝난 뒤 대학사 장정옥 등이 의례대로 황제에게 찬사를 올렸다. "성훈이 심오하여 그 해석이 선유들도 미치지 못하는 것이오니 신 등은 흠모와 경탄을 금할 수 없습니다." 건륭제는 이와 같이 실속 없는 아첨의 찬사에 싫증을 내며 훈시했다. "경연은 원래 경서의 깊은 뜻을 밝히고 거울로 삼을 도리를 훈계하도록 하려는 것이다. 짐이 보건대, 근래에 강연할 때는 훈계가 너무 적고 찬송의 말이 너무 많다. 이는 군신들이 한자리에서 잘못된 점을 꾸짖고 좋은 점을 발양하며 자문하고 경계하려던 본의가 아니다. 군주로서 천하를 다스리며 사람들을 교화시키고 편안하게 만드는 데 어찌 과실이 하나도 없을 수 있는가? 옛 사례로써 지금의 일을 증명하고, 실행할 만한 것은 건의하고, 해서는 안 될 것은 버리도록 간언하여 경연 강의에서 좋은 수확을 얻어야 한다. 찬송의 말은 너무 과한데 이를 몸소 실천하지 못한다면 짐의 마음에는 오히려 부끄러움이 생길 것이다. 이후로는 정치와 학문에 도움이 되도록 적절하게 설명하는 데 힘쓰기를 바란다. 또한 옛 학문을 탐구하는 실질적인 뜻에 부합하지 않고 화려하게 늘어놓기만 하는 실속 없는 말을 숭상하지 말라."[149] 딱 부러지는 건륭제의 이런 발언은 '사인'의 교화 역할에 대한 존중에서 나온 것이라기보다는 전혀 새로울 것 없는 아첨 일색에 대한 불만에서 나온 것으로 보아야 할 것이다.

사실 건륭 6년(1741) 2월 중춘仲春의 경연 이후 장정옥이 계속 절차에 의해 천편일률적인 아부의 찬사를 낭독하고 또 그 아첨의 정도가 갈수록 심해지는 상황에서, 건륭제는 이미 이런 말들에 상당히 익숙해져버린 것 같았다. 비록 일찍이 이 문제에 대한 자각은 있었지만 이제는 더 이상 교정하려 하지 않았고 오히려 그 말들을 즐기는 듯했다. 장정옥이 말했다. "황상께서는 정성을 다하는 것이 교화의 근본이라고 여기시니, 경전의 뜻을 실제로 행하실 때마다 모두 마땅하옵니다. 도를 실천하는 것을 다스림의 근원으로 여기시니, 백성이 이를 따라 순종하옵니다. 성인의 규범으로 제도를 정비하시고, 순수한 도를 탐구하시니 신 등은 흠모와 경탄을 금할 수 없습니다." 이와 같이 깔끔한 대구로 이루어진 아첨의 말은 오랜 관직생활로 노련해진 강관과 대신들에게는 이미 입만 열면 나오는 상투적인 말이 됐다. 또 건륭제도 얼마나 들었는지 알 수 없을 정도로 많이 들어서 이에 대해 무감각해진 것 같다. 건륭제가 과연 그 말에 들어 있는 아첨의 의도를 몰랐던 것인지 아니면 모르는 척했던 것인지 우리는 이미 알 방법이 없다. 그런데 이렇게 노골적인 아첨에 대해 건륭제는 "이번 경연은 훈계가 많고 찬송이 적어서 짐의 마음을 매우 흐뭇하게 했다"고 했다.[150] 황제나 관료나 교화 역할의 전도 상태에 이미 익숙해진 것이다. 이러한 상황에서 '황제의 스승'으로서의 강관의 지위는 완전히 무너지고 일반 사인들도 유가의 '도통道統'을 장악하는 능력을 완전히 상실했다.

제3장

중생을 이롭게 하려는
노력과 사풍의 전환

누가 나에게 발을 헛디디게 하여* 낚시하는 물가로 떨어지게 했는가

誰教失脚下漁磯

이후로 마음은 언제나 어디서나 어긋났네　　　　　　　　　　心迹年年處處違

아집도 속의 옷과 모자 바뀌었고　　　　　　　　　　　　　雅集圖中衣帽改

당인비 안의 성과 이름 달라졌구나　　　　　　　　　　　　黨人碑裏姓名非

구차하게 목숨을 보존하는 것이 말처럼 쉬운 일이 아님을 비로소 믿게 됐고

苟全始信談何易

굶어 죽는 것 그 일이 가장 하잘것없다는 것을 이제야 알게 됐네

餓死今知事最微

깨어나면 떠돌며 시 읊조리다 죽어 그 자리에 묻혀도 그만일 뿐

醒便行吟埋亦可

한 폭 작은 천으로 머리 싸매고 죽음에 부끄럽지 않으리

無慚尺布裹頭歸**

— 여유량, 「우경시耦耕詩」

---

* 여기서 '발을 헛디디다失脚'라는 표현은 여유량이 청나라가 들어선 이후 과거시험에 응시했던 일을 지칭한 것이다. 여유량은 이후 반청反淸의 입장을 견지하면서 과거에 응시했던 일을 매우 후회했다.

** '척포과두尺布裹頭'에 대한 이야기는 『하남정씨유서河南程氏遺書』 권1 「이선생어일二先生語一」 「단백전사설端伯傳師說」에 보인다. "내 일찍이 불학을 공부하는 자에게 이렇게 물었다. '도를 깨달은 승려들의 계보를 기록했다는 『전등록』에는 모두 몇 명의 승려가 수록되어 있습니까?' 그는 이렇게 답했다. '1700명의 승려가 수록되어 있습니다.' 이에 나는 이렇게 말했다. '감히 말하건대, 그 1700명 중 깨달음에 도달한 자는 한 명도 없을 것입니다. 만약 그중 한 명이라도 성인인 공자께서 아침에 도를 깨달으면 저녁에 죽어도 좋다고 말씀하신 까닭도, 증자께서 임종 직전에도 직분에 맞지 않는 대자리를 깔고 누웠음을 발견하고는 곧바로 이를 바꾸신 이유를 깨달았다면 임종을 맞이했을 때 한 자의 천을 찾아 머리를 감싸고 죽을 뿐 결단코 중머리로 머리를 깎고 승복 같은 오랑캐 복장을 입은 채 죽으려 하지는 않았을 것입니다. 이것이 바로 깨달음에 도달한 자가 한 명도 없다는 것입니다.'" 여기에서 '척포과두'는 불교에 빠진 사람들이 유가의 성인의 도를 깨닫게 되면 임종할 때 불교도의 모습을 버린다는 뜻이다. 즉 잘못된 것을 바로잡는 행위를 비유한 것으로, 마지막 구절은 여유량이 예전에 주변의 압박으로 인해 벼슬에 나가려 시도했던 것이 잘못이었음을 반성하고 이를 바로잡아 은거의 길을 택했으니 부끄럽지 않다는 의미로 볼 수 있다.

시작하는 말: 건륭제와 유민이 느낀 동일한 곤혹감

위에 인용한 시는 37세의 여유량이 고향 들판에서 몸소 농사지을 때 마음 깊이 자리 잡은 사무침의 감정을 표현한 것이다. 시에는 울분과 슬픔이 교차하고 있는데, 이 시구를 읽다보면 강남 사인들의 마음속에 시종 억누르기 힘든 또 다른 종류의 정서가 꿈틀거리고 있음을 어렵지 않게 발견할 수 있다. 강남에 대한 청초 제왕들의 상상과 관련하여 중요한 내용 중 하나는 바로 명말 이래 점차 역량이 응집됐던 '사맹社盟' 활동에 대한 평가와 정리였다. 나라가 아직까지 완전히 안정되지 않아서인지, 그렇기에 관용적인 정책을 실시한 것인지 모르겠지만 강희제의 경계심은 아직까지 그리 뚜렷하지 않았다. '증정曾靜의 반역 사건'*이 발생하고 나서야 옹정제는 강남 저장浙江의 사풍이 나날이 척박해짐을 걱정했고, 관풍정속사觀風整俗使를 설치했다. 그 후 청나라 황제는 강남 일대에 원래는 술 마시며 시를 짓고 화답하는 성격을 지녔던 문인 아집雅集이 청 왕조의 통치를 전복시키려는 반역 활동과 서로 관련이 있다고 보았다.

여유량은 '사社'를 만든다는 명목으로 속으로는 청 왕조를 전복시키려는 뜻을 품었던 많은 사인 중 대표적인 인물이다. 그런데 건륭제는 즉위 초기까지도 여전히 몇몇 의문이 머리에서 맴돌았다. 그는 자주 스스로에게 물어보았다. 그의 아버지 옹정제에 의해 부관참시를 당한 대역 죄인 여유량이 왜 청나라의 관직을 그렇게 무시했는지 이해할 수 없었다. 생원의 신분을 버렸을 뿐만 아니라 속세를 떠나 불교에 귀의한다는 핑계로 박학

---

* 옹정 7년(1729), 여유량의 사상에 영향을 받은 증정이 촨산川陝 총독으로 있던 악종기岳鍾琪에게 악비岳飛의 후손답게 청나라 조정을 타도해야 한다는 편지를 보냈다가 붙잡힌 사건이다. 이 사건으로 옹정제는 이미 죽은 여유량의 묘를 파헤쳐 시신의 목을 자르고, 아들을 참형에 처했으며, 일족에게는 엄벌을 내렸다.

홍사과博學鴻詞科의 추천도 거절했다. 건륭제가 정권을 잡은 지 40년이 지나『사고전서四庫全書』가 계획대로 편찬되고 있을 때였다. 이 의문을 풀기 위해서 그는 특별히 여유량의 『사서강의四書講義』를 골라 궁으로 가져와 자세히 읽었다. 그의 글에는 과거제도를 공격한 천박한 언사가 많이 보였다. 그런데『사고전서』 편찬을 위한 도서 수집이 전면적으로 진행되면서, 각 성에서 수집한 도서 목록 가운데 여유량이 과거科擧 시문時文(과거시험 답안을 작성할 때 썼던 문체인 팔고문八股文)을 평선評選(글을 선별하여 엮고 비평을 가한 것)*한 저서가 많이 발견되었다. 시문 평선 대가로서의 여유량의 이미지가 점점 정부 여론 감시의 시야 안에 들어왔다. 과거제도를 심하게 비판하면서 동시에 시문 비평에 열중했던 이 이상한 사람은 도대체 뭘 하려고 했던 것인가?

건륭제만 이런 의문을 품었던 것이 아니다. 여유량의 친척과 지인들도 의론이 분분했다. 예를 들어『유남수필柳南隨筆』의 '시문선가時文選家'라는 조목에는 이런 말이 있었다. "절중浙中의 장서가들, 즉 황종희, 만사동萬斯同(1638~1702) 등의 사람들은 시문을 비평하고 편집하는 그의 행위를 멸시하고 '말단 학문'으로 간주했다고 한다."** 황종희는 여유량의 절친한 벗이었다. 가까운 벗도 이렇게 생각했는데 관계가 소원한 다른 사람들의 생각은 어땠을지 짐작할 수 있겠다. 전조망全祖望은 여유량이 학문적 성과를

---

* '평선'이라는 것은 우리말에는 없는 표현이지만, 명청대에 문인들 사이에 글을 골라 선집을 만들고 그 글에 비평을 가하는 것이 유행하면서 평선이라는 용어가 많이 쓰였다. 그래서 그대로 '평선'이라고 번역했으며, 또한 그러한 행위를 하는 사람들은 '평선가評選家'로 지칭했다.

** 「시문선가時文選家」, 『유남속필柳南續筆』권2, 중화서국, 1983, 162쪽. 『유남수필柳南隨筆』은 왕응규가 지은 청대필기다. 『유남수필』 6권과 『유남속필』 4권, 총 10권으로 이루어져 있다. 왕응규王應奎(1683~1767)의 자는 동서東漵, 호는 유남柳南이며 제생諸生이었다. 과거시험에 거듭 떨어진 후 평생 저술에 힘썼다.

이루지 못한 것과 시문에 비평을 가한 일을 같이 놓고 논했다. "근래 석문石門(여유량)의 학문은 완전히 파괴되어 돌이킬 수 없게 되었다. 그런데 시골의 고지식한 사인들은 그의 학문이 위진魏晉 건안建安의 계보를 이을 만한 학문이라고 추앙하고, 시문時文 비평에 관심 있는 자들은 너도 나도 그의 제자라고 떠들어댄다. 비가 그쳐 고인 빗물은 다 말랐지만 연못은 아직 맑아지지 않았으니, 시문이 인심을 미혹하는 것이 이러한 지경에 이르렀다."[1] 보통 사람들은 여유량이 시문을 비평하는 목적이 양명학을 공격하여 주자학의 정통을 지키는 데 있다고 여겼다. 사인들의 편지글에서도 그러한 생각을 엿볼 수 있다. "요즘 시문 비평가는 양명학을 이단으로 지적하며 옛 현인들을 모욕하고 관학의 교관을 비방한다."[2] 양명학을 비판하는 것은 점차 청초 학계의 유행이 되었기 때문에 그것은 여유량이 비난받을 충분한 이유가 되지 못했다. 그러나 주자학의 정통을 수호하고자 했던 여유량의 자세도 학계의 인정을 받지 못했던 것 같다. 여유량과 만난 적이 없던 왕부지王夫之(1619~1692)는 더 심하게 비판했다. "주자가 경전에 주석을 단 것은 애초에 생계나 명예를 위해서 한 일이 아니었다. 그런데 시문을 편집하여 간행함으로써 사람들에게 출세의 지름길을 가르치고 자신의 이익을 꾀하는 것은 어떻게 보아야 할 것인가? (…) 군자는 출사와 은거에 있어 절개가 있어야 한다는 것을, 시문을 함부로 고치고 비평하여 엮은 책을 팔아 사람들을 유인해서 이익을 추구하는 이들이 어찌 알겠는가?"[3]

그러나 이상한 것은 『천개루시문天蓋樓時文』이 한창 인기가 있을 때도 저자인 여유량은 종종 친구에게 보낸 서신에서 과거제도의 폐해에 대해 심하게 비판했다. 그는 「무술방서서戊戌房書序」에서 다음과 같이 말했다. "과거시험에서 팔고문으로 사람을 선발한 이래로 사람들은 어떤 책을 읽어야 할지 모르게 됐다. 그들이 옆에 두고 귀중하게 여기는 책들을 살펴보니 공명을 얻기 위한 공부에 필요한 것뿐이다. 영악한 사람들은 앞뒤 문맥은 다 떼어내고 자기 방식대로 분류하여 그대로 베끼고 발췌해 공부한다. 얼마 후 과거에 급제하고 고관대작이 되어 마을에서 으스댄다." 심지어 더욱 단호하게 말했다. "천하의 팔고문을 모두 모아 불태운다면, 그것들을 모두 불태운 진시황과 같은 이는 공자의 학문을 바로잡은 공신이 될 것이며, 진실로 천고의 쾌사快事가 아닐 수 없다."[4]

일반 사인들은 여유량의 이러한 말들을 읽고서도 여전히 의문이 생겼던 반면, 건륭제는 『사서강의』에서 다음과 같은 구절을 읽은 뒤 그 의문이 깨끗이 사라졌던 듯하다. "후세에 군주를 섬기는 모습을 보면, 처음에 과거시험에 응시할 때의 원래 목적이 집안을 잘살게 하려는 것임을 알 수 있다. 큰 집과 비옥한 토지를 소유하는 것이나 자식을 키우는 것 등 끝도 없는 사사로운 욕심이 우선 그의 마음을 차지하고 있으며 그다음에 어떻게 군주를 모셔야 할지를 생각한다. 소위 '맡은 일을 정성껏 행한다敬事'*는 것 역시 그저 총애를 공고히 하거나 총애를 잃을까 걱정하는 것일 뿐이다."[5] 건륭제는 그제야 알았다. 여유량이 시문을 비평하는 목적은 군주에게 충성을 다하며 관직에 나아가기 위해서도 아니고 잘 먹고 잘 사는 벼슬아치의 삶을 탐해서도 아니었다. 그 외에 또 다른 의도가 있었던 것

---

* '경사敬事'는 『논어』 「학이」 "천승의 나라를 다스림에 정성스럽게 하고 백성이 믿을 수 있게 하며, 비용을 절약하며 백성을 사랑하고, 백성을 부림에 때에 맞게 하느니라道千乘之國, 敬事而信, 節用而愛人, 使民以時'라는 구절에서 나왔다. 주자는 이것이 바로 나라를 다스리는 요체라 했다. '경'은 마음을 한곳에 집중하여 사사롭고 잘못된 생각을 버림을 뜻하기도 하며, 나라를 다스릴 때 일을 정성스럽고 공경하는 마음으로 처리해야 한다는 것을 말한다.

이다. 그러면 그 '음험한' 의도란 과연 무엇이었는가? 이 강남 대역 죄인의 언행과 명말 선배의 활동에는 도대체 무슨 관련이 있었는가? 이는 확실히 건륭제가 속히 풀어야 할 수수께끼였다.

1절
복사復社 '잔당' 여유량

당인비黨人碑 안에 있는 이름이 다르다

여유량은 유명한 시문時文 비평가이면서도 한편으로는 있는 힘을 다해 과거제도를 공격했다. 이와 같이 서로 충돌하는 가치관이 한 사람 몸에 공존하는 현상은 청초에 결코 이상한 일이 아니었다. 명말 사림에서는 더욱 일상적인 일이었다. 시문에 대한 여유량의 모순적인 태도도 바로 명말 사인의 집단의식과 사상을 이어받은 것이었고, 이것이 바로 청초 황제들이 가장 걱정스럽게 여기는 문제였다. 반드시 그 싹을 없애버려야 후련해질 수 있었던 것이다.

사실 명말, 특히 숭정 연간에 시문을 평선하는 것과 시문을 읽음으로써 과거 응시의 길로 들어서는 것은 '사社'를 결성하고 참여하는 것을 특징으로 한 사대부 단체의 민간활동과 완전히 별개의 일이 아니었다. 오히려 서로 호응하는 불가분의 일체화 행위라고 할 수 있다. 셰궈전謝國楨은 '사社'를 이렇게 정의했다. "사인들이 모여 과거시험 공부를 하고 단체로 활동하는 것이 바로 '사社'다."[6] 심지어 사의 결성이 금지된 것도 팔고문과 관련이 있었다. 순치 17년(1660) 급사중給事中 양옹楊雍이 사社를 금지할 것을 건의한 이유도 사인들이 종종 "팔고八股로 이익을 도모하면서 '사'의 이름을 팔았기 때문"이었다.[7] 특히 '소동림小東林'으로 불린 복사復社의 성립 동기도 마찬가지로 사인들에게 시문을 준비하고 공부하는 장소를 만들기 위해서였다. 그리고 최종적인 목적은 강학을 통해 조정의 정치 행보에 관여하는 것이었다. 그래서 첸무錢穆는 이렇게 말했다. "동림東林은 어록語錄을 수단으로 하고 복사復社는 팔고문을 수단으로 하여, 문자상 그 명목은 달라 보였지만 강학을 통해 정치에 관여하려는 뜻을 지녔던 것은 둘이 똑같았다."[8]

물론 이들을 완전히 부정적으로 비판한 의견도 있다. 예를 들어 량치차오는 이렇게 말했다.

"명나라 소위 '사대부 사회'는 '팔고선생'을 토대로 한 것이었다. 모든 집단활동은 '청류淸流' '탁류濁流'를 떠나 모두 팔고선생들이 가장 큰 세력을 차지했다. 동림과 복사에는 바른 생각을 지닌 군자가 많기는 했지만 솔직히 말하면 왕양명王陽明의 기치 아래 있는 팔고선생들이 위충현魏忠賢의 기치 아래 있는 팔고선생들과 싸운 것에 불과했다."[9]

량치차오가 양명학으로 동림과 복사의 취지를 개괄한 것은 정확한 것이 아닐 수 있다. 그러나 명말 문사文社의 원류가 대부분 팔고문의 시문과 관련이 있고 또 시문 선집가들도 소위 '청의淸議'의 집단활동과 관련이 있다고 한 것은 모두 탁견이다. 전조망도 육대행陸大行의 입을 빌려 명말 사인들의 풍습이 결사結社로 인해 무너졌다고 지적했다. "오중吳中 지역에서는 몇몇이 모여서 같이 공부를 하다가 서로 사이가 좋아지면 명함에 '우友'라고 적어놓는다. 얼마 안 되어 '사社'라고 이름을 짓는데 이때에도 여전히 벗끼리 서로 돕고 좋은 영향을 주는 데서 벗어나지 않는다. 또 얼마 지나지 않아 '맹盟'으로 더 확대된다. 그 후로는 명성만을 좇는 자가 갈수록 많아지고 과거 선인들이 한 일을 따라하는 사람도 날로 많아지며 그 명성이 자자해지면, 다들 이를 통해 기세를 올리려고 한다. 그 맹주들은 제나라와 진나라가 서로 동서의 패자霸者로 칭하려고 했던 것처럼 자신들의 동료 이름에는 '수훈首勳'이라 적어주고 자신과 맞지 않는 세력을 배척하는 것을 '병방屛放(원래는 관직에서 물러나 고향으로 돌아가게 한다는 뜻)'이라고 한다. 정신없이 휩쓸리고 어리석게 행동하는 것이 이 지경에 이르고 널리 퍼져서 풍조를 어지럽히니, 마치 큰 파도에 둑이 무너져 막을 방법이 없는 것과 같다."[10]

복사의 전말에 대해서는 이미 많은 연구가 이루어졌다. 그런데 대부분은 복사를 세운 목적이 과거시험을 위한 것이었다고 분석하고 있다. 복사에 관한 일차 자료 가운데 다음과 같은 기록이 있다. "과거로 인재를 선발한 이래 제의制義(팔고문)가 중시되기 시작하면서 사인들은 팔고문 짓는 것을 중시하고 열심히 연마하며 관리를 발탁하는 법령에 부합하고자 했다. 그래서 함께 스승을 모시고 친구로 지내면서 서로 격려했는데, 많으면 수십 명, 적으면 몇 명이 모여 문사文社라고 칭했다. 문사에 나가 문장으로 친구들과 교제하고, 친구를 통해 인仁의 법도를 배웠다. 문사를 두고 공부를 좋아하는 사람은 학문을 연구하는 곳으로 생각했으며, 명리를 좇는 사람은 공명을 얻는 길로 생각했다. 이렇게 된 지 오래됐다."[11] 이러한 기록은 명말 문사文社의 설립이 대부분 과거시험과 관련이 있으며 사인들이 문사에 가입한 동기가 단순히 학문을 연마하기 위한 것만은 아니었음을 말해준다. '문사' 성원의 동기가 순수하지 않고 복잡했던 것은 당시의 보편적 현상이었고 복사도 예외가 아니었다. 그러나 이러한 자료를 통해 우리는 문사를 발기한 사람과 가입한 사람 중에 시문을 비평하는 방법으로 정치적·사회적 포부를 실현하고자 한 사람이 많았다는 것도 알 수 있다.

복사를 설립한 장부張溥(1602~1641)가 바로 이런 사람이었다. 그는 상경한 다음에 이렇게 한탄했다. "지금의 고관들은 백성의 소리를 듣지 않는다. 후배 젊은 관료들도 보고 들은 대로 하며 요행히 관리직에 붙어 있다. (…) 오랑캐에게 아첨하는 이들도 대부분 공자의 경전을 공부한 사람들이다. 다른 게 아니라 시서詩書의 도가 무너지면 염치의 길이 막히게 된다." 그는 집에 도착한 다음에 "과거 시문을 편수하여 세상에 내놓았다. 책 앞장에 '표경表經' '국표國表'라고 적어 원래 의도를 밝혔다."[12]

장부의 행위는 단순히 과거시험에 응시하는 사인들을 위해 모범 시문을 제공하는 것이 아니었다. 그 안에는 더 복잡한 의도가 있었다. 이익 추구를 목적으로 사를 결성하고 시문을 편집하는 사람도 적지 않았다. 유명한 시문 선집의 대가 애남영艾南英(1583~1646)은 "객지인 오문吳門에 살면서 시문을 평선評選했는데 다른 책들과 차별성을 지녀 명성과 이익을 얻었다. 그래서 비평하는 데 있어서 거침없는 모습을 보였다."[13] 즉 그는 자신을 뽐내고 과시하는 오만함을 지니고 있었다. 그런데 그는 과거 수험생들과 자유분방하게 교제하는 와중에 "책론策論으로 당시 정치를 비판하여 주사主司(과거시험의 주시험관)와 같이 벌을 받기도 했다. 세상 사람들은 그의 글뿐만 아니라 그의 사람됨도 중시했다."[14] 이런 상황들을 보면, 명말 문사文社의 분위기에서 고정된 시비 기준으로 한 사람의 언행을 평가하는 것이 어렵다는 것을 알 수 있다.

'복사復社'의 복잡성은 다음의 사실들을 통해서도 드러난다. 즉 복사는 강남 지역을 통해 전국의 문사들을 통합한 본보기로서 그 자신 외에 15개 지역의 17개 사社를 통합했다.[15] 그뿐만 아니라 복사는 각종 세속적인 상업 수단으로 세력을 키운다는 목적을 숨기지 않았다. 그 활동의 중심지인 쑤저우부蘇州府는 비단의 집산지이며 휘주徽州 상인(줄여서 휘상徽商이라고 한다)이 밀집하고 빈번히 왕래하는 지역이었다. 복사의 활동은 언제나 상인과 향신鄕紳의 후원을 받을 수 있었다. 예를 들어 오강吳江에 사는 큰 부자가 천금을 기부했다는 기록이 있다. 또한 복사는 독자적인 수상 교통망을 설치하고 이를 통해 시문을 수집하여 장부가 평선할 수 있도록 제공했다. 이러한 문건들을 전달하는 사람도 따로 있었다. 예를 들어 후저우湖州의 손맹박孫孟朴(또는 손맹순孫孟淳)은 장부가 각지를 두루 돌아다닐 때 평상시 객상들이 이용하는 상업망을 이용해 길을 인도하는 활동을 했으므로 손포사孫鋪司(포사는 역참을 관리하는 사람)라고 불렀다.[16]

더욱 중요한 것은 복사에는 시문 평선 작업을 위해 각지에서 시문을 수집하는 일을 전담하는 사람이 있었으며, 또 해당 지역 거상들의 경제적 후원을 받았다는 점이다. 그뿐만 아니라 평선가의 손을 거친 모범 시문과 답안을 상업 판매망과 각지의 서방書坊을 통해 판매하여 수익을 거두었고, 그 자금을 다시 복사의 활동 경비로 썼다. '복사'가 소집한 세 차례 전국 규모의 집회는 만약 충분한 자금이 보장되지 않았다면 상상할 수 없는 일이었다. 예를 들어 유명한 후추虎丘 대회는 그 규모에 놀라지 않을 수 없다.

"이전에 미리 사방에 전단을 배포했다. 당일 산둥, 장시 지역과 진晉(산시山西), 초楚(후난湖南, 후베이湖北), 민閩(푸젠福建), 절浙(저장浙江) 등지에서 배나 수레로 온 사람이 수천여 명이었다. 대웅보전大雄寶殿에 다 들어갈 수 없어서 생공대生公臺나 천인석千人石에 사람들이 가득 즐비하게 앉았다. 수 많은 사람이 오가고 저잣거리에서 놀러 다니는 사람들도 다투어 복사라 고 명명하며 이름을 비석 윗부분에 새겨 넣었다. 구경꾼들도 상당히 많 았으며 이를 보고 탄복하지 않는 이가 없었다. 300여 년 동안 이런 성황 은 처음이었다."[17]

이런 집회 규모는 참으로 전국적 규모의 장날과 같았다. 바로 이것 때 문에 복사의 활동은 심한 비판을 받았다. '붕당을 부추긴다'는 비난을 부 를 수 있기 때문이었다. 이후에 서회단徐懷丹이 나열한 복사의 10대 죄상 중에 "사사로운 뜻으로 의기를 고무시켰다"는 평이 있었다. "천 리 밖에서 집회에 참가하러 온 만 척의 배가 부두에 정박했다. 승려와 도사, 배우들 도 모두 복사의 성원이었고 의사와 점쟁이, 점성가, 관상쟁이 등도 서로 친구가 아닌 사람이 없었다."[18] 이런 사람 중에서 공명과 이익을 추구하 는 무리도 섞여 있었는데 그들은 복사를 통해서 과거科擧의 꿈을 실현할 수 있기를 기대했다.

관료들이 보기에 가장 치명적인 것은 복사에서 팔고문을 공부한 사인 이 과거시험을 통해 끊임없이 정치권에 들어온다는 사실이었다. 숭정 3년 (1630) 향시 때 장부는 생원들을 부추겨 금릉金陵 대회를 열었고, '응사應社 ('복사'의 전신)'의 핵심 인물, 즉 장부, 양정추楊廷樞(1595~1647), 오위업吳偉業, 진자룡, 오창시吳昌時(?~1643) 등이 모두 시험에 합격했다. 이해에 복사 성 원 수십 명이 시험에 붙었다. 이듬해 향시에서도 또 많은 사람이 합격하 자 복사는 순식간에 그 위세를 떨치게 됐다. 장부의 이름도 크게 알려져 "세상 사람들이 그의 문하로 들어오니, 그들이 타고 온 말들이 성곽에 가득한"[19] 정도에 이르렀다.

복사는 심지어 각종 방법을 이용하여 성원들이 과거시험에서 이익을 얻게 만들었다. 예를 들면 '공천公薦'이라는 것이 있었다. 즉 세시歲試나 과시科試에서 성적이 우수한 자나 혹은 가문에서 선발된 사람을 관료나 복사 영수의 문인門人 명의로 공개적으로 추천하는 것이었다. 또 '전천轉薦'이라는 것은 서찰을 보내 추천하는 것으로, 명목상으로는 공문公文이지만 실제로는 사적인 편지였다. '독천獨薦'이라는 것도 있었다. 답안지를 교체함으로써 급제할 자를 지정하는 것이었다. 이런 방법을 번갈아 사용하면 복사 성원의 급제 성적과 순위를 미리 정하거나 알 수 있었다.[20] 그래서 당시 어떤 사람은 시를 지어 이렇게 비판했다. "누동婁東(지금의 장쑤 성 타이창太倉, 장부의 고향)에서 매달 초하루 현사들을 품평하니, 사보社譜에 문하생이 7000명이 있었네. 천자께서 공연히 수고롭게 시험관을 파견하셨구나, 향시와 회시에 급제할 사람은 이미 정해졌다네婁東月旦品時賢, 社譜門生有七千. 天子徒勞分座主, 兩闈名姓已成編."*

더욱 결정적인 것은 복사의 핵심 인물 장부가 대부분 시간을 재야의 신분으로 있으면서 명말 관리 선발을 조종했다는 사실이다. 장부는 숭정 3년(1630) 향시에 급제한 다음에 잠시 한림원 서길사庶吉士가 되어 일했다. 그러나 얼마 지나지 않아 당쟁으로 인해 사직하고는 고향으로 돌아가 복사 활동과 시문 평선에 전념했다. 그래서 명말의 당黨과 사社를 연구하는 오노 가즈코小野和子는 이렇게 평했다. "당시 과거시험의 인재 선발권이 재야에 있는 복사 인사에 의해 마음대로 조종됐다는 것은 군주권의 일부

---

* 오노 가즈코, 『명계당사고明季黨社考』, 274쪽. 이 시는 명대 문인 주동곡周同谷의 『상원집霜猿集』에 수록되어 있다.

에 이미 구멍이 났다는 것을 의미한다."[21]

이로써 우리는 다음과 같은 사실을 알 수 있다. 복사가 시문 연마와 비평을 활동의 주축으로 삼은 양상은 언뜻 보면 명리名利를 추구하는 것 같아 보였지만 사실 그것이 본의는 아니었다. 바로 과거시험을 통해 재야의 생원生員 계층의 세력을 관료 시스템에 침투시켜 그 안에서 복사의 주장을 관철시키고 정치 개혁의 효과를 실현시키고자 한 것이었다. 이는 통치자들이 매우 두려워하는 행위였다. 동시에 복사에 의지하고 따르려는 사람이 많았기 때문에 구성원들의 자질이 천차만별이었다. 그리하여 "재주가 출중하고 학식이 있으며 호방하고 비범한 사람들이 많이 포함돼 있었지만, 명예를 추구하여 관직에 나가기에 급급해하고, 이익을 좇아 파리 떼처럼 달려드는 무리도 그 안에 많이 숨어 있는"[22] 지경이 됐다. 이에 따라 앞에서 언급했던 이상한 현상, 즉 가장 유명한 시문 비평가가 오히려 과거제도를 맹렬하게 비판하는 것과 같은 일이 종종 발생했다. 이런 비판에 대해 처음에는 이상하게 생각하며 이해하지 못했던 청초의 황제는 결국 어느 순간 돌연히 깨닫고 재빨리 사맹社盟의 잔당을 소탕하기 시작했다.

여유량은 바로 이런 배경 속에서 등장했다. 그가 명말에 생활한 시간은 그리 길지 않았다. 복사復社가 세워질 때 그는 겨우 한 살이었다. 그러나 숭정 14년(1641)부터 사社의 활동에 참여하기 시작했다. 이해에 손상孫爽, 여선충 등이 징서사徵書社를 조직했고, 여유량은 여기에 가입했다. 그의 형인 여계신呂晉臣도 저장 남부 10여 군郡의 사인을 동원하여 징사澄社를 만들었다. 여유량도 징사의 일원이었으며, 당시 그는 열세 살에 불과했다. 당시 여유량의 행동 방식에는 명말 서생 특유의 풍모가 많이 엿보였다. 그는 자신이 어렸을 때의 경험을 이렇게 기술했다. "유흥가를 드나들며 사람들과 교제하면서 사귀지 않은 이가 없었다. 지금에야 비로소 지난날 했던 것들을 후회하면서 바르지 않은 일과 경박한 일은 싫어하며 하지 않을 뿐만 아니라, 호걸·공명·문장·기예 방면의 뜻도 모두 다 없었다. 지난날 세상 사람은 대부분 나를 실의에 빠진 문인이라고, 협사라고, 귀한 손님이라고, 또 다재다능한 사람이라고 칭찬했다."[23]

여유량의 고백은 명말 사인 신분의 동요와 불확실성을 잘 보여주고 있다. 심지어 어느 한 가지 직업에 종사한 시간도 길지 않았다. 소년 때부터 사의 행사에 참여했기 때문에 여유량은 명말 사社의 활동 스타일을 잘 알았다. 그는 당시 집회 상황을 이렇게 묘사했다. "처음에 사社는 절개를, 문장을, 가문과 인맥을 가지고 서로 치켜세웠다. 그러나 여전히 명예와 예법을 갈고닦으며 의론을 중시하고 시비를 조사하여 밝혔다. 사가 많기는 했지만 서로 나뉘어 다투는 일은 없었다." 이는 복사 초기에 천하를 호령하던 전성기를 말한 것이다. 이어서 그는 또 이렇게 말했다. "그런데 지금에 이르러 사인들의 풍속이 더욱 경박해지고 험악해졌다. 같은 사안에서도 곧 치고 박고 싸운다. 그래서 마을마다 반드시 여러 개의 사가 있고 사마다 또 반드시 차이가 있으며 머리카락이나 실처럼 세분화되어 정리할 수가 없다. 으르렁거리며 잔인하게 싸워서 형제·친척끼리도 서로 돌아보지 않는다."[24]

이 말은 사가 분화된 후의 상황을 말한 것이다. 이 시기에 이미 복사의 통합 능력이 현저히 떨어졌음을 알 수 있다. 각각의 사는 끊임없이 새로운 명분을 추가했으며, 또 끊임없이 와해되고 분화되는 모습을 보였다. 분화된 원인은 '청의清議(정치적 의론)'가 시국을 감시하는 힘이 약화되고 정치와 인재 선발에 관여하는 능력이 떨어졌기 때문이었다. 사의 행사 규모나 기세가 이전보다 훨씬 약화되기는 했지만 여유량은 시문 평선이 여전히 당시 사의 주요 사업 내용이 돼야 한다고 여겼다.

"사는 글을 골라 책으로 엮는 것을 주요 수단으로 삼아야 한다. 주종周鍾, 장부, 오응기吳應其(1594~1645), 양정추, 전희錢禧, 주립훈周立勳, 진자룡, 서부원徐孚遠(1599~1665) 등은 모두 시문 평선으로 천하에 이름이 알려졌다. 시문 평선과 사는 서로 표리 관계다."[25]

바로 '징서사徵書社'에서 여유량은 이후 시문 평선 파트너가 된 육문약陸雯弱을 만나기도 했다. 다만 여유량이 용납할 수 없었던 것은 다음과 같은 상황이었다. 나날이 파편화되어가는 사에서 "행상하는 사람이나 돼지 치는 사람 같은 이들도 모두 짝이 되어 시문 평선을 한다. 사와 시문 평선은 이러한 변화를 맞이하여 크게 혼란스러워졌다." 특히 '강학' '청의' '시문'의 관계가 재정리되기 시작했다. 이후 소정채邵廷采의 다음과 같은 평은 후인들의 공통된 인식을 대표한다고 할 수 있다. "도가 무너지고 글이 피폐해졌다. 풍속과 인심도 사라져 남은 것이 없다. 천하가 모두 시문을 경전으로 떠받들고 강학을 공명의 길이라고 생각했다. 더럽고 속된 세상을 더 이상 정화시킬 수 없었다."[26] 이것이 바로 왜 여유량이 열세 살 때부터 사의 사업에 참여했지만 본격적으로 종사한 시간이 짧았는지, 또 왜 스물일곱 살이 되어서야 시문 평선에 관여하기 시작했는지에 대한 이유다. 다시 말해, 거의 14년이란 시간 동안 여유량은 훗날 그의 주요 경제적 수입원이 됐던 선문選文 활동에 결코 참여하지 않았다. 그러면 이 짧지 않은 시간에 그는 생계를 어떻게 해결했던 것일까? 그리고 그는 어떻게 이 기나긴 심리적 변화기를 보냈던 것일까?

'실절失節'의 악몽에서 몸부림치다

이 14년간 여유량은 말할 수 없는 공포와 깊은 후회, 우울함의 상태에서 거의 한시도 벗어나지 못했다. 이는 청초 시기를 살던 명대 '유민'의 보편적인 심리 상태였다.

자오위안은 유민의 심리 중에 '절개를 잃는 것'에 관한 공포가 악몽처럼 달라붙어 있다고 지적했다. 유민들은 우선 '절개'를 얼마나 지킬 수 있는가 하는 시간적인 문제에 직면했다. 심지어 '장수'한다는 것도 부담이 됐다. 결국 만년에 절개를 지키지 못하게 될까봐 걱정이 됐기 때문이다. 바로 대명세戴名世가 발견한 것처럼 "명나라가 멸망한 다음에 대부분의 사람은 스스로 은퇴하며 더 이상 벼슬길에 나서지 않겠다고 맹세했다. 그러나 시간이 오래되자 그러한 처음의 뜻을 바꾼 이가 열 명 중 일고여덟이었다."[27] 그는 복사의 명사였던 온형溫璜과 그 친구들의 예를 들었다. 온형은 서른 살 때 은거를 시작하며 친구 대여섯 명과 같이 "도의로써 맹세했다." 그러나 결국 "시간이 지나면서 친구들은 모두 마음이 바뀌어 떠났다."[28] 그래서 역사학자 천위안도 이렇게 탄식했다. "아! 유민으로 사는 것은 쉽지만, 유민으로 오래 사는 것은 정말 쉬운 일이 아니다." 그가 든 예 중 하나는 다음과 같다. "오중번吳中蕃(1618~1695)은 명나라가 망한 뒤 50여 년을 더 살았는데 현실에 굴복하지 않을 수가 없었다. 만년에는 거의 절개를 지키지 못해 천하 사람의 웃음거리가 됐다."[29] 이러한 예들은 왕조 교체기 유민들의 경우 제때에 잘 죽어야만 절개를 지킬 수 있다는 황량한 심리 상태를 드러내고 있다. 그러나 여기서 우리는 청초의 열악한 시대적 환경에서 '절개'를 잃었다는 고통을 겪은 뒤 다시 헤매고 복귀하는 사인들의 언행을 살펴봐야 한다. 아마도 청초 사인 대부분이 이런 사람들이었을 것이다. 그들의 언행이야말로 어떻게 보면 '정상적인 것'이었다. 여유량의 경험은 이러한 정상적인 모습들을 고찰할 수 있는 좋은 본보기다.

유민으로서 여유량은 명나라 멸망에 대해 깊은 한을 지니고 있었다. 장부양張符驤(1663~1727)은 「여만촌선생사장呂晚村先生事狀」에서 숭정제가 매산煤山에서 자살한 후 여유량이 보인 모습에 대해 묘사했다. "백성이 모여 황제의 죽음을 애도할 때 선생께서 몹시 슬퍼하며 통곡하셨다. 어떤 사람이 선생께 가서 위로하며 말했다. '선생께서는 어찌 그리 자신을 힘들게 하십니까?' 선생께서 정색하며 말씀하셨다. '오늘은 하늘과 땅이 무너지고 신령과 인간이 같이 분노하는 날이거늘, 그대는 어찌 그런 말을 하시오.'"[30] 이해에 그는 어린 시절에 지은 시들을 모두 불태웠다. 시 원고를 불태우는 것은 명말 유민이 굴하지 않는 절개를 표현하는 행위의 중요한 특징 중 하나였다. 여유량이 열여덟 살이었을 때 '강남'의 항청抗淸 운동은 거의 파장에 가까웠다. 향신 오역吳易(?~1646)이 얼마 남지 않은 지친 수군을 이끌고 청나라 군대와 호수 위에서 싸웠는데 전군이 전멸됐다. 그는 죽기 전에 소리 높여 절명시絶命詩를 읊었다.

술집 옆에서 웃으며 노래하다	歌笑灑壚旁
햇빛 밝은 높은 곳에서 축筑을 연주하네*	筑擊高陽
취중에 활을 당겨 천랑성天狼星(흉악한 침략자)을 쏘았구나	彎弓醉裡射天狼
눈 깜박할 새 중국은 어디로 갔는가	瞥眼神州何處在

---

* 격축擊筑은 연나라 태자 단丹을 위해 진시황을 암살하러 떠나는 형가荊軻를 위해 고점리高漸離가 축을 연주했던 것을 말하며 죽음을 각오한 비장한 분위기를 암시하는 말이다.

그때 '반쯤 꾼 황량몽'의 절망스러운 정서가 강남 일대에 퍼지기 시작했다. 유학자 복장을 버리고, 시 원고를 불태우며, 속세를 버리고 은둔하고, 도시 생활을 거부하는 것이 한때 유민의 풍조가 됐다.

여유량의 소년 시기 기억 중에 가장 상처가 크고 고통이 심했던 것은 아마 여선충의 죽음이었을 것이다. 여유량의 조카였던 여선충은 제생諸生의 신분으로 참장參將의 직무를 맡고 오역吳易을 따라서 반청 전쟁에 참가했으며 총병總兵으로 발탁됐다. 전쟁에 실패한 다음 그는 승려가 되어 동정산洞庭山에 은거했으나 얼마 안 돼 붙잡혔다. 그는 끝까지 굴복하지 않았다. 그는 무릎이 으스러지도록 매를 맞으면서도 당당하게 버티며 무릎을 꿇지 않았다. 감옥에서는 옷깃을 여미고 단정하게 앉아서 붓글씨를 썼다. 죽기 전에 저잣거리를 지나며 큰 소리를 질렀다. "오늘은 대명大明의 의사義士가 나라의 은혜에 보답하는 날이다. 그대들은 왜 나와서 구경하지 않는가?"[32]

장이상은 그를 위한 조문吊文에서 "위험 앞에서도 담소하며, 뜻을 굽히지 않았다"라고 말하며 탄식했다. "하늘이 주신 타고난 성품으로 말미암아 홀로 그 절개를 두텁게 할 수 있는 것이 아니라면 생사의 기로에서 어찌 절개를 잃지 않겠는가? 아! 사인들은 본래 죽게 마련이지만 사형에 처해지는 것은 견디기 어려우니, 바른 기운이 세워지지 않고 사람이 반석처럼 단단하지 못함을 탄식하도다."[33]

가장 침통한 사실은 여선충이 여유량 대신 죽으러 갔다는 것이다. 장부양이 그 일에 얽힌 비화를 다음과 같이 기록했다. 여유량은 "온 집안 재산을 털어 반청운동을 하는 의로운 인사들을 돕고, 그 자신도 산수 간을 오가며 비바람을 무릅쓰고 온갖 고초를 다 겪었다. 그러나 원수가 그를 고발하는 일이 발생했고, 이로 인해 그의 조카 여선충만 붙잡혀 죄를 인정했다. 여선충은 결국 사형을 당했고 그는 다행히 살아남았다."[34] 이렇게 친족이 자기 대신 끌려가 죽는 것을 목격한 뒤 받게 되는 충격과 고통은 보통 사람이 결코 감당할 수 있는 게 아니었다. 여유량은 어렸을 때부터 피를 토하는 병이 있었는데, 여선충이 죽은 다음에 그는 "한 번에 피를 몇 되나 토하고는 거의 죽을 뻔했다."[35] 이처럼 그도 마찬가지로 생사기로에서의 슬픔을 겪었다. 명말의 전쟁과 자신의 뜻을 굳건히 하며 위험을 무릅썼던 유민에 대한 비통한 기억은 여유량을 줄곧 괴롭혔다. 그는 자식과 조카들에게 당시의 심리 상태를 토로했다. "나는 그저 문을 닫고 깊이 숨고만 싶었다. 나뭇잎으로 몸을 가리고 흙탕물로 흔적을 가려서 마치 세상에 '나'라는 사람이 존재하지 않는 것처럼 하고 싶었다. 모욕을 당하고도 구차하게 살아 있는 사람을 보고 현명하다고 칭찬하고, 그 서른 살도 못 되어 의義를 위해 집안도 뒤로하고 목숨을 바친 사람을 내친다면, 의에 뜻을 둔 자를 그 어디에서 찾을 수 있겠는가?"[36] 이 말은 여선충이 죽은 뒤의 여유량의 심정을 표현한 것이며, 그 안에 부끄럽고 애타는 마음이 그대로 드러난다. 여선충의 유고를 정리할 때도 그는 터져 나오는 탄식과 눈물을 참을 수가 없었다.

그때에 비해 반만 남은 글	比向當年一半遺
책으로 만드니 눈물 흘려 무엇 하리오	書成涕泣欲何爲
갑신년 이후 강산은 사라지고	甲申以後山河盡

그가 마음으로부터 비통해하기는 했지만 어쨌든 여유량은 여선충에게 부끄러운 일을 한 셈이었다. 그래서 청 세종世宗 옹정제는 상유上諭에서 그를 비판했다. 여유량은 명말에 태어나서 명이 망할 때 아직 어린아이에 불과했으므로, "명에 대해 어떤 큰 감정도 없었을 것인데, 어찌 마음에 고상한 절개가 있었단 말인가?"[38] 앞 구절은 꼭 정확한 지적이라고 할 수 없지만 뒷 구절은 상당히 날카로운 질문이라 할 수 있다. 여유량이 살아 있었다고 해도 아마 대답할 말이 없었을 것이다. 옹정제가 여유량에게 '절개를 잃었다'고 질책한 것은 주로 그가 청초에 제생諸生이 된 일 때문이었다. 여유량이 과거시험에 응시한 원인은 일반적으로 이렇게 알려져 있다. "원수들이 끊임없이 그를 공격했고, 그와 친한 사람들은 모두 그에게 '선생께서 시험 보러 나가지 않으시면 그 화禍가 가족과 친지들에게도 미칠 것입니다'라고 했다. 그는 어쩔 수 없이 광륜光輪이라는 이름으로 응시하여 제생이 됐다."[39] 그해 그는 스물다섯 살이었다. 그가 시험에 응시한 이유를 완전히 외부의 압력 탓으로 돌리는 이러한 주장은 다소 일리 있어 보이기도 한다. 그러나 당시 그의 나이와 그가 겪은 비통함으로 말하자면 그가 '만년의 절개'를 지키지 못한 것이라기보다는 '젊은 날의 절개'를 잃은 것이라고 해야겠다. 이와 같은 미묘한 이유들 때문에 그의 행위는 사실 그다지 많은 비난을 받지는 않았는데, 대명세의 생각도 이와 비슷했다. "명나라가 망한 다음 강남 지역 옛 신하들은 절개를 지키기 위해 청나라의 관직에 나가지 않았다. 그런데 그들의 후손은 계속 공부를 하고 과거시험을 보면서 대부분 이것이 잘못됐다고 생각하지 않았다."[40] 그렇다고 해서 여유량이 정말 마음의 평정을 유지하게 된 것은 아니었다.

강희 4년(1665) 여유량은 「우경시耦耕詩」 10수를 지었다. 이 가운데 이 장 첫머리에서 인용했던 시도 포함돼 있으며, 그 속에 바로 그가 절개를 잃은 후 느낀 초조함과 후회, 그리고 어찌할 바 모르는 감정들이 드러나 있다.

누가 나에게 발을 헛디디게 하여 낚시하는 물가로 떨어지게 했는가
誰教失脚下漁磯

마음은 언제나 어디서나 어긋났네   誰教失脚下漁磯
心迹年年處處違

아집도 속의 옷과 모자 바뀌었고   雅集圖中衣帽改

당인비 안의 성과 이름 달라졌구나   黨人碑裏姓名非

구차하게 목숨을 보존하는 것이 말처럼 쉬운 일이 아님을 비로소 믿게 됐고
苟全始信談何易

굶어 죽는 것 그 일이 가장 하잘것없었다는 것을 이제야 알게 됐네
餓死今知事最微

깨어나면 떠돌며 시 읊조리다 죽어 그 자리에 묻혀도 그만일 뿐
醒便行吟埋亦可

한 폭 작은 천으로 머리 싸매고 죽음에 부끄럽지 않으리 無慚尺布裹頭歸

엄홍규嚴鴻逵는 정자程子(정이)가 "굶어서 죽는 것은 작은 일이지만 절개를 잃는 일은 큰일이다"라고 한 것처럼 이 시의 제목, 즉 '농사를 짓는 것耦耕'의 의미는 '절개를 잃는 것失節'과 호응을 이룬다고 주석을 달았다. 또 이렇게 설명을 덧붙였다. "승려들 중에 높은 도의 경지에 오른 사람은 유

가의 도가 더 훌륭함을 깨달은 후 승려의 모습으로 죽으려 하지 않고 죽기 전에 반드시 천을 한 자 구해서 머리를 싸매고 세상을 떠난다."[41]

또 다른 시의 마지막 두 구절에서 여유량은 이렇게 읊었다. "남촌에서 술 따르며 은거하는 것도 일찍부터 계획해야지, 흰머리 될 때까지 강 위의 돛대 바라보며 주저하지 말기를酌酒南村須早計, 莫教頭白望江楫." 엄홍규의 주석에 따르면 "이 마지막 구절은 백거이白居易가 상인의 부인이 비파 연주하는 것을 듣고 읊은 「비파행」을 전고로 사용하여 '실절'을 비유한 것이다"[42]라고 했다. 명말 청초 문인들은 부인의 실절로 사인의 실절을 비유하는 경우가 많았다. 여유량은 정치적인 절개를 잃었지만 이러한 상황에 계속 빠져 있지는 않았던 것 같다. 이해에 세상을 떠난 명말 유민이 많았다. 유민 가운데 유명한 인사인 왕풍汪渢, 진홍서陳弘緖(1597~1665), 신자연申自然 등이 잇따라 죽었다. 게다가 그 전해에 장황언張煌言(1620~1664), 전겸익錢謙益과 황문환黃文煥(1598~1667) 등이 순절한 일은 여유량에게 큰 심리적 충격을 주었다. 황종희는 「팔애시八哀詩」를 지어 왕풍, 장황언, 전겸익 등 여덟 사람을 애도했다. 여유량도 발사跋詞를 지어 같이 비통한 마음을 표현했다. 그는 이 여덟 사람을 전부 알지는 못했지만 "알거나 모르거나를 떠나 통곡하지 않을 수 없었다."[43] 아마도 왕풍의 죽음은 때에 맞춰 순절하지 못한 것을 한스럽게 생각해온 여유량의 신경을 건드렸던 것 같다.

청초 사인 중에서 왕풍은 오점 없이 절개를 지키며 죽은 사람이었다고 할 수 있다. 당시에 왕풍은 효렴의 신분이었지만 과거시험에 응시하지 않았고, '호상삼고사湖上三高士' 중 한 사람이었다. 그 지역의 노감사盧監司가 덕망 높고 어진 사람을 예의와 겸손으로 대했는데, 특별히 예의를 갖춰 이 세 명의 덕망 높은 사인을 만나고 싶어했다. 그는 호수 위에 배를 띄우고 술자리를 마련하여 이 세 명을 초대했다. 다른 두 사람은 왔지만 왕풍은 끝내 오지 않았다. 다른 두 사람은 사대부의 예로 노공盧公을 대했고 노공도 의기투합하여 매우 즐거워했다. 노공은 다만 왕풍을 만나지 못해 유감으로 생각했다. 나중에 왕풍이 고산孤山에 있는 것을 알고 배를 타고 방문했지만 왕풍은 벽을 넘어 도망갔다. 황종희는 그의 행방에 대해 이렇게 얘기했다. "돌아올 때도 있고 안 돌아올 때도 있어서 그의 종적을 알 수가 없었다. 친한 친구를 만나면 술을 한 말이나 먹어도 취하지 않았다. 기질이 매우 소탈하며 속세의 일에 전혀 관심이 없었다. 밤에는 천문을 관찰하고 낮에는 술수術數를 연구했지만 그가 충성스럽다는 것을 아는 사람이 적지 않았다. (…) 죽기 전에 모든 책을 불태워서 그의 시문詩文은 하나도 남아 있지 않다."[44] 그는 절개를 지키기 위해 죽은 유민의 표본이 되기에 충분했다. 황종희는 「왕위미선생묘지명汪魏美先生墓志銘」에서 이렇게 말했다. "학문의 도는 뜻을 세우는 데 달려 있다. 남이 꺾을 수 있는 뜻이란 죄다 거짓된 것이다."[45] 이 말은 여유량에게 충격이 아닐 수 없었다. 이미 절개를 잃은 자신에게 적용해본다면 학문도 따라서 거짓에 가까울 것이기 때문이었다. 이 점에 대해 여유량은 가슴에 손을 얹고 자문해보지 않을 수 없었다.

어쨌든 이해에 여유량은 유적儒籍을 포기하고 떠나기로 결심했다. 비록 결정이 좀 늦긴 했지만 말이다. 왕풍의 그림자가 계속 눈앞에 아른거렸기 때문이었는지 제생諸生 신분을 포기하겠다는 여유량의 결심이 갑자기 커졌다. 그런데 지방의 학사學使를 설득하려면 충분한 이유가 있어야 했다. 「행략行略」에 따르면, 당시 학사 진조법은 여유량이 제생 신분을 포기하려 한다는 이야기를 듣고 "처음에는 크게 놀라며 허락하지 않았다." 그러나 여유량은 그에게 「우경시」를 보여준 뒤 "구차하게 목숨을 보존하는 것이 말처럼 쉬운 일이 아님을 비로소 믿게 됐고, 굶어 죽는 것 그 일이 가장 하잘것없다는 것을 이제야 알게 됐네. 깨어나면 떠돌며 시 읊조리다 죽어 그 자리에 묻혀도 그만일 뿐, 한 폭 작은 천으로 머리 싸매고 죽음에 부끄럽지 않으리"라는 구절의 의미를 특별히 설명해줬다. 그러면서 굶어 죽더라도 명예와 절개를 회복하고자 하는 신념을 토로했다. 진집재는 이를 듣고 정중하게 읍을 하며 "이것은 정말 고인古人들도 어려워한 것이었다. 예전부터 그대를 알았지만 그대를 알아보지 못한 것이 유감이다"라고 했다.

그러나 당시 다른 사람들의 반응은 많이 달랐다. "온 마을 사람이 크게 놀랐다. 친지들은 이해하지 못해 분분히 그 이유를 묻고 갈팡질팡하면서 낙심했다." 여유량만이 기쁘고 즐거운 표정이었다. 친지들이 아쉬워했던 이유는 사실 자명했다. 제생의 신분을 포기하는 것은 마을에서 누려온 존귀한 지위를 잃는 것일 뿐만 아니라 경제적 수입원인 녹미를 받을 수 있는 혜택을 잃는 것을 의미하기 때문에 그 여파는 매우 심각한 것이었다. 여유량은 당연히 이 점을 잘 알고 있었다. 그래서 이러한 반응을 들은 뒤 그는 "지금부터 이 늙은이의 어깨가 더 무거워질 것이다"라고 얘기했다. 얼마 안 되어 여유량은 곧 유적을 버린 대가를 치르게 됐다. "예전에 시문詩文에 화답하던 친구들이 다 떠났기"[46] 때문이다.

절개를 지켜 죽은 사람을 존경하는 것과 자신의 '실절失節' 행위에 대해 후회하는 것은 여유량과 같은 청초 사인들이 공통으로 지닌 심정이었다. 그 가운데 얼마나 많은 고충이 있었는지 다른 사람들은 알기 어려운 것이었다. 옹정제가 제생 신분을 포기한 여유량의 행위에 대해 심하게 비판한 것도 어찌 보면 당연했다. 그의 어투는 물음표로 가득했다. "세월로 따지자면, 여유량은 우리 청나라의 제생이 된 지 10여 년이 됐다. 그런데 갑자기 생각을 바꿔 명나라 유민이라고 외친다. 천고의 패역무도한 이들 중에 이와 같이 망측스럽고 부끄러움이 없으며 가소롭고 천박한 사람이 또 있었는가?"[47]

유적을 포기한 이유는 여유량이 '실절'의 고통을 더 이상 참기 어려웠기 때문이었다. 특히 절개를 지킨 사인들의 잇따른 죽음이 가져온 심리적 고통은 매우 컸다. 그러나 이는 이미 당시 사람들이 이해하기 어려운 것이었다. 보통 사람이 느끼기에 강희 연간 초기에 이르면 천하가 태평해진 지 이미 오래됐고, 정치적 절개를 지킨 '유민'들은 거의 죽음이 임박했으므로 그들은 심리적으로 시세時勢가 인간보다 강하다는 압박감에 대항하기가 점점 더 어려워졌다. 심지어 사망하는 것은 '오래 살면 절개를 지키기 어려운' 난처한 상태를 벗어날 좋은 해결책이 됐다. 여유량이 이때 유적을 포기한 것은 모험이었음에 틀림없다. 그 결과는 (이미 실절의 전과가 있기 때문에) 영웅적인 '유민'이 될 수 없었을 뿐만 아니라 조정에서 이루어놓은 평화로운 성세의 국면을 거스르게 될 가능성도 매우 컸기 때문이다. 그러므로 옹정제가 그에게 세상 물정을 모른다고 비난한 것도 당연하다.

2절
유민의 '벗을 사귀는 도道'와 생계 선택

|

'출사와 은거出處'의 또 다른 경지를 깨닫다

명말 사인은 모임과 결사結社의 형식으로 벗을 사귀고 교제했다. 그러나 청초 유민들은 이와는 달리 대부분 곤궁한 처지에 놓여 있었다. 왕조 교체가 가져온 심리적 압박은 그들로 하여금 괴이한 행동을 하게 만들었다. 명말 때처럼 격동적으로 강학하며 이리저리 다녔던 시원스런 기세를 회복하기 어려웠다. 유민의 심정은 상당히 복잡했으며 한두 마디 말로 표현해낼 수 없었다. 그들은 대부분 세상일에 간섭하지 않고 스스로 고결함을 드러냈지만 한편으로는 심한 가난과 병, 그리고 생계유지의 어려움으로 인해 어쩔 수 없이 세속에 나가 생계를 꾸릴 수밖에 없었다. 출사와 은거 사이에서 종종 어떤 인생을 선택할 것인가 하는 어려운 고민에 빠졌다. 대다수의 유민은 도시에 들어가기를 거부하고 절개를 지키려고 과거시험에 응시하지 않았기 때문에 생계가 아주 어려웠다. 생계를 유지하기 위해서는 갖가지 다른 일을 찾아야 했고 이는 그들의 교제 방식에 영향을 미쳤다. 여유량은 친구를 위해 쓴 조문에서 이러한 상황에 대해 상당히 사실적으로 묘사했다. "오늘의 유민은 생계를 꾸리기 위해 요직에 있는 사람의 존중을 받아 자신을 드러내거나 다른 사람 대신 글을 쓰거나 막부에 들어가 막우幕友가 된다. 최후의 수단으로는 불교에 귀의해 불법을 설교하며 가난을 면할 수 있다. 어떻게 3척의 울타리 안에 수십 개의 대나무로 만든 외진 시골 초가집에서 은둔하기만 할 수 있겠는가?"[48]

여유량은 주로 세상을 피해 은거하는 생활을 택했다. 너무 가난하여 입에 풀칠하기 어렵게 될 때 생계를 도모하는 것 또한 은거 생활의 자연스러운 연장으로 여길 수 있었다. 그런데 은둔 생활의 고독함은 곧 교제하는 데 가장 큰 장벽이 됐다. 여유량은 때때로 친구가 없는 고독한 심경을 토로했다. "원래 타고난 바탕이 괴팍하여 가까이하기 어려운 성격이고, 또 사람들과 노는 것을 즐기지 않기 때문에 친구가 거의 없다."[49] 심지어 생일을 지내는 것도 부담이었다. 여유량은 아버지가 세상을 떠난 지 나흘째 되는 날에 태어난 유복자였다. "태어나면서부터 포대기 속에서 삼끈을 매고 상복을 입었다. 어머니가 그를 안고 울다 혼절했다 다시 깨어났다."[50] 그는 태어나자마자 포대기 속에서 삼끈을 매고 상복을 입었던 것이다. 그는 생일에 대해 다음과 같이 회고했다. "평생 동안 친지와 친구들을 모아 부모님 생신 때 술을 올리며 축하드리지도 못했으며, 자식과 친인척과 교유하는 즐거움을 누리지 못했다."[51]

그러나 고독하게 절개를 지키는 것은 청초 사인의 공통된 생존 방식이었고, 마음의 수련을 중시하는 자에게 질 높은 정신적 교제는 여전히 필요한 것이었다. 그래서 여유량은 본래 고독하게 여생을 보내려는 뜻을 가지고 있었지만 한편 "동지가 없어서 상의할 곳이 없다"고 때때로 불만을 토로했다. 그의 두 절친한 친구, "총명하고 세심하며 큰 뜻을 지닌" 장패총張佩璁과 "타고난 천부적 재능이 있고" "덕업을 나날이 새롭게" 하던 오자목吳自牧이 죽은 다음 여유량은 "돌아봐도 의지할 곳 없이 외롭고 입이 있어도 얘기할 사람이 없으니 정말 더 이상 사는 재미가 없다"고 느꼈다.[52] 왕조 교체의 특수한 상황에서는 벗과 사귈 때도 '출사와 은거'를 더욱 진중하게 해야 살아남을 수 있었다. 여유량은 자양학紫陽學(주자학)을 연구하며 후반의 여생을 보냄으로써 소년 시기에 경솔히 처신했던 흔적들을 도려내야 한다고 말했다. "지금의 학자들은 벼슬에 나가고 은거함의 경계를 분명히 해서 자리를 잡아야 할 것 같다. 그런 다음에 앎에 이르고致知 공경함에 힘쓰는主敬 노력에 대해 얘기해야 한다."[53] 이 말도 실은 자신이 젊었을 때 멋대로 경솔하게 행동했던 것에 대한 반성이었다.

그는 젊을 때를 회고하며 말했다. "나는 젊을 때 학문을 알지 못했다. 유흥가에 드나들며 사람들과 교제하면서 사귀지 않은 이가 없었다. 지금에야 비로소 지난날 했던 것들을 후회하면서 바르지 않은 일과 경박한 일은 싫어하며 하지 않을 뿐만 아니라, 호걸·공명·문장·기예 방면의 뜻도 모두 다 없앴다." 이것들은 분명 다 명말 때부터 전해져온 명사名士의 풍격이었으며, 여유량도 당연히 이런 것들에 익숙했다. 그래서 그는 다음과 같이 말했다. "세상 사람은 대부분 나를 실의에 빠진 문인이라고, 협사라고, 귀한 손님이라고, 또 다재다능한 사람이라고 칭찬했다. 물론 이것들은 지나친 칭찬이었다." 그는 이어서 반성했다. "이것들은 다 내가 후회하며 뉘우친 것이고 바라는 것이 아니다. 내가 바라는 것은 정주程朱의 학문을 엿보며 독서인으로 공부를 계속해나가는 것뿐이다."[54] 이런 논의는 모두 명말 사림 풍조에 대한 비판의 소리임에 틀림없다.

　명말 사인들의 교제 방식은 양명학의 행동 방식과 강학 스타일의 영향을 많이 받았다. 그들은 여기저기 돌아다니며 깨달음의 기쁨을 전하는 풍조 속에서 벗을 사귀는 즐거움을 체험하고자 했다. 또한 술 마시고 시로 화답하며 음풍농월하는 중에 '도道'와 '양지良知'의 진리를 체험하려고 했다. 이것이 바로 그들의 보편적인 생활 모습이었다. 명이 망한 다음에 청초의 유민들은 종종 명나라 멸망의 원인을 바로 이러한 경박하고 자유분방했던 사림의 강학과 교제 탓으로 돌리며, 적어도 문란해진 풍조가 사인들을 침체시킨 중요한 요소라고 생각했다. 예를 들어 여유량은 「객좌사고客座私告」라는 글에서 '가장 무서운 것' 세 가지를 언급했다. 그중에서 두 번째는 바로 '명사名士'였다. 그는 대체로 과거 명사의 풍조와 그 변종의 의미를 지적했다. "예전에는 사맹社盟의 범람을 걱정했는데 지금은 그 풍조가 시들해져서 기쁘다"고 말하며 그는 다음과 같은 상황을 걱정했다. "그 변종들이 계속 나타나는데 식별하기 아주 어렵다. 예를 들어 팔고문 평선가들이 시문時文를 논하는 것, 막료幕僚들이 경제를 얘기하는 것, 명망 있는 고승들이 시와 고문古文을 말하는 것, 강학하는 스승들이 이학理學을 논하는 것, 유세객들이 의론을 펼치는 것, 술수가들이 예언을 하는 것과 같은 것이다. 이렇게 하는 것은 모두 뭔가 얻으려는 바가 있기 때문이다." 이러한 부류의 사람들은 접촉하거나 안 하거나 다 난처한 일이었다. 따라서 "매일 아침 일어나서 속으로 기도하며 이러한 사람들을 한 명도 만나지 않아 운이 아주 좋은 하루가 되기를 바랄 뿐이다."[55]

　'명사名士'에 대해 배척하는 일은 출사와 은거의 선택과 관련된 것이었다. 청초에 세상을 피해 은둔하며 '승려'를 자처했던 사인에게도 같은 요

여유량 상, 구궁박물원故宮博物院 편編, 주청루朱誠如 주편主編,
『청사도전淸史圖典』「청조통사도록淸朝通史圖錄」 제5책, 「옹정조雍正朝」,
쯔진청출판사, 2002, 71쪽.

구를 했다. 그런 승려 신분을 빌려 이익을 도모하는 '은사隱士'는 여유량
이 무서워하는 세 번째 부류였다. "절개를 지키려고 승려가 된 문인들을
마음으로부터 매우 존경한다. 하지만 근래에 승려의 명의로 설법하는 기
회를 틈타 고관에게 아첨하고 부귀영화를 추구하려는 사람이 제법 많이
보인다. 그들이 승려 신분에 몸을 맡겼을 때는 원래 이렇지 않았으니 승
려보다 훨씬 두려워할 만한 존재라는 것을 깨달았다."[56] 여유량도 승려가
된 적이 있었기 때문에 승려들이 출사와 은거의 원칙을 지키지 않은 것
에 대해 더욱 심하게 비판했다.

사인들이 '출사와 은거出處'와 절개를 지키는 것에 대한 여유량의 관
심은 시詩나 사詞에 대한 평가에서도 나타났다. 예를 들어 소식蘇軾

(1037~1101, 호는 동파거사東坡居士)과 도연명陶淵明(352/365~427)의 시를 두고 "그들이 출사와 은거는 같지 않았지만 그 기풍은 비슷하다"라는 후인들의 주장에 대해 여유량은 몹시 반대했다. 그는 소식의 행동 풍격이 너무 대범하고 구애를 받는 것 없이 활달하여 세상의 모든 일에 전혀 개의치 않는 것 같다고 여겼다. "평생 동안 승진과 파직, 정치적 뜻을 얻고 잃는 사이에서 자부심을 잃지 않았고, 가슴속에 크게 맺힌 분노와 원한을 승화시켜 불교적 깨달음 속에서 즐거워하기도 했고, 신선이 되는 장생불로의 비법에 열중하기도 했고, 의로운 협객 노릇을 하기도 했고, 우스갯소리를 하는 이야기꾼이 되기도 했고, 술 마시며 여인을 가까이하기도 했고, 아무 거리낌 없이 제 주장을 펼치기도 했다. 이처럼 하지 못할 것이 없는 것을 내 스스로 통달했다고 여겼다. 그러나 전혀 통달치 못한 것이 있으니 바로 도연명의 시에 맞춰 화운시를 짓는 일이다."* 즉 소식의 행동 풍격은 지나치게 대범하고 활달하여 오히려 출사와 은거의 원칙을 지키지 못했다. 불교와 풍류에 푹 빠지고 사물에 대해 판단하는 기준을 분명히 하지 않았으므로 근본적으로 도연명의 경지에 이르지 못했다고 할 수 있다. 후인들은 이러한 차이를 모르고 비슷하게 대충 모방하면서 도연명을 따른 것이라고 여겼으나 사실은 소식을 모방한 것이었다.

청초 유민의 처지는 그들의 행동과 교제 방식에 크게 영향을 미쳤다. 예를 들어 여유량은 여러 차례 관부의 추격을 당하다가 왼쪽 다리에 화살을 맞았는데 비오는 날이면 통증이 심해졌다. 다음은 이러한 상황을

---

* 「제전상령화도시題錢湘靈和陶詩」, 『여만촌선생고문呂晩村先生古文』, 『사고금훼서총간四庫禁毀書叢刊』 자부子部 36, 68쪽. 원서에는 마지막 부분이 "以無所不可爲達正, 有大不達者存也"로 되어 있지만 문맥상 구두를 옮기고 한 구절을 더 인용해 "以無所不可爲達, 正有大不達者存也, 其和陶也"라는 원문에 근거해 번역했다.

묘사한 시다.

> 뼈를 뚫고 들어간 화살 상처는 흐린 날이면 여전히 아프지만
>   箭瘢入骨陰還痛
> 혀의 피 묻은 옷은 빨아서 더욱 새것이 되었네   舌血濺衣洗更新
> 도처에 남아 있는 정성 어린 약주머니   到處有情殘藥裹
> 떠나보낸 후 별일 없는 옛 두건   別來無恙舊頭巾[57]

그의 처지는 "광풍이 휘몰아치니, 오장의 양기가 끓어오르고, 피가 샘물처럼 용솟음치는 듯"[58]했다. 여유량은 나중에 어쩔 수 없이 과거시험에 응시하고 제생 신분이 됐다가 "세상의 압박에 밀려 더 이상 견딜 수 없어서"[59] 머리를 깎고 승려가 됐다. 그가 가장 두려워하는 대상은 '관리'였다. "예전에 많은 어려움을 당하며 관부의 위세에 두려움을 갖게 됐기에 지금은 꿈에만 나타나도 겁이 난다. 따라서 평생 교제를 해왔더라도 일단 벼슬길에 오른 사람이면 더 이상 가까이 갈 수 없다. 지나치게 따지는 것이 아니라 마음속에 생긴 공포심이 시간이 지나면서 천성처럼 굳어졌기 때문이다."[60] '관리' '명사名士' '승려'에 대해 여유량이 갖는 두려움은 공과 이익에 직면했을 때 관직에 나아가고 물러나는 기준을 파악하는 것으로 이어졌다. 겉으로 까다롭게 보이지만 실은 이치가 정당하고 말이 엄중하여 조금도 바뀔 수 없는 것이었다. 심지어 여러 해 동안 곤경 속에 서로 돕던 친한 친구였다 하더라도 이 경계선을 넘게 되면 그 관계를 만회할 가능성이 전혀 없었다.

여유량은 교제의 원칙이 군신君臣 사이와 같이 상당히 엄숙하고 정연

하며 가벼워서는 안 된다고 했다. "친구 사이의 윤리는 군신의 사이와 같습니다. 모두 의에 부합해야 하며, 의에 부합하지 않으면 그만두어야 합니다. 도를 행하기 위해 군주를 섬기고, 자기가 주장하는 도가 이루어지지 않으면 절개를 지키며 물러나야 합니다. 이는 관직에 나아가기는 어렵고 물러나기는 쉽다는 의미입니다. 만약 도에 부합하지 않아 물러났는데 또 자신의 뜻을 굽히고 승전乘田(목축 관장)이나 위리委吏(곡식 창고 관리) 같은 작은 관직이라도 취하고자 연연해하고 남의 환심을 사고자 하는 일은 절대로 해서는 안 됩니다."[61] 이 원칙은 그저 말에 그친 것이 아니었다. 여유량의 교제 기록에서 이런 규칙을 엄수한 예를 볼 수 있다. 여유량의 절친 오지진吳之振(자는 맹거孟舉)은 그와 사귄 지 십여 년이 됐는데, 강희 6년(1667) 여유량이 39세였을 때 두 사람 사이에 긴장감이 생기기 시작했다. 친구 심기정沈起延이 두 사람에게 화해하라고 권하자 여유량은 긴 답신을 보내 설명했다. 그는 자신과 오지진의 관계가 "좋은 술과 음식을 찾으며 체면치레하는 것을 즐거움으로 여기는 세속적인 사귐이 아니라" "서로 옷을 벗어주고 음식을 나누며 좋은 일이나 나쁜 일이나 함께하는 덕이 깊고 오래된" 우정을 지닌 사이라고 했다. 그러나 행간의 의미로 판단해보건대, 여유량과 오지진의 인생관에 근본적인 차이가 생기게 됐고 그래서 다음과 같은 의문이 제기됐다. "옳은 것은 옳은 것이고 아닌 것은 아닌 것입니다. 하나는 얼음이고 하나는 불이며, 하나는 북쪽이고 하나는 남쪽으로, 서로 방향이 완전히 다른데 억지로 끌어다가 같게 만들려는 꼴입니다." 즉 필연적으로 서로 따를 수 없는 상황이 됐다는 말이다. 따라서 여유량은 다음과 같이 제의했다. "맹거孟舉(오지진)로 하여금 자신의 생각대로 인생을 즐기며 살게 하고, 더 이상 가증스러운 거짓 도학僞道學을 일삼아 사람들의 흥미를 깨뜨리지 않도록 하는 것이 좋겠습니다." 또한 자신도 "사람들과 교류를 꺼리는 까다로운 성격대로 유유자적하게 지내면서 보이지도 들리지도 않게 하여 현달한 관리들에게 죄를 얻을까 더 이상 두려워하거나 걱정하는 날이 없게 한다면, 그와 저 사이에 각각 원하는 대로 할 수 있으니 좋지 않겠습니까?"[62]

이 말은 정주程朱의 도학을 지키는 자신이 다른 사람의 이해를 받지 못하는 것을 스스로 조소한 것인 동시에 이익을 추구하는 벗의 행위에 대해 충고한 것이다. 그러나 친구를 사귀는 데 있어서 그가 고수한 원칙은 너무 엄격해 인지상정에는 어긋났다. 다른 친구가 옛 우정을 생각해서라도 너무 따지지 말고 오지진과 보통 친구로 지내는 것도 괜찮지 않겠냐며 여유량에게 권했다. 적어도 '옛 우정'을 보전할 수 있기 때문이었다. 그러나 여유량은 이에 대해 조금도 타협하지 않았다. "서로 다투는 부분은 어떤 한 가지 일에 있는 것이 아니라 그 뜻에 있습니다. 구체적인 일의 불일치는 고쳐질 수 있지만 뜻의 불일치는 고쳐지지 않습니다." 그가 이유를 들어 말했다. "그 당시의 우정은 그 기대가 아주 크고 깊었는데 지금은 변해서 그 기대가 거의 없어졌으니 저는 이런 상태를 참을 수 없습니다." 편지에 마지막 부분에서 그는 자신의 태도를 표명했다. "형께서 가시게 되면 맹거에게 말을 전해주십시오. 세상은 넓고 넓으니 서로 잊고 지낼 수 있는 곳에서 노니는 것이 좋겠습니다. 서로 자신의 뜻을 숨기고 겉으로만 같이 지내면서 이것이 세상 인정이라고 말하는 것은 실로 영악한 이들이 하는 행동이니 그럴 필요가 있겠습니까?"[63] 후인들은 이러한 말에 근거하여 출사와 은거, 사람들과의 교제 방면에 있어서 여유량의 처신을 따져보며 그를 '강직하고 성실한 사람'이라고 평가했다.

친구가 없는 삶은 고독하고 견디기 힘든 것이었다. 더 심한 것은 겉으로 까다롭게 보이는 성격이 다른 사람에게 오해받기 쉽다는 점이었다. 도를 지키고자 하는 유민들은 종종 사납고 괴팍하고 고집스러운 성격을 드러냈다. 심지어 편지글의 표현도 시의에 맞지 않아 소통하기 어렵다는 인상을 주었다. 그들은 또한 종종 자신의 기준으로 선을 확실하게 그어서 다른 사람의 뜻에 자신의 뜻을 맞추려 하지 않았다. 이 때문에 결과적으로는 더욱 남의 오해를 사고 고립되는 지경에 이르렀다. 여유량은 단호한 말투로 다음과 같이 말했다. "춥고 가난한 중에도 기꺼이 몸을 낮춰 같이 짐을 질 수 있는 동료를 찾아서 낡고 좀먹은 옛 서적을 함께 탐구하고 성현의 도를 연마함으로써 여생을 마감하는 것이 나의 본분일 뿐이다." 비록 이와 같이 꿋꿋하게 사람들과의 왕래를 단절하고 고독하게 지냈지만 그럼에도 자꾸 오해를 받았다. 겉으로는 뜻이 같은 사람으로 보였지만 실은 속으로 다른 의도가 있었던 경우도 많았다. 그러한 우정은 결국 깨질 수밖에 없었다. 여유량은 이에 대해 다음과 같이 원망한 적이 있다. "저의 뜻은 여기에 있는데 다른 사람의 뜻은 저기에 있습니다. 저들에게 도에 관한 말이나 글은 그저 여기저기 떠돌아다니는 입문 격의 구결口訣(요점만 간결하게 정리한 어구)일 뿐입니다." 이런 상황에서 여유량의 고집은 황당하고 우직스럽게 보였기 때문에 다른 사람들에게 조롱을 받았다. 그는 '미녀가 사람을 잡아먹은' 이야기를 들려주었다. 옛날에 여색을 좋아하는 사람이 있었는데 여관에서 미녀 한 명을 만났다. 그가 그녀를 유혹하여 품에 안고 같이 잠을 잤다. 그다음 날 그의 방문이 열리지 않았다. 이웃이 이상해서 문을 부수고 들어갔는데 방에는 머리뼈와 머리카락만 보였고 '흉측한 눈과 피비린내 나는 입'을 가진 커다란 괴물 하나가 갑자기 튀어나와 도망갔다. 여유량은 자신이 두개골과 머리카락만 남은 게 아니라서 운이 좋은 셈이라고 자조적으로 말했다.[64] 친구를 사귈 때 신중하지 않으면 저 이야기 속의 괴물을 만난 것처럼 시신도 남지 않을 거라는 뜻이었다.

물론 유민의 교제는 정신적인 의기투합과 소통에만 그치지 않았다. 생계 면에서 서로 도와주고 함께 난관을 극복하는 것도 중요한 방편이었다. 예를 들어 여유량은 네 명의 가난한 벗과 같이 서화書畫나 도장을 팔아 생계를 도모했다. 그는 「매예문賣藝文」을 지어 그러한 상황을 묘사하기도 했다. 후인이 「매예문」의 발문을 지어 이에 대해 평가했다. "그들은 우정을 돈독히 하며, 생계를 해결할 방책을 마련해 서로 도와주었다. 각자 작품을 팔아 돈을 벌어서 가난 속에 굶어 죽는 것을 면하게 했다."[65] 그런데 「매예문」에서 보여준 작품 가격은 상당히 저렴했다. 도장, 부채, 서화첩, 족자 등의 가격은 모두 3전錢을 넘지 않았고, 축수문祝壽文이나 제문祭文, 비문碑文도 은 1냥밖에 안 됐다. 후인의 연구에 의하면 이 가격은 정섭鄭燮(1693~1765) 작품의 3분의 1 정도에 불과한 것이었다.[66] 단순히 '생계' 측면에서 보기엔 석연치 않은 구석이 있다. 네 사람의 작품 판매 행위에는 또 다른 의도가 있었음이 분명하다.

사실 「매예문」에서도 '기예를 파는' 행위에 다른 깊은 의미가 있음을 추측할 수 있다. 얼마 후에 여유량은 「반매예문反賣藝文」을 지었다. 그는 자신이 글을 팔아 유명해지고 '화식지조貨殖之祖'로 받들어지는 것에 몹시 반감을 가졌다. 자신의 글이 팔리지 않거나 혹은 '팔고 싶은데 같이할 사람이 없는' 많은 문인이 글을 팔아 유명해진 여유량의 대열에 빌붙어 같이 팔아보려고 했다. 그러나 여유량은 이를 허락하지 않았다. 특히 글을 파는 것이 항간의 일상적인 일이 되자 여유량은 더욱 용인하지 않았다. 그러나 항간에 그의 제자라고 하면서 글을 파는 사람이 점점 많아졌다. 심지어 "어느 군의 아무개와 어느 향의 아무개 같은 이들은 모두 여유량이 했던 그대로 기예를 판다"라고 할 지경에 이르렀다. 또한 여유량을 "화식지조貨殖之祖로 떠받들기만 하면 아무 걱정이 없다"는 말도 떠돌았다. 즉 여유량의 매문賣文 기술은 이익을 챙길 수 있는 믿을 만한 보증수표가 됐고, 그의 문하에 붙어 있기만 하면 먹고사는 것은 걱정이 없어질 것처럼 여겨졌다. 이에 대해 여유량의 반응은 "처음에는 이상하다 여기며 웃었지만" 나중에는 "자신이 세운 학문 체계가 훌륭하지 못해 그 해악이 이 지경에 이르렀다고 자책했다."[67]

여유량이 기예를 판 행위는 가난을 구제하려는 동기에서 시작된 것이었지만 최종 목적은 단순히 이익을 꾀하거나 화식貨殖 기술을 장악하는 것에 그치지는 않았다. 후인들이 '기예를 파는' 동기를 생계 측면으로만 한정하여 강조한 것은 정확한 것이 아니다. 이 네 친구 가운데 심지어 어떤 이의 작품은 근본적으로 판매에 적합하지 않았다. 예를 들어 그의 매형인 퉁샹桐鄕의 주성시朱聲始는 평소에 소탈하고 구애받지 않는 성격이었다. 때로는 "마음 내키는 대로 친구의 집에 가서 고금古今을 논하며 하루 종일 피곤한 줄 몰랐다. 그 집에서 식사를 준비하여 그에게 먹으라고 했다. 그러나 그는 밥도 먹지 않고 날이 어두워질 때까지 논란거리에 대해 끊임없이 얘기하며 배고픈 줄도 몰랐다." 그래서 퉁샹 사람들은 그를 '치인癡人(바보)'이라고 불렀다. 이와 같이 곧 굶어 죽을 것 같은 '치인'이었지만 그래도 글 하나는 잘 썼다. 여유량이 보기에 "그의 글은 후세에 전할 만했지만 팔 수는 없었다."[68] 즉 시장에 가지고 가서 팔아도 돈을 얼마 받지 못했으리라는 것을 알 수 있다. 맨 처음 기예를 팔고자 했을 때의 생각은 단순히 생계를 위한 것이 아니었다. 기예를 파는 것은 어지러운 세상에서 도의를 지키는 자신의 능력을 검증하기 위해서였다. 표면적으로 이 두 가지는 양립할 수 없고 보통 사람에게는 위선적으로 보였다. 그러나 이점을 살펴보지 않는다면 그들의 정신세계에 가까이 가기가 어렵다.

여유량의 다음 논의는 음미할 만하다. "기예는 본래 팔 수 없다. 팔 수 있는 것은 기예가 아니다. 동장東莊의 여러 사람은 팔리지 않은 것을 판다." 잰 말놀이 같은 이 말은 기예를 파는 네 친구의 처지를 진실하게 반영한 것이다. 즉 생계를 고려하면서도 작품의 예술적 경지와 격조格調 면에서 고아한 풍격을 최대한 유지하려고 한 것이었다. 여유량은 「반매예문」에서 이렇게 말했다. "1년 동안 나는 사는 사람을 한 명도 못 봤지만 여전히 팔았다." 이 말에는 만약 자신이 이익을 도모하는 측면으로만 생각하고 그렇게 한 것이라면 정말 바보 같은 짓이 아니었겠냐는 뜻이 숨어 있다. 그는 옛날 명인들이 '천한 일'에 종사했던 여러 예를 들었다. "머리를 깎이고 쇠사슬에 목이 묶인 채 노예로 팔려간 계포季布는 농사를 지었고, 초나라 사람 오자서伍子胥는 오나라로 도망가 시장에서 소簫를 연주하며 걸식했다. 사마상여司馬相如는 음식 장사를 하며 그릇을 닦았고, 예주목豫州牧이었던 유비劉備는 조조의 의심을 풀기 위해 채소를 심었다" 등과 같은 역사 사실을 거론하면서 옛 명인들이 '천한 일'을 했던 이유에 대해 말하고자 했다. 그들은 "마음에 둔 지향이 있고, 그곳으로 도망치고자 하는 뜻이 있어서, 한없이 몸을 낮춰 천한 일을 멈추지 않은 것이다."[69] 명인들이 추구한 것은 서로 다른 높은 경지의 체험인 것 같았다. '천한 일'은 그 체험에 이르게 하는 수단일 뿐이었다. 이어서 여유량은 진정으로 '천한 일', 즉 "노예나 거지, 똥지게를 지거나 춤을 추거나 손으로 물건을 만드는 등의 천한 일"에 종사하는 사람이 스스로 이러한 명인들의 인품과 같다고 여기는 것은 들어본 적이 없다고 말했다. 이러한 말을 통해 그의 뇌리에는 신분과 계층의 고하를 구분하는 의식이 여전히 뿌리 깊게 남아 있었다는 사실을 알 수 있다.

여유량이 봤을 때 당시 상황은 좀 엉망이었다. "거지나 장사치 출신의 사람이 재덕을 겸비한 명망 있는 사람 노릇을 하고자 한다"는 것이었다. 즉 '천한 일'에 종사하면서 스스로는 이런 일을 하는 사람보다 정신적 수준이 높다고 여기지만, 사실 뼛속 깊이 자리한 이들의 본래 인품은 여전히 '천한 일'을 하는 무리일 뿐이라는 뜻이다. 진정 '천한 일'에 종사하는 사람들은 그렇게 하지 않았다. 기예를 팔아 생활한 네 친구들이 "팔리지 않는 것을 판다"고 한 것은 남들에게 뽐내려는 심리에서 나온 것도 아니었고 완전히 고아한 명사名士의 풍격을 보여주는 것도 아니었다. 이는 청초 사림이 가난 때문에 생계를 도모하는 길로 힘겹게 전향하게 됐을 때, 정신세계와 생계유지 사이에 어떻게 조화를 유지할 것인지를 고심한 결과였다. 그는 기예를 파는 것의 의미에 대해 다음과 같이 총결했다. "내가 기예를 파는 것은 재주를 뽐내기 위해서가 아니니, 팔지 못하는 것도 고가로 팔려는 것이 아님을 알아야 한다. 그러니 후인들은 파는 것을 불쌍히 여기는 것보다 팔지 못하는 고통을 더 불쌍히 여겨야 될 것이다."[70] 여기에는 말로 표현할 수 없는 애통함이 깃들어 있는 듯하다.

유민들의 생계는 단순한 경제적 문제가 아니라 왕조 교체 시기의 경험과 처지가 한데 뒤얽혀 있는 복잡한 문제였다. 유민들은 절개를 지키는 것과 생존의 기술 사이에서 부단히 헤맸다. 정신적인 것과 물질적인 것을 저울질하는 가운데 유민들은 몹시 피로해졌다. 어떻게 하면 생계를 도모하여 자리를 잡음과 동시에 세속의 시장 규칙에 매몰되지 않게 할 것인가는 생사生死의 선택보다 더 어려운 문제가 됐다.

여유량의 경우, 그가 유적儒籍을 버린 후 집안의 생계에 바로 문제가 생겼다. 그는 친히 농사를 지으며 집안에 남아 있는 몇 무畝의 밭을 경작했다. 그는 「후우경시後耦耕詩」에서 이렇게 썼다. "농사일 바쁜 시절 더불어 부지런히 경작을 하니, 가까이에서 주고받은 인사 멀리에서도 들리네田忙時節 伴工勤, 近地招呼遠地聞."[71]

여유량은 잠깐 동안 의원이 된 적이 있었다. 그는 절친한 친구인 고단중高旦中과 열심히 토론하고 연구했지만 스스로 다음과 같이 생각했다. "의술에 있어서 조예가 깊지 않아 그저 평범한 의원에 불과합니다. 고인들보다 뛰어난 점도 없고, 가끔 소득이 있기는 하지만 고단중이 아는 범위를 넘어서지 못합니다."[72] 「행략行略」 중에 다음과 같은 기록이 있다. 그는 "제생의 신분을 버린 후에 사람들에게 약을 지어주고 의술을 행하며 자신의 정체를 숨겼다. 고인을 흉내 내어 자기 힘으로 먹고살려고 했다. 주변 사람들이 다투어 치료받으러 왔다." 그런데 그는 여전히 "치료가 안 되는 것은 아니지만 의학 이론 면에서 새로 얻는 것이 없다"[73]고 느꼈다. 결국 "나중에 친한 사람이 찾아와도 다 사절한다"[74]는 결정을 내렸다. 이렇게 봤을 때 여유량의 의술은 결코 형편없는 수준이 아니었던 것 같다. 하지만 그는 왜 의술로 생계를 도모하는 길을 포기했을까? 아마 의술을 행하는 것은 단순히 이익을 꾀하는 수단일 뿐이며 '도'의 여러 의미를 실천하지 못한다고 생각했던 듯하다. 고단중에게 쓴 편지에 여유량의 이러한 뜻이 잘 나타나 있다. "이 가운데 인재를 매몰시키고 망칠 수 있는 것이 적지 않습니다. 얼른 발을 빼 화끈하게 물러나는 것이 좋겠습니다. 생각이 담박하면 저절로 욕심이 없어질 것입니다. 만약 외롭고 고독함을 달가워하지 않는다면, 비록 겉으로 하는 일이 고결하다 해도 물러나 은거한다는 것이 세상에 나간 것과 같아지며 이익을 향해 질주하게 됩니다. 여기서 그 경계를 지나는 것은 매우 위험하니 잘 살피지 않을 수 없습니다."[75] 편지에서 고단중에게 의술 행위를 생계 수단으로만 삼지 말라고 권한 것은 실은 자기 자신에게 순수한 생계 사업에 매몰돼 '도'의 본체를 추구하는 신념을 잃어서는 안 된다고 일깨우는 것이었다. 즉 여유량이 '제생 신분을 버린' 행위가 적어도 이때에는 순전히 이익만 추구하려는 것이 아니었음을 알 수 있다. 적어도 그는 '도'와 '생계' 사이의 균형을 어떻게 유지할 것인지에 관해 심사숙고했던 것이다.

유민들이 생계를 꾸리는 수단으로는 선생이나 막료幕僚가 되거나 의술을 행하고 시문時文을 비평하는 것밖에 없었다. 그런데 여유량이 보기에 직업에도 역시 높고 낮음의 구분이 있었다. 예를 들어 그는 선생이 되는 것이 막료가 되는 것보다 수입이 안정적일 뿐만 아니라 인품이 저속해지는 것을 피할 수 있다고 생각했다. 친구에게 보낸 편지에서 그는 막부로 들어갈 때 생기는 폐해를 분석하며 '도리나 이치'로 얘기하지 않고 다만 '이익과 손해'에 관해서만 논하겠다고 했다. 선생 봉급이 막료 봉급에 비해 상대적으로 안정적일 뿐만 아니라 일단 막부에 들어가기만 하면 품성이 나빠지기 쉽다고 지적했다. "일단 막료가 되면 근본과 단절된다"는 것이었다. 그는 주변 사람의 예를 들어 "근래에는 조금만 재능이 있어도 다 막료가 되려고 합니다. 그의 이름이 크게 알려지면서 경제적 형편도 나아집니다. 스스로는 호걸豪傑 같다고 여기지만 그 마음 씀씀이나 인품이 더럽고 저급해지다가 완전히 훼손된다는 것을 모릅니다. 교만과 아첨을 일삼으며 기계적으로 잡다하게 일하니 그야말로 소인의 귀착점밖에 안 됩니다. 그래서 지금의 법에서는 그들을 무뢰배라고 부릅니다."[76] 이와 반대로 선생이 되는 것의 장점은 친구들 사이에 서로 제자를 받아들일 수 있어서 생계를 해결하는 좋은 수단이 될 뿐만 아니라 이 기회를 빌려 서로 왕래하며 학문을 연마할 수 있다는 것이다. 예를 들어 장이상과 황종희는 모두 동장東莊에 있는 여유량의 집에서 사숙 선생으로 있은 적이 있었다. 이로 인해 여유량과 그의 친척, 친구들 사이에 점차 생계와 진리 탐구, 학문 연마로 서로 연결되는 네트워크를 형성하게 됐다.

팔고문 평선가評選家와 '도의道義' 담당

여유량이 유적을 버린 뒤 시문時文 비평을 주요 생계 수단으로 삼은 것은 치명적인 선택이었다. 과거시험 답안지를 다시 편집하는 이러한 행위는 주위의 대다수 친구에게 오해를 사고 받아들여지지 않았다. 또한 사방에서 비난의 소리가 끊이지 않았다. 사실 청초 사인들 중에 시문 평선을 생계 수단으로 하는 사람이 적지 않았다. 예를 들어 『사고전서』 편찬을 위해 사고관四庫館에 들어간 주영년周永年(1730~1791)은 한림翰林이 된 뒤, 관직에 나가 청렴함을 지키는 것과 생계를 꾸리는 것은 결코 서로 모순된 것이 아니며, 이렇게 해야만 남에게 바라는 것이 없게 된다고 여겼다. 따라서 그는 상업과 농업 그리고 시문 평선의 세 가지 직업을 바꿔가며 경험했다. 그는 과거시험 시문 1만여 편을 인쇄하여 판매했는데 "그 글들은 대부분 경전이나 역사서에서 뽑은 것이고 옛 전적에 심취해 있었다. 원래 의도는 과거시험을 위한 것이었으나 도리어 경전에 통달하고 옛것을 따르고 있다. 그 스스로도 그 글들이 의義에 가까워지는 데 이롭다고 여겼다." 그 결과 원가도 회수하지 못하고 수습하지 못할 정도로 손해를 보았다.[77] 여유량의 생계 수단은 주로 '의술 행위'와 '시문 평선' 두 가지였다. 약 주머니를 들고 의술을 행하는 삶은 남에게 욕을 먹지는 않았지만 반대로 도를 추구하는 목표와 거리가 너무 멀어졌기 때문에 그는 이를 스스로 포기했다.

사실 당시에 시문을 평선하는 사람도 제각기였다. 한 부류는 이 일을 근심 없이 생활할 수 있게 해주는 큰일로 여겨 열심히 임했고, 또 한 부류는 이를 단순히 생계를 도모하는 수단으로 삼았을 뿐이다. 『유림외사儒林外史』중 '마이선생馬二先生'과 '광초인匡超人'은 각각 바로 이 두 부류에 속했다. 마이선생은 후세 사람들에게 좋은 영향과 도움을 주기 위해 평선 작업을 할 때 상당한 정력을 쏟아부었다. 그는 "보통 하나의 평어를 위해 밤늦게까지 심사숙고했으며 되는 대로 대충 글을 쓰려고 하지 않았다. 저 글을 읽어야 하는 사람이 이 한 편의 글을 읽고 10여 개의 도리를 깨달을 수 있어야 비로소 가치가 있다고 생각했다."[78] 그런데 광초인은 "하루 종일 한밤중까지 하면 총 70~80편까지 평선 작업을 할 수 있었다."[79] 이런 효율성을 지닌 사람은 당연히 서방書坊 주인에게 환영을 받았다. 서방 주인은 이렇게 비교했다. "전에 마이선생께서 형님 댁 문해루文海樓에서 300편의 글을 두 달 동안 작업하셨는데 재촉하면 화를 내셨습니다. 선생님(광초인)께서 이렇게 빨리 작업하시리라고는 생각하지 못했습니다. 제가 선생님께서 작업한 것을 다른 사람에게 보여주었더니 그들은 모두 선생께서 하신 것이 빠르고 내용도 상세하다고 합니다. 정말 훌륭하십니다! 선생님께서 여기에 머물고 계시면 앞으로 각 서방에서 모두 선생님을 모시러 올 것이고 일거리가 많아질 것입니다!"[80]

여유량도 이와 상당히 비슷한 경험을 했다. 그는 스물일곱 살 때 육문약陸雯若과 같이 좁은 방에 한 달 동안 갇혀 시문을 평선한 적이 있었다. 그는 그 일에 대해 이렇게 말했다. "나는 손과 눈이 느리고 둔해서 하루 종일 5~6편밖에 작업하지 못했다. 그런데 문약은 하루 종일 품을 들이면 10~20여 편을 작업할 수 있었다." 둘이 평선하는 속도 차이는 '마이선생'과 '광초인'의 경우와 아주 비슷했다. 그러나 여유량은 육문약과의 속도 차이에 대해 다음과 같이 말했다. "재주의 민첩함과 둔함의 차이가 매우 크니, 원래 억지로 할 수 있는 게 아니다."[81]

그런데 이해하기 어려운 것은 제생 신분을 내던지고 관직에 나갔던 일을 후회했던 여유량에게 시문 평선에 종사하는 일은 더욱 철저한 정치적 변절이 아닐 수 없다는 점이다. 주변 사람들이 보기에 유적을 버리고 시문 평선에 종사하는 것은 의술을 행해 돈을 버는 것보다 더 수치스러운 '실절失節' 행위였다. 당시에 여유량의 집에 가정교사로 있었던 장이상은 우연히 책상 위에 놓여 있는 여유량이 평선한 시문집 『천개루관략天蓋樓觀略』을 봤다. 그는 즉시 여유량에게 편지를 보내 "사전에 눈물로 권하지 못하고 지기知己가 이런 과실을 범하는 것을 빤히 바라보기만 했던 것"을 후회한다고 토로했다. 다음 말에서 더욱 침통해하는 그의 심정을 읽을 수 있다. "이전에 형께서 의술을 배우신 적이 있었는데 저는 사실 형께서 그것 때문에 학문을 소홀히 할까 걱정했습니다. 그런데 지금은 그보다도 한참 더 멀어졌습니다." 즉 '시문 평선에 종사하는 것'과 '의술을 행하는 것'

은 완전히 성격이 다른 일이라는 뜻이다. "시문 평선은 몸과 정신에 무익하고 원래 가졌던 뜻을 손상시키는 일로서 정력을 소모하고 시간을 낭비하는 일"이기 때문이다.[82] 그는 또한 옛사람의 예를 들어 다음과 같이 권했다. "옛날 상채上蔡 사양좌謝良佐(1050~1103)*는 고금의 일을 잘 기억했는데 정자程子(정이)는 그가 '좋아하는 일에 빠져 진취적인 뜻을 잃었다'고 여겼고, 동래東萊 여조겸呂祖謙(1137~1181)**은 날마다 『좌전』을 읽었는데 주자朱子는 또한 그가 중요한 요체를 제대로 지키지 못했다고 여겼습니다. 하물며 과거시험 팔고문과 관계된 일은 하등에 속하는 일인데 형께서는 어찌 심사숙고하지 않으셨습니까?"[83] 장이상은 편지글을 통해 여유량이 완전히 '실절'했음을 암시했다. 장이상은 그에게 속히 이 무익한 일을 그만두고 "세상의 도와 인간의 마음에 도움이 되는 덕이 있는 일을 하라"[84]고 제안했다.

장이상의 제자의 말에 따르면, 장이상이 한번은 농담 삼아 "내가 만약 재상이 된다면 팔고 과거제도를 폐지하고 향리에서 인재를 추천하는 법을 회복시킬 것이다"라고 얘기하자, 이에 여유량이 "선생께서 폐지하면 나는 조정에 상소하여 다시 회복시킬 것입니다"라고 했다고 한다.[85] 이 에피소드의 진위는 정확히 알아내긴 어렵지만, 시문 평선하는 것에 대한 여유량의 오해가 이미 심했다는 것을 알 수 있다. 특히 여유량이 시문 평선을

---

* 자는 현도顯道이며 북송의 저명한 이학가로서 상채上蔡학파의 창시자다. 채주蔡州 상채(지금의 허난 성 상차이) 사람으로 상채선생 또는 사상채謝上蔡라고 불렸다. 정호·정이에게 수학했고 유초游酢·여대림呂大臨·양시楊時와 함께 정문사程門四선생이라 칭해진다.

** 자는 백공伯恭이며 세칭 '동래東萊선생'이라고 한다. 박학다식했으며 이치를 밝혀 실천할 것을 주장했고 실용적인 학문을 추구하며 공리공론을 반대했다. 절동浙東학파의 선성을 열었고 그가 창립한 '무학婺學'은 이학 발달사상 중요한 위치를 차지했다. 주희·장식 등과 함께 '동남삼현東南三賢'으로 칭해졌다. 여조겸은 역사 공부를 중요하게 생각하여 사람들에게 『좌전』과 『사기』를 읽을 것을 권했다.

하게 된 동기에 대해서는 더욱 그랬다. 민국民國 초기에 이르러서도 장타이옌은 여전히 "여유량은 본래부터 생계를 꾸리는 방도를 잘 알아 집안 재산을 더 늘리고자 했다"고 평했다. 예를 들어 "그는 집에서 큰 잔치를 벌인 뒤 칼 하나도 잃어버리지 않았다고 했다. 옹정제께서는 그의 일기에 거름·흙 같은 사소한 것까지 기록되어 있는 것을 두고 이것이 모두 그가 생계를 꾸리는 방도를 잘 알고 있었던 증거라고 하셨다. 그가 시문을 평선하는 것은 장사하기 위한 것이었고, 그가 작업한 것은 쉽게 전파되어 사람들이 점점 천개루天蓋樓가 있다는 사실을 알게 되었다."[86] 즉 여유량이 '시문 평선'에 종사한 것은 순전히 생계를 위한 것이었다는 얘기가 이미 수백 년간 전해졌음을 알 수 있다.

사실 세상 사람들의 이런 평가에 대해 여유량도 잘 알고 있었다. 그는 친구 오이요吳爾堯가 그의 시문 선집 『만촌천개루우평晚村天蓋樓偶評』에 써준 「서序」에서 남의 입을 빌려 자신을 변명할 수 있었다.* 서언에서 우선 질문들을 제기했는데, 이 질문은 한 사람의 입에서 나오는 것처럼 표현했지만 실은 여러 사람의 목소리인 듯하다. "어떤 사람이 오이요에게 물었다. '듣기에 여유량은 안절부절 냉랭한 태도에 부정적인 말이 많고 긍정적인 말은 적으며, 관부의 가마를 만나면 피하고 이상한 소리를 들으면 귀를 가리고 도망간다고 합니다. 또 사람들과 과거시험에 대해 얘기하기만 하면 괴로워하며 눈물을 훔치지 않는 때가 없다고 합니다. 그런데 그는 득의양양하게 시문을 평선하고, 또 당신은 그것을 천하에 전파하려고 하시

---

* 실제 오이요의 전문을 살펴보면 아래 인용문을 시작하기 전에 "전 일찍이 여유량에게 이렇게 들었습니다"라는 표현이 있다. 즉 아래 변명은 비록 오이요가 하고 있지만 실질적으로는 여유량이 한 말이라고 볼 수 있다.

니, 저는 몹시 의아할 뿐입니다.'" 오이요가 대답했다. "수재라고 반드시 책을 잘 읽는 것은 아니지만, 책을 잘 읽고자 하는 것은 분명 수재의 본분입니다. 글자를 안다고 해서 반드시 수재가 되는 것은 아니지만, 수재가 되고자 한다면 반드시 글자를 알아야만 합니다. 이것은 한자의 편방을 알려주려고 붉은 먹으로 문장을 고쳐주는 일이니 질책을 하려면 마땅히 이 점을 질책해야지 어찌하여 시문으로 비난을 하십니까?"

다른 질문도 잇따랐다. "때를 만난 사람은 산림 속에 있는 것을 족쇄로 여기지만 은둔하는 사람은 관료가 되는 것을 괴로워합니다. 목표한 바와 가는 길이 서로 다르니 뜻을 이루기 위해 하는 일도 서로 다릅니다." 이는 여유량이 제생의 신분을 버렸으니 응당 은거하며 도를 전파해야지 두 일의 경계를 모호하게 해서는 안 된다는 뜻이다. 여유량은 오이요의 입을 빌려 은거와 시문時文 사이에 절대로 뛰어넘을 수 없는 경계선이 있는 것이 아니라고 반박했다. "만약 은거하기 위해 반드시 시문을 반대해야 된다면, 효제역전과孝弟力田科*로 선발되면 아버지나 형님의 산소를 떠나고, 박학홍사과博學鴻詞科**로 선발되면 경사 전적들을 불태우고, 고도구원과高蹈丘園科***나 불구문달과不求聞達科****로 선발되면 속히 번복하고 소부巢父나 허유許由*****처럼 떠나는 것이 가능하겠습니까?" 이 말은 제생 신분을 버리는 동시

---

* 부모에 효도하고 어른에 공손하며 농사에 힘쓴 사람을 뽑는 과목이며, 한漢 문제文帝 12년에 처음 설치됐다.

** 당 현종 개원開元 19년에 박학굉사과博學宏詞科를 실시하여 그것으로 학문에 해박한 선비를 뽑았다. 청대에도 이 제도를 시행했다.

*** 송대 천성天聖 연간에 설치된 관리 선발 과목으로, 은거하는 사람이 공문을 올리면 그가 있는 곳에서 시험을 볼 수 있도록 해준 제도다.

**** 당唐의 관리 선발 과목 중 하나로 은거하는 사인을 전적으로 등용하고자 설치한 것이다.

***** 두 사람 모두 요임금 시절의 은사隱士로, 요임금이 두 사람에게 양위하려 하자 모두 거절하고 다른 곳으로 떠났다. 이후 '소유'라고 병칭하여 은거하며 벼슬에 나가지 않는 사람을 일컫는다.

에 시문을 평선하는 자신의 기괴한 행위에 대해 변호하는 듯 보인다. 그러나 그 진정한 뜻은 다음 문장에서 드러난다. "만촌晩村(여유량)은 안 좋은 글이란 사람의 마음에서 생기는 것이며, 좋은 글은 사람 마음에 깊고 은밀하게 감춰진 병폐를 바로잡을 수 있다고 여겼습니다."[87] 진정 글을 장악하여 권력을 지닌 사람은 모두 시문時文을 다루는 사인 계층이었다. 따라서 여문충呂文忠은 「행략行略」에서 여유량의 탄식을 인용했다. "도를 밝히지 못한 지가 오래됐다. 이제 도를 다시 밝히려면 현재 문자에 정통한 몇 분의 수재를 제외하고는 더불어 말할 수 있는 사람이 없다. 또한 사서(『논어』 『대학』 『중용』 『맹자』) 이외에 강학할 만한 것이 없다."[88]

『천개루대제우평』 「서」의 마지막 부분에서 여유량은 다음과 같이 탄식했다. "만촌(여유량)을 꾸짖노니, 문자에 정통한 이 수재를 버려두고 무엇을 바라는가?"[89] 여유량의 목적은 이미 뚜렷했다. '문자에 정통한 수재' 역시 '도'를 전파하는 도구일 뿐이며, 인심과 풍속이 나빠진 것은 시문이라는 형식 때문이 아니라 '도통道統'을 전파하는 방식이 부정확했기 때문이라는 것이었다. 그래서 "아이들을 가르치는 서당 선생이 시문을 평선하는 경우 다만 자신의 몸과 집안의 생계만을 추구했기 때문에 그 폐해가 매우 커지는 결과를 낳았다."

당시 사람의 눈에 시문을 평선하는 것은 가장 저속한 생계 수단으로, 선생이 되거나 의원이 되는 것보다 품격이 훨씬 떨어지는 일이었다. 제생의 신분을 버리면서 시문 평선에 종사하는 것은 아무리 봐도 구멍에 머리만 내밀고 엿보는 쥐와 같이 우유부단해 보이고 위선적인 냄새가 풍겼다. 사실 여유량은 과거제도의 폐해에 대해 완전히 간파하고 조금도 망설임 없이 비판했다. 그는 과거시험에 대해 이렇게 말했다. "글이 나쁜 것은 그 원인이 글 자체에 있는 것이 아니다. 나쁜 것은 바로 인심과 풍속에 있다. 아버지는 그것을 아들에게 물려주고, 스승은 그것을 제자에게 물려준다. 아들은 다시 아버지가 되고 제자는 다시 스승이 되며, 그들이 다시 아들이나 제자에게 전수해주는 것은 공명을 좇고 출세하는 일이 아닌 것이 없다. 공명을 좇고 출세하려면 지름길을 찾지 않을 수 없고, 지름길을 찾다보면 반드시 저속하고 비겁해진다."[90] 그다음 말은 더욱 분명했다. "그대들이 이 문으로 들어가려고 하는 것은 어째서인가? 훌륭한 관리가 되기 위해서이고, 돈을 많이 벌기 위해서다." 이 사람들은 자신들에게 있어 과거시험을 "마치 도둑에게 있어 삽과 같은, 강도나 협객에게 있어 칼과 도끼와 같은" 것으로 보면서 과거에 응시하는 일을 목적을 달성하는 수단으로 여겼다. 시문도 작업을 돕는 연장일 뿐이니, 연장이 이미 준비된 후에는 "문을 밀어 열고 들어가 보물을 찾아 궤짝이나 상자에 넣어 짊어지고 보따리를 둘러메고 재빨리 달아난다"[91]는 것이다. 여유량은 속으로 사인들이 과거에 응시하는 것은 마치 도둑이 집을 털어 보물을 훔치는 것이나 다름없고 자랑할 만한 일이 아니라고 생각했다. 그런데 그는 왜 사람의 비난을 무릅쓰고 경솔하게 이런 일을 했을까? 여유량은 "사람이 풍속에 의해 변하지 않아야 풍속을 변화시킬 수 있다"고 생각했다.[92] 그가 하는 일은 겉으로 보면 저속하기 짝이 없는 일이었지만 이것을 빌려 타락하고 쇠퇴한 문풍文風의 내재적인 품성을 변화시킬 수도 있었다. 이것이야말로 진심을 갖춘 사인들이 마땅히 해야 할 일이기에 개인의 명예나 영욕 따위는 일찌감치 마음에 두지 않게 됐다.

과거시험과 관련된 풍속이 나빠지게 된 근원은 대부분의 사인들이 처음 학교에 다닐 때 촌구석의 수준 낮은 선생으로부터 잘못 배운 데 있었다. 어렸을 때부터 "잘못된 이치를 배우면서 장구의 분석과 주석이 그게 다인 줄 알았고, 비루한 시문時文을 배우면서 사상을 표현하고 글을 쓰는 법도의 정수가 그게 다인 줄 알았던 것이다." 그 결과 "선대 유학자들의 깊고 오묘한 사상의 이치와 고인들의 실제적인 학문에 대해 처음부터 제대로 아는 것이 없고, 담금질하듯 깊이 연마하지도 않고서는 이미 다 안다고 말하면서 늙어 죽을 때까지 잘못 배웠다는 것을 모른다."[93] 기존에 배웠던 것이 그저 그렇다고 생각하기 때문에 간결하고 유용해 보이는 다른 학문의 유혹을 받기 쉬웠다. 여유량은 명말 이래로 사람들의 영혼을 강하게 사로잡았던 '강학講學'이라는 말의 흡인력을 잘 알고 있었기에 '강학'의 풍조를 몹시 경계하며 이렇게 말했다. "강학이라는 것은 내가 아는 바가 아닐 뿐만 아니라 평생을 싫어하여 듣고 싶지 않은 것이다."[94] 그러고는 다음과 같이 강학의 유혹에 대해 분석했다.

진부한 시문에 염증을 느낀 사람이 "바깥 세상에 이른바 강학이라는 것이 있다는 것을 듣는다. 강학의 내용은 그동안 자신이 배웠던 것과 많이 다르며, 강학의 취지는 대개 향상됨을 추구하고 사람의 본심을 지향하는 것이다. 따라서 이를 성학의 정통을 계승한 적자嫡子라고 생각하고, 그동안 배웠던 것은 조리가 없고 고루하여 소용이 없는 것으로 여기게 된다. 그러면서 이전의 학문을 모두 버리고 강학을 따른다. 일단 강학에 빠지면 글자나 문장의 대의나 뜻을 찾고 주석을 다는 학문을 무시하며 할 만한 것이 아니라고 여기고 다른 새로운 해석에 신경을 쓴다."[95] 여유량은 이 새로운 주장의 매력이 간결하고 배우기 쉬우면서 현실적인 실천을 지도하는 면에서 조절 능력이 강하다는 데 있다고 보았다. 그래서 전傳·주注 위주의 주자학이 간명하고 쉽게 실천할 수 있는 심학心學에 미치지 못한다는 오해를 불러일으켰다고 평가했다. 사실 주자학이 심학보다 못하다는 인상을 심어준 것은 주자의 학설이 사람들을 사로잡는 매력이 부족해서가 아니라 사람들이 깨닫는 능력이 서툴고 부족하기 때문이라고 생각했다. 따라서 그는 단도직입적으로 말했다. "강학이 어찌 도리에 어긋난 것이 아니겠는가? 오늘날 이학理學의 혼란은 다 이로 말미암은 것이다. 강학의 원칙은 경의經義를 경시하고 장구章句나 전傳·주注를 믿지 않는 것에서 시작된다."96

시문이 점점 잘못된 방향으로 가는 것을 감안하여 여유량이 자신의 명분을 바로 세우는 방식은 '과거시험'과 '과거시험 공부'를 구별하는 것이었다. 과거시험 자체는 잘못이 없는데 과거시험 공부를 하는 사람의 잘못이라고 단언했다. 왜냐하면 과거시험 공부를 하는 사람들은 소위 '세속 격식'의 구애를 받기 때문이었다. 그것은 마치 목수가 가구를 제작할 때 그리는 먹줄과 같아서 자가 이동하는 방향을 잘 따라가야지 조금이라도 비뚤어지면 질책을 당한다. 그런 '세속의 격식'에 중독된 사인들은 "격식을 따르면 문제가 없고 조금이라도 다르면 아니라고 한다. 남과는 다른 성격이 있더라도 반드시 꺾어 격에 맞추도록 한다."97 이는 개성의 표출을 완전히 억제하는 것이었다. 먹줄에 맞게 하는 비법은 신분이 높은 사람이 이미 지어서 파는 문구文句를 암암리에 손에 넣어 베끼고 그대로 따라하는 것이다. '베끼지' 않는 글자가 한 글자도 없을 정도였으며, 이러한 비법은 힘들이지 않고 효과를 보는 방법으로 여겨졌다. 그러다보니 곧 "천하에 사람이 많지만 공부에 뜻이 있는 사람은 적다. 그러니 이렇게 하기만 하면 책을 읽지 않고도 출세할 수 있다"98는 분위기가 형성됐다. 글은 온화하고 고귀한 분위기가 사라졌고, 인품도 따라서 저속해졌다.

여유량은 과거 공부가 사람의 품위를 저속하게 만드는 것에 관해 황종희에게 물어본 적이 있었다. "사람들은 흔히 절서浙西 지역 사람들이 똑똑하다고 여기는데 왜 학자는 매번 남쪽에서 나옵니까?" 황종희가 대답했다. "절서 지역 인재들은 열 살이 채 안 됐을 때부터 시문時文을 자유자재로 지을 수 있지만 30세 정도가 되면 학문에 더 이상 진전이 없고 이후로는 해마다 점점 퇴보하여 결국 재주가 다하고 맙니다. 그런데 우리 고향 남쪽 사람들은 30세 이후부터 공부하는 세월이 막 시작된다고 할 수 있습니다." 여유량은 이 말을 듣고 크게 놀랐다.[99] 그때부터 그는 글을 짓는 것과 '기를 기르는 것養氣'의 관계에 관심을 가지기 시작했다. 특히 '문文'과 '이理'가 어떻게 미묘한 표리 관계를 이루는가에 주목하고 이 둘의 위치를 전도시켜서는 안 된다고 강조했다. 그는 산기슭에서 운무雲霧를 구경하는 것을 예로 들며 변하는 것은 '문'이고 불변하는 것은 '이'라고 해석해냈다. "운무를 구경하려면 반드시 산기슭에서 해야 하고, 물안개를 보려면 반드시 강과 호수에서 해야 한다." 그런데 운무와 물안개가 오로지 스스로의 힘으로 생기는 것이라고 오해해서는 안 된다. "물안개는 스스로 생겼다 사라질 수 없고 운무는 스스로 모였다 흩어질 수 없으니, 다 강이나 호수, 산기슭 스스로가 기이하고 환상적인 것이다. 운무와 물안개는 변할 수 있지만 강물이나 호수, 산기슭은 불변하는 것이다."

의미심장한 이러한 비유를 말한 다음 그는 '문'과 '이'의 관계를 언급하는 진짜 의도를 드러냈다. "'문'에 '이'가 있다는 것은 바로 강과 호수, 산기슭과 같은 것이고, '문'이 있다는 것은 바로 물안개와 운무를 말한다. 변화의 극치인 '문'으로 불변의 '이'를 전한다."[100] 그는 더 나아가 논리를 펴면서 말했다. "불변하는 '이'를 버리고 변화하는 '문'을 추구하는 것은 마치 산기슭과 강, 호수를 떠나 운무와 물안개를 추구하는 것이다." 이것은 바로 부패한 유자儒者들이 하는 짓이었다. 여유량의 눈에 과거科擧는 결코 '도학道學'을 위해 만들어진 것이 아니었다. 기껏해야 운무와 물안개처럼 '도道'의 표상을 길러낼 뿐이었다. 따라서 시문時文이나 시詩 또는 고문古文를 비롯한 글들이 그 문체는 서로 다르다 하더라도 사실 모두 '사서오경'을 연마하는 수단이 되어야 했다. 여유량을 가장 화나게 하는 것은 세상 사람이 다 그를 시문 평선가로 본다는 사실이었다. 그는 자신의 생각을 이렇게 표현했다. "세상 사람들이 나에 대해 얘기할 때 마침 시문 평론한 것과 연결시켜 내가 풍조를 바꿀 만한 공을 세웠으며 근래의 평선가 중 뛰어난 사람이라고 말한다. 이는 내가 심히 수치스러워하고 원망스러워하는 것이다."[101]

자신이 결코 단순한 시문 평선가가 아니라는 것을 증명하기 위해 여유량은 과거시험 공부를 위해 '사서오경'을 편집하여 강의하는 '강장講章'의 학문을 맹렬하게 비판했다. 그는 강장학講章學이 변질됐기 때문에 시문이 시대의 풍조를 따라 그 본래 취지를 잃었다고 보았다. "강장학으로 유명한 사람들은 만년에 다 선학禪學으로 귀의했다." "양명학을 추종하는 사람들은 이단의 학설로 세속의 욕망을 관찰하고 부추기며 그 한계를 없앴다. 총명한 출세 지향의 사인들은 그들의 학설이 훌륭하다고 좋아했다. 그들은 그동안 보잘것없는 것을 배웠다고 후회하며 그것을 버리고 모두 한마음으로 이 새로운 학설을 따랐다. 명나라 융경隆慶·만력萬曆 연간 이후 마침내 주자의 주석을 공격하는 일을 일삼으며 양명학의 화와 폐해에 대해서는 말하려고 하지 않았다. 식자들은 선학禪學에 그 죄를 돌렸지만 선학에 귀의한 사람들이 강장학을 공부한 사실은 몰랐다."[102]

'강장'을 비판하고 나서 여유량은 독서하고 공부하는 방법에 대해 말했다. "……주자께서는 사람들에게 본문만 읽고 그것에 집중하여 음미하라고 가르치셨다. 그러다 이해가 되지 않는 것이 있으면 그 주석을 보고, 또 주석을 보고도 이해가 되지 않으면 『혹문或問』*을 보라고 하셨으니 이제 이러한 방법을 모범으로 삼아 따라야 한다. 본주를 위주로 하면서 '강장'은 옛것이든 새로운 것이든 모두 따르지 않는다. 『대전大全』 중에서도 주자의 말씀만 보고 그 외 다른 학자의 말은 주자의 주에 부합하면 따르고 부합하지 않으면 없애버려야 한다."[103] 이러한 말들을 보면 여유량은 더 이상 은사가 아니라 전형적인 주자학의 '옹호자'로 보인다. 심지어 청초의 정주程朱 이학에 대한 숭상과 수호 분위기와도 부합한다. 그러면 제생의 신분을 버린 것과 주자학을 수호하는 것 사이의 관계를 어떻게 이해해야 할까? 또 청나라 조정에서 애써 여유량을 문자옥의 죄인으로 처리한 것과 여유량이 주자의 도를 옹호한 것 사이의 미묘한 관계를 어떻게 이해해야 할까? 이런 당혹스런 의문에 대해 다음 단락에서 분석해보고자 한다.

---

* 문체의 일종으로 문답체로 논점을 설명하는 것이다. 책의 제목으로로도 많이 쓰였는데, 그 예로는 주자의 『사서혹문四書或問』 등이 있다.

3절
서로 다른 주자朱子의 '옹호자'

|

이 '주자 숭상'은 저 '주자 숭상'이 아니다

앞에서 여유량이 유적儒籍을 버렸지만 여전히 주희를 숭상했다고 말했는
데, 이와 같은 행동은 비정상적으로 보이기도 한다. 여유량은 강희 연간
에 생활했고 그때 강남 지역은 점차 태평 시대로 접어들었다. 또한 조정
에서도 주자학을 크게 숭상하는 시기였으며 과거시험에서도 계속 주자
의 사상을 지존의 위치에 두고자 했다. 이치상으로 보자면 이는 여유량
이 도를 계승하려는 이상과 대체로 일치했다. 여유량이 설령 종종 '한 세
대 젊은' 유민이라는 정서에 폭 빠져 벗어나기 어려웠다 하더라도, 당시
황제가 주자를 숭상하는 것에 속으로는 수긍해야 했을지도 모른다. 그러
나 여유량이 보기에, 관리 사회의 주자 숭상은 마치 제목과 그 속 내용
이 완전히 어긋난 희곡 공연처럼 보였다. 황제가 그 희곡의 노래 가사를
왜곡해 부르는 바람에 극의 줄거리와 상황이 수시로 변해서 더는 감상할
수 있는 방법이 없어져버렸다. 구체적으로 말하면, 청초의 언론 분위기에
서 황제와 유민이 경쟁하듯 서로 성현의 도를 이야기했지만, 강희제와 여

유량의 머릿속에는 완전히 다른 두 명의 '주자'가 존재했던 것이다.

청초의 황제 중에 가장 주자를 숭상했던 이는 의심할 바 없이 강희제였다. 그는 『성리대전性理大典』을 간행하여 선양했을 뿐만 아니라 『성리정의性理精義』도 편집했다. 그는 『주자전서朱子全書』의 「서序」에서 '집대성' '1000여 년간 끊이지 않고 전해질 학문' '만세 동안 불변의 규칙을 세웠다' 등의 지극한 찬사를 가득 늘어놓았다.[104] 그러나 주자가 담당한 '도통道統'이 황권을 제어할 수 있는 독립된 역할을 지니고 있다는 것을 마음속으로는 인정하지 못했다. 한편, 여유량을 비롯한 유민들의 마음속에 주희가 살았던 송나라는 내외적으로 우환을 겪었지만 사풍이 가장 성했던 시기였다. 한때 '사인'들은 군왕과 같이 정치와 사상에 대한 의견을 나누며 천하를 함께 다스릴 수 있는 독특한 국면이 이루어졌던 듯했다. 비록 사인 계층이 정치권력 분배에 참여하는 기회가 극히 제한적이었고, 대부분의 시간 속에서 '군왕과 신하가 함께 다스린다君臣共治'는 것은 상징적인 의미만 있었지만, 이러한 모습은 후세 문인이 흠모하고 본받고 싶어하는 것으로서 화젯거리가 되기에 충분했다. '한나라, 당나라 시대'의 사인들은 이렇게 높은 지위에 도달한 적이 없었다. 따라서 송나라의 유학자들이 나라 정치에 참여하고 황권을 함께 나누었던 기억은 즉시 크게 확대되고 심지어 신화적인 색채가 덧입혀졌다. 송나라 때의 사인만이 독립적으로 도를 전승하는 사명을 담당하며 '치통治統(통치의 정통)'의 한쪽을 대표하는 군왕과 맞서며 그를 제어할 수 있었던 듯했다. 이것이 바로 강희제가 가장 꺼리는 것이었다.

강희제의 주자 숭상은 주자를 대신한 '사인'들이 '도통'을 소유하고 사용하는 것을 강조하려는 의도가 분명 아니었다. 사인들이 '정통政統(황제의 정치적 정통성)'의 구속에서 벗어나 도를 전하는 임무를 맡았다는 명분을 내세워 황제의 언행에 대해 이러쿵저러쿵 의견을 말할 수 있도록 격려하려는 것은 더더욱 아니었다. 그는 '치통治統'과 '도통道統'의 두 역할을 한 몸에 모아 삼대三代를 중흥하고자 했다.[105] 사실 강희 연간에 들어와 사인들은 이미 난처한 지경에 처했다. 이치대로 말하자면, '삼대를 회복시키는 것'은 청초 사인들의 이상이기도 했다. 즉 '치교합일治敎合一(다스림과 교화의 합일)'의 고대 사회로 돌아간다는 것이다. 그러나 공자 이래 형성된 '도통'의 담당과 계승에 대한 전통은 이미 하나의 사유방식을 형성했다. '도통'은 '치통'의 운용을 감독하고 제어할 책임이 있으므로, 사인들은 도덕적 훈계의 역할 방면에서 황제와 관료 등 통치 전문가와 다른 신분과 직책을 지니고 있어야 했다. 또한 사인들은 황제가 '도통'을 박탈하고 점유한다는 것을 쉽게 인정할 수 없었다. 이로 인해 청초 사인들은 양극으로 분화되는 형상을 보이기 시작했다. 한쪽은 '통치와 교화治敎' 역할을 일체화하려는 청나라 황제의 정치적 의도를 적극적으로 따르며 제창했고, 심지어 청나라 황제를 수천 수백 년간에 유일하게 삼대三代의 부흥을 실현할 수 있는 명군으로 여겼다. 이불李紱(1673~1750)이나 이광지李光地(1642~1718) 등과 같은 이들은 강희제가 주희 이후 '치통'과 '도통'을 한 몸에 지닌 군왕이라고 보았다. 그들은 주희 시대에는 '도'와 '치'가 분리되어 있었기 때문에 주희가 비록 성현이긴 했어도 '도통' 계승 능력만 있었을 뿐, 삼대의 경지에는 미치지 못했다고 여겼다. 그런데 강희제는 '도道'와 '치治'를 일체화시킨 훌륭한 기백을 지녔으니 '도통'의 시조라는 신분만 지닌 주희보다 훨씬 위대하다고 주장했다.[106] 이런 사람들은 곧 관료 계층에서 황권 이데올로기를 구축하는 사람이 됐다.

또 다른 한쪽의 사람들, 즉 여유량과 같은 골칫덩이 유민들은 주희가 '도통' 계승의 측면에서 차지하는 지위를 긍정할 뿐만 아니라 나아가 사인들이 제왕과 함께 천하를 다스려야 한다는 송나라 사인의 이상을 계속 견지했다. 여유량의 다음과 같은 논의는 '지금의 군왕時王'와 고대 성현聖賢의 차이를 언급한 것으로, 스스로 '치도합일治道合一'의 신분을 이미 획득했다고 생각하는 강희제를 향한 경고라고 볼 수 있다. "오늘날 천하는 체제와 법도, 문자가 통일됐으니 지금의 군왕과 같이 존귀한 분이나 공자와 같이 성스러운 분이나 모두 감히 예악을 만들지 못한다. 바로 오늘날 천하의 예의와 법도, 문화를 이룬 것은 모두 문왕文王과 무왕武王, 주공周公으로부터 비롯됐다. 대동大同과 일통一統의 사회가 이처럼 성대하니 비록 개정해야 할 것이 있다 하더라도 덕과 지위가 모두 높은 사람이 없다면 손댈 뜻을 가져서는 안 된다. 아무리 지금의 군왕이라 할지라도 어리석기에 감히 자신의 생각대로 할 수 없고, 아무리 공자라 할지라도 (신분이) 미천하기에 감히 자기 마음대로 할 수 없다."[107] 이 말의 숨은 의미는 문왕, 무왕, 주공만이 '치도합일'의 신분을 가질 자격이 있으며, 강희제는 '당시의 군왕'으로서 여전히 '덕과 지위가 모두 높은' 자격을 갖추지 못했다는 것이다. 이처럼 날카롭게 의론을 펼치니 옹정제와 건륭제가 그를 우매하고 완고하며 교화를 받아들이지 않는 전형적인 인물로 치부하며 비난했던 것도 당연하다.

청초 황제들이 보기에 여유량이 어떠한 시의적절하지 않은 논의들을 했는지, 그의 머릿속에는 또 강희제가 생각하는 것과 다른 어떠한 '주자朱子'가 존재했는지 다음에서 살펴보도록 하겠다.

버릇처럼 하는 송나라 이야기와 가법家法의 고수

여유량의 주자 숭상은 왕조 교체기의 어지러운 세상 속에서 '주자학'을 심신 수련의 학문으로 삼아 믿고 떠받든 것이었다. 물론 그 심정은 강희제와 달랐다. 주자학이 냉대를 받는 것에 대해 언급할 때 그의 말투에는 어쩔 수 없는 체념과 처량함이 묻어나왔다. "송나라 사람의 책을 읽는 것을 좋아했다. 닥치는 대로 수집하거나 사들여서 그 서책이 많이 쌓였다." 그가 송나라 책을 수집하는 이유는 다음과 같았다. "송나라 사람들은 오랫동안 세상 사람들에게 무시를 당해왔고, 호사가들도 제 입맛대로 떠들어댈 뿐이었습니다. 송나라 책은 변고를 또 한 번 거치며 거의 다 없어졌으므로 반드시 송나라 사람의 책부터 시작했습니다." 그리고 그 목적은 "세상 사람들이 송나라 때 학문이 진부하다고 하는 얘기가 틀렸다는 것을 지적하여 송나라 사람들의 학문이 온전함을 강구하는 것입니다."[108]

여유량이 주자를 숭상한 말들은 '사서' '오경'에 대해 분석한 그의 저작 가운데 주로 남아 있다. 겉으로 보면 이런 논의는 대부분 전통 이론을 엄수하고 있는데, 거의 주희가 한 말의 본의를 중심으로 해석한 것이었다. 예를 들어 그는 '천天'과 '이理'의 관계를 다음과 같이 설명했다. "천天이 바로 이理이고 성性이 바로 이理다. 따라서 주자는 '각욕자진各欲自盡(각자 스스로의 본분을 다하고자 한다)'에다가 '이지당연理之當然(당연한 이치다)'을 덧붙였다. 뒤의 이 네 글자를 모르고 '각욕자진'만 이야기하면 마음에 근거한 학문(양명학)이 될 뿐이다. 자신은 '다했다盡'고 생각했지만 실은 '다하지 못한未盡' 것이 많이 남아 있는 것이다. 양명학자들의 말들은 그저 우물 안 개구리처럼 앉아서 진정한 하늘을 모르는 것과 같다."[109] 이 논의는 겉으로 보기엔 주자학의 이론을 논의한 것 같지만 앞뒤 맥락을 살펴보면 실은 '천'과 '이'의 표리 관계를 통해 '군신질서君臣秩序'를 확정한 것이 었다. 다음의 말 속에 '천天'이 빈번히 나타나는데 모두 군신관계에 맞춰 논의한 것이다. "왕이 백성을 섬기며 그들의 군왕이 되고 스승이 되는 것, 또 군왕이 성현을 데리고 함께 천하를 다스리는 것 모두가 천天이다. 군 신 간에는 천례天禮, 즉 천질天秩, 천서天敍, 천명天命, 천토天討에 근본을 두 고 있으니, 모두 천이 아닌 것이 없다. '천'으로부터 보면 군신의 존비 관계 가 다르지만 거리가 멀지는 않다. 아마 예禮의 등급에 있어 한 등급 차이 에 불과할 것이다."[110] 이 논의에서 그는 왕명이 천에 의해 부여된 것이라 는 의미를 매우 분명하게 표명했고 군신을 거의 평등한 위치로 끌어다놓 았다.

군신관계는 부자관계와 마찬가지로 천성天性에서 나온 것이라고 했다. "천(하늘)이 백성을 낳고 군신을 세우니, 군신은 다 천의 백성이다." 군과 신 둘의 관계는 "신하는 군왕에게 다스림을 주관할 것을 청하고 군왕은 신하에게 다스림을 보좌해줄 것을 청한다. 이 모든 것에 천이 존재한다." 따라서 "군신은 모두 자기의 이익을 추구하여 이기적으로 행하는 사람이 아니다. 군신의 존비尊卑는 정해졌지만 그 거리는 단지 한 칸 정도에 불과 하다." 그런데 이후의 변화는 '천天'이 안배한 본의에서 어긋났다. "삼대 이 후 군왕과 신하는 모두 '천'이라는 단어를 잊어버렸다. 그래서 군왕은 자 기가 하고 싶은 대로 해도 된다고 여기고, 신하는 살리고 죽이는 것과 벌 주고 상 주는 것이 모두 군왕에 의해 정해지는 것으로 알고 그것을 따르 지 않을 수 없었다. 그리하여 군왕과 신하의 존비 관계는 크게 벌어져버 렸다. 결국 군왕의 통치는 권위와 힘으로 이루어지게 됐고 이것으로도 안 될 경우에는 찬탈과 시해가 뒤따랐다. 이렇게 사사로운 마음으로 자신의 이익을 추구하는 세상이 됐고 '천'이라는 글자와 단절이 됐다. 군왕은 예가 '천'에서 나왔다는 것을 모르고 신하는 충忠이 '성性'에서 나왔다는 것을 모른다."111 즉 삼대 이후 제왕들이 모두 거짓된 힘으로 천하를 얻고 법술法術로 천하를 다스렸기 때문이라는 것이다.

여유량은 '도통道統'의 전승을 종사宗祀의 계승과 서로 혼동하는 행위에 대해 비판했다. 성인聖人이 도통을 전승하는 것과 부자 사이의 전승 관계는 완전히 다르므로 마구 섞어서 같은 것으로 얘기해서는 안 된다는 것이었다. 어떤 사람이 "성인은 도통을 종사宗祀로 삼는다"고 하며 요·순·우의 전승이 바로 부자父子 전승과 같다고 예를 들었다. 그러자 여유량이 바로 명쾌하게 반박했다. 그는 요·순·우의 전승이 '현賢'의 여부를 기준으로 삼았지 혈연을 기준으로 한 것은 아니라고 했다. 나아가 군신 윤리와 부자 윤리가 다르다고 설명했다. 군신관계는 '의義'를 바탕으로 하고 부자 관계는 '인仁'을 바탕으로 하므로 마음대로 뒤섞어 혼동해서는 안 된다는 것이다. 그렇지 않으면 불가에서 하듯이 종파나 지파의 원류를 따져 성현의 계보를 나누는 오류에 빠질 위험이 있기 때문이다. 다음의 말들은 이에 대해 더욱 분명하게 설명한다. "종파와 계보를 따지는 것은 부자의 인륜에 속하는 일이고 제왕의 승계는 군신의 인륜에 속하는 일이다. 전자는 인仁에 따라 생겨나고, 후자는 의義에 따라 생겨난 것으로 이로부터 천지간에 두 가지 큰일이 행해지니 이를 합하여 혼동해서는 안 된다." 여유량은 현자에게 계승하는 것과 후사에게 계승하는 것의 구분이 매우 중요한 원칙의 문제라고 보았다. "도통은 도통을 따르고, 종사는 종사를 따르니, 성인은 본래 이를 혼동하는 법이 없었다"는 것이 그의 견해였다. 이 논의는 실제로 선학禪學에서 각각 '종파와 지파, 계보, 원류'를 세웠던 데 영향을 받은 것이었다. 양자를 혼동하면 군신관계는 곧 한 집안의 사적인 일로 변하여 우환이 끊이지 않게 될 것으로 보고 그는 다음과 같이 놀라운 발언을 했다.

"군신관계는 의義로써 합해지는 것이니 의가 일치하면 군신이 되고 일치하지 않으면 떠나면 된다. 이는 붕우 간의 인륜관계와 같으며, 부자나 형제의 관계와는 다르다. 서로 합해질 수 없다고 해도 혐오하거나 미워할 필요는 없다. 뜻이 같지 않아 함께 갈 수 없다면 그저 떠나면 된다. 떠나는 것은 군신의 예이지 군신의 변고가 아니다. 후세에 봉건封建 제도가 무너지고 군현郡縣 제도가 세워지며 천하가 하나의 왕권으로 통일이 되자 마침내 관직에 나아가거나 물러나는 것만 있고 친구관계처럼 떠나거나 가까이하는 것은 없어졌다. 진시황은 매우 무도하여 군왕은 존엄하고 신하는 비천하다는 존비 관계에 따른 예를 확립했다. 이에 따라 상하가 단절되고 관직에 나아가고 물러나는 것도 다 황권의 제약을 받아 도망갈 방법이 없게 됐다. 또한 상고 시대로부터 내려오던 군신관계가 일변하여 다만 권력과 법률로써 견제하니 의를 행하던 군자의 도가 거의 사라졌다. 아끼는 신하나 현명한 신하들이라도 뜻이 달라 떠난다는 말을 하는 자가 있기만 하면 바로 두마음을 품었다며 대역 죄인으로 처벌한다. 옛날 군신 사이의 예에서는 이를 당연한 일로 받아들인 줄은 모른다."[112]

군신관계에서 친구 사이의 윤리를 지킨다는 것은 부자의 등급 질서에 의거하여 함부로 처리할 수 있는 것이 아니라 '의義'의 원칙에 따라 대하며 이로써 자신의 존엄을 유지함을 의미한다. 여유량은 다음의 말에서 군신의 도리에 대해 더 철저하게 논의했다. 즉 부자의 인륜 관계에서는 시비是非를 따지지 않아도 되지만 군신관계에서는 반드시 시와 비를 뚜렷하게 구분해야 한다고 지적했다. "오륜五倫 중에서 부자·형제관계는 인仁에서 온 것이기 때문에 시비를 논하지 않는다. 그러나 군신과 붕우 관계는 다 의義에서 나온 것이므로 시와 비를 제대로 따져야 한다. 옳은 것이라서 의가 합치하면 군신이나 붕우가 되지만, 그른 것이라서 의가 멀어지면 물러날 수 있으며, 의가 단절되면 원수가 될 수도 있다. 그래서 '아비와 자식 사이에는 은혜를 중시하고, 군왕과 신하 사이에는 공경을 중시한다父子主恩, 君臣主敬'라고 한다." 이어지는 다음 말도 중요하다. "천하에 옳지 않은 부모는 없지만, 옳지 않은 군왕이 없다고는 할 수 없다. 군왕은 사적인 원한으로 분노하여 군신의 생사를 결정해서는 안 된다." "군왕을 부친처럼 모신다는 말은 시비是非를 말살시킬 수 있으므로 공경의 도道를 넘어선다."[113]

여유량의 이와 같은 논의는 모두 청나라 황제의 사상에는 부합하지 않았다. 청초 황제도 '경천법조敬天法祖(하늘을 공경하고 조상을 따르는 것)'를 강조했지만 여유량의 이해와는 완전히 달랐다. 예를 들어 강희제는 '경천법조'의 의미를 해석하며 이 사상이 다음과 같은 역할을 할 수 있다고 말했다. "백성을 수양시키고, 천하의 이로움을 함께 이롭게 여기며, 천하 사람의 마음을 내 마음으로 여기고, 신하들을 내 몸처럼 돌보고, 서민을 아들로 생각하며, 나라를 지켜 위태롭지 않게 하고, 다스림의 제도를 갖춰 혼란스럽지 않게 한다."[114] 이는 역시 온 '천하'를 한 집안으로 삼아 관리한다는 사고방식이었다. 건륭제 때는 '황제의 독단적인 명령'을 가법家法으로 삼았으며, 이는 곧 조정과 관료 계층을 관리하는 데 있어 반드시 따라야 할 철률鐵律이자 신조가 됐다.[115] 건륭제는 기강을 제대로 세울 것을 강조했으며 권력이 옆으로 넘어간 일도 전혀 없었다. 그래서 결국 결론은

"근본적으로 대신들이 권력을 찬탈할 일이 없었다"[116]는 것이었다. 건륭제가 즉위한 지 46년이 됐을 때, 그는 청 왕조의 기강이 잘 세워져서 명신名臣도 없고 간신奸臣도 없는 경지에 이르렀다고 자랑스럽게 말했다. 조정 대신과 군주의 관계는 마치 어항 속에서 길러지는 관상어觀賞魚와 같다고 보았다. 건륭제의 눈에 조정의 안팎은 투명하여 바닥까지 다 들여다보이는 어항과 같은 '청정세계'였다. 관리 사회의 말로 하자면, 진정으로 '명나라 관리 사회의 폐단'을 없앴다. 물론 사인이 황제의 친구가 되고자 하는 순진한 꿈도 완전히 깨졌다. 여유량에게 이는 바로 '천하를 집으로 삼는家天下' 정책이 초래한 나쁜 결과였다. 왜냐하면 "천자의 자리는 온 나라 백성 전체의 일이지 한 집안의 사적인 일이 아니다. 삼대 이전에 선양禪讓의 방식으로 왕위를 계승한 선조들은 모두 하늘이 정해준 순서에 따른 것이지 후사에게 전해주려는 뜻을 따른 것이 아니었다. 후사에게 세습하는 것은 부자의 인륜에서 나온 것이고 천명에 의해 선양하는 것은 군신의 인륜에서 나온 것이다. 다만 하나라, 은나라 이후 천하를 집으로 여기게 된 것으로 인해 군신관계에 부자의 의미가 더해졌고 따라서 예제禮制도 달라졌다."[117]

여유량의 머릿속에는 물론 자신이 추구하는 성군聖君의 이미지가 있었다. 그에게 '삼대'의 성군이 후세 제왕과 구별되는 기준은 통치권의 득실을 걱정하는가 여부에 있었다. 성군이 '문물제도를 정비하고 인륜을 밝히는' 행위는 "모두 후세 사람들을 위해 타당하게 처리해야 하는 것이었다." "또한 성군은 어떠한 일이나 법에 있어서 자신의 부귀영화나 자손의 세습 기반을 공고히 하며 이를 다른 사람에게 빼앗길까 걱정하는 사심을 가진 적이 없다. 이것이 바로 진심어린 '인'이다." 이와는 정반대로 진·한 이후 제왕의 경우 "그 정치적 포부의 본심은 순전히 이기적인 것으로, 오로지 그 권력을 잃을까 걱정했다. 이런 사심은 '인'의 근원을 없앴다."[118] 이러한 기준으로 살펴본다면 청나라 제왕의 '천하를 집으로 삼는' 행위는 그야말로 이기적인 것이었다.

청 조정은 중원을 차지한 이후 '가법家法'을 많이 따지며 조상에게 드리는 제사에 각종 복잡한 절차를 마련해 실시하고 효로써 천하를 다스린다는 것을 강조했다. 기층에서는 종족宗族 조직을 발전시키고 확산시키도록 격려했다. 기본적으로 부자간의 인륜을 사회의 각 구석구석까지 확대시켰다고 할 수 있다. 청초의 황제들이 일관되게 꺼리는 것이 하나 있었으니 바로 환관과 사인이 붕당朋黨을 이루어 정치에 간섭하는 것이었다. 그들은 명나라 멸망의 예를 교훈으로 삼으며 붕당의 결성이 사인의 강학講學 풍조에서 비롯됐다고 생각했다. 따라서 조정 대신들이 서로 왕래하고 당을 결성하는 것을 엄격히 금지했다. 또한 가법家法에도 왕족과 대신들이 사적으로 만나는 것을 금한다는 규정이 있었다.[119] 벤저민 엘먼 Benjamin A. Elman이 지적하기를, 청초에 종족宗族의 세력이 급속히 확장되고 종적인 혈연관계로 유대를 맺은 신사층 이익집단의 세력이 강화됨으로써 횡적인 비-혈연관계의 당黨과 사社를 기반으로 정치적 주도권에 관심을 가졌던 이익집단은 그 세력이 약화됐다고 했다. 이러한 모습은 주로 비-혈연관계로 맺어진 사社를 중심으로 교류하고 활동했던 명말 사인의 모습과는 완전히 달랐다. 이것은 청 조정이 통치 방면에서 의도적으로 유도한 것과 밀접한 관계가 있다.[120]

이러한 상황에서 사인과 제왕의 관계가 '의'를 기반으로 나온 것이며, 부자관계처럼 간섭받는 관계가 아니라는 여유량의 주장은 분명 시의적절하지 않았다. 송나라 사인들이 근본적으로 '당파가 없는 무리'였다고 말하는 것은 현실과 더욱 동떨어진 발언이었다. 「원우삼당론元祐三黨論」이라는 글에서 여유량은 소위 '당인黨人'의 존재를 전혀 인정하지 않았다. "소위 당인이라 불리는 사람은 대체로 내가 흠모하는 사람이다. 남에게 '당인'이라는 이름을 붙인 사람은 대체로 내가 싫어하는 사람이다. 천하 사람이 당을 벌한다면 그 '당인'을 벌해야 하는가? 아니면 남에게 '당인'이라고 이름 붙인 사람을 벌해야 하는가? 그러므로 나는 이렇게 말한다. 당이라는 것은 소인이 군자에게 나라를 위태롭게 한다는 죄명을 씌우는 것이다." 그는 예를 들어 말했다. 송나라 정호·정이 형제의 도덕, 소식의 글, 왕안석의 정사政事는 모두 "당의 이름으로 더욱 잘 알려졌는데, 당이 어찌 군자에게 누만 끼친다고 할 수 있는가?" 만약에 이런 훌륭한 인물들이 모두 와서 조정을 보좌한다면 "군주는 날마다 당인들을 불러 스승으로, 친구로, 신하로 대하느라 겨를이 없을 테니 또 어찌 그들을 책망할 것인가?" 그는 다음과 같이 결론 내렸다. "따라서 원우元祐(송 원우元祐 연간의 구당파舊黨派)는 당이 아니다. 어찌 원우뿐이겠는가? 한漢으로부터 진晉, 당唐, 송宋나라 이래 소위 당이라는 것은 모두 당이 아니다."[121] 청초의 황제, 특히 「붕당론朋黨論」을 썼던 옹정제가 보기에 이런 논의는 사인이 붕당을 짓는다는 자신의 결론을 공개적으로 반박한 것이었다.

여유량은 유민으로서 왕조 교체의 득실에 대해 강하게 반성하는 역사의식을 지니고 있었다. 그는 종종 명말 청초를 송말 원초의 상황에 비유했다. 따라서 '송나라'를 담론하는 것은 자연스럽게 명말 유민의 언어 습관이 되었다. 그런데 송나라를 얘기하는 것은 결코 쉬운 일이 아니었다. 남송이 중원을 잃고 남쪽으로 쫓겨가 일시적인 안일을 꾀했던 상황은 줄곧 후세 사인들의 비판 대상이 됐고, 따라서 '초라한 송나라陋宋'라는 조소를 면치 못했다. 그러나 이학理學은 송나라 때 출현했다. 그리고 사대부가 군주와 함께 정치적 자원을 공유했던 사실은 유민들의 잊기 어려운 역사 기억이었다. 그래서 주자의 '양이론攘夷論'에 의거하여 문화적 자신감을 세웠으며 여러 차례 영토를 빼앗겼던 '초라한 송나라'에 대한 난감한 심정을 다소나마 감출 수 있었다. 예를 들어 여유량은 주자의 가르침을 삼가 따르며 『춘추』가 포폄褒貶의 원칙을 지닌 책이라고 여겼다. 그는 "사실을 꾸밈없이 그대로 쓴다면 선과 악이 저절로 드러난다直書其事, 善惡自見"는 주자의 말을 인용했다. 그는 이 말을 다음과 같이 이해했다. "직서直書(꾸밈없이 그대로 쓰는 것)라는 것은 글로써 좋고 나쁨을 평가하는 것이다. 직서 이외에 따로 포폄의 말이 있는 것이 아니라 글자 하나하나에 은밀하게 숨은 뜻이 있는 것이다.[122] 그래서 그는 『논어』의 '미관중微管仲' 한 구절*을 해석할 때 역시 이 포폄의 원칙을 지켜 춘추대의春秋大義를 말했다. 즉 군신의 인륜 관계보다 더 큰 것이 있어서 관중이 나라 제일의 실권자가 됐다는 것이다. 그리고 관중이 이 때문에 죽지 않을 수 있었다고 여겼다. 이 구절은 본래 "절개의 크고 작음"을 논한 것이지 관중이 한 일과 공이 어떻다고 말한 것이 아닌데, 이후 역사가들 사이에도 종종 의견 차이가 있다. 여유량은 사마광司馬光(1019~1086)이 "정권을 찬탈한 위魏를 정통正統으로 삼고 또한 조조가 시대를 구한 공이 있다고 여긴" 역사 해석을 예로 들며, 이러한 것이 바로 춘추대의에 어긋나고 원칙적인 잘못을

---

* 『논어』「헌문」에 나오는 구절로, 원문은 다음과 같다. "관중이 없었다면 우리는 머리를 풀어 헤치고 옷깃을 왼쪽으로 여미는 오랑캐가 되었을 것이다. 어찌 보잘것없는 남녀들이 작은 신의를 지키기 위해 스스로 개천에서 목을 매어 죽었어도 알아주는 사람이 없는 일과 같다 하겠는가微管仲, 吾其被髮左衽矣. 豈若匹夫匹婦之爲諒也, 自經於溝瀆而莫之知也."

범한 것이라고 했다.[123]

청초 황제의 통치 이념에 '봉건封建'이라는 단어는 금지된 말이었다. 이 말이 춘추대의와 연결되기만 하면 이제는 순수 학술 분야의 화제가 아니라 통치 합법성과 연결되는 복잡한 문제가 되기 때문이었다. 예를 들어 여유량이 '봉건'의 실행 가능성에 관한 논쟁에 참여했을 때 그 논쟁의 핵심은 바로 '봉건'이 북쪽 이적의 공격을 효과적으로 막아낼 수 있는지 여부에 관한 것이었다. 거론하는 것들 역시 매우 민감한 사안들이었다. 그는 예를 들어 말했다. "주나라가 쇠퇴하던 시절을 살펴보면, 왕실의 권위는 낮고 제후의 세력은 강했다. 당시 주변 오랑캐들의 난이 있긴 했지만 끝내 화禍가 되지는 않았다."[124] 논의의 틀은 역시 화하華夏와 북적北狄의 내외 구분에 기초한 것이었다. "만약 계속해서 봉건을 폐지하지 않고 유지시켰다면 천하에 제후국이 사방에 빽빽이 포진하여 각각 땅을 차지하려고 전쟁을 했을 것이다. 그러다가 제멋대로들 하여 지휘하기 어려운 상황이 된다 해도 역시 자업자득인 셈이니 자고로 망하지 않은 나라가 있었겠는가?" 나라가 망한다고 해도 자기 집안의 일이고 외부 사람과 상관이 없다는 의미다. 봉건이 폐지된 다음에 "큰 번진藩鎭 역시 왕권을 흔들 수 있었다." 그러나 여유량이 봤을 때 송 태조가 공신들을 위한 연회에서 술을 하사하며 병권兵權을 회수한 사실은 "잔혹한 진나라처럼 사심이 가득한 행위로, 자손들에게 영원히 우환이 없을 거라고 여긴 것이었다."[125] 하지만 결국 정강지변靖康之變이 일어나고 자손들은 거의 다 살해당했다. "송나라는 번진을 폐지했기 때문에 송의 천하는 오랑캐와 함께할 수밖에 없었다."[126] 송나라는 야만 민족과 영토를 같이 나누었던 것이다. 그는 다음과 같이 탄식했다. "이는 결국 송나라의 약한 군사력이라는 폐해로 말미암은 것이니, 누가 화를 일으킨 것이며, 또 누구를 탓하겠는가?"[127] 이 질문은 사실상 '이하지변夷夏之辨'의 사유 틀에서 그 역사 교훈을 논의한 것으로 당연히 청초 제왕에게 인정받을 수 없었다.

'요주의 시문 평선가'* 여유량의 다중적인 신분

'천개루'의 상업적 운영 네트워크

여유량과 같은 인물은 청초에 이미 매우 복잡한 다중적 신분을 지니고 있었다. 명말 이후의 그 선배 유민들과 비교했을 때 여유량의 처지와 스타일은 많이 달라져 있었다. 선배 유민들이 피눈물 흘리며 명나라에 충성을 다하고 꿋꿋하게 절개를 지킨 이야기가 많이 전해져 내려왔다. 난세에는 이런 절개가 유지되고 지켜지는 게 비교적 쉬웠다. 절개를 유지하는 것은 청나라가 상당히 긴 시간 동안 정통성 문제에 있어서 전 왕조인 명나라의 정통성에 대적할 방법이 없었다는 점과도 관계가 있었다. 적어도 사대부 계층의 보편된 심리는 이와 같았다.

강희 연간에 들어와 난세의 국면이 점점 진정되자 절개를 지키기가 어려워졌다. 이에 따라 유민들은 만년에 절개를 잃을 가능성이 커졌다. 그

---

* 원문 제목은 '선학요얼選學妖孼'이다. 이 말은 원래 근대에 첸쉬안퉁錢玄同이 『문선文選』을 주축으로 하는 변문파騈文派를 비난하기 위해 만들어낸 말이다. 문맥상 여기서는 '선학'이 아니라 '선가選家'의 의미다. '선가'는 『유림외사』에서 나온 표현으로 시문을 평선하는 사람을 가리키는 말이다.

러나 여유량 연배의 유민들로서는, 난세에 선배들이 전 왕조의 기준에 따라 행동했던 것보다 상대적으로 평온한 시절에 자신들 행동의 형식적인 합법성을 얻는 것이 훨씬 더 중요해 보였다. 이것이 바로 여유량의 생계 방식이 후세 사람의 비난을 많이 받은 이유 중 하나였다. 그의 행위는 선대의 정신을 추모하다가 좌절하여 결국 속세에 굴복하게 된 것으로 여겨졌다. 사실 여유량의 경력을 보면 일이 이렇게 간단한 게 아니라는 것을 알 수 있다. 물론 여유량 자신이 고백한 것처럼 '생계 도구'로서 시문時文을 비평하는 것이 '도'를 추구하는 행위의 외재적 형식이라는 말을 너무 믿을 필요는 없다. 그러나 여유량이 '시문 평선'에 종사한 결과와 그 영향은 다른 일반인들이 우연히 이에 종사했을 때의 것과 비교할 수 없을 정도로 컸다는 점을 인정하지 않을 수 없다. 여유량의 행위 방식에 있어서 '시문 평선'에 종사하는 것은 단순히 문을 닫고 들어앉아 시문에 평점을 가하던 전통적인 샌님의 개인 행위가 아니었다. 이는 이미 전파와 운영 네트워크가 갖춰진 복잡한 사업이었다.

명말 청초에 인쇄업이 보급됨에 따라 인쇄 속도와 수량 면에서 놀라운 발전이 있었다. 서적의 유통과 장서량도 따라서 늘어났다. 난징南京, 우시無錫, 서歙 현 등 강남 일대에 수준 높은 서방書坊들이 널리 분포되어 있었고 장서루의 장서량도 나날이 증대됐다. 전조망이 양저우揚州 마馬씨 집안 형제의 장서루를 언급한 적이 있었다. 그는 남북으로 바삐 오갈 때 가끔씩 그의 집에서 머물며 책을 빌려 읽었다. 마씨 형제는 "인사한 다음에 반드시 '요즘 새로운 책을 얼마나 구하셨습니까? 들어보기만 하고 구하지 못한 책은 얼마나 있습니까?'라고 물었다. 그들은 내가 대답해주는 대로 하나하나 기록하고는 그 책들을 빌려 베끼거나 다른 사람에게 부탁하여 사들였다. 수년간 이렇게 꾸준히 하며 힘들다고 여기지 않았다. 그들은 진귀한 책을 얻으면 반드시 나에게 보여주었다. 연회 석상에 원대元代 주벽산朱碧山이 만든 은사銀槎(은으로 만든 뗏목 모양의 주기酒器)와 맛있는 과일 안주를 가득 차려놓고는 나에게 논평 한 마디를 얻으면 바로 술을 따라 권했다."[128]

서적의 교역과 유통도 새로운 단계에 접어들었다. 벤저민 엘먼은 베이징에 전문적인 도서 교역 장소가 있었다고 언급했다. 성 밖의 각종 서적 노점상은 대부분 법원사法源寺에 집중돼 있었고, 성안에는 주로 유리창琉璃廠을 중심으로 하여 새로운 책과 헌책 또는 선본善本과 필사본을 각각 판매하며 많은 명인과 사인을 끌어들이고 있었다.[129] 티머시 브룩Timothy Brook은 서적 출판이 순수한 학술적 성격에서 학자들 사이의 상업적 간행으로 변모했다고 지적했다. 많은 사람이 생전에 자신의 저서가 잇따라 출판되는 것을 볼 수 있었다. 사후 그들의 제자나 후손에 의해 정리되고 출판되던 이전의 모습과는 달라진 풍경이었다. 예를 들어 유명한 시문時文 선가選家 애남영艾南英의 저서 같은 경우, '완성되는 대로 바로 출판됐다.' 그의 책은 쑤저우와 항저우 일대에서 수요량이 많았다. 서방의 주인들은 거금을 들여 유명한 저자들에게 글을 써달라고 청해 책을 출판했다.[130]

시문이 대량으로 인쇄되고 유통된 것은 명나라 성화成化 연간(1465~1487) 이후의 일이었다. 그 이전에는 세간에 시문 각본이 없었는데, 항저우 통판通判 심징沈澄이 『경화일초京華日抄』 1책冊을 인쇄하여 상당히 많은 이익을 얻은 이후 유행하게 됐다. 그러자 심지어 서방은 과거시험에 관련된 책이 아니면 간행하지 않고, 서점은 과거시험에 관련된 책이 아니면 판매하지 않고, 사인은 과거시험에 관련된 책이 아니면 읽지 않는 지경에 이르렀다.[131] 상업적 출판인 방각坊刻의 근원은 기본적으로 강남 지역에 집중되어 있다가 그다음에 북쪽으로 전파됐다. 고염무의 말에 따르면, "과거 시문과 관련된 책 수백 권은 다 쑤저우·항저우에서 출판됐고, 그다음에 중원과 북방의 상인들이 사서 북쪽으로 가져갔다."[132] 심지어 독서하는 데 지역별로 시간차가 나타나기도 했다. 예를 들어 서북쪽에 사는 사인의 경우, 서적 상인이 책을 너무 늦게 가져오기 때문에 시문이 간행된 지 오랜 시간이 지나고 나서야 읽게 되니, 서둘러 모방한다 해도 이미 유행이 지난 구식이 되기 일쑤였다.[133] 당시 가장 널리 전파된 예원로 倪元璐(1593~1644)의 『성회루고星會樓稿』는 상인들이 서로 다투어 판각하고 판매하여 "3만여 차례나 인쇄했으며, 글자가 닳아 없어져 다시 새기기까지 했다."[134] 『유림외사儒林外史』에서 광초인匡超人도 양저우揚州로 가는 길에 같은 배를 탄 우포의牛布衣와 풍탁암馮琢庵에게 다음과 같이 자기 자랑을 늘어놓았다. "제가 평선한 시문은 한번 출판하면 서점에서 반드시 만 부가 팔렸고, 산둥, 산시山西, 하남, 산시, 북직예北直隸(지금의 허베이)의 손님들이 모두 저의 책을 손에 넣지 못할까봐 걱정하며 다투어 삽니다. 재작년에 출판한 저의 졸고는 지금까지 이미 세 차례나 판각되었습니다. 두 분 선생님께 솔직히 말씀드리자면 이 5개 성省의 독서인들은 집집마다 저를 떠받들고 있습니다. 모두들 책상 위에 향과 촛불을 사르면서 '선유광자지신위先儒匡子之神位'에 공양을 한답니다."[135]

『유림외사』 중에는 '강남' 각 지역의 시문時文 간행이 성황을 이룬 모습을 묘사한 것이 종종 눈에 띈다. 다음은 자싱성嘉興城 안의 모습을 묘사한 것이다. "어느 날 거리에서 걸어 다니다가 새로 생긴 서점 안에 빨간 종이로 된 큰 게시물이 붙어 있는 것을 보았다. 그 위에는 다음과 같이 적혀 있었다. '본 서점은 처주處州 마순상馬純上 선생을 모셔서 향시鄕試, 회시會試, 전시殿試 급제자의 답안지를 평선했다. 급제한 사람의 인명록과 붉은 글씨로 베낀 급제자의 답안지를 사려는 고객은 자성부 대가大街 문해루文海樓 서방을 찾으면 틀림없을 것이다.'"[136] 항저우의 상황을 묘사한 것은 다음과 같다. "성황당을 지나면 배가 정박하는 곳이 하나 있고 또 작은 길이 하나 있다. 길에는 술집, 식당들이 있고 또 새로 연 서점 몇 집이 있다. 서점 안에 벽보가 붙어 있는데 그 위에는 '처주 마순상 선생께서 정선한 『삼과정묵지운三科程墨持運』을 여기서 판매함'이라고 적혀 있다."[137] 청대 난징南京의 상황은 감희甘熙의 기록에 보인다. "서방은 모두 장원경壯元境에 집중되어 있다. 20여 개의 서방이 이웃에 자리하고 있는데 절반은 장시 사람이 경영하고 있다."[138] 『유림외사』에서는 이렇게 묘사했다. "장원경에 오면 서점 안에 새로운 책의 겉표지들을 붙여 놓은 것이 보였다. 그 안에는 '『역과정묵지운歷科程墨持運』, 처주 마순상, 자싱嘉興 거신부蘧駪夫 공동 평선'이라고 적혀 있었다."[139] 과거시험의 계절이 돌아오면 "회청교淮淸橋를 지나 과거시험장 밖에 임시로 설치한 서적 노점상에서 알록달록한 겉표지의 책들을 늘어놓고 팔았는데, 모두 소금현蕭金鉉, 제갈천신諸葛天申, 계염일季恬逸, 광초인, 마순상, 거신부가 평선한 시문時文이었다."[140] 이러한 기록들을 통해 당시 시문 평선가의 선본이 널리 유행했다는 것을 알 수 있다. 이상은 다 소설 속의 내용이지만, 당시 금릉金陵(지금의 난징)에서 활동한 여유량도 시문 판매와 전파에 참여한 많은 사람 중의 한 사람으로 상상해도 무방할 것이다.

여유량이 45세가 됐을 때, 그가 운영하던 서적 판매 운영망은 초보적인 규모를 갖추었다. 당시 사람의 말에 의하면 '천개루天蓋樓'의 시문은 중국 전역에 널리 알려졌으며 판매 가격은 '4000냥'에 이르렀다고 한다.[141] 이해 여름 여유량은 송나라 이후 판본의 서적을 구한다는 구실로 난징에 왔다. 그는 황씨黃氏의 천경재千頃齋, 주씨周氏의 요연당遙連堂에서 진귀한 옛 서적 수십 종을 빌려 베꼈다. 또한 여러 친구와 술 마시고 화답시를 주고받으면서 난징에서 한 달 동안 머물렀는데 가장 중요한 목적은 옛 친구 육문약이 평선한 시문을 파는 것이었다. 들리는 바에 따르면 그의 시문은 잘 팔렸다고 한다. "갑자기 유행 바람이 불더니 이 책은 마치 회오리바람처럼 시장을 휩쓸었다고 상인들이 말했다." 여유량은 시문의 유행 기준에 대해 결코 민감하지 않았던 것 같다. 그래서 그는 이렇게 말했다. "나는 풍조라는 것이 무엇인지 모른다. 유행이 되는지 안 되는지, 잘 나가는지 아닌지는 인력으로 되는 일이 아니다." 나중에 그는 시문으로 '도'를 드러내려는 자신의 주장이 과거시험 준비생에게 받아들여질 방법이 없는 것 같다는 사실을 알고 몹시 실망했다. 다음의 묘사에서 생생한 그의 표정 변화를 볼 수 있다. "방각본 중에 사람들이 저속한 글을 고르는 것을 꾸짖는 책이 있는 것을 보고 매우 기뻤다. 마지막 권을 펼쳐 보니, 본래 내실은 없이 명성만 추구하는 것에 대한 비판이 있었다. 이것은 마침 나의 허물에 해당하는 것이기도 했으므로 이 때문에 곧 흥취가 사라졌다." 여유량의 흥미가 사라진 중요한 이유는 "내가 이理(이치)라고 여기고 문文(글)이라고 여기는 것을 저들은 이利(이익)라고 여기고 명名(명예)이라고 여긴다"는 사실 때문이었다.

여유량은 48세에 두 번째로 난징을 방문했다. 이때의 목적은 고서를 구하는 것이 아니었다. 순전히 판매를 위한 여행이었으며, 판매한 것도 모두 자신이 평선한 시문 저작들이었다. 당시의 기록을 보면 그가 난징 도서 시장의 상황에 대해 매우 익숙했다는 것을 알 수 있다. 그는 흥미진진하게 여러 사실을 알려주고 있다. 서방은 두 종류가 있었다. 하나는 '문시서방門市書坊'이라고 불렀으며, 이는 책방 거리에 산발적으로 흩어져 있는 도서 소매상이었다. 또 하나는 '태객서방兌客書坊'으로 승은사承恩寺에 위치하고 있었으며, 각 성에서 온 서적 상인들이 여기에서 교역했다. 대개 외지의 서적이 난징으로 온 뒤 각지 서적 상인들이 편리하게 구입할 수 있게 하려고 승은사를 도서 집산지로 삼은 것이다. 서적이 일단 승은사에 도착하면 곧 '방인坊人'이라 불리는 전문 중개상이 책을 대리 판매했다. 책값도 일정한 규정이 없었고 주로 서적의 유행 정도에 따라 가격의 고하를 정했다. 여유량의 책은 일찍이 승은사에서 섭씨葉氏라는 방인坊人이 대리 판매했다. 한동안 여유량이 직접 난징에 가서 자신의 서적 판매를 감독하지 못했다. 그랬더니 섭씨라는 이 '방인'이 그 틈에 사기 행각을 벌였다. 동시에 여유량의 책도 갈수록 잘 팔렸기 때문에 그는 아예 '방인'의 중개업을 그만두고 친히 경영하며 판매하기 시작했다. 여유량의 서적 도매처는 승은사와 불과 2~3리 거리에 떨어져 있었다. 여유량은 그것을 친히 경영할 뿐만 아니라 아들 여공충呂公忠 등을 난징으로 보내 서적을 판매하고 구하도록 했다. 그는 특히 아들 여공충에게 "십이과十二科의 과거 응시생 답안지와 합격자 답안지 중에서 본 적이 없는 것이 있으면 꼭 구해야 한다"고 당부했다.[142]

여유량은 46세에 시문 평선을 그만두기로 했다. 그러나 이후 몇 년 동안 줄곧 각지를 돌아다니며 옛 책과 각종 시문 선본을 구해 판매함으로써 집안의 생계비로 삼았다. 그는 당시 베이징에 있던 제자 동과董果에게 편지를 쓰면서도 "진사進士나 거인擧人의 시문 선집이든 제생諸生의 습작이

든 공개된 시문이면 다 나 대신 신경 써서 구해달라"고 잊지 않고 부탁했다.[143]

난징에서 승은사 시장을 통해서가 아니라 자신이 서적 판매를 직접했다는 것은 그 판매 규모가 이미 상당히 컸음을 알려준다. 그는 판매망을 푸젠福建 지역까지 확장시키고 친히 가서 경영을 했다. 사업의 규모가 점점 커지자 어느 날 그는 아들 여공충에게 급히 편지를 보내 도와달라고 했다. "글솜씨나 말솜씨나 네 동생은 너만 못하니, 네가 친히 한번 다녀가야 할 것 같다. 이 일들은 또한 만나서 얘기해야지 멀리서 결정하기는 어렵다." 그 뒤에 또 이렇게 적었다. "이번 달에 100여 금金을 더 벌었으니 빚을 갚기에 충분하다. 적어도 100금을 더 벌어야 하는데, 잘될지 모르겠다." "아들아. 힘을 내거라! 가는 길에 좋은 책을 보거나 훌륭한 인재를 만나면 소홀히 여겨 놓쳐서는 안 된다."[144] 심지어 그는 아들에게 문을 나서면 작은 수첩 하나를 준비하여 날마다 자신의 활동을 성찰하고 기록하라고 재촉했으며 중요한 사람 누구누구를 만나야 하는지를 알려주었다.

사실 여유량은 자신이 서적을 판매하고 시문을 평선하는 경제적 동기에 대해 말하기를 꺼리지 않았다. 그러나 동시에 평선한 글에서 이단을 물리치고 '도'를 수호하는 주장에 대해 사람들이 오해할까 걱정했다. 그는 학생에게 보내는 편지에서 이렇게 말했다. "시문을 평선하여 세상에 유통시키는 것은 나의 본의가 아니다. 근년에 돈 쓸 일이 많아서 이 일에 의지해 대충 생계를 잇고 있으니 당장 그만둘 수는 없다. 평선한 글 중에 취해야 할 것과 버려야 할 것에 대해 논한 의론들은 아무래도 다른 사람들이 싫어할 것이다." 심지어 책을 낸 다음에도 쉽게 가지고 나가 팔지 못했다. "요즘『묵편墨篇』한 부를 판각했는데 이 중에서 직설적인 비판이 많다. 다른 사람의 비난을 받을까 또는 다른 시비를 일으키지 않을까 걱정되어 아직 주저하며 내다 팔지 못하고 있다."[145]

자손에게 쓴 또 다른 편지에서 여유량은 자신이 책을 팔아 돈을 버는 행위의 동기가 '시정 상인'과 다르다는 것을 강조했다. "서적을 판매하는 것은 돈을 벌기 위해서가 아니다." 그는 서적을 판매하는 목적에 대해 다음과 같이 말했다. "입고 먹는 생계의 기본을 위해 우선 충분히 준비하지 않을 수 없다. 자손 후대에게 예의禮義를 알고 이익을 도모하는 마음이 생기지 않도록 하려면 책을 읽게 하는 것이 가장 좋은 방법일 것이다. 만약 글은 뒷전으로 하고 생계만을 도모한다면 큰 근본을 이미 잃은 것이니, 그가 꾀하는 것은 시정 장사치의 지혜에 불과할 것이다."[146]

관 뚜껑을 덮었지만 아직 평가 내리기 어려운 사람

시문을 비평하는 것으로 '도통'을 지키고 이단을 없애고자 한 여유량의 고충을 알아챈 사람도 없지는 않았다. 심지어 그 의미를 깊이 깨달은 사람도 있었다.

강희 21년(1682)에 진사였고 후에 한림원편수翰林院編修를 역임한 저장 석문石文 사람 오함吳涵(?~1709)은 이 점에 대해 분명히 얘기했다.

"나는 어렸을 때 여유량 선생께서 평점評點을 가한 시문時文을 읽었다. 그는 정도正道를 지키고 정학正學(이학理學)을 계승했으며 과거시험 문장을 익히게 하는 방법을 통해 사람들을 점차 성현의 도에 이르게 했다."[147]

여유량이 세상을 떠난 뒤, 학계에서는 시문으로 '도'를 지키고자 한 그의 의도에 대해 비로소 확실히 이해하기 시작했다. 그가 죽은 지 1년 뒤에 전육찬錢陸燦(1612~1698)은 『천개루사서어록天蓋樓四書語錄』「서序」에서 여유량의 시문과 주자학의 관계에 대해 정확하고 적절하게 개괄했다. "오로지 주자의 『장구章句』 어구만 인용했다. 우선 속사俗師와 속학俗學의 학설을 분별하여 없애고, 그다음에 『대전大全』의 모씨某氏들의 주장을 분별하여 빼서 여러 가지 설을 하나의 설로 귀결시켰다. 주자께서 말씀하시기를, 『논어』는 늙어 죽도록 다 설명하지 못한다고 하셨다. 따라서 그는 주자께서 다 하지 못한 얘기의 실마리를 반복하여 끌어내고 천추만세에 필수적인 말들을 채워 넣은 후 말을 끝냈다." 그는 특별히 여유량이 시문에 들인 정성과 노력을 강조했다. "삼십 여 년간 열람한 시문이 어찌 수십 만에 그치겠는가. 글을 빼고 남기는 것은 주장하는 바를 빼고 남기는 것이다." 이렇게 신경을 쓰고 '정도正道'를 회복시키려는 마음이 있어야만 "천하의 의론이 비로소 확정되며, 내 스승(여유량)의 주장이 담긴 글이 널리 퍼진 뒤에야 사서四書의 설이 확정된다."[148] 이렇게 긍정적인 평가의 효과는 이후 더욱 분명하게 나타났다. 심지어 "여러 차례 검토해본 뒤에 천하의 학자들이 일제히 그의 학설을 따르고 그의 저서를 진귀한 보물처럼 받드는" 지경이 됐다.

재미있는 것은 여유량이 죽은 지 얼마 안 되어 그는 벌써 사림 여론에 의해 '이단을 내치고 도통道統을 지킨' 성인聖人으로 형상화되고 시문으로 이익을 도모한 그 속된 면모는 잊혀진 듯 했다는 점이다.

이후에 대명세가 시문에 평점을 가했을 때도 여유량이 '도통'을 발양시킨 것과 계승 관계가 있음을 드러냈다. "나는 여유량의 책을 읽고 시대를 구제하고자 하는 그의 기백에 대해 탄식했다. 힘을 다해 위험한 국면을 만회하고자 했으니 그 공은 없어질 수 없다. (…) 20년 이래로 계속 정주학程朱學의 책을 읽어왔고 사람들은 위체僞體(진실한 내용이나 도를 담지 않은 글)를 구분할 줄 알게 됐는데, 이것은 실로 여유량으로부터 시작된 것이다."[149] 여유량의 시문 비평은 병진년丙辰年까지만 이루어졌으므로 대명세는 이 작업을 이어서 계속하기로 했다.

재미있는 것은 여유량의 '성인聖人' 이미지가 민간에서만 다시 형성된 것이 아니라는 점이다. 증정 사건이 발생한 다음 뜻밖에 당손호唐孫鎬*라는 사람이 여유량을 변호했다. 여유량이 주자를 수호한 것은 바로 통치자의 제창과 일치한다고 했다. 여유량이 지은 『강의講義』에 대해서 그는 이렇게 말했다. "그중에서 성현의 심오한 도리를 엿볼 수 있고 후세의 어리석음을 깨우칠 수 있다. 이는 여유량의 공이다. 그런데 황제께서는 날마다 처리해야 할 정무가 많아서 이 책을 자세히 읽을 시간이 없으셨고 그 주위의 신하들은 황제의 분노가 아직 풀리지 않아서 감히 무모하게 상소를 올리지 못했다. 그 결과 여유량이 집안에 남겨두었던 장난삼아 쓴 글만 나날이 알려지고 후세에 물려줄 만한 훌륭한 말들은 점점 사라지게 됐다."[150] 그는 여유량의 '이학理學을 숭상한 말'과 '희언戱言'을 구별하여 다루어야 한다고 주장했다. "여유량이 전 왕조 명나라 황실의 친척과 가깝게 지낸 이후 자기도 모르게 완고한 유민의 대열에 들어가고자 했다"[151]는 것이 이른바 '희언'의 근원이었기 때문이다.

---

* 저장浙江 성 회계會稽 사람으로, 후베이湖北 성 통산通山에 막료幕僚로 있을 때, 푸젠福建 성에 있던 제갈제성諸葛際盛이 올린 상소문을 보았다. 여유량이 선제先帝를 모욕하고 그 자손들은 고의로 대역무도한 그의 저서를 은닉하여 반역의 뜻을 품었으니, 여유량을 부관참시하고 그 자손들을 엄벌할 것을 청하는 내용이었다. 그러자 당손호는 「토제갈제성격」을 지어 여유량을 변호했다. 이것은 곧 옹정제의 심기를 건드렸고 당손호는 비밀리에 처형당했다.

다음의 말들은 옹정제의 마음이 움직인 부분에 대해 말한 듯하다. 여유량의 저서에 관한 일에 대해 옹정제가 칙령을 내린 초기에는 "여전히 의심과 믿음이 서로 뒤섞여 있었다." "만약에 공경대신들로 하여금 여유량이 지은 정서正書(경서나 사서)로 토론하게 하면 유가를 숭상하고 도를 중시하는 성심聖心이 반드시 저절로 생겨날 것이다. 또한 조정 안팎의 여러 신하가 황제의 노여움을 사는 일에 연루되는 것이 두려워서 본심에 어긋나는 말을 하는 경우도 없을 것이다." 이 글에서는 집에 몰래 숨겨두었던 『일기』와 구별하기 위해 특별히 '정서正書' 두 글자를 강조했다. 심지어 몰래 숨긴 『일기』에 반역의 말이 있다 하더라도 '정서正書'에서 성인의 도를 명백하게 주장하고 있으니 그에게 관용을 베풀고 그의 주장을 발양시켜야 한다고 했다.[152]

그뿐만 아니라 제주화齊周華*라는 사람도 비슷한 관점을 제기했다. 그는 옹정제에게 여유량의 『일기』와 『문집』을 따로 다루어야 한다고 건의했다. "그의 『강의』 『문집』 『시집詩集』 등의 책은 세상에 간행된 지 이미 오래됐고, 세상에 저절로 여론이 형성됐으니 진실로 황제께서 내리시는 결단에 따라 그것을 불태워 없애버리지 않도록 하십시오. 그러나 『일기』의 경우, 그 말이 괴이하고 속이는 것들이 있으므로 무지한 사람들이 들으면 미혹당하기 쉽습니다. 그러니 이것은 속히 불태워 없애도록 명하시어 오랜 시간이 지난 후의 인심과 풍속에 영향을 끼치지 못하도록 막아야 합니다."[153]

---

* 저장 성 톈타이天臺 사람으로 증정 사건이 일어나자 「구여유량선생패역흉한소救呂留良先生悖逆凶悍疏」를 지어 여유량의 저서를 불태워서는 안 되며 여씨의 자손들에게 화가 미치게 해서는 안 된다고 주장했다. 이로 인해 제주화는 5년 동안 투옥되어 혹형을 당했고 이후 석방이 되긴 했지만 건륭 32년 다시 능지처사를 당했다.

당손호가 편지로 「토제갈제성격討諸葛際盛檄」을 보낸 사건의 심리가 끝난 후, 옹정제는 여유량 사후에 간행된 저서의 처리에 대해 주저하는 마음이 생긴 것 같았다. 옹정제의 유지를 보면, 한편으로는 여유량 사건 심리를 천하 사인들에게 공고하여 그들의 의론을 들으려고 했다는 것을 알 수 있다. 그러나 또 다른 한편으로는 다음과 같이 걱정하는 마음도 드러냈다. "지금 그의 흔적을 불태우면서 그의 책을 완전히 없애지 않는다면 일이 허사가 될 것이고, 완전히 불태워 없앤다면 나중에 그의 책을 보지 못하게 될 것이다. 그럼 그 책을 보지 못한 후세 사람들은 그의 저서가 실제로는 성현聖賢의 도를 밝힐 수 있었던 것으로 의심하며 다시 볼 수 없게 된 것을 안타깝게 생각할 것이다."[154] 그래서 옹정 10년(1732) 사건을 마지막으로 판결할 때 여유량의 시문 서적을 다 불태울 필요는 없다고 결론 지었다. 이것은 사실 여유량의 '희언戲言'과 '정통正統'이 서로 상관이 없으니 구분해야 한다고 주장하는 의견에 대해 묵인한 것이기도 했다.

제4장

문과 질에 대한 구분:
황제와 사림의 사상 동향과 합류^(상)

질이 문을 이기면 비루해지고 문이 질을 이기면 화려해진다
質勝文則野, 文勝質則史

— 공자

시작하는 말: 옹정제는 강남의 문화적 위협을 어떻게 느꼈는가?

옹정 7년(1729) 7월 하순, 베이징은 폭염이 기승을 부리고 있었다. 대역죄인 증정曾靜(1679~1735)은 4월 초부터 후난湖南 성 창사長沙에서 도성으로 압송되는 피곤한 여정 속에서 기나긴 심문을 받았다. 증정은 산간陝甘(산시와 간쑤) 총독에게 모반 편지를 올린 죄로 압송되었기 때문에 도성의 감옥에서 죽을 각오를 하고 있었다. 그러나 죽음이 임박했다고 생각하던 그에게 뜻밖에도 매우 특별한 선물 하나가 도착했다. 증정의 사건을 담당하던 대신이 노란 비단에 싸인 상주문과 성지聖旨 몇 통을 가져와서 그에게 건네주며, 읽고 나서 심득心得을 적도록 했다. 아울러 그가 써서 올리는 심득을 읽어보시겠다는 황제의 말씀도 전했다. 세상 물정도 모르는 가난한 선비였던 그는 영문도 모른 채 이렇게 성대한 대우를 받고 나니 어떻게 해야 할지 몰랐다. 그날로부터 죽어도 씻지 못할 죄를 지은 죄인 증정과 지극히 존귀한 황제 옹정 사이에 길고 긴 필담과 미묘한 심리적 싸움이 시작됐다.

우리는 증정이 이 특별한 선물을 받았을 때, 그의 심정이 얼마나 복잡했을지를 상상할 수 있다. 감옥에 막 들어갔을 때 그는 옥리에게 자신의 이력을 이렇게 진술했던 걸 아직도 기억하고 있었다. "저는 초楚 땅 변두리의 황량하고 외진 촌구석에서 성장하여 평생 큰 도시에 가본 적도 없고 명사名士 한 명도 만나본 적이 없습니다. 게다가 어려서 부친을 여의고 외롭게 남겨져 혈혈단신으로 살았기에 듣고 배운 것도 없고 생각도 모자랍니다. 이에 청 왕조의 역대 조상들께서 계승해온 성덕신공聖德神功에 대해 알지 못했으며 청 왕조가 천하를 통일한 일도 듣지 못했습니다."[1] 증정은 스스로를 폄하하는 이 진술에서 자신은 이자성李自成이 명나라를 멸망시켰다는 사실도 몰랐다고 말했기 때문에 어떤 사람은 그가 고의로 아둔한 척한다고 의심하기도 했다.[2] 청나라가 천하를 통일한 지 오래되어 황제의 은덕이 신료 백성에게 두루 미치고 있었는데 아직도 이렇게 아둔한 사람이 남아 있었다는 사실은 정말로 사람들의 공분을 불러일으키기에 충분했다. 더 공분을 불러일으키는 일은 바로 이 아둔한 놈이 황제의 의견을 적은 어필御筆 칙명을 직접 접촉할 수 있었다는 사실이었다. 그러니 어찌 신료 백성이 질투하고 의혹을 가지지 않을 수 있었겠는가? 증정이 북받치는 감격스러움과 황공함에 자신의 심정을 뭐라 표현조차 할 수 없는 상태였다는 것도 이상하지 않다.

증정은 성지聖旨를 보고 쓴 심득에서 자신이 '아둔한質魯' 신분임을 여러 군데 언급했다. '아둔함'이라는 것은 바로 무지몽매하고 순박하여 우둔하다는 뜻으로, 지역적으로 문명 지역과 멀리 떨어져 있다는 의미도 함축하고 있었다. 나중에 증정이 형벌을 받지 않은 것이 '모르고 한 자에겐 죄가 없다無知者無罪'는 면죄부를 받은 것인지, 아니면 옹정제가 책략을 써서 그의 죄를 면하기 위해 구실을 찾은 것인지에 대해서는 증명할 만한 기록이 남겨져 있지 않다. 하지만 한 가지 확실한 것은 옹정제가 어느 날 갑자기 깨달았다는 사실이다. 증정은 비록 대역 죄인으로 표면적으로는 황제인 자신과 같은 하늘 아래 공존할 수 없는 대립적 위치에 있었지만, 사실상 강남 사인의 눈에는 둘 다 '남만南蠻'과 '북적北狄'이라는 개화되지 않은 야만인이었다. 이렇게 된 이상 '북적'인 옹정제가 '남만'인 증정을 '아둔하다'고 비웃는 일은 오십보백보인 상황이었고 심지어는 '남만'인 증정이 '북적'인 옹정제보다 좀더 일찍 강남 문명의 혜택을 받은 셈이기까지 했다!

옹정제의 이러한 생각은 증정 사건을 처리하는 과정에서 형성되었다. 옹정제는 증정이 살던 후난 성 동남쪽에 위치한 융싱永興 십구도十九都라는 작은 마을 주위에 먀오족苗族이 많이 살고 있다는 것을 알게 되었다. 이곳은 바로 역사책에 기록된 '남만' 분포 지역이었다. 증정의 동향同鄕 선현先賢인 왕부지王夫之의 저서에는 '남만'과 '북적'은 모두 오랑캐에 속하지만 '남만'은 남방 한족 문화의 영향을 받아 이미 문명화된 지역이고, 만주족滿洲族이 거주하는 '북적'은 여전히 개화되지 않은 지역이라고 기록하고 있었다.[3] 그렇다면 먼저 개화된 '남만'의 후예가 '북적'의 황제인 옹정제를 떳떳하게 멸시하는 것도 이치에 맞는 일이었다. 하지만 문제는 그리 간단하지 않았다. 옹정제는 증정이 모반한 증거들을 자세히 검토하다가 증정이 자신의 생각을 기록한 반역서적 『지신록知新錄』과 『지기록知己錄』에 왕부지와 같은 생각이 조금도 보이지 않는다는 사실을 발견하고는 마음속으로 이상하게 생각했다. 나중에 안 사실이지만 왕부지는 애초에 자신의 저서를 명산名山에 숨겨놓을 작정이었기 때문에 그의 저서는 널리 전해지지 않았고, 청말에 와서야 증국번曾國藩에 의해 발굴되어 다시 판각되었다.

그러나 옹정제는 증정이 진술한 또 다른 구절을 보고 극도의 불안감을 느꼈다. 증정은 다음과 같이 진술했다. 증정이 과거를 보러 천저우郴州에 갔을 때, 그는 성안을 돌아다니다 서점의 작은 좌판에서 저장 사람 여유량이 편집하여 주를 단 모범 답안서와 여러 평론이 달린 팔고문 선집을 팔고 있는 것을 보았다. 그는 손이 가는 대로 한 권을 집어 펼쳤다. "여유량은 팔고문을 논하는 데 있어서 주제를 조리 있게 풀고 곳곳에 주석을 달아놓았으며, 문장의 풍격이 앞선 대가들을 법도로 삼고 있었으므로 저의 이 편벽된 성품에 근거하여 그것들을 마음에 새겨 넣었습니다. 그리고 제멋대로 이 사람을 청나라 제일의 인물로 여겨서 모든 논의에서 그의 주장을 기준으로 삼았습니다."[4] 이 자세한 진술은 옹정제를 놀라게 했다. 후난 성 '남만' 지역의 '아둔한' 사람이 뜻밖에도 왕부지 같은 그의 동향 선현들의 말을 인용한 것이 아니라 오히려 수천 리 떨어진 강남 한족의 말을 따르고 있었기 때문이다. 이 진술은 여유량 등의 저장 사람들이 팔고문 주석 선집을 빌려 오랑캐와 한족을 구분하고 있으며 그 전파력이 매우 강함을 설명해주고 있었다. 후미진 후난 성 먀오족 지역에 사는 초라한 수재秀才까지도 동림당東林黨과 명말 유민의 사상적 영향을 받고 있다는 사실은 정말로 놀라운 일이었다.

옹정제는 이전에 강남 문인들이 자신을 겨냥해 전문적으로 거짓 소문을 조작해 비판하던 일까지 떠올리고는 강남 문인에게 깊이 현혹된 증정에게 약간의 동정심이 생겼다. 생각이 여기에 미치자 옹정제는 매우 답답하고 울적한 마음이 들어, 붓을 들고 다음의 글을 써내려갔다. "대저 여유량은 저장浙江이라는 인문 정신이 강한 고장에서 태어났다. 그의 학문은 궁벽한 산촌의 우둔하고 무지한 증정과는 비교도 할 수 없다. 증정은 중국이니 오랑캐니 하는 잘못된 식견을 가지게 되어 마음속에 의심이 생긴 것이다. 만약 여유량의 책을 읽지 않고 여유량의 의론이 벌떼같이 일어나는 것을 보지 않았다면 만족하며 지냈을 것이고, 또한 거리끼는 바가 있어도 감히 글로 드러내지 않았을 것이다. 이를 통해 볼 때 여유량의 죄가 가장 크고, 증정과 비교해도 몇 갑절은 더 심하다. 짐은 이전부터 저장 지역의 풍속이 야박하여 사람들이 뜻을 얻지 못한다고 여겼다. 예를 들어 왕경기汪景琪(1672~1726)나 사사정查嗣庭(?~1727) 같은 사람들은 모두 비방하며 역모를 꾀했다. 그러나 나중에 스스로 그 죄를 자백했으니 모두 여유량이 끼친 해악이다. 심지어는 민간의 무뢰배들까지도 거짓 소문을 조작하길 좋아했다. 옹정 4년(1726)에는 하이닝성海寧城, 핑후성平湖城의 현민 전체를 몰살하려 한다는 유언비어가 나돌았다. 이때 놀라 의심하며 서로 선동하여 도망친 백성이 있었다. 이는 모두 여유량 한 사람이 앞에서 선동했기 때문에 마을 전체의 풍속이 이렇게 된 것이다."[5]

윗 문장에서는 서로 관련이 없어 보이는 일까지도 모두 끌어다 여유량에게 죄를 뒤집어씌우고 있다. 겉으로 보면 증정의 죄를 벗겨주는 것 같지만 사실은 '매우 비상한' 방법으로 증정 사건을 처리하고 있다고 해도 무방하다. '북적'인 옹정제와 '남만'인 증정은 불구대천의 적이었지만 둘 다 무의식중에 강남 문화권에 대한 막대한 스트레스를 받고 있었고 점차 심리적으로 서로 동정하는 마음을 갖게 됐다. 게다가 모반을 꾀한 이 '아둔한' 사람을 죽이는 것은 쉽지만 그렇다고 해서 진정으로 문화적 합법성을 가지지 못한 옹정제의 초조함을 근본적으로 해결할 수는 없었다. 여유량이 귀신처럼 남아 영향력을 행사하고 있는 이 상황에서 청나라의 황제나 증정이나 어리석고 아둔한 정도는 서로 비슷하게 여겨졌기 때문이다. 옹정제는 문화적 외투만 걸친 개화되지 않은 오랑캐였고 증정은 남만 지역에 흩어져 사는 변두리 무뢰배였으니, 이것이 바로 옹정제가 많은 시간과 돈을 들여 사형수와 필담을 나눈 이유인 듯하다. 비록 지극히 존귀한 황제인 옹정이 이렇게 조급한 마음을 내비친 것은 황제의 품위를 떨어뜨리는 일이었지만, 그는 자신이 강남의 경전 해석권을 멸시하고 있음을 드러내고 싶었다.

고대의 '문명'과 '야만'을 구분할 때 습관적으로 사용하던 기준, 즉 이른바 '문文'과 '질質'의 기준에 따르면, 옹정제와 증정은 표면적으로는 대립적 양극이었지만, 사실 옹정제와 증정은 모두 여유량이 속한 강남 '문인文人' 집단의 사상적 영향을 받아야만 하는 대상이었다. '문'과 '질'의 관계로 보자면 여유량은 '문'에 속했다. 여유량은 강남 문인이 가진 문화 담론의 부호인 동시에 문화적 정도가 주변 지역을 훨씬 넘는 공간적인 상징이기도 했다. 옹정제와 증정은 물론 '질'에 속했다. '문질'의 관계로 보면 우리는 왜 옹정제가 증정에게는 동정을 베푼 반면, 죽은 지 이미 오래된 여유량은 절대로 용서할 수 없었는지, 이에 대한 심층적 동기를 다소 이해할 수 있다.

왕조 교체 시기 사인의 생활 모습과
'문질지변文質之辨'의 흥기

'문'을 지킬 것인가? '질'을 따를 것인가? 청초 사림 여론의 두 경향

사실 청초 몇몇 황제가 명나라 사인 단체를 증오할 이유는 충분히 있었
고 여유량이 초래한 증정 사건은 빙산의 일각에 불과했다. 순치제부터 건
륭제까지 그들의 눈에는 모든 명말의 유민 계층이 각종 불가사의한 괴
이한 행동과 절대적인 태도로 옛 왕조에 대해 충성심을 표시하는 것처
럼 보였다. 예를 들면 유민들은 유적儒籍을 포기하거나 도시로 나가지 않
거나, 절로 은둔하거나 원고를 불태우거나, 강학講學을 포기하거나 결사結
社를 거부하거나 신체를 자해하는 등 각종 방법으로 청나라에 대한 반항
과 원한을 풀어냈다. 일부 사인은 산수의 주인이 바뀌고 달라진 것이 야
만족이 짓밟고 오염시킨 결과라고 보고 시시때때로 '잔산잉수'를 한탄
했다. 심지어 일부 서화가는 글자의 배치 면에서 일부러 '추하고 졸렬하
며 무질서한醜拙支離' 이미지를 묘사하고, 산수화에서 일부러 사람의 생각
을 뛰어넘는 기법으로 '황폐해진' 산수를 그려낸 것과 같은 글씨와 그림
의 풍격을 두고서 대대적으로 의론을 펼쳤다. 그들은 '황폐하고殘' '졸렬

하며拙' '추한醜' 이미지를 중국 서화의 가장 이상적인 미의식으로 끌어 올림으로써 명말 유민이 은둔하는 행위에 정당성을 부여하고 만주족 정권에 대한 소극적인 반항을 드러냈다.[6] 청나라 황제들이 보기에 이런 괴이한 행동은 정치적으로 굴복하지 않았다는 태도였을 뿐만 아니라 절대바뀔 수 없는 문화적 우월감을 드러내는 것이었다. 바로 유명한 '화망건선생畫網巾先生(망건을 그린 선생)' 이야기가 그 좋은 예다.

화망건 선생은 이름도 관직도 알려져 있지 않다. 청나라 군대가 푸젠성을 점령하자 그는 하인 두 명을 데리고 절로 들어가 몸을 숨긴 채 여전히 명나라의 의관을 착용했다. 그는 지방관에게 잡힌 뒤 망건이 강제로 벗겨지자, 망건은 명나라 태조太祖가 남긴 옛 제도이기에 이렇게 모욕당할 수는 없다고 생각해 붓으로 이마 위에 망건을 그렸다. 죽기 직전에 관리가 그의 이름을 추궁하자 그가 말했다. "나는 충심으로 나라의 은혜를 보답하지 못했으니 이름을 남기면 나라를 모욕하는 것이고, 지혜로 집안을 보전하지 못했으니 이름을 남기면 집안을 모욕하는 것이며, 위기가 닥쳐서도 몸을 잘 처신하지 못했으니 이름을 남기면 몸을 모욕하는 것이오. 군중軍中에서 나를 망건을 그린 사람이라 불렀으니 이것으로 내 이름을 삼으면 되겠소." 이 이야기를 강술하던 대명세戴名世는 다음과 같이 평했다. "예부터 절의를 지키는 선비가 이름을 세상에 남기지 않는 것은 명나라 영락永樂 연간부터 시작됐다. 당시에는 한 사람이 절의를 지키면 그화禍가 구족九族까지 미쳤기 때문에 대부분 종적을 감추고 죽어 그 종족을 보전했다. 숭정崇禎 갑신년(1644) 이후로는 법령이 매우 잔혹해져서 죽거나 숨는 경우에 이름이나 사는 곳을 밝히지 않는 자가 매우 많았다고 들었다. 옛날을 그리워하는 나는 이를 자세히 알 수가 없다."[7] 대명세의 입장에선 역사를 기록하는 데 있어 이러한 현상은 유감스러운 일이었다. 그러나 청나라 황제들의 입장에선 이름을 알 수 없는 수많은 사인이 침묵하며 괴이한 행동으로 반항을 표시하는 것이 여전히 가장 큰 골칫거리였다. 그들이 가장 참을 수 없었던 것은 이런 괴이한 현상 배후에는 쉽게 사라지지 않는 거대한 문화적 우월감이 위협적으로 숨어 있다는 사실이었다.

황제들이 아무 이유 없이 걱정하는 것은 결코 아니었다. 화망건 선생이 변발을 거절하고 명나라 복식을 고수한 태도는 만주족 생활 방식에 대한 멸시로 여겨질 수 있었다. 이러한 모욕적 행동은 왕조 교체 시기 사인들의 언행에서 종종 나타났는데, 전통적인 '문질지별文質之別(문과 질의 구별)'이란 분류 방식으로 만주족의 생활 방식을 간접적으로 조롱하는 논의가 바로 그 한 가지였다.

예부터 '문과 질'의 구분은 그 의미가 매우 복잡했고, 고대에는 문질이 사회 문화의 변천을 설명하는 하나의 중요한 개념이기도 했다. 전국戰國 및 진한秦漢 시기에는 '질'과 '문'이 원시와 문명의 구분으로 인식되었고, 문명은 '질'에서 '문'으로 나아가는 과정으로 묘사되었다.[8] 따라서 '문'과 '질'을 비교할 때, '문'이 비교적 우세적인 위치를 차지했다. '질'은 질박하고 화려하지 않음과 관련되었고 '문'은 눈과 마음을 즐겁게 하는 외적인 수식과 관련되었다. 공자는 "질이 문을 이기면 비루해지고 문이 질을 이기면 화려해진다質勝文則野, 文勝質則史"라고 했는데, 그 의미는 '질'이 '문'을 이기면 사람은 비루하고 용속해지나 그 반대의 경우에는 정교하고 화려해진다는 것이었다. 물론 '문'과 '질'은 서로 보완적이어서 하나라도 없어서는 안 되고 둘 다 조화를 이루어야만 완벽해질 수 있다. 그렇다고 해서 '질'이 부정적인 의미만을 갖는 것은 아니었다. 도가에서는 '본질로 돌아가고返質''질박함으로 돌아가는返樸' 것을 사회 발전의 방향이라고 보았다. 유가에서 제창한 '문질빈빈文質彬彬'도 시대에 따라 '문'과 '질'의 관계가 서로 바뀔 수 있으며 역사적으로도 '일질일문一質一文(한번 질하면 한번 문하는)'의 보완적인 상황이 형성되었음을 인지했다. 명청 왕조 교체기 만주족이 통치하는 특수한 역사 배경에서, 일부 사인은 자신이 '문'이란 우세적 위치를 차지하고 있음을 드러냈다. 그리고 한족이 만주족의 생활 습관에 젖는 것을 암암리에 조롱하고 풍자하는 것으로 자신의 우월감을 나타냈다.

예를 들면 강남 문인인 황종희는 청초 백성의 생활이 '질박함으로 돌아간' 것은 온 세상이 게을러져 '정교화精致化'된 생활을 추구하는 데 시간과 노력을 들이지 않기 때문이라고 말했다. 그는 청초 사람들이 점점 질서 없이 대충 생활하여 "무릇 지금 존재하는 예禮는 모두 편한 대로 할 뿐이다. 이런 까닭에 장인들이 만든 물품, 상인들이 파는 물건, 선비와 여인들의 옷차림이 날로 비루해진다"며, 이에 "세상의 운세가 문文에서 질質로 가지 않은 적이 없다"[9]는 사실을 인정할 수밖에 없다고 했다. 그는 선진 시기 진秦나라 목공繆公과 유여由余의 다음 말을 예로 들었다. "군자는 도리를 알고 있기에 복종하려는 자가 더욱 적어지는 것입니다. 그래서 신은 검소함이 도리라고 말씀드린 것입니다." 황종희는 오히려 유여의 이 말을 '오랑캐의 도리戎狄之道'라고 배척하면서 다음과 같이 말했다. "세상에서 문을 추구하는 것은 힘들고 질을 추구하는 것은 자유로우니 사람의 성정은 자유로운 것을 좋아하고 힘든 것을 싫어한다. 그래서 질을 추구하는 것은 마치 물이 아래로 흘러가는 것과 같다. 자유子游는 '감정이 내키는 대로 행동하는 것은 오랑캐의 도리'라고 했다."[10]

황종희의 문장에서 전통적인 '문질론'은 한족과 오랑캐를 엄격하게 구분하게 되었고, '문'과 '질' 또한 만주족과 한족의 다른 생활 방식을 평가하는 잣대가 되었다.[11] 왕부지도 비슷한 견해를 말한 적이 있었다. "일상생활은 백성에게 '질'이다. 군자가 훌륭하게 이루는 바는 여기에 있지 않고 자연에 내맡긴 채 인위적으로 하지 않는다는 점에 있다. 물 긷고 나무하는 질質을 신통하고 오묘한 일이라고 한다면, 사람을 짐승처럼 만들고 초목을 성스럽게 만들어 사람의 기강이 무너질 것이다. 이 때문에 군자는 질을 삼가고 문을 중시한다."[12] 이 말은 즉 군자라면 질을 잘 꾸미고 다듬어서 생활을 개선시켜야 하는데, 이것이 짐승과 다른 점이라는 것이다. 왕부지가 보기에 만주족이 사는 지역은 한족과는 '기질도 다르고 풍속도 다른氣異而習異' 오랑캐 땅으로, 문화의 혜택을 받은 한족과는 섞일 수 없었다.

그러나 문제는 그렇게 간단하지 않았다. 청초의 역사 문헌 자료를 살펴보면 사인들은 이전의 '문'적 생활보다 '질박'한 생활에 대해 훨씬 더 긍정적이었으며, 황종희와 왕부지의 견해는 특수한 경우였음을 알 수 있다. 청초의 '문질론'은 명나라가 너무 빨리 붕괴되었다는 침통함과 경각심이 한데 얽혀 발생했다. 청초 사인들은 비록 만주족에 대해 문화적 우월감을 가지고 있었지만, 정치와 군사적인 면에서는 완전히 실패했다는 사실을 잘 알고 있었다. 이러한 상황에서 청초 사인은 명말 사인의 각종 언행을 검토하고 반성할 수밖에 없었으며, 소탈하고 자유롭던 생활 방식에 대한 평가도 이로써 변화를 맞이하게 되었다.

결과적으로, '문'에 대한 절대적인 긍정과 '질'에 대한 지속적 부정은 명나라 멸망과 청나라 흥성이라는 역사적 상황을 명확히 해석할 수 없게 만들어버렸다. 이와 동시에 '문과 질'을 선택하는 문제는 종종 남송의 사인들이 구축한 '남과 북', 즉 한족과 오랑캐의 충돌이라는 역사적 기억과도 관련이 있었다. 명말 청초의 특수한 상황에서 '문'은 여전히 한족이 오랫동안 쌓아왔던 전통적인 자신감과 자존감을 내포하고 있었지만, 명말 만주족에게 당한 군사적 실패는 '질박함'으로 대표되는 만주족의 생활 방식을 다시 인식하고 심지어는 긍정하도록 했다. 이는 또한 남송 사인들이 지녔던 침통함과 서로 상응하는 점이기도 했다.[13]

경전의 '문질론'과 청초 사론士論의 상응 관계

초기 역사 문헌 자료에서는 '문'의 함의가 항상 긍정적이지만은 않았다. 진한 시기 '문'에서 '질'을 추구하는 전환기에 '문'은 상당히 부정적인 의미가 있었다. 당시 사람들은 진나라의 예법과 법도 등이 지나치게 복잡했기 때문에 체제를 더 이상 유지하지 못한 채 멸망했다고 생각했다. 그래서 한나라의 풍조는 '문'에서 '질'로 변화됐다. '문'은 화려하고 사치스러운 부정적인 이미지와 밀접하게 연결되어 있었는데, 예를 들면 서진西晉 시기 청담淸淡사상이 널리 퍼진 이유가 바로 '문'의 풍조가 너무 지나쳐 도가의 '반박론返樸論(질박함으로 돌아가자는 논리)'이 크게 유행했기 때문이었다. '질'은 검소함, 질박함과 많은 관련이 있었다. 북조北朝 시기 '질'과 '문'의 구분은 옛 관습을 바꿀 것인지 말 것인지에 대한 '풍속론風俗論'과 서로 연결되어 오랑캐와 한족의 구분이라는 새로운 함의를 지니게 되었다. 북위北魏의 효문제孝文帝는 '질'과 '박'을 선비족의 구습이라 여겨버리고, '문文'과 '화華'를 한족의 새로운 체제라 여겨 받아들였는데, 이는 '질'을 '문'으로 바꾼 행동이었다.

당송 시기의 '문질론'은 다시 '문'을 '질'로 바꾸려는 경향이 있었다. 백거이는 당대 생활 속에 사치스런 풍조가 만연했다고 보며, 다음과 같이 말했다. "주나라 때의 '문'의 폐해가 지금도 남아 있다. 그래서 사람들 중에는 질박하고 충실한 자가 드물고, 풍속은 여전히 화려하고 공교롭다." 따라서 황제가 "주나라를 계승함을 자신의 소임으로 삼고 하나라를 따름을 시의에 맞게 하여, 질을 보태고 문을 줄이고 점차 충실함을 숭상하여 경박한 폐단을 구하길"[14] 바랐다. 당나라 사람 이화李華(?~766)도 「질문론質文論」에서 "대악은 쉬워야 하고 대례는 간소해야 한다大樂必易, 大禮必簡"[15]라고 했다. 상술한 문장들은 모두 '질로 돌아가자復質'를 화제로 삼았다.

남송의 '문질론'도 '질'에 좀더 편중되었다. 남송의 황제가 살던 오吳 지역은 역사가의 시각에서 보면 안락함을 누릴 수 있는 구석에 속했다. 또한 강남의 수려한 경치와 태평스런 생활은 사인들의 북벌 의지를 약화시키기 쉬웠다. 그래서 진량陳亮(1143~1194)은 주나라에 대해 다음과 같이 말했다. "문의 폐단이 극에 달하고 화려하고 사치스러워져 결국 권모술수가 횡행하게 되었다. 천하 사람들이 모두 그 병폐를 알고 괴로워했지만 그것을 변화시킬 방도를 몰랐다." 이 때문에 노자를 선택한 이유도 다음과 같이 합리적으로 변화했다. "고로 그것을 모두 제거하고 백성과 함께 질박함으로 돌아간다면 모든 것이 본성에 머물며 겉모습을 상관하지 않게 된다. 궁궐은 높고 깊음을 따지지 않고 기물은 간단하고 편함을 따지지 않으니, 급박해지면 움직이고 부득이해지면 일어나게 된다. 이는 인심의 참됨이고 도덕의 지극함이며 노자가 세상의 도리로 여기는 바다."[16]

그는 공자가 말한 "예는 사치스러운 것보다 검소한 게 낫고 장례는 성대한 것보다 진심이면 된다"와 노자의 말이 비슷한 견해라고 생각했다. 이에 그는 탄식하며, 남송의 풍속이 "날로 경박하고 사치스러워져 거짓으로 변했기" 때문에 노자와 공자의 학설을 이용해 세상을 구할 방법을 생각해야만 한다고 여겼다.[17]

진량이 보기에, '문질'의 순환은 삼대三代 때 오히려 그 특징을 잘 드러냈다. 예를 들면 진량은 "내가 삼대의 통치를 살펴보니 충忠에서 질質로, 질에서 문文으로 바뀌었는데, 서로 반대되는 것이 아니라 변하여 바뀌는 것으로 서로 보완되었다"[18]라고 말했다. 그러나 이 말은 이후에 역사적인 증거를 찾기가 어려웠는데, 그 이유는 위진魏晉, 수당隋唐과 송대의 역사가 모두 충, 질, 문의 표준에 따라 순환하지 않았기 때문이다. "천하 사람들이 일단 문을 좋게 되면 충으로 되돌리는 일은 매우 힘든 일이다. 순환설은 근거가 과연 어디에 있는지 모르겠구나! 충, 질, 문이 정말 순환한다면 어린아이들이 손가락으로 돌아가며 세어도 충분하다. 백대의 변화를 굳이 성인을 기다려 알 필요가 있겠는가!" 그는 송나라를 예로 들면서 만약 문질순환론의 견해에 따르면 "송나라가 흥성할 때는 문을 추구해야 마땅한데, 태조 황제(조광윤趙匡胤)께서는 인자하고 질박함으로 천하를 다스렸다. 사대부도 검소하고 중후함을 풍조로 삼았고 천하는 착실하고 소박함이 풍속이 되었다. 가우嘉佑 연간 이후에야 문에 가까워졌지만 중후함은 끝내 변하지 않았으니, 어찌 문을 숭상했다고 할 수 있겠는가? 당나라는 문을 추구했지만 송나라는 질을 추구하니 순환설은 잘못된 말이다"[19]라고 했다.

그러나 당 이전의 논의와 남송의 '문질' 관계 논의의 가장 큰 차이점은 남송의 문질론이 다 '이하지변(오랑캐와 한족의 구분)'이나 남북을 나누는 틀에서 전개됐다는 점이다. 예를 들면 남송 때는 다음과 같은 의론이 많았다. "오랑캐의 종류는 한둘이 아니며, 중원에 어지러이 출몰하여 한족을 교란시킨다. 성인은 주나라의 도리로 그들을 다스리고 중국의 일에 참여하지 말도록 해야 한다. 제후들은 오랑캐와 회맹할 때면 그들을 나무라고, 패주覇主가 멀리까지 쫓아가 그들을 토벌하여 내쫓아서 각각 자신의 영토에서 편안히 살도록 해야 한다."[20] "성인은 중국과 오랑캐가 구별 없이 섞여 있어도 이를 구분해내어 사람의 도리를 세우고 황제의 법도를 도와서 후세를 기다린다."[21]

그래서 '문'을 '질'로 바꾸자는 논의는 구석진 남쪽 땅에서 안일을 꾀하고 사치를 즐기는 사림의 풍조를 비판하는 데서 시작됐다. 진량은 남송의 황제나 사림들이 안일을 꾀하는 태도에 불만이 많았다. 그는 효종孝宗에게 다음과 같이 진언했다. "대저 오吳 땅과 촉蜀 땅은 천하의 편벽된 곳이고 첸탕錢塘은 오 땅에서도 구석에 위치하고 있습니다. 그래서 첸탕은 5대 동안 전란이 가장 적었고 200년 사이에 사람과 물자가 점차 풍족해져 동남쪽에서는 최고가 되었습니다. 건염建炎·소흥紹興 연간에 이르러서는 황제가 주둔하던 지역이었습니다. 그러나 당시 사람들은 이미 다시 세력을 키우고 국력을 회복하기 어려운 지역이라고 의심했습니다." 진량은 그 원인을 분석하며 말했다. "진회秦檜가 또 이때부터 백사서부百司庶府를 두어 그곳에서 예악을 강론하게 하자 그 풍속이 이미 화려해졌습니다. 사대부들은 또 이때부터 원림이나 누각을 지어 전쟁 틈틈이 여가를 즐기며 위아래 사람 할 것 없이 모두 향락에 빠져 첸탕을 낙원으로 여겼습니다. 구석진 땅은 본래 황제가 머물기에 부족한데 50년 동안 억눌려 있었으니, 산천의 기운 또한 다 새어나와 남은 것이 없습니다. 이에 곡식과 뽕, 마, 비단, 모시 등의 이익은 해마다 적어지고 가축, 물고기, 초목의 생산은 날마다 적어지는데도 위아래 사람들은 이상하게 여기지 않고 있습니다. (…) 폐하께서는 이미 사라진 첸탕의 기운에 의지하고 푸젠福建과 저장浙江의 쇠락한 사인들을 이용하여 동남쪽 나약한 백성을 격려하며 북쪽으로 중원을 쟁취하려 하시지만, 신은 어려울 것이라 여겨집니다."[22]

이 문장은 '문'의 풍조가 매우 심한 강남 사림에 대한 불만을 여실히 보여주고 있다. 우리는 '문질'과 관련된 경전의 논의 중에서 청초의 '문질론'과 서로 호응되는 다음의 관점을 찾아볼 수 있다. 첫째, 경전의 '문질론', 특히 당송 이후의 '문질론'은 모두 '질'이 '문'을 제약할 수 있음을 강조했다. 왕조가 사치스럽고 부패해지는 상황에서 사인들은 모두 왕조의 무절제하고 사치스러운 생활이 멸망을 초래할 것을 걱정했다. 이 때문에 질박한 생활 방식으로 사치스러운 생활태도를 규제해야 한다는 논의가 많이 나왔다. 둘째, '문질론'은 남송 이후부터 오랑캐와 한족을 구분해야 한다는 여론의 압박을 은근히 받았다. 그러나 비판의 초점은 오랑캐의 '질박한' 생활에 맞춰진 것이 아니라 '문'의 우월감을 대표하는 한족의 생활 방식에 대한 자기반성에 더 맞춰져 있었다. 이러한 검토의 과정은 사실 정치적, 군사적으로 편벽되어 국토를 장악할 수 없었던 남송의 역사 상황과 관련이 있었다.

'남송'과 '명말', 역사 반성의 틀에서 보는 새로운 문질론

명말 청초의 역사적 상황은 남송과 비슷했다. 남명南明의 군주도 남송처럼 구석진 땅에서 정국을 유지하며 창장長江 강을 기준으로 남북으로 나누어 통치하려 했지만 예기치 않게 불과 몇 년만에 통치가 무너져 와해되고 말았다. 건륭제조차도 이 점을 이해하기 어려웠다.[23] 그러나 청초 사인은 명말과 남송의 역사를 습관적으로 서로 연결시키면서 역사 인식의 관습적인 틀을 만들었다. 어떤 사인이 송대 유가의 가치에 대해 의문을 표시한 다음의 예는 매우 대표적이다. "대저 유가가 절정을 이룬 때는 송대만 한 시대가 없었지만, 국가의 세력이 미약했다. 조정의 명예가 능멸당한 때도 송대만 한 시대가 없었으니 매번 의심스럽고 이상하구나." 나중에 그는 비로소 깨달았다. "송나라가 발전하지 못한 것은 모두 학술이 쓸모가 없었기 때문이었음을 알겠다."[24]

또한 남송과 명말의 유사한 역사에 이상할 만큼 민감했던 청초 사인들 중에는 남송 '문질론'처럼 '문'을 비판하는 사인이 많았다. 심지어는 "유가의 도리가 망한 것은 모두 '문'이라는 글자를 잘못 인식했기" 때문이라며 분노했다.[25] '쓸모없는 학문無用之學'으로 종종 표현된 것처럼, '문'의 폐단은 일상적인 위기에 시의적절하게 대응하지 못한 데 있었다. 따라서 '문'이 명나라 멸망과 부패에 책임이 있다는 말이다. 이공李塨(1659~1733)의 설명에 따르면, 이전에 사람에 의해 항상 과장되었던 '문'에 속하는 일인 "경전에 주를 달고 도를 논하는" 학문은 "오직 공자 문하의 예禮, 악樂, 병兵, 농農만을 중시하고, 활쏘기, 말 몰기, 악기, 회계 등의 일은 살피지도 않은 채 말단의 일로 치부한다. 또한 소학은 이미 사라졌다고 핑계 대며 결국 내버려둔다. 공허한 선열禪悅을 흡족하게 여기고 화려하고 과장된 글을 즐겨 쓴다." 이렇게 엉망진창인 학술 풍조는 당연히 명나라의 멸망이라는 역사적 비극에 대한 책임을 져야만 했다. "명말 조정에는 기댈 수 있는 사람이 한 명도 없었고 천하에는 다시 일을 처리할 관리가 없었다. 군사작전을 계획해야 할 회의에서 『좌전左傳』을 평가하고 적군이 성 아래까지 쳐들어와도 시를 지어 진언하니 천하가 망하게 되었다."[26]

좋은 글의 평가 기준도 이와 맞물려 변화했다. 청초 사인들은 서로 약속이라도 한 듯 형식적으로 화려하고 아름다운 글이 반드시 좋은 문장은 아니며, 만약 세상의 도리나 치세治世에 도움을 줄 수 없다면 나쁜 문장이라고 여겼다. 전겸익은 정웅비丁雄飛(1605~1687)가 지은 『자가화自家話』에 제題를 쓰면서 다음의 송나라 이야기를 예로 들었다. 진양陳襄(1017~1080)은 선학禪學을 이야기하는 것을 좋아해 소식의 문장을 천박하다고 여겼다. 소식이 예를 들며 그에게 답했다. "공께서 이야기하시는 선학을 음식에 비유하자면 용고기龍肉입니다. 그러나 저의 학문은 돼지고기입니다. 공께서는 온종일 용고기를 말씀하시지만 제가 돼지고기를 맛있게 먹고 배가 부른 것만 못합니다." 전겸익은 제를 쓰면서 이 이야기를 빌려 선학을 공격했다. "오늘날 선학을 배우는 것은 그림자를 조각하고 허공에 그림을 그리는 것처럼 추상적이어서 금강권金剛圈(금강 우리), 율극봉栗棘蓬(밤송이) 같은 말들이 닥나무 종이에 가득하다. 정웅비의 『자가화』는 자신의 일상생활과 가깝고 실질적인 말들로 표현했다. 세상 사람들이 말하는 바가 모두 옛것을 이야기하는 용고기라면 정웅비의 학문은 바로 소식의 돼지고기가 아니겠는가?" 전겸익은 다음의 말로 자신의 견해를 밝혔다. "어떤 사람은 비루하다고 여기고 어떤 사람은 천박하다고 여기며, 저급한 선비들이 듣고 크게 웃으면서 먼지나 쭉정이 같은 것으로 생각한다면, 나는 이를 오묘한 도라고 여긴다."[27]

또 다른 명말 유민 위희는 사림의 풍조가 '문'에서 '질'로 바뀌어야 하는 이유가, 문장의 법도는 치도治道의 성쇠를 찾는 데 가까워야 하기 때문임을 더욱 강조했다. 그가 느끼기에 "오늘날 천하는 문장이 넘치고 쌓여 사람마다 문장이 있는데, 수준이 낮은 문장은 과장되고 화려하다. (…) 경박하고 내용이 없으면 말할 만하지 못하다. 학문이 높고 뜻이 있는 선비들은 도연명의 시에 정을 기탁하고 굴원의 부賦에 분을 표출하는데, 완고함과 나약함을 일깨우니 금석에 새길 만하다. 그러나 나는 이것이 문장의 지극한 바는 아니라고 생각한다." 위희는 "문장의 지극한 바는 곡식처럼 천하의 배고픔을 해결하고 옷감처럼 천하의 추위를 감싸줄 수 있어야만 한다. 아래로는 배워서 이어받을 수 있고 위로는 왕조를 흥성시킬 법도를 얻을 수 있어야 하니, 언言이 세워지면 덕德과 공功은 이미 갖추어진다"[28]고 여겼다. 이 글은 전겸익이 문장을 용고기, 돼지고기에 비유한 논의와 매우 비슷하다. 질박한 문장은 종종 영원하기 때문에 위희는 다음과 같이 제자들을 가르쳤다. "무릇 문장을 지을 때는 영원함을 추구해야지 쉽게 사라짐을 추구해서는 안 된다. 예를 들면 언言은 충과 효를 따르고 어語는 세상을 다스리는 일과 관련해 진심으로 질박하게 문장을 쓰니, 이것이 영원해지는 까닭이다. 화려하고 사실이 적으며 거짓된 말로 도리를 어그러뜨려 세정世情에서 머뭇거리고 스스로 검소함을 잃어버리니, 이것이 쉽게 사라지는 이유다."[29]

사인들의 견해를 살펴보니 '문이 흥성함文盛'이 지극해지면 반드시 쇠락했다. 그러나 '문이 쇠락함文衰'에는 일반적으로 두 가지 길이 있었는데, 하나는 문이 쇠락하면 실實로 회귀했고, 다른 하나는 야野로 회귀했다. 두 번째 길은 명말 사림의 심정을 정확히 반영하고 있었기 때문에 당시 사람들은 모두 '문을 싫어하는 마음厭文之心'이 있었고 이에 '문을 없애자滅

文'는 생각까지 일어났다. 위희가 예를 들었을 때도 '남송'과 '명말'의 아픈 기억은 여전히 습관처럼 함께하고 있었다. "예를 들면 송대에는 정주程朱 사상을 탄압했고 천계天啓 연간에는 동림당을 구속했으며 숭정 연간 말에는 장헌충張獻忠을 태워 죽였다."[30] 이런 상황의 재현을 막기 위해서는 반드시 공자가 주나라 말기 '문이 쇠락하던' 상황에서 '문'을 실로 회귀하게 했던 방법을 모색해야만 했다. 이 노선은 안원顔元(1635~1704)의 눈에 다음과 같이 해석되었다. "대저 '문'은 시, 서, 육예만이 아니라, 위의威儀, 사설辭說, 병兵, 농農, 물, 불, 돈, 곡식, 기술, 제사 등 우리 몸을 꾸밀 수 있고 천지를 수식할 수 있는 모든 것이 문이기"[31] 때문에 "문을 경전의 문장으로 여긴 것은 한대, 송대에서부터 잘못됐다."[32]

청초의 명사 당견唐甄은 고대의 논의가 후대에 화려한 기교를 뜻하는 '문'으로 오염되면서 오히려 "언은 실제적인 것에서 구한다言徵於實"는 진짜 의미를 잃어버렸다고 생각했다. 그는 '언'과 '문'을 다음과 같이 구별하여 말했다. "옛날의 훌륭한 말言은 마음에서 생겨 입으로 나와서 실제적인 일에서 구하고 전례에 널리 쓰이고 문장에 기록됐으며 문채가 찬란했다. 훌륭한 말로 도道를 이야기하면 도는 소매와 허리띠에 있게 되고 공功을 이야기하면 공은 눈과 귀에 있게 됐으니 숭상할 만했다. 한대에는 이것을 문文으로 여겨 그 절반을 잃어버렸고 당대 이후로는 모두 잃어버렸다. 근래에 이르러 문을 말하는 자들은 제멋대로 체재가 있다고 말하고 법도가 있다고 말하고 규범과 격식이 있다고 따진다. 23대에 걸친 역사 속에서 편찬된 서책은 마음을 가로막았고, 서발序跋·논변論辯·전상傳狀·비지碑志의 쓸데없는 말로 그 참된 이치를 왜곡했다." 그래서 '언론言論'을 몸소 깨닫는 것은 맛있는 음식을 맛보는 것과 같은데, "진나라 이전의 말은 저민 고기처럼" 맛이 신선하지만 "당나라 이후의 문文은 채소 국처럼" 먹어도 맛이 없다. 또한 다음과 같이 말했다. "진나라 이전에는 언어가 적었지만 쇠창살보다 무거웠고 당나라 이후에는 문이 많았지만 수레 깃털보다 가벼웠다." 그 이유는 바로 "힘써 화려한 문장을 쓰며 세속에 얽매이는" 데 있었다.[33] 이러한 '퇴화론退化論'은 청초의 왕조 교체라는 분위기에서야 정확하게 이해될 수 있었다.

당견은 '문에는 반드시 질이 있어야 함文必有質'을 깊이 깨달았지만 당시 사람들은 모두 '문'의 화려한 형식만을 추구한 나머지 오히려 '질'을 잃어버리고 있었다. 그는 다음 이야기를 인용했다. 옛날 도성에 얼음조각을 잘하는 사람이 있었다. 그 사람이 조각한 얼음 인물상은 "얼굴색이 살아 있는 것 같았고 몸은 진짜 같았다." 매번 추운 날이면 얼음조각상을 대청 뒤에 놔뒀는데, 며칠이 지나도 모양이 변하지 않았다. 조금이라도 변하면 곧바로 얼음조각을 고쳤으며, 이때 종종 수백 명이 둘러싸고 구경하면서 모두 그의 뛰어난 조각 기술을 칭찬했다. 그 사람이 누구든지 세 말의 좁쌀만 내면 모든 기술을 전수해주겠다고 하자 오히려 배우려는 사람이 없었다. 그 사람은 무슨 이유인지 알 수 없었다. 이에 어떤 사람이 웃으며 말하길, "당신은 이처럼 뛰어난 기술을 가지고 있으면서도 왜 금과 옥으로 된 기물을 조각하려 하지 않습니까? 하나라, 은나라, 주나라, 한나라의 기물처럼 만든다면 보석으로 여기며 훼손하지도 않을 텐데요. 그러나 당신의 얼음조각은 형상이 진짜 같지만 얼마 안 가 녹아버립니다." 그러고는 결론적으로 다음과 같이 말했다. "저는 당신의 기술이 정교하지만 진짜가 아니며, 마음은 수고로우나 쓸모가 없고, 잠시 동안은 즐길 수 있지만 오랫동안 전할 수 없음이 너무 안타깝습니다."

당견은 이 이야기를 해석하면서 명말 청초의 '화려하기만 하고 질박함이 없는' 상황을 투영했다. "문*은 화려한 재주로 왜곡되고, 말단 기술로 전락하여 세속에 영합하고 환심을 사니, 사람의 마음이 경박해지고 진실함을 잃어버려 도가 여기에서 사라졌기"때문이었다.[34] 당견이 분석한 '언'과 '문'은 여전히 거꾸로 '말세론'의 의미를 지니고 있었고 당나라 이후의 '문'은 모두 수식이 많고 경박하다고 했지만, 명말 사림 풍조에 대한 침통함을 때때로 함축하고 있었다.

'문'이 만약 '실實'적 태도를 갖추지 않는다면 개개인의 겉모습에도 영향을 줄 수 있었는데, "높은 관에 넓은 허리띠, 팔짱을 낀 채 수다를 떠는" "아녀자의 모습이 되기" 쉬웠다. 몸짓언어로 '문'의 득실을 반성하는 것은 명말, 왕조 교체기의 기억과 경험을 명확히 드러냈다. 이에 이옹李顒은 "옛날 사람들은 대장부를 일러 문인이라 불렀지만 이젠 살펴볼 필요도 없다"고 했다. 또 그는 문인들이 "문만 많고 질이 적은 상황에 젖어 장구章句에 빠져 살고 입과 귀에 얽매이며 일생을 헛되이 보내고 실제적이지 않은 일만 연구한다. 이에 나는 심오함을 징벌로 여겨 평생 언어문자에 종사하지도 않고 절대로 언어문자로 사람을 기다리지도 않겠다"라고 개탄하며,[35] 아울러 '인품을 세우는立品' 것을 중요하게 여겼다.

이는 안원의 생각과도 비슷한데, 당시에는 '문'에서 '질'로 나아가야 한다고 주장하던 대다수 사인이 명말의 직접적인 경험에서 나온 반성 속에서 논의를 전개했다. 예를 들면 장이상은 "지금 문의 폐단이 극에 달했으니 아마도 응당 질을 행해야 할 것 같다. 질을 행함은 전아함을 포기

---

* 본문은 '약무문若無文'이라고 되어 있으나 『잠서潛書』의 원문에 따라 '약부문若夫文'으로 고쳐 번역한다.

하고 거칠고 우둔한 것을 따르자는 말이 아니다." 그가 '질을 행함'을 강조하는 이유는 다음과 같았다. "천하에 문의 폐단이 극에 달했으니 오직 근본을 닦고 실질을 숭상해야만 구할 수 있다."[36] 이런 배경 아래에서 사인들은 만주족의 강대한 군사력에 탄복하는 태도까지도 보였고, 개인적으로는 질을 건강의 상징으로까지 여겼다. 이에 고염무 등의 사람은 "구주九州의 풍습을 살펴보고 전대의 역사서를 고찰하면 중국이 외국보다 못하다는 것을 알게 된다"고 판단했다. 고염무는 『소씨문견록邵氏聞見錄』을 인용하여 회골回鶻의 "풍속은 순박하고 군신의 등급에 차이가 없어, 모든 사람의 뜻이 하나로 모아지고 건강하여 적이 없다"고 칭찬했다. 그러나 이후에 한족 풍속의 영향을 받아 "아녀자들은 화장을 하고 화려하게 꾸몄는데, 중국의 사치 풍조 때문에 그곳의 풍속도 나빠졌다"[37]고 하면서 여전히 청초의 상황을 반영했다.

'문질'의 구분은 청초의 특수한 상황 아래에서 사실상 '문文'과 '무武'를 대응하는 말로 변화했다. 이는 공자가 '예악'과 '활쏘기·말 몰기'를 구분한 상황을 반영한 것이었다. 안원은 '예악'과 '활쏘기·말 몰기'를 '정교함'과 '조악함'의 잣대로 구분하는 것에 반대했다. 당시 그의 학생이 "예악은 배워야 마땅한 것이지만, 활쏘기나 말 몰기는 지위가 낮은 사람들의 일입니까?"라고 물었을 때 안원은 이러한 견해는 마땅히 배워야 하는 바를 모르기 때문이라고 대답했다. 진정 "마땅히 배워야 하는 바"는 "스스로 정교하고 세밀함을 구분하여 정교함을 좋아하고 조악함을 싫어하지 않는다. 이는 백성을 잘못되게 하는 바다"라고 했다. 그리고 그는 송말, 원말의 유학자들의 풍속이 아녀자들의 모습처럼 된 것을 매우 수치스럽게 여기면서 한탄했다. 이공은 다음과 같이 간명히 말했다. "후세의 유학자들은 도모함을 술책으로 생각하고 이익을 베풀고 용감한 것을 거칠다고 생각한다. 이에 내 성품도 작은 것만을 붙잡게 되었으니 실질적으로 쓰이기 부족하다는 말이 진실로 맞구나."[38]

안원과 이공의 주장은 이미 '문질론'이 '한번은 질이었다 한번은 문이었다' 하며 서로 보완된다는 문질의 균형 상태를 그다지 염두에 두지 않았음을 보여준다. '질'은 일을 실천한다는 의미까지 부여받아, '문'보다 더욱 강렬한 실천적 내용을 갖게 되면서 극도로 숭상되었다. 이러한 현상은 청초 사림들에게 '질을 숭상하고 문을 폄하하는尚質貶文' 심리와 논의의 지향점이 존재했음을 반영한다. 이렇게 형성된 논의의 큰 물결 속에 청초 사림들은 북방 사람이었던 안원을 '경세학經世學'의 원류로 여겼다. 활쏘기, 말 몰기 같은 기술을 중시하고, 팔짱을 낀 채 현학적 이야기를 하는 것을 멸시하던 그의 태도는 북방의 만주족이 강력하고 용맹한 군사력을 지녔다는 이미지와 일치되었다. 이것은 우연의 일치가 아니라 명말 사림이 나약하게 국가를 잃은 행동을 반성하는 여론의 표현이었다.

'새로운 문질론'과 사인 행위의 자아 규범

청초 문질론에 대한 논의는 글의 풍격이나 학술 분파와 관련된 일종의 선별뿐 아니라 명대 사인의 행위가 유학 전통을 계승하고 있는가 하는 일종의 반성을 다루고 있다는 점에서 미묘하다. 가장 중요한 점은 사림의 말과 행위에 반영된 '문'이나 '질'의 경향이 더 이상 단순하게 '이것이 아니면 저것'이라는 대립적인 선택이 아니라 서로 얽혀 복잡한 양상으로 나타났다는 것이다.

명말 청초 사인들의 논의를 검토해보면, 명대 양명학은 정좌靜坐, 강학
講學, 선열禪悅을 중시하는 소탈한 생활 방식을 지나치게 강조했다. 이 때문
에 일반 사인은 모두 이를 강력하게 비판했고, 심지어는 명나라 멸망의
가장 직접적인 원인이라고 생각했다. 반성의 초점은 명나라의 강회講會,
유학遊學 제도가 풍류만 아는 소탈한 사인 단체를 양성하고 사림의 문약
한 풍조를 조성했으며, 공론空論을 일삼는 부실한 학풍을 만들었다는 데
에 있었다. 예를 들면 어떤 사람은 양명학이 질박한 사람의 후덕한 성품
을 약화시키고 인격을 과장되고 가식적으로 만든다고 보았다. "요강학파
姚江學派의 학설은 후덕한 사람이 들으면 야박해지고 야박한 사람이 들으
면 부자나 군신의 예를 모르기 쉽다. 이 때문에 교만하고 거짓됨이 이르
지 않은 바가 없구나."[39]

명대 사인들의 정신적 생활은 심리적으로 절대적 자유와 낭만을 지나
치게 추구하다가 이후에 자신의 행동에 대한 구속을 거부하는 극단적
지점으로까지 발전됐다는 특징이 있었다. 명청 왕조 교체 시기, 청초 유
민들은 명나라 멸망의 원인을 찾을 때, 사인들이 결속력 있게 행동하지
못했고 청나라 군대를 효과적으로 방어하지 못했음을 반성했고, 심지어
는 자신의 몸에 자학적인 규범까지 행했다. 양명 심학과 강학 방식에 대
한 날카로운 비판은 행동 규범이 결여되었다는 점에서 시작되었다. 예를
들면 안원이 친구 왕양수王養粹(?~1699, 자는 법건法乾)에게 한 말에는 이런
뜻이 분명히 드러나 있다. "우리가 몸이 아픈 것은 다 실학實學에 힘쓰지
않았기 때문이다. 옛사람들은 몸과 기력을 써서 학문을 실천했는데, 오늘
날의 학문은 마음과 눈, 입만 놀리니 정신도 소모되고 체력도 약해져 우
리의 원기를 상하게 한다. 육기六氣(한寒, 열熱, 조燥, 습濕, 풍風, 화火)가 침입하

니 어찌 병이 안 날 수 있겠는가?"[40]

심리적 자유를 추구하는 선열 생활이 명대에 유행하면서 이러한 생활은 주로 강회, 유학의 방식으로 전파되어 풍조를 형성해나갔다. 이에 청초에는 명말의 강학이나 강회를 공격하는 일이 유행하게 되었다. 대명세의 논의가 대표적이라고 할 수 있는데, 그는 결사가 믿음직하지 못한 이유를 다음과 같이 들었다. "사람은 서로 불신하기 때문에 결사를 만든다. 결사를 만들어도 불신은 그대로이고 심지어는 더 심해질 수 있다. 그래서 군자는 결사를 만들지 않는다." 또한 그는 친구를 사귀는 도리가 무엇인지 아느냐고 물으면서 "오늘날 친구를 사귈 때는 신중하게 시작하면 끝이 나쁠 리가 없다. 너무 친밀하면 금방 소원한 결사처럼 된다. 오늘날 마을의 선비들은 취미나 나이나 집안이 서로 비슷하면 갑자기 결사를 만들었다가 얼마 되지 않아 남이 되어버린다. 심지어는 서로 으르렁대며 헐뜯기도 하는데, 종종 이런 일이 있다."[41]

우리는 대명세가 말한 결사 방식이 주로 명대 양명학 위주의 강회 활동임을 짐작할 수 있다. 육예六藝를 진흥하고 도덕적 실천을 강조함으로써, 특히 행위 규범으로 '도'의 실행 효과를 검토함으로써, 사림은 예교를 중시하는 풍조를 회복할 수 있다고 여겼다. 이런 논의는 사림이 '문'에서 '질'로 나아가 소탈한 풍조를 형성하게 했다. 이른바 '그림 그리는 데 흰 바탕이 우선이거나繪事後素' '질박하여 꾸밈이 없는樸陋無文' 생활 방식은 사림이 보편적으로 추구하는 바가 되었다.[42]

그러나 청초 '세변론世變論'의 틀에서, '문질론'은 더욱 복잡한 양상으로 나타났는데, 그 양상은 다음과 같았다. 명대 사림의 풍조와 구별 짓기 위해서 청초 사인들은 의식적으로 명대 사림과는 정반대의 행동을 하며 행위의 신중함, 생활의 질박함, 언어의 간략함을 대대적으로 강조했다. 심지어는 자학에 가까운 엄격한 방식으로 자신의 말 한 마디, 행동 하나를 제약하면서 명나라 멸망의 책임을 지려 했다. 그 핵심은 간소하고 질박한 행위와 태도 속에서 인생과 학술의 새로운 의미를 탐색하는 것이었다. 표현 형식부터 행위까지 총체적으로 모두 '문'에서 '질'로의 일방적인 방향으로 나아가는 추세였다. 예를 들면 청초에 원래는 괴이하고 모욕적이었던 행위가 갑자기 유행하기 시작하면서 사람들은 이에 대해 긍정적인 평가를 내렸다. 당시 사람들은 당견을 다음과 같이 평가했다. "선생은 몸집이 작고 수염과 눈썹이 드문드문했다. 질박한 학문과 행동을 했고 수식을 좋아하지 않아서 말을 잘 못하고 어눌했다. 그러나 강직하고 호탕하여 속세를 따르며 아첨하지 않았다. 자신의 뜻과 다를 때면 천 명의 사람이라도 그의 뜻을 돌릴 수 없었다. 친구들과 시문을 나누거나 지난 일을 논할 때 조금이라도 뜻이 맞지 않으면 눈을 부릅뜨고 얼굴이 빨개지도록 싸웠다. 다른 사람이 잘못하면 다방면으로 충고했는데, 설령 그가 요직에 있거나 존귀한 사람이라 하더라도 피하지 않았다."[43] 이는 분명히 자유분방하고 말을 잘하던 명대 사인의 행동 품격과 많이 달랐다.

그러나 사림의 언행이 질박하다고 해서 학문이 황폐하고 비루한 지경에 떨어지거나 생활이 야만적인 상태로 돌아가는 것은 아니었다. 오히려 자신의 행위를 자각하는 수련 활동을 통해 '예'의 참된 의미를 다시 이해하려고 했다. 다만 이 예의 범위가 전면적으로 확대되어 "작게는 일상 생활부터 크게는 병兵, 농農, 예禮, 악樂까지 하나도 예가 아닌 것이 없다. 순간순간 고찰하고 때때로 배우며 날마다 행동하니, 이에 준수한다고 한다."[44] 그래서 사림의 '질박'한 행동은 그 내적 동기와 질서를 살펴보면

'문'의 양상이 은연중에 드러났다. 장이상은 '질'만 따르고 '문'을 포기하는 지나친 행동을 경계했다. 그는 청초 "세속을 증오하는 편벽된 논의를 거절하지 않을 수 없다"고 하면서 그 이유를 다음과 같이 들었다. "오늘날의 화禍는 문의 폐단 때문이지만 사실은 예교를 방치하고 시대의 위급함을 구하지 못한 데서 비롯됐으니, 충실하고忠, 믿음직하고信, 예의 있고禮, 사양하는讓 것에 있을 뿐이다. 지금의 현자들은 마음 가는 대로 즉시 행동하는 것을 좋아해서 행동할 때 조금이라도 예의를 갖추거나 인사를 하면 업신여기며 번잡한 허례허식을 행한다고 여긴다. 어찌 너무 지나친 생각이 아니겠는가? 삼강오륜은 즐겁게 은혜를 베풀며 서로 사랑하는 것이 아니겠는가? 화려하게 꾸미는 일과 상관이 있는가? 어찌하여 한 번 싫어하면 바로 비루한 행동으로 치부해버린단 말인가?"[45] 이 때문에 강회, 유학의 방식을 거절한 것은 극단적으로 '예교'의 규범을 방치하고 원시의 야만적 생활로 돌아가자는 말이 아니라, 오히려 난세에 새로운 예교를 만들어내야만 한다는 말이었다.

사인들은 일상생활에서 도대체 어떻게 '문'과 '질'의 관계를 파악할 것인가에 대해 다음과 같이 이해했다. 바로 '문'을 도덕적 실천으로 본다면 '질박한' 면을 드러낼 수 있으니 문과 질은 '이것 아니면 저것'이라는 대립적인 관계가 아니라는 것이다. 이러한 도덕적 실천의 과정은 종종 사람의 겉모습, 심지어는 옷차림의 품위와도 연관되어 있었다. 사인들은 지극히 소박한 옷차림을 주장했는데, 이는 왕조 교체 시기의 정처 없이 유랑생활을 하던 경험에서 비롯되었다. 장이상과 동향인 사람은 장이상의 집에 대해 "집안에 사치하는 습관이 없어서 방에 들어가면 베 짜는 소리만이 들렸다. 아들 몇 명은 항상 베옷을 입고 있었다"고 말했다.[46] 장이상도 다음과 같이 말했다. "평생 집에 있을 때는 한여름에도 의관을 갖춰 입고 단정히 앉아 조금도 흐트러지는 모습을 보이지 않았다. 일이 없어 밭일을 할 때면 윗옷을 벗고 가장 성긴 베옷을 입었다. 모자와 양말은 일할 때나 폭염에도 벗지 않았다. 책상에는 항상 책 한 권만 놓아둘 뿐 어지럽게 늘어놓지 않았다. 책을 읽다가 졸리면 두 손을 모으고 가만히 앉아 있거나 천천히 걸어 다녔다. 농사를 배울 때 채소, 과일, 꽃, 약초는 모두 직접 재배했다. 쌀, 소금과 같은 일상의 일도 직접 처리했다."[47] 이 문장은 경작과 독서를 같이하는 사인의 이미지가 세밀하게 묘사되어 있다. 이러한 모습은 명대의 유유자적하고 소탈한 문인 생활과는 많이 달랐다. '문'은 시골에 은둔한 채 예교를 숭상하는 실천적 행동인 동시에 질박하고 화려하지 않은 겉모습을 갖추게 되었다. '문'과 '질'은 자신의 행동을 규제하는 상황에서 서로 보완하는 효과를 얻었다. 명말 청초의 난세 속에 '문'은 "잃어버린 예를 재야에서 찾는" 과정을 거쳤다.『논어』의 이 구절을 해석하면서* 안원의 친구는 예악이 "여전히 지위가 없는 백성이 보존하는데, 후세에 화려하게 빛을 보는 것은 모두 지위에 있는 군자가 한 일이다"라고 말했다. 그렇다면 '문'도 거친 재야를 떠돌 때가 있다는 말이다. 안원은 이 견해를 청초의 상황과 결합시켜 발전시켰다. 그는 예악을 백성을 교화시키는 실천 행위로 보면서, 이른바 "예악은 잠시라도 몸을 떠나서는 안 된다禮樂不可斯須去身"는 구절이 예악은 유동적인 존재이지 경

---

* "잃어버린 예를 재야에서 찾는禮失求諸于野"이란 구절은 원래『한서漢書』「예문지藝文志」에 나오는 표현이다. 여기서 "『논어』의 이 구절을 해석하면서" 운운한 것은 안원顏元이『사서정오四書正誤』중『논어 하』「선진先進」의 첫 구절 "공자께서 말씀하시기를, 옛날 사람들은 예악에 있어 성실하고 꾸밈이 없었다. 그러나 지금 사람들은 예악에 있어 형식적이 되었다. 만약 내가 고를 수 있다면, 나는 옛 사람들을 좇을 것이다子曰, 先進於禮樂, 野人也, 後進於禮樂, 君子也. 如用之, 則吾從先進"에 대한 풀이 중 이 구절을 인용한 것을 가리킨다.

직된 수식의 제도가 아님을 말하고 있다고 했다. 이것이야말로 성인聖人이 이러한 예악 실천을 통해 '문이 지나친 것을 바로잡는다以挽文勝'는 참된 의도였다. 또한 그는 청초에 "예악이 사라져, 문질이 마땅함을 얻은 선진 시기의 풍조를 볼 수 없을 뿐만 아니라 문이 사실보다 지나쳤던 주나라 말기처럼 구하려고 해도 희생양 한 마리가 필요한데, 어찌 구할 수 있겠는가?"[48]라고 하면서 사인은 자연히 황폐한 들판에서 예악과 문명을 살리는 역할을 맡게 되었다고 했다. 이에 빈곤한 생활은 바로 예악 전승자의 전제조건이 되었다. '문'과 '질'은 바로 이와 같은 미묘한 상태에서 서로 보완하는 관계를 다시 확립했다.

사인들은 강회나 강학에 대해서도 미묘한 태도를 취했다. 그들은 이상할 만큼 강력하게 명대 강회나 강학을 비판하면서도 서로 학문을 토론하고 교류하는 것은 그다지 배척하지 않았다. 청초에도 강회의 형식은 완전히 없어지지 않았고 오히려 명대와는 아주 다른 새로운 소통 방식으로 계속되고 있었다. 즉 주로 일대일로 과실을 지적해주고 스스로 성찰하는 형식으로 관계망을 맺었다. 명말처럼 한 명의 대사大師를 중심으로 수천명의 사람들이 무릎을 꿇고 절하는 형식이 아닌, 일대일로 상대방의 행위에 대해 질문하고 대화하는 형식을 취해 느슨한 우정의 관계망을 맺었다. 비록 중심적 인물이 있긴 했지만 대규모의 집회 활동을 통해 도를 전달하지는 않았다. 이와 같은 교유 방식은 명말 강학에 대한 비판에서 비롯되었다. '잘못을 바로잡아주는' 방식은 대명세가 지적한 '너무 친밀해진다'는 단점을 피하긴 어려웠지만, 단순히 선오禪悟 생활을 추구하는 데서 오는 현묘하고 부실한 병폐를 좀더 쉽게 고칠 수 있었다.

청초 '성과省過(잘못을 지적하고 스스로 반성함)'를 목적으로 한 모임은

주로 3~5명이 모여 서로의 잘못을 고쳐주며 서로 경계가 되었고 일보日
譜나 일기의 형식으로 학문을 토론했다.[49] 이처럼 서로 감독하는 방식은
한편으로 개인 스스로가 자신을 엄격하게 성찰해야만 했고, 다른 한편
으로는 주변 친척이나 친구들이 감독함으로써 합리적으로 실현할 수 있
도록 해주었다. 당시 기록에 따르면 '성과'를 목적으로 한 교유는 사인의
행동을 매우 엄격하게 규제했다. 그들은 복잡한 예의 규범으로 자신의
행위를 구속했고, 매일 일기에 자신의 잘못을 자세히 기록하는 방식으로
'예법을 준수하는循禮' 효과를 검증받았다. 이공의 견해에 따르면 "매번
선을 권장하고 잘못을 지적할 때면, 속에 있는 말까지 거리낌 없이 쏟아
내어 얼굴이 발개지고 머리카락이 곤두서도 심하게 여기지 않았기 때문
에, 벼락이 치듯 도끼로 내려찍는 듯한 신랄한 공격도 익숙하게 여겼다."
다른 사람이 이 광경을 보면 "인지상정에 어긋난다고 여길" 수 있었지만
이공은 "머리, 눈, 손, 발이 도와주는 것처럼 한 몸이 되어서 도와주니 전
혀 인식조차 못하는데, 무슨 화낼 일이 있겠는가?"[50]라고 생각했다. 당시
사람은 위희가 자신의 잘못을 대하는 방법을 기록하며 "친구와 형제가
서로 공격하면 성난 얼굴을 하고 심한 말을 했지만 조금도 거슬려 하지
않았다"고 했다. 어떤 사람은 이러한 풍조에 대해 다음과 같이 평가했다.
"우리가 당에 오르면 호랑이처럼 다투다가도 당을 내려오면 화목함을 잃
지 않았다."[51] 위희는 심지어 '다른 사람의 충고를 거절하고 자신의 잘못
을 숨기는' 자신의 태도를 호되게 비판하는 편지를 『문집』에 수록함으
로써 자신을 경계했다.

각종 형식의 모임은 종종 자신의 몸을 수양하는 과정과 연결되어 '질
박하고 화려하지 않은' 형식을 채택했고, 예교적인 '문명'을 기층에서부

터 회복하려는 사명감을 가지고 있었다.

우리는 이른바 '사인들이 서로 만나 행하는 예식'을 통해서 당시 예의 규범이 얼마나 번잡했는지를 알 수 있다. 친구를 만날 때는 모두 '안내자撞介'가 인도하며 손님이 오면 주인이 대문 밖으로 마중 나간다. 주인은 대문 동쪽에 서고 손님은 주인의 약간 뒤에서 북쪽을 향하여 선다. 문을 들어갈 때의 절차도 상당히 복잡한데, 반드시 "손님이 먼저 읍하면 안내자가 답례하며 들어오길 청하고, 손님이 다시 읍하면 안내자가 다시 청하는데, 이렇게 세 번을 반복한다. 들어올 때 손님은 왼발부터 내딛고 주인은 오른발부터 내딛으며, 문을 지날 때마다 한 번 읍한다. 계단 앞에서는 안내자가 이전처럼 세 번 읍하고 세 번 청한다. 손님은 왼발부터 주인은 오른발부터 이전처럼 오른다. 계단에 오를 때마다 두 발을 모으고 당에 오르면 안내자가 자리를 안내한다."[52] 문을 들어오는 절차도 이렇게나 복잡한데 방에 들어온 이후의 예의는 또 얼마나 번잡했을지 상상해볼 수 있다.

매일매일의 일상생활에서도 의관이 반듯해야지, 조금의 나태함도 허락되지 않았다. 안원이 37세 되던 해, 어느 날 밤에 세수를 다 하고 나서 그냥 "두건을 손에 쥐고 문을 나왔더니" 아내가 완곡히 비평했다. 이 일을 안원은 『연보年譜』에 다음과 같이 기록했다. "아내가 '당신은 한밤중에도 맨머리로 나온 적이 없었는데, 오늘은 어찌 이리 하셨나요?'라고 지적하자 안원은 곧바로 의관을 정제하며 "내가 잠시 방심했구려"라고 말했다. 이 이야기는 가족끼리 예를 감독하는 실례를 효과적으로 보여준다. 수십 년 동안 이렇게 자신의 규율에 맞춰 행동하는 일은 매우 힘든 일이었다. 그중에 가장 힘든 건 일상생활 속에서 시시때때로 자신을 경계하는 것이었다. 그들은 항상 일상생활이 "빈틈투성이인데, 어찌 교만할 수 있겠는가?"라고 하며 교만할 자격이 없다고 생각했다. 예를 들면 한번은 안원이 과음했는데, 『일보』에 자신의 잘못을 다음과 같이 기록했다. "술을 마실 때는 세 잔을 넘으면 안 되고 정말 즐거운 일이 있을 때만 여섯 잔을 먹을 수 있다. 한 잔이라도 넘길 시에는 기록해야 한다."[53] 한번은 이공이 "복숭아 파는 소리를 듣고 먹고 싶은 마음이 생겼지만 '작은 복숭아 하나도 몸을 상하게 할 수 있다'고 여겨 그만두었다."[54] 복숭아 하나를 먹는 욕망이 목숨을 위협할 정도라고까지 인식한 데서 자신에 대해 가혹할 정도로 엄격하다는 것을 알 수 있다.

친구끼리 주고받는 편지와 평을 단 『일보』를 통해 자신을 경계하고 성찰하던 일은 일상적인 과제가 되었다. 예를 들면 허삼례許三禮(1625~1691)가 편지에서 "성인의 도는 그 요지가 크고 강건함에 있다"라고 했다. 그러자 이공은 자신이 '크고 강건함宏毅'의 기준에 부합되는지를 가지고 "자신을 경시하고 얕보며 발전 없이 세월을 허비한다면 하늘이 죄를 묻는다"라고 자책했다. 그는 더욱 철저하게 반성했다. "크다宏의 반대말은 천박하고淺 편협하며隘 초조하고躁 교만함矜이다. 크다와 비슷하지만 다른 말은 넓고汜 넘쳐나고濫 끊임없으며無斷 투박함榰疏이다. 강건함毅의 반대말은 나태하고怠 변덕스러우며遷 부화하고浮 산만하며散 욕심이 많고多欲 각박함苛細이다. 강건함과 비슷하지만 다른 말은 겸손하고客氣 조장하며助長 집요함執拗이다."[55] 잘못에 대한 이러한 반성은 심지어 꿈속까지 연결되어 그는 『일보』에 밤이면 끊임없이 악몽에 시달렸다고 기록했다. 한번은 이공이 1년 동안의 학문적 진보가 미진함에도 본말을 세울 수 있다고 말한 사실이 있어 이를 부끄러워했다.[56] 이처럼 예교가 일상생활의 세세한 부분까지 스며들어 "제자나 하인을 부를 때는 목소리가 장중해야 하고 날카로워서는 안 된다"[57]라고 했는데, 수련의 범위가 이미 목소리를 조절하는 지경에까지 이르렀음을 알 수 있다.

왕조 교체기에 청초 사인들에게 있어 마음과 신체를 어떻게 수련할 것인가는 가장 큰 난제였다. 특히 명대 양명학의 심학과 선학이 나라의 멸망에 일정하게 책임을 져야 한다는 분위기에서 어떻게 반성할 것인지에 대한 문제는 피할 수 없는 일이 되어버렸다. 실질적인 문제를 해결할 수 없는 선학의 방식으로 시국을 처리하고자 한다면, 나라의 멸망을 앉아서 기다리는 꼴이었다. 예를 들면 안원은 명말에 순국한 신하들을 "규방에서 절개를 지키는 아녀자일 뿐"[58]이라며 아무런 도움도 되지 않는다고 멸시했다. 이에 청초 사인들은 대부분 행동으로 실천하며 몸과 마음을 수련할 것을 주장했는데, 이는 바로 심리적 작용에 지나치게 의지했던 명대의 상황을 수정하기 위해서였다. 대략적으로 살펴보면, 청초 사인들은 '공손한 몸가짐'의 방법으로 심리적 즐거움을 강조하는 선학의 도를 대신하고자 했다. 이에 대해 안원은 『논어』의 "공손한 몸가짐居處恭"이라는 수련 방법을 따라야만 "스스로 몸과 마음의 기상을 살필 수 있는데, 이는 정좌靜坐를 배우는 것과는 하늘과 땅의 차이다"[59]라고 이해했다. 특이한 점은 마음을 수련하는 동시에 몸을 수련해야만 하고, 심지어는 몸과 마음의 수련을 함께 '제기할提起' 때만 '존양存養'의 경지에 도달할 수 있음을 강조했다. 한번은 이공이 안원에게 "근래에 마음을 '제기하여' 모든 일을 걱정하지 않게 되었는데, 이러한 생활 방법이 '존양'입니까?"라고 질문하자 안원이 대답했다. "자네는 구용九容의 공이 엄숙하지 않은 것을 보니 이것은 선禪이라네. 수백 년간 이학理學이 스스로 속여온 셈이지. 나는 평소 힘을 다해, 고요한즉 일깨우고 움직인즉 잘 판단하여 충실함으로 자신을 용서하지 않았다네. 반드시 몸과 마음이 함께 '제기되어야'만이 '존양'이라 할 수 있다네. 그렇지 않다면 불가의 만물을 꿰뚫는다는 학설로 우리 유가의 만물은 한 몸이라는 학설을 혼동시키는 것이겠지."[60]

안원이 말한 '구용'의 내용은 상당히 복잡한데, 내면에서 외면, 몸에서 마음까지 모든 수련 항목이 포함되었다. '구용'은 바로 "족용중足容重, 수용공手容恭, 목용단目容端, 구용지口容止, 성용정聲容靜, 두용직頭容直, 기용숙氣容肅, 입용덕立容德, 색용장色容莊"이다.* 안원이 보기에 '성학聖學'과 '속학俗學'의 구분은 바로 '실천踐形(자신이 타고난 품성의 실천)' 능력에 달려 있었다. 그래서 "몸소 실천하면 인의예지의 품성을 다할 수 있을 것이다"라고 했다. 그러나 당시의 유학자들은 "실천은 내버린 채 품성만 밝히려고 하니 귀와 눈은 외고 읽는 데만 사용하여 60~70퍼센트나 사용하지 않고 손은 글씨 쓰는 데만 사용하여 70~80퍼센트나 사용하지 않으며, 발은 움직이는 것을 싫어해 80~90퍼센트나 사용하지 않고 가만히 앉아서 노닥거리니 몸은 일을 좋아하지 않고 마음은 고리타분하게 일을 처리해 몸과 마음은 90퍼센트도 사용하지 않는다. 몸이 실천하지 않는데, 어찌 품성이 온전할 수 있단 말인가? 하나가 실實이면 하나는 허虛이고 하나가 유용하면 하나는 무용하며, 하나가 정학正學이면 하나는 이단異端이니 잘 판단해야 하는 것이다."[61] 신체를 단련하는 것은 종종 마음을 다스리는 것

---

* 『이공연보李塨年譜』, 11쪽. 구용에 대한 언급은 『예기』「옥조玉藻」에 보인다. 족용중은 발걸음을 무겁게 한다, 수용공은 손을 공손하게 한다, 목용단은 눈을 단정하게 뜬다, 구용지는 입을 조용히 다문다, 성용정은 말소리를 나직하게 한다, 두용직은 머리를 곧게 한다, 기용숙은 호흡을 고르게 한다, 입용덕은 서 있는 모습에 덕이 있다, 색용장은 얼굴을 근엄하게 한다는 뜻이다.

보다 훨씬 더 중요했다. 이공은 자주 "사소한 행동까지 신경 썼기 때문에, 마음의 잘못이 입의 잘못보다 많고 입의 잘못이 몸의 잘못보다 많으며 몸의 잘못이 행동의 잘못보다 많다고 스스로 반성하며 깊이 참회했다."[62] 수신의 방법은 명대에 강조되던 '정좌靜坐'의 마음 수양 방법보다 훨씬 다양했는데, 예를 들면 『일보』 검토, 관례冠禮 연습, 금 연주, 활쏘기 연습, 숫자 세기, 경제 토론 등의 내용이 포함됐다. 이런 내용은 송대 이후 '문질론'에서 '문'의 전통적 해석을 수정했고, '문'은 청초 왕조 교체 시기의 특수한 의미를 지니게 되었다.

2절

문질론의 재구성과 '이하지변'의 분쟁사

'문질론'은 국가의 흥망 및 왕조 교체의 변화와 많은 관련이 있어왔다. 고대의 사고틀 안에서 '문질론'은 역사 변천에 따라 '일질일문'이라는 질과 문이 번갈아 중시되고 서로 보완되며 교차되는 과정을 거쳐왔다. 청초 왕조 교체의 특수한 역사 배경 아래에서 '문질론'은 질박한 생활 방식을 숭상하는 모습은 유지한 채 재야의 예교를 회복함으로써 유가의 명맥을 회복하는 중요한 사명을 지니고 있었다. 상술한 논의를 통해서, 우리는 '문질'에 대한 청초의 다른 이해방식이 청초 사림의 생활태도와 교유 습관을 바꾸기 시작했음을 알 수 있었다. 그렇다고는 해도 남송 이후 사림이 보여준 또 다른 생각도 무시할 수는 없는데, 그것은 바로 '남북'이라는 지역이나 종족의 차이를 '문'과 '질'을 구별하는 중요한 기준으로 삼았다는 점이다. 명말 청초의 '문질론' 또한 남송의 이러한 생각에 강렬한 지배를 받았고, 이러한 생각은 심지어 근대 사람의 문화적 변천에 대한 평가에도 줄곧 영향을 끼쳐왔다.

'문과 질' 그리고 '남과 북'

근대 사람인 류스페이劉師培는 그의 유명한 글인「남북학파부동론南北學派不同論」에서 '남-북' 학풍을 지형도로 그려냈다. 그는 먼저 질문을 던지며 시작했다. "그래서 삼대 때는 학술이 북방에서 시작되었고 창장 강 이남에는 학술이 없었다. 위진 이후로는 남방의 학술이 날로 흥성해지고 북방의 학자들은 오히려 뒤쳐진 채 바라만 보았다. 그 이유는 무엇인가?" 그는 학술 변화의 실정을 남북의 지형 변화와 문화 전파 상황을 통해 해석했다. "청주青州, 옹주雍州, 예주豫州를 아울러 옛날에는 중원이라 일컬었는데, 문물이나 명성이 만맥蠻貊 사이에 널리 알려졌고 강회江淮 이남 지역은 묘만苗蠻의 터전이었다. 오호五胡(흉노匈奴, 갈羯, 저氐, 강羌, 선비鮮卑)가 난리를 일으키고 북위北魏가 세력을 믿고 침범하니 오랑캐의 말이 남쪽으로 내달려 오랑캐의 기운이 하늘을 뒤덮고 허베이河北와 관중關中은 오랑캐의 지배를 받게 되었다. 시간이 오래 지나면서 백성은 오랑캐의 풍속을 따랐다. 중원의 명문 귀족들이 난리를 피해 남쪽으로 이주하면서 의관을 정제한 사인들이 강남에 모여 살게 되었다. 이에 풍속도 변하고 문화도 번성해졌는데, 그 원인은 하나다."[63] 류스페이 '남북론'의 핵심적 관점은 '기원론起源論'과 '교화론敎化論'을 하나로 합친 문명이동사관文明移動史觀이다. 이른바 '기원론'은 한족 문화가 서북쪽에서 발생했다는 합법성을 설명하고 있고, '교화론'은 한족이 문화의 발원지를 잃어버린 이후 어떻게 예의를 재건하고 오랑캐를 교화시켜 다시 일어섰는가를 말하고 있다. 내용의 핵심인즉 문화는 불사조와 같아서 결국 예교로 남방의 오랑캐 풍속을 개조시킴으로써 한족 문명이 발원지 이외의 황폐한 지역에서도 다시 생명력을 갖게 되었다는 것이다.

이러한 논의는 '남송-명말' 사림들의 논조와 거의 같다. 그는 두 번째 원인으로 고대 북방의 수리水利 사업의 확대를 들었는데, 나중에 물길이 민전民田까지 이어져 "형荊, 오吳, 초楚, 촉蜀 땅은 창장 강에서 물을 댈 수가 있었고 인문 문화가 발전하여 남해南海까지 이어지게 되었다."[64] 이 말은 근대의 문명이 해상 교통의 발달 정도에 따라 결정된다는 현대적 관점의 영향을 받았다. 그러나 첫 번째 원인은 오히려 남북 문화의 변화를 '오랑캐 풍속이 남방에 침투했다'는 요소와 직접적으로 연결시켜, 북학北學이 쇠락하고 남학南學이 흥기한 가장 중요한 원인으로 단정하고 있다. 이 관점은 송대부터 명말까지 사인들이 지녔던 '화이관夷夏觀'과 부합한다.

우리는 이 관점을 왕부지가 남북 문화의 변화에 대해 평론한 문장과 대비하여 살펴볼 수 있는데, 왕부지는 다음과 같이 말했다. "천지의 기氣는 망하기도 하고 흥하기도 하며 서로 번갈아 바뀐다. (…) 가까운 예를 들어 살펴보면, 오吳, 초楚, 민閩, 월越 땅은 한나라 이전에는 오랑캐 땅이었으나 지금은 문명의 땅이 되었다. 제齊, 진晉, 연燕, 조趙나라 때와 수隋, 당唐나라 이전에는 중원이었으나 지금은 날카롭고 아둔하며 사나워진 곳이 열에 아홉으로 짐승의 마음을 가지게 되었다. 송대부터 지금까지 500년 동안, 소옹邵雍(1011~1077)은 남방 사람들이 작당을 하여 난리가 여기서 시작됐으니, 남방 사람들이 북방 사람들보다 못했다고 했다. 홍무洪武, 영락永曆 연간 이래로 학술·절개·공적·문장은 모두 징저우荊州, 양저우揚州에서 나왔지만 탐욕스럽고 선량하지 않으며 임금을 죽이고 나라를 팔아먹고, 금위군과 결탁하고 환관에게 아첨하며, 원수 같은 일을 저지르는 사람은 북쪽 사람들이 훨씬 많았다. 그러한즉 소옹의 말은 남송 때는 맞았지만 지금과는 거리가 있다. 지금은 광둥廣東, 광시廣西, 윈난雲南, 구이저우貴州는 점차 문명화되고 있지만 쉬저우徐州, 예주豫州 이북은 풍속과 인심을 물을 수도 없는 지경이다. 땅의 기운이 남쪽으로 이동함이 지금도 이와 같을진대 저 먼 지역까지 미루어 살펴보면서 이곳은 야만적이고 저곳은 문명화되었다는 말을 하는 게 이상하지 않은가?" 왕부지가 내놓은 답은 바로 『역경易經』에서 나온 "천지간에 문명이 행해지지 않는 땅이라면 그곳의 덕도 황폐해진다"[65]라는 것이다. 이 견해는 류스페이의 '남북론'과 거의 일치하는 것으로 보아 둘 사이에 모종의 전승 관계가 있음을 알 수 있다. 왕부지와 류스페이의 '남북론'은 기본적으로 북방 사람들은 '질박하고' 남방 사람들은 '화려하다'고 보고, '화려한' 교화는 결국 거칠고 추한 '질박한' 병을 고치게 된다는 이원론적 대립 개념으로 문화 전파의 역사적 과정을 설계하고 있다.

진자룽은 북방 사람의 입을 빌려 남방 문화의 우수성을 자랑했는데, 그 북방 사람은 북방에 대해 이렇게 말했다. "한 해에 두 번씩 기근이 발생하니 양민이라는 허울 좋은 이름은 있으나 뼈는 어디에 묻어야 할까?" 그러나 남방에 대한 느낌은 완전히 다르게 표현했다. "저는 남방에 낙원이 있어 번화하고 풍성하며 물자가 많을 뿐만 아니라 그 풍속은 넉넉하고 즐기기를 좋아해 해마다 배부르게 먹을 수 있다고 들었습니다. 옛날에 천민遷民들이 설마하니 옛 땅을 버리고 새 땅을 도모했겠습니까?"[66] 이 말에는 북방 사람이 남방을 부러워하는 심정이 고스란히 담겨 있다.

더욱 주의할 점은 사인들이 보기에 남송이 구석으로 물어난 것은 일시적인 현상일 뿐이었으며, 한족들이 구석으로 물러나 오랑캐가 북방의 문명 발상지를 차지했다고 해서 오랑캐가 저절로 합법성을 갖게 되었음을 증명하는 것은 아니었다. 예를 들면 진량은 다음과 같이 말했다. "중국은 천지간의 바른 기운으로 하늘의 뜻을 담은 곳이고 인심이 모여드는 곳이며 법도와 예악이 갖춰지는 곳이어서 백대百代 제왕들이 계승할 수 있었습니다. 어찌 천지 밖에 있는 오랑캐의 사기邪氣가 침범할 수 있는 곳이겠습니까! 그러나 불행하게도 침입을 당해 중국의 의관과 예악을 지닌 채 구석에 머무르는 지경이 되었습니다. 하늘의 뜻과 인심이 여전히 묶여 있다고는 하지만 어찌 오랫동안 편안히 머물며 아무 일도 하지 않을 수 있겠습니까? 상하 군신들은 구차하게 왕조의 안일을 위해 구석에서 쉬면서, 경영하고자 하는 뜻은 모두 중국 밖으로 던져놓았습니다. 이는 마치 원기元氣가 몸의 한쪽으로 쏠려 몸의 다른 부분은 종종 말라비틀어져도 자각하지 못하는 것과 같으니 이른바 몸의 한쪽만을 어떻게 의지하고 오래 보존할 수 있겠습니까? 천지간의 바른 기가 비린내 나는 곳에 막혀 있으면서 오랫동안 풀리지 않으면 장차 반드시 터져 나올 것이니 하늘의 뜻과 인심은 진실로 구석진 곳에 오래 묶여 있을 수 없습니다."[67] 이 상소문은 남송이 문화적 우월성이 있기 때문에 비록 공간적으로 구석에 잠시 물러났다고는 해도 여전히 북방 문명 발상지에 대한 소유권을 지니고 있음을 말한다.

진량의 이러한 관점은 특히 명대 유민의 역사관에 깊은 영향을 끼쳐서 명대 유민은 남송 이후 형성된 남북관과 상반된 견해를 보인 사람들에 대해 종종 비판의 끈을 놓지 않았다. 예를 들면 황종희黄宗羲의 동생 황종회黄宗會(1618~1663)는 "어리석은 유학자들은 여전히 남북이 다르다고 여기는데, 이는 고금 이래로 늘 부딪혔던 생각의 한계다"라고 조롱했다. 재미있는 점은 황종회가 싫어한 '남북론' 세 가지가 모두 북방 사람들의 통치를 옹호하고 있다는 것이다. 이 세 가지 남북론은 다음과 같다. 첫째,

형세론자形勢論者들이 말하는 "남방의 황제는 북방을 다스릴 수 없다. 좁은 땅에서 시작해 천하통일을 원할 때, 통일할 수 있었던 사람은 모두 북방에서 시작해 남방을 다스렸다"이고 둘째, 풍속론자風俗論者들이 말하는 "남방은 땅의 기운이 유약하고 북방은 바람의 기운이 강건하다"이며 셋째, 운수론자運數論者들이 말하는 "천하를 다스릴 때 땅의 기운은 북방에서 남방으로 흐르고 난리는 남방에서 북방으로 향한다"이다.[68] 황종회는 '운수론'을 가장 싫어해 "해로움이 너무 심하다"고 여겼는데, 이는 진량의 관점과 매우 비슷했다. 황종회가 명말의 유민 신분이었다는 걸 이해하고 나면, 우리는 자극적인 단어 뒤에 숨겨놓은 그의 의도를 쉽게 알 수 있다. 황종회는 다음과 같이 말했다. "갖옷 입고 말 타고 활 쏘는 풍습이 성행하면 북방이 강한 것이다. 북방이 강하면 남방을 정복하니 초나라는 진나라에 멸망당했고 한나라는 위나라에 합병되었으므로 그렇다고 할 수 있다. 그러나 이 때문에 오랑캐가 진晉나라를 둘로 나누었고 안사의 난이 당나라를 약하게 만들었으며, 여진족과 몽고족이 번갈아 일어나 송나라를 멸망시켰으니 차마 입에 담기에도 너무 슬프구나! 그런데도 북방에서 시작해 남방을 다스린다고 말하니 뒤집어 생각할 수는 없단 말인가?"[69] 황종회가 이 문장을 쓸 당시는 마침 청나라 군대가 남하하여 무력으로 강남을 소탕하고 있을 때였으니 청초 황종회 같은 사람의 비참한 처지를 조금만 이해할 수 있다면 그가 북방 사람들이 천하를 다스릴 수 있다는 말을 얼마나 혐오하고 있었는지 잘 알 수 있다.

'풍속'으로 남북의 차이를 말한다면, 청나라 사람들이 침략을 일삼는 전쟁 중에 남방 사람들이 유약하게 대처했던 것만은 아니었다. "중원이 의관제도가 사라지고 예악이 무너졌을 때도 강남은 젖은 갈대 하나로도 강을 건널 수 있는 땅으로 이미 무너진 법도가 남겨진 곳이었"고, "거친 풍랑 같은 충성이 천고에 빛날" 기상을 지니고 있었다. 비록 성현의 가르침이 있어도 오히려 당대 이후로 "중국을 떠나 오랑캐 땅으로 들어간 사람이 날로 많아졌다"고 했지만 절개를 지키는 선비들을 찾기 힘들었던 북방 지역과 달리 남방 사람들은 "산산이 흩어져 도망가느라 혼란스러운 인심을 수습하고, 역부족임을 알면서도 미쳐 날뛰며 사방에서 싸워대는 오랑캐들에 맞섰다. 비록 천지가 무너져 내린다고 해도, 비분강개하여 의로움을 따르는 이들은 종종 제기祭器를 끌어안은 채, 조상께 드리던 제사를 이제 드리지 못하게 됨을 슬퍼했지만, 막다른 곳에서 서로 마주 보고 통곡하면서도, 아홉 번을 고쳐죽은들 후회하지 않았다." 이 말은 청나라 사람들이 남침한 기간에 황종희가 스스로 쏟아냈던 말이다. 물론 이 말은 여전히 송대 이후 '문질'의 차이로 남북의 우열을 구분하는 생각을 드러내고 있다. 황종희는 동생의 성격과 품성을 잘 알고 있었기 때문에 다음과 같이 말했다. "동생의 사람됨은 강직하여 자신을 굽힐 줄 모르고 청렴하여 세상일을 잘 몰라 혼자 일을 처리하니 옛사람들이 말하는 외골수다. 외골수이기 때문에 가슴으로 사물을 받아들이지 못하고 자신도 용납하지 못한다. 그는 혼자 분을 끌어안고 사람들과 어울리지 않아 산꼭대기나 물가에서 방황하며 통곡해봐도 이 절개 깊은 마음을 끝내 내려놓을 수 없었다."[70] 이 글 속에는 동생이 문장을 썼을 때의 특수한 배경이 암시되어 있기 때문에 동생의 문장을 두고 그는 "세상을 놀라게 할 말이지만 지금 이 세상에 마땅히 있어야 하는 말은 아니다. 소식蘇軾은 그 몸을 꺾을 수는 있지만 그 말을 굽힐 수는 없다고 했다"[71]라고 했다.

수도를 정하는 문제에 있어서도 송대 이후 형성된 역사관의 영향을 받았다. 황종희는 남명 왕조는 반드시 "금릉金陵을 수도로 정해야 한다"는 생각을 가지고 있었는데, 여전히 "서북쪽은 쇠락하고" "동남쪽은 번성한다"는 옛말을 따르기는 했지만, 주로 '문화'적인 면에 중점을 두고 있었다. "진한秦漢 시기에는 관중關中에 정기가 모이고 전답이 넓어졌으며 사람과 문물이 번성했다. 오吳 땅과 초楚 땅은 오랑캐의 풍조에서 벗어나 풍속이 질박하기 때문에 금릉은 이곳과 겨룰 만하지 못했다. 그러나 지금은 관중의 사람과 문물이 오 땅에 미치지 못한 지 오래되었고 또한 도적 떼의 난리를 거치면서 마을 부락이 열에 두셋은 없어졌으니 모으고 가르치는 일을 하루아침에 이룰 수는 없다."[72] 이러한 판단은 황종회의 논의와 우연히도 일치했다.

강남 사인의 비분강개한 문장에 비해서, 청나라 강희제가 분석한 남북 지리에 대한 논의는 황종희 형제와는 완전히 달랐다. 강희제는 「과금릉론過金陵論」에서 "옛사람들이 지세를 논할 때 첫째가 연燕 땅과 조趙 땅, 다음이 금릉이라고 했다. 그러나 금릉은 창장 강의 험난함으로 이루어진 천연의 요새이긴 하지만 지맥이 미약하여 의지할 수가 없다. 육조六朝는 구석진 곳에 자리 잡아서 스스로 떨쳐 일어나지 못했으니 이는 역수曆數가 고르지 못한 이유도 있지만 지세가 이렇게 만들기도 했다."[73] 이 말은 황제가 본 '남북관'으로, 군사적인 시각이 엿보이기도 하지만 송대 이후로 형성되어온 '남방문화 우세론'에 대한 강한 비판이기도 했다.

청나라 황제들은 강남 사인들 사이에 유행하던 '남북론'을 매우 혐오했다. 예를 들면 옹정제는 남북의 사인들이 서로 경시하는 태도에 대해 다음과 같이 견해를 밝혔다. "장쑤江蘇, 저장浙江 사람들은 산시山西와 산시陝西 사람들이 우둔하다고 욕하지만 산시山西와 산시陝西 사람들은 장쑤, 저장 사람들이 아녀자처럼 유약하다고 욕하는 것을 알지 못한다. 사람은 반드시 스스로를 업신여긴 이후에 다른 사람의 업신여김을 당해야 하는데, 서로 입장을 바꿔 조롱하고 보복하는 이유가 진실로 이와 같음을 알 수 있다. 산시山西와 산시陝西 사람들은 장쑤와 저장 사람의 문文을 탄복해야만 하고 장쑤, 저장 사람들은 산시山西와 산시陝西 사람들의 무武를 중시해야 한다. 이렇게 한다면 문과 무가 서로 돕고 각각 그 장점을 드러내 지혜로운 사람은 그 지략을 다하고 용맹한 사람은 그 힘을 다한다. 온 세상 사람들이 조화롭게 단합한다면 어찌 아름답지 않겠는가!"[74] 건륭제는 호중조胡中藻(?~1755)가 시사詩詞에서 언급한 남북 관련 사구에 대해 특히 민감하게 반응했다. 건륭제는 그중 몇 구절을 뽑아서 의미를 덧붙여 다음과 같이 해석했다. "'남두성은 나를 남쪽으로 보내고 북두성은 나를 북쪽으로 보내네. 남두성과 북두성 사이에는 좁쌀만 한 틈도 없구나南斗送我南, 北斗送我北, 南北斗中間, 不能一黍闊'라는 구절도 있고 또한 '다시 소수와 상강에 배 띄워 북해로 향하는데, 온 길을 자세히 보니 어떠한가?再泛瀟湘朝北海, 細看來歷是如何'라는 구절도 있으며, 또한 '비록 북풍이 좋지만, 쓰기 어려우니 어찌 할까나?雖然北風好, 難用可如何'라는 구절도 있고 또한 '모인 구름 북두성을 들어 올리니 성난 구멍에서 남풍이 생겨나네撥雲揭北斗, 怒竅生南風'라는 구절도 있으며 또한 '잠시 남풍의 다툼을 쉬게 했더니 둘씩 짝지어 남북으로 나누어 부네暫歇南風競, 兩兩以南北分提'라는 구절도 있다. 중언부언하니 무슨 뜻이란 말인가?"[75]

송대 이후 '화이관夷夏觀'의 핵심은 종족의 차이가 '문질'의 차이를 결정한다는 말로 개괄되었다. 류스페이는 이후 논의에서 이러한 관점을 거듭 강조했다. 예를 들면 "여진족이 난을 일으키자 북학北學은 쇠락해졌고 정문程門(정호와 정이의 문하)의 제자들은 도를 전파하며 남쪽으로 돌아갔다" 또는 "금나라와 원나라가 중원을 차지하자 글의 품격이 암담해졌다"라고 하며 모두 남방 문화의 흥성을 '북적北狄'이 중원을 차지한 결과로 보았다. '문질'의 차이 역시 여기에서 생겨났기 때문에 다음과 같은 논의가 나왔다. "대저 북방 사람들의 문은 자질구레하게 늘어놓아 평범하게 여겨지기 때문에 질박하지만 화려하지 않다. 남방 사람들의 문은 구불구불 조각하여 아름답게 여겨지기 때문에 화려하지만 실속이 없다." 북방 사람들에 대한 평가도 "청나라 중기 북방의 땅은 모두 척박하고 쓸모없어 사람들도 질박하고 화려하지 않았다"[76]고 했는데, 이는 여전히 남북문론文論에 대한 고염무의 관점과 비슷한 노선이었다.

'문질'의 차이를 '화이관'과 연결시켜보는 방법은 대략 송대부터 시작되어 명말에 더욱 강화되었고 근대 문인들의 문론에까지 영향을 미쳤다. 그래서 청초의 '문질론'은 '남송-명말'의 연결 고리를 벗어날 수 없었다. 사실상 당나라 왕실은 북방 민족과 밀접한 혈연관계를 맺고 있었기 때문에 당대에는 이처럼 남북을 분리해서 문명의 여부를 해석하는 틀을 구축할 수가 없었다. 천인커陳寅恪는 일찍이 『주자어류朱子語類』를 인용하여 "당나라는 오랑캐에서 나왔기 때문에 규방의 예의에 어긋나는 일도 이상하게 여기지 않았다"고 했다. 천인커는 이 구절이 당대 역사의 핵심적 문제를 포함하고 있다고 여겼는데, 그 핵심적 문제란 바로 '종족'을 '문화'와 관련시켜 논의하는 문제였다. 천인커는 한족과 오랑캐를 구분하는 것이 북조北朝 시기 문화에서 비교적 혈통을 중시하던 상황과 비슷하다고 여겼다. 사실 한화漢化된 사람은 한족이고 호화胡化된 사람은 오랑캐라고 보면 그 혈통이 어떠한지 따질 필요가 없었다.[77] 당나라 황실은 우문

태宇文泰(507~556)의 '관중 중심의 문화關中本位文化'의 영향을 받아 비록 장안長安과 뤄양洛陽을 중심으로 사인 문화권이 형성되긴 했지만, 주변의 번진藩鎭 집단의 호화 정도는 관중 집단의 한화 정도와 균형을 이루고 있었다. '한화'나 '호화'로 집단을 구분하는 것은 출신 종족에 따른 구분과는 달랐고, 이는 송대 이후와 매우 다른 점이었다. 북송 사람 정이는 당 태종 때의 오랑캐 풍조에 대해 다음과 같이 비판했다. "당나라가 천하를 다스릴 때, 정관貞觀과 개원開元 연간은 비록 태평성대라고 불렸지만 역시 오랑캐의 풍조가 남아 있었다. 삼강이 바로 서지 않았고 부자, 군신, 부부의 법도도 없었는데, 이는 당 태종 때부터 시작되었다."[78] 천인커의 견해는 청대의 논의와도 부합되는데, 청초에는 "당대 이후로 중국을 떠나 오랑캐 땅으로 들어간 사람이 날로 많아졌다. 이에 오랑캐의 언어, 복장, 용품들이 익숙해져 이상하게 여겨지지 않았고 임금과 아비를 대하는 것도 확연히 달랐다"와 같은 논의가 있었다.[79]

남송-명말의 논의 틀은 기본적으로 '종족'을 잣대로 집단을 나누었고 또한 '한화'라는 유일한 기준으로 종족의 문화적 우열관계를 판단했다. 이와 같은 태도는 남북의 지리적 공간에 대한 사인들의 상상 속에서 잘 드러나는데, 아래에서는 송나라 사람의 유람기를 예로 들어 당시의 상황을 살펴보도록 하겠다.

송대 문헌에는 송나라 사신이 북쪽 금나라를 방문했던 필기가 여러 종 남아 있다. 그중에 송 휘종徽宗 선화宣和 7년(1125)에 금나라 황제 아구다阿骨打가 갑자기 세상을 떠나자 그의 동생 우키마이吳乞買가 즉위했다. 송나라에서는 상서사尙書司 봉원외랑封員外郞 허항종許亢宗을 금나라 황제의 즉위를 축하하기 위한 사신으로 보냈는데, 그는 80여 명의 사절단을 데리고 금나라로 향했다. 허항종의 필기 『금로기행金虜紀行』에는 송나라와 금나라의 변경 풍속과 생활 모습이 자세히 기록되어 있다. 허항종이 보기에 남과 북을 구분하는 종족 개념은 이미 상당히 명확하게 형성돼 있었다. 허항종이 유주幽州의 다섯 관문(쥐융관居庸關, 쯔징관紫荊關, 구베이커우古北口, 산하이관山海關, 쑹팅관松亭關)에 도착했을 때, 그는 관문 밖의 풍경을 보고 자신도 모르게 탄식했다. "산의 남쪽 땅은 오곡, 온갖 과일, 좋은 목재, 아름다운 나무 등 없는 것이 없는데, 관문을 나서 겨우 수십 리를 나오니 산은 메마르고 물은 탁하여 모두 척박하구나."[80] 그는 관문에 서서 멀리 사방을 살펴보고는 "누런 구름과 흰 풀만이 끝없이 보이니 그 끝을 알 수 없구나"라고 했다. 그러고는 뒤이어 "하늘이 이렇게 설계한 것은 화이華夷를 구별하기 위해서구나"[81]라고 했는데, 이것이 바로 가장 핵심적인 문장이다. 허항종의 견해는 아마도 송대에 상당히 보편적이었을 것으로 여겨진다. 예를 들면 『삼조북맹회편三朝北盟會編』에도 이렇게 기록되어 있다. "이 몇 개의 관문은 하늘이 땅에 설치하여 오랑캐와 한족을 구별하기 위한 것으로 한 사람이 막아도 100명은 거뜬히 감당할 수 있다."[82]

오랑캐와 한족으로 남북을 구분하는 지리적 상상력은 또한 송나라 사람들이 오랑캐와 한족의 음식 문화를 평가하는 중에도 드러났는데, 그 속에는 '문질'의 의미도 다소 포함되었다. 허항종은 금나라 사람들의 음식 습관을 묘사하면서 혐오하는 자신의 태도를 가감 없이 드러냈다. 그는 금나라 사람들이 주식을 먹는 상황을 묘사하면서 다음과 같이 말했다. "기장밥이 나오면 숟가락을 사용한다. 따로 죽 한 그릇을 두는데 죽은 작은 국자를 사용하며 밥과 같이 먹는데 좋지 않다." 반찬의 경우 더욱 한족의 문명화된 습관과는 맞지 않으며 '야만적이고' 비루한 모습을 보인다. "겨자를 갈아서 식초와 함께 고기에 비벼서 먹으며 선지와 내장으로 만든 국에 부추를 넣어 먹는다. 더러워서 먹을 수도 없는데, 오랑캐들은 즐겨 먹는다."[83] 『삼조북맹회편』 권3에는 다음과 같은 말도 있다. "여진족의 음식은 죽으로 술을 빚고 콩으로 장을 만든다. 반쯤 익힌 쌀밥에 개의 선지와 파, 부추 등의 채소를 넣어 비벼서 먹으며, 느릅나무 열매를 넣기도 한다."[84] 지리적 공간에 대한 상상에서 음식 문화의 차이까지, 심지어는 몸 냄새에 대한 반응까지 '북방 오랑캐北虜'는 모두 배척의 대상이었으며 이러한 사실은 북방 사람들에 대한 보편적인 평가로까지 이어졌다. 예를 들면 정사초는 북방 사람과는 같은 자리에 앉지도 않았다고 하는데, 이처럼 '문질'의 차이와 한족과 오랑캐의 구분은 사림의 생활 곳곳에 광범위하게 연결되어 있었다.

'남-북'의 풍속에 대한 명말 사림의 기본적 판단은 남송의 범위, 특히 송대부터 전해져 내려온 남북 문체의 풍격에 대한 구분에서 크게 벗어나지 않았다. 남방 사람들은 유약하고 화려하며 북방 사람들은 강건하고 굳세다는 이분법은 기본적인 의미에서 확장된 '문질'의 여러 가지 함의를 잘 반영할 수 있었다. 또한 이와 동시에 더욱 강렬하게 '종족'의 개념과 한데 뒤섞이면서 '종족'의 차이는 남북을 지역적으로 구분할 뿐만 아니라 '문화'의 차이까지 결정하는 가장 중요한 요소가 되었다.

명말 청초 사인들의 사유 범위 안에서 이민족의 장기적 통치에 대한 심리적 압박감은 '문질' 관계를 고려할 때 더 이상 피할 수 없는 배경이 되었다. 지형의 분포를 '음陰'과 '양陽'의 대립적 함의로 나누고 이를 '남북' '문질' '화이' 등의 요소에 적용하여, 어떻게 동일한 공간에서 상호 작용을 일으키는가를 살펴보는 것은 청초 문인들의 습관적인 상상 방식이었다. 예를 들면 왕부지가 보기에 '서남 지역'과 '동북 지역'은 모두 '음기'가 모이는 곳으로, 서남쪽은 "높고 험한 산이 많고 눈과 얼음이 쌓여 있으니 음기가 모이는 곳이다. 동북쪽인 기주冀州, 영주營州, 연주兖州, 청주靑州의 성은 평평하게 물이 흘러 바다로 가니 땅의 기운이 부족하다"라고 했다.[85]

북방은 비록 문명과 예악이 발원한 지역이었지만 오랑캐가 차지하게 됨으로써 그곳에 남아 있던 '문기文氣'는 '고기孤氣'로 바뀌었다. 왕부지는 허베이河北 지역이 군웅의 할거지가 되면서 불과 100년 만에 의관과 예악이 깡그리 사라졌으며 이후 연운십육주燕雲十六州(베이징, 톈진 및 산시山西와 허베이 북부)*도 거란이 차지하면서 부끄러움을 모르게 되었다고 보았다. 그가 가장 걱정했던 일은 바로 거란족의 '인정 없고 예교를 무시하는' 행위가 중원의 예악을 아는 사람에게 스며들어 "처음에는 놀라겠지만, 계속되면 어쩔 수 없이 따라하고 따라한 지 오래되면 순응하며 예악을 잊어버리게 될 것이니, 슬프구나!"[86] 시간이 흐르면서 천하 사람들이 순응하게 되고 점차 오래 물들게 되면 마음에 '예악을 간직하고 있는' 사람을 구하려 해도 그런 사람이 거의 없겠구나!"였다. 남아 있는 문文의 맥脈을 고수하여 예악을 쌓을 수 있도록 한 줄기 생기를 불어넣는 일은 명말 청초 군자들에게 있어 생사가 달린 비장한 사명이 되었다. "'예악을 간직하는' 일은 천지의 고기孤氣다. 군자가 죽든 살든 잊지 말아야 할 일은 항상 이것을 지키는 것이다."[87]

---

* '유운십육주幽雲十六州' 혹은 '유계십육주幽薊十六州'라고도 한다. 지금의 베이징, 톈진과 산시, 허베이 북부 지역을 말한다. '연운'이라는 명칭은『송사宋史』「지리지地理志」에 처음 보이며, 연燕(유幽), 계薊, 영瀛, 막莫, 탁涿, 단檀, 순順, 운雲, 유儒, 규嬀, 무武, 신新, 울蔚, 응應, 환寰, 삭朔의 16주다.

명청 왕조 교체기에 살았던 왕부지는 종족 배척이란 절대적인 인식 아래에서 북방 사람들을 바라보았다. 이것은 남송 사람들의 종족에 대한 인식에서 답습한 것으로, 지나쳤으면 지나쳤지 그보다 못하진 않았다. 이는 당나라 사람들의 인식과는 완전히 달랐는데, 당나라 사람들은 비록 종족이 다르다는 것을 알고 있었지만 당 황실이 북적北狄과 혈연적인 관계를 맺고 있었기 때문에 종족 문제가 이원론적인 대립 국면으로 치달아 여론이 충돌하는 것을 막았다. 만약 그들이 종족의 우열이 문화의 우열을 결정한다고 강조했다면, 이는 사실상 자신들의 출신을 폄하하는 것과 같았다. 이에 그들이 '문화'가 '종족'보다 크다고 강조한 것은 그들이 처한 특수한 신분적 배경과 관련이 있었다.

'문질지변'과 경전 다시 읽기

명말 청초에 종족이란 '문화'의 우열을 구분하는 중요한 기준이었을 뿐만 아니라 많은 다른 개념, 예를 들어 '군자-소인' '양-음' '남-북' 등의 이원론적 개념과 한데 얽혀 있었다. '문질'의 구분도 이런 분위기의 제약을 받아 재미있는 변화가 생겨났다. 청초 왕조 교체를 겪으면서 사림은 종종 경전 문구를 재해석함으로써 '문질'의 구분을 상당히 극단적인 대립 국면으로 이해하려고 했다. 예를 들면 『주역』의 '태극에서 양의가 생겨난다太極生兩儀'를 해석하면서 다음과 같이 말했다. "하늘에 양이 있으면 반드시 음이 있고, 땅에 강剛이 있으면 반드시 유柔가 있으며 인간에 군자가 있으면 반드시 소인이 있다. 중국이 있으면 반드시 오랑캐도 있기 마련인데, 뒤섞여 어지럽게 간섭하니 이는 큰 잘못이다. 이에 음은 양을 기르고 유는 강을 지키며 소인은 군자를 옹호하고 오랑캐는 중국을 지켜야 한다. 음이 그 무리 속에 안주하고 양이 그 속의 바른 자리를 차지하여 서로 응하고 섞이지 않을 수 있다면 음이 흥성한다고 해도 양이 병들지 않는다."[88] 이 문장은 '양-음' '군자-소인' '중국-오랑캐'를 우열의 등급으로 배열하여 매우 강한 어조로 해석하고 있다.

'문질론'의 구분을 설명할 때는 음양의 상호 작용에 대한 경전 문구를 엄청나게 끌어와 그 핵심을 서술했다. "'문명'을 말할 때 음과 양이 서로 교차하는 것을 문이라고 한다. 음은 질이고 양은 문이다. 음이 안에 있고 양이 밖에 있으면 문이 밖에 달라붙으니 태양이 밖에서 그 상象*을 밝힌다."[89] 또한 『상서尚書』를 통해 '문질'의 안팎을 서술하기도 했다. "말하자면 물物이 생기면 형形이 만들어지는데, 형은 바로 질이다. 형이 만들어지면 상象이 형성되는데, 상은 문이다. 형이 만들어지면 반드시 상이 생기고 상은 그 형을 만든다." 일반 사람들이 보기에 '문질'은 다음과 같이 구분됐다. "보이는 것은 형이고 살피는 것은 상이기 때문에, 질은 보면 바로 알 수 있고 문은 살펴야 드러난다." 문은 반드시 관찰하고 체험해야 점점 발현된다는 뜻으로 이러한 논의는 문을 이해하는 것이 질을 이해하는 것보다 더 어려움을 보여준다.[90] 대략적인 그의 생각은 바로 "문이 멀어지면 질이 제대로 설 수 없다"였다.

경전의 해석을 살펴보면 '문'은 '질'보다 한 차원 높다. 그 이유는 '질'이 고대에는 공적을 나타내는 말로 사용되거나 강력하고 야만적인 군사 행위를 나타내는 말로 사용되어, 도리를 무시하는 단기적인 행위로 여겨

---

* 여기서 말하는 상象은 일반적인 상이 아니고 안에서 움직이는 생명력으로서의 상, 즉 운運을 말한다.

졌기 때문이다. 그래서 이른바 "질이 움직여 이기면 이익利으로 향하는데, 이익은 의로움義을 손상시키는 것이다. 군자는 이익이 의로움을 대체하는 것을 걱정하지만 소인은 그것을 자본으로 삼으니 이익이 되면 좋지 않을 것이 없다. 이에 '질이 문을 이기면 비루해진다'는 문장에서 비루하다野는 상하의 구분이 없고 명분名과 의로움이 바로 서지 않음을 말한다"[91]라고 여겼다.

'문'이 '질'보다 차원이 높은 이유는 '문'은 '위의威儀'나 '예禮, 악樂, 형벌刑, 정치政'와 같은 문명의 기초를 구축하는 데 필수적인 요소이기 때문이다. '문질'의 관계는 바로 '흰 눈'에서 '눈'과 겉모습인 '희다'의 관계와 같다. "문의 사라지는 것은 그 문 때문이 아니며 그 문이 없으면 그 질도 없다. 마치 눈이 흰색을 잃어버리면 그 눈이 사라지는 것과 같다. 어찌 눈은 없는데 흰색만 남았다고 걱정하겠는가! 문장이 좋은 것은 문이 모여 질을 이룬다. 문장이 나쁜 것은 질에 인색하고 문도 병든다. 문이 모여 질을 이루면 천하가 문에 의해서 질에 도달하게 되고 예, 악, 형벌, 정치가 잘 행해진다. 문이 병들고 질이 밝지 않으면 천하에서 그 문을 권하지 못하고 예, 악, 형벌, 정치의 시행도 마른 나무를 씹는 듯, 망가진 북을 두드리는 듯 흥성하지 못한다." 결론은 바로 "질에서 멀어지면 문이 아니고 문에서 멀어지면 질이 아니다"[92]로, '문'이 여전히 '문질' 관계의 주축을 차지하고 있을 뿐만 아니라 제도 운영의 성패도 쥐고 있음을 말한다.

또 다른 견해도 있는데, 선진의 문헌 속에 보이는 '문'은 종종 비교적 질박한 형태로 나타났지만, 후대 사람들에 의해서 문의 정신이 발양되었다는 것이다. '문'의 정도는 바로 경전의 해석, 그리고 이치의 발양 정도와 정비례하며, 오위업吳偉業이 말한 "대저 문장에는 문도 있고 질도 있는

데, 질은 본래 경전에 근거하여 끝까지 근본과 이치를 탐구하는 것이고 문은 세상의 인재들에 의해 발양되는 것이다"와 같다. 그는 또 예를 들어 다음과 같이 말했다. "도를 말할 때 어찌 『춘추』보다 큰 것이 있겠는가?" 그러나 『춘추』는 오히려 가장 간략한 기사체紀事體 형식의 책이다. "『춘추』의 말은 간략하고 상세하지 않으며 솔직하고 과장되지 않으니 질이라고 할 수 있다." 그러나 동중서董仲舒, 가의賈誼, 유향劉向 등에 의해 "그 설명을 미루어 해석하고 각자 자기 해석을 가지고 공자의 견해와 맞추려 애쓰니 단지 규칙에 맞추고 장구章句를 지키는 것에 다름 아니다." 이에 비로소 『춘추』의 질박한 형태가 '문'의 의미를 갖추게 되었다고 했다.[93]

청초의 역사 배경에서 '문질'의 함의를 분석하는 일은 심지어 '성률聲律을 바로잡는' 역할까지 하게 되었다. 그 이유는 '문질'이 "바람 따라 모였다가 옮겨갔기" 때문에 성률의 분석도 이 변화를 더듬어 추적하면 알 수 있었기 때문이다. 음조가 정해지기만 하면 "남북의 구궁조九宮調, 항간의 음란한 노래, 오랑캐의 난잡한 소리는 햇빛만 봐도 저절로 사라지니 음악으로 바로잡을 수 있다." 이 때문에 민간의 소리들은 규범화된 범위 내에서 다듬어졌고 민속적인 성격도 띠게 되었다.

'문-질'의 관계와 선진先秦의 역사관 다시 쓰기

명말 청초 '문질'의 구분에 대한 논의는 사실상 선진 역사관의 전체적 인식과 관련이 있었다. 이에 '문질'의 관계를 통해 역사를 색다른 시각으로 해독한다면 반드시 독특한 맛을 음미할 수 있다. 춘추시대 초기는 "이익을 숭상하며 다투다가尙利以爭" "한꺼번에 변화하여 문이 되는一化而文"

과정으로 볼 수 있었기 때문에, 노나라의 "대대적으로 나라를 확장하는" 행동이 있을 수 있었다. 그러나 진晉나라 도공悼公 시기에는 안영晏嬰 등의 신하들이 "묵가를 숭상하고 유가를 물리치며 검소함을 높이 여김으로 써" "질이 문을 구하는以質救文" 국면을 형성했고, "천하가 쇠락하고 비루한 풍습이 생겨나 의로움이 사라져도 부끄럽게 여기지 않는" 결과를 초래했다. 원래 '문'과 예를 숭상하는 노나라도 "안으로는 삼군三軍을 망치고 밖으로는 작은 나라와 세금을 다투며 예악을 없애고 오랑캐를 가까이하며 간소한 것만을 편하게 여기고 이익만을 꾀했다." 이 글은 풍속이라는 해가 지면서 연출되는 스산한 한 폭의 그림 같다. 결론은 "질이 이기는 해악이 문보다 더욱 심하구나! 그래서 '문이 이기면 질로도 구할 수 없다'고 한 말은 인정人情이 요동치는 것보다 더 나쁘다"는 것이었다. 춘추시기의 역사가 '문'에서 '질'로 바뀌었다는 이러한 해석에는 이미 '이하지변'이란 인식이 많이 침투해 있었다. 예를 들면 안영 등의 사람들이 '질'을 숭상하던 논의는 상앙商鞅, 여불위呂不韋, 이사李斯의 야심을 성취시켰기 때문에, "질로 문을 구하는 저들은 진실로 소인의 유儒라고 할 수 있었다."[94] 이러한 오랑캐와 한족의 차이 뒤에서 '질이 문을 구하는' 효과에 대해 의문을 품고 있었다는 사실은 어렵지 않게 발견할 수 있다.

청초 사인들은 선진의 문헌을 해석할 때, 만주족이 남침하여 정권이 바뀐 경험을 근거로 당시 사람들의 문文과 야野를 분류했다. 사인들은 역사를 독해하면서 주관적인 분류 방식을 채택했는데, 예를 들면 진秦, 오吳, 초楚나라를 모두 오랑캐의 풍습을 가진 나라로 보고 한화漢化된 문명의 땅과는 의도적으로 대립시켰다. 이는 마치 다른 의미를 지닌 또 하나의 지도를 보는 것과 같았다. "진秦나라는 융족의 풍속을 지녔으며 그 내원이 오래되었다. 그 거주지에 안주하여 풍속도 그대로 지녔지만 풍속이 중원으로까지 퍼지지는 않았다. 중원의 문명을 접한 초기에 인정은 했지만 받아들이지 않았기에 잠시 편안할 수 있었다. 점차 중원을 정복하여 주인이 되었지만 진실로 동화되지 않았을 뿐만 아니라 그 풍속이 중원까지 퍼졌다. 이에 군자의 근심은 깊어갔다." 이 지형도에서 진나라는 완전히 한족의 풍속과는 다른 '교화에서 벗어난 나라化外之國'로 그려지고 있다.

오나라와 초나라도 진나라처럼 지형도에서 오랑캐 지역으로 그려놓고는 다음과 같이 말했다. "오나라가 왕이 되면 중국은 섬의 오랑캐島夷가 되고 초나라가 왕이 되면 중국은 남쪽 오랑캐南夷가 되며 진나라가 천하를 차지하면 중국은 서쪽 오랑캐西戎가 된다. 오랑캐의 주인이 천하의 주인이 되면 천하는 오랑캐가 된다."[95] 오랑캐의 행동이 예의지국과 가장 크게 구별되는 점은 바로 항상 강력한 군사력으로 승리를 쟁취하면서 도의道義 따위는 따지지 않는다는 것이었다. "천하를 얻은 사람 중에 도의로써 얻은 사람은 점차 세력을 넓히지만 무력으로 얻은 사람은 한 번의 공적만 이루면 된다. 대저 한 번의 공적을 이룬 뒤에는 득실의 향배를 물을 수 없고 그 견고한 바를 따지지도 않는다." 이 문장에는 장기간에 걸친 문화의 축적과 단기간에 이룬 폭력적 약탈의 차이가 대비적으로 드러나 있다. 진나라, 오나라, 초나라는 모두 "한 번의 공적만 이룬" 폭력적 약탈의 이미지가 있기 때문에 "오랑캐가 천하를 얻거나 천하를 움직이고자 한다면 항상 이 방법을 쓰면 된다"고 했다. 이 말을 천천히 음미하다보면, 우리는 청초 사인들이 선진 시기 오랑캐의 행동 속에서 만주족이 강남을 집어삼킨 강력한 무력 이미지를 찾고 있음을 발견할 수 있다.

'문질'의 시각으로 오랑캐의 분포를 나타낸 이 지형도를 보면 선진 시기 오랑캐의 생활양식은 꾸미지 않는 초목이나 짐승과 다르지 않아서 "하늘은 만물을 낳았지만 쓰임이 각각 달랐다." 단지 '문'의 꾸밈 정도에 따라 그 쓰임의 크고 작음을 판단할 수 있었다. 구체적으로 말하자면 성인의 가르침을 받아야만 '문'의 세계에 진입할 수 있는 자격을 갖출 수 있게 되었다. 이른바 "낳은 것은 하늘이며 질은 인간이고 문은 성인이기 때문에" "성인의 도는 백성의 질에 보탬이 되니 문보다 큰 것은 없다. 문은 성인이 하는 일이다. 하늘도 하지 않고 만물도 하지 않으며 오랑캐野人는 하길 원하지만 할 수 없다"고 했다.

성인의 교화를 받지 못한 오랑캐의 생활은 종종 "단 음식과 기쁜 얼굴이면 그만"일 뿐으로, 윤리 질서를 통한 교화가 부족했다. "기쁜 얼굴은 하지만 법도를 모르기 때문에 혼인이 바르지 않으며 어머니만 알고 아버지는 모른다. 아버지를 모른다는 것은 누구를 아버지로 여겨야 할지 모른다는 것이다. 단 음식이 있지만 오직 양육하는 마음뿐이므로 젖을 먹여 키우는 은혜만이 있고 그 자식을 깊이 사랑하는 일은 미룬다. 그 자식을 깊이 사랑한다는 것은 자신에게 맡겨진 생명을 아끼고 잘 키운다는 것이다." 기본적인 인간의 윤리와 예의를 모르기 때문에 "오랑캐가 중국의 주인이 되면 정국이 무너지는" 상황은 매우 자연스런 변화였다. 이것은 바로 사인들이 우려하는 '인간의 도리에 대한 근심人道之慢'이었다.[96] 따라서 '이긴 문文勝'이 '비루한 질質野'을 꾸며주는 효과도 더욱 중요해졌다. "어찌 문이 이긴 것으로 충분하겠는가? 문의 꾸밈이 있어야만 한다."[97]

'문질'의 구분은 세상을 변화시키고 싶었던 청초 사인들에게 '인간과 짐승'을 구분하는 척도로 너무나 쉽게 전환되었고, 동시에 '문명'과 '야만'을 구분하는 기준으로까지 자연스레 변화되었다. 예를 들면 "나의 무리가 아니면 나의 윤리에 들어오지 못하며, 나의 윤리에 들어오지 못하는데 인류의 잘못됨을 바로잡는 것은 할 수 있는 바가 아니다. 윤리가 없는 자들이 인간의 윤리를 다스리면 인간의 도리는 사라진다. 그런 까닭에 군자는 호랑이와 승냥이, 뱀, 독사를 오랑캐보다 더 싫어했고 오랑캐를 도적보다 더 싫어했다." "오랑캐를 싫어하는 까닭은 임금과 신하, 아버지와 아들의 윤리가 없기 때문이다. 대륜大倫으로써 오랑캐와 한족을 구별해야지 오랑캐 때문에 대륜이 망가져서는 안 된다." 그래서 "오랑캐를 한족과 구별하면 천하가 흥성해지고 사람을 짐승과 구별하면 하늘의 도가 바로잡힌다"고 했다.[98]

이런 이유로 오랑캐와 한족의 구분이라는 틀 안에서 '문질'의 차이를 고찰했을 때에야 우리는 왕부지가 왜 다음과 같은 격분의 말들을 쏟아냈는지 이해할 수 있다. "내가 아는 바로는 중국 천하가 헌원씨軒轅氏(황제黃帝) 이전에는 오랑캐뿐이었고 태호씨太昊氏(복희伏羲) 이전에는 짐승뿐이었다! 짐승은 그 질을 온전히 할 수 없었고 오랑캐는 그 문을 갖출 수 없었다. 문이 갖춰지지 않아 점차 문이 없어지면 전에도 없던 걸로 알고 나중에도 없던 걸로 전해져 옳고 그름이 일정치 않고 취하고 버리는 데 근거가 없다. 배고프면 칭얼대고 배부르면 남은 걸 버리니 이는 서 있는 짐승일 뿐이다. (…) 문이 없어지면 질도 남아 있지 않아 먹는 것도 그 음식이 아니고 입는 것도 그 옷이 아니다. 음식이 달라지면 혈기가 바뀌고 옷이 달라지면 모습이 바뀌니 다시 태호씨 이전으로 돌아가 짐승이 되는 것과 같다. 문자를 쓰지 않으면 듣고 보는 것을 남길 수가 없으니 비록 억만 년 동안 귀와 눈이 있다고 해도 증명하지 못한다. 이는 혼돈 상태일 뿐이다."[99] 이는 표면적으로 헌원씨와 태호씨 때의 오래된 일을 말하는 것 같지만 사실은 만주족이 통치하던 당시의 "질만 있고 문이 없는_{有質而無文}" 상황을 반영한 것이다.

제5장

문과 질에 대한 구분:
황제와 사림의 사상 동향과 합류^(하)

이로부터 이 지역은 화려함이 질박함을 이겼으니
自是此邦文勝質
거듭 부탁하건대 힘껏 격려하여 순박함으로 돌아가길
叮嚀致勖務還淳

— 건륭제

시작하는 말: 문질과 교화

시작 부분에 나오는 인용은 건륭제가 강남을 순행南巡할 때 지었던 시 가운데 두 구절이다. 예컨대 이른바 '강남' 지역은 지나치게 사치와 화려함(문)을 숭상하고 질박함(질)이 부족한 곳이기에 필히 관원과 신사紳士들에게 질박함으로 돌아갈 것을 반복적으로 촉구하는 취지를 언급했다. 이두 구절은 특히 건륭제가 강남의 문아한 기운에 끌리는 것과 영민하고 용맹한 만주족 본연의 면모를 유지하는 것 사이에서 갈등하고 초조해하는 마음을 드러내고 있다.

건륭제는 여러 차례 강남을 순행했다. 강남의 출판 상인들은 일찍이 황제의 강남 순행과 황제가 강남 순행에서 읊은 시문詩文을 주요 소재로 삼아 강남 명승지의 안내서와 같은 작은 책자를 발행했다. 예를 들어 1763년 쑤저우 사람 곽충항郭衷恒(?~1775 이후)은 『강남명승도영江南名勝圖詠』이라는 제목의 수진袖珍 독본讀本을 간행했다. 안에는 건륭제가 앞서 세 차례 순행할 때 관원과 상인에게 하사한 시 작품들을 수록했다. 강남의 경치가 건륭제의 시 작품들에서 이미 새롭게 재조명되었음을 쉽사리 발견할 수 있다. 강남의 전통적인 사치스러움은 종종 누각과 건물, 춤·노래·악기, 달밤에 떠 있는 배 등 옛 경치를 그리워하고 회고하는 것에서 드러난다. 즉 전적으로 사인士人의 품위를 재현했고, 또 이러한 기억을 각 풍경과 연계하여 독특한 문화적 경관을 형성했다. 이로써 옛 경관을 보존하는 것은 종종 시에 내포된 함의와 단단히 맞물려 궁극에는 기억을 유지하는 가장 우아하고 견고한 수단이 됐다. 이러한 형국을 타개하려면 첫째 재정의 힘, 둘째 의지가 필요했다.

강희제의 남방 순행은 강남 사인의 마음을 잡겠다는 의도에서 이뤄진 것이지만 토목사업의 규모와 재정에 한계가 있었다. 순행은 곧 강남 명승지의 현재 경치를 보호하는 일종의 관광 행위가 돼버렸다. 이는 강남 사인들이 가장 반갑게 여긴 부분이었다. 건륭제는 남방 순행 길의 명소에 대한 설계와 시공을 직접 감독·관리했다. 이를 위해 그는 특별히 황명을 내려 두 번째 남방 순행에서 건축할 구조물의 도면을 반드시 올려 검토받도록 했다.[1] 성급省級의 총독總督·순무巡撫는 더욱 상세하게 보고를 올렸다. 명세 항목, 재정 예산, 건축 모형과 도면을 망라했고 모두 건륭제가 검토했다. 종국에는 강남의 경치에 은밀히 '교화'의 의미를 덧붙여버렸다. 명소에 대한 건륭제의 감상 수준과 태도는 각종 여행 안내서와 상인 문인들의 입소문을 거치면서 대중적인 품평 풍조로 자리 잡게 됐고, 점차 경치에 대해 사인들이 갖고 있던 기존의 감상 습관을 대체해버렸다.

물론 황제가 '문질文質'에 대해 오락가락하는 태도를 보이면서 종종 '교화' 과정을 모순에 빠뜨리기도 했다. 건륭제는 강남 지역의 관료들이 남방 순행을 지나치게 화려하고 사치스럽게 수행하느라 강남 사인들의 지나친 낭비벽을 그대로 따라간다는 점을 자주 질책했다. 그는 성지聖旨에서 여러 차례 낭비성 지출을 지적하고 염상鹽商이 대규모 토목 사업을 벌여 전적으로 자신만을 위한 새 거처를 건축하는 것에 반대했다. 그러나 동시에 경비의 출처를 공개하고 양회兩淮(화이난淮南과 화이베이淮北 두 지역의 총칭) 지역 염상의 열정적인 참여를 치하하기도 했다. 그는 관원들이 과도하게 허세를 부리며 황제의 강남 순행에서의 접대 비용을 끝없이 올리면서 서로 잘 보이려고 하는 상황을 비판하면서도 또 한편으로는 강남 순행을 위해 노동력과 자금을 댄 사람에게 벼슬을 올려주고 세수를 감면해주었다. 이 앞뒤가 맞지 않는 행동은 소박하고 예스러운 민속을 보존하는 것과 강남 품위를 좇는 것, 이 두 측면이 수시로 엎치락뒤치락하면서 전도되고 대비되는 효과를 드러낼 수 있음을 암시하고 있다.

청초의 역사적 배경 속에서 만주족 황제와 한족 사림들은 줄곧 무엇이 '문화'가 함축한 의미이고 형식인가, 또 정치적 통치의 테두리 안에서 어떻게 예약과 교화의 의미를 이해하는가에 대해 쉼 없이 상호 탐색하고 있었다. 한편에서 황제는 새로운 정통관을 세울 때 반드시 한족 사인들이 수천수백 년 이어온 경전의 해석 방식과 예의 질서를 받아들여야 했다. 다른 한편으로 한족 사림은 복잡한 왕조 교체의 대변혁기 속에서 청 초기의 사상 정화淨化를 거치며 타민족의 행위에 대해 엄혹하게 비판하는 태도를 점차 조정하기 시작했다. 이렇게 서로 밀어내면서도 받아들이는 긴장감은 표면적으로 '이하지변' 논쟁의 격화와 소멸을 거치며 점차 완화됐다. 실제로 서로를 적대시하던 태도는 '문질'의 함의에 대한 변별과 분석을 통해 더욱 심층적인 의미에서 점차 사라질 수 있었다.

청초 왕조 교체기의 역사적 맥락 속에서 '문질文質' 구분의 문제는 그저 예로부터 전해져온 오랜 주제에 불과한 것이 아니었다. 그것은 생활 품위, 예의禮儀 풍조, 기층의 교화, 사치를 억제하고 질박함으로 회귀하는 것 등 다중적인 이념·행위와 함께 얽혀 서로 갈등을 일으켰으며, 황제와 사림 계층이 논쟁하고 절충하면서 서로 인정하는 방향으로 나아가는 역사의 기본 틀을 만들었다.[2] 이번 장에서는 이렇게 갈등하는 양상의 기본적인 윤곽을 서로 다른 차원에서 간단히 그려볼 것이다.

1절
황제의 '문질론'에 대한 대응 및
사림 여론과의 합류

한족과 만주족의 '문'에 대한 이해가 점차 같아지다

'문질'의 '문'은 종종 '예禮'의 재건과 회복의 의미를 담고 있다. '질'은 '검소함儉'이나 '소박함樸'과 같은 생활태도를 유지하는 것과 관련된다. '예를 숭상하는尙禮' 차원에서 한족은 늘 자신만만한 듯 보였다. 그들은 정통의 위엄을 지니고 문화질서의 정당성에 대해 이해하고 있다고 여겼다. 특히 타민족의 침략과 맞닥뜨렸을 때 이러한 자신감은 쉽게 두드러졌다. 송대 사람과 금대 사람이 대치했던 각종 역사적 경험은 이에 대한 풍부한 기억거리를 제공했다. 송나라 사람 허항종이 금나라에 사신으로 갔을 때의 일이었다. 그날 연회에서 술이 몇 차례 돌았고 허항종은 사표謝表(감사의 서신)를 꺼내들고 또랑또랑 읽어 내려갔다. 함께 배석한 금나라 대신이 갑자기 사표의 '지조인방祗造鄰邦(단지 이웃 나라에 다다라)'이란 문구에 '방邦' 자를 쓴 것은 자기들 금나라를 업신여긴 것이라고 지적했다. 『논어』에서 "만맥지방蠻貊之邦(모든 오랑캐의 나라)"이라 했으니 '방'이란 글자를 써서는 안 되며 이 글자를 고쳐야 사표를 받아들이겠다고 말했다. 허항종은 엄숙한 얼굴로 유가 경전의 여러 예를 잇달아 언급하며 '방'이란 글자는 바르게 쓰였음을 밝혔다. 그 증거로『서경』에서 "온 국가를 조화롭게 하다協和萬邦" "나라에 전력투구할 수 있다克勤于邦"라고 한 것,『시경』에서 "주나라가 비록 옛 나라이나周雖舊邦"라고 한 것,『논어』에서 "다른 나라에 이르러至于他邦" "훌륭한 사람이 나라를 다스린다善人爲邦" "한마디 말로 나라를 일으킨다一言興邦"라고 한 것을 들었다. 허항종은 이렇게 많은 증거를 제시하며 '방'이 유가 경전에서 빈번하게 사용됐음을 설명하고, 금나라 신하들이 유독 이 구절만을 문제 삼는가라고 질책하면서 이는 무슨 이치인가 하며 되물었다.『선화을사봉사금국행정록宣和乙巳奉使金國行程錄』에는 허항종 특사가 오랑캐와 설전을 벌이는 장면을 생동감 있게 기록했다. "'사표는 바꿀 수 없소, 궁궐로 돌아가 여러 학자와 따져보실 일이니, 더 이상 거론치 마시오!' 이 말에 북방 오랑캐虜는 반박하지 않았다."[3] 그 '북방 오랑캐'는 완전히 허항종의 서슬에 벌벌 떨었던 듯하다.

이 기록은 송의 사신이 자신의 행위를 지나치게 미화한 혐의가 다분하다. 하지만 여기서 또 알 수 있는 사실은 송과 금이 대치하는 상태에서 금나라 사람들도 노련하게 유가의 전적典籍을 인용하여 자신의 신분을 차별화하고자 했다는 점이다. 즉 '예의禮儀' 담론의 절대적인 독점권은 송나라 사람에게 있었지만 동시에 여지를 남겨두기도 했다. 즉 그 이면에는 '야만족 오랑캐들'의 행동거지가 한족 예의의 요구에 부합해야 문화적 의미에서의 인정을 얻을 수 있다는 암시가 깔려 있었다.

사실 금나라 사람의 후예로서 만주족은 만리장성을 넘어온 후 금나라 사람처럼 유가의 전적에 서툴러 수모를 당하는 일을 또다시 벌일 수 없었다. 만주족 제왕은 유가 전적에 지극히 정통했고 줄곧 각종 한족의 '예의'를 재건하는 데 힘썼다. 심지어 지극히 번잡한 절차도 마다하지 않고 예악을 성대히 일으켰다. 청초 대유 탕빈湯斌은 집으로 보낸 서신에서 강희제가 경서 등의 전적 연구에 몰두하는 것에 대해 진심으로 탄복했다. 서신에서 "황상께서 동궁마마의 회강回講 규례를 정하시고 경서나 사서를 강독하며 모두 실질적인 뜻을 따졌는데, 이는 그저 형식적으로 경문만을 읽었던 이전 조대의 상황과는 견줄 수 없는 것이다"[4]라고 했다. 또 강희제가 경전을 해석한 것에 대해 구체적으로 묘사했다. 즉 "황상께서 배움이 날로 무르익으셨고 근래에는 배움의 경지가 더욱 정밀해지셨다. 매일 『춘추』 10조條와 『예기』 20조를 해석하고 역사서 50쪽을 읽으셨다." 심지어 경연經筵을 시중드는 사신詞臣조차도 엄청난 스트레스를 받았다. 왜냐하면 강희제는 "성리性理의 뜻을 한층 더 깊이 연구했고, 사신詞臣은 그런 황제의 한계를 가늠할 수가 없었기" 때문이었다. 이에 탕빈은 다음과 같이 감탄했다. "지금 사신詞臣보다 더 소임을 감당하기 힘든 관원은 없다."[5] 탕빈과 같은 유학의 대가조차도 이렇게 느낀 것을 보면, 청초 황제의 경전 수양은 확실히 여느 문사文士들이 견줄 수 있는 정도가 아니었다. 집으로 보내는 서신에서 한 말이었으므로, 탕빈의 이러한 언급은 진정 몸도 마음도 승복한 자연스러운 반응으로, 분명 빈말이 아니었을 것이다.

경연에서 황제를 모셨던 경험을 얘기하는 중에 탕빈은 경전을 읽는 강희제의 근면한 태도를 더욱 부각시켰다. "한 해의 봉인封印* 기간에도 강

---

* 음력 1월 1일 이전, 권력과 지위를 대표하는 인장을 봉해두고 공무 처리를 잠시 멈추는 의식이다.

학을 멈추지 않았다. 흰 눈이 태자궁 계단에 가득하고, 여명이 강학 자리에 이르렀는데, 섣달 그믐날인지도 모르는 것 같았다. 25일 협제祫祭(여러 조상신을 함께 제사지내는 합사合祀) 날이 되어서야 비로소 강학을 멈추었다. 정월 열아흐레 강학이 열리고 하루도 쉬는 날이 없었다. 『논어』 강독을 끝마치고 『대학』을 강연했다. 태자께서는 총기를 타고났고 재기 발랄하며 책의 요체를 완전히 상세하게 밝히는데 상상 그 이상이었다." 이야기를 하다보니 자기도 모르게 감탄하기 시작했고, 이것이야말로 진정 '종묘사직의 영험함이요, 억조창생의 복'임을 밝혔다.[6]

강희제 때의 태자를 언급할 때도 탕빈의 붓끝은 마찬가지로 경외심을 가득 담고 있었다. "황태자는 총기를 타고나시고 경서에 정통하시다. 여섯 살에 글을 배우신 이래 지금까지 팔 년, 하루도 거르신 적이 없다. 서예와 그림은 단정하고 정미하여 당대의 이름난 서예가인 우세남虞世南(558~638)과 유공권柳公權(778~865)의 반열에 계시다. 종이마다 모두 황상께서 주필朱筆로 점을 찍고 고친 뒤에 날짜를 판별해 넣으니 달마다 한 책冊이 되고 해마다 한 갑匣이 됐다. 지금 출각강학出閣講學*한 뒤에는 매일 아침 황상께서 친히 책을 암송해주신다. 암송이 끝나면 황상께서 정무를 보시고, 황태자는 바로 나와 서책을 강독하셨다. 강독이 끝나 황상 앞에 이르면 강독한 대의를 물으셨다. 서책 강독은 황상께서 날마다 강독한 원본을 가지고 했지만 또다시 강독한다고 싫증 내지 않으셨다. 자고로 제왕이 태자를 가르치는 근면함이 오늘 같은 적이 없었다."[7]

청 초기에서 중엽까지의 황제들은 스스로 한족의 예악문화에 깊이 빠

---

* 태자가 일정한 나이가 되어 정식으로 유학자 스승에게 수업을 받는 것을 말한다. 사부는 유교 경전 중에서 어려운 글자를 가르치고 문장에 쓰이는 글자의 여러 가지 용법을 알려준다.

졌고 건륭 시기에는 더 나아가 한족의 전장典章 제도에 대해 친히 나서서 고증하기도 했다. 한족의 고증학은 실로 학술사의 내재적 맥락이 지지 기반이 되어 흥기한 것이지만 청초 제왕의 지침도 극히 중요한 외연적 요인이었다. 건륭 원년(1736) 4월에 어찬경서御纂經書*를 널리 퍼뜨리라 명을 내렸고 생원들이 보는 향시에 경서 해석의 표준으로 삼도록 했다. 그 조서의 내용은 다음과 같다.

"여태껏 경학이 번성하면 인재가 많아지고, 인재가 많아지면 풍속의 교화가 성대해졌다. 모든 사서를 헤아려보니 그 효과가 확연하다. 우리 왕조의 성조聖祖 인황제仁皇帝(즉 강희제)는 그 도가 복희와 전욱 때만큼 융성했고 학문은 천도天道와 인사人事를 꿰뚫으셨다. 학술문예에 관한 책들이 쌓인 서고에서 두루 섭렵하지 않은 책이 없지만 그 가운데 경학을 첫째로 꼽으셨다. 황명으로 『주역절중周易折中』『상서회찬尙書匯纂』『시경회찬詩經匯纂』『춘추회찬春秋匯纂』 등을 편찬하고 또 『주자전서朱子全書』『성리정의性理精義』 등도 만드니 바른 학문이 번창하고 저서가 크게 구비되었다. (…) 어찌 널리 상세히 전하지 않을 수 있겠는가!"[8]

경서에 대한 건륭제 본인의 고증 수준 역시 만만치 않았다. 구체적인 고증 활동에 친히 참여하는 것은 물론 수시로 문신들과 학문에 대한 토론을 반복했다. 악례樂禮에 대한 탐구도 그 일례였다. 악례는 경서 중에서도 상당히 복잡한 학문으로, 고도로 전문화된 악리樂理와 예의규범을 두루 섭렵해야 하기 때문에 지금껏 경술經術을 익히고 연구하는 데 고충이 따랐다. 건륭제는 공교롭게 이 방면에 자주 의견을 제시해 범상치 않은

---

* 강희제 때 황명으로 편찬된 『주역절중周易折中』『상서회찬尙書匯纂』『시경회찬詩經匯纂』『춘추회찬春秋匯纂』 등을 가리킨다.

그의 경학 수준을 드러냈다. 이를테면 궁정 제사의 음악 설계에 대해서 스스로 다음과 같이 말했다.

"짐이 친히 제정하노니, 악기를 만들고 음을 이루고 궁조宮調를 맞춰, 소리의 높고 낮음, 리듬의 길고 짧음을 나누고 잘라 가지런히 늘어놓았다. 합치되면 옛것을 따랐고, 합치되지 않으면 그 가사를 바꾸고 가락을 바꾸었다. 어떤 것은 군신들이 저술했고 어떤 것은 내가 공무 보는 틈틈이 직접 지었다. 필히 내용과 이치의 근원을 따지고 제작의 근본을 강구해야 했다. 그런 연후에야 종묘 사당에서 연주하는 것과 황실 연회에서 연주되는 것의 음률이 각각 마땅한 바를 얻게 된다. 노래와 연주는 순서가 뒤섞이지 않아 팔음이 조화를 이룰 수 있고 서로 침범하지 않는다. 이에 차례를 정하고 책으로 만들어 영원히 전해지게 하리라. 또 전대의 삼분손익법三分損益法의 다른 점을 헤아려 「악기고樂器考」「악제고樂制考」「악장고樂章考」「도량권형고度量權衡考」를 짓고 음률의 체계를 갖추었다. 다시 상세히 밝혀 『악문樂問』 35편을 지어 그 취지를 분명히 밝혔다."[9]

다시 말해 만주족 황제의 문화적 수양이 한족의 대학자에 뒤지지 않게 됐을 때, '야만 오랑캐蠻夷'가 예의를 갖는 것은 자연히 합법화됐다. 명말 청초에 잔존해온 이하관夷夏觀 및 그와 관련 있는 '문과 질의 구분'은 청 제왕이 예악을 성대히 일으키는 일련의 활동과 대비되면서 자연히 빛을 잃어갔다. 애초에 사인들이 문화적인 교양을 지키려는 이유는 "예禮란 사람만이 편안하게 여기는 것으로, 짐승은 이에 대해 무지몽매한데, 북방 오랑캐도 이를 알지 못하여 그것을 없애려고 했기" 때문이었다. 그러나 한 가지 예외가 있다. "예를 안다면 북방 오랑캐라도 들어올 수 있다"는 점이다. 기존의 논리에 따르면 "예가 사라지고 재앙이 오랑캐에게서 생겨났다." 그래서 '예'의 숭상은 곧 오랑캐를 내쫓는 가장 좋은 조건이 됐으니, "오랑캐의 재앙을 막고자 한다면 예보다 다급한 것이 없었다."[10] 그런데 이제 청나라 황제의 '예'를 숭상하고 익숙한 정도가 극에 달하자, 실로 '예'에 대한 사림들의 해석 독점권은 이미 박탈되기 시작했고 오랑캐는 예의와 관련된 일에 참여할 수 없다는 계율이 자연스레 무너졌다. 탕빈은 "스스로 학문이 미숙하고 얕아 황제의 높고 깊은 학식을 보필할 수 없는 것이 부끄러워 조석으로 힘을 다하여 황제의 기대를 저버리지 않기를 바랄 뿐이다"라고 했다.[11] 바로 마음속으로 철저하게 신하임을 승복한 것이었다. "중국은 오랑캐에 대해, 그들을 협박해도 불충이라 하지 않고 그들을 이용해도 불의라고 하지 않고 몰아대며 멸시해도 어질지 않다고 하지 않으니 오랑캐는 금수와 진배없다"[12]와 같은 격한 말은 청초에 갈수록 입지가 좁아졌고 점차 시대 요구에 맞지 않게 됐다.

"문보다 질": 새로운 해석

청초의 역사 환경에서 '문질文質'의 차이를 언급할 때, 왕조 교체기에 사림이 겪은 이루 다 말할 수 없는 참담한 심리적 상처와 떼어놓을 수 없다. 왜냐하면 왕조 교체기의 경험이, 당시 예악 교화의 교육을 받은 사인의 인식과 감성을 넘어섰기 때문이다. 여러 가지 복잡한 경험은 단기간에 서로 충돌하고 분열할 수가 있다. 예를 들면 대부분의 사림은 명 왕조의 빠른 패망 및 북방의 '만이蠻夷'가 단기간에 강남이라는 문명의 땅을 평정했다는 사실을 도무지 이해할 수 없었다. '문文'에서 '질質'로의 상황 변화는 명말 사림의 특수한 활동 방식의 내재적 결함, 즉 공담空談, 붕당朋黨,

경쟁적인 사치 등이 초래한 것이라고 생각했다. '강한 힘'이나 '무력'과 같은 야만의 행위는 명말 사림 엘리트들이 가장 갖추지 못한 것이었지만 표면적으로는 북방인이 승리를 거둘 수 있었던 결정적인 기질이 됐기 때문에, 애초에 '문'의 수식을 받아야 했던 '질'은 이로 인해 갑자기 폭넓게 추앙받았다. 심지어 '남-북' 관념에서 생긴 남방 문화에 대한 자신감마저 흔들리게 됐다. 청초의 당견唐甄은 이렇게 감탄했다.

"나는 오중吳中(지금의 장쑤 성 남부와 저장 성 북부)에서 30년을 살았는데 현인을 한 번도 만나지 못했다. 오는 천하 제일 지역으로, 도서의 집결지이고 명사의 배출지여서, 각지의 사대부들이 찾아오는 곳이다. 보고 배울 것이 많고, 사대부 중에도 뛰어난 인재가 많은데 어찌 현인이 없겠는가? 현인을 만나지 못한 것은 내가 영민하지 못해서이지 현인이 없어서가 아니다. 이러니 오 땅에 현인이 있다 해도 만나지 못한 것이다."[13]

황종희의 비판은 더욱 침통했다. "풍속이 퇴폐하기로는 저장 지역이 특히 심하다. 대체로 부드러운 자태와 아첨하는 달콤한 말을 좋아하고, 시비곡직을 따지지 않으니 충의와 절개의 소중함도 모른다. 만력 이래 배척과 비방이 난무했고, 군자를 죽인 자 중에도 저장 출신이 많았다. 이런 풍조는 송 이후 지금까지 답습되어 풍속이 됐다."[14]

여기에 상응하여 도가식의 소박한 생활 방식에 대한 동경도 자주 언급되고 추앙받았다. 위례魏禮(1628~1693)는 다음과 같이 말했다. "천하가 소박함을 멀리한 지 오래됐다. 소박함이란 사람의 근본이고 만물의 뿌리이며, 세상을 다스리는 근원이다." 그는 "치세治世에는 반드시 소박함으로 되돌아가고, 난세亂世에는 반드시 화려한 언변과 번지르르한 언행이 나쁜 기운을 키워낸다"[15]고 했다. 명의 멸망은 '질박'이 아닌 '화려하고 사치스러운' 세태와 직접적으로 관련이 있다는 인상을 주었다. 적지 않은 강남의 사인들이 북방의 생활 방식에 대해서 인정하기 시작했다. 고염무는 후세 사람들에게 이런 평가를 받았다. "남쪽 출신이지만 북방에 살기를 좋아했다. 그는 자신이 태생적으로 배를 못타고 쌀을 먹지 못하며, 밀가루 음식과 말 타기는 좋아한다고 사람들에게 말해왔다." 그리고 "그의 본적은 강남이지만 생김새를 보면 오吳 지역 사람과 달라서 마을 사람들이 좋아하지는 않았다. 그리고 그 역시 사치스러운 습관을 매우 싫어했다"[16]라고 말하는 사람도 있었다. 명말의 굴욕적인 패배에 대한 반성을 통해서 '질박'은 자연스럽게 합법적인 지위를 얻게 됐다. 청초 황제들의 언론 유도에 의해서 '질박'을 중시하는 경향은 강화됐다. 강희제는 남방 순행 때 쑤저우蘇州의 후추산虎丘山에 올라 사방을 돌아보았는데, 강남의 번화한 경관을 보며 이렇게 감탄했다. "후추산 자락에서 내려다보니 전답과 삼림이 잘 꾸며놓은 비단과 같고, 쑤저우 백성은 술집과 찻집을 차려 생업을 꾸리고 악기 소리도 경쟁하듯 들려오니 태평성대의 풍경을 보는 것 같다. 그러나 사치만을 추구하여 근본을 모르는 것은, 동북 지역의 질박한 풍속만 못하다."[17] 존엄한 제왕의 신분으로 남긴 이 평가에 강남 사인들은 감동하지 않을 수 없었다.

한편 명말 유민이 '질박'을 견지하기 위해서는 '예禮'의 수식과 꾸밈이 여전히 필요했다. 당시 미담으로 알려진 노자의 질박에 대해서 의문의 목소리들이 있었다. "박樸이라는 것은 나무가 잘렸으되 아직 다듬어지지 않은 상태를 말한다. 이미 잘렸으니 그 생리적 수명은 끊겼고, 아직 다듬어지지 않았으니 목재로 쓸 수도 없다. 따라서 박은 결국은 쓸모없는 것이다." 여기서 나무를 '박'에 비유한 것처럼 '박'을 사람에 비유하자면,

"오로지 배가 고프면 음식을 구해서 먹고, 추워지면 옷을 만들어 입는 것만이 절실하고 유용한" 상태다. 왕부지는 이러한 작태를 "아직 죽지 않은 육신으로 죽음을 기다리는 것이니, 그렇게 치면 천하에 이런 사람이 얼마나 많겠는가!"라면서 비웃었다. 따라서 '질박'은 유용하게 변해야 한다. "타고난 자연스런 꾸밈을 보존하고 거기에 수식을 더하여 유용하게 되면, 그것이 예禮다."[18] 여기서 '예'는 복잡하게 꾸민 번잡한 황실의 절차가 아니라 간소한 생활 규범이다. 이렇게 된다면 '질박'과 '문명'의 관계를 새롭게 해석하고 인식할 수 있다. 이것이 바로 장이상, 위희와 같은 명말 사인들이 만주족에 의해 오염된 '잔산잉수'의 심리를 회복하려 할 때, 향촌의 예의질서를 유지하고 운용하려고 노력한 이유이기도 하다. '검소함을 추구하고 사치를 멀리하는' 것은 향촌의 각종 규정의 핵심 내용이 될 수 있었다. 원저우溫州의 향신鄕紳인 왕흠예는 일상의 식습관에서도 사치를 억제하여 이렇게 말했다. "우리는 옛날 사마광 가문에서 손님을 대접할 때, 과일은 배와 밤뿐이고, 반찬은 육포와 야채뿐이어서 고풍스러운 정취가 있었던 것을 숭상한다.* 그러나 오늘날 소박함으로 완전히 돌아가기란 참으로 어렵다. 손님과 주인 여섯 명이 서로 무릎을 맞대고 앉을 만큼 작은 방에 둘러앉아 네 가지 과일에 열 가지 야채절임, 안주 네다섯 가지 외에는 편한 대로 호박과 버섯 등 잡다한 찬거리를 갖추는데, 이는 진솔한 풍격을 잃지 않도록 힘쓴 것이다."[19] 왕흠예가 절약을 '고상한 도雅道'로 여긴 것은 청초 사림의 분명한 의식 변화였다. 그들의 행동에는 소박한 생활습관과 예의의 회복이라는 문제를 어떻게 조화시킬 것

---

* 이런 가풍은 사마광의 「훈검시강訓儉示康」에 명시되어 있다.

인지가 함축되어 있다. 왜냐하면 소박하고 누추한 행위는 명말의 경박하고 화려한 문풍에 대한 해독제였고, 또한 명말 사치스러운 일상생활에 대한 반발이었기 때문이다. 그러나 '질'에 대한 과도한 긍정은 만주족의 야만스러운 풍속을 인정하는 것이었고, 이는 송 이래의 이하지변을 위반할 위험성을 안고 있었다.

이 때문에 '예치禮治'의 재건으로 '문질' 관계를 조화시키는 것은 당시 사인들의 선택이 됐다. 소박한 일상생활에서 '예'의 기능을 발견하는 것은, '예'의 의미에 대한 탁상공론보다 훨씬 의미 있는 일이 될 수 있다. 이로써 향촌의 기층 사회에서 시작된 '잔산잉수' 재건작업이 왜 청초 사인들이 '예'를 유지하는 생존의 기본 수단으로 변했는지를 이해할 수 있다. 여기에 호응하듯 청초 황제가 상층의 제도적 차원에서 '예'를 회복하고 재건하려는 정치적 실천을 했고, 이는 사인이 '예치'로 '질박'의 결함을 채우려 한 사회적 실천과 딱 맞아떨어진다. 강희제는 '문질지변'에 대한 표현으로 이 균형관계를 설명했다. "제왕의 도道는 질과 문이 상호 작용하여 큰 교화를 이루어야 성현의 업적을 이룰 수 있다."[20] 심지어 고차원적인 의식 형태에 속하는 역사 서술에도 '문질' 균형의 의미를 부여했다. 강희제는 자신이 주희의 『자치통감강목』에 비평과 주석을 단 목적을 다음과 같이 말했다. "문장의 뜻을 밝힐 때는 반드시 그 정수를 뽑고, 문사文辭를 징험할 때는 반드시 심오한 뜻을 찾아야 한다. 또 의심스러운 것은 밝히고 잘못된 견해는 바로잡고, 서로 다른 내용은 정리하고 애매한 것은 명백하게 해야 한다. 그래서 본받을 바와 경계할 바가 분명히 드러나고 질과 문이 조화를 이루어 관통할 수 있어야 한다."[21]

사치 풍조에 대한 논의에서 사림과 황제의 태도는 점차 일치됐다. 왕부지가 언급했던 "소박함을 핑계로 예악을 훼손한" 그런 "어리석고 야만적인 사람"은 "초야의 젓가락 가로놓기와 술로 고수레하기를 예禮로 삼고, 호각胡筇, 피리, 큰 자바라, 독현금獨絃琴, 기루妓樓의 음란한 노래를 악樂으로 삼는다. 그리고 소설과 잡극에서 말하는 것, 떠돌이 땡중이나 요망한 무당이 꾸며낸 얘기를 정말 귀신이라고 여긴다. 귀신으로 저승을 어지럽히고, 예악으로 이승을 어지럽히니 정말이지 혐오스럽다." 훗날 강희제와 건륭제가 금지시킨 소설과 희곡 금서 목록에서 이 말의 의미를 엿볼 수 있다. 금서를 수사하는 행위 역시 이 생각의 실천과정으로 변한 것 같다. 사림의 의식과 황권의 기획이 수년간의 적응기 이후에 암묵적으로 이런 단계에까지 이르게 됐음을 엿볼 수 있다.

왕부지는 명말의 여행 풍조에 대해서도 비판했다. "빼어난 자연 풍경은 단지 유람과 즐거움을 제공할 뿐이어서, 사람들은 걸어가며 노래하고 서로 소리 지르면서* 자신이 원하는 대로 한다. 야인野人들의 솔직하고 거침없는 성정을 좇아 예악을 사라지게 하고 있다. 그래서 충효는 다 쓸모없는 군더더기가 되어버려, 일상생활에서 곡식과 돈만큼 절실하게 필요하지 않게 된 지 오래다." 하고 싶은 대로 하는 것이 충효예의로 자신을 통제하는 것보다 훨씬 쉽고 편하다. 그래서 그는 이렇게 말했다. "스스로 수양하고 성찰할 때는 귀신이 지켜보는 것처럼 엄격해야 하고, 군주와 백성 및 어버이와 친구의 구분은 예악으로 꾸며야 안정된다. 세상 사람들이 지극히 혐오하는 것은, 그야말로 명실상부하게 날것 그대로를 질박質樸이라고 여기고 제멋대로 방탕하게 행동하는 것을 고명高明함이라고 하는

---

* 저자가 인용한 문장에는 '행가구규行歌九叫'로 되어 있는데, 『선산전서船山全書』에 의거하여 '九'는 '互'로 고쳐서 번역했다.

상황이다. 사람으로서의 도리가 보존될 수 있느냐 마느냐가 여기에 달려 있다."²² 사치 풍조에 대한 이 말과 '문질' 균형에 대한 강희제의 생각은 거의 일치한다.

'문'에서 '질'로의 세태 변화에 대한 청초 유민 사인과 황제의 공통된 인식은 '예禮로 이理를 대신하는' 사림 풍조의 등장과 관련이 있다.²³ '질 박'에 대한 사인과 황제의 이해는 일치했고, '이학'에 대한 태도도 점차 같아진 흔적이 있다. 물론 사인과 황제의 출발점은 다르다. 청초 사림 중 일부는 이학의 참뜻을 회복하여 양명학의 공소함을 고치려 했다. 강희제 같은 황제는 이학을 널리 드높여 자신의 '야만' 기질을 제거함으로써, 한 족 통치의 합법성을 얻고자 했다. 건륭 연간의 '반이학反理學' 풍조는 주 로 황제가 주동한 것으로, 그 목적은 '예로 통제한다'는 것의 기원에 대 한 진일보한 고증을 통해서 기존의 통치 방식을 강화하는 것이었다. 이것 은 유민들이 예치질서를 재건하여 '잔산잉수'를 복원하려던 것과 부합 한다.

강희제가 한 말 가운데 핵심은 '예'를 어떻게 더하고 빼서 시대 변화에 적용할 것인가였다. 그는 이렇게 말했다. "제왕이 옛것을 배워서 다스릴 때는 그 뜻을 따라야지 그 흔적에 빠져버리면 안 된다. 공자께서는 '은殷 은 하夏의 예를 이어받았으니 빼고 더한 것을 알 수 있고, 주周는 은殷의 예를 이어받았으니 빼고 더한 것을 알 수 있다'*고 하셨다. 빼고 더한다 는 것은 시기에 따라 적절하게 적용함을 말한다."²⁴ 사실 이 말은 청초에 융통성을 발휘해 예악을 흥성시킨 행위에 대한 해석이었다. 동시에 예악

---

* 이 표현은 『논어』 「위정爲政」 제23장에 보인다.

의 빼고 더함을 헤아리는 것 역시 청초 유민이 '잔산잉수'를 회복하려는
행동과 일치하는 것이었다.

2절
청 황제는 강남 풍조의 변화에
어떻게 대응했는가

'질'에 대한 전면적인 긍정: 일종의 통치술

청초 황제는 '문질'에 대한 생각을 통치술의 틀 안에서 고려했다. 강희제는 "내가 평생 배운 것들은 세상을 다스리기 위한 것이지 서생처럼 쉽게 탁상공론하기 위한 것이 아니다"[25]라고 말했다. 일상생활의 구체적인 면을 보면, 강희제는 '문'에서 '질'로 되돌아가려 노력했다. 그의 저작 중에 「농상론農桑論」이 있는데, 이 글에서 이렇게 말했다. "내가 일찍이 몸소 여러 차례 실행하여 나라 농사의 본보기를 보였다. 그래서 실질과 근검을 숭상하라는 명령을 내려 담당 관리들을 감독하는 데 유독 주의를 기울였다." "작은 영토 안에서 농사짓는 사람들이 들판에서 서로 어깨를 나란히 하여 일하고 베틀 돌리는 소리가 마을 안에 들리는, 고대의 순박한 분위기"를 만들 수 있기를 희망했다. 하지만 "말단을 추구하는 자는 그만두지 않고 비단에 수를 놓듯 온갖 멋을 낸 문장이 날로 성행했다." 그래서 "한밤중에도 통치를 생각하느라 고민한다. (⋯) 천하 백성이 모두 농사를 귀하게 여기고 옷감 짜는 일을 중히 여기며, 근검하고 사치를 경계하여 효제孝悌에 힘쓴다면, 덕으로 백성을 이끌고 교화로 바로잡고 예로 하나 되게 하며 음악으로 조화롭게 할 수 있다. 그렇게 되면 가가호호家家 戶戶 모두 책봉을 받을 정도로 미풍양속이 자리를 잡아 세상 사람들이 인 덕仁德을 지니고 장수할 수 있게 될 것이다."[26]

그는 또 "본조本朝의 가법이 근검절약을 숭상하니, 궁정의 고용인이 역 대 왕조의 100분의 1밖에 안 된다"[27]고 했다. 『자치통감강목』의 또 다른 비주批注에서 강희제는 일상의 식습관에 대한 생각을 드러냈다. "군주는 세상을 가진 자이니, 각지의 귀한 음식으로 온갖 진귀한 맛을 다 누릴 수 있다. 원한다면 무엇이든 얻을 수 있다. 단지 백성이 그런 것들을 구해 다 바칠 수고를 생각하여 참는 것이다. (…) 게다가 건강에는 음식 조절이 핵심이므로, 나는 즉위 이래로 음식은 모두 평범한 것들로 하고 진수성 찬을 늘어놓거나 사치를 떠받든 적이 없다. 따라서 일상의 식사를 검소하 게 하고 적당한 정도에서 멈추니 섭생의 방법을 알게 됐다. 입과 배가 원 하는 대로 먹는다면 유익한 것은 없고 해로움만 있다."[28] '사치'와 '검소' 에 대한 강희의 인식과 태도는 사인들과 완전히 일치한다. 다만 통치술 운용을 고려한 황제의 말이라는 특징이 있을 뿐이다. 이런 말들은 '문질' 의 시각에서 자리매김해도 무방하다.

'문'에서 '질'로의 회귀는 청초의 주류 사상이 됐다. 사림에게는 명말 쇠망에 대한 일종의 반성이고, 황제에게는 한족 문화에 의해 타락하는 것을 방지하는 일종의 정당방위다. 이 두 행위의 출발점은 완연히 다르지 만, 특수한 경우에는 하나로 합쳐져서 미묘한 상호 작용을 일으켰다. 구 체적으로 '질'에 대한 이해를 보면, 청초 황제는 '강남'의 사치와 문화적 우월성이라는 두 가지 그림자에서 심리적으로 시종 벗어나기 어려워 보였다. '강남'은 시詩와 문文의 발원지일 뿐 아니라, 모든 사치 풍조의 집결지이고 황종희가 말한 '정교하고 섬세한 문화'의 발상지다. 강희제와 건륭제가 강남을 순행할 때 공포한 여러 가지 의도 중에 '풍속을 살핀다觀風'는 것이 가장 중요한 목적이었다. '풍속을 살핀다'는 것에는 '문-질'이 서로 얽혀 있는 심리적 긴장도 포함된다. 한편으로는 강남의 화려한 문풍을 흠모하여 다음과 같이 감탄했다. "더욱 여가를 즐기며 문장을 찾아보니, 수려한 강산에 참신한 표현이 나오네更欣餘事尋文翰, 秀麗山河發藻新."[29] 또 다른 한편으로는 머뭇거림의 심경을 드러내기도 했다. "풍속을 살피는 것은 옛 법도를 본받은 것이지만, 산수풍광의 아름다움은 새롭기만 하네觀風問俗式舊典, 湖光嵐色資新探."[30] 왜냐하면 황제에게 '강남'은 원래 사상적으로 위험한 지역이었기 때문이다. 명나라가 망하고 몇 년 후에, 강남 문인들도 명말의 가볍고 경박한 풍조를 매우 싫어하면서도 '문'에서 '질'로의 변화에 대해서 의구심을 표현했고, 이민족의 남침이 낳은 나쁜 결과라고 생각했다. 그래서 강남 풍조에 대한 건륭제의 기본적인 판단은 다음과 같았다. "장쑤江蘇와 저장浙江은 수도에서 멀리 떨어져 있는데, 이 지역의 백성은 학식이 있으면서 약삭빠르다. 학식이 있으니 예의를 알아서 좋은 방향으로 이끌면 세상 사람들을 좋은 방향으로 이끌 수 있다. 약삭빠르니 심지心志를 굳게 지키는 일이 드물어서 나쁜 일에 빠지게 되면 역시 세상 사람들을 나쁜 방향으로 이끌 수 있다."[31] '강남'에 대한 이중적인 평가는 이렇듯 말에서도 충분히 드러난다.

'질'로 '문'을 억제하는 것은 '문체 정리'를 통해서 표현됐다. 건륭제가 보기에, 사인들의 글쓰기는 '문이재도文以載道(문장에는 도가 담겨 있어야 한다)'의 책임이 있고, "정치와도 통해야" 하는 것이었다. 그는 양한兩漢의 순박함을 칭찬했는데, 그 당시 사인이 훈련받은 경술經術은 "사리事理를 들어 실정實情에 비유하니 실질을 밝게 드러냈다." 반면 위진魏晉 때는 "문으로 질을 소멸시켜서 점차로 부화해졌다. 육조六朝에는 더욱 심해져서 겉모습이 정교해질수록 뜻은 비루해져서, 문장의 기운이 닫혀 비천하지 않은 것이 드물었다." 건륭이 학자들에게 요구한 것은 "수사修辭는 진실 되게 하고 말은 표현 대상에 적합하게 하는 것"이었다. 그는 우수한 문장의 기준을 다음과 같이 정했다. "안에 담긴 이理에 있어서 베, 비단, 콩, 조의 이理가 있다면, 이에 상응하여 겉으로 드러난 문文 역시 반드시 베, 비단, 콩, 조의 문文이어야만, 오래도록 세상에 전해질 수 있는 것이다. 만약 문장과 말을 화려하게 꾸미고 다듬어서 한 시대에 반짝 빛을 발한다면, 이는 흙을 뭉치고 자른 나무를 세운 뒤 단사丹砂와 백연분白鉛粉을 칠해 기물器物을 만드는 것과 같아서 겉모습은 볼 만하지만 오래 지나지 않아서 칠이 벗겨질 것이니 어찌 귀중하다 하겠는가?"[32] 재미있는 것은 좋은 글의 기준을 양질의 '베, 비단, 콩, 조'를 생산하는 것에 빗대고, 나쁜 글은 그릇 표면에 조악한 도료를 칠하여 금세 벗겨지는 것에 비유한 것이다. 이는 '질'이 '문'보다 우선해야 한다는 요구를 명확하게 보여준다.

소박한 생활을 추구하는 풍조와 명말의 사치스러움을 싫어하는 풍조는 점차 시비를 판단하는 거울의 양면이 됐고, 사림의 공통된 인식이 됐다. 청초 황제는 '질박'과 '야만' 관계에 대한 강남 사림의 상상을 깨뜨리고자 했다. 그러기 위해서는 반드시 자신을 강남 출신으로 상정하여 강남의 문화적 맥락 속에서 같이 향유할 수 있는 사상적 근거를 찾아내야만 했다. 강희제가 공격한 방법은 '이학'으로 '양명학'을 타도하는 것이다. 이는 공교롭게도 강남 사림이 '남송-명말'을 대응시키는 사고방식과

일치한다. 하지만 정주程朱 사상으로 사치 풍조에 대항하는 것에서 드러
난 것은 '야만-중국' 및 '문질지변'이 결합한 실마리가 아니라 강남 사림
이 '정주程朱-육왕陸王(나중에 정주-양명陽明으로 바뀜)'을 구별하는 표현 형
식이었다. 강희제는 이 실마리를 잡으면 강남 사림 집단의 명맥을 장악하
여 강남의 언어로 강남의 풍조를 바꿀 수 있다고 생각했다. 비교적 추상
적인 학술적 측면 이외에, 강남의 사치 풍조에 대한 반복적인 질책에서
강희제가 근거로 삼은 것은 주자학의 언어였다. 강희 28년(1689) 2월 16일
의 성지를 보면 다음과 같다.

"내가 강남을 순행할 때 (…) 여러 신하를 몸소 이끌고 능묘에 제사를
지냈다. 사당의 전각이 무너지고 제기祭器도 모자라고 제사 인력도 부족
한 것을 보고 쓸쓸한 마음에 탄식이 더해졌다. 어리석은 백성은 사신邪神
을 위한 제사만 중시하여 저민 고기를 올리고 향을 피운 뒤에 뭐가 있을
까 무서워서 달아날 뿐, 정작 마땅히 제사지내야 하는 신을 가볍게 여기
는 일이 많으니 내가 심히 개탄스러웠다."[33]

강희제는 이런 일이 생긴 것이 주희의 예법이 무너진 결과라고 생각했
다. "『주자가례』를 보면 상례喪禮는 불교 방식을 따르지 않는다고 했다. 그
러나 지금 민간에서 상을 치를 때 승려나 도사道士들을 모아놓고 망자亡者
를 제도濟度하거나 연도煉度하게 하는 것이 이치에 맞는 일인가?"[34] 강남
의 사치 풍조를 경계하는 심리는 강희제의 수년간 언행에 일관되게 나타
난다. 강희 23년(1684) 남순南巡하여 강녕江寧(난징의 옛 이름)에 도착했을
때 "천자의 얼굴은 매우 편안했고, 군민軍民 수십만 명이 양쪽 강가에서
향을 들고 만세를 외쳤는데 그 행렬이 칠리주七里洲까지 이어졌다. 문무대
신들과 지역의 향신들이 모두 공복公服을 입고 연자기燕子磯까지 가는 것

을 무릎 꿇고 배웅했다." 당시의 기록에는 "참으로 1000년에 한 번도 보지 못한 후한 대우"[35]라고 했다. 이런 정성스런 대접을 받았는데도 강희제를 실은 배는 하관下關을 지나자마자 바로 신임 총독 탕빈湯斌이 있는 곳에 정박하고 이렇게 명을 내렸다. "강남은 세수稅收가 많은 지역이라고 들었다. 오늘 백성의 풍속과 거리와 마을과 시장을 보니 풍요롭게 느껴졌다. 그러나 향촌의 풍요와 민심의 소박함은 북방보다 못하다. 이는 모두 사치때문이다. 그대들은 크고 작은 책임을 맡고 있는 관리이니, 당연히 스스로는 청렴하고 백성을 아껴야 하며 공정함과 법을 수호하고 부정을 물리치고 청렴을 지켜서 백성의 속마음을 잘 살펴야 한다. 근본과 실질에 힘써서 가가호호 부족함이 없도록 하여 노인과 어린아이가 편안한, 내가 바라는 사회를 만들도록 도와야 한다."[36] 탕빈 등이 무릎 꿇고 올린 상소에서 강남의 민풍을 공격한 것은 물론 황제의 비위를 맞추려 한 것이다. "강남의 사치 풍조와 각박한 인심은 황제께서 하신 말씀과 같습니다." 그들은 여기서 더 나아가 강남을 다스리는 사명을 분명하게 했다. "부화함을 제거하고 실질을 숭상하게 한다. 아울러 백성에게 두루 잘 이끌어, 산간벽촌 사람들 중 사인士人은 예의를 충실히 따르게 하고 백성은 순박함을 숭상하게끔 한다면, 위를 우러러 황상皇上께서 재삼 당부하신 도덕에 의한 교화의 지극한 뜻에 부합할 수 있을 것이다."[37]

분명한 사실은 강희, 옹정제부터 건륭제까지 역대 황제들은 강남의 사치문화에 대해 시종일관 초조하게 감시하며 그 감시의 끈을 조금도 늦추지 않았다는 것이다. 그러나 강희제는 여전히 소박함의 정도에 따라 행정 지역을 나누려는 생각을 갖고 있었다. 그는 강남 도시의 번영이 주변 지역의 빈곤과 선명한 대비를 이룬다고 여겼다. 강남 주변 지역은 오히려 북방 지역보다 부유하지 못했는데, 이는 바로 부가 강남 도시에 집중되면서 일어난 결과였다. 강희제는 이 두 지역 간의 균형을 맞추기 위해 방법을 생각해내야만 했다. 탕빈 등의 지방관들은 황제의 이런 마음을 잘 이해하고 있었다. 강희제는 강녕江寧, 쑤저우蘇州, 안칭安慶에 비석을 세워 "큰 글자로 깊이 새기니 길이 남으리大書深刊, 以垂永久"라는 성지를 새기게 했다. 탕빈은 특별히 쑤저우 서문胥門 밖에서 땅을 고르며, 이곳은 "운하運河 근처라 땅이 넓고 평평하며 여러 산에 둘러싸여 맑은 물이 맴돌아 흐른다. 멀리 타이후太湖 호와 통하고 사람들이 모여들어 저장, 푸젠 지역과 왕래하는 요충지다. 그래서 관리나 상인의 선박이 줄지어 들어온다"라고 했다.[38] 이 문장을 통해 탕빈이 얼마나 성심성의껏 황제의 의도를 실천했는지를 알 수 있다.

일은 여기서 끝나지 않았다. 강희 25년(1686)에 탕빈이 도성으로 올라가 황제를 뵈었더니 강희제는 장쑤의 풍속이 어떠한지 다시 물었다. 이에 탕빈은 다음과 같이 대답했다. "일전에 신이 폐하의 성지를 받들었을 때, 폐하께서는 쑤저우의 풍속이 사치스럽고 화려하니 풍속을 바꾸는 일을 우선으로 하라고 말씀하셨습니다. 폐하께서 직접 순수하시며 근본을 도탑게 하시고 사실을 숭상하게 하니 풍속이 순박해졌고 만백성 중에 감동하지 않은 이가 없었습니다. 신이 폐하의 덕의德義를 받들어 아침저녁으로 경계하니 풍속 또한 점차 바뀌고 있습니다."[39] 탕빈은 집으로 보낸 편지에도 다음과 같이 적었다. "황제께서 강남의 풍속, 통치, 대소 관리, 향신鄉紳의 현달 여부 및 하천 사업이 마땅한지에 대해 물으셨다."[40] 상술한 내용을 통해 그가 황제를 만났을 때, 그의 인상 속에 황제가 특히 강남 풍속에 관심이 많았다는 사실이 깊이 남아 있었음을 알 수 있다.

강희제는 강남의 풍속이 사치스럽고 순박함을 숭상하지 않는다는 말을 여러 번 했는데, 이러한 생각은 의심할 여지 없이 역대 지방관들의 통치 품격에 강력한 제약을 행사했다. 이러한 생각이 형성된 것은 물론 강희제 때 시작된 것은 아니었으며 청나라가 성립된 이후부터 계속해서 쌓여왔던 총체적인 것이었다. 예를 들면 건륭제가 남쪽을 순행할 때, 당시 쑤저우 순무巡撫였던 진굉모陳宏謀(1696~1771)에게 "금창金閶은 진실로 부유한 곳이지만 소박함으로 돌아가는 것이 맞다"[41]라는 교화의 말을 했다. 또 강희제는 자신은 "춤추고 노래하는 정자와 누대 따윈 필요 없고 내가 가장 신경 쓰는 것은 민정民情이다"[42]라고 했다. 그러나 이러한 생각을 계속 반복해서 말하는 이면에는 강남 사회를 바꾸기 어렵다는 확고한 인식이 자리 잡고 있었다. 이러한 확고한 인식은 황제들의 머릿속에 통치 기술이 잘못된 것이 아닌가 하는 의구심을 갖게 했고, 이는 지방관들에게 매우 큰 압박이 됐다. 이런 심리적 압박은 탕빈의 행위를 통해서도 확인할 수 있다. 강희제는 탕빈에게 여러 번 강남 풍속이 나쁘다는 것에 대해 말했지만 단지 자신이 받은 인상만을 이야기했을 뿐, 구체적인 해결방법을 제시하지는 못했다. 어떻게 황제의 마음을 읽고 어떻게 구체적인 행동을 할 것인가 하는 문제는 탕빈에게 매우 큰 골칫거리였다. 탕빈은 강희제에게 있어 강남 풍속 정화 계획상 가장 중요한 인물이었기 때문에 우리는 그의 인생에 대해 자세히 분석해볼 필요가 있다.

'같음 속에 다름이 있다同中有異': 탕빈과 강희제가 본 강남 풍속과 그 통치

탕빈은 강희제의 관리 중에 좀 미묘한 신분을 지니고 있었다. 그는 출세하기 전에는 북방의 유민遺民이자 유학의 대가였던 손기봉孫奇逢(1584~1675)의 제자였다. 명나라 유민 출신으로서 손기봉은 청나라 조정의 초빙을 여러 번 거절했고 특히 '출사와 은거出處'의 지조를 매우 중시했다. 손기봉은 힘써 행하고 공을 이루는 실천적 학문을 강조했고 북방 경세파經世派의 일원이었다. 탕빈은 손기봉의 지조를 다음과 같이 칭찬했다. 명말에 "환관이 발호하는 상황이 되자, 사인들은 붕당으로 인한 화를 입게 됐다. 그러자 평소 교유를 잘했던 사람들이 모두 문을 닫아걸고 출입의 흔적을 지우면서 감히 한 마디 말도 하지 못했다. 그러나 선생은 홀로 맹수처럼 사납기 그지없는 환관들을 피하지 않고 그런 상황을 고치려 힘썼다." 특히 청초 초빙에 응하지 않은 손기봉의 행동에 대해 칭찬의 말을 아끼지 않았다. "초빙의 문서가 해마다 내려왔지만 그 문서를 버려두고 여러 번 산으로 도망가 조정에서 좨주祭酒 자리를 비워놓고 기다리는 상황이 됐으니 선생이 은거하는 명성이 더욱 높아졌습니다." 아울러 그의 지조에 대해 "호연지기는 백 번 꺾어도 꺾이질 않았다"[43]고 감탄했다. 또한 탕빈은 유종주劉宗周를 평가하며 다음과 같이 칭찬했다. "왕조 교체 시기를 만나, 가묘家廟에 절을 올리고 떠나서는 인적 드문 산에서 곡식을 끊고 살았다. 거기서 그는 유유자적 꿋꿋하게 신념을 지키고 살면서, 죽음을 매일 하는 식사처럼 아무렇지도 않게 여겼다. 그는 문도門徒들에게 '가슴속에 어느 일한 가지도 담아 두질 않고, 공활空豁하게 천지와 함께 흐른다'라고 말했다. 세밀한 것까지 두루 살펴 본성을 통달하는 학문이 이러한 경지에 이르러 비로소 귀착할 곳을 얻었다."[44] 탕빈은 젊은 시절 주위 스승과 친구들의 영향을 받아 유민의 입장에 서 있었다.

탕빈은 일찍이 관직을 그만두고 고향으로 돌아와 은거 생활을 했다.

"매일 초가집에 누워 지내니, 교유하며 안부를 묻는 사람도 적었다." 그는 친구에게 다음과 같이 화답하기도 했다. "기울어진 대나무 몇 줄기, 소나무 그림자 길을 덮었는데, 저녁까지 시를 논하니 노랫소리 쓸쓸히 숲을 흔든다." 그리고 심지어 "현달한 사람들과 노니는 것이 부끄럽다"고까지 여겼다. "가끔 관리들의 사치와 밭, 집, 재물에 대한 이야기가 나오면 고개를 들어 구름과 노을을 바라보며 하찮게 여겼다. 아! 지금 세상에서 현달한 사람들은 모두 노랫소리에 자신을 의지하고, 득의했다고 자랑하지만 마음속은 악착같아서 종종 반 무畝의 밭이나 집의 서까래 몇 개를 두고도 싸움을 멈추지 않는다"[45]라고 하며 자신은 "침대는 망가졌고 이불은 낡았으며 몇 개의 서까래로 비바람도 피할 수 없는"[46] 상황이라고 했다.

그가 교유한 문인들 중에서 적지 않은 이들이 유민의 신분임을 잊지 않은 채 살았는데, 예를 들면 황종희에 대해 탕빈은 다음과 같이 칭찬했다. "실무와 문장이 모두 뛰어나니 진실로 유림의 큰 바다이자 우리의 태두이시다."[47] 또한 청초 유민 단체였던 역당易堂*에 대해서도 많은 관심을 기울였고 심지어는 직접 찾아가 만나지 못한 것을 매우 후회하기도 했다. 그는 역당에서 공부하는 것을 "진실로 천추千秋의 성대한 일이니 부럽구나!"[48]라고 하며 "나는 당시 그들의 성명姓名은 대충 알고 있었지만 자세히는 알지 못했다. 지금 그들의 저서를 읽으니 그 사람됨을 보고 싶다. 지

---

* 당초 장시江西 성 영도寧都의 위조봉魏兆鳳(1597~1654)이 세운 서당으로, 이후 그의 세 아들 위상魏祥(1620~1672, 이후 제서際瑞로 개명), 위희, 위례를 중심으로 명나라 유신을 자처하는 학자들이 모여 실용적인 학풍을 추구했다. 특히 위상, 위희, 위례, 구유병丘維屛(1614~1679), 이등교李騰蛟, 팽임彭任, 증찬曾燦, 팽사망彭士望(1610~1683), 임시익林時益(1618~1678)으로 구성된 9명이 주축을 이루었기에 이들을 일러 역당구자易堂九子라고 부르기도 한다.

금 그때를 손으로 꼽아보니 이미 20년이 지났구나. 강산도 변하고 시간도 흘러가버려 크게 탄식할 뿐이로다"[49]라고 했다.

탕빈은 강희 17년(1678)에 갑자기 박학홍유과博學鴻儒科에 응시하며 하산했다. 그는 자신이 은거하다가 다시 나온 것이 마치 '나아가고 물러남'의 지조를 저버리는 일인 것 같아 다음과 같이 해명했다. "그러나 현자들의 나아가고 물러남은 세상의 도, 하늘의 도움, 나라와 관련되니 물러나고자 하나 안 될 때도 있습니다." 또한 산을 내려온 가장 강력한 이유는 다음에 있었다. "의로움으로 논하자면, 높은 산에 몸을 두고 있다가 뜻을 꺾고 관직의 책임을 맡으니, 근본이 되는 원칙과 때에 따른 처리를 함께 시행하고 사용하면서, 줄곧 지역을 지키고 백성을 구제하는 일을 염두에 두었습니다. 옛 군자들은 이러한 지경에 처하면 모두 말할 수 없는 고충이 있었습니다. 일이 위험한 지경을 벗어나게 되면 사람들은 모두 그 군자의 깊은 마음과 큰 힘이 한때의 어려움을 구제할 수 있었다고 탄복합니다. 명망이 무거울수록 그 큰 소임은 이러한 길로 가게 될 것입니다."[50] 이는 시국時局을 바꿀 방법이 없는 상황에서는 몸과 마음을 적당하게 둘 수 있는 곳에서부터 출발하여 백성의 삶을 유지시키는 것이 지조를 지키기 위한 높은 이상을 헛되이 말하는 것보다 더욱 실제적이며 의미가 있다는 말이다. 탕빈이 보기에 '출사'를 선택하는 것은 '물러나 은거함'을 선택하는 것보다 더 어려운 일이었다. 그 이유는 "근래에는 매번 일을 벌일 때마다 모두 천하를 위해서 고군분투한다고 말한다. 그러나 관직을 맡은 이후에 청렴하면서 속이지 않는 자는 매우 적기"[51] 때문이었다. 이에 그는 옛사람들처럼 "출사하는 것은 어렵고 물러나 은거하는 것은 쉽구나"라고 한탄했다. 그는 '출사하는' 이유를 모두 말한 뒤에 조용히 다음과 같이 말했다. "일에 어려움이 있으면 절개를 지키고 은거하며 위엄을 굽히지 않음을 숭상하는 것도 하나의 도다. 출사하는 일과 은거하는 일 이 둘은 모두 마음속의 기준일 뿐이다." 그러고는 또 다음과 같이 말했다. "출과 처에 관해서는 철저히 계산해야 한다. 하늘의 이치에 합당하고 조금의 사심도 없다면 출사하고 은거하는 것 모두 도다."[52] 탕빈이 지녔던 이런 해결하기 어려운 심리적 긴장감은 명말 청초의 유민들에게서는 찾아볼 수 없는 것이었다.

탕빈의 긴장감이 사라진 것은 아마도 탕빈이 경연강관經筵講官을 맡아 강희제와 아침저녁으로 함께하면서 생긴 경외심과 관련이 있다. 그는 「강소講疏」에서 다음과 같이 말했다. "우리 황상께서는 너무나 뛰어나시니, 나면서 스스로 하늘의 덕을 아셔서 마음을 정성스레 한결같이 하라는 옛 성왕의 가르침에 합치되셨다.* 심학의 경우 멀리로는 요임금과 순임금을 본받고 서적의 비결을 천명하셨다. 미언微言의 경우 위로는 복희伏羲를 잇고 하루 이틀 삼가 노력하여 억만 년 동안 융성할 실마리를 여셨다."[53] 심지어는 "우리 황상께서는 목소리, 몸가짐, 행동이 모두 귀감이 된다"라는 극단적인 말로써 자신의 경외심을 표현했는데, '출사한' 이유가 이러한 그의 신념에 의해 지탱되고 있었음을 알 수 있다. 명말 청초의 많은 사인은 각종 이유를 대면서 산을 내려와 관리가 됐지만, 또한 지우려 해도 지워지지 않는 유민 경력을 가지고 있었기 때문에, 명청 왕조 교체기에 그들의 마음속에는 여전히 깊은 흔적으로 남아서 관리 품격에 영향을

---

* 이는 『상서』 「대우모大禹謨」에 나오는 가르침으로, 요임금이 순임금에게, 그리고 순임금이 우임금에게 전한 "인심은 위태롭고 도심은 은미하니 오로지 정성스레 한결같으면서 중용을 지켜라人心惟危, 道心惟微, 惟精惟一, 允執厥中"라는 가르침을 가리킨다.

미칠 수밖에 없었다.

비록 탕빈은 다시 나와서 관리가 됐지만, 우리는 탕빈의 언행을 통해 손기봉의 영향을 엿볼 수 있다. 강남 순무를 수행할 때 탕빈은 학생들과 문답했는데, 여전히 "학문은 몸으로 실천함이 마땅하고 강학은 중요하지 않다. 강학은 같거나 다른 점이 있으면 반드시 문호들이 분쟁하는 단서가 된다. 당초에 손기봉 선생은 큰 유학자였지만 초빙되어 강학을 열어본 적이 없고 뜻을 같이하는 두세 명의 사람들과 한방에서 조용히 문답했을 뿐이다"[54]라고 말했다. 황제가 경계할 점에 대해서도 여전히 "군자와 날마다 가까이하면 저절로 소인과 날마다 멀어진다. 소인과 날마다 멀어지면 가무, 여색, 재물에 대한 욕심과 토목공사를 일으키는 번거로움, 기이하고 음란한 기교의 물건들에 대해, 모두 귀와 눈이 있어도 보지 못하고 마음이 있어도 도모하지 않는다"[55]는 "임금의 뜻은 맑아야 한다君志淸明"는 이상을 가지고 있었다. 여기에서 우리는 황제가 강조했던 '질이 문보다 높다質高於文'는 말의 의미를 찾아볼 수 있다. 그는 「지학회약志學會約」을 쓸 때 여전히 검소한 생활을 우선으로 한다는 손기봉의 가르침을 인용했다. "조용히 앉아서 책을 읽을 때 우선 편안하고 배가 부를 생각을 없애야 배움을 좋아한다고 말할 수 있다. 세상 사람은 부귀를 생명처럼 여기고 가난을 원수같이 여겨 마음을 망치고 지조를 상하게 하니 단지 이 욕심과 미워함 두 가지만이 재앙이 될 뿐이다"라고 했다. 또 다음과 같이 말했다. "이러한 점을 세상 사람들은 모르고 학자들은 논하지 않는다. 그래서 평소에 학문에 뜻이 있는데, 걸핏하면 가난 때문에 괴롭고 병환 때문에 괴롭고 당파 때문에 괴롭고 떨칠 수 없는 슬픔 때문에 괴롭다고 한다. 그러나 학문은 사실 가난, 병환, 역경 등의 어려움을 만나도 쉽게 잘못되지 않는다는 것을 알지 못한다." 이에 그는 「지학회약」에서 "근래 풍속이 나빠지고 교묘한 속임수가 성행하고 있지만 우리 모임에서는 각기 근본을 도탑게 하고 사실을 높이며 힘써 옛 도리를 숭상하니, 지금의 풍속을 따르지도 않고 구차하게 비방의 말을 피하지도 않는다"[56]는 경계의 말을 했다. 우리는 이를 통해 탕빈이 관직 생활 동안 쓴 공문서 안에서 왜 풍속을 순화하라는 다급한 문장이 여러 번 출현했는지 이해할 수 있다.

탕빈이 오吳 땅을 다스린 이후, 그가 쓴 공문서에는 다음과 같은 문장이 여러 번 출현했다. "이에 삼오三吳(吳郡, 吳興, 會稽)의 풍속은 날로 나빠지고 인심은 옛날만 못하다. 서로 사치를 숭상하고 참람한 일들이 복잡하게 일어나며 소송은 더욱 많아지고 무뢰배들은 도처에 있다. 부모에게 효도하고 형제간에 우애가 있으며 예의를 지키고 사양하던 풍속은 이미 심하게 바뀌었고, 근본을 도탑게 하고 실질적인 것을 숭상하던 뜻도 사라졌다."[57] 이러한 말은 강남을 자리매김하려는 강희제의 의도와 매우 부합되며 심지어는 강희제의 강남 교화 정책에 대한 구체적 표현으로도 볼 수 있다. 그 속을 가만히 들여다보면 여전히 가난 속에 터득한 손기봉의 가르침이 희미하게 남아 있지만 더욱 깊이 생각해야 할 점은 탕빈이 평민에서 관리 신분의 지식인으로 바뀌는 과정 속에서 그가 가지고 있던 '문질' 관계에 대한 이해와 황제의 '문질'에 대한 이해가 합쳐지기 시작했다는 것이다.

그러나 문제는 그리 간단하지 않았다. 강희제와 탕빈은 '풍속' 자체, 그리고 풍속 순화에 대한 이해에서 완전히 일치된 견해를 보인 것은 아니었다. 우선 강희제가 예부에 보낸 사술邪術 금지 조서는 다음과 같다. "무위교無爲敎, 백련교白蓮敎, 문향교聞香敎 등의 사교邪敎 집단은 모임을 만들면서 밤이면 모였다가 날이 밝으면 흩어진다. 작은 모임은 재물에 욕심을 부리고 마음대로 간음하며, 큰 모임은 사람을 모아 도망가며 법도에서 벗어나는 일을 도모한다." 그들의 구체적 특징은 "분향한다는 핑계를 대며 깃발을 펴고 징을 울리고 남녀가 마구 섞여서 떠들며 거리를 가득 메우는데, 공공연히 마음대로 하면서 거리낌이 없다." 그들을 금지하는 이유는 다음과 같았다. "엄격하게 금지하는 법을 만들지 않으면 반드시 통치의 도가 크게 망가질 것이다. 비록 앞장선 간사한 백성은 모두 벌을 받아야 하지만, 어리석어 그물에 걸린 사람들은 불쌍히 여기지 않을 수 없다. 예부에서는 방문榜文을 크게 붙여 게시하라. 이후로 다시 사교를 따라 이전처럼 모여 분향하고 돈을 걷고 부처를 외치는 등의 일을 행한다면, 도성에 있는 오성어사五城御史 및 지방관, 도성 밖에 있는 총독總督, 순무巡撫, 안도按道, 유사有司 등의 관리가 대책을 강구하여 이들을 잡아들여 간악한 상황을 추궁하도록 하며 정해진 처벌보다 한 등급 높여 치죄하라."[58]

이 조서는 어떻게 제국의 질서를 유지할 것인가 하는 각도에서 풍속을 이해하고 있다. 탕빈은 강회江淮 일대의 신자들을 대할 때 그들이 재산을 어떻게 분배하는지에 관심을 가졌다. 이러한 "돈을 모아 분향하고 돈을 거둬 공연을 하는" 행위는 종종 "교활한 무리들이 이익을 얻는 수단이 됐고", 그들은 "원근의 사람들을 규합하여 돈을 거둬들이고 징을 울리고 깃발을 날리며 수백 명씩 무리를 이루었다." 또한 무위교, 백련교, 문향교의 신자들은 "밤에 모였다가 날이 밝으면 흩어졌다." 탕빈이 보기에 가장 중요한 문제는 이들이 치안에 나쁜 영향을 준다는 점이 아니라, 바로 "재물을 갈취하고 여색을 탐한다"는 점이었다. 심지어 이들은 지방의 갑장甲長이나 보장保長들까지 끌고 들어가 지방의 관리 구조를 파괴했으며 이뿐만

아니라 모임마다 재물을 거둬들여 그들의 재산을 탕진시켰다.[59]

우리는 탕빈의 공문서를 통해 그가 강남의 풍속을 어떻게 다스리려 했는지를 다시 살펴보고자 한다. 탕빈은 「청훼음사소請毀淫祠疏」에서 다음과 같이 말했다. "제가 보건대, 오吳 땅의 풍속은 지조를 숭상하고 문장을 중시합니다. 저잣거리의 시를 저술만큼이나 높이 평가하는데, 이는 진실로 천하에 없던 일입니다. 그러나 그 풍속이 음탕하고 사치스러워서, 교활한 자들은 이를 이용해 이익을 얻고 어리석은 자들은 그 술수에 빠져 서로 본받으니 그 끝이 없습니다. 예를 들면 아녀자들은 야외로 나와 노는 것을 좋아하여 예쁜 옷을 입고 곱게 단장하고는 줄줄이 절로 향합니다. 사람들이 절이나 도관에 떼 지어 모여서 몸을 드러내고 향불로 팔을 지지는 연비燃臂 의식을 하며, 몸을 손상시키고 음탕한 짓을 가르치기도 합니다. 모임에서 돈을 거둬들일 때는 신을 맞아들이는 공연을 하는데 깃발 하나가 수백 금에 달합니다. 종이 마작 패를 만들고 음란한 노래를 지어 천하에 유포시켜서 사람의 마음을 망칩니다. 혼례나 상례 같은 예절은 지키지 않아, 즐기면서 신령과 교감하고 채색옷을 입고 죽은 이를 보내니 인효仁孝의 뜻은 쇠해졌고 서로 돕고 믿는 풍조는 사라졌습니다. 게다가 무뢰배들은 주먹 쓰는 법만 배우고 몸에 문신을 하며 생명을 경시하고 싸우는 것만 좋아해 무력으로 상대방을 제압한다고 합니다. 이와 같은 예들은 하나하나 열거할 수 없을 정도입니다." 탕빈의 다스림으로 인해 "지금 절에는 아녀자의 흔적이 없어졌고 강가에는 음악 소리가 없어졌다. 신령을 맞이하는 모임도 끝났고 음란한 노래도 지어지지 않으며 무력으로 상대방을 제압하던 무리들도 점점 사라지고 있었다." 탕빈이 이해한 '풍속을 바로잡는다正風俗'는 의미를 다시 살펴보면, "사치스런 소비를 고쳐 조세를 충분히 거둬들이고 예약을 밝혀 소송을 줄이는 것이 진실로 오 땅의 급선무였다."[60] 그가 강조한 것은 나쁜 풍습이 재산을 소모하는 데 매우 큰 영향을 끼치므로 이를 제거해 조세에 대한 위협을 감소시키는 것이었다. 이는 강희제가 풍속을 바로잡음으로써 치안이 잘되길 바랐던 목적과는 조금 달랐다.

중대한 임무를 맡은 탕빈은 사실 마음속으로 이미 강희제가 말한 "강남의 인정이 각박하다"는 부정적 경고를 받아들였다. 그래서 그는 강남 "사인들의 풍조가 성대한 듯하지만 사실 쇠락하고 있다"[61]고 단언했다. 그러나 그는 줄곧 강남의 "인정이 각박해진" 원인이 사인들의 풍조가 쇠해진 것과 같은 협소한 문제만으로 해결될 수 없다고 여겼다. 이러한 현상은 당시 쑤저우와 쑹장松江 지역 재산 분배의 불균형과도 관련이 있었고 제한된 공간 안에서 제국의 거대한 세금을 부담해야 한다는 압박감과도 관련이 있었다. "쑤저우와 쑹장은 땅은 좁은데 사람이 많아 농부 한 명이 경작할 수 있는 땅이 10마지기에 불과하다. 산과 호수에 의지하고 있어 가뭄이나 홍수를 다스리기 어렵다. 그러나 조은條銀, 조량漕糧, 백량白糧, 정공正供·모선耗羨 및 백량경비白糧經費, 조증漕贈, 오미五米, 십은十銀과 잡다한 차역差役 등 세금이 그 수를 셀 수 없었다."[62] 이로 말미암아 백성은 "부모를 섬기고 처자식을 돌보며 혼례, 상례도 그 안에서 치러야 하므로 해가 다 가도록 부지런히 움직여도 채찍으로 맞는 고통은 피할 수가 없는"[63] 상황이 만들어졌다.

정부의 세금은 강남 백성의 생활이 궁핍할 수밖에 없는 한 요인이 됐고 세금의 부담을 줄이기 위한 부단한 노력은 지방관의 일상화된 책임이됐다. 탕빈은 또 다른 요인으로 강남의 도시가 지나치게 사치스러워 사회에서 발생되는 부를 도시에서 대부분 흡수해버리기 때문에 드넓은 농촌의 발전은 제한적일 수밖에 없으며 이 때문에 지역 간에 거대한 빈부격차가 생긴다고 단정했다. "쑤저우와 쑹장의 풍속은 화려한 것을 좋아했지만, 홀로 밭을 경작해 세금을 내는 농민들은 정말 어려웠다." 강남의 사치스러운 풍조를 억제하려면 우선 도시에 부가 과도하게 집중되어 돈을 물 쓰듯 낭비하는 소비행태를 제한해야 했다. 탕빈은 이를 통해 지방마다 다른 생활수준의 심각한 차이를 없애려고 했다. 이에 탕빈은 오 땅을 다스릴 때 선포한 풍속 순화 공문서에서 아녀자가 절에 출입하는 행위를 금지했을 뿐만 아니라 신을 맞이하는 공연이나 음란한 노래를 만드는 것을 근절하고 심지어는 오통신五通神에게 비는 행위도 금지했다. 그는 거의 예외 없이 재산을 낭비하는 데서 오는 부정적인 영향을 분명히 강조했다. 예를 들면 오통신 숭배를 금지한 가장 직접적인 이유는 다음과 같았다. "해마다 소비된 금전이 어찌 수십만, 수백만에 그치겠는가? 상인이나 장사치들은 신에게 돈을 빌려주면 부를 이루어주시며 빌린 것은 바로 갚아주시고 기도하면 반드시 풍성하게 보답해주신다고 한다. 그러나 그 산은 '고기 산肉山'이라 하고, 그 아래 석호石湖는 '술 바다酒海'라고 한다는 말이 나돈다." 탕빈은 "백성의 재산을 없애고 백성의 뜻을 어지럽히니 이것이 가장 나쁘다"[64]고 비판했다. 그는 「금새회연희고유禁賽會演戲告諭」에서도 금지하는 이유를 거론했다. "오 땅의 풍속은 일을 할 때마다 화려하게 꾸미며 걸핏하면 쓸모없는 소비를 많이 한다. 겉으로는 부유하게 보이지만 안으로는 모아놓은 것이 별로 없다. 우연히 재난이 닥치면 구제할 생각도 안 한다." 특히 "신을 영접하는 의식을 할 때면 무대를 만들어 공연을 하는데, 쓰는 돈도 매우 많고 해악도 매우 심하다. 이것은 모두 지방

무뢰배들이 풍년을 기원한다는 핑계로 자신의 배 불리기를 도모하는 것이다. 매년 봄이 되면 머리를 들이밀고 돈을 거두어 집집마다 돈을 내라 한다. 밭 사이 넓은 공터에 무대를 높이 만들어 원근의 사람들을 끌어모은다. 남녀의 무리가 구경하러 오는데, 온 나라가 미친 것처럼 때도 놓치고 하던 일도 그만두니, 밭의 농작물은 말라 죽어 남은 것이 없다."[65]

기녀와 배우같이 미천한 계층의 사람도 모두 "담비 모피를 두르고 비단옷을 입지 않은 이가 없으니 눈부시게 화려하고 신기하기 그지없었다." 신에게 복을 구하며 기도하는 사람들의 경우도 종종 "희생 제물을 마련하느라 낭비를 하고, 가난한 사람은 이를 위해 다른 사람에게 돈을 빌리는" 신세로 전락했다. 이에 탕빈은 질문했다. 위에서 말한 것들은 "모두 백성이 잡초를 불태워 농사짓고 물을 대 모를 심으며 온갖 고생을 하며 축적한 것이다. 그런데 그들이 낭비하는 대로 그대로 놔두고는 전혀 살피고 구휼하지 않는다. 그러니 백성의 경제력이 어찌 고갈되지 않을 수 있겠는가?"[66]

그럼 강남 지역의 상업과 농업의 분화가 가져온 불균형한 형세를 어떻게 해결할 것인가? 탕빈이 제기한 해결 방법은 '기르고養 교화한다敎'는 것이다. 중국에서는 자고로 이것을 '교양敎養'이라고 합쳐서 말하는 전통이 있지만 구체적인 실천과정에선 본래 차이가 있었다. 관건은 '교敎(교화하는 것)'와 '양養(기르는 것)'이 서로 다른 제도에 속하기 때문에 둘을 잘 조화시키기 어렵다는 점이다. '교'에 속하는 과거의 향약鄕約은 권선징악을 선도하는 역할만 담당했을 뿐이고, '양'에 속하는 경제적 역할에 효과적으로 관여하고 참여할 방법이 없었던 것이다.

탕빈의 방법은 사학社學(지방의 향진鄕鎭에 관부가 세운 학교), 향약鄕約, 의

창義倉, 보갑保甲 등을 연결하여 일체화된 조직 구조를 만들고 서로 호응하게 하는 것이었다. 그는 이렇게 말했다. "'교양敎養'이라는 것은 왕도의 근본인데 근래의 관리들은 오랫동안 이를 소홀히 해왔습니다." 그는 자신의 경험에 대해 다음과 같이 말했다. "사학, 향약, 의창, 보갑 네 가지 일에 힘을 기울이며 애를 많이 썼습니다. 동료와 서리들이 모두 내 마음에 들 수는 없었지만 그래도 눈에 띄는 효과가 있었습니다."[67] 탕빈이 강남에 있을 때 '교양'을 결합시킨 방법은 향약 선강宣講* 날에 의창에 관한 일을 처리하는 것이었다. 그의 계획은 다음과 같았다. "시골이든 도시든 서로 인근에 사는 현지 백성은 20~30가구마다 1회會를 만들고 함께 집안 살림을 넉넉하게 만드는 일을 추진한다. 본래 덕행이 있는 사람 한 명을 사수社首로 삼고, 공평하게 일을 처리하며 사람들이 믿고 따르는 사람 한 명을 사정社正으로 삼는다. 또한 문서, 회계에 능통한 사람 한 명은 사부社副로 삼는다." 다음의 계획은 더욱 중요했다. "대개 회會에 속하는 가구들을 상호上戶·중호中戶·하호下戶로 나누어 매월 초하루와 보름 향약 선강이 열리는 날에 각각 등급에 따라 형편대로 좁쌀이나 밀을 낸다. 상호는 네 말斗, 중호는 두 말, 하호는 한 말을 낸다. 곡식은 깨끗하고 잘 마른 좋은 것이어야 하며, 창고에 오래 보관해도 괜찮아야 한다. 그 마을에서 정직하고 믿을 만한 사람의 집을 선택하여 창고를 설치하고 그 집에 식량의 출납을 맡긴다. 이런 집은 부유하고 힘이 있어 창고를 지키기에 용이하며 비용이 들 일이 없다. 사수와 사정, 사부는 각각 장부를 가지고 정기적

---

* 청대에는 명대 중·후기 성유聖諭 선강의 방법을 이어받아, 매월 초하루와 보름날에 향약鄕約을 열어 '성유십육조聖諭十六條' 및 '성유광훈聖諭廣訓' 등을 낭독하고 설명하는 것을 선강의 중심으로 삼았다. 이로 인해 향약은 관치행정의 보조補助를 목표로 하는 교화기관의 역할이 강해졌다.

으로 점검한다. 이렇게 하면 시간이 갈수록 축적되는 식량이 많아질 것이다. 흉년이 들어도 백성이 서로 상의하여 곡식을 배포함으로써 기근을 구제할 수 있다."[68] 기본적으로 경제 영역에 속하는 절차를 교화의 틀 속에 넣고 자리매김한 것이다.

여기서 중요한 것은 표면적으로는 규정과 규칙대로 실행하며 "법령이나 전장제도를 기록한 『회전會典』을 모방하여 농사를 짓고 누에를 키우는 법을 기록"하면서도, "향약 규율을 잘 지키는지 조사해서 게을러 실행하지 못하는 자가 있으면 그 잘못을 기록하는" 등의 새로운 방법을 고안했다는 점이다.[69] 그리고 마을에 사학社學(학교)을 세워 아이들을 깨우치는 교화 행위는 반드시 "의전義田(공공 경작지)을 설치하여 그 수확으로 훈장의 급여를 마련한다"는 경제 행위의 뒤에 놓여 있는 것이었지만 "지금의 제일 중요한 임무"로 여겨졌다.[70] 사학, 향약, 의창, 보갑 이 네 가지 지방 제도가 강남에서 과연 어떻게 실시되었는지 지금은 충분한 증거가 없어서 구체적으로 고찰하기는 어렵지만 강남 지방의 자원을 정리 통합하여 "기르고 교화한다"는 생각만큼은 매우 분명했다. 그리고 이는 청 황제들의 통치 책략과도 일치한다. 건륭제도 비슷한 생각을 했다. "군왕과 백성 간의 도道로서 교양敎養보다 큰 것이 없다. 복희씨가 농사짓고 물고기를 잡고 가축을 기르고 방목하는 법을 가르쳐준 것은 모두 백성을 기르기 위해서였다. 교화는 그 가운데 행해졌다. 후세 사람은 교화하는 것과 기르는 것을 분리하여 두 가지 일로 보니 옛 고인들의 생각과 많이 다르다."[71] 건륭제는 이렇게 '교'와 '양'을 구분해서 대하는 것에 분명히 반대했다. 그는 저장으로 남순할 때도 이런 생각을 했다. "여러 지역의 풍속을 살펴보니 삼오三吳(吳郡, 吳興, 會稽)의 화려하고 아름다운 풍조가 뒤섞여 있긴 했지만 서민들의 취향은 오 지역보다 순박한 편이다. 그러나 이익과 명예를 다투는 풍조와 행동은 여전했고 저장한 양식도 풍족하지 못했다. 그대들 지방을 다스리는 임무를 맡은 지방 장관 및 감사, 수령들은 백성을 교화시키고 길러야 하는 책임이 있다. 또한 풍속을 변화시키는 것도 자신의 책임으로 삼아야 한다. 어찌 관청 내 공문처리 등과 같은 자잘한 일만이 지방관 임무의 전부이겠는가? 백성에게 사치함을 버리고 실질적인 것을 숭상하게 만들며 화합과 겸양의 미덕을 갖추게 해야 한다. 또한 효와 우애를 실천하고 열심히 농사짓도록 격려해야 한다. 사람들이 어진 덕을 갖춰 장수하는 세상*이 되어 교화가 실행되고 풍속이 아름다워진다면 더욱 잘 살게 될 것이다."[72] 이익과 명예를 다투는 풍조의 근원이 '양養'의 조치가 제대로 되지 않은 데 있다는 뜻이다. 이 역시 '기르고 교화한다養而敎之'는 생각에서 나온 것이다.

'누동사우婁東四友'로 불리는 육세의陸世儀와 진호陳瑚도 쿤산昆山·타이창太倉 일대에서 이와 비슷한 기층 사회의 통치조직을 만들려고 했다. 육세의의 『치향삼약治鄕三約』은 여전히 향약을 강령으로 삼았지만 상평창常平倉과 사학社學 등 민생에 필요한 것들과 결합시켰다. 지방 조직의 책임자인 약정約正를 정하는 것 외에 교장敎長, 휼장恤長, 보장保長 등 세 직위를 만들고 교화와 무장 방어, 사회 구제를 일체로 보았다.[73] 이로써 제왕과 지방 관리부터 기층의 신사계층까지 적어도 '교양' 방식의 선택에 있어서 그들의 생각은 대체로 일치되었음을 알 수 있다.

---

* 원문은 '인수지속仁壽之俗'이다. '인수'는 인덕을 갖춰 장수한다는 뜻이다. 이 말은 『논어』 「옹야雍也」 "지혜로운 사람은 동적이고 어진 사람은 정적이다. 지혜로운 사람은 즐겁게 살고, 어진 사람은 오래 산다知者動, 仁者靜, 知者樂, 仁者壽"에서 나왔다.

질박한 겉모습과 화려한 내면: 제왕 생활 심리의 심층적 무늬

'문文(화려함)'에서 '질質(질박함)'로 향하는 것이 청초 제왕들이 나라를 다스리던 주된 태도였다면, 왕조 교체를 겪으며 후회와 반성을 통해 질박의 길로 다시 돌아가고자 했던 사인들의 생각은 자신들도 모르는 새에 이런 추세와 맞아떨어졌다. 그러므로 당시의 전체적인 사회 풍조가 '질박'의 방향으로 나아갔다고 판단하는 것은 대체로 맞다고 할 수 있다. 하지만 이것은 제왕과 사인 집단의 생활태도가 단지 '질박함質'과 '졸렬함拙'의 측면에서만 같아졌다는 것을 의미하는 것이 아니고, 또한 명말의 사치스러운 풍조를 완전히 반대하고 근절시켰다는 것을 의미하는 것도 아니다. 그렇지 않다면 우리는 청초에 왜 '질박함'을 선양하는 것과 대립되는 사치스러운 행위가 이전과 마찬가지로 많이 출현했는지 그 복잡한 의미를 이해하지 못할 것이다.

청초 제왕들은 중원을 차지한 이후 강남의 생활 방식에 대해 심리적으로 줄곧 긴장감을 늦추지 못했다. 또 다른 한편으로 강남의 사치스러운 풍조에 대해 거부감을 나타내며 그러한 풍조가 만주족의 혈기와 패기를 꺾어버릴까 걱정했다. 강남의 풍속과 인정에 대해 보통 "겉만 번지르르한 것을 숭상하여, 화려하지만 실속이 없다"는 말로 평가했다.[74] 건륭제는 남순할 때 강소학정江蘇學政 장유공莊有恭(1713~1767)에게 특별히 시를 지어 보여줬다.

이로부터 이 지역은 화려함이 질박함을 이겼으니   自是此邦文勝質

거듭 부탁하건대 힘껏 격려하여 순박함으로 돌아가길   叮嚀致勖務還淳[75]

시에서 건륭제는 순박함으로 돌아가는 방식으로 '화려함이 질박함을 이기는文勝於質' 강남의 폐단을 극복하라고 제안했다. 강남의 문풍이 만주족의 정신을 오염시킬 수 있다는 건륭제의 걱정은 각 지역에 보낸 성지에 '만주어를 사용하고 말 타며 활을 명중시키는國語騎射' 만주족 풍속을 독려하고 강조하는 데서도 잘 드러났다. 건륭제는 다음과 같이 생각했다. "만주의 풍속은 본래 군왕을 존숭하고 부모를 사랑하며 소박함과 성실함, 충성스러움, 공경함을 예의의 근본으로 삼는다. 말 타고 활 쏘는 일 외에 원래의 포부를 잃을 정도로 어떤 취미에 빠져 물드는 일이 없다." 하지만 건륭 20년, 그는 다음과 같이 행동하는 일부 만주족 사람들을 발견했다. "근래에 한족의 습성을 흉내 내는 경우가 많아졌다. 글을 좀 읽을 줄 알게 됐다고 아무렇게나 시를 짓고 걸핏하면 과장됨을 숭상하니 소박했던 옛 풍조와는 날이 갈수록 멀어지고 언어도 산만해져 점점 악습이 되고 있다." 그는 이렇게 경고를 했다. "만주족은 성인의 책을 안 읽어도 원래 군왕을 존숭하고 부모를 사랑해야 한다는 대의를 잘 안다. 유가에서는 『시』 『서』와 같은 경전으로 후세에 교훈을 전하는데 여기서도 군왕을 섬기고 부모를 섬기는 것이 가장 중요한 예다. 책 읽는 사람이 그 화려함만을 취해 사용하고, 근본을 중시하고 실질적인 것에 힘쓰는 도道를 모른다면, 이것이 어찌 유가에서 추구하는 교화의 본뜻이라 하겠는가? 하물며 책망과 풍자를 핑계로 생각이 나날이 경박해진다면 이는 명분과 교화에 있어서 더 죄인이 아닌가? 이런 저속한 풍속을 결코 조장하면 안 된다. 이 공문을 보내 성지를 팔기八旗에 전달하여 순박한 옛 풍속과 규칙을 따르게 하고 선조들의 규율을 잃어버리지 않도록 하라. 책을 읽는다면서 아무렇게나 글을 짓고 입을 열어 읊고 있다는 것을 모르고 화려함을 추구하는 악습을 답습하는 자가 있다면 짐은 그 죄를 반드시 무겁게 다스릴 것이다."[76]

주의할 만한 점은 건륭제가 '질박함'과 '실천이 따르지 않는 공허한 말을 숭상하지 않는 것'을 만주족 성격의 특징으로 자리매김하여 부화한 말로 세상을 현혹시키고 실행에 힘쓰지 않는 한족의 행동 방식과 구분했다는 것이다. 심지어 화려하고 과장되게 말하는 한족의 악습을 만주족이 답습하지 않도록 수시로 경각심을 불러일으켰다. 어떤 성지에서는 이렇게 말했다. "만주족 사람들은 본성이 순박하고 허명을 추구하지 않는다. 한족의 글을 배우고자 해도 만주어를 학습하는 틈틈이 주의를 기울일 뿐이다. 요즘 만주족은 점차 한족의 악습에 물들어 매번 글솜씨로 두각을 나타내려 한다. 또한 한족들과 같은 해에 급제했는가를 따지며 왕래하는 자가 있는데 이들은 특히 악습에 물들어 있다. 만주족의 유업을 버리고 한문漢文을 배우며 한족 문인 학사와 가까워지고자 한다. 하지만 그 배운 수준이 한문의 심오한 이치를 운용할 만큼 훌륭하지 못하여 도리어 한족 문사들에게 비웃음을 당한다는 것을 모른다."[77] 이 성지의 말투는 아주 미묘하다. 겉으로 보기에는 한족의 악습에 물드는 것을 어떻게 방지할까에 대해 말하고 있지만, 실은 만주족이 한족의 말을 배울 때 최선을 다하지 않으면 체면을 잃을지도 모른다는 두려움의 심리가 드러나고 있기 때문이다. 한족 문화에 대한 자신감 결여는 건륭제 혼자만 고민했던 개별적인 현상이 아니라, 당시 관리들 사이에 퍼져 있던 보편적인 심리였을 것이다. 이 성지를 반포하기 1년 전, 성경盛京(지금의 선양瀋陽)에 주재하던 예부시랑禮部侍郞이 시로 자신의 우울함과 불만을 토로하여 처벌받은 일이 있었다. 건륭제 때 발생한 여러 문자옥文字獄 중에서 이 사건은 눈에 잘 띄지는 않았지만 만주족 관리들의 일반적인 심정을 아주 잘 보여주었다.

청나라가 건립된 이래 성경盛京에는 오부시랑五部侍郎 및 봉천윤승奉天尹丞 등의 관직을 두어 각종 업무를 나누어 처리하고 기인旗人과 한인漢人을 가르치고 길렀다. 그런데 황제의 기를 가득 품고 있는 바로 이 지역에서 성경의 만주족 예부시랑이 한족의 시를 빌려서 자신의 우울함과 불만을 토로한 사건이 발생했다. 사실 건륭제의 눈에 이 예부시랑은 "본래 재주가 보잘것없어 진부한 문장만 거칠게 쓸 줄 아는 정도"였지만 글자마다 불만이 가득 담겨 있었다. 시에는 "귀밑머리 서리 내린 듯 하얗게 되어 곤궁한 신세에 힘없이 탄식하네霜侵鬢朽歎途窮"라는 구절이 있었고, 자기를 황저우黃州로 좌천당한 소식蘇軾에 비유하고 있었다. 건륭제는 경멸하는 말투로 이를 평가했다. "내 생각에 그의 인품과 학문은 소식을 위해 고삐를 잡고 말을 몰아주는 일을 한다 해도 욕을 먹고 혼이 날 수준이다. 게다가 그는 2품 고위 관리인데 무슨 곤경에 처했다고 그렇게 한탄하는가?" 시에는 또 이런 말도 있었다. "가을 풍경이 사람을 유혹하니 조정에 나가 정사를 의론하는 것도 귀찮아지네秋色招人懶上朝." 건륭제는 이렇게 평했다. "중대한 직책을 맡았으면 밤낮으로 공손히 받들어야 하거늘 게으름을 부리면서 스스로 고결하다고 자부하니 어떻게 관리들의 본보기가 되겠는가?" 건륭제는 "가을밤의 반달 서쪽 하늘로 기우니, 장안에 있는 그대와 나의 집을 비추겠구나半輪秋月西沈夜, 應照長安尔我家"라는 시구에 한족의 땅이 만주족 황제의 고향보다 더 좋다는 뜻이 담겨 있다고 보았다. 이는 건륭제의 심기를 불편하게 만들었고, 그는 다음과 같은 말로 분노를 표출했다. "성경이 본래 황제인 나의 풍요로운 고향임을 잊었단 말인가! 대대로 공을 쌓은 세신世臣인 그대는 마음속으로도 이와 같이 말해서는 안 된다." 이어서 훈계를 했다. "시와 술을 한껏 즐기는 것은 관직에 있는 자에게 있어 최대의 악습이다. 만주족 관리로서 성경에서 직무를 수행하면서도 여전히 우울하고 무료하다고 시로 이것을 표현했다. 그러니 옛날에 한인 관리들이 관문 밖으로 나가게 되는 것을 두려워한 것은 이상한 일이 아니다. 그러나 이 지역은 풍속이 본래 순박한 곳으로 오히려 이러한 무리들로 인해 나쁘게 물들까 걱정된다. 이후 성경의 각 관리는 마땅히 이를 깊은 경계로 삼아야 할 것이다." 이렇게 한 이유는 물론 좌천당한 한족 관리들이 불만을 토로하던 습관을 배우면 안 된다는 것이었다. 하물며 "지금은 천하가 하나가 됐으니 한족들 사이에서도 지역에 대한 편견을 가져서는 안 된다. 더군다나 만주족 공신들이라면 당연히 그 근본을 잊어서는 안 될 것이다."[78]

10년이 지난 뒤 건륭제는 다음과 같은 사실을 발견하고는 매우 놀랐다. 이는 바로 만주족 지방관들이 자신들의 민족어인 만주어도 제대로 구사하지 못한다는 사실이었다. 황제는 이것 때문에 매우 우울했다. 한번은 이리伊犁의 지방관인 이륵도伊勒圖가 베이징에 와서 건륭제를 알현했다. 황제는 그의 만주어 수준이 전보다 떨어졌다며 즉각 경고했다. 군대를 관리하는 지방의 고관들은 만주어에 능통해야 할 뿐만 아니라 몽골어도 신경 써서 배워야 한다고 했다. 만주족인 이륵도조차 만주어 수준이 크게 퇴보한 것을 보고, 건륭제는 이리의 관리들이 평소에 한어를 일상어로 삼아 사용하며 만주어를 대수롭지 않게 여기는 것이 분명하다고 여겼다. "만주어는 만주족의 근본이다. 몽골어는 못할 수 있다지만 어떻게 만주어조차 못할 수가 있는가? 지금 가족을 데리고 이리에 가서 주재하는 사람이 많은데, 무예와 만주어를 숙련시키는 것을 특히 중요하게 여겨야 할 것이다." 건륭제는 이리 장군 명서明瑞에게 명령을 내렸다. 이후부터 공무를 논의할 때 한어를 금지시키고 반드시 만주어를 사용하도록 했다. 그리고 이후 조정으로 돌아온 대신들이 응대할 때 여전히 만주어가 서툴다면 명서에게 죄를 물을 것이라고 했다.[79]

만주어와 한어 사용에 대해 건륭제는 마음이 늘 오락가락했다. 애초에 그는 만주족, 특히 만주족 고관의 자녀들이 한족의 사치스러운 풍속에 물들까봐 걱정했다. 그래서 만주족 자제들에게 과거시험을 보지 못하게 했다. 이유는 다음과 같았다. "팔기八旗는 순박하고 소박한 풍속을 지니고 있는데, 근래에 점차 부화한 사치 풍조에 물들고 있다. 화려함을 추구하는 마음으로 도에 어긋나는 일을 하며, 이를 통해 허명을 추구한다. 그 폐단을 모아 알림으로써 절제를 알게 한다." 겁을 먹어서 그랬는지 팔기 대신들은 자제들의 과거시험 응시를 청하는 상소를 올리지 않았다. 건륭제는 이에 또 위로하며 말했다. "실질적인 것을 숭상하고 화려함을 물리치는 것을 알게 하려는 것이다. 만주족 자제들이 과거시험에 응시하는 것을 일률적으로 다 금지하여 그들이 추구하는 길을 막는 것이 아니다." 건륭제는 속으로 이렇게 생각했다. 이들 만주족 귀족 자제들은 "집중하여 열심히 공부하지도 않는다. 그렇다고 만주어와 말 타며 활쏘기를 숙련되게 익혀 훌륭히 해내는 것도 보지 못했다. 차라리 이러한 것들을 모두 갈고닦게 하여 큰 성과를 이룰 수 있게 하는 것이 낫겠다." 청이 나라를 세운 지 100여 년 동안 "만주족 신하가 지은 글 중에 문채가 화려한 것도 적지 않았다." 만약 이런 대신의 자제들이 "말 타고 활 쏘는 재주를 갖추고 만주어도 잘할 뿐만 아니라 동시에 문예도 익힐 수 있다면, 저들은 스승을 모셔서 견문을 넓힐 수 있으므로 가난한 집의 자제들에 비해 인재가 되기 훨씬 더 쉬울 것이다." 생각이 여기까지 미치자 건륭제는 마침내 성지를 발표하여 이후 팔기 대신의 자제들이 과거시험에 응시하는 것을 다시 허락했다. 또한 그들에게 과거시험을 보기 위해 상주문을 올려 주청할 필요가 없다고 했다.[80]

건륭제가 한족 문화에 대해 동요하는 태도를 보인 것은 그의 깊은 내면에 드러내서는 안 되는 또 다른 감정이 자리하고 있었음을 말해주고 있다. 즉 강남 문인이 즐기는 우아한 생활 방식에 대해 한편으로 부러운 마음을 지니고 있었던 것이다. 그의 이러한 심리적 갈등은 절대로 세상에 드러나서는 안 되는 것이었다. 세상인심을 혼란시킬 우려가 있었기 때문이다. 건륭제는 다음과 같이 경고했다. "강남의 풍속은 부드럽고 힘이 없어서 기인旗人 관리들이 거기 오래 머무르게 되면 안일한 생활에 빠져들어 그들의 장점을 보여줄 수 없다. 그래서 짐은 더욱 그것을 좋아하지 않는 바다."[81] 그래서 강남의 문화적 권위를 약화시키는 책략으로서 '질박'한 생활을 제창하는 것은 강남 사인들이 왕조 교체에 대해 행한 반성의 사고와 마침 겹치는 데가 있었다. 표면적으로는 서로 공감대를 이룬 것처럼 보이지만 청 황제들이 '질박'을 숭상한 것은 그들이 유일하게 내지는 완전히 원해서 선택한 것이 아닐 수도 있다. 실제로 실천과정에서 제왕들이 강남의 사치스러운 풍조를 모방하고 흡수한 것은 오히려 명말의 규모를 훨씬 초월했다. 그래서 입으로는 '질質'을 얘기하지만 행위는 '문文' 쪽으로 가는 복잡한 형세가 되고 말았다.

강희제와 건륭제는 성지를 통해 지방 관리들에게 검소함을 실천하라고 끊임없이 독촉했다. 이는 지방관에게 적지 않은 영향을 미쳤으며 이로 인해 극단적인 의견들도 출현했다. 손종부孫宗溥라는 어사御使가 민간의 혼례나 상례 등의 활동에 대해 규정을 만들어 모조리 규제해야 한다고 황제에게 상소를 올렸다. 황제의 '부화함을 없애고 실제적인 것을 추구하자는 뜻'을 실천하기 위한 목적에서였다. 건륭제는 이러한 극단적인 행위가 너무 터무니없다고 생각하며 '근검'과 '사치' 풍조의 형성이 지역적 차이와 관계가 있다는 것을 깨달았다. 지역에 따라 관습적으로 이어져 내려와 변해서는 안 되는 전통이 된 것도 있기 때문에 원래대로 제한된 범위 안에서 관리할 수밖에 없다고 생각했다. 그는 이렇게 말했다. "천하가 넓으니 각 지방의 풍조가 서로 다르다. 당위唐魏(지금의 산시山西)는 근검하고 오회吳會(지금의 저장浙江 사오싱紹興)가 사치스러운 것은 예나 지금이나 똑같다. 이는 각각 그 지역 풍토를 따라 이미 습관이 된 것이다. 산시山西와 산시陝西 지역에서는 부자들도 돈을 아껴 쓸 줄 알지만 저장 지역에서는 가난한 자도 사치를 추구한다. 이는 다 각 지방의 풍습이니 쉽게 바꾸지 못한다. 다만 점차 스며들도록 노력을 하여 너무 심한 것은 고치고 순박한 것으로 돌아가게 해야 한다. 지방의 부자가 손님을 접대하거나 큰 제사를 지낼 때 씀씀이를 비교적 풍부하게 하면 일반 서민들도 그 옆에 떨어지는 것들의 도움으로 생계를 이을 수 있다. 오월吳越 지역 사람들에게 산시陝西와 산시山西 지역의 풍속을 따르게 하는 것은 어찌 됐건 강제로 단번에 이루기는 어려운 일이다. 또한 부자가 자기 부를 모으는 데만 신경을 쓰면 가난한 자는 더욱더 입에 풀칠하기 어려워진다. 가난한데도 사치하는 풍속에 대해 걱정하여 일괄적으로 엄격히 단속하고 억제하며 반드시 따르게 하고, 이를 따르지 않을 경우 법으로 처리한다 해도 또 문제가 생긴다. 이러한 방식으로는 서리들이 이 틈에 백성을 갈취하고 백성은 더욱 고달파지는 상황을 해결할 수 없을 것이기 때문이다."[82]

청초 제왕들이 검소함을 숭상하고 사치를 억제하는 정책을 펴자 일부 지방 관리들은 서로 소박한 삶을 과시하며 명성을 얻으려고 했다. 원매 袁枚(1716~1797)는 일찍이 이런 이야기를 한 적이 있다. 아무개 상서尙書가 강남에 부임하여 "검소함으로 아랫사람을 이끈다"고 표방했다. 어느 날 길을 가다가 어떤 미장이의 아내가 붉은색 옷을 몸에 걸치고 머리에 꽃을 꽂고 거리에서 어딘가를 바라보고 있는 것을 보고는 곧 명령을 내려 그녀를 잡아갔다. 불쌍한 이 미장이는 신혼이었는데 무슨 영문인지도 모르고 울면서 그 뒤를 따라갔다. 관아 밖에서 3일을 서성였지만 아내의 소식을 듣지 못했다. 그래서 집을 팔아 그 돈을 아역衙役에게 뇌물로 주고는 아내의 행방을 알아봐달라고 부탁했다. 아역은 기회를 틈타 상서에게 미장이의 아내 소식을 물어보았다. 상서는 웃으면서 그 일을 잊어버릴 뻔했다고 말하며 미장이의 아내를 마당 한가운데로 끌고 나오게 했다. 그러고는 갑자기 큰 소리로 자신의 아내를 불렀다. 이때 미장이의 아내는 자신의 눈앞에 나타난 여인을 보고 깜짝 놀랐다. 마구 헝클어진 머리카락에 얼굴에 때 구정물이 줄줄 흐르는 한 여인이 곡식을 까부르는 키를 들고 다가왔다. 그녀는 거친 베옷을 입고 있었고 막 부엌에서 나온 모습이었다. 상서는 그녀를 가리키며 자신의 부인이라고 자랑스럽게 말했다. 그리고 그 미장이의 아내에게 훈계를 늘어놓았다. "내 아내는 1품에 봉해진 여인이지만 이렇게 소박하게 입는데 너는 한갓 미장이의 여편네로서 어찌 감히 그렇게 화려한 옷을 입을 수 있는가? 너의 이런 모습을 보니 궁핍한 세월이 곧 닥칠 것 같다는 생각이 들었다." 상서는 몸소 모범을 보이려고 한 것이다. 하지만 미장이의 아내는 관아에서 나와 집이 없어진 것을 보고 결국 자살하고 말았다.

원매는 이에 대해 이렇게 평가했다. "검소함은 미덕이다. 그러나 그 검소함을 지나치게 과시하면 이것은 곧 흉덕凶德이 된다." 그는 예를 들어 말했다. 여뀌 벌레는 쓴 것을 먹으며 달게 느끼는데 그것은 단지 여뀌 벌레에게 해당되는 일이지, 사람에게는 해당되지 않는다. 만약 천하를 다스리는 사람이 모두 여뀌 벌레처럼 생각하여 행동한다면 그것은 매우 황당한 일이다. 이른바 "어떤 한 가지 일을 자랑스러워하며 장려하면, 다른 일은 못하게 막는 것이다"는 말이 있다.[83] 그래서 "군자와 소인은 분명 사치와 검소로 구분되는 것이 아니며, 사람의 기호와 취향도 완전히 같을 수는 없다."[84] 또한 사치와 검소의 관계에 대해서도 "사치함과 검소함이 인정에 부합할 수도 있고 아닐 수도 있는데, 이는 마치 음식 맛이 입에 맞을 수도 있고 아닐 수도 있는 것과 같을 뿐이다"라고 했다. 원매는 다른 관리에게 보내는 편지에서 검소하고 소박한 행위로 명성을 얻는 행태에 대해 날카롭게 비판했다. 그는 이렇게 물었다. "만약 월급을 모아 모르는 사람에게 주고 조정의 관리라는 허울 좋은 이름만 지닌 채 남루한 옷을 입고 거친 음식을 먹으며 생고생을 한다면 그것은 자손들의 명성을 위한 욕심이 큰 것이지, 어찌 진정한 검소함이겠습니까? 이렇게 하지 않는다면 어떻게 청렴하다는 명성이 존재하겠느냐고 걱정하겠지만 그것은 사실 명성을 위한 욕심이 큰 것이지, 어찌 진정한 검소함이겠습니까?"[85] 이것을 통해 '질박'에 대한 이해가 이 시기 사인들 사이에서 이미 조금씩 변하기 시작했다는 것을 알 수 있다.

원매가 주장한 사치와 검소의 적당함을 가늠하는 기준은 '예'의 기준에 부합하는지 여부로 귀착됐다. "선왕께서는 후세 사람들 중에 사치로써 제도를 어지럽히고 검소함으로 명성을 구하는 사람이 있을 것을 미리 아시고는 사치함을 경계하고 검소함을 내치시며 그것을 '예'라는 기준으로 한데 묶어두셨습니다. 공자는 '예가 아니면 보지도 말라非禮勿視'고 하셨습니다. 즉 지나치게 사치스러운 것도 예가 아니며 지나치게 검소한 것도 예가 아닌 것입니다." 그래서 그는 이 관리에게 이렇게 권했다. "세상 사람들을 예로 돌아가도록 이끌어야지 검소함으로 돌아가도록 이끌어서는 안 됩니다."[86] 그 이치는 결코 복잡하지 않지만 사람의 욕망을 적당히 풀 수 있는 길도 있어야 하므로 원매는 또 다음과 같이 말했다. "물욕과 색욕은 인간의 기본 욕망이다. 창고에 적당한 식량이 있어서 원망도 없고 나태함도 없는 사람은 성인이다. 모든 사람의 욕망을 없애면 인간의 대가 끊어질 것이니 천하를 다스릴 필요가 없다. 성인의 욕망을 없애면 별 상관은 없겠지만 그들은 또한 나라를 다스리려고 하지 않는다. 후세 사람은 비록 성인처럼 느끼고 행동할 수는 없지만 다른 사람이 차마 하지 못하는 것은 하지 않으니, 법도에 따라 바르게 행동하고자 하는 도道와 자신의 경우에 비춰 생각하는 방법이 본래 은근히 존재하고 있다. (…) 그래서 이런 말이 있다. 인정에 가깝지 않은 것은 크게 간사한 것이다."[87] 가난하지 않은 상황에서 검소함을 숭상하는 것은 그저 작위적인 태도일 뿐이다. "가난할 때는 나쁜 옷이나 음식으로 스스로를 경시하고, 부귀할 때는 나쁜 옷이나 음식으로 스스로를 중시한다." 이런 종류의 '청렴하다는 명성'은 가식이라고 할 수 있다. 왜냐하면 "깨끗함清은 마음으로 구하는 것이지 추구하는 행위로 얻을 수 있는 것이 아니기 때문이다." 그 기준은 "성현들은 예禮를 귀결점으로 삼았고, 호걸들은 정情을 따랐다. (…) 깨끗함은 좋은 명성美名이다. 큰 힘을 가진 자는 좋은 명성으로 흔들어도 그 마음이 움직이지 않고, 또한 나쁜 명성惡名으로 유혹하면 더더욱 움직이지 않는다. 이를 아는 사람은 몸을 편안히 할 수 있고 다른 사람을 알아볼 수 있다."[88] 청초 왕조 교체기의 사인들의 말과 비교해볼 때, 청초 사인들이 검소함을 미덕으로 삼고 질박한 생활태도와 방식이 '예'의 규범에 가장 부합한다고 강조했던 관점이 건륭 말기에 와서 이미 정情에 따라 움직이는 새로운 '사치와 검소에 대한 관점'으로 대체됐다.

강남 순행의 성전盛典과 건륭제의 '사치와 검소에 대한 관점'
사인들의 정신세계의 변화는 황제들의 품격 있는 생활 속에서 드러나는 사치奢와 검소儉의 형식과 내용에 대한 표현 방식의 변화와 깊은 관련이 있다.

건륭제가 강남을 순행할 때 쓴 시 중에서 양저우揚州 유람과 관련된 것이 있다. 그중 한 수는 강남의 사치스러운 상황을 목격한 뒤 느낀 진실한 심정을 보여준다. 다음은 건륭 30년 양저우를 순방할 때 쓴 시다.

삼월 안개 속에 핀 꽃 옛사람들이 말한 대로이고	三月煙花古所云
양저우는 예로부터 음악이 흘러넘치는 곳이라네	揚州自昔管弦紛
순박함으로 돌아가도록 사치를 금하고자 하지만	還淳擬欲申明禁
생계를 도모하는 무리에게 도리어 재앙이 될까 걱정이로다	慮礙翻殃謀食群

건륭제는 오랜 세월 이루어진 강남의 번화하고 사치스러운 풍경 앞에서 그 찬란한 아름다움에 감탄하면서도 그것이 사람의 마음을 타락시킬까봐 걱정했다. 사치가 만연해지는 것을 억제하려고 하지만 지나치면 일

반 백성의 살길을 파괴해버릴까 걱정하는 복잡한 마음을 보여준다. 그는 시의 말미에 스스로 주석을 달았다. "보통 부유한 상인들이 여윳돈을 내어 부족한 이들을 도와주니, 생계를 위해 떠돌아다니는 기예인들도 얻는 이익이 꽤 많다고 한다. 번화함과 가무를 없애버리는 것은 진실로 어려운 일이 아니다. 하지만 돈 많은 사람이 그저 인색하기만 하여 돈을 쓰지 않는다면, 가난한 사람들을 돌보겠다고 그들의 돈을 어찌 억지로 취할 수 있겠는가? 이는 바른 왕도가 아니다. 백성을 교화하고 좋은 풍속을 이룬다는 것은 말로는 쉽지만 실행하기는 매우 어렵다. 세상일이 대개 다 이렇다."[89] 다른 시에서도 건륭제는 검소함을 지나치게 강요하면 오히려 민생의 발전을 방해할 것이라는 걱정을 드러냈다. 시는 다음과 같다.

부자나 서민들이나 예로부터 광릉(양저우)이 좋다고 얘기하더니
富庶從來說廣陵
도시 전체에 음악 소리 가득하고 거리엔 등불이 환하네 滿城絲管映街燈
당풍(요임금 때의 소박한 기풍)으로 돌아가고자 순박함을 숭상하게 하려 해도
唐風擬令崇淳約
생계를 구하는 가난한 이들이 그 의지하던 것을 잃을까 걱정되네
謀食貧人慮失憑

건륭제는 여기에도 주를 달았다. "장사꾼은 사치한 것이 습관이다. 기예를 가진 가난한 사람들 중 그들 덕분에 입에 풀칠하는 사람이 매우 많으니, 이것도 남는 것을 덜어내어 부족한 부분에 보태는 도道인 것이다. 요임금 시대의 검소함과 같아지게 한다면 이 지역 토착민들이 먹고사는

데 어려움이 늘어날 수 있으므로 사치를 금지시키지 않는 것이다."[90]

건륭제의 이러한 말들은 강희제가 강남에 대해 보였던 엄한 태도와 분명히 크게 달라져 있었다. 만년에 건륭제는 신하들이 사치의 억제를 주청하자 명확하게 반대 의견을 표명했다. 건륭 46년, 유천성劉天成은 사치를 금지하여 민생을 살리자는 상소문을 올렸는데 건륭제는 "듣기 좋은 말이긴 하나 실천하기는 어려울 것이다"라고 평가했다. 그러고는 이유를 댔다. "상소문에서 말한 대로 누각, 정원, 건물 등에서 하루를 즐기면 며칠 동안 쓸 수 있는 비용을 소모하고, 건달이나 술손님 한 명이 매번 여러 사람이 쓰는 돈과 비슷하게 소비한다. 심지어 평민이나 부녀자, 관가의 노예까지 분에 넘치게 사치스럽고, 화려하게 꾸민 말들은 모두 남녀 애정사에 관한 것이다. 이런 풍조는 오랜 시간에 걸쳐 서서히 그렇게 된 것이다. 나라가 안정된 지 100여 년이 됐고 인구도 많아지고 도성에는 각 지역 사람과 물건이 모여들었다. 각 성의 중심지와 쑤저우蘇州, 항저우杭州, 한구漢口, 향산香山, 대마두大馬頭 등과 같은 지역의 백성은 이 모든 것을 익히 보고 들어 익숙하니, 구석진 시골은 이런 도시들과는 비교할 수 없다. 검소함에서 사치함으로의 추세는 어쩔 수 없이 그렇게 된 것이다. 그대가 말한 것처럼 도성을 예로 들어서 짐이 보군총령아문步軍統領衙門 및 순성어사巡城御使에게 칙령을 내려 도성 각 구역의 치안을 담당하는 관리들을 동원해서 다방, 주점 등 돈을 쓰는 곳을 모두 문 닫게 하고 정해진 예를 넘어서서 지나치게 사치를 추구하는 자를 잡아들이게 하는 것이 어찌 어렵겠는가? 또 수도 외의 다른 성의 대도시에서도 각 지방관으로 하여금 열심히 조사하여 금지토록 해도 되는데 이처럼 정치적으로 허술하지 않은 때에 무슨 생각으로 금지를 명하지 않는 것인가?" 그는 더 나아가 사치를 억제하는 것에 반대하는 이유를 설명했다. "그러나 짐은 도덕으로 인도하고 예로 단속함으로써 큰 변화를 멈추게 할 수가 없다. 그러니 어쩔 수 없이 형벌로 단속하여 그 큰 것을 다루어야 한다. 만약 백성이 사치스럽다는 이유로 빈번하게 국법으로 처벌을 하는데, 형벌이 너무 가벼우면 징벌의 효과를 충분히 보여주지 못할 것이니 겉으로는 복종하지만 속으로는 따르지 않을 것이다. 또 형벌이 너무 무거우면 심히 가혹하기에 짐은 그렇게 심하게는 할 수 없다. 이것은 백성에게 검소함을 숭상한 데 따른 이익을 주지는 못할망정 먼저 시끄러운 난리를 겪게 하는 것이다. 이 역시 정치의 요령에 있어서 어찌 마땅한 것이겠는가? 더군다나 해마다 추심秋審* 때 처형당하는 계획적인 혹은 고의적인 살인범들도 헤아릴 수 없이 많은데 사치스럽고 예를 범한 사람들을 어찌 또 일일이 법으로 처벌하겠는가? 지금 짐은 그 일을 할 수 없는 것이 아니라 실은 차마 못하는 것이다. 그리고 그 일은 또한 백성을 매우 불편하게 한다."[91]

사실 강희제 때도 사치를 억제시키는 것의 효과에 대해서 이미 회의적이었다. 그는 이렇게 말했다. "요새 백성의 생활이 빈곤해져서 풍요로움을 누리는 즐거움이 이전보다 훨씬 못하다. 그러나 사치스러운 풍속이 나날이 심해져 예전부터 이를 엄격하게 금지시켰고 이제 점점 규모가 갖춰졌다. 군사를 일으킨 이래 단속을 좀 느슨하게 했다. 제대로 실행하지 못하면 백성에게 폐를 끼치게 될까 걱정이 됐는데, 백성을 만족시킬 좋은 방법을 생각해보니 이보다 좋은 방법이 없다."[92] 어쨌든 이러한 그의 말투에서 사치함을 금지하는 태도가 좀 완화된 기색을 찾아볼 수 있다. 건륭

---

* 명청대에 해마다 가을에 각 성省의 사형 판결을 복심複審하던 제도로, 사법 부문에서 심리審理하고 황제에게 주청하여 결재를 받았다.

제는 등극한 뒤 곧 '의리지변義利之辨'에 관한 의견을 발표했다. "이利라는 것에 대해 예로부터 성인들은 꺼리지 않았고 현인들은 조심했다.『역易』의 「문언文言」에서 '원형이정元亨利貞'을 해석할 때 이렇게 말했다. '이利라는 것은 의義가 화합한 것이고, 사물을 이롭게 하여 의로움과 조화를 이루게 할 수 있다利者, 義之和也, 利物足以和義.'「계사전繫辭傳」에서는 '재물을 다스리고 말을 바르게 하여 백성이 나쁜 일을 하지 못하게 하는 것을 의라고 한다理財正辭, 禁民爲非曰義'고 했다.『논어』에서도 '백성에게 이로운 것을 찾아 그들을 이롭게 해야 한다因民之所利而利之'*고 했고,『주역』에서는 사적인 이익을 포기해선 안 된다고 밝혔다. 의와 이는 본래 서로 다른 개념으로, 사물을 이롭게 함으로써 공적인 이익이 두루 미치게 한다면 이러한 이는 바로 의다. 자신을 이롭게 함으로써 탐욕스럽고 속 좁게 행동한다면 이러한 이는 바로 해다. 후세 사람은 이의 해로움을 말하는 것만 보고 마침내 의와 이를 마치 얼음과 숯, 물과 불처럼 서로 가까이할 수 없는 것으로 따로 나누어서 본다. 맹자는 사람들이 의를 버리고 이를 말하며 날마다 해로움을 따라가면서 스스로는 이를 깨닫지 못할까 걱정하여 '하필 이를 말하는가'**라는 말을 한 것이다. 소위 사물을 이롭게 한다는 것은 백성의 재물로 백성이 생계를 도모하게 한다는 것이고, 윗사람은 백성을 이끌고 경영하는 역할을 할 뿐이다. 자신을 이롭게 한다는 것은 백성의 재산을 수탈해 백성의 고혈을 빨아먹고 정부의 재정 수입을 채우는 것으로, 이렇게 하면 백성의 재력은 고갈되고 원망은 날로 증가하게 된다.

---

* 『논어』「요왈堯曰」에 나오는 말이다.

** 『맹자』「양혜왕梁惠王」 상에 나오는 말이다. 양혜왕이 맹자에게 자신의 나라에 온 것이 어떤 이로움이 있겠느냐고 묻자 맹자는 "하필 이로움을 말씀하십니까? 오직 인의가 있을 뿐입니다何必曰利, 亦有仁義而已矣"라고 대답했다.

이 두 가지 일 중 어느 것이 더 해롭겠는가?"[93] 건륭제가 나중에 한 일을 보면 이 말이 그 이후의 행동 방식과 완전히 일치된 것이 아니라는 사실을 알 수 있다. 즉 '겉모습은 질박하지만 속은 화려한質表文裏' 상태였으며 어느 정도는 말과 행위가 어긋났다고 할 수 있다.

강남 순행의 성대한 의식이 계속 진행됐던 것에서 황실의 '질표문리質表文裏'의 언행 풍격을 확인할 수 있다. 강희제와 건륭제의 몇 차례의 남순은 다 민생과 치수 상태, 풍속을 둘러보는 것을 목적으로 했다. '관풍觀風 (풍속을 살핌)'은 사치 억제의 내용을 분명하게 포함하고 있었다. 이것은 강희제가 탕빈에게 풍속을 변화시키는 데 주의를 기울여야 한다고 반복하여 훈계했던 것을 통해서 알 수 있다. 건륭제도 강희제의 말투를 모방하여 다음과 같이 말했다. "창장 강 주위는 토지가 기름지고 인구도 많다. 백 년 이래 민생을 회복하려고 노력하니 인구가 급증하고 풍조도 달라졌다. 저장한 것이 아직 많지 않은데 사치스러운 풍조가 커지고 소박한 풍조는 아직 회복되지 않았다. 사치를 버리고 실질적인 것을 숭상하는 것이 본래 백성이 생계를 도모하는 일상적인 방법이고, 때에 맞춰 풍속 교화에 힘쓰는 것이 관리들의 임무다. 사인이든 서민이든 각자의 일에 충실해야 하며, 사치를 버리고 검소하게 생활하여 여유를 남기고, 부지런히 일하여 부족함을 보충해야 한다. 항상 물자 생산의 어려움을 마음에 두고 일마다 사치를 경계해야 한다."[94] 다른 사람들이 남순에 대해 단지 여행일 뿐이라고 지적할 것을 걱정하여 건륭제는 이렇게 말했다. "남순 행차가 어찌 산수 유람의 즐거움만을 위한 것이겠는가? 지난해 짐은 쉬저우徐州와 하비下邳, 화이허淮河 강과 쓰허泗河 강의 습지대를 방문했다. 그 목적은 백성의 고통을 돌아보고 물의 흐름이 순조롭도록 제방을 만드는 것 등이었다. 순서대로 일을 진행하여 올해 농사는 곱절을 수확했다."[95] 그는 또 시의 형식으로 양장 총독兩江總督 황정계黃廷桂(1691~1759)를 타일 렀다.

구태여 장막을 펼 필요가 있는가	何須張錦帳
구름 낀 하늘 보는 것을 좋아할 뿐	惟喜閱鱗天
강건하고 부드러운 풍속을 세심히 살펴	細驗剛柔俗
풍년일지 흉년일지 두루 자문을 구하리	周諮豐歉年

그러고는 거듭 강조했다.

이곳은 인문이 성한 곳이니	此地人文盛
순박함으로 돌아가는 데 더욱 노력해야 한다네	還淳尙勉旃[96]

하지만 강남의 번화함은 청초 제왕들의 눈을 사로잡았고 그들 마음속 깊이 숨어 있던 욕망과 충동을 일깨웠다. 특히 백성이 길거리 양쪽에 무릎을 꿇고 만세 하는 모습은 '오랑캐' 출신으로 중원의 주인이 된 군왕들에게 심리적 만족감을 안겨주었다. 당시 사람들은 건륭의 남순에 대해 이렇게 기술했다. "양저우揚州, 쑤저우蘇州, 자싱嘉興, 항저우杭州 네 부의 염상鹽商과 바다 건너 일본으로 가서 구리銅 거래를 한 관상官商 등은 모두 다 무대를 만들고 가무를 공연하는 데 돈을 아끼지 않았으며 화려하고 사치스럽기 그지없었다. 황제의 어가를 마중하는 수백 리 거리 안에 마련된 무대는 수천 개쯤 됐고 같은 것은 단 하나도 없었다. 황제는 그들에

게 금과 은, 작고 귀한 물건, 담비 가죽 등을 선물로 하사했고, 그들 역시 이것을 세상에 다시없을 영광으로 여겼다. 또한 남순 여정에서 도착한 각지역의 1년치 세금을 면하라는 명을 내렸다. 황제께서는 영암산靈巖山 행궁行宮에 머무르며 그 지역 18경景을 유람했다. 영암산 행궁의 산기슭에는 100여 개의 공연 무대와 20개의 정자가 있었고 황제께서 각종 가무 공연을 감상하실 수 있게 했다. 산기슭 주변을 따라 황제의 수행 인원들이 에워싸고 수비했으며, 밤이 되면 등불이 켜져 마치 밤하늘의 반짝거리는 별들과 같았다. 강물에 등으로 장식한 등선燈船 수백 척이 떠다니며 불꽃놀이를 하니 왁자지껄함이 절정에 달했고 강과 육지는 모두 대낮같이 밝았다." 같은 달 2일, 석호石湖 행궁에서 5층 높이인 용선龍舟 20척, 오색 어선 50척을 띄우고 그물로 물고기를 잡았으며 황제는 하루 종일 거기서 구경을 했다.[97]

이렇게 지극히 화려하고 만민이 만세를 부르는 장면은 100여 년 전 이곳에서 죽을힘을 다해 청과 싸우던 그 당시 강남 민중들에 대한 기억과 오버랩 되며 대조적인 심정을 불러일으켰다. 이것은 강남의 사치 풍조에 대한 건륭제의 비판의 목소리를 더욱 약해지게 만들었다. 남순 여정에서 건륭제가 사치 풍조에 대해 쏟아놓은 각종 비판과 질책은 그저 종이쪽지에 불과한 공문空文이 되어버렸다. 그는 짐짓 원망의 말투로 말했다. "화이허淮河 강을 넘어 강남에 왔는데 도착한 곳마다 모두 서로 경쟁하듯 새로 건설하고 꾸며놓았다. 저장浙江의 룽징龍井 지역은 원래부터 풍경이 좋으니 토목 공사를 다시 일으킬 필요가 뭐 있는가? 이미 벌어진 일은 말하지 않겠다. 그러나 이처럼 일을 화려하게 벌여 대체 어떻게 될지 알 수 없을 정도로 만드는 것은 진정 옛일을 고찰하고 현재를 살펴보려는 짐의 본래 뜻이 아니다." 그리고 "이후에 남순할 때는 장쑤와 저장 지역의 행궁과 명승지 등을 다시 치장하고 건물을 지을 필요가 없다. 그것은 지나친 낭비만 더할 뿐이다. 기껏 칠을 하고 꾸며놓아도 몇 년을 못 가 칠은 다 벗겨지고 원래 모습으로 돌아갈 것이다."[98] 심지어 수도로 돌아가는 도중에 조북구趙北口에서 용주龍舟를 준비하고 있다는 소식을 듣고 미리 지방관에게 "그만두게 하는 데 전력을 다하며, 화려함을 추구하지 말고 나의 본뜻에 부합하게 하라"는 명을 내렸다. 하지만 양저우의 염상들이 건륭의 도착을 환영하기 위해 매화 만 여 그루를 기부하여 심자 건륭제는 이것이 백성에게 이로운 일이니 상을 줄 만한 일이라고 생각했다. 그러고는 시로 그들의 행동을 칭찬했다.

핑산의 만 그루 매화나무에 새로 꽃이 피니   平山萬樹發新花
빈민에게 일거리를 준 훌륭한 행동과 매화를 감상할 수 있는 청신한 유람
두 가지 일 모두 칭찬할 만하네   勝擧淸遊兩可夸
모란을 심지 않고 매화를 심었으니   不種牡丹種梅朶
부자들 역시 화려함을 싫어하는구나   殢財人亦厭繁華

그리고 시 밑에 주를 달아 이 행위가 사치스러운 일에 들어가지 않는 이유를 설명했다. "핑산平山에 예전에는 매화가 없었는데 이번 남순 때 염상들이 기부해서 만 그루를 심었다. 매화를 감상할 수도 있고 백성에게도 이로운 일이라서 금하지 않았다."[99]
염상이 매화를 심었다는 데 대해 건륭제가 보인 반응은 상당히 모순적이었다. 그는 강남의 부를 정말로 싫어한 것이 아니라, 부가 비교적 공

평하게 분배되었으면 좋겠다고 생각했을 뿐이다. 시 속에는 그의 심리가
잘 나타나 있다.

풍요롭도다! 백성의 창고에 다함이 없으니　　　　　　富矣閭閻藏不匱

빛나는도다! 사인과 서민들이 순박함을 회복시키니　　彬哉士庶許還淳[100]

　　그는 강남을 순방하는 과정에서 스스로에게 순박함을 숭상하고 사치
함을 경계하라고 요구했다. 예를 들면 그는 양장 총독 윤계선尹繼善에게
명령하여 각 부두에 종려 잎으로 만든 자리만 깔고 알록달록하게 화려
한 자리는 깔지 말라고 요구했다.[101] 그리고 행궁에 베로 만든 휘장으로
경호 숙사周廬를 만들어 검소함을 드러냈다.[102] 이것이 완전히 연기라고만
할 수는 없었다. 그러나 나중에는 염상들의 부의 유혹을 거절하는 능력
이 확실히 저하된 것으로 보인다. 그는 염상들의 기부를 받아들인 것이
지 백성의 재산을 수탈한 것이 아니라고 변명했다. "비록 상인의 재력일
뿐 백성의 재력은 아니지만, 다만 금년이 작년보다 낫다고 느끼네雖然商力非
民力, 但覺今年勝昔年"라고 시에서도 말했듯이, 부자들의 기부는 백성에게 부
를 나누어주는 역할을 하게 만들었다. 건륭제는 상인들의 기부가 공헌한
바에 대해 매번 칭찬하며 여러 차례 성지를 내려 상을 주었다. 건륭 22년
(1757)에는 식염食鹽 1인引마다 10근씩 상으로 더 주기로 했다. "이는 원래
정해놓은 자본금에 국한되지 않고 2년을 기한으로 삼는다. 백성의 경제
력도 풍족해지고 상인들의 재력에도 문제될 것 없이 편안하게 함으로써,
상인을 돕고 백성을 사랑하는 뜻을 보여주길 바란다"[103]고 했다. 건륭제
는 이렇게 하면 "백성에게 부를 축적시키는" 목적을 이룰 수 있다고 생각

했다. 또한 이는 순박함을 숭상하는 일과 결코 충돌되지 않는다고 여겼다. 그래서 화이양淮陽을 지날 때 기쁘게 시를 읊었다.

백성에게 부를 안기기 위해 흔쾌히 고삐를 당기고   藏富於民欣按轡
소박함으로 화려한 풍조를 고치기 위해 옛 경전의 내용을 기억하네
返華以樸憶陳編[104]

하지만 염상들의 거대한 기부는 건륭제에게 단맛을 맛보게 해준 셈이었다. 이후의 몇 차례 남순에 든 비용은 염상들의 기부에 더욱 의지하게 됐고 군수, 치수, 재난 복구 및 심지어 생일이나 포상 등에 드는 비용도 염상의 찬조에 기댔다. 학자들의 통계에 따르면, 강희 17년(1678)에 염상들이 13.5만 냥의 군수를 제공하고, 강희 10년(1671)과 18년(1679) 재난 구조에 5만 냥을 기부한 것 외에, 염상들의 기부는 대부분 건륭 연간에 집중됐다. 그 액수도 거대하여 툭하면 수백 만 냥 이상이었다.[105] 이는 염상의 부패를 초래했을 뿐만 아니라 강남 풍조가 다시 사치스러운 방향으로 회귀하게 하는 간접적 원인이 됐다.

당시 사람은 강희 중엽까지만 해도 사인들이 상인들과 교류하는 것을 수치로 여겼는데 건륭제 때에 와서는 상인들과의 교류가 빈번했다는 사실을 발견했다. 요세석姚世錫이 저장 우싱吳興의 인물에 대해 기록한 책이 있는데, 그 가운데 소년 시절 자신의 고향에 반언휘潘彦徽라는 효렴孝廉에 대해 언급한 부분이 있다. 그는 "집이 몹시 가난하여 어느 날 동년同年(같은 해에 과거에 급제한 사람)인 능단신凌端臣 선생에게 물었다. '염상과 전당포를 경영하는 상인을 만나도 괜찮을까요?' 능단신이 대답했다. '그대

가 얻을 수 있는 건 수십 금金뿐인데 그까짓 것 때문에 지조를 더럽힐 수 있겠소?' 반언휘가 극구 옳은 말이라고 대답했다. 나는 그때 열한 살이었는데 직접 이 말을 들었고 마음에 새겨 잊을 수 없었다. 하지만 지금의 사풍士風은 날로 쇠해지고 있다. 한 신흥 부자가 있는데 집안은 원래 관리 출신이 아니지만 돈이 많았다. 그래서 한 후배의 명함을 가지고 장사를 하여 복福, 녹祿, 수壽 모두를 누리게 됐다. 당시 사람들은 그와 왕래하는 것을 잘못된 행위라고 보지 않고 오히려 칭찬했다."[106]

어떤 사람은 복장의 변화를 통해 강희 연간부터 건륭 연간까지 풍조의 변화를 규명했다. 강희 원년(1662)에 군민들에게 망단蟒緞, 장단妝緞, 금화단金花緞, 편금왜단片金倭緞, 담비 가죽, 여우 가죽, 시라소니의 털로 옷을 만들지 말라는 명을 내렸다. 강희 39년(1700)에 팔기 거인擧人, 생원 등은 일반 비단만 입을 수 있고 족제비 등의 모피 제품은 입지 말라고 규정했다. 한족 거인擧人과 생원은 이리 모피 외에 팔기의 규정을 지켜야 하고, 일반 군민과 하층 관리들은 이리, 여우 등의 모피로 옷을 만들면 안 되며 심지어 담비 모피로 만든 모자를 써서도 안 된다고 했다. 옹정 2년(1724), 군민의 복식 색상에 대해서도 구체적인 등급 규정을 매겼다. "옷에 흑 여우 모피, 추향색秋香色, 미색 등의 색과 안장과 고삐용의 미색, 추향색秋香色을 쓰는 사람은 특별한 상황 빼고는 처벌받을 것이다."[107]

하지만 건륭 연간에 와서는 상황이 많이 변했다. 당시 사람은 이렇게 기록했다. "강희제 때 의복과 모자, 신발은 예스럽고 소박한 것을 숭상했다. 평상복은 대개 베로 만든 옷이었고 겨울에 갓옷을 입는 사람은 백에 두셋도 안 됐다. 여름 두루마기는 주로 칡으로 만들었는데 황초겸黃草縑을 겸용했다. 하지만 지금 사람은 베로 만든 옷을 입기 부끄러워하고 비단을 좋아하며 다투어 새로운 색과 스타일을 추구한다. 가끔 예전 그대로 베로 만든 옷을 입는 사람도 있긴 하지만 그런 사람을 보면 손가락질하며 비웃는다."[108] 이는 건륭 말기 사치 풍조에 대한 인식 변화와 깊은 관련이 있었다. 백성 생활이 사치스러운 경향으로 흐르는 것에 대해 몇 차례나 칙령을 내려 억제하고자 했지만 효과는 별로 없었다. 건륭제는 이러한 것이 사회가 변화한 결과이고 사람의 힘으로 통제할 수 있는 일이 아니라고 여겼다. 그는 복식의 변화를 예로 들어 말했다. "망포 입기를 일괄적으로 금지하면 원래 그것을 가지고 있던 사람은 그 옷을 상자 속에 넣어 따로 둘 것이다. 망포를 지어 입어야 하는 사람에게는 폭리를 노리고 팔지 않기에 옷값은 더 올라가게 된다. 이렇게 되면 차라리 그냥 마음대로 입으라고 하는 것이 더 편할 것이다." 이렇게 행동하는 이유에 대해 말하면서 그는 풍조와 제도를 옛날로 돌릴 수 없는 이치도 마찬가지라고 했다. "순박함은 다시 회복하기 어렵고, 옛 도는 행해지지 않는다. 삼대三代의 도와 정전법井田法 같은 것이 어찌 왕도王道가 아니란 말인가? 그러나 여덟 가구가 함께 공전公田을 경작하고 공사公事를 처리한 후 사적인 일을 하는 것은 옛날에는 마땅한 일이었으나 오늘날에는 맞지 않는다. 그리고 요즘은 인정이 날로 각박해지니 누가 먼저 공적인 일을 생각하고 이후에 사적인 일을 하려 하는가? 균전均田도 선정善政이라 할 수 있으니 가난한 선비들은 종종 이것이 반드시 행해져야 한다고 생각하지만 지금 세상에서는 역시 실행하기 어려운 일이다. 부를 빼앗아 가난한 자에게 준다는 것은 더더욱 안 될 일이다. 설령 많은 것을 덜어 적은 것에 보태주는 식으로 부자의 여윳돈을 가난한 자에게 준다고 해도 끝내 가난한 자의 부족함을 채울 수 없다. 그렇게 하면 가난한 자가 부자가 되기 전에 부자가 먼저 가난해질 것이니, 어찌 이러한 방법에 의지해 구제할 수 있겠는가!"그러고는 마지막에 그는 이렇게 탄식했다. "짐이 밤낮을 가리지 않고 고민하는 것은 바로 민풍을 돈독하고 순박하게 만들고 집집마다 풍요롭게 살게 하려는 것이다. 하지만 풍속은 날로 사치스러워지고 법령이나 명령으로도 거의 금할 수 없는 지경에 이르렀다. 이는 마치 창장 강과 황허 강의 물이 서쪽에서 동쪽으로 흐르는데 누군가 이를 막아 동쪽에서 서쪽으로 흐르게 만들려는 것과 같은 것이 아니겠는가?"[109]

건륭제가 '검소함을 숭상崇儉'했는지 아니면 '화려함을 숭상崇文'했는지, 대체 그의 진심이 무엇이었는지를 헤아리다보면 당대의 걸출한 강남 인재들이 황제의 심리를 얼마나 간파했는지를 엿볼 수 있다. 이를테면 당시 장저江浙(장쑤 성과 저장 성)의 관원 황정계는 무턱대고 검소·소박함을 숭상하는 것이 건륭제의 진심이라고 여기고, 남방 순행 중에 백성이 자발적으로 어가를 맞이하는 행위를 대대적으로 자제시켰다. 그 결과 건륭제의 '질표문리'에 대한 기대가 무너질 수밖에 없었다. 강남의 사인인 원매袁枚는 꼼꼼히 살핀 후 건륭제의 진심을 깊이 깨달았다. 그는 상소를 올려 황정계의 행동에 내재된 수많은 잘못과 폐해를 직설적으로 지적했다. 당시 건륭제는 표면적으로 다음과 같은 유지諭旨를 내렸다. "강남 순행에서 산천 교량을 짓는 경우는 본래 정해진 세금을 감해줄 것을 허용했으니 집집마다 세금을 물릴 필요가 없다. 더구나 조서가 겹겹이 쌓이면 백성에게 누가 될까 염려된다." 황정계는 그러나 성지의 함의를 거꾸로 이해했다. 즉 "남방의 백성은 간사하며, 충성스럽고 자애로운 마음이 없으므로 일대 개혁을 해야 한다"고 보았다. 이러한 생각은 분명 초기 만주족이 만리장성을 넘어올 무렵의 강남을 바라본 시각이었다. 당시 신사紳

士들이 채붕彩棚과 단을 설치하여 황제를 맞이하려 할 때 황정계는 난폭하게 제지했고 '신사들은 두려워 뿔뿔이 흩어졌다.' 원매는 "충성스럽고 자애로운 마음이란 백성 마음에서 저절로 우러나오는 것이지 위력으로 얻을 수 있는 것이 아님을 알지 못한 것"이라고 주장했다. 그는 나아가 황정계의 이러한 조치를 다음과 같이 분석했다. "신사들은 공公의 뜻을 크게 거스르며, 소란을 피웠습니다. 공의 생각에, 저 신사들은 채붕과 단을 설치하는 데 필요한 것들을 묶어 싣고 오는 것이 마땅하고, 관리들은 거절하고 돌려보내야 마땅한 것이었습니다. 암암리에 돈을 쓰지만 겉으로는 명성을 드러내지 않고, 그런 연후에 황상께서도 이 사실을 모르신다면 그 방법이 양쪽에게 모두 좋은 일입니다. 그러나 신사들은 황상께 아첨하고자 마음먹은 이상 공명을 얻지 못하는 곳에는 분명 돈을 쓰려고 하지 않을 것이고, 황상께서는 백성에게 누를 끼치지 않고자 마음먹으신 이상 또 어찌 아첨하는 이들에게 죄를 더하시겠습니까? 이러한 이치는 쉽게 알 수 있는 것입니다. 저들이 팔짱을 끼고 방관해도 화가 이르고, 돈을 갹출하고 충의를 드러내도 화가 이르니, 이러지도 저러지도 못하는데 원망이 없을 수 있겠습니까? (…) 그래서 제가 '공은 군주를 공경함에 자질구레한 부분만 신경 쓰다가 정작 중요한 부분은 잊었다'고 했던 것입니다."[110]

사실 이러한 원매의 말은 건륭제의 심층 심리를 진즉에 간파했음을 보여준다. 과연 얼마 지나지 않아 황정계는 면직당하고 산간陝甘(산시陝西 성과 간쑤 성) 지역으로 보내졌다. 황제는 유지에서 관직 박탈의 이유를 분명히 밝혔다. "대개 남쪽 사람들의 분위기는 부드럽고 연약한데 황정계의 성격은 강하고 급하여 마치 물과 불이 서로 용납하지 못하는 것과 같다. 이번에 처리한 모든 일에 이곳 백성은 두려운 마음이 많아지고 기쁘게 승복하는 마음은 줄어들었다. 황정계는 기뻐하고 성을 내는 가운데 역시 요령을 얻지 못했다. 질책을 당한 이는 진실로 원망이 없을 수 없고, 포상 받은 이들 역시 감사하다 여기지 않으니, 이것이 오래가면 어찌 지엄한 정령政令을 베풀 수 있겠는가? 그를 장쑤 성에 오래둔다면 그의 장점을 분명 제대로 쓸 수 없게 될 것이다."[111] 이 유지는 사실 의도적으로 강남을 특수 지역으로 대우한다는 의미를 담고 있어 실제로 강남 지역이 문화의 중추임을 인정한 것이다.

강남 순행의 비용은 궁정 황실의 재정에서 충당하는 것 외에 주로 지방 정부의 지원과 상인의 기부에 의존했다. 그 가운데 휘주徽州 염상의 찬조는 강남 순행의 풍속 시찰의 경향을 바꿔놓는 가장 중요한 요인이 됐다. 강희제와 건륭제의 강남 순행의 의의에 대한 언급으로 볼 때, 한편으로는 강남 민심을 어루만지려는 정치적 동기가 내재되어 있고, 또 한편으로는 풍속을 시찰하고 정비하여 세상인심을 순박한 방향으로 이끌려는 계산이 들어 있었다. 강남 순행 이전에는 백성에게 근심을 끼쳐서는 안 된다고 반복해서 강조했으며 아울러 세부적인 경비는 일률적으로 관부에서 지출하도록 했다. 그러나 휘상徽商의 개입은 모든 강남 순행의 계획을 원래 계획했던 궤도에서 벗어나 강남의 사치성 소비의 소용돌이 속으로 끌려들어가도록 했다. 연구에 따르면 건륭 22년(1757)에서 32년(1767)까지 총 10년 동안 염상 황급득黃汲德은 강남 순행 때의 하사품 및 황태후 칠순 생신 등 황실 행사를 위해 은 310만 냥을 기부했다. 통계에 따르면 강희 연간에서 가경嘉慶 연간까지 청 조정은 모두 3982만2196냥 이상에 달하는 양저우 염상의 헌납금을 받았다.[112]

휘상 세력이 흥기한 것과 더불어 그들이 황실과 강남 문화권에 침투한 것은 명말과는 다른 청 초기의 중요한 현상이었다. 청초에 휘주 염상은 양저우 등 강남의 핵심 지역으로 대거 몰려들어 새로운 이민을 이룩했고 독특한 하하河下 염상의 지역사회를 구성했다. 휘상은 휘주의 향촌 지역 출신으로, 강남 문화의 핵심 지역에 진입한 뒤 서둘러 문화 인사들의 인정을 받았고 그로 인해 쑤저우 문화를 크게 모방하여 신사와 상인이 융화하는 문인 집회雅集의 풍격을 이룩했다. 휘상은 서예·그림·골동품을 대량으로 사들여 간접적으로 문인을 지원함으로써 문인들의 소비 능력을 증강시켰다. 동시에 강남 문인으로 하여금 휘상의 지원에 더욱 의존하게 만들어, 명말 이래 문인 사회가 신사紳士 산업에 의존해 술잔을 기울이며 시로 화답하며 노래하던 기존의 형세를 바꿔버렸다. 그리하여 당시 어떤 이는 "화이허의 풍속은 예부터 검소하고 소박했는데 근래 들어 사치하는 풍습이 생겼으니 그 이유는 신사紳士가 아닌 상인에게 있다"고까지 말하기도 했다.[113]

청초 황제와 휘상과의 관계는 더욱더 미묘해졌다. 휘상은 강남 순행에 대대적으로 물자를 지원하고 그 속에서 이득을 취했다. 황제는 휘상을 이용하면서 여러 번 갈팡질팡했었다. 건륭제는 한때 '상인의 기부'에 의존하는 것은 관료사회의 구습이라고 생각했다. 그는 초기 강남 순행 때 여러 번 유지를 내려 해당 지역 총독과 순무는 "부화하고 낭비하는 일을 섬기지 말고, 간소하고 소박한 것을 따르도록 힘쓰라. 아울러 일체의 상인 기부와 같은 구습을 금지하노라"라고 하명했다. 이유인즉 황실의 비축 자금을 운용하기만 한다면 강남 순행의 지출을 해결할 수 있다고 생각한 것이다. 그는 자신 있게 다음과 같이 말했다. "짐의 수레가 지나가면서 백성의 풍속을 살피고 묻는 것은 정치의 요체와 관련된 일인즉, 수십만 국고를 운용하는 게 뭐가 안 된다고 반드시 기부한 자금에서 조달하는가! (⋯) 만약 화려하게 겉치레하고 이목을 현란하게 하는 것을 각 상인 점포에 할당하여 폐를 끼치고, 불초한 관리가 훗날 기회를 틈타 소란을 일으키고 점점 배를 불린다면, 이는 백성에게 은혜를 베푸는 의식이 오히려 백성에게 누를 끼치는 셈이니 이 어찌 짐이 순행에 나서는 본뜻이겠는가? 또 어찌 황제의 왕림을 바라는 백성의 정성을 어루만지는 것이겠는가? 만약 이런 일이 여전하다면 짐이 이끌어 경계로 삼을 것이다. 청한 바를 따라서는 안 된다."

강남 순행의 구체적인 사항, 즉 시후西湖 호의 선박 숫자나 채등彩燈을 거는 곳 등에 대해서 건륭제 역시 생각해둔 것이 있었다. "시후 호 배의 경우, 황태후와 짐이 쓸 한두 척 외에 시종들은 본디 작은 배에 태우면 되니 선박을 많이 준비하여 낭비할 필요가 없다. 또 경유하는 도성 마을에서 어가를 맞이하여 각자 성의를 보이기 위해 그 문 앞에 채등을 내거는 것은 금하지 않을 것이다. 행궁에 완상품을 진열하고 쑤저우와 양저우 성곽의 도로변에 천막을 설치하는 것은 이미 금지령을 내렸다. 물길을 따라 예전에는 채등으로 장식한 놀이배, 누각, 저속한 놀잇거리를 마련했다. 이는 지방의 관원 및 민간의 빈둥거리며 참견하기 좋아하는 무리들이 이를 핑계로 가혹하게 돈을 걷어가는 것에 불과하니 더욱 엄격히 금지해야 마땅하다."[114] 이는 건륭 20년(1755)의 상황이었다.

다시 6년이 지난 뒤 상황이 달라졌다. 건륭 27년(1762)의 유지에 다음의 내용이 있다.

"짐의 어가가 지나는 곳에 교량과 도로를 수리하고 청소하는 일은 지방의 관원들이 맡아 수리하고 보수해야 한다. 채등과 임시 천막은 일체 겉치장하는 도구이므로 누차 성지를 내려 꾸짖고 금지했다. 지금 장쑤 성과 저장 성의 거리에서 여전히 이를 따라 답습한 경우가 있다. 이는 쑤 저우와 양저우에 있는 염상과 포목상이 나머지 경비를 대고 우연히 한 번 장식한 것이었다. 이 지역 장인과 가난한 백성은 물자를 얻어 열심히 만들어 작은 이득을 보았다. 이른바 남는 것을 나누고 부족한 것을 보충 한 경우이니 그와 같은 일은 실로 행할 만하다. 만약 지방관이 오직 모방 하고 답습하기만을 일삼아 점점 더 화려하게 한다면, 이는 정말 직무를 받드는 도리가 아니다. 이후 총독과 순무 등은 실로 힘써 금지하라. 모든 것에서 화려함을 없애고 실제 정치를 숭상하라."115

이 유지의 뜻은 매우 분명하다. 곧 강남 순행의 관례에 따른 지출 이외 의 것은 지방정부 재정에서 축낼 수는 없지만, 만약 휘상이 기꺼이 자금 을 지원한다면 이는 건륭제의 눈에 '우연히 한 번 장식한 것'이라 간주되 어 금지할 일이 아니라는 것이다. 실제로 청 황실 재정의 표준 체계에서 별도의 헌납이라면 자신의 한없는 사치 욕구는 사실상 묵인됐음을 암시 하고 있다. 건륭제가 염상을 겨냥해 공포한 낭비 절제에 관한 유지는 마 음에도 없는 말처럼 보인다. 건륭 26년(1761) 4월 강남 순행의 '공무'로 인해 양회 지역의 염상이 고생을 하자 건륭제는 유지를 내려 양회 지역 에서 염정鹽政(염업을 관장하는 관리)을 역임한 길경吉慶·보복普福·고항高恒이 잇달아 양저우 행궁을 점점 더 화려하게 건립하는 바람에 힘과 돈이 지 나치게 들었다고 질책했다. 이전에 길경이 염정으로 있을 때 이미 행궁을 사치스러울 정도로 보수했는데도 보복이 재직하게 되자 길경 때를 뛰어 넘고자 했고, 지금 고항이 하는 것도 듣자 하니 또다시 보복을 넘어서는 데 목표를 두었다고 했다. 이 유지는 또 역대 염정이 행궁을 건립하는 것을 꾸짖고, 비록 염상이 진심을 드러내고 지극한 정성으로 일을 돕는 것이라 해도 역시 절제하는 것이 마땅하다고 말했다.[116]

실제로 강남 지역에서 황실의 '질표문리' 전략을 관철시킨 핵심 인물은 강남의 직조서織造署와 양회의 순염어사巡鹽御使를 역임한 한족 포의包衣* 였다. 포의는 비록 한족이었지만 장기간 황실 안에서 시중을 들었다. 어려서부터 만주족 풍습에 익숙해 있는 황실의 지근거리 시종에 속한다. 조인曹寅(1658~1712)과 같은 이는 말 타고 활 쏘는 기술이 매우 뛰어났다. 강희제는 그들을 강남의 특수한 지위에 앉혔다. 지방관의 눈을 벗어나 현지 염상과 빈번하게 교류하고 황실 가족을 위해 재산을 축적했다. 이들은 한족 고관대작의 신분이기에 자유롭게 강남 문인 사회를 누비며 황실과 강남 인사들의 교량 역할을 했다. 조인은 강희제의 명령을 받아 『전당시全唐詩』를 편찬하고 강남 문인들을 편입하려는 황실의 의도를 구현했다. 건륭제의 『사고전서』 편찬 역시 이러한 생각의 연장선에 있었다. 조인은 또 부친의 문집 『연정집楝亭集』을 편찬하면서 쑤저우 일대의 한족 인사들과 친분을 맺었다. 이 중에는 심지어 진공윤陳恭尹(1631~1700)과 같은 명나라 유민도 포함돼 있었다. 강남의 직조서는 또 황실을 위해 진기한 선물을 수집하는 특수한 임무를 수행했다. 쑤저우 직조서의 이후李煦(1655~1729)는 강희제에게 동서양의 각종 선물을 바쳤다. 심지어 강희제

---

* 포의는 만주어 '포의아합包衣阿哈'의 줄임말로 '집에서 기르는' 혹은 '집안의'란 뜻이다. 팔기八旗 조직의 가장 낮은 곳에서 생활하는 자들로 가내家內 노예에 해당한다. 전쟁포로에서 유래했으나, 만주족 평민이 빈곤으로 또는 귀족에게 죄를 지은 일부 자손들이 포의로 전락했다. 자청하여 포의가 된 자들도 있다. 한족, 몽골족, 만주족 등 여러 종족이 섞여 있었으며, 주인과 함께 살고 주인을 위해 농사와 사냥 등 생산 활동에 종사하며 각양각색의 집안일을 맡았다. 포의는 주인의 재산으로 간주되었다.

를 위해 연극 선생까지 수소문하여 여자아이에게 연극을 가르치도록 했다.[117] 주목할 것은 이러한 한족 '포의'야말로 청나라 황제의 '질표문리'라는 행위를 특별히 구현할 수 있다는 점이다. 그들은 한만漢滿 문화라는 근본적인 우수한 소질을 갖추었다. 말 타고 활 쏘는 데 익숙한 만주족의 습성을 간직하고 있으며 동시에 문장과 시를 지을 수 있었다. 한족 포의라는 신분은 황실을 대표해 시와 술, 사교의 방식을 통해 강남 사림의 인기를 끌어모을 수 있었다. 특히 황실의 재산을 축적하는 반半 비밀 루트로서, 포의는 명말 강남의 사치 풍토에 대한 청 황제의 동경을 일깨우는 데 일정한 도움을 주었고, 아울러 민간 풍습의 전환에 간접적으로 영향을 끼쳤다.

여론餘論

중국 사상사에서 '문질지변'은 줄곧 상당히 복잡한 의미를 지녀왔다. 표면적으로 보면, '질'과 '문'은 글자 그대로 '원시'와 '문명'의 차이로 이해할 수 있다. 중국 역사의 문명과 진화는 '질'로부터 '문'으로의 과정으로 묘사됐다. 하지만 '문질'에 대한 이해는 역사를 보는 현대인의 입장에 근거하여 무단으로 해석해서는 안 된다. 소위 '일문일질一文一質(문과 질의 교체 순환)'이라는 것은 상호 작용하여 역사 발전의 기본 추세를 구성했다. 하지만 옛날 사람의 눈에 '질에서 문으로由質趨文'란 현대인이 상상하는 진화론처럼 그렇게 직선적인 변화가 아니다. 이런 추세는 역사의 유일한 선택이 아니며, 특히 유일한 낙관적 선택이 아니라고 말하는 사람도 있다. 적지 않은 시간을 거치면서 '질'에 포함된 '순박'의 뜻은 '문'의 존귀한 지위를 쉽게 뛰어넘어 그것을 대체했고 주류 사상이 됐다. '질'이 대표하는 거침과 비속함은 '문'이 대표하는 우아함, 정교함과 더불어 시대에 따라 변하면서 끊임없이 위치가 바뀌는 상대적인 것이다. '문을 줄이고 질을 늘리는 것損文益質' 또는 '질을 낮추고 문을 추구하는 것損質趨文' 가운데 무엇을 선택하는가는 항상 시대정신의 유동에 따라 예측하기 어려운 변화를 가져왔다.

남송 이후에 '문질'은 특별한 공간적, 민족적 의의를 부여받았다. 남송과 금의 대치는 그 이전과는 다른 특징을 갖는다. 공간적으로 '남(문)-북(질)', 민족적으로 '송인宋人(문)-금인金人(질)'이라는 이분법적 서술은 점차 정해진 약속처럼 고정됐고 전통적인 '문질지변'의 틀 안에서 두드러지게 드러났으며, 동시에 매우 강렬한 도덕적 판단의 경향을 부여받았다. 오랜 기간 사라졌던 진부한 '이하지변'은 '문질지변'의 해석과정에서 공교롭게도 새롭게 소환되어, 남송이 남쪽에 일시적으로 안주했다는 사상적 곤경에 대응했다. 이런 생각은 당나라 황실이 '이적夷狄' 출신이고 나아가 한족과 주변 이민족의 생활 방식이 혼재됐던 것과는 완전히 다르다. '문질지변'에 대한 해석은 명말 청초 왕조 교체기에 다시 공론의 장으로 나왔고 명말 유민의 반만反滿 의식에 중요한 사상적 자원이 됐다. 이런 과정을 정확하게 파악하려면 사림과 황제의 의식이라는 두 가지 측면에서부터 파고들어야 한다.

청초와 남명南明의 대치는 금과 남송의 대치와 비슷한 점이 있다. 단지 대치 기간이 길고 짧음에 차이가 있을 뿐, '문질지변'과 남송의 역사는 서로 뒤엉켜 있어서 단순하게 분리할 수 없다. 만주족에 대한 상상을 금나라 사람에 대한 인식과 자주 관련시켜서 만주인의 행위를 자연스럽게

'질'로 귀납시키고 폄하했다. 그러나 만주족이 문화 변화를 초래할 수 있다는 우려는 명의 멸망이라는 역사적 경험에 대한 반성과 겹쳐졌고, 이로 인해 조성된 사상은 후대인들에게 말로 표현할 수 없는 복잡한 감정을 안겨주었다.

청초 황제들의 입장에서는 강남이라는 특별한 지역과 마주하면 마음에는 항상 형언할 수 없는 어색하고 모호한 태도가 자리 잡았다. '강남'은 문명과 사치가 공존하는 곳으로 만주족의 통치 방식에 큰 스트레스로 작용할 수 있었다. 이 스트레스는 정치적인 것뿐만 아니라, 대부분은 문화적이고 심리적인 것이었다. 문화적 스트레스는 대체로 '문질지변'의 자리매김 문제로 귀결됐다. 만주족은 검소하고 강직한 풍격으로 명을 멸망시켰지만 정복 지역 문인들이 보내는 멸시와 소리 없는 비방을 마주할 때면 심리적으로 우세하다고 할 만한 것이 없었다. 생존 양식으로서의 거친 '질'로 생활풍격으로서의 우아한 '문'에 대적할 수 없는 것은 황제들의 고민거리였다. 몇 대에 걸친 노력 끝에 건륭제 때 와서 '문'의 수준은 일반 유학자들보다 높아졌지만, 만주족의 생활 전통을 유지하면서 한족 문화를 인정하는 긴장감을 해소할 수는 없었다.

이번 장의 분석을 통해서 알 수 있는 것은, 이런 긴장감의 해소가 사인들이 명말의 생활 방식을 버리고 특수한 언어 환경 아래서 '질박'한 생활을 인정한 데서 시작됐다는 점이다. 왜냐하면 사림의 입장에서는 한때 칭송받았던 자유롭고 멋스런 '문'의 생활태도에 명 멸망의 책임이 있다고 생각했기 때문이었다. 따라서 청초 황제들이 숭상한 '질박'한 생활과 잠시나마 공유할 수 있는 언론의 장을 이루었다. 적어도 '질'의 의미를 인정하는 것으로 공통의 언어를 찾은 듯 보였다.

'문질지변'은 관념의 표현일뿐 아니라, '사치'나 '절약'의 태도에 대한 인식 차이 및 사회 통치상의 약간의 변화도 포함한다. '사치'와 '근검'의 관계에 대해서 양롄성楊聯陞 선생은 이렇게 생각했다. 중국 전통 사상을 전체적으로 보면 소비와 근검에 동의하고 과소비와 사치에 반대한다. 왜냐하면 인간의 욕망이란 영원히 만족되지 않는 것이어서 악으로 간주하여 통제하고 관리해야 한다고 믿기 때문이다. 따라서 경제 사상의 측면에서 저축과 투자의 관계, 특히 순수한 경제적 투자 간의 관계에 주목하는 사람이 아주 적었고, 더군다나 과소비와 경제 성장 간에 관계가 있을 거라고 주목하는 사람은 거의 없었다.[118] 사실 명말 이후 사림 중에서 소수이지만 '사치'를 변호하는 글이 나왔다. 비교적 유명한 것은 상하이의 육즙陸楫이 강남에 보편화된 '사치'에 대해 쓴 글이다. 그중 특이한 것은 "특히 사치를 숭상하는 풍속이 심했고, 백성은 사는 게 매우 편했다"[119]는 부분이다. 이는 당시의 주류 관점과 완전히 다르다.

18세기에 육즙의 생각은 점점 더 많은 반향을 일으켰다. 위잉스余英時는 법식선法式善(1753~1813)과 고공섭顧公燮의 주장을 증거로 인용했다. 특히 고공섭의 다음 주장은 세상을 놀라게 할 만하다. "천만 명의 사치는 천만 명의 욕망을 의미한다. 천만 명의 사치를 바꿔 순박한 것으로 만들면 천만 명의 욕망도 사라질 것이다. 세상의 손익損益은 움직이고 통하는 것이어서, 그 흐름을 바꿀 수 없다."[120] 이 말은 마치 '사치' 유행이 이미 당당하게 입에 올릴 수 있는 주장인 것과 같은 분위기를 느끼게 한다. 이와 비슷한 주장들은 사치를 억제하는 중국 전통 사상과 어긋나지만, 명말 이후 사회 분위기의 변화를 보여준다. 그러나 청초 사림에서는 여기에 반대되는 여론이 나왔으며, 우리는 당시 문집들을 통해 소박함을 추구하자는 논의가 새롭게 주류 여론이 됐음을 알 수 있다. 이는 청초 사림이 명 멸망의 이유가 사림의 공론이 나라를 그르친 데 있다고 생각하는 것과 관련이 있다. 그리고 공담과 관련된 생활 방식에도 의문을 제기했다. 명의 멸망을 통감하고 '질박'을 긍정하는 것은 '질박하고' 강건한 힘을 가진 먼 땅의 이민족 출신으로 새로운 활력으로 충만한 청초 황제들의 진취적인 모습과 맞아떨어지면서, '이하지변' 틀 안의 이민족에 대한 고정관념을 약화시켰다. '질'을 숭상하는 검소한 태도는 이상하게도 다시 사상 점검의 적절한 고지를 차지했다.

'질'에 대한 청초 황제들의 긍정은 한족 관리들이 구체적으로 정책을 시행하는 과정에서 드러났는데, 주의해서 볼 점은 명 유민의 신분이면서 나중에 청에서 관직생활을 한 사림의 특이한 심리 상태다. 그들의 행위에는 명말 사림의 언행에 대한 깊은 반성의 흔적이 남아 있고, 이런 반성은 점차 지방의 질서를 구축하고 새로운 통치 정책을 추진하는 기초가 됐다. '문질지변'과 관련된 그들의 언론과 청 황제의 사상은 사림과 청 황제가 합작하여 만든 의식의 출발점이 됐다. 이번 장에서는 탕빈이 강남을 다스린 예를 들어 분석했다. 강희와 마찬가지로 탕빈은 소비를 억제하고 이것을 사회 안정으로 확대한다는 생각으로, 사찰에 가서 분향하는 것과 연극 공연하는 것, 오통신五通神에 참배하는 것을 금지하는 조치로 소비를 감소시킬 수 있다고 여겼다. 그러나 그 효과는 두드러지지 않았다. 탕빈의 또 다른 방법은 기층의 '양養'과 '교敎'를 결합하여 기층 조직의 우월함을 발휘하는 것이었다. 이것은 부의 불균형을 해소하는 유력한 수단이 될 것이고, 명의 유민과 밀접하게 교류하면서도 청에서 관직생활을 한 사림이 기층 사회를 재건하려는 희망과도 맞물릴 것으로 생각했다. 이 방법이 효과가 있었는지는 역사적으로 검토해야 할 것이다.

사치 억제를 위한 청초 황제들의 언급은 표면적으로는 전통적인 언설과 다를 바가 없고, 수차례 발표한 유지도 내용상으로는 공적 업무의 성격이 강하다. 하지만 휘상徽商의 성장과 재정적 지원은 사치 억제의 배후에서 새로운 해석을 낳았다. 즉 서로 다른 집단에게는 서로 다른 정책을 적용한다는 것이다. 예를 들면 강희제는 남순할 때 휘상의 재정적 지원을 받고, 그 보답으로 강남의 세금을 감면해주었다. 이 조치는 궁벽한 지역에서 농업을 생계로 하는 농민을 겨냥한 것이지, 휘상의 소비를 억제하여 강남 사람들의 경제 수준을 균형 있게 만들려는 생각이 아니었다. 따라서 사치를 억제하라는 주장의 실시 과정에서 황제의 소비 욕구는 포함되지 않았다는 느낌을 주었고, 농촌까지 잠식해 들어가는 소비현상을 막을 방법이 없어 보였다. 강희의 이런 행동은 오히려 강남 휘주 염상의 탐욕을 강화하고 합법적으로 지지하는 듯했다. '겉으로는 소박하나 실제는 화려한質表文裏' 이런 정책은 청의 언론에 심각한 영향을 끼쳤고, 사치는 일상생활에서 이상한 형태로 합법화됐다.

제6장

청조 정통관의 확립과
역사 서술

청 왕조에게 만주란 중국에 본관本貫이 있는 것과 같은 경우다.
순임금은 동이東夷 사람이고 주 문왕은 서이西夷 사람이지만
그것이 그분들의 성덕聖德에 무슨 손상을 가한 적이 있는가?

— 옹정제

시작하는 말: 두 편의 교전交戰 문서로 이야기를 풀어가다

청 고종(건륭제) 때의 『실록實錄』에는 다음과 같은 일화가 있다. 어느 날 건륭제가 『종실왕공공적표전宗室王公功績表傳』을 심사하며 훑어보다가 당시 섭정왕이었던 예친왕睿親王 도르곤多爾袞(1612~1650)의 서신이 실려 있는 것을 발견했다. 그 서신은 도르곤이 군대를 정비하고 남하하여 강남을 소탕하기 직전 남명南明의 독군督軍 사가법史可法에게 보낸 것이었다. 건륭제는 제위에 오른 후 명말 왕조 교체기 주요 인물의 언행에 사뭇 관심이 많았다. 건륭제는 어릴 적 이 서신에 대해 들어보기만 했을 뿐 정작 실제 글을 본 적이 없어 애석해하던 중이었다. 이번에 서신 원문을 읽을 기회가 생기자 그는 매우 놀라고 기뻐하며, 유년시절에 선인들의 영웅적인 활약상을 흠모하던 마음이 충족됨을 느꼈다. 건륭제는 섭정왕의 서신을 보고 연신 감탄했다. 서신에서는 '대의大義'와 '올바른 이치正理'를 제시하고 나아가 고대의 저명한 『춘추』 필법을 제대로 구사하여, 남쪽의 한쪽 구석에서 구차하게 안주하는 남명 정권의 폐단을 질책하면서, '뜻은 바르고 말은 엄격한旨正詞嚴' 주장을 크게 펼치고 있었다.

또 그 글에서는 사가법이 회신을 보냈다고 언급하고 있었다. 그러나 애석하게도 서신 안에 '굴하지 않는 말이 많았다言多不屈'라고만 기록했을 뿐 구체적인 내용은 적혀 있지 않았다. 건륭제는 그 까닭이 짐작됐다. 사가법이 양저우揚州의 군사를 이끌고 남명을 보좌하던 신분이었기 때문에, 사관史官의 입장에서는 서신에 행여 기피해야 마땅할 말들이 그대로 튀어나와 제왕의 심기를 거스를까 염려되어 수록하지 않았던 것이다. 이러한 사실은 오히려 그의 호기심을 자극해 한동안 뇌리에서 떠나지 않았다. 훗날 반포된 조서에서 건륭제는 사가법이 비록 명나라의 신하이긴 하나

'굴하지 않았다不屈'라는 표현은 오히려 올바른 행위였다고 특별히 언급했다. 그는 스스로에게 되물었다. 사가법의 말을 폐기하고 싶지 않는다면, 이것은 바로 충신의 마음을 저버리는 것이 아닌가? 이렇게 허술하게 처리하면 또 다른 심각한 결과를 초래할 것이다. 즉 후대 사람들이 사가법이 도대체 무슨 말을 했는지도 모른 채 그가 분명 해서는 안 될 말을 한 바탕 쏟아내어 틀림없이 반감을 불러일으켰을 것이라 의심할 것이다.

황제가 이 서신을 봐야겠다는 말을 내뱉었으니 관리들은 흘려들을 수 없었다. 유신儒臣들이 방방곡곡 각종 서책 시장과 장서가를 바삐 돌며 물색했지만 서신의 행방을 찾을 수 없었다. 끝내 황실 서고를 샅샅이 뒤져 원본을 찾게 됐다. 어렵게 찾은 이 서신을 앞에 두고, 건륭제는 '반복해서 완독했다卒讀一再'란 말로 자신의 심정을 이야기했다. 이어 자기도 모르게 또다시 '외로운 충신 사가법' '지혜롭지 못한 남명 황제 복왕福王'에 대해 감개하고 탄식한 후 '충의'에 대한 자신의 생각을 토로했다. 그는 사가법이 예친왕 도르곤에 대해 진심으로 경외심을 가졌다 하더라도, 결국 그는 명나라 신하였고 자연 명 왕조의 정통을 드높이려 부득불 강한 어조로 말할 수밖에 없었을 것이라고 여겼다. 바로 이 점 때문에 그에 대한 언급을 회피해서는 안 된다고 생각했다.[1]

이를 통해 건륭제가 생각하는 '충의'의 개념을 어렵지 않게 엿볼 수 있다. 그는 서로 적대적인 왕조의 사람들이 '각자 자신의 군주만을 위하는各爲其主' 것을 '충의'라고 여기는 편협한 생각을 의식적으로 희석시켰다. 그리고 충의를 상대적으로 보편화된 의미의 가치체계로 구축하여 사인들이 청 왕조를 인정하는 심리적 기반으로 삼고자 했다. 이는 분명 작지 않은 변화였다.

'충의'의 언행은 정통을 유지하고자 하는 구 왕조의 정신적 주춧돌로서, 명말 청초의 왕조 교체기에 여전히 적과 나, 충신과 역신을 가르는 분명한 구분 지표였다. 명말의 의사義士가 충의절개를 지키기 위해 죽음을 불사하거나, 목숨을 버리고 의로움을 취하는 행위는 한때 만주족이 천하를 쟁탈하는 데 가장 큰 심리적 걸림돌이 됐다. 사가법의 충절에 대해 건륭제가 재평가한 것은 새 왕조의 자신감이 급성장하고 있음을 보여준 것이다. 남명 정권이 급속도로 무너졌기 때문에, 불가능함을 알면서도 행했던 명대 충신들의 충절에 대해 비록 칭찬할 만하다고 선포하긴 했어도, 이는 도리어 그 순절한 의사들의 고집이 안타깝다는 것을 증명하기도 했다. 즉 그들의 행동은 현명하지 못한 선택이었고, 청 왕조의 통치는 나날이 합법화되고 있음을 역으로 보여주는 것이었다. 망국의 충의지사에 대한 재조명은 도리어 새 왕조가 자신의 정통성을 확립하는 데 유리한 절차로 전환시킬 가능성이 있었다. 구 왕조의 충의에 대한 건륭제의 이해는 사실상 새 왕조의 '정통관' 세우기의 서막을 여는 것이기도 했다.

그렇다면 건륭제는 꿈에도 그리워했고 끝없이 감탄했던 사가법의 회신 중에서 도대체 어떤 말에 그리도 경탄했을까? 예친왕 도르곤의 서신 가운데 또 '뜻은 바르고 말은 엄격한' 어떤 구절이 당대 황제로 하여금 말로 표현할 수 없을 만큼 흠모하는 마음을 갖게 했을까?

사실 건륭제의 눈에 이 두 편의 서신은 단순히 전쟁터의 쌍방이 상대를 정탐하는 군사적 선전포고문의 성격을 띤 것이 아니었다. 교전하는 쌍방이 미래의 정권 형태 속에서 누가 더 합법성을 갖게 될지에 대한 옳고 그름의 문제를 다루고 있었다. 한쪽은 구 정통舊統을 견지하고 한쪽은 새 정통新統을 창출했다. 글 속에는 살벌하고도 은밀한 전쟁의 기운이 자욱하게 깔려 있었다. 격렬한 표현의 심리전을 펼치면서 찬찬히 정통을 다투었다.

쌍방 심리전의 핵심은 『춘추』 대의大義에 대한 이해에 초점이 맞춰져 있다. 도르곤의 서신은 대부분 '존왕토적尊王討賊(왕을 보필하며 왕권에 도전하는 적을 토벌한다)'의 측면에서 『춘추』의 취지를 이해해, 『춘추』의 '양이攘夷(오랑캐를 물리친다)'의 뜻을 의도적으로 피해갔다. 『춘추』 필법에 따르면, '왕권에 도전한 적을 토벌하지 않는다면有賊不討' 그 군주가 세상을 떠났을 때 '장례葬'란 단어를 쓸 수 없고, 새로운 군주가 등극해도 '즉위卽位'라고 적을 수 없었다. 도르곤은 『춘추』에서 이렇게 엄격하게 역사를 기술해야만 '난신적자亂臣賊子'가 규율을 따르지 않는 것을 막을 수 있음을 발견했다. 이에 도르곤은 다음과 같이 말했다. 만주족이 명 왕조를 대신해 왕권에 도전한 적(여기서는 틈왕闖王 이자성李自成의 반란군을 가리킴)을 토벌하고 정통성을 잇기 위해 산해관山海關으로 들어온 것임은 의심할 여지가 없다. 그래서 베이징에 입성한 뒤 명 황실에 대한 존중을 특히 강조했고, "우선 회종懷宗(숭정제)과 그 황후에게 시호를 내리고 길일을 택해 장례를 치르고 봉분을 만들면서 모두 전례典禮에 따라 했다." 명 왕조의 신하들에게도 대부분 예우를 갖췄다. 비록 무기를 겨누고 "장수를 파견하여 서쪽을 정벌하고 강남으로 격문을 보내고 병사를 황허 강 이북에 집결시키고 군대에 출정 명령을 내렸지만" 이 역시 명 왕조가 대통일했던 옛 구도를 회복하기 위함이었다. 그는 "힘과 마음을 합쳐 나라의 원수를 갚고 우리 조정의 덕을 밝히려"는 결심을 드러냈다. 또 역으로 남명 정권의 건립은 "아주 구차하게 잠깐의 안주를 도모한 것"에 불과하고, 사실은 "쓸데없이 헛된 명성만 탐내다가 그만 실제로 야기할 엄청난 해악은 잊어버린 짓"이며, 명 왕조의 대일통을 회복하는 책임을 도저히 감당할 수 없었다고 질책했다. 이런 말들은 국경 밖 '오랑캐夷狄'라는 자신의 신분에 대해서는 언급하지 않으면서 고의로 『춘추』의 '오랑캐를 물리친다'는 것의 의미를 회피한 것이었다. 동시에 '왕을 높이고 보좌하여尊王' 천하를 통일한다는 대의를 두루뭉술하게 흡수하면서, 대일통大一統을 잇는 근거로 삼았다.

사가법의 회신 역시 『춘추』의 필법을 차용하기는 했으나 주희의 『자치통감강목』에 보이는 '춘추관'을 바탕으로 '오랑캐를 물리친다'는 뜻을 크게 펼쳤다. 주희의 저서는 남송이 강남을 사수하던 때에 저술됐는데, 한쪽 구석에서 구차하게 안주하는 남명의 형국과 상당히 유사했다. 그러므로 정통의 의미를 드러낼 때, 불완전한 일통一統 국면에 대한 언급은 꺼리면서도 『춘추』의 종족 구분에 대한 엄격한 강조만은 최대한 부각시켰는데, 사가법의 회신에서도 이러한 서술이 동일하게 나타났다.

사가법은 회신에서 역사적으로 한쪽 구석에 안주했지만 도리어 정통으로 받들어지는 여러 정권의 예를 거론하면서 남명이 '정통'을 계승했다는 근거로 삼았다. 그는 "위 문제 조비가 한나라 마지막 황제 헌제獻帝를 폐위하여 산양공山陽公에 책봉하자 촉의 소열제 유비劉備가 한나라의 뒤를 이어 황제로 등극했고, 서진의 회제懷帝를 거쳐 민제愍帝 때 나라가 망하자, 동진의 원제元帝 사마예司馬睿가 뒤를 이어 제위에 올랐으며, 송나라 휘종과 흠종이 금나라에 포로로 잡혀가버리자* 남송의 고종 조구趙構가 송나라의 정통을 계승했던 일"** 등, 한쪽 구석에서 안주했지만 오히려 정통의 관점에서는 인정받았던 정권들을 언급했는데, 특히 삼국 가운데 촉의 유비나 남송의 고종이 갖고 있는 지리적 공간은 남명이 당시에 할거하고 있는 상황과 비슷한 측면이 있었다. 이 정권들은 "모두가 아직 나라를 망친 원수를 섬멸하지 못한 채, 곧바로 새로운 황제를 정통으로 내세웠다." 주희는 그들이 사사롭게 황제를 옹립한 것은 전혀 질책하지 않고, 모두에게 정통의 칭호를 부여했다.

명 왕조의 입장에서 볼 때 만주족이 중원에 진입한 것은 '군대를 빌려 적들을 소탕'한 경우에 해당했다. 선례가 있더라도 『춘추』 대의가 허락하는 범위 안에서만 이루어져야 했다. 경솔하게 이 경계선을 넘어가 기회를 틈타 왕위를 찬탈한다면 이는 실로 참월僭越한 대역죄에 해당한다. 서신 왕래의 예의에 입각해 사가법은 상대적으로 온화하고 애매하게 글을 썼다. 비록 만주족을 '오랑캐蠻夷'라고 딱 집어 지목하지는 않았으나 역대 중국과 북방 종족의 교류사를 거론하면서 수시로 청나라 사람들이 한 행위의 부당함을 드러냈다. 예를 들어 그는 거란과 송나라의 관계를 거론하면서, 거란은 그저 '해마다 은자와 비단을 받을 뿐이었으니'*** 돈과 재물을 탐냈을 뿐이라고 말했다. 또 당시 회흘回紇이 당나라를 도울 때는 당나라의 영토에 위협이 되지 않았다고 말했다. 이러한 역사적 선례를 근거로 사가법은 도르곤에게 다음과 같이 경고했다. "우리의 위기를 틈타 좋은 관계를 저버리고 원수가 되어, 송나라의 영토 강탈을 획책하면서 우리를 도우려 했던 당초의 좋은 의도를 견지하지 않는다면, 이는 의로움

---

* 원서에는 "휘종몽진徽宗蒙塵"으로 되어 있지만 여기서 '宗'은 '欽'의 오자이기에 고쳐서 번역했다.

** 송 진종眞宗 경덕景德 원년(1004) 요遼나라(거란契丹)가 단주澶州까지 침공해 들어오자, 송나라는 부득불 요나라와 화친을 맺었는데, 그 화친 조건이 송나라가 요나라에게 매년 은 10만 냥, 비단 10만 필을 바치는 것이었다.

*** 원서에는 "위문제魏文帝 조비曹丕가 한漢나라 마지막 황제 헌제獻帝를 폐위하여 산양공山陽公에 책봉하자不廢山陽" 부분이 빠져 있지만, 원래 대구로 된 표현 중 이 부분이 빠지면 문맥을 파악하기가 쉽지 않아 덧붙여 번역했다.

義 때문에 시작한 일을 이로움利을 탐하는 것으로 끝내버리는 꼴이니, 도적들에게조차 비웃음을 당할 것입니다." 사가법은 이 서신에서 만주족은 『춘추』에 보이는 '이하지별夷夏之別(한족과 오랑캐의 구분)' 규정의 경계를 넘어서는 안 된다는 것을 암시하고 있었다.

도르곤과 사가법 간에 오간 서신을 보면, 『춘추』 필법 가운데 '존왕양이'와 '대일통'에 대한 인식이 크게 달라 타협할 수 없는 힘겨루기가 깔려 있음을 알 수 있다. 사실 두 서신을 자세히 보면, 그들은 각자의 필요에 의해 서로 다른 『춘추』의 의미를 가져와 확대해석하여 자신에게 이롭게 했음을 알 수 있다. 도르곤은 『춘추』 '대일통'의 의미를 대거 가져왔다. 대일통의 의미는 영토, 즉 광대한 '공간'의 확장과 점유에 관심이 많은데, 이를 기준 삼아 자신이 정통의 지위를 지니고 있음을 확인시켰다. 사가법은 유독 『춘추』 중 '양이'의 취지를 취하여 종족 구별이 지고지상의 도의적道義的 힘을 가지고 있어 왕조의 합법성을 수립하는 데 절대적인 의미를 가질 수 있음을 부각시켰다. 그가 의지한 것은 종족 우월감을 기초로 한 한족 문화에 대한 자신감이었다.

『춘추』의 이 두 가지 측면의 함의를 비교해보면, '양이'는 상대적으로 늦게 부각된, 즉 남송 이후에 형성된 역사관이다. 그러나 이것은 오히려 정통에 대한 명대 사인의 이해를 직접적으로 좌지우지했고 명 왕조의 정치사회와 문화의 각 부분에 투영됐다. 청나라 사람들은 오랑캐의 신분을 희석시킬 목적으로 '존왕토적尊王討賊'에서 의미를 취했지만, 도의道義를 다루는 데 있어 명대 사람의 '춘추관春秋觀'에 맞서기에는 절대적으로 역부족이었다. 이는 도르곤과 사가법이 주고받은 서신의 말투와 기세에서도 비교할 수 있다. 도르곤은 비록 의로움을 내세우며 적들을 소탕할 것임을 표방했지만 여전히 군대의 위세와 폭력적인 요소를 지니고 있었다. 반면 병사는 배를 주리고 영토는 협소해진 상황에 있긴 했어도 사가법의 말투에서는 오히려 도의적 위엄이 넘쳐났다. 그의 말투에서 남명 정권이 비록 광대한 영토를 보유하고 있지는 않지만, 『춘추』 대의에 의거하여 도덕적인 지배권을 가질 수 있음이 드러났다. 이것은 남송 사인이 사가법의 무리에게 전해준 중요한 정신 유산으로, 나라가 망해가는 시기에 다소나마 심리적 우월감을 가질 수 있게 했다. 이러한 우월감은 마치 손오공의 머리를 옥죄는 긴고아緊箍兒의 주문처럼 청초淸初의 황제를 괴롭히고 불안하게 만들었다. 건륭제 등의 청초 황제들이 이 점을 의식하지 못했을 리 없고, 이들은 당연히 온 힘을 다해 그들을 속박하는 이러한 주문을 깨부수고자 했다.

1절
'정통론' 계보에 대한 개략적 설명

|

공간, 시간, 종족

'정통론'의 기원은 매우 이르지만, '정正'과 '통統'이 합쳐진 관념은 후대
의 일이다. 가장 오래된 '정통'은 종종 '거정居正(정도正道를 지키다)'과 '일
통一統'의 두 가지 의미를 모두 지닌다. '거정'은 대체로 '도덕'적 정당성
을 가지고 있음을 가리키고 '일통'은 광대한 영토를 보유한 것을 말한
다. 『춘추공양전』에서 '군자는 정도를 지키는 것을 크게 여긴다君子大居正'
와 '대일통'의 합치에 대해서 말한 적이 있다. 이 둘이 늘 맞아떨어진다
면 당연히 완전무결하겠지만, 실제 역사에서 그런 완전무결한 모습을 이
룬 적은 거의 없다. 종종 '정도를 지키는居正' 수양은 광활한 영토를 가지
지 못했고, 역으로도 마찬가지였다. 예를 들어 진秦 왕조는 천하를 통일
한 본보기로 인식된다. 이사李斯는 당시 진시황이 "황제의 위업을 이루면
서 천하를 통일했는데, 이는 1만 년에 한 번 있을 법한 일"이라고 말했다.[2]
그러나 진 왕조는 『춘추』의 논리 가운데 '거정'의 차원에서는 인정받지
못했고, 오히려 '포악한 진나라의 무도함'이라는 하나의 전형이 됐다. 따

라서 무력에만 기대어 광대한 영토를 확장한 것은 단지 '정통'의 가장 기본적인 함의 중 하나일 뿐이라서, 이것 하나만으로는 다른 사람을 설복하기는 힘들었다.

한 왕조는 곧 '포악한 진나라'가 그저 영토를 빼앗는 것에만 매달려 널리 명성을 얻었고 이것이 돌이키기 힘든 폐단을 초래했음을 의식했다. 그들은 영토의 점유가 결코 절대적인 합법성을 보장하지 않는다고 여기고, 반드시 시간 배열의 검증을 거쳐야만 정통의 반열에 들 수 있다는 전략을 취했다. 이른바 '시간 배열'은 오덕五德에 의해 역사를 배열하는 것을 가리킨다. 주기적으로 순환하여 역사 주기를 형성하고 이러한 주기는 천명天命이 내려준 것이라고 여겼다. 연호와 복식의 색깔을 바꿈으로써 왕조의 변화를 나타내고, 이로 인해 정권의 합법성을 내세우고 확보할 수 있다고 확신했다. 진 왕조 역시 금金·목木·수水·화火·토土라는 오덕의 순환 속에서 순서대로 운행되는 것이었기에, 화덕의 주대周代를 이으면서 수덕을 갖추었으나* 여전히 '대일통'의 영토 확장 모델을 건국의 기초로 삼았다. 한대 경학가 동중서는 "춘추의 대일통은 천지의 영원한 규율이며 고금의 보편적 법칙이다"[3]라고 말하면서 '정통' 속에 '대일통'의 함의를 담아두긴 했지만, 한 왕조의 성립은 시간 배열의 순환 메커니즘 속에서 천명을 부여받아 자연스레 드러난 결과이지, 적나라한 폭력적 정벌에만 기대어 천하를 거머쥔 것은 아니라는 점을 더욱 강조했다.

천명의 부여는 시간성을 지니기 때문에, 한대의 사인들은 모두 음양가의 오덕종시五德終始의 순환이론으로 왕조의 흥망을 추론하는 것을 좋아

---

* 오덕에 따른 왕조의 순환은 오행상극의 원리로 진행된다. 오행상극론에 따르면 물은 불을 이기므로, 진나라는 화덕火德의 주나라를 대체하기 위해 수덕水德을 표방했던 것이다.

했다. 음양가는 월령月令의 '정正'과 '윤閏'으로* 천하를 얻은 정당성과 거짓으로 찬탈하여 할거하는 그릇됨 간의 차이가 어디에 있는지를 구분했다. 그리하여 북송 이전의 왕조 교체는 기본적으로 음양가의 '정' '윤' 역법曆法 모델을 따랐다.

이른 시기 '정통론'의 기원에는 한 가지 주의할 만한 요소가 있는데 바로 '존왕양이'의 관점이다. 공자는 주나라의 도가 쇠미했다고 탄식하면서 『춘추』를 지어 경고했는데, 여기에는 '대일통'의 의미 외에 복잡한 '내외관內外觀'이 포함되어 있다. 삼대三代가 봉건제도를 시행해 제후들 간에 정벌이 끊이지 않다보니 왕실에 대한 존숭은 종종 지리적 거리와 친소 관계를 근거로 원형 구조의 통치 질서를 형성했다. 이러한 질서 내에서도 종족별 차별이 은근히 존재하고 있었다. 공자의 요구에 따르면, 왕실에 대한 존숭과 친소親疏는 서로 다른 종족들 사이에서도 나타날 수 있었으며, 이러한 종족적인 행위는 종종 '문명'과 '야만'을 구별하는 표지이자 '정통'을 진정으로 획득하고 있는지의 여부를 알려주는 표지가 됐다. 그러므로 종족으로 문화의 높고 낮은 정도를 구분하는 모델이 선진先秦 시기의 저술에는 결코 명확하게 드러나지 않았지만, '혈연'과 '종족'이라는 요소는 이미 고려의 대상에 포함되고 있었다.

이로 볼 때 이른 시기의 '정통론'은 그 기원 형태에 따라 최소 세 가지 요소, 즉 공간('대일통'의 원시적 의미), 시간(오덕종시의 순환론), 종족(내외

---

* 중국의 전통적인 역법은 달이 차고 기우는 것을 기준으로 하는 음력을 근간으로 한다. 음력은 1년이 354일이라 양력의 365일과 비교했을 때 매년 11일 정도의 편차가 생긴다. 음력에서는 이 같은 편차를 보완하기 위해 치윤법置閏法, 즉 원래의 12달 말고 윤달을 변칙적으로 끼워넣는 방법을 썼다. 주로 쓰인 치윤법은 19년을 주기로 7번의 윤달을 끼워넣는 방법이었다. 여기서 비정상적으로 끼어드는 윤달을 옛날 사람들은 불길한 것으로 여겼다. 그래서 부당한 방법으로 찬탈한 왕위를 윤위閏位, 정통성 없는 왕조를 윤조閏朝라고 불렀다.

종족의 구별)을 포함한다. 이 세 요소를 중국 역대 왕조 발전의 지도와 시간표에 함께 겹쳐놓는다고 어디서든 들어맞는 것은 아니다. 왜 그럴까? 중국 왕조 역사의 교체 발전은 대단히 복잡하기 때문에 모든 왕조는 건국 초기에 이상의 세 요소를 잘 살핀 뒤 종종 자신에게 필요한 부분만을 취했다. 그래서 실제 역사 속에서 '정통'의 세 요소는 그저 '이상형'의 모델로서 파악될 뿐이다.

중국 역사상 각 왕조가 '정통관'의 득과 실을 선택할 때는 실제 역사 상황 속에서 모든 것을 고려해 판단해야 했다. 예를 들어 진 왕조 역시 '오덕종시설'의 순환 시간관을 제창한 뒤, 스스로를 수덕水德이라 정했으나 여전히 폭력으로 육국을 통일한 것을 자랑스럽게 생각하고 정통관 가운데 '대일통'의 영토 점유의 측면만을 두드러지게 과시했다. 한대는 진 왕조 정권의 합법성이 결여됐다는 점에 주목했고, 한초의 통치자 역시 왕위 찬탈의 방식으로 천하를 차지했다는 사실에 자신감이 매우 떨어져 있었다. 제왕들은 대부분 천명을 부여받는 과정에서 통치의 합법성을 확인했기에, 나아가 유생에게 참위서讖緯書를 조작하도록 부추겼다. 이에 음양술수를 토대로 한 '정치신화'가 당시 크게 유행했다는 사실은 조금도 이상하지 않다. 북송은 수·당·오대를 거치면서 번진藩鎭의 할거로 초래된 전란의 고달픔을 완화시키는 것이 통치자의 가장 중요한 책임이라 여겼다. 따라서 '대일통'을 회복하려는 정치적 구상은 비교적 쉽게 공감을 얻었고, 사인들이 일부러 '대일통'의 주장을 좀 과장하는 것 역시 당연한 일이었다. 남송은 한쪽 구석에 안주하면서 북방 민족에게 종종 치욕을 당했다. 영토가 협소하기 때문에 천명수권天命授權의 논리로는 당연히 설득력이 부족했다. 따라서 정통관 가운데 내외종족의 구별을 크게 부각시켜 한족 혈통이 도덕적 우월함을 계승했음을 드러냈다. 이에 '정正'과 '윤閏'의 논리가 지지하는 음양 교체의 모델은 물론 점점 사라져갔다. 학자들의 연구에 따르면, '오덕종시설'은 남송 이후 조정의 '정통관' 논의에서 사라졌다. 참위讖緯·봉선封禪·옥새玉璽의 전승 등 정통관에 관련된 행위역시 이에 따라 점차 사라졌다.[4] 이를 통해 '정통관'의 기원에 포함된 요소들이 모두 확정적이지 않고 유동적이며, 그중 한 가지 혹은 몇 가지 요소의 중요성이 종종 왕조의 현실적 요구에 따라 선택되고 결정된다는 사실을 알 수 있다.

이처럼 '정통관'에서 취할 요소를 선택하고 이를 확인하는 과정은, 새왕조를 구 왕조와 차별화함으로써 새 왕조가 가진 통치적 우월성을 드러나게 해주는 가장 중요한 임무가 된 것이라고 말할 수도 있겠다. 이 문제를 적절하게 처리하지 못하면 새 왕조 건립의 합법성이 의심받을 수도 있었다. 이와 동시에 정통론에 포함된 세 가지 요소에 대한 새 왕조의 취사선택 역시 일정한 역사적 조건의 제약을 받기 때문에 제멋대로 사용할수는 없었다. 이 때문에 새 왕조의 사인들은 종종 정통관 가운데 어떤요소를 옛 왕조의 경우와 비교하여 새 왕조의 우월한 부분을 드러냈다.

왕조 교체기에는 대체 무엇을 경쟁하는가?

중국의 역사는 왕조의 순환, 흥망의 교체라는 길고 긴 과정을 거치며 진화·발전했다. 그런데 흥망의 중요한 고비에 이르는 이유는 저마다 달랐고, 새 왕조의 사인들은 옛 왕조의 모든 성패 요인을 되짚어 비교하며 경쟁 심리를 드러냈다. 이것이 곧 양롄성楊聯陞이 말한 '조대朝代 간의 경쟁'[5]이다. '조대 간의 경쟁'은 '정통관'의 진화 발전의 양상을 가장 잘 보여준다. 양롄성은 송대와 명대를 예로 들었다. 경쟁의 지표는 당연히 조대마다 서로 달랐으나, 대부분 '가법家法'의 처리와 영토 확장 능력 등에 집중됐다. 즉 황실과 군신 간의 관계를 성공적으로 잘 다루고 영토 개척의 공적이 혁혁하면 점수를 얻을 수 있었다. 또한 후대로 갈수록 조대의 경쟁에서 영토 통일의 중요성이 더욱 강조됐다. 예를 들어 북송 정이程頤는 송왕조가 이전 왕조보다 뛰어나다고 말하며 "100년 동안 대신大臣을 주살誅殺한 적이 없다"는 점을 강조했다. 그러나 영토 개척에 대해서는 언급 없이 단지 다섯 번째 항목 위에 "지성至誠으로 오랑캐를 대한다"[6]라고 적었을 뿐이다.* 확실히 북송 때 이미 나라가 쇠약해진 징후가 나타났고, 남송에 이르러서는 아예 땅을 떼주며 화친을 구하는 신세가 되면서 굴욕을 견딜 수 없는 지경이 됐다.

명대 이후에는 이전 조대보다 뛰어난 점을 거론할 때 영토 확장을 일순위로 꼽았고 나아가 이것이 '오랑캐'를 제거한 당연한 결과임을 강조하고자 했다. 홍무 3년(1370) 송렴은 어명을 받들어 『대명일록大明日錄』을 편찬했다. 서문에서 홍무제가 이전 군주보다 뛰어난 점 여섯 가지 가운데 하나가 남방을 눈에 띄게 성장시켜 중화를 통일한 것이라고 말했다.[7]

---

* 전체 항목은 다음과 같다. "내가 일찍이 삼대 이후의 역사를 살펴보니, 본조(북송)가 다섯 가지 방면에 있어서는 옛 왕조들을 앞서고 있었다. 첫째, 100년 동안 내란이 없었다. 둘째, 송나라 개국 이래 태조太祖(960~976), 태종太宗(976~997), 진종眞宗(997~1022), 인종仁宗(1022~1063)에 걸친 4대 100여 년 동안 태평성대를 이루었다. 셋째, 송나라가 들어설 때 저잣거리에서 살육을 저지르지 않아 점포들이 그대로였다. 넷째, 100년간 대신을 주살한 적이 없다. 다섯째, 지성至誠으로 오랑캐를 대했다. 이것들은 모두가 충후염치忠厚廉恥를 벼리로 삼았기에 가능한 일이었다. 영민하신 임금이 터전을 닦으니 나라의 기풍이 남달랐던 것이다嘗觀自三代而後, 本朝有超越古今者五事: 如百年無內亂. 四聖百年. 受命之日, 市不易肆. 百年未嘗誅殺大臣. 至誠以待夷狄. 此皆大抵以忠厚廉恥爲之綱紀, 故能如此. 蓋睿主開基, 規模自別." 이 말은 『입관어록入關語錄』에 실려 있다.

동곡董穀은 명나라가 이전 조대보다 뛰어난 일곱 가지 이유를 들었는데, 첫머리에 명나라가 "천하를 통일하여 이룬 성대함은 자고이래로 없던 것"이라고 말했다. 진계유陳繼儒(1558~1639)도 『광부지언狂夫之言』 권3에서 명 태조가 송 왕조의 임금들보다 뛰어난 다섯 가지 일을 열거했는데, 이 가운데 두 가지, 즉 "첫째, 오랑캐를 물리치고 중원을 수복했다. 둘째, 남방을 기반으로 천하를 통일했다"[8]라는 지적은 영토 개척과 관련된 일이었다.

　명대 필기 『하삽총담荷揷叢談』에도 「본 왕조는 이전 왕조보다 훨씬 뛰어나다本朝遠過前代」라는 글이 실려 있는데, 다음과 같다. "필부의 신분으로 천하를 얻은 자는 있었으나, 강동江東을 근거로 천하를 통일한 이는 없었다. 중화中華를 근거로 북방의 사막까지 아우른 자는 있으나, 중화 전체가 옷섶을 왼쪽으로 여미는 오랑캐의 복식을 하고 있는데도 그들을 물리쳤던 자는 없었다. 필부가 강동에서 일어나 중화로 오랑캐를 변화시키고, 법으로 천하를 윤택하게 하고 다스렸으며, 자손을 잘 다스려 300년 동안이나 제사를 이어지게 했으니,* 위대하구나! 개국 황제인 홍무제처럼 공적을 이룬 이는 만세에 한 번 나올 정도다."[9] 이 문장은 전적으로 명 태조가 '오랑캐' 근거지에서 천하를 빼앗고 일통의 위대한 공적을 실현했던 특수성을 언급한 것이다. 명 왕조의 정통 세우기에 영토 확장이 가장 중요한 기준이 됐음을 알 수 있다. 그러나 그 가운데 희미하게 화이지변華夷之辨의 흔적이 드러난다.

---

* 자손을 잘 다스려 300년 동안이나 제사를 이어지게 했다는 표현은 1368년 개국해 1644년 멸망한 명나라가 근 300년의 역사를 가지고 있음을 비유적으로 말한 것이다. 『하삽총담』을 지은 임시대林時對는 명나라가 멸망하기 직전인 1623년에 태어나 명말 유민으로 살았다.

청대는 이전 조대보다 뛰어난 점을 논할 때, 광활한 통치 구역을 더욱 강조했다. 청대 사람 원동袁棟(1697~1761)은 청나라가 '이전 조대보다 뛰어난' 여덟 가지 이유를 들었는데,* 그 가운데 "타이완臺灣과 칭하이靑海 역시 통치 영역 안으로 들어와 영토를 넓혔다"는 점이 두 번째로 꼽혔다. 이전 조대보다 뛰어난 부분에 관해 청대 황제 스스로가 인식한 의견은 셀 수 없을 정도다.

예를 들어 옹정제는 『대의각미록大義覺迷錄』에서 당시 대역 모반죄를 범한 증정曾靜과 격렬히 논쟁을 벌일 때 "자고로 중국이 통일한 세상은 영토가 광활할 수 없었다. 넓힌 영토에서 귀화하지 않는 자가 있으면 오랑캐라고 배척했기 때문이다"라고 말했다. 그는 이 말을 하면서 동시에 실제로 청 왕조가 이전 왕조보다 더 낫다는 의미를 은근히 드러냈다. 그는 이어서 이렇게 이야기했다. "한·당·송의 전성기에 북적北狄과 서융西戎은 대대로 변방의 우환거리였다. 그들이 여태껏 신하의 예로 복종하지 않고 그 땅을 차지했으니 이 때문에 이쪽과 저쪽의 영토로 구분됐다." 이 말을 통해 옹정제는 이미 청 왕조를 한·당·송과 비교하기 시작했다. 그가 내린 최후의 결론은 다음과 같았다. "우리 왕조가 중원에 들어와 황제 자리에 오르고 천하를 다스리자, 몽골의 변방에 살고 있는 부족들까지 모두 영역 안으로 들어왔다. 이것은 중국 영토를 멀리까지 개척한 것으로 곧 중국 백성의 크나큰 행운인데, 어찌 아직도 화이華夷와 중외中外(중원과 그 외의 지역)를 나누어 논할 수 있단 말인가!"[10] 이 말은 영토 점유의 측면에서 청 왕조가 이미 한·당·송의 통치 영역을 넘어섰다는 것을 의미

---

* 이 말은 원동의 『서은총설書隱叢說』 권2의 「초월전대超越前代」에 실려 있다.

한다. 그리고 옹정제는 증정의 입을 빌려 간접적으로 청나라가 명나라보다 훨씬 멀리까지 영토를 개척했으니, 당연히 정통성을 갖추었다고 밝힌 것이다.

증정은 옥중에서 철저한 자기반성을 거쳐 마침내 옹정제의 '대일통'으로 오랑캐와 한족의 구별을 없애자는 의견에 굴복했다. 특히 청초 황제들의 영토 개척의 위업에 대해 감복하고 존경심을 깊이 드러냈고, 반성의 글에서 의도적으로 명 태조의 영토 확장에 대한 한계를 폄하하고 옹정제의 '대일통'에 대한 견해를 옹호했다. 그는 이렇게 말했다. "황제의 유지諭旨에서 논하고 있는 화이지변華夷之辨은 옛날 군주가 중원과 변방을 통일하지 못해 스스로 이쪽 영역과 저쪽 영역을 구분 지으면서 생겨난 것 같습니다. 명 태조는 원말元末 법을 어기고 민란을 일으킨 몸으로 군대를 일으키다보니, 다른 이들이 자신의 옛 계략을 답습할까 두려워 백성이 법을 어기는 것을 막는 데 급급했습니다. 그 위엄과 덕행은 몽골 사람을 감싸기에는 부족해서, 변방의 우환을 막는 데만 전전긍긍했습니다. 애초부터 백성을 의심하는 마음이 있어 자신과 백성을 한 몸이라 생각할 수 없었으니, 어떻게 백성의 마음을 얻고 감복시킬 수 있었겠습니까? 또한 애초부터 몽골을 두려워하는 마음을 가지고 있어 한집안이라 생각할 수 없었으니, 또 어떻게 중외일통中外一統의 법도를 이룰 수 있었겠습니까?" 이 말은 명대 군주가 화이지변의 경계심을 가지고 있었기에 중외일통의 형국을 이룰 수 없었음을 설명하고 있다. 그 뒷말은 아부성 발언이긴 하나 영토의 측면에서는 명대를 뛰어넘었다는 청대 황제의 자신감을 암묵적으로 인정한 것이다. 그래서 증정은 이렇게 말했다. "우리 황상께서 몽골과 중국을 통합해 일통의 성대함을 이루셨기에, 무릇 하늘 아래 모든 땅이 우리 나라의 영역 안으로 들어왔습니다. 무릇 백성은 모두 경축함이 마땅하거늘 어찌 화이와 중외로 나눌 수가 있단 말입니까! 이치는 지극해졌고 행함도 궁극에 이르렀으니, 요·순임금이 다시 살아난다 해도 단 한마디 덧붙일 수 없을 정도로 완벽합니다."[11]

이후의 황제 역시 청 왕조의 일통에 대해 끊임없이 자기 칭송의 분위기를 이어갔다. 건륭제도 『대청일통지大淸一統志』「서序」에서 이렇게 말했다. "하늘이 우리 청 왕조를 보살피사 온 천하를 맡기셔서 바다 저 멀리 해 뜨는 곳까지도 순종하지 않는 이가 없다. 역대 조상들은 덕이 많고 은택이 두루 미쳤으며 위엄은 빛나고 자애가 쏟아졌다. 우임금의 발자취가 닿았던 곳은 번성하고 풍요로워졌다. 해안가와 불처럼 뜨거운 남쪽의 섬, 북쪽 대사막의 오랑캐 땅까지 모두 우리의 판도에 영입되어 군과 읍을 설치했다. 교화는 바람처럼 멀리 퍼지고 오랑캐 복식을 입은 자들까지 우리 청 왕조를 북극성마냥 바라보며 인사를 올렸다. 신하로서 복종하고 조정에 귀의하니 천지사방이 한집안이 됐다. 저 멀리 우리 청나라의 영토 개척에 복속되지 않는 곳으로부터 산 넘고 물 건너 여러 번 통역을 거치면서 1년이 꼬박 걸려 찾아온 이들이 우리 청 왕조의 인의仁義를 흠모하여 조공을 드리며 천자의 조회에 참석하려 할 정도이니, 영토가 이보다 더 광활해진 적이 없었다."* 이 말 역시 청 왕조가 영토 일통의 방면에서 전대를 훨씬 뛰어넘었음을 분명히 드러내고 있다.

심지어 건륭제가 보기에, 북방 소수민족에 대한 통제 정책이 한·당·송·명대에는 적합했다 하더라도 청대에는 더 이상 들어맞지 않았다. 북

---

* 『대청일통지』「서」, 『청고종어제시문전집淸高宗御製詩文全集』 제10책, 395쪽. 원서에는 『대청일통지大淸一統志』로 되어 있어 『대청일통지』「서」로 고쳤다.

방 민족의 남방 침입은 늘 한족 정권이 극복할 수 없는 커다란 난제였다. "그 후로 떨쳐 일어난 한두 명의 군주가 이를 개탄하며 그들의 예봉을 꺾은 후 다시 그들을 끌어안아 관대함을 베풀고자 했다. 그러나 그 일은 시의적절하지 않았고 나라의 재화財貨 역시 이 일을 하기에 부족했다.* 게다가 일단 사는 곳이 멀리 떨어져 있고, 한곳에 정착해 살지도 않으니, 일찍이 병사들을 고생시키고 물자도 낭비해봤자 열을 잃고 하나를 얻는 셈이었다. 관복 입은 사인들은 화친을 고수하고, 갑옷 입은 장수들은 정벌을 주장했다. 정벌하면 백성의 기력이 다하고, 화친하면 나라 위상이 떨어졌다. 이에 '중국에 도가 있으면 사방의 오랑캐가 중국을 지킨다, 적당히 굴레와 고삐를 풀었다 조였다 하며 통제하는 기미羈縻정책을 끊임없이 펼친다. 그곳의 토지는 경작할 수 없고, 그곳의 백성은 신하 노릇을 못한다'는 말이 생긴 것이다.** 그러나 이는 한·당·송·명의 중국을 말한 것이지 우리 청 왕조의 중국을 두고 한 말이 아니다."12 이는 한·당·송·명이 모두 북방 부족을 통일할 능력이 없었음을 지적한 것으로, 이 역시 '조대 간의 경쟁' 의식에 해당한다.

사실 청나라 이전에 가장 광활한 영토를 소유했던 나라는 원 왕조였다. 그러나 청나라가 실제로 장악했던 영토는 원 왕조에 비해 더 넓었다. 이는 청 왕조가 이전 왕조들을 업신여길 만한 가장 큰 업적이었다. 청나라의 신하들 역시 끊임없이 이전 시대를 훨씬 능가하는 영토 점유를 강

---

* 원서에는 "而納之宥然, 事不中機"로 인용했지만, 일반적으로 "而納之宥, 然事不中機"로 끊어 해석한다. 그다음 구절도 원서에는 "재불부용材不副用"이라고 했는데, 여기서 '材'는 '財'의 오기이므로 수정하여 번역했다.

** 원서에는 표기되어 있지 않지만 '守在四夷, 羈縻不絕, 地不可耕, 民不可臣'은 모두 『한서漢書』「흉노전匈奴傳」의 구절들을 발췌·인용한 것이며, 첫 구절 '守在四夷'는 당초 『좌전』「소공昭公」 23년에 보인다.

조했다. 사고관四庫館의 어느 신하*는 다음과 같이 말했다. "성인聖人이 세계書契를 사용해 세상을 다스린 이래로 이처럼 군사력이 멀리까지 미친 적이 없었고, 이처럼 영토가 넓어진 적이 없었다. 또한 백룡퇴白龍堆 사막, 총령葱嶺, 설산雪山**과 같은 변방까지 통제하고 안정시켜 중원과 매한가지로 이처럼 모든 제도가 꼼꼼히 갖춰진 적은 없었다." 이 주장의 결론은 당연히 "순임금이 덕행을 베푸니 저 먼 서쪽의 서왕모에서도 방문한 일***이나 우임금의 통치가 서쪽 변경인 유사流沙까지 미쳤던 일**** 모두 지금 황상의 공적만은 못하다*****"라는 것이었다. 보통의 사인들도 이와 비슷한 생각을 하고 있었다. 능정감凌廷堪(1757~1809)은 당나라 사람이 편찬한 『진서晉書』가 북방 십육국의 신하를 멸시한 혐의가 있다고 비판했다. 동진과 서진의 신하들에 대한 열전列傳은 70권이나 되면서 십육국의 신하는 단지 10여 명만을 기술했기 때문이다. 그러나 그가 보기에, 사실 십육국이 점유했던 땅은 상당히 광대했었고 그 점유지가 선왕들의 터전인 중원이었는데도 십육국을 가리켜 '참월한 도적'이 중원에 '할거'했다고 비난하면

---

* 『사고전서四庫全書』의 분류와 편찬을 담당하는 조정 소속의 관원을 일컫는 말이다.

** 모두 서북 변경 지역의 지명으로, 일찍이 후한 시기 반초班超가 서역을 개척하며 미쳤던 지역이다.

*** 이 이야기는 『대대예기大戴禮記』 「소한少閒」에 보인다. "옛날 순임금이 요임금으로부터 하늘의 덕을 이어받은 뒤, 자신이 이룬 공적을 세상에 반포하고 자신이 쌓은 덕을 퍼뜨리고 예禮를 제정했다. 그러자 저 멀리 북쪽 유도幽都에서 복속하기 위해 찾아오고, 남쪽으로는 교지交趾까지 다스리게 됐다. 해와 달이 뜨고 지는 동쪽과 서쪽의 지역까지 요임금의 명을 따르지 않는 곳이 없었다. 심지어 저 먼 서쪽의 서왕모西王母에서도 찾아와 백옥으로 만든 피리를 바쳤다昔虞舜以天德嗣堯, 布功散德制禮. 朔方幽都來服, 南撫交趾, 出入日月, 莫不率俾, 西王母來獻其白琯" 여기서 '서왕모'는 신화의 인물이 아니라 먼 서쪽의 지명(혹은 국명)으로 푸는 것이 일반적이다.

**** 이 이야기는 『상서』 「하서夏書」 「우공禹貢」 편에 보인다. "동쪽으로는 바다에 닿았고, 서쪽으로는 유사流沙까지 닿았다. 북쪽에서부터 남쪽까지 우임금의 교화가 온 세상에 미쳤다東漸于海, 西被于流沙. 朔南曁, 聲敎訖于四海."

***** 『흠정사고전서총목』 「사부오史部五·기사본말류紀事本末類」, 중화서국, 1997, 679~680쪽. 이 표현들은 『『어정평정준갈이방략전편御定平定准噶爾方略前編』 54권, 『정편正編』 85권, 『속편續編』 33권』 조條에 달린 『사고전서총목』의 설명이다.

서, 이를 빼놓고 기술하지 않은 것은 심히 불공평한 처사였다.[13]

위에서 든 '조대 간의 경쟁'과 관련된 주장을 보면, 송대에서 명대까지의 사인들이 생각했던 전대前代를 뛰어넘은 지표는 대단히 복잡다단해서 여러 사항이 열거될 수 있다. 그러나 그 지표들 중에서 영토 일통一統이 가장 중요한 항목으로 여겨지며 나날이 중시되다가 청대에 이르러 최고조에 이르렀다. 또한 '정통관'의 공간·시간·종족의 세 요소 가운데 '시간(오덕종시설)'과 '종족(내외관의 민족 구분)'은 청대에 쇠퇴했고 급기야 사라졌다. 그렇다면 조대 간 경쟁에서 영토 확장을 중요하게 여기게 된 것은 언제부터였을까? 또한 어떻게 '정통관'의 나머지 두 가지 요소와 순위를 바꿔 1순위를 차지하게 됐을까? 이 또한 북송 사림의 사상에서 이야기를 시작해야 한다.

각자 필요한 것을 취하다: '북송'에서 '남송'까지

시간이 흐를수록 '정통관'의 세 요소 가운데 영토 일통으로 관심이 쏠리고 있었다. 이렇게 변해가는 원인도 매우 복잡해져갔는데, 이 부분은 간략하게나마 설명을 덧붙일 필요가 있다. 진 왕조는 영토의 '대일통'을 가장 중시했다. 『사기』 「진시황본기」에서는 "전국에 군현을 설치하고 법령을 하나로 통일시켰다"고 했다. 한대 이후 '정통관'은 시간관에 의해 제어됐으나, 앞뒤가 정확하게 맞아떨어지지 않을 때 생기는 오차에 대해서는 변명하기가 힘들었다. 예를 들어 송대 초기 『책부원귀冊府元龜』를 편찬하면서, '오행학설'에 따라 시시때때로 정통이 교체된다는 것이 지나치게 실질적인 공적 위주라는 문제가 있음을 깨달았다. 왕조에 해당하는 덕운

德運(예를 들어 화덕火德, 수덕水德 등)은 늘 통치자의 주관적인 기호에 따라 정해지다보니, 체계가 엉망이었다. 이를테면 주나라는 화덕인데, 한나라 초기에는 스스로를 수덕*이라고 했다가 나중에 한나라는 토덕에 근거한 것으로 바꾸었고, 이후 다시 한번 토덕을 화덕으로 바꿨는데,** 이는 진 왕조를 정통의 계보에서 빼놓기 위해서였다.*** 또 위魏는 토덕이고 진晉은 금덕이었다. 나중에 후위後魏는 토덕을 쓰다가 다시 수덕으로 바꿨다. 또 수隋는 초기에 화덕을 표방하다가 후에 토덕으로 바꾸는 등 이리저리 바 꾸며 딱히 일치된 결론을 내릴 수 없었다. 이렇게 마음대로 역사 질서를 배열하는 방법은 필연적으로 반감을 샀고 결국 북송 때 폐기됐다.[14]

북송 사인들이 시간 순환으로 정통을 논하는 방법을 폐기한 것은 대 체로 『춘추』가 새롭게 경서로 중시받게 된 일과 관련이 있다. 전하는 바 에 따르면 남·북송의 『춘추』 관련 연구 저서는 총 240부, 2799권에 달 한다.**** 공자는 『춘추』를 저술하면서 '존왕양이'를 중시하여 '대일통' 실 현이라는 목표를 첫머리에 꼽았다. 송대 사람들은 이 생각을 좋아했는데, 이는 당대의 번진 할거가 군신대의의 상실을 야기했고 번진의 주인 또한

---

* 원서에는 '화덕火德'이라고 되어 있지만 역사적으로 한나라는 초기에 '수덕'을 받았다고 주장했다. 이에 고쳐서 번역했다.

** 여기서 말한 덕운德運의 변화는 다음과 같은 역사적 배경이 있다. 한나라 초기엔 수덕을 받았다 고 주장한 진나라의 제도를 그대로 이어받았다가 무제 때 이르러 오행상극의 이론에서 토극수土尅 水, 즉 토덕土德이 수덕을 이기므로 진나라를 무너뜨린 한나라는 토덕을 받았다고 공표했다. 이후 전 한말에서 후한초 사이에 다시 여러 사정에 의해 한나라는 화덕을 받은 것으로 공표됐다.

*** 여기서 진나라를 정통의 계보에서 빼버리기 위한 선택이란 한초에 수덕을 표방한 일을 가리킨 다. 수극화水尅火, 즉 수덕으로 화덕을 이겼다는 오행상극의 원리에 따라 진나라를 빼고 주나라에서 바로 한나라로 연결되는 계보를 상정했다는 말이다.

**** 진학림陳學霖, 「구양수"정통론"신석歐陽脩"正統論"新釋」, 『송사논집宋史論集』, 동대도서공사東 大圖書公司, 1993, 143쪽. 여기서 '2799권'의 '권'은 지금의 장절 개념이다. 종류로 따지면 '240부', 즉 240종의 저술이 나왔던 것이다.

대부분이 오랑캐 신분이어서 결국 오랑캐와 한족의 경계를 모호하게 했다는 역사적 폐단을 반성하면서 비롯된 것이었다.

구양수歐陽脩와 같은 송나라 초기 사람들은 모두 북송이 당대의 할거 정국을 없애기는 했으나, 여전히 '대일통'의 경지에 이르기 위해서는 멀었고 이를 성취하기는 대단히 어렵다고 생각했다. 구양수가 「정통론正統論」을 저술할 무렵 때마침 이원호李元昊(1003~1048)가 서하西夏의 황제 자리에 올라 북송의 일통은 실현되지 않았다. 따라서 구양수는 주周, 진秦 시기에 군왕이 나라를 차지할 때도 역시 완전무결하지 못한 경우가 자주 있어 '정正'과 '위位'를 동시에 적절히 확보할 수 없었으며, 종종 '통統'은 있되 '정正'이 없거나(진秦의 경우에 해당) '정'은 있되 '통'이 없는 상황이 됐다고 생각했다. 그는 주대 이후에 일어난 한 가지 사실에 주목했다. 즉 "이로 말미암아 정도를 지키면서도 천하를 통일하지 못한 경우가 있었는데, 주 평왕平王이 제후국 오나라와 서徐나라를 차지한 것이 그와 같은 경우였다. 천하를 통일했으나 정도를 지키지 못한 경우도 있었는데 앞 시대에서 진나라를 윤조閏朝(정통성 없는 왕조)라고 일컫은 것이 바로 이러한 경우였다."[15]

북송의 또 다른 사인인 진사도陳師道(1053~1101) 역시 유사한 문제를 발견했다. 진사도는 자신의 「정통론」에서 주대에서 오대까지의 '정'과 '통'이 통합되기 어려웠던 몇 가지 상황을 정리했다. 즉 동주는 천자의 자리에 있었으나 통일할 방법이 없었다. 제齊와 진晉은 중원을 차지했으나 정통의 제위가 아니었다. 어떤 정권은 겉으로 정통을 가진 듯 보이나 정통이 아닌 윤위閏位, 즉 주류인 정통 계열이 아니었는데, 진秦과 왕망王莽이 찬탈한 신新이 이러했다. 위魏와 양梁*은 정통이 없는 정권에 속해 '위

僞'정권이라 불렸다.[16] 이 판단은 구양수의 생각에 꽤 가깝다. 구양수는 '주와 진의 시기' '동진과 후위 무렵' '오대 시기' 모두 '정'과 '통'이 일치할 방법이 없던 시기라고 여겼다. 이러한 의견이 공통 인식의 토대가 되어 구양수는 '정'과 '통'을 분리해서 분석할 것을 제의했다. 그는 "'정'은 천하의 바르지 않은 것不正을 바로 하는 것이다. '통'은 통일되지 않았던 천하를 통일하는 것이다"라고 말했다. 그는 자신의 이러한 구분이 실로 어쩔 수 없는 것임을 밝혔다. 역사상 '정'과 '통'의 합일 국면은 '삼대三代'의 황금기에만 출현했기 때문에 애초에 후인들이 이루기 어려운 꿈이었고, 이후의 상황은 대체로 '나라가 다스려지거나 어지러워지거나, 나라를 뺏거나 온전히 전하거나, 나라가 분열되거나 통일되는 등 하나로 개괄할 수 없었다.'[17] 이처럼 복잡다단하고 혼란스러운 국면은 근본적으로 시간관으로 파악할 길이 없었다. 그리하여 구양수는 역술 분야의 관원과 학자가 "제왕은 반드시 오행 중 하나의 덕운德運을 타고나야만 나라를 세울 수 있다고 말한 것은 잘못된 것"이라고 단정 지었다.[18]

'정'과 '통'의 합일이 어려운 이상 '끝없이 흐르는 창장 강의 물결'과 같을 수 없었고, 늘상 "간헐적으로 끊어지는" 단절의 위험에 직면할 수 있었기에, 오덕종시설처럼 판에 박은 시간표에 엄격하게 맞춰 세심하게 배열할 수가 없었다. 즉 북송 사인이 확정한 정통관의 틀은 공功 위주의 색채가 강했음에도 불구하고, 역대 제왕들이 건국의 기반이 되는 정통론의 한 측면을 선택하는 데 있어 기준을 마련했다.

공功 위주의 선택을 했다는 분명한 예는 사실 '정통관'에 대한 북송

---

* 여기서 위魏나라는 삼국시대의 위나라이고, 양梁나라는 남조의 양나라다.

과 남송 사인의 인식 차이에서 나타난다. 남송과 북송의 유학자들은 모두 『춘추』를 중시했다. 단 남·북송이 주안점을 두는 부분은 서로 달랐다. 북송은 '존왕'을 중시했고 남송은 '양이'를 중시했다.[19] '존왕'의 조건은 비교적 넓은 영토를 가져야 한다는 점이다. '양이'의 심리적 동기는 한쪽 구석에서 안주하는 현실적 상황과 관련 있다. 북송의 사인은 다음과 같이 생각했다. 덕행을 기반으로 국가를 다스리는 것과 강력한 힘으로 영토를 통합하는 것은 정통을 갖추게 되는 필수 조건으로 한 가지 항목에만 해당해도 '정통'이라고 부를 수 있으며, 선택의 범위와 기준의 폭이 비교적 넓다. 만약 이 둘을 비교한다면 영토에 대한 점유가 더욱 중요한 듯했다. 구양수는 이렇게 생각했다. "무릇 정도를 지키면서 천하를 통일하는 것이 '정통'이다. 요堯·순舜·하夏·상商·주周·진秦·한漢·당唐이 그러했다. 처음에 그 바름正을 얻지 못해도 결국 천하를 통일할 수 있다. 천하를 통일한 뒤에 그 위에 군림하는 것은 천하의 군주로, 이를 '정통'이라고 말해도 좋다"[20] 이 언급을 보면 놀랍게도 '진秦'을 '삼대三代'나 한당漢唐과 병렬하고 있으니, 이러한 사고는 분명 '정통'의 저울을 의도적으로 영토 점유라는 방향으로 기울이고 싶어한 것이다.

이렇게 공功 위주의 원칙을 확장하려는 이유는 대체로 북송이 비록 힘 없는 상태가 계속되어오긴 했으나 결국 표면적으로는 여전히 일통에 근접한 상황이었다는 점과 관련 있다. 이 같은 상황에서 지리 공간에 대한 일통이 이루어진 영토 점유가 정말로 실현된 적은 없더라도, 제왕 스스로의 기대치로서는 지지를 얻을 수 있었다. 이 점은 구양수의 「정통론」* 「자서」에서 "엎드려 생각하건대, 대송大宋이 일어나 천하를 통일한 것은 요·순·삼대와 다를 것이 없기에 신이 설명하고 분명히 할 필요가 없다고 말한 것입니다"²¹라고 명확히 언급하고 있다. 말 속에 영토 점유에 대한 자신감이 드러나 있는 것을 보면 북송의 사인들이 '포악한 진秦'에 대해 너그럽게 평가한 것 역시 다소나마 이해할 수 있다.

구양수는 진秦이 비록 '덕은 없으나無德' 여전히 천하 '일통'의 본보기라고 생각했다. "진시황의 부덕함은 하나라의 마지막 왕 걸왕이나 상나라의 마지막 왕 주왕보다는 심하지 않았다. 그러므로 걸왕과 주왕 때문에 하나라와 상나라의 정통을 부정하지 않듯이 진시황 때문에 진秦의 정통을 부정할 순 없다"²²고 말했다. 진사도 역시 진 왕조를 옹호했다. "진나라의 소양왕昭襄王이 주나라를 멸망시키고 제후들을 신하로 삼기 시작한 뒤 진시황에 이르러 육국을 병탄하여 통일했다. 학문하는 이들이 이를 두고 진나라가 정통을 잇지 않았다고 여기는 것 자체가 너무하지 않은가! 진나라의 포악함 때문에 진나라를 싫어할 수는 있겠지만, 그렇다고 천하가 진나라의 것이 되지 않았다고 말할 수 있단 말인가? 진나라의 천하가 아니었다면 도대체 누구의 천하였단 말인가!"²³

구양수의 눈에 '대일통'은 '존왕'의 가장 중요한 요건이자 '정통' 수립의 가장 기본적인 조건으로 변모했고, 군주의 덕행은 그다음일 수 있었다. 그는 다음과 같은 주장으로 이러한 의미를 더욱 노골화했다. "큰 자가 작은 자를 병탄하고, 강한 자가 약한 자를 겸병하여 결국 천하를 통일한다. 그래서 크고 강한 자를 '정통'이라고 일컫는데, 여전히 그러한 주장이 있다."²⁴

이는 강력한 통일의 힘만 있다면 합법성은 자연히 확보할 수 있다는

---

* 원서에는 '정통론正統論'이 아닌 '정통관正統觀'으로 되어 있지만, 의미상 여기서 '觀'은 '論'의 오자가 분명해 고쳐 번역했다.

뜻이다. 이로 볼 때 진나라는 그 이전의 하·상·주처럼 "어떤 이는 덕으로써, 어떤 이는 공功을 세워 나라를 건국했는데 대체로 그 이전 왕조의 폐단을 틈타 대신한 것"이므로 '공'과 '덕'은 똑같이 합리성을 갖는다. "진나라 이후로는 다들 무력으로 나라를 세웠기 때문에 그 행적이 천명天命에 순응한 것인지 아닌지와 공을 세웠는지 아닌지만을 따질 따름이다."[25] 이렇게 솔직하고 노골적인 '공功 위주의 사관'은 확실히 '오덕종시론'에 대한 일대 도전이었다. 그의 주요 사상은 능력만 있다면 한족과 오랑캐, 안과 밖의 구분 없이 모두 정통을 차지할 수 있다는 것이다. 따라서 '남북'의 문제는 북송에서 문제가 되지 않았다. 소식蘇軾 역시 공功 위주의 관점에서만큼은 구양수와 일치했다. 그는 장망지章望之의 「명통론明統論」을 반박하며 이렇게 말했다. "위魏는 천하를 통일할 수 없었지만 또한 천하에 위보다 강한 나라가 없었다. 비록 오吳나라는 살아남았으나 위나라와 대립할 수 없었으니, 어찌 이런 오나라에게 정통을 부여할 수 있단 말인가!"[26] 강한 힘에 의지하여 합병하는 것과 영토를 개척하는 강력한 정치관이 여전히 정통에 대한 인식을 이끌어가고 있음을 알 수 있다.

사마광은 아마도 구양수의 영향을 받은 듯하다. 그는 『자치통감』 편찬 입장을 상세히 밝히면서 '정윤설正閏說(정통과 비정통)'을 서술 기준으로 삼는 태도를 배척했다. "단지 바라건대, 국가의 흥망성쇠를 서술하고 백성의 희로애락을 드러내어, 이를 살피는 이로 하여금 스스로 그 기술記述 중 선악득실을 뽑아 권면勸勉과 경계로 삼게 하고자 했습니다. 이는 『춘추』가 포폄褒貶의 춘추필법을 만들어 어지러운 세상을 없애고 바른 세상으로 되돌리려 한 것과는 다릅니다. 정과 윤은 감히 따질 바가 아니기에, 단지 실제 공훈과 업적을 근거로 논했습니다."[27] 이는 역사 기술에서의 도덕적 입장을 포기한 것과 같다. '정윤설'을 회피하는 태도를 취한 것은 사실 통치를 합법화하는 도덕적 근거의 성립 요건에 대한 추구를 포기하고 공功 위주의 사관을 취한 것이다. 사마광은 다음과 같이 말했다. "화하가 주인 노릇하거나 오랑캐가 주인 노릇하거나, 인정을 펼치거나 폭정을 펼치거나,* 강대국이거나 약소국인 것은 시기마다 달랐지만, 이 모두는 옛날 열국列國과 다를 바 없었다. 그런데 어찌 한 나라만을 받들어 정통이라 하고 나머지는 모두 참월했다고 할 수 있단 말인가!"[28] 이는 지극히 개방적인 태도이며, 후대에 그렇게 엄격했던 남과 북의 구분이나 한족과 오랑캐의 구분 관념은 찾아볼 수 없었다.

남송은 강남의 한쪽 구석에서 안주할 뿐 광대한 지리 공간을 제어하는 현실적 조건을 애당초 갖추질 못했기 때문에 대부분 『춘추』에서 '양이' 부분의 뜻을 취했다. 주희가 『자치통감강목』을 저술한 것은, 진수陳壽의 『삼국지三國志』와 사마광의 『자치통감』이 광대한 영토를 가지고 있다는 이유로 위魏나라에게 정통의 지위를 부여한 것에 불만을 가졌기 때문임이 분명하다. 『자치통감강목』은 촉한을 정통으로 내세우고, 표면적으로는 유비가 한 황실의 종친이라는 이유를 내세우고 있지만, 실제로는 남송 정권이 한쪽 구석에서 홀로 고립된 상황에서 어찌하지 못하는 심리를 드러내고 있는 것이다. 장학성은 이 점을 확실하게 간파하고, 모든 특정한 역사 인물은 특정한 역사적 조건의 제한을 받는다고 말했다. 진수는 서진과 동진의 신하였기에 만약 조씨 가문의 위나라 정권을 비난한다면

---

* 원서엔 첫 구절이 "雖華夏仁暴"으로 되어 있다. 『자치통감』 역시 판본에 따라 "雖華夏仁暴"이라고 되어 있는 것도 있지만, "雖華夷仁暴"으로 되어 있는 경우가 더 많다. 문맥상으로도 '夏'는 '夷'의 와전으로 보인다. 이에 '夏'를 '夷'로 고쳐서 번역했다.

이는 군부를 저버린 죄명을 짊어져야 하는 것과 진배없었다.* 주희의 고충은 "본래 창장 강을 건너 강동으로 쫓겨 온 사람이었기에 오로지 중원의 정통성 쟁취만을 근심할 뿐이었다. 현인들 역시 입장을 바꿔놓는다면 모두 그러할 것이니, 그들이 꼭 오늘날의 못난 학자들보다 못해서 그런 것은 아니다"라는 점에 있다. 즉 주희가 강남처럼 좁은 지역으로 가서 보니 북방 민족과 영토 분쟁을 할 여력이 없음을 느꼈다는 뜻이고, 그가 이처럼 시의적절한 선택을 한 것을 보면 대단한 식견을 지녔음이 분명하다. 그래서 옛사람이 처한 어려움에 대해 탄식하고 이해하며 다음과 같이 말했다. "그러므로 곧 옛사람이 살았던 세상을 알지 못하면서 옛사람의 글을 함부로 논해서는 안 된다. 옛사람이 살았던 세상에 대해 알더라도 옛사람의 처지에 대해 알지 못한다면, 이 역시 옛사람의 문장을 무턱대고 논해서는 안 된다."[29]

사고관신四庫館臣은 진수의 『삼국지』에 대한 「제요提要」를 작성할 때 '이치理'와 '형세勢'의 측면에서 북송과 남송이 '정통'을 다투면서 서로 다른 처지에서 어떤 선택을 했는지를 분석했다. 「제요」는 다음과 같이 말한다. 송 태조의 황위 찬탈은 당시 위나라가 한나라를 찬탈한 것과 맞먹고, 북한北漢·남당南唐의 형세는 촉에 가까웠기 때문에, 북송의 사인들은 모두 이를 피하면서 위魏를 부정하지는 않았다. 이와 반대로 남송이 "고종 이후 강동에 안주한 것은 촉나라와 유사했고, 중원의 위나라 영토는 완전히 금나라에 수용됐다. 그리하여 남송의 사인들은 모두들 앞다투어

---

* 실제로 강압적이었지만 겉으로는 선양禪讓이라는 방식을 통해 사마염司馬炎이 위나라로부터 황위를 이어받아 진晉나라를 세웠으므로, 진나라 사람이었던 진수는 당연히 위나라를 정통으로 삼을 수밖에 없었다는 말이다.

촉나라를 황통을 이어받은 나라로 받들었다." 사고관신 역시 당시의 역사적 상황으로부터 그 시대가 '정통론'에 대해 어떤 방향으로 기울고 무엇을 선택했는지를 이해해야 한다고 생각했다.[30]

또 어떤 사람은 이렇게 결론지었다. "논자의 말에 따르면 사마광은 북송의 신하이고, 북송은 중원에 나라를 세웠다. 나라의 형세가 위와 유사하기 때문에 사마광은 『자치통감』에서 위를 정통이라고 간주했다. 주희는 남송의 신하이고 남송은 강동에 나라를 세웠다. 나라의 형세가 촉과 유사했기 때문에 주희는 『자치통감강목』에서 촉을 정통으로 내세웠다. 그러나 사실 이 역시 완전히 맞는다고는 할 수 없다."[31] 이 또한 사고관신의 주장과 유사하다.

공자는 『춘추』에서 '정통'은 실상 영토(대일통)와 종족(한족과 오랑캐의 구분)이라는 두 가지 뜻을 포함한다고 말했다. 북송은 '대일통'의 중요성을 부각시키면서 자연스럽게 '종족'의 함의를 억누를 수 있었다. 예를 들어 사마광이 제시한 "구주九州 전부를 통일할 수 없다면, 천자라는 이름을 가진들 유명무실할 뿐"[32]이라는 주장에서는 종족론의 그림자를 찾아볼 수 없다.

송나라 유민의 관점: 어째서 종족 문제가 부각됐는가?

남송이 멸망한 후 어떤 사인士人이 망국의 한을 풀어낸 원고를 철갑 상자에 담아 사찰의 우물 밑에 숨겼는데, 청초에 이르러 비로소 발견됐다. 이 원고는 후대 사람들에게 『철함심사鐵函心史』라고 불렸다. 이 책에는 「견가犬歌」라는 제목의 시가 수록되어 있다. 대강의 내용은 몽골족이 중원에 진출한 후 중원의 개를 죄다 죽이는 바람에 개들이 몽골 삿갓을 쓴 이들만 보면 조건반사처럼 끝없이 짖어댄다는 것이다. 그는 한 마리 개도 종족을 구분하는 직관이 사람보다 더 민감하다고 탄식했다. '지연地緣'과 '종족' 간의 차이를 비교하는 연계 구조를 수립한 것은 확실히 남송 이후에야 출현한 역사 현상이다.

『철함심사』에서 오랑캐와 한족의 구분에 대한 믿음은 사람과 짐승을 구별하는 정도만큼이나 대단했다. 북방 종족에 대한 기술을 보면 "사방 변방 밖에는 본래 사악한 기운이 있어 모인국毛人國, 성성국猩猩國, 구국狗國, 여인국女人國 등과 같은 오랑캐로 태어난다. 이들은 우리와 매우 다르기에, 절대 중원 사람으로부터 비롯된 종족이 아니다"³³ 이런 금수는 한화漢化라는 문명과 예의를 받아들일 자격이 없다. 『심사』의 저자 정사초는 북위 척발규拓跋珪를 예로 들었다. 그가 비록 한족의 예악 문물을 받들었다고는 해도 다음과 같았을 뿐이라고 말한다. "중국을 참월해 천하의 도리를 어지럽혔다. 이것은 소나 말에게 옷을 입히고 사람이라 부르는 것이다. 그러나 실은 오랑캐의 괴수일 뿐이니, 어찌 오랑캐가 오랑캐 짓을 하면서 자신들의 하늘을 하늘로 섬기라고 한단 말인가! 임금과 신하, 한족과 오랑캐에 대한 구분은 예나 지금이나 천하에서 대대적으로 따지는 것이거늘, 어찌 이를 어지럽힌단 말인가?"³⁴ 이때부터 북방 종족을 요괴로 간주하는 선례가 시작됐다.

송말과 원초에는 이렇게 종족을 요괴화한 주장이 매우 드물었으나, 명말에는 극도로 유행했다. 그래서 어떤 이는 『심사』가 명말의 위서僞書라고 의심했다.³⁵ 이 수수께끼의 진위 여부는 밝히기 힘들지만 한 가지 사실은 단언할 수 있다. 『심서』가 위서인지의 여부와 관계없이 이 서책에 드러난 정보들은 남송 시기에 이미 주요 이슈로 떠올랐다. 그것은 곧 북송 정통관이 의존하던 기본적인 정치적 지리 공간이 더 이상 존재하지 않게 됐다는 것이었다. 남송은 한쪽 구석에 안주하게 된 이후 실제로 '대일통'을 유지하는 기본적인 생존 조건을 상실했고, 따라서 '정통'의 질서를 새로 마련해야만 했다. 만약 계속 구양수의 정통 표준을 근거로 역사를 서술하게 되면, 도리어 북방 종족이 남하하기 위한 침략의 이론적 근거를 제공하는 것이 됐다. 사실이 증명해주듯이, 원나라는 북송이 마련한 정통론의 기조를 토대로, 송을 멸망시키겠다는 마음을 먹었다.

공功 위주의 사관은 북송에서 크게 유행했고, 남송에 들어와서는 좀 달라진 듯했다. 그러나 북송이 전해준 공功 위주의 사관은 원나라가 송을 정벌하는 결정적 계획 과정에 확실히 영향을 주었고, 심지어 남송의 멸망을 간접적으로 이끌었다고까지 말할 수 있다. 남송의 귀순 장수 유정劉整은 쿠빌라이에게 남하해서 송을 공격하라고 여러 차례 건의했는데, 그 이유도 바로 여기에서 비롯됐다. 유정은 「평송책平宋策」에서 다음과 같이 말했다. "예부터 제왕은 사해四海를 일가一家로 만들지 않으면 정통이라 여기지 않았습니다. 본 왕조는 천하의 칠할七割을 차지하고도 어찌 남송을 한쪽에 내버려두고 스스로 정통의 자리를 내버린단 말입니까!" 이에 쿠빌라이는 "짐이 뜻을 정했다"라고 대답했다.[36] 유정은 비록 남송의 귀순 장수이긴 하나 영토 확장을 중시하는 북송의 정통관을 견지하고 있었음이 분명하다. 따라서 정통 수립에 있어 전국 통일이 가장 중요하다는 점을 재차 강조했다. 원대 역시 '대일통'을 자신들의 합법성 수립을 위한 가장 중요한 이유로 삼았다.

그러므로 남북의 정치 지리의 구획 짓기를 강조하여 이하지변을 엄격히 따지는 효과에 이른 것은 사실 주관적으로 도모한 결과가 아니라 당시 형세에 몰린 고통스런 선택의 결과였다. 남송의 견해를 살펴보면 장식張栻이 이미 다음과 같은 말을 하기 시작했다. "위나라 이래로 남북이 분열됐다. 그러나 북위·북제·후주는 모두 오랑캐였기에, 정통은 오직 강남에서 계승했다."[37] 이는 비교적 뚜렷한 남북 인식이 출현하기 시작했음을 보여준다. 섭적葉適(1150~1223)이 『기년비유紀年備遺』를 저술한 목적 중 하나는 "원수를 갚아 치욕을 씻어내고 한족을 귀히 여기고 오랑캐를 천시" 하기 위함이었다. 그래서 그는 "사람들이 싫증내고 간추려버리는 남북의 한족과 오랑캐가 통합·분리·쟁탈하는 시시콜콜한 일들 역시 모두 갖추어 논할 것"[38]이라고 말했다. 그의 저술 목적에도 남북의 구별과 이하夷夏의 구별에 대한 인식이 섞여 들어오기 시작했음을 알 수 있다. 이로써 남북의 구별은 엄연한 사실이자 당시 사인이 지녔던 이미지였다고 볼 수 있다.

주목할 만한 것은 북송에서 남송에 걸쳐 국가의 통치 정책을 결정하는 측면에서의 엄청난 차이, 즉 효능을 중시할 것인지 예의를 중시할 것인지의 구별이 생겨났다는 점이다. 북송의 왕안석王安石은 급진주의자이면서 못 말리는 제도 숭배자였다. 그는 외재적인 제도의 변혁을 통해 고효율의 정부를 건립하고 그 효율에 의거해 철저하게 사회를 개조하고자 했다. 주희로 대표되는 남송의 신유학 학자들은 개인의 내면심리에 대한 각고의 수련을 거쳐 자아의 도덕적 완전무결함을 갖춘 사회를 건립하고자 했다. 양쪽이 지향하는 바가 확연히 달랐기 때문에 '정통관'을 이해하는 서로 다른 역사적 분위기가 형성됐다.

류쯔젠劉子健에 따르면 중국은 서양의 시각으로 본 엄격한 의미의 '이데올로기'에 대한 정의가 없다. 유학자의 국가 통치는 늘 '정교政教'라고 부르는 행위 양식을 채택했다. '정政'은 사회 또는 국가를 가리킨다. 정부의 행정을 포괄할 뿐 아니라 사상을 조정하고 행위를 규범화하는 내용을 포괄한다. 위로는 황제부터 아래로는 백성까지를 대상으로 삼는다. '교教' 역시 서책을 가르치는 것과 사람을 육성하는 것만을 가리킬 뿐 아니라 사회질서에 관한 도덕 기준을 주입하고 아울러 오래도록 불변하게 만드는 것을 포괄한다. 그 가운데 '교화'의 '교' 개념은 '화'의 함의를 높였다. 유가는 수백 년 동안 발전하면서 줄곧 개인, 사회와 통치자들을 관리하고 교육하여 이들을 좋은 방향으로 이끄는 것을 이상으로 삼았다. 이러한 이상의 가치를 인정하고 그 역량을 믿는 것을 유가의 이데올로기라고 부른다.[39]

북송의 왕안석은 제도 개혁의 방법을 많이 취했기에, 아무래도 '정政'에 치우쳤다. 그는 결과에 따라 성패를 판단하고 업무의 효율에 따라 문관文官을 선발했다. 그에게 '교教'는 공功 위주의 급진적인 개혁을 이루기 위한 하나의 작은 바둑알에 불과해 단순히 보조적인 효과만 지니고 있을 뿐이었다. 반면에 주희는 '교'의 측면을 많이 취해 교화가 황제뿐만 아니라 광대한 향촌 사회에까지 파급되도록 했다. 그는 '교'가 일정한 정도에 도달하기만 하면 '정'의 목표가 자연히 실현될 수 있다고 보았다. 더욱 중요한 것은, 주희의 주도 아래 도덕적 성찰을 기본적인 행동양식으로 하는 문화적 표준을 형성하고 개인 교습과 서원의 강학을 통해 '도학道學'을 숭상하게 만들었으며, 더 나아가 '도통道統'의 계보를 작성해 자신의 합법성의 토대로 삼았다는 점이다.

'도통'의 발생 및 발전은 매우 복잡한 양상을 띠고 있어 여기서는 논하기가 쉽지 않다. 위잉스가 보기에, 송대 도통의 수립이란 현실에 대한 개선, 합리적인 인간사회의 질서 재건, '치도治道'의 정돈을 요구하는 사림 士林의 입장을 반영하는 것이었다. 이는 질서 재건의 출발점을 구축한 데 다가, 단순히 이학理學 내 학파 간의 분파와 논쟁을 주목하는 데 그치지 않았다. 이 같은 위잉스의 견해는 확실히 탁월하다.[40] 가장 관건이 되는 부분은 도학을 순수한 사상적 유파로만 간주해서는 안 되고, 도학이 질서 재건이라는 정치적 목표와 뒤엉켜 있다는 점을 알아야만 사림이 '도통'의 계보를 세우고 '정통관'을 수립하는 것 사이에서 발생하는 관계를 이해할 수 있다는 점이다. '도통'의 가장 정치적인 면모는 물론 어디서든 발견할 수 있지만, 오로지 '교'의 측면에서 제왕을 '교화'하는 문화적 우월성은 분명 남송 때에 이르러서야 제대로 확립됐다고 말할 수 있겠다. 송대 유학자들은 일찍이 이른바 '후삼대後三代'를 주장하며 한漢·당唐·송宋 시기가 이전 삼대를 계승하여 일어난 시대라고 생각했다. 그러나 송대 유학자는 삼대를 지향함과 동시에 또 한나라와 당나라를 경시했고, 송대는 영토와 국력에서 한나라나 당나라에 견줄 수는 없지만, 문화도덕의 재건이라는 측면에서 스스로 앞선 두 조대보다 훨씬 뛰어나다고 여겼다. 이 역시 '조대 간 경쟁'적 사고라고 할 수 있다. 그러므로 문화가 정치보다 중요하다는 점은 송대 사람의 '삼대' 개념의 기본적인 속성이었다.[41] 이러한 문화의 심리적 우월감은 세상을 교화할 수 있다는 심리에 반영됐고, 나아가 이렇게 문화적 교화를 지니는 것이 일종의 종족적인 특권이라고 여겼다. 그리하여 '도통'과 한족·오랑캐의 구별 역시 정치 변혁의 과정을 거쳐 미묘한 관계를 형성했는데, 남송 이후의 정통관에 대해 논하려면 이런 미묘한 점을 더욱 깊이 이해해야 한다.

마음으로부터 출발해 도덕을 세우는 길은 후세 사인들의 말과 행동에 결정적인 영향을 미쳤다. 동시에 도덕 재건 사업과 '정통관'의 수립이 불가분의 관계에 있기 때문에 도덕 교화가 이론상으로는 황제에서부터 향촌의 노인들까지 빠짐없이 진행됐다. 일반 대중은 보편적으로 도덕적 교화의 세례를 받을 자격이 있었다고는 하지만, 여전히 '인종'의 구분이라는 내재적 규정으로 제한됐다. 주희는 도통道統을 갖는 신분을 설명할 때 강렬한 언사를 구사하지 않고 일반적인 『춘추』의 대의를 인용하는 데 그쳤다. 그러나 후세 사람들은 도덕이 지니는 순결성을 매우 엄격한 종족 구분의 토대 위에 세우도록 발전시켜나갔다. '도통'의 전파와 활용에 '한족과 오랑캐의 대대적 구분夷夏大防'의 성격을 가미한 것이다. 이러한 경향은 왕조 교체기에 더욱더 확연하게 나타났다.

우리는 또 정사초의 주장을 논의의 근거로 삼을 수 있다. 『심사』의 주요 논점은 '도통', 즉 문화적 논의를 정식으로 '정통론'의 구조 속에 끌어들였다는 점이다. 구양수와 같은 기존의 주장은 '대일통'의 영토 점유가 '정통' 건립의 가장 중요한 조건임을 강조했다. 그러나 정통을 획득하는 바름正이 도대체 무엇을 전제로 삼아야 하는지에 대해 답을 하지 않아, 결국 지나치게 공功 위주라는 인상을 심어주었다. 실제로 '통統'의 조건에만 답을 하고 '정'의 조건에 대해서는 답을 하지 않았다. 이 점은 후세의 정통관을 논하는 사람들이 이미 명확하게 지적했다. 예를 들어 량치차오는 다음과 같은 의문을 제기한 적이 있다. 그의 의문 역시 영토의 확장과 축소의 폭이 합법성과 얼마만큼 관련이 있는가 하는 것이었다. 그가 보기에 만약 땅의 넓이만 가지고 따진다면, "천하가 통일이 돼 있다면 그 누구와 다툴 일이 없고, 천하가 통일되지 않았다면 당연히 땅을 가장 많이 가진 자를 가장 바르다正 할 것"이라고 말했다. 그러나 이렇게 보면 바로 문제가 생긴다. 송나라와 금나라가 대치하는 상태에서 금나라가 천하의 3분의 2나 되는 영토를 점유하고 있었는데, 그렇다면 과연 누가 바르단正 말인가? 또 누가 거짓僞이란 말인가?42 만약 여전히 구양수의 공功 위주의 관점에 근거해 정통론의 기본 구조를 구축한다면 '남송'은 곧 '거짓 정통' 쪽으로 구분될 것이다. 이처럼 '남송'의 특수한 상황 역시 정통관 성립의 기본 조건을 수정하도록 정사초 등에게 압박을 가했다.

정사초가 정통에 관해 논의할 때 더 이상 '오덕종시五德終始'와 '정윤설'의 노선, 즉 정삭正朔을 고치고 복색을 다르게 하는 옛 방식으로 도덕적 합법성을 수립하려 하지 않았다는 점은 주목할 만하다. 추측하건대, 이는 남송이 '한쪽 구석에서 안주하는' 국면이 고착되면서, 구양수의 영향이 지대했던 영토 점유에 따른 합법성 획득 문제를 반드시 해결해야만 했기 때문이다. 근본적으로 시간 배열을 따지는 기존의 논의 방법으로 되돌아갈 수는 없었기 때문에 새 방법을 찾아야만 했다. 그중 하나가 영토 점유 여부에 따른 '대일통'의 합법성 논의를 버리고, '이하지별夷夏之別'이라는 차이점을 확대하여 '공간'이 아닌 '문화' 논의로부터 '정통'에 대한 발언권을 되찾는 것이었다.

정사초는 다음과 같이 주장했다. "성인聖人·정통·중국은 본래 하나인데, 지금 이를 따로 떼어 논하는 것은 사실 부득이해서다. 그러므로 천하를 얻었다고 해서 이를 중국이라 말할 수 없으며, 중국을 얻었다고 해서 이를 정통이라 말할 수 없으며, 정통을 얻었다고 해서 이를 성인이라고 말할 수 없다. 오로지 성인만이 천하·중국·정통을 하나로 합칠 수 있는 것이다." 이렇게 온통 공간에만 의지해 정통을 규정했던 이념에 몇 가지 제한적인 요소를 덧붙였다. 특히 '성인'과 정치적 지리의 보유를 한데 묶어 설명했다. 정사초는 특별히 "'올바름을 지켰으나 통일하지는 못했거나, 통일은 했지만 올바름을 지키지 못했다正而不統, 統而不正'는 말로 정통을 논하는 것이나 지세地勢의 올바름을 얻은 자를 정통이라 하는 것 모두가 완벽하지 않다"라고 말했다. 뒷부분은 분명 남송의 상황을 감안해 말한 것이다. 정사초는 『춘추』에 나오는 이하지별의 의미를 확대 해석해 자신의 근거로 삼아서, "천자를 숭상하며 오랑캐를 물리치고, 난신적자를 주살한다는 것은 소왕素王(제왕의 덕을 지녔지만 제왕의 자리에 있지 않은 사람)이신 공자의 권위 있는 해석 방법으로, 만세에 전해지는 역사서 저술의 표준이다"[43]라고 말했다.

재미있는 것은 송대 유민의 시각을 지닌 정사초가 정통의 합법성 측면에서 '도통'이 중요하게 작용하고 있음을 강조한 데 비해, 원대 관리가 된 양유정楊維楨(1296~1370)은 또 다른 시각에서 동일한 주장을 했다는 점이다. 당시 원대의 역사서는 요·금·송을 병렬로 나열했는데, 원 왕조는 대체 어떤 왕조를 계승하여 정통이라 해야 할지 여전히 명확하게 판단하지 못했다. 원 왕조는 한동안 스스로가 요遼나라의 계통을 계승했다고 생각했다. 원나라는 적국이었던 송나라가 자신들에게 막 멸망을 당했다는 단지 그 이유만으로 송나라와 연관되는 것을 피해야 했던 것이다. 그러나 정통이 서지 않다보니, 원 왕조의 합법성은 줄곧 문제가 됐다. 양유정은 이렇게 말했다. "중화의 정통은 바르고 큰데, 이 정통은 요나라나 금나라에 있지 않고, 하늘이 만백성의 생명을 맡긴 군주에게 있음이 분명하다."[44] 요나라와 금나라를 평정한 시점이 아닌 송나라를 평정한 그 중요한 시기를 계통 계승의 역사적 시간으로 정해야 하며, 이 순간이야말로 '대일통'

이 실현된 후 정통을 획득하는 시점이라는 것이다.

이렇다보니, 양유정은 자연히 자신감 있게 다음과 같이 물었다. "천수天數의 바름, 중화 정통華統의 위대함이 우리 원 왕조에 속해 있는데, 송이 당을 계승하고 당이 수隋를 계승하고 진晉을 계승하고 한漢을 계승한 것처럼 원 왕조가 송을 계승했다고 여기지 않고, 함부로 윤조閏朝라고 구분해 우리 원 왕조를 통統을 갖추지 못한 거친 오랑캐로 치부하려 한다. 그러니 나는 원 왕조가 요나라의 계통을 계승했다고 여기는 요즘의 군자들이 지금을 어떤 시기로 여기는 것인지, 지금의 성인聖人을 어떤 군주君主로 여기고 있는 건지 모르겠다."[45] 이는 곧 원 왕조가 마땅히 이어받아야 할 정통의 계보를 분명하게 서술한 것으로, 이후 조정의 정론이 됐다. 송의 정통을 이어받은 이유에 대해 양유정 역시 매우 명확하게 말하고 있다. "그러한즉 도통은 요·금이 아닌 송에 있었다. 송에 있다가 후에 우리 왕조에 이르렀으니, 군자라면 치통治統이 있는 곳을 알아볼 수 있을 것이다."[46] 그가 말하는 '도통'은 자연히 요·순·우와 탕왕, 문왕, 무왕, 주공과 공자로부터 시작하여 맹자와 송명 이학자를 거쳐 남송의 주희에 이르는 것으로, 문화가 남쪽으로 옮겨간 경향이 매우 뚜렷하다. 뭔가 변화가 있다고 한다면, 이 계보에 원대의 허형許衡을 추가했다는 점이다.

겉으로 볼 때 양유정은 원나라에서 관직을 지냈기 때문에 지조를 잃었다는 의심을 받지만 '도통'을 이어받은 측면에서 남송의 문화적 이상을 지속시킨 듯하다. 양유정은 도통 계보의 전승이 통치의 합법성을 성립시키는 관건 중 하나라고 결론지었다. 이것이 이른바 "도통은 치통治統이 있는 곳에 있다"[47]는 말이다. 이는 '도통'이 정통의 핵심임을 강조한 정사초의 발언과 거의 일치한다. 양유정과 정사초가 적대적인 위치에 있었음에도 불구하고 말이다. 한 사람은 원나라 관리였고, 한 사람은 송대 유민이었다. 한 사람은 역사 형성에서의 종족 구별을 강조했고, 한 사람은 영토를 일통하는 현실 구조를 인정했다. 또한 서로 얽혀 있는 '도통'과 '치통'의 관계는 이후 정통의 정당성을 논하는 핵심적인 논의 주제가 되었고 '도통' 역시 정통의 논의를 제한하는 키워드가 됐다.

더욱 중요한 점은 남송 이후 조정 안팎에서 점차 인식의 일치가 이뤄져 '도통'의 보유가 광대한 영토를 점령했는지의 여부보다 더욱 중요해졌다는 것이다. '도통'으로 '치통'을 규제한다는 생각이 확실히 후대 사대부 계층을 문화적으로 자각시켰다는 점도 분명한 사실이다. 이후 역사편찬자는 기본적으로 양유정의 '원나라가 송나라의 정통을 이어받았다'는 생각을 취했다. 즉 '도통'을 우선시하는 전략이 이미 부지불식간에 역사서 편찬의 요지要旨가 됐음을 증명한 것이다. 후대에 『송사宋史』를 편찬할 때 송 왕조를 다음과 같이 인식한 이도 있었다. "병력이 다소 약해지다 보니 나라의 기세가 점차 쇠퇴했다. 그러나 강남으로 남하하여 한쪽 구석에서 구차하게 안주했더라도 기강만은 여전히 남아 있었다. (…) 반면에 요나라와 금나라가 오랑캐 습속을 지니고 덕德과 의義를 기르지 않고 완고하게 멋대로 구는 것을 보니 천양지차로다!* 송나라의 정통을 받들고 요나라와 금나라를 뒤에 덧붙이는 체제가 어찌 옛 선인들의 한결같았던 결정이 아니겠는가! 옛날 주희는 『자치통감강목』을 지으면서 『춘추』의 필법을 취해 오나라와 위나라를 제치고 촉나라의 소열제昭烈帝(유비)를 정통 황제로 모셨으니, 이것이 군자가 말하는 '정통을 근거로 밝힌다'는

---

* 원서엔 "攻敦是湟者, 徑庭遠矣"라고 되어 있는데 여기서 '敦'은 '致'의 오자다. 이에 고쳐서 번역했다. '徑'은 원래 '逕'으로 되어 있는데 동자라 번역에는 차이가 없다.

것이다."[48]

사실 후대에도 이러한 관점에 입각해 원나라가 '정통'을 갖는 합당한 이유가 광대한 영토 때문이 아니라 '교화'에 젖어든 덕분이라고 이해한 이도 있었다. 이학가 여남呂柟(1479~1542)은 원나라 세조世祖를 제사에 모시는 것에 관해 논하는 자리에서 분명 '도통' 우선의 평가체계를 채택했다. 그는 다음과 같이 말했다. 원 왕조가 "시작은 오랑캐였더라도, 탕왕과 주 무왕처럼 천하를 취한 것이 아니더라도 역시 '세상을 위해 뜻을 세우고 백성을 위해 천명을 세운' 측면이 있다. 이러한 맥락 역시 요·순임금의 마음과는 통했으나 그 도가 광활하고 순수하지 않을 뿐이다."[49] '도통'으로 '공간' 확장을 덮어버린 단일한 합법성은 확실히 특별한 함의가 있다.

'도통'과 '한족과 오랑캐의 구분' 간의 갈등

첸무는 만년에 명초의 개국 신하들의 시문집을 읽으면서 매우 이상하다는 생각을 했다. 그는 원 왕조를 거쳐 명 왕조에 들어온 사인들 대부분이 영토 개척이라는 원 왕조의 '대일통'의 공적을 한시도 잊은 적이 없었다는 사실을 발견했다. 이는 당·송대의 인식과 비견될 만했다. 자신과 종족이 다른 오랑캐가 침입했다는 예전의 생각들은 모두 잊은 듯했다. 상식적으로 생각해보면, 처음에 명 왕조가 이민족의 통치를 몰아내는 것을 자기 합법성의 토대로 세우고 이를 구실로 원 왕조의 일통관에 대항하는 것이 당연했다. 그리하여 송렴宋濂은 명 태조를 위해 직접 쓴「유중원격論中原檄」에서 처음으로 '오랑캐를 몰아내고 중원을 회복하자'라는 구호를 외쳤다. 그러나 첸무가 알아낸 바에 따르면, 왕조 교체기 중에 오로지 이 글만 이하지별의 문제를 다뤘을 뿐인 데다가, 이 글에서조차 분명 원 왕조의 통치가 천명을 받은 것이며 하늘도 이를 만족스러워했음을 긍정했다. 아울러 종족 혁명의 시각에서 좀더 파고드는 논의를 펼친 적도 없을 뿐 아니라 나아가 남송 이후의 사대부로서 '도통'을 갖고 권력의 합법성을 따져본 흔적도 없었다. 정반대로 말을 얼버무리면서 성인임을 자처하지도 못하고 '천명을 공경하고 받든다'라는 차원의 표현만 사용했으며, 말투 역시 부드러우면서 완곡했으니, 여느 격문에서도 보기 드문 형태였다. 쳰무는 이 같은 글이 나온 것은 70~80년 동안 이민족 통치가 지속된 결과, 사대부가 겁이 많아지고 나약해져서 생겨난 현상이라고 탄식했다.[50]

명초의 적지 않은 기록들 역시 쳰무가 받은 인상을 증명해 보이는 듯하다. 명 태조도 「유중원격」을 통해 광대한 토지를 차지했다는 점에서 볼 때 원나라가 당연히 '정통'을 가졌다는 것을 어쩔 수 없이 인정했다. 글에서 "옛날 제왕이 천하의 재위에 올라 다스리신 이래로 중국은 안쪽에 거하면서 오랑캐를 제어했고, 오랑캐는 밖에 거하면서 중국을 받들었다. 오랑캐가 중국에 거하면서 천하를 다스린다는 말을 들어본 적이 없다"라고 말했지만, 이는 분명히 원대 이전의 상황이었다. 위진 이래로 이민족이 수차례 중원으로 들어왔지만 대부분 일부 지역, 즉 주로 북방의 일부 지역에 국한됐다. 그러나 "송나라 사직社稷이 기울자 원나라는 북쪽 오랑캐의 몸으로 중국에 들어와 머물렀다. 사해 안팎이 신하 되어 복종하지 않는 자가 없었으니 이 어찌 인력으로 된 일이겠는가? 실로 하늘이 내려준 것이다."[51] 명 태조는 「즉위조卽位詔」에서 또한 "송나라의 국운이 이미 끊어진 뒤, 사막에서 천명을 받은 진인眞人이 중국에 들어와 천하의 주인이 되어 자손에게 전해준 지 100여 년이 됐다"[52]고 했다. 이는 곧 송대 이래로 거듭 확인된 '정통관'이라는 주제, 즉 더 넓은 영토를 보유한 사람이 정통을 보유한다는 점을 인정한 것이다.

점유 영토의 크기에 따라 정통의 정도가 규정된다는 생각 역시 원대 사인의 호응을 얻었다. 이를테면 해진解縉(1369~1415)은 다음과 같이 말했다. "송나라가 중화의 정통을 이은 지 300여 년, 성대한 정치는 하·은·주 삼대에 가까웠다. 불행히도 요와 금 두 오랑캐가 그 기간에 화근이 됐고 원나라가 곧 오랑캐 신분으로 들어와 이를 대신했으니 진실로 천지가 생긴 이래 예사롭지 않은 변고였다. 그러나 원나라의 통일 또한 수백 년 지속됐으니, 원나라를 빼버릴 수는 없다."[53] 즉 원나라는 천하를 '통일'했다는 측면에서 중원(화하華夏)에 공을 세웠다고 말한 것이다. 원 왕조에서 버슬살이를 한 사인들 역시 유사한 견해였다. 어떤 이는 "원나라가 중원에 자리를 잡아 천하의 주인이 되니, 이는 3000년간의 역사서를 봐도 이와 같은 적이 없었다. 그러니 오랑캐와 한족의 변화가 너무나도 명백한 것 아닌가!"*라고 말했다. 원 왕조가 천하를 통일하게 되자 지식인들은 스스로 기존에 지녔던 '화이지변'의 기준이 과연 믿을 만한 것인지 의문을 갖기 시작했다. 홍무 6년(1373) 주원장이 금릉金陵에 역대 제왕의 사당을 마련하면서 원 세조와 삼황오제를 함께 제사지내니, 송눌宋訥(1311~1390)은 이 같은 상황을 다음과 같이 설명했다. "삼황오제와 왕들이 잇달아 재위에 오르고 한·당·송이 번갈아 흥기한 뒤 원나라에 이르니, 천하를 하나로 통일하고 대통을 이어 바르게 함으로써, 하늘의 복

---

* 섭성葉盛, 『수동일기水東日記』 239쪽. 이 말은 원나라 오징吳澄(1249~1333)이 한 말이다.

과 비호를 받아 백성의 준칙準則을 세워 이를 북돋우고 가지런히 하는 것이 당연하지 않은가!"[54] 이는 '통일'을 완전히 '정통'의 가장 중요한 조건이라 여기고 결부시켜 논한 것이다.

그러나 아무래도 앞서 본 첸무의 탄식은 공연한 걱정이었던 것 같다. 명 성조成祖 때에 이르러 사대부들은 '도통'을 가지고 천하를 책임진다는 생각을 다시 되살렸고, 또한 신속하게 '화이대방華夷大防'의 경향까지 접목시켰다. 명초 방효유方孝孺(1357~1402)는 '정통正統'과 '변통變統'을 구분하자고 주장했다. 그는 '정통' 성립에 필요한 다음과 같은 조건에 따라 이 둘을 구분했다. 첫째, '올바름正'을 취해야 모종의 정당성을 가진다. 둘째, 다른 이에게 설득력 있는 도덕적 토대를 가져야 한다. 그렇지 않으면 '변통'에 속한다. '정통'의 도덕적 토대에 관해서 방효유는 다음과 같이 기술했다. "군주를 귀하게 여기는 까닭은 도덕의 중용을 세우고, 인의의 극치를 세우고, 정교政教의 근원을 다루기 때문인데, 이를 정통으로 삼을 만하다."[55] 이 언급 역시 남송 이래 도덕 교화를 우선시하는 경향을 담고 있다. 방효유의 이러한 서술 구조 안에는 분명 오랑캐의 자리가 없었다. 그래서 삼대 이후의 주·진·한·진·수·당·송은 모두 정통이고 원 왕조는 그 반열에 들지 못했다. 이는 분명 원 왕조가 도덕적 토대를 갖추지 않았다고 생각한 것이고, 또한 명 왕조가 천하를 차지한 것이 '오랑캐를 물리치자'는 말에 의거해 이룩한 것임을 암시한 것이다. 후에 장황章潢(1527~1608)과 같은 이들은 '도'의 유무로 '통統'이 '올바른 것正'인지 아닌지를 따졌는데 이 또한 명대 정통론의 여파가 반영된 것이었다. 그는 한 사람의 패도覇道 행위를 억제하려면 '도道로 그것을 통솔하는統' 방법을 사용해야 한다고 말했다. "이른바 통일統一한다는 것은 패권의 힘으로 통일하는 것도 아니고, 지략과 술수로 통일하는 것도 아니다. 오로지 도_道만이 천하를 제압할 수 있다."[56]

명초에 '이하대방_{夷夏大防}'의 주장이 다시 일어난 것은 진정한 천하통일을 실현하지 못한 명대의 정치 지리적 형세와 관련이 있다. 명초에 태조는 중화 통일을 천명했으나 명대는 거의 내내 몽골 세력과 대치했고, 토목지변_{土木之變}*을 거친 후 또 만주 세력이 동북 지역에서 일어나 긴장을 늦출 수 없는 형국이었다. 그리하여 여전히 남송대의 주장에 치우쳐 정통론을 인용하고 근거로 삼았기에 자연히 영토 소유가 아니라 예의_{禮儀}의 계승을 독점했는가 여부를 중시했다.

앞에서 기술한 바와 같이 '이하지변'이 강화되는 것과 지역에 따라 정치 구조가 변모하는 것은 밀접한 관계가 있다. 남송이 애써 '이하대방'을 강조하는 것은 실제로 날로 줄어드는 영토로 인한 자신감 상실과 북방 민족의 군사적 압력에 직면한 결과였다. 정사초는 『대송지리도가_{大宋地理圖歌}』에서 "혼돈이 파괴된 후 다시 혼돈이 찾아왔으니, 태극이 몇 번이나 열렸는지 아는가? 사방의 땅은 치우쳐 있어 기운이 바르지 않기에, 가운데 하늘과 땅의 중앙에 중국을 세웠다네_{混沌破後復混沌, 知是幾番開太極. 四方地偏氣不正, 中天地中立中國}"라는 점을 인정했다. 이는 '중국'이 소유한 영토에 대한 이상적인 이해였다. 그러나 그럼에도 결과는 늘 "분열되면 다시 합쳐지고 합쳐지면 다시 분열되니, 결국 언제나 하나로 확고해진 적은 없었다_{離而復合合復離, 卒莫始終定於一}." 송 왕조 역시 이상을 실현시키기 어려웠다. "우

---

* 토목보지변_{土木堡之變}이라고도 부른다. 명나라 정통제_{正統帝} 14년(1449)에 토목보에서 명나라와 몽골 오이라트 부족이 전쟁을 벌였는데, 정통제는 무리하게 친정_{親征}을 고집하다가 오이라트에게 생포되는 굴욕을 당했다.

리 왕조의 성인(송의 황제)은 하늘처럼 인자하여, 300년이 마치 하루 같았네. 천하가 모두 예악과 조화를 이루어 잘 정리되었거늘, 그 누가 생각이나 했겠는가? 평탄하던 곳에 가시 돋아날 줄을. 풍륜風輪이 춤추듯 흔들려 수미산須彌山이 부서지고,* 검은 우박이 천균千鈞의 돌을 어지럽게 내리퍼붓고, 무장한 만고萬古의 이무기가 송나라를 보호하는 범운梵雲을 씹어먹누나."[57] 이 같은 읊조림은 바로 영토가 산산조각 난 데서 야기된 심리적인 초조함을 개탄한 것이다. 그리하여 사인들은 문화를 형성하는 데 필연적으로 '예의禮儀'가 핵심적인 역할을 담당하는 것을 강조함으로써, 조국 산하가 갈가리 찢긴 후의 심리적 결핍을 메웠다.

정치 지리적 시각에서 정통론은 대부분 말하는 이가 처한 위치 및 심정과 밀접한 관계가 있다. 오랑캐나 지리·예의禮儀 수립의 관계에 대해 당나라 때부터 매우 첨예한 의견이 대두됐다. 지리적 우세를 근거로 정통이라는 이름을 얻는 것을 당연시하기보다는 예의의 인정이 필요하다고 주장하기 시작한 것이다. 황보식皇甫湜(777~835)은 『동진원위정윤론東晉元魏正閏論』에서 "중원中國 사람이라고 하는 까닭은 예의가 있기 때문이고, 오랑캐라고 하는 까닭은 예의가 없기 때문이니, 어찌 땅과 연관이 있겠는가?"라고 말했다. 그리고 뒤이어 무심결에 '강남'이 언제나 정통을 지니고 있음을 드러냈다. "진晉이 남도南渡하니 사람들이 모두 귀의하고, 예악을 모두 담아냈고, 풍속 교화와 선한 정치가 이뤄지고, 역사적 사실이 그 안에 보존됐다." 그는 강남을 여전히 북방 오랑캐가 영토를 점유했지만 예의를 상실한 북방의 상황과 차별화했던 것이다.[58]

---

* 불교에서는 수미산을 떠받치고 있는 거대한 원통형의 층이 세 개 있다고 하는데, 이를 삼륜三輪이라 한다. 삼륜의 가장 위층이 금륜金輪, 중간층이 수륜水輪, 아래층이 풍륜風輪이다.

남송의 사인은 사회 질서를 재정돈하는 도덕 교화의 역할을 한층 강조했으며, 아울러 '도통'을 지니고 있는지를 가지고 문명을 가늠하는 척도로 삼았다. 북방 민족은 자연스레 배제되어 이러한 과정 밖으로 밀려났고, 이로 말미암아 당나라 이래로 형성된 '예의'로 종족 집단을 분류하는 역사 경험이 심화됐다.

명대는 비록 남송과 역사적으로 시간이 좀 떨어져 있고, 또 중간에 원대의 짧은 통치를 거치긴 했으나, 여전히 정통관에 있어서 남송의 기본적인 인식 틀을 계승하고 있었다. 다시 말해 '대일통'의 영토 점유가 반드시 '정통'의 요체를 얻는 것은 아니라고 생각했던 것이다. 반대로, 가진 땅은 협소해도 '도통'의 지지를 얻게 되면 '정통'의 지위를 얻을 수 있다고 생각했다. 서분붕徐奮鵬(약 1560~1642)은 다음과 같이 말했다. "내가 생각하건대, 고금에 거론되는 나라 가운데 꼭 '올바르다正'고 할 수 없는 경우는 진秦·수·원이다. 올바르지만 통일을 이뤘다고 할 수 없는 경우는 서촉의 한과 남하한 송이다. 올바름을 취하고 통일은 버려서, 나는 정녕 서촉과 남송을 받들고, 진·수·원은 내치겠다."[59] '통일'을 영토 소유로 이해하고 '올바름'을 문화 전승으로 이해하여 이 둘의 복잡한 관계를 처리하는 것은 분명 명대 지식인이 새롭게 부각시킨 주제였다. 그러나 이러한 주제는 주희에게서 유래된, 다시 말해 남북 지리 영토의 점거가 곧 '도통'의 보유를 의미하지는 않는다는 생각과 밀접한 관계가 있었다.

명대 정치 지리관은 남송의 심리 상태를 계승하여 오랑캐와 한족을 더욱 엄격히 구분했다. 예를 들어 호한胡翰(1307~1381)은 역사서 기술에서 천기天紀·지기地紀·인기人紀를 세 축으로 내걸고 그 가운데 '지기'에 대해 "중국은 오랑캐와 안과 밖으로 나뉜다. 중국이 중국을 다스리고 오랑캐가 오랑캐를 다스리면 형세가 순탄하게 된다"[60]라고 했다. '안과 밖'은 특정한 역사적 함의를 갖는 언급이며, 나아가 남북의 서로 다른 종족 집단이 서로 대립했던 역사와 불가분의 관계에 있다. 방효유는 더욱 분명하게 '안은 한족이, 밖은 오랑캐'라는 것을 '군신지의君臣之義를 펼친다' '어짊과 포악함을 분명히 구분한다' 등과 더불어 '정통관'을 형성하는 요소의 하나로 손꼽았다.[61] 또한 세상에는 한 가지 정통正統과 세 가지 변통變統이 있다고 열거했는데, 그중 '변통'에 대해서는 다음과 같이 설명했다. "첫째, 올바름으로 취하지 않은 경우로, 이를테면 진晉·남송·남제·남양의 군주가 만약 천하를 전부 차지했다 하더라도 이를 올바르다고 할 수 없다. 둘째, 인의로 돌보지 않고 백성에게 포악하게 한 경우로, 이를테면 진秦나라와 수나라가 만약 수백 년 동안 유지됐다 하더라도 이를 올바르다고 할 수 없다. 셋째, 오랑캐이면서 중국을 찬탈하거나 여황후의 몸으로 천자의 자리를 차지하는 경우로, 부견苻堅*처럼 정치를 하고 무측천武則天처럼 재주가 있다고 한들 역시 정통을 계승할 수 없다."[62]

이러한 측면에서 방효유는 더욱 엄격한 태도를 취했다. "바로 이런 일이 있기 때문에 포폄을 통해 분명히 밝히는 것이다. 바로 이런 일이 있기 때문에 권계하여 부각시키는 것이다. 바로 이런 일이 있기 때문에 정통이 존중되고 간사한 이들이 사라지고 오랑캐가 겁에 질리는 것이다."[63] 방효유의 역사관은 철저하게 도덕 원칙의 지배하에 놓여 있기에, 광대한 토지의 점유와 폭력적인 지배를 기반 삼아 이를 통치 근거로 삼는 모든 정권에 합법성을 부여할 가능성을 아예 차단해버렸다.

---

* 북조北朝 16국 가운데 전진前秦의 제3대 왕. 재위 연간은 357~385년이다. 태학太學을 정비해 학문을 증진시키고 농경을 장려했다.

명대 정통론은 이하지변에 한층 더 엄격했다. '변통'은 '천자의 예禮'가 빠져 있기에 다르다고 여겼고, 지략과 힘으로만 천하를 얻고서 덕을 닦는 데 힘쓰지 않는 것에 반대했다. 이는 북송 정통론의 공功 위주 사관과 구별되며 남송의 주장에 더욱 가까운 것이었다. "대저 중국을 귀하다 여기는 것은 오랑캐와는 달리 군신 간의 서열, 예의의 가르침이 있기 때문이다. 군신이 없으면 오랑캐에 해당하고, 오랑캐에 해당되면 거의 금수나 다름없다."[64] '예의'로 문명과 야만의 경계를 나누는 것은 방효유가 여러 차례 관심을 가졌던 주제였다. 그의 언급에서 또다시 사람과 금수를 엄격히 구분했던 정사초의 극단적인 사고를 발견할 수 있다.

"저들 오랑캐는 조카와 숙모가 근친상간하고, 아비와 자식이 서로 내치며, 인륜의 위아래 구분이 없고, 예법에 따른 의복의 아름다움도 없다. 그러므로 선왕께서는 오랑캐를 금수라고 여겨 중원 사람들과 나란히 두지 않으셨다. 진실로 오랑캐가 들고일어나 중원 백성의 위에 군림하게 된다면 온 천하 사람들이 금수가 되고 말 것이다. 견마犬馬가 하루아침에 사람을 부리는 위치에 놓이면 삼척동자도 이것이 부당함을 느끼고 물어뜯으려 할 것이다."[65]

한족과 오랑캐의 구별을 사람과 짐승의 구별로 한층 강화한 것은 명대에 절정을 이뤘다. 의식주와 행실 측면에서 오랑캐는 한족과 다르다는 이유만으로 비난을 받았고, 심지어는 몸 냄새로 문명과 야만이 구분됐다. 예를 들어 "오랑캐의 원나라 때는, 머리로 지고 있는 하늘에 오행五行의 기운이 골고루 분포되지 않았고, 발로 디디고 서 있는 땅에는 오곡이 골고루 자라지 않았고, 사람의 행동은 오상五常이 정비되지 않았고, 입은 옷

은 좌우의 옷깃이 구분되지 않았고,* 먹는 음식은 노린내를 피할 수 없었다"고 했다.[66]

명말 왕부지王夫之 역시 기질 및 풍습의 차이에 대해 글을 썼다. 그는 다음과 같이 말했다. "오랑캐는 중원 한족이 태어난 곳과 지역이 다르다. 지역이 다르니 기운도 다르다. 기운이 다르니 습관도 다르고, 습관이 다르니 아는 것과 행하는 것 모두 다르지 않은 것이 없다. 그 사이에 귀천의 구분이 있으니, 엄연히 땅이 다르고 천기天氣가 다른 것을 어지럽혀서는 안 된다. 어지럽히게 되면 사람의 법도가 망가지게 되니 중원 한족의 백성 역시 오랑캐에게 삼켜져 고달파진다."[67] 이렇게 세세하고도 솔직하게 북방 종족 집단을 야만족으로 만든 것은 기존의 정통론 주장에서 흔히 볼 수 없던 것이었다.

명대 정치지리학은 지역과 인간의 관계 속에서 구체적으로 드러난 종족과 문화 차이의 구분에 대해서 남송보다 훨씬 엄격했던 것 같다. 양신楊慎(1488~1559)은 다음과 같이 말했다. "오랑캐와 한족은 땅과 사람을 근거로 경중輕重이 갈린다. 중국 제왕이 다스리는 사람과 땅은 모두 중요하고, 중원에서 멀리 떨어진 오랑캐 지역의 사람과 땅은 모두 중요하지 않다. (…) 그리하여 명칭은 중국의 것을 따르고 사물은 주인을 따른다는 말이 있다. 작은 물건도 그러한데 하물며 큰 그릇은 또 어떠하겠는가! 중원을 어지럽힌 자가 제왕이라 불린다면 중원을 오랑캐로 변화시킬 것이니, 장차 오랑캐를 따르게 될 것이다!"[68] 가장 중요한 것은 양신이 도통을 다른 이에게 빌려줄 수 없다고 여긴 점이다. "도통은 쉽게 주어지는 것

---

* 원래 옛날 중국인들은 우임右衽, 즉 오른쪽 옷깃을 여몄고 오랑캐는 좌임左衽, 즉 왼쪽 옷깃을 여몄다고 한다.

이 아니기에, 도가 여전히 존숭되고 통이 여전히 존재하는 것이다. 도통을 함부로 맡길 수 있고 빌려줄 수 있다면, 진秦의 도통은 이사李斯와 조고趙高에게 줄 수도 있었고 한漢의 도통은 소하蕭何와 조삼曹參에게 줄 수도 있었고, 진·송·제·양의 도통은 불도징佛圖澄과 구마라습鳩摩羅什에게로 전해질 수도 있었을 것이다." '도통'은 '오랑캐가 맡아 누린내를 풍길 수' 없는 것이니, 이는 바로 다른 종족에 의해 더럽혀질 수 없다는 말이다.[69]

이런 관점에서 볼 때 양신은 여전히 방효유의 정통론 맥락에 있다. 다만 오랑캐가 중화의 땅을 차지해 한화될 가능성을 기본적으로 막아버렸을 뿐이다. 구준丘濬은 나아가 '화이지변'을 '군신지의' 앞에 두었다. '화이지분華夷之分'의 기준이 영토에 있기 때문에 "한족이 한족답지 않고 오랑캐가 오랑캐답지 않으면 세상 사람이 뒤섞이게 되니 바로잡지 않을 수 없다는 것이다." 군신지의의 체계는 조정에 있는 것이니 그 범위를 조금 축소한다면 곧 나라를 바로잡는 도가 된다.[70] 그가 상상한 태평세계는 바로 "온 세상이 지극히 크나니 화하는 가운데에서 편안함을 이루고 오랑캐는 주변에서 호위하면서, 각자 자리에 머물러 서로 침범하지 않는"[71] 세상이었다.

남명南明에 이르러 사인들이 직면한 상황은 더욱 엄혹했다. 조국 강산을 잃은 충격에서 헤어나질 못했고, 사대부가 도를 행하는 근거로 삼은 한인황권체제漢人皇權體制 역시 붕괴하기 일보 직전이었다. 이런 상황에서 사인들은 홀로 충심을 다해 '도'를 지켜가는 어려움과 곤궁함을 더욱 쉽게 토로했던 듯하다. 왕부지는 다음과 같이 말했다. "유학자의 정통은 제왕의 정통과 함께 천하에 행해지다가, 서로 흥하기도 하고 쇠하기도 한다. 이 둘이 합쳐지면 천하는 도로써 다스려지고, 도는 천자를 통해 밝아진다. 이 둘이 쇠하게 되면 제왕의 정통은 끊어지고, 유학자가 변함없이 그 도를 보존하여 홀로 행하나 기댈 곳이 없다. 사람을 통해 도를 보존하니 도가 없어지지는 않는다."[72]

또 다음과 같이 말했다. "이런 까닭에 유학자의 정통은 홀로 행해지면서 기댈 곳이 없는 것이다. 천하는 스스로 정통을 갖지 못하나, 유학자는 정통을 가진다. 도는 사람에게 존재하지만, 도를 가진 사람은 찾아봐도 많지 않다. 이 점은 천하가 도를 찾도록 하려는 뜻을 가진 사람이 심히 비통해하는 바다. 그렇지만 이 도는 천지에 영원히 이어지고 드리워져 사라질 수 없는 것이니 걱정할 필요는 없다."[73] 이는 망국을 맞닥뜨리고 비분한 마음에서 나온 주장이다. 이는 강산에 폭풍우가 휘몰아치고 명나라의 국운이 바람 앞의 등불과 같았을 때, 앞선 이들의 유지를 지키고 미래에 나올 지사를 기다리며 나온 외침에 가까웠다.

더욱 중요한 것은 명말 사인들이 대체로 이 '도통'을 다른 종족 집단에게 마음대로 건네줄 수 없다고 생각한 점이다. 형식상 비한족인 종족이 가장 광활한 영토를 차지할 수는 있더라도 결과는 마찬가지였다. 왕부지는 '오랑캐'의 나라가 중원의 황권을 빼앗아가더라도, 늘 겉모습만 흉내 낼 수 있을 뿐, 그 속에 담긴 진수를 얻기는 힘들다고 여겼다. 그는 다음과 같이 말했다. "비록 타락한 유학자들이 오랑캐 도적들에게 도통을 팔아넘기더라도, 오랑캐가 어찌 선왕의 지극한 가르침을 훔칠 수 있겠는가? 그 안에 담긴 정심한 의미에 대해서는 알지 못하고, 가장 중요한 요지는 빠뜨린 채 그저 궁실과 기물, 그리고 오르고 내리고 나아가고 머무르는 모양새를 가지고 자질구레한 기준을 만들어, 선왕의 통치와 공적의 위대한 아름다움이 여기에 있다고 여긴다. 그들은 사사로운 의도를 가지고 제멋대로 견강부회하면서 얼마나 남다른지 뽐내지만 사실은 법도에 맞지 않는다." 결국 이 오랑캐들은 문화의 겉모습만을 얻어갈 수 있을 뿐이다. "그래서 오랑캐 도적들이 쉽게 훔쳐서 그 훔친 바를 가지고 스스로 대단하다 여기며 즐거워하는 것이라곤, 명당明堂·벽옹辟雍·영대靈臺 정도였다."[74] 왕부지는 다음과 같은 주장도 내놓았다. "오랑캐의 몸으로 선왕의 법을 흉내 내다 망하지 않은 자가 없었다. 덕과 인으로 일어선 자는 덕과 인으로 그 제왕의 업을 이어가고, 위세와 완력으로 일어난 자는 위세와 완력으로 목숨을 연명하게 된다. 몸집이 큰 원숭이가 사람이 쓰는 관을 쓰고 때마침 큰 요괴가 됐으나, 선왕의 도를 훔칠 수 없다는 사실 또한 엄연하도다. 위세와 완력으로 일어난 자들은 모두 시종일관 위세와 완력을 숭상한다. 그런데 위세와 완력이 모자라면 위세와 완력이 이미 쇠한 상황에서 그 덕과 인仁을 훔치려 하게 되는데, 이는 애당초 덕과 인이라고 하기에 부족한 것이었다. 아비가 당나귀이고 어미가 말이면 그 새끼는 당연히 노새로 태어나고, 노새는 번식을 하지 못한다. 다른 종족이 서로 섞이면 그 종족은 계속되지 못하는 것이 하늘의 도이자 만물의 이치다."*

종족 집단의 관계에 대한 해석은 사람과 짐승의 경계 짓기에 대한 분석 속에서 다시 새롭게 자리매김하게 됐다.

사실 명말 청초에 이르러 '이하지별'이 '군신지의'보다 크다는 관점이 집중적으로 부각됐다. 강남의 학자 가운데 비교적 이른 시기에 '이하지변'을 제기한 고염무는 『일지록日知錄』에서 다음을 강조했다. "군신의 구

---

* 『독통감론讀通鑑論』, 1013쪽. 원서에는 1014쪽으로 표기되어 있으나 사실은 1013쪽에 보인다.

분은 한 사람에게만 관련되지만, 한족과 오랑캐의 구분은 천하 사람 모두와 연계되어 있다. (…) 군신의 구분을 가지고 이하지방에 대적할 수 없다는 『춘추』의 뜻을 알 만하다."* 또 이렇게도 말했다. "공자의 뜻은, 곧 머리를 풀어 헤치고 옷깃을 왼쪽으로 여미는 오랑캐 노릇을 하게 되는 재앙이 군주를 잊어버리고 원수를 섬기는 것보다 더욱 엄중하다는 것이다."** 첸무는 다음과 같이 여겼다. "'군주를 잊어버리고 원수를 섬긴다'는 표현은 주희의 『논어집주』를 취한 것이다."*** 고염무의 「관중불사자규管仲不死子紀」 조條****는 『논어집주』의 해석에 맞춰, 오로지 이하지방이 군신지분君臣之分보다 더 크다는 의미 하나만을 드러내서 이것이 『춘추』의 뜻이라고 한 것이다."75 이는 바로 청초 황제가 매우 꺼리던 바였다. 황종희의 다음 논의는 명초 '이하설夷夏說'의 뼈대 속에서 '내외관'을 다시 반복한 것에 불과하다고 할 수 있다. "중국과 오랑캐는 안과 밖으로 구분한다. 중국이 중국을 다스리고 오랑캐가 오랑캐를 다스리는 것은, 사람은 짐승과 섞일 수 없고 짐승은 사람과 섞일 수 없는 것과 매한가지다. 이 때문에 중국의 도둑이 중국을 다스리는 것은, 그래도 중국 사람이 다스리는 것이라고 할 수 있겠다."76

---

* 『일지록집석日知錄集釋』 권7, 「관중불사자규」, 245쪽. 『일지록』의 「관중불사자규」 조는 『논어』 「헌문憲問」 제17장에 대한 논의다. 원서에는 빠졌지만 『일지록』을 보면 『춘추』 앞에 '而'가 있다.

** 『논어』 「헌문」 제18장을 보면, 공자가 "관중이 없었더라면 나는 아마도 머리를 풀어 헤치고 옷깃을 왼쪽으로 여미는 오랑캐 노릇을 하고 있을 것이다微管仲, 吾其被髮左衽矣"라고 한다.

*** 주희의 『논어집주』 중 「헌문」 제17장의 주석을 보면 "자로는 관중이 임금을 잊고 원수를 섬겼다고 의심했다子路疑管仲忘君事讐"는 표현이 있다. 첸무는 고염무가 주희의 이 구절을 인용한 것이라 본 것이다.

**** 원서 인용에 오류가 있다. "變取之『朱子集注』. 亭林止四條"에서 '變'은 '亦'의 와전이고, '朱子'는 연문衍文이고, '止四'는 '此'의 와전이다. 이 모두를 수정하면 "亦取之『集注』. 亭林此條"가 된다.

2절
'도통'의 의미에 대한 판별·변경·탈취

'일통'을 확대시켜 '종족'의 구별을 없애다

앞에서 말한 것처럼 청초 황제 역시 '조대 간 경쟁' 대열에 합류해 이전 조대보다 광활한 영토를 점유한 것의 의미를 매우 흡족해하며 이를 부각시켰다. 그러나 이러한 낙관적인 생각 앞에는 더 큰 난관이 기다리고 있었다. 그것은 바로 북송 이래로 사대부가 예의에 대한 권한을 가지고 있다는 사실, 그리고 또 남송 이래로 영토를 상실하면서 '도통'의 건립 여부를 합법성의 근원으로 삼은 '정통관'을 어떻게 돌파할 것인가 하는 문제였다. 만약 이 난관을 넘지 못한다면 청초 황제 통치의 합법성은 적나라한 폭력 정벌의 기반 위에 세워질 수밖에 없었다. 그렇게 된다면 청나라는 사인에게 '포악한 진나라'의 연장으로 비춰지고 아울러 예의禮儀 문명이라는 이미지를 가질 수가 없었다. 그런데 '도통'은 오래도록 사림이 독점해왔고, 또한 사인이 제왕과 함께 천하를 다스리는 근거로 간주됐다. 다시 말해 전에 없이 확대된 영토 점유에 기댄 '대일통'이란 주장만으로는 사인들을 설득할 수 없었다. 반드시 문화적인 해석 속에서 자신만의 명분을 확보해야만 '정통론'에 대한 합리적인 논증의 틀을 세울 수 있었다. 따라서 사대부에게서 '도통'의 소유권을 빼앗아오는 것, 아울러 '도통'의 함의에 대한 해석권을 가져오는 것이야말로 청초 황제에게 있어서 매우 중요한 사명이 됐다.

남송 이래로 '도통'의 건립은 줄곧 종족의 구분과 한데 뒤엉켜 있었고, 한족 사대부가 문화적 우세를 차지하는 명분이 됐다. 동시에 이러한 명분은 중원을 잃고 한쪽 구석에 안주하는 상황에서 비롯된 것으로 실로 부득이한 점이 있었다. 청초 황제는 한족 사림의 정신적 우월감을 타파해야 했는데, 그러기 위해서는 정통관 가운데 영토 확장의 중요성을 강조한 대목을 회복시키고, '대일통'이라는 논의 프레임을 활용해 종족 구분이라는 전통적인 주장을 없애야만 했다.

이를테면 만리장성의 의미에 대해 독특하게 해석함으로써 청초 황제의 남다른 상상력을 드러내기도 했다. '만리장성'은 한족과 주변 민족을 분리시키는 상징으로서, 황제와 사인의 뇌리에 모두 특별한 위치를 차지하고 있는 듯했다. 청초 황제의 생각에, 상대방의 공격 한 번을 버티지 못하는 방어물로서의 '만리장성'은 아무런 의미가 없는 것이었다. 건륭제는 젊은 시절 「고장성설古長城說」이라는 제목의 문장에서, 진시황이 만리장성을 축조한 것을 비웃었다. 그는 다음과 같이 반문했다. "어떤 이는 '이것은 사실 인공적인 성이 아니라,* 천지자연이 스스로 만들어서 남북을 구분했던 것이다'라고 말한다. 만약 천지자연이 스스로 이것을 만들어서 남북을 구분한 것이라면, 진나라가 만리장성을 지은 것은 더더욱 가소롭

---

* 원서에는 "此非長城也"으로 되어 있지만 여기서 '長'은 연자衍字이므로 빼고 번역했다.

지 않은가!"[77] 이처럼 건륭제는 만리장성이 남북의 경계를 나누는 의의 가 있다는 관점을 조롱하는 방식으로 부정했다. 이는 그래도 건륭제의 초기 작품에 드러난 심리적 반응에 불과했다. 「서역동문지서西域同文志序」 라는 제목의 어제문御製文에서 건륭제는 남북 구분의 사고를 타파하는 것 은 물론, 한 걸음 더 나아가 서로 다른 종족이 동일한 사물을 각기 다른 이름으로 부른다고 해서 그 사물의 본질에 대한 정확한 인식을 방해해서 는 안 된다고 주장했다. 건륭제는 심지어 이것이 '세상인심世道人心'의 향배 에까지도 관련된다고 생각했다. 그는 '하늘天'을 예로 들면서, 하늘은 높 이 있고 땅은 아래에 있고 그 사이에 사람이 있는 것은 엄연한 사실인데, 이러한 사실을 어떻게 기술할 것인지에 대해 그 '명칭(기표, signifiant)'의 외연상 차이는 중요한 것이 아니라고 말했다.

"지금 한족의 언어로는 하늘을 가리켜 '톈天'이라고 한다. 만주어로는 하늘을 '아브카'라고 하고, 몽골어나 준가르어*로는 '텡그리'라고 하고 서쪽 종족들西番의 언어로는 '남카'라 하고 회족回族의 언어로는 '아쓰만' 이라고 한다."

이는 본래 동일한 사물인 '하늘'을 말한 것이지만 서로 다른 종족의 발음을 듣고는 그것은 하늘이 아니라고 한다.

"회족 사람이 하늘을 가리키며 한족 사람에게 '아쓰만'이라고 말하면, 한족 사람은 분명코 틀렸다고 생각한다. 한족 사람이 하늘을 가리켜 회 족 사람에게 '톈'이라고 말하면, 회족 사람 역시 그건 분명 틀렸다고 생

---

* 원서에는 '準語'라고 되어 있는데 이는 '준가르어準噶爾語'의 준말이다. 준가르準噶爾족은 몽골족 의 지파로, 사용하는 언어도 기본적으로 몽골어다. 하지만 준가르 방언이 몽골어와 좀 다른 부분이 있어서 따로 준가르어라고 부르기도 한다.

각한다. 이 사람도 틀리고 저 사람도 틀리다면, 누가 옳은지는 도대체 어떻게 알 수 있단 말인가?"

건륭제가 보기에, 고개를 들어 올려다보면 모두에게 매한가지로 보이는 것을 "한족은 '톈'이라 하면서 경배하고, 회족은 '아쓰만'이라 하면서 경배하니, 이는 근본적으로 같은 것이며, 가리키는 실질이 같으니 이름 역시 다를 바가 없는 것이다."[78]

건륭제가 이렇게 심혈을 기울여 '하늘'이 종족마다 달리 표현되지만 '실제 의미(기의, signifié)'는 근본적으로 일치한다는 점을 분석해낸 데는 실로 심오한 뜻이 있었다. 그는 각 민족의 언어 표현이 본래 동일한 사물에서 기인한 것인데 어찌하여 '명칭으로 구별'하는가 하고 생각했다. 이는 세상 풍속과 사람의 마음을 좌지우지하는 큰일이다. 왜냐하면 오로지 '명칭'과 실재하는 사물이 일치되어야, 이데올로기적인 측면에서 '대일통'의 경지에 다다를 수 있기 때문이다. 옹정제와 건륭제도 줄곧 매우 자랑스레 동일한 사물에 대해 서로 다른 '명칭'을 취하는 종족들을 통일된 공간 안에 포함시켰다. 그리고 다른 상황 속 다른 글에서도 명대는 이하지분이 지나쳐 몽골에게 전략적으로 수동적인 방어 태세를 취하다가 자신들의 통치 영역 안에서 이를 통합·조정할 수 없게 됐다는 사실을 끊임없이 비꼬았다.[79] 옹정제와 건륭제는 실제로 여전히 '대일통'의 전통적 함의 속에서 정치 지리의 영역을 확장하는 것을 정통관 성립의 가장 중요한 요소라고 보았는데, 이는 종족으로 이하를 구분하는 것을 우선시했던 명대 '정통관'과 구별된다.

영토 확장 문제를 다시 제기하고 종족 구분이 잘못됐다고 주장하는 것은 분명 원나라의 '대일통' 사상과 맞물려 있었다. 따라서 옹정제에서 건륭제에 이르는 정통론 논의에서는 모두 영토의 통일이 정통 지위를 수립하는 핵심 조건임을 반복적으로 설명하는 데 공을 들였다.

옹정제는 '공간'으로 '종족'의 차이를 없앤 예를 수차례 언급했다. 그는 증정曾靜에게 이렇게 물었다. "광활한 구주와 사해의 백분지일을 차지하는 중화나 그 바깥의 동서남북의 종족은 똑같이 하늘이 덮고 땅이 받치고 있는 가운데에 살기에, 똑같은 이理와 기氣로 이뤄졌다. 어찌 중화와 오랑캐가 서로 다른 천지를 가졌겠는가! 성인께서는 '만물이 생육한다'고 말씀하셨다. 사람은 그 만물 안에 포함되어 있을 텐데, 오랑캐는 생육하는 만물 중에 포함되는 것인가, 아니면 안 되는 것인가!" 옹정제는 증정이 멋대로 안과 밖의 경계를 나누려는 발상에 대해 다음과 같이 반박했다. "청 왕조에게 있어서 만주란 중국에 본관本貫이 있는 것과 같은 경우다. 순임금은 동이 사람이고 주 문왕은 서이 사람이지만 그것이 그분들의 성덕에 무슨 손상을 가한 적이 있는가?"[80]

'대일통'의 진정한 의미를 회복하려면 비통일 상황에서 남북 선 긋기에 담긴 편견을 일소해야만 했다. "지금까지 한족과 오랑캐에 관한 주장을 보자면, 육조六朝(오, 동진, 송, 제, 양, 진)가 중원이 아닌 한쪽 구석에서 안주할 때, '가진 영토나 능력이 엇비슷했기에 누가 더 낫다고 할 것이 없었다.'* 이 때문에 북쪽 사람들은 남쪽 사람들을 가리켜 섬 오랑캐島夷라고 욕했고, 남쪽 사람들은 북쪽 사람들을 머리를 땋은 오랑캐索虜라고 손가락질했던 것이다."[81] 이렇게 남쪽의 한쪽 구석에서 안주하던 시기에 형성된 비루한 생각을 일소하고, 천하통일과 화이일가華夷一家의 취지를 실

---

* 원래 이 표현은 『맹자』「공손추公孫丑」 하 제2장에 보인다.

현하려면, 반드시 남북 지역의 구분을 타파해야만 했다.

주희의 저주를 타파하다

명말 유민은 송나라를 들먹이는 것이 버릇이 됐고, 청초 황제 역시 '남송'이라는 민감한 문제를 회피하기 어려웠다. 그러나 이 부분에 대한 청초 황제와 명말 유민 간의 인식 차는 그야말로 하늘과 땅 차이였다. 일반적으로 사인들의 마음속에 주희는 줄곧 '도통' 성립의 정신적 근원으로서 지위가 확고했다. 청초 황제 역시 기본적으로 주희의 이론을 건국의 근거로 삼았다. 강희제는 심지어 주희를 공묘 대성전 사배四配에 포함시키려다 주위 사람들이 만류하자, 결국 십철十哲 반열에 편입했다.* 표면적으로 황제와 한족 사인들의 입장은 상당히 일치해 있었다. 이학理學을 이데올로기의 자원으로 삼은 것은 아무 문제가 없었지만, 주희의 정통론 중에서 오랑캐를 물리친다는 양이의 요소를 어떻게 함께 수용할 것인가가 극복하기 어려운 장애물이 됐다. 만약 이러한 어려움을 해결하지 못한다면 청 왕조 통치의 합법성 원칙을 세우는 것이 매우 어려울 수 있었다.

건륭제가 이러한 어려움을 해결한 방법은 양이의 개념을 역사화하는 것이었다. 즉 양이란 개념을 인정한 후, 남송을 여전히 정통에 놓고 요와 금을 정통의 계보에서 빼버렸다. 또 청나라가 혈연적으로는 금나라 사람

---

* 사배는 공자 다음가는 유가의 성인으로, 대성전大成殿에 배향된 안회顔回, 증자曾子, 자사子思, 맹자를 가리킨다. 십철十哲은 당초 『논어』 「선진先進」 제2장의 '공문십철孔門十哲'을 의미했지만, 앞서 사배에 안회, 증자가 빠져서 다른 제자들로 채웠다. 그런데 강희제는 강희 51년(1712)에 주희를 사배에 포함시키려다 반대에 부딪히자 십철에 포함시켜 십일철十一哲을 만들었다. 그러나 11이란 숫자가 좀 어색했는지, 건륭제 때 다시 공자의 제자 1명을 더해 십이철十二哲을 만든다.

의 후예였음에도 불구하고, 오히려 원나라와 명나라의 정통을 계승했다는 점을 강조했다. 이렇게 혈연과 지연의 관계를 재건하면서 송대 이래의 한인들이 종족으로 오랑캐와 한족을 구분했던 협소한 정통관을 타파했다. 이는 양유정楊維楨의 「정통변正統辨」을 대하는 태도에서 더욱 명확하게 드러난다. 양유정의 정통론에 담긴 핵심은 원나라가 송나라의 정통을 계승하면서 요나라와 금나라를 배척했다고 간주하는 것이었다. 『사고전서』를 편찬하는 사고관신이 그 주장이 잘못됐으므로 뺄 것을 청했다. 사고관신은 종족 혈연의 계승을 근거로 주장을 펼쳤다. 그는 만청이 금나라 사람을 계승한 후예라고 보고 금나라 사람을 꾸짖는 주장은 모두 옳지 않다고 여긴 것이다. 건륭 시기에 이르러 조정과 재야에서는 이미 '대일통'으로 종족에 의한 이하 구분을 타파하는 관점이 형성되어 있었다. 이 관점 내에서 정통은 종족을 구분하지 않았고, 덕으로 다른 이를 복종시킬 수만 있다면 정통 계승의 반열에 오를 수 있었다.

건륭제는 우선 자신이 『춘추』에 나온 대일통의 뜻을 따라 제왕을 받들고 패왕을 축출하여 만세에 길이 전할 강상을 세울 것임을 표명했다. 아울러 정통의 맥락에서 주희의 『자치통감강목』을 계승했음을 밝혔고, 명분이 바로 서고 주장이 순통한 것은 천명과 인심이 바로 있는 것에서 비롯된다고 여겼다. 이것이 이른바 '『춘추』와 『자치통감강목』의 뜻을 보존하고 인심과 천명이 귀의하는 바를 드러낸다'[82]는 것이다. 그러나 삼국시대를 보는 역사적 관점도 주희와 일치하여, 삼국시대에 위나라와 오나라가 강성했음에도 촉나라가 가진 한통漢統의 올바름을 빼앗지 못한다고 여겼으니, 이는 『춘추』의 뜻이 그러했기 때문이다.

다음의 주장은 역사에 대한 대대적인 회고인데, 이 말들이 이민족 통치자의 입에서 나왔다는 것을 믿기 어려울 정도다.

"무릇 정통이란 전대의 통을 이어 새로운 천명을 받는 것이다. 동진 이후 남조의 송·제·양·진陳은 강동에서 안주했는데, 진晉의 정통을 계승했다. 당시 척발씨의 북위北魏는 땅이 광대하고 세력이 강했는데, 북제와 북주가 북위를 계승했다. 그 나라들 역시 남조보다 강성했다. 중화의 정통은 부득불 송·제·양·진에 속했고 이들이 계승한 통이 정통이었다. 수나라가 진陳나라를 평정한 이후 천하를 통일하고서야 비로소 대일통을 이룰 수 있었다. 당나라 말기에는 번진들이 할거하여 주온朱溫에서 곽위郭威까지 도적으로 봉기한 이도 있었고 역신逆臣도 있었다. 50여 년 동안 나라의 성씨가 수차례 바뀌면서, 심지어 거란 같은 나라에게 신하나 조카 노릇을 하기도 했다. 그러나 중국의 정통 명맥이 계승되어, 송나라 이전에도 정통에 속했던 나라가 있었으니 곧 오대, 즉 후량後梁·후당後唐·후진後晉·후한後漢·후주後周였다. 송나라가 남하한 후 임안臨安에 수도를 두고 안주할 때 요·금·원나라가 북방에서 차례로 일어나 순식간에 황하 이북을 차지했다. 송나라는 비록 금나라에게 조카 노릇을 하기는 했지만 그래도 결국 북송의 정통을 계승했기에, 요·금나라가 남송 대신 이를 차지할 수는 없었다. 원 세조(쿠빌라이)가 송나라를 평정하면서부터 비로소 '송나라의 통이 끊어지니 우리 원나라의 통으로 이를 이었다'*는 말이 생겨났다."[83]

건륭제가 여기서 강조한 것은 '정통'이 종족 혈연을 근거로 하는 것이 아니라, 영토를 차지한 뒤 원래 있던 정통의 끈을 계승하는 것을 요지로

---

* 이 표현은 도종의陶宗儀의 『남촌철경록南村輟耕錄』 권3 「정통변正統辨」에 보인다.

삼아야 한다는 것이었다. 그러나 그는 또 '대일통'을 핵심 지표로 삼아서 정통의 표준에 대해 수정을 가했다. 건륭제가 겉으로는 주희의 말을 따랐지만, 속으로는 '대일통'의 뜻을 이용해 주희의 '양이' 개념을 삭제했다. 그는 원 세조가 송나라를 평정한 뒤 여전히 정통의 지위를 차지했다고 생각했다. 이는 명대 사인들의 분석과는 완전히 다른 것이었다. 명대 사인들은 원 왕조가 야만 오랑캐 신분이기 때문에 비록 천하를 통일했다 하더라도 정통의 자격이 없다고 생각했다.

다음의 언급은 청 왕조가 정통 계승의 합법성을 정면으로 논증한 것인데, 청 왕조는 명나라의 원수를 갚고 도적을 토벌하고 중원에 왕조를 건립하고 세상을 합일했기에, 예부터 지금까지 천하를 얻은 자들 가운데 가장 올바르다고 주장했다. 사실 '청나라가 명나라를 대신했다'라는 표현은 바로 '원나라가 송나라를 대신했다'와 마찬가지로 스스로가 '정통'임을 시사하고 있다. 이러한 주장은 송대와 명대 유민의 주장과 완전히 상반된다. 그러나 건륭제의 근거 또한 매우 풍부하다. 그는 자신이 이미 『통감집람通鑑輯覽』에서 남명의 건국 연호인 홍광弘光을 보존했으나* 남명의 작은 조정 스스로가 분발하지 않았다고 했다. "만약 그들이 난징을 지켜냈다면 마치 남송이 정통을 계승한 것처럼 계속해서 보존될 수 있었을 텐데, 어찌 망국의 액운을 맞닥뜨려 하늘도 함께하지 않고 사람도 귀의하지 않게 되어, 스스로 그 종묘사직을 뒤집었단 말인가!"[84] 남명이 남송을 모방할 수 없는 이상 청 왕조가 '정통'의 지위를 갖게 되는 것은 말하지 않아도 자명한 일이었다.

---

* 『통감집람』 권116을 보면 "복왕 주유숭, 홍광 원년福王朱由崧, 弘光元年"이란 기술이 보인다. 참고로 『통감집람』의 원제목은 『어비역대통감집람御批歷代通鑑輯覽』이다.

종족의 차원에서 보자면, 건륭제에게 북방에서 일어난 요나라와 금나라는 모두 중원 문화를 계승한 먼 방계에 불과할 뿐이었다. 여기에다가 원 왕조를 문화 전승의 방계로 간주한다면, 이는 곧 원나라를 문명 발전의 주류에서 제외하는 것과 같았다. 그렇게 되면 청 왕조도 변방 문화의 발전 지류를 계승한 셈이 되어버린다. 이렇게 완전히 주류 정통의 궤도에서 배제되는 것은 바로 편협한 '종족론'식의 정통관 영향 때문이었다. 건륭제가 보기에 양유정의 「정통변」을 빼버리자는 그 사고관신들이야말로 결국 '종족'의 제약을 받아 "금나라를 만주족이라 여기고, 요나라의 정통을 계승시키고자 왜곡하고 있을 뿐", 정통관의 본질에 대해서는 전혀 이해하지 못하고 있었다. 실제로 건륭제는 남송 이래의 '정통'을 계승하고자 했고, 요나라와 금나라의 계승은 "송나라와 원나라의 계승과 다른 것으로, 중화의 주인이 될 자격이 없다"고 생각했다. 그는 또 '종족' 차원에서 금나라와 계승 관계에 있는가의 여부에 대해서는 전혀 개의치 않았다. 오히려 사고관신이 "만약 이런 주장을 펼친다면 오히려 편협한 발상이라고 여겨져서 오래도록 세상에 이를 따져 묻는 자가 반드시 나올 것이기에, 이 문제를 따져보지 않을 수 없었다."[85]

건륭제는 주자학과 '양이'의 관계를 다루면서, 대체로 문화적 의미 차원에서의 '정통'을 채택하고, 동시에 남송 이래로 형성된 종족 내외관의 관점을 폐기했다. 그는 한편으로 "중국을 안으로 하고 오랑캐를 밖으로 하는" 것이 역사서 기술의 상례였고 "중국인이 중국의 일을 수록한 것을 돌아보니, 사마광(『자치통감』)과 주희(『자치통감강목』)가 엄격한 범례로 저술한 것 역시 정통을 변별해서 밝히고자 한 것에 불과했다"[86]는 점을 인정했다. 또 다른 한편으로 그는 다음과 같이 강조했다. "동이·서융·남만·북적은 사는 지역 때문에 붙여진 이름이니, 이것이 강남·허베이·산둥·관서와 무엇이 다른가? 맹자는 순임금이 동이 사람이었고 주 문왕이 서이 사람이었다고 말했다.* 이는 언급하기를 꺼릴 수도 없고 또한 꺼릴 필요도 없다. 그러나 중국과 주변에 대해 지나치게 우열을 따지면서 한쪽으로 치우친 견해를 드러내고, 함부로 비웃고 비난하니, 못된 걸왕의 개가 맹목적으로 제 주인을 위해 짖는 경우**는 말할 것도 없거니와 모두가 부당한 일이다. 이래서는 계통을 변별하고 후손을 밝힐 수가 없다."[87]

이 말은 옹정제의 『대의각미록』의 한 대목과 매우 비슷하다. '오랑캐'는 단지 지역 분포에서 차이점이 드러나고, 아울러 '종족' 구별의 뜻은 들어 있지 않다는 점이 그렇다. 이러한 과정을 통해 주자학 중 '양이'의 진정한 함의를 제거했다.

청초 황제들은 자기가 계승한 것이 바로 원나라와 명나라의 '대통일' 계열의 정당성임을 밝히면서도, 동시에 요나라와 금나라, 서진과 동진, 전오대***와 후오대****등의 왕조처럼 '윤위閏位'에 해당하는 정권에 대해서도 역시 전부 제사지내야 한다고 주장했다. 당시의 대신들은 건륭제의 의도를 헤아리기 위해 서진과 동진, 북위와 오대같이 구석에서 안주를 꾀하다 망하고 시해당한 정권은 국가의 제사에 포함시키지 않고, 요나라와 금나라만 따로 제사지내야 한다고 상소를 올렸다. 그러나 건륭제가 보기

---

* 이 표현은 『맹자』「이루離婁」하 제1장에 보인다.
** 이 표현은 『사기』「노중련추양열전魯仲連鄒陽列傳」중 인용된 추양鄒陽의 「옥중상서자명獄中上書自明」에서 나온 것으로, 일체 선악시비를 따지지 않고, 무조건 자신의 주인을 따르는 사람이나 그런 행동을 비유하는 말이다.
*** 남조南朝 4왕조(송宋·제齊·양梁·진陳)에 수隋까지 더한 것이다.
**** 당나라와 송나라 사이에 존재했던 후량·후당·후진·후한·후주를 가리킨다. 일반적으로 오대五代라고 하면 후오대를 말한다.

에 이 상소는 "아무래도 편벽한 견해로, 겉으론 황제의 뜻을 우러러 받든 것처럼 보이지만, 실상은 황제의 뜻에 배치되는 것이었다." 건륭제의 견해는 이러했다. 만약 남북조가 불완전한 안일함을 도모했다고 해서 정통의 반열에 오르지 못한다면, 요나라와 금나라가 중국을 완전히 점령하지 못한 것은 또 어찌해야 하는가? 만약 '하나는 올리고 하나는 빼버린다'면 후인들의 비난을 야기할 수 있었다. 건륭제가 보기에, 한나라의 소열제 유비부터 당나라 고종까지 중화를 통일한 시간은 300여 년으로 "그동안의 영명하고 결단성 있는 군주, 절약하고 검소한 군자가 역사서에 자주 등장하는데, 어찌 이들을 제쳐두고 논하지 않을 수 있단 말인가!" 후오대(후량·후당·후진·후한·후주)의 군왕에 대해서도 건륭제는 비록 그들이 나라를 혼란에 빠뜨렸다고는 해도 '중화라는 정통의 끈이 끊어지지 않고 이어지도록 했다'고 여겼다. 만약 이 모두를 계보에 올리지 않는다면 동진과 서진, 전오대와 후오대가 존재했던 수백 년 동안 나라를 세우고 지켰던 군주들의 제사가 빠지는 셈이니, 이래서야 어찌 앞으로 변치 않을 공론公論에 걸맞을 수 있겠는가?[88]

그는 또 명대 손승택孫承澤(1592~1676)의 『춘명몽여록春明夢餘錄』을 읽은 느낌을 언급하면서, 명대에 국가가 제사를 모신 고대 제왕의 위호位號를 수록한 부분에서 요나라와 금나라 두 왕조가 누락된 사실을 지적했다. 그가 보기에, 만약 청 왕조가 제왕묘帝王廟에서 요나라와 금나라만을 모시고 동진과 서진, 전오대과 후오대를 배척한다면 편견을 지녔다는 빌미가 될 수 있었다. 그래서 건륭제는 다음과 같이 물었다. "언제까지 이처럼 서로 자기주장만 옳다고 내세우려는가? 이는 모두 의례를 담당한 신하들이 편견을 가지고 있기 때문이다. 분명 후세에 억측하는 무리가 우리 왕조는 역대 제왕에 대해 남북을 구별하고 우열을 따졌다고 말할 것이다."
이리되면 성지聖旨의 당초 의도를 잃어버리는 셈이다.[89] 건륭제는 영토의
일부를 잃고도 안일함을 도모한 모든 정권을 제사의 반열에 올리는 일
이 갖는 장점 한 가지를 다음과 같이 밝혔다. '대일통'의 의미에서 청 왕
조와 이전 왕조와의 계승 관계를 유지하고, 동시에 솔직하게 만주족이
금나라 사람과 역사적으로 종족 혈연관계가 있음을 인정한 뒤, 이러한
혈연관계의 존재가 그들의 정통 계승에 해가 되지 않는다는 것을 보여준
다면, 전통적인 주제였던 '이하지별'과 '대일통'의 논의 가운데 내재된 긴
장관계를 해소한다는 것이다.

그렇다면 다음 문제는 곧 '정통'의 기원이 어디에 있는가였다. 이는 각
왕조의 '정통론'에 대한 변천까지 거슬러 올라가야만 한다. 사실 '정통'
의 주장은 역사적으로 오랜 변천을 거쳐왔고, 가장 이른 시기의 '정통론'
은 주로 시간 개념에서 황권 교체의 합법성 문제를 다루었다. 이른바 '정
윤지변正閏之變'은 '정통'이란 말을 제왕이 천명을 받는다는 것에 견준 것
이다. 다만 '정통론'의 발전 이후 기본적으로 '영토 확장'과 '종족 집단
의 구별'이라는 두 가지 요소에서 선택을 하고, 공간으로부터 논의를 펼
쳤다. 정통을 갖추었는가의 여부는 종종 더욱 광활한 영토를 소유하는가
의 여부와 직접적인 상관관계가 있었다. 예를 들어 '제왕은 크게 통일시
킨다王者大一統'는 말은 '천하가 하나 되지 않은 상황을 하나로 통합하는
것'이라는 의미로, 북송 사인은 종종 이 뜻을 정통관을 세우는 토대로
삼았다.

두 번째 의미는 비교적 늦게 나왔다. 권력은 합법성을 가져야 하고, 반
드시 이하夷夏의 신분을 판별하는 절차를 덧붙여야 한다고 생각했다. 그

들은 '천하의 바르지 않은 것을 바르게 한다所以正天下之不正也'는 의미를 논술하고 '도덕'을 갖추고 있는지의 여부만을 따진다. 우수한 종족만이 도덕을 갖출 자격이 있고, 가장 순수한 도덕은 여전히 하나의 계보로 이어지며, 이것이 이른바 '도통'이다. 열등한 민족은 '도통'의 전승 계보 밖으로 완전히 밀려났다. 가장 관건이 되는 것은 제왕이 바뀌는 '치통治統'은 반드시 '도통'에 의해 제어되어야 하고, 그 합법 여부 역시 '도통'을 거쳐 승인되어야 한다는 점이다. 제왕의 '도덕심' 획득은 남송 이후 점차 사림의 교화를 얼마나 받아들이는가에 달려 있어 새로이 왕조를 맡은 제왕들 모두 '문야지별文野之別(문명과 야만의 구별)'을 어떻게 다루는가에 대한 문제를 직면해야 했다.

이는 제왕이 설령 '천하'를 가지고 또 오덕종시五德終始의 시간 개념에서 '정위正位'를 지니는 것으로 드러나더라도, 만약 '도덕' 차원에서 권위를 부여받지 못했고 역시 '패통覇統'의 혐의를 지녔다면, '도통'의 결정권은 사림 계층의 손에 있음을 의미한다. 청대 사람들은 '야만'의 신분으로 중원에 들어왔고, 청초 황제는 초기에 '대일통'의 영토 규모로 기존의 '종족' 논의를 제거함으로써 자신의 합법성을 확정했으므로, 초보적인 성공을 거뒀다고 말할 수 있다. 다만 여전히 '도통'의 귀속과 지배 문제를 어떻게 마주하느냐의 문제에 직면해 있었다. 역사 기록을 보면, 청나라 황제들은 사림의 교화 권위에 통제당하는 것을 달가워하지 않았다. 그래서 문화 차원에서 진정한 의미의 합법성 수립을 시도했는데, 이 때문에 어떻게 사림과 관계를 맺을 것인지가 중요한 주제가 되었다.

3절
역사 편찬 체계 중의 군왕과 사인

| |

『자치통감강목』은 어떻게 황실의 시야에 들어갔는가?

북송의 사마광이 편찬한 『자치통감』과 이를 축약·편찬한 주희의 『자치통감강목』의 차이점은 주희가 '정통'에 대한 서로 다른 이해를 통해서 새로운 역사관을 확립하고자 노력했다는 데 있다. 주희의 역사 서술 원칙은 작은 영토에 안주한 남송의 역사적 상황을 고려하여, 이하지변의 방식으로 남북의 민족관계를 처리한 것이다. 따라서 성리학을 존중했다고 칭해지는 청초 황제들이 『자치통감강목』 중 민족 관련 문제를 어떻게 처리했는지, 상응하는 정책을 어떻게 수립했는지를 파악하는 것이 '정통관'의 진정한 의미를 찾는 중요한 하나의 시작점이 된다.

강희 6년(1667) 강희제가 친정한 지 닷새째 되던 날, 이부급사중吏部給事中인 인정달藺挺達이 상소를 올려 황제에게 경사經史를 숙독할 것을 청했는데, 역사서 중에서는 유일하게 『자치통감』이 그 목록에 들어 있었다. 강희 15년(1676) 11월 24일에 『맹자』 진강進講을 마친 후 『자치통감』도 진강하기 시작했고, 얼마 후에는 신하들의 건의에 따라 주희의 『자치통감강목』도 진강했다. 강희 27년(1688) 초에는 내정內廷에 서국書局을 세워서 이를 번역하기 시작했다.

　강희제의 『자치통감』 학습 결과로 『일강통감해의日講通鑑解義』가 편찬됐고, 서문에서 그는 자신이 이 책을 학습한 목적이 "전대의 흥망성쇠 흔적을 살펴보려 함"이라고 밝혔다. 그러나 그는 역사 사실에 대한 『자치통감』의 평가에 대해서는 불만을 가졌다. "그 가운데 논평한 것들을 보니, 각자 자신의 입장에서 말하고 있기 때문에, 저자의 뜻에 합당하게 중간에서 절충하거나 하나로 결론 내지 못한 것도 있다."[90] 그래서 진강하는 유신들에게 "『춘추』의 뜻을 모범으로 삼은 호안국胡安國(1074~1138)의 체재에 따라 순서대로 문장을 짓고, 날짜순으로 진강하라"[91]고 명했다. 『자치통감』에 드러난 사마광의 사론史論에는 확실히 모호한 부분이 있다. 예를 들어 위魏나라의 정통성 여부에 관해서는 말을 얼버무리면서 『춘추』 필법 사용에는 분명히 반대했다. "읽는 사람이 스스로 선악득실을 선택하여 경계로 삼게 하려는 것이지, 『춘추』처럼 포폄의 필법을 세워 어지러운 세상을 다스려 옳은 것으로 돌아가게 하려는 것이 아니다"[92]라고 했다. 강희제의 태도는 "사실에 근거하여 시비를 판단하고, 양심에 따라서 공과를 정해야 하며, 포폄 결정에 거짓이 없어야 하니 마치 옥사를 처리하듯 정확하게 해야 한다"[93]고 했다. 이 말은 법률적 사안을 판결하는 것처럼 역사 사실의 시비와 진위를 처리해야 한다고 밝힌 것이다. 하지만 『자치통감』은 "사실을 순서대로 나열하기만 해 포폄의 뜻이 간혹 결여되기도 했다."[94] 그러나 주희의 『자치통감강목』에 대한 평가는 이와 확연히 상반되어, "시비곡직에 대한 판별과 현자와 악한, 충신과 역적을 구분함에 있어 큰 도리大義를 뜻깊은 말微言에 잘 표현하여 공자의 의중을 밝힌 것은 『춘추』 이후로 이 책밖에 없다"[95]고 했다.

이렇게 비교한 뒤, 강희제의 관심은 주희의 『자치통감강목』으로 빠르게 옮아갔다. 그는 자신의 감상 태도를 다음과 같이 표명했다. "아침저녁으로 『자치통감강목』을 반복해서 읽고 손에서 책을 놓지 않은 것은, 전대 군신君臣의 관계와 흥망성쇠의 원인, 기강과 법도가 바로 선 이유, 풍속이 순화된 이유를 살피려는 것이었다. 사건이 규범에 관련된 것이 있거나 말이 통치에 도움이 되는 것이 있는 경우 그 근원을 따지고 상세하게 논한 지가 수년이 됐다."[96]

강희제가 『자치통감강목』을 선호한 것은 사실 그 속작에서 보이는 몇몇 역사기술에 대한 불만에서 기인했고 이는 심각한 역사 서술 문제에까지 영향을 미쳤다. 강희제는 생각했다. 『자치통감강목속편』은 줄곧 송·요·금·원까지 기록했는데 "사건의 서술은 사실이지만 의론이 지나치게 주관적이고 기록도 사실과 어긋난 부분이 종종 있어 주희의 『자치통감강목』과 비교해보면 판이하게 다르다."[97] 다른 글에서도 이렇게 말했다. "문장의 기세가 약하고 글 사이에 쓸데없는 것이 많아 패관소설과 비슷하다."[98] 훗날 건륭제 역시 이 문제에 관심을 갖고 이렇게 말했다. "『어비통감강목속편御批通鑑綱目續編』 중 『주례발명周禮發明』 『광의廣義』의 각 조목에서 요·금·원 세 왕조의 일에 관한 평론은 편파적이고 오류가 있으며 멋대로 폄훼한 것이 많다."[99] 여기서 다루고 있는 문제는 상당히 복잡하다. 후대 사람들은 『자치통감강목』이 이하지변의 대의를 확실하게 표방하고 있다고 생각하지만, 주희 자신은 이하 구별의 기준을 구체적이고 분명하게 언급하지 않았다. 윤기신尹起莘이 서문에서 이 기준을 분명하게 하고자 "이 책의 큰 원칙은 군부를 존중하고 난적을 토벌하며, 정통을 존중하고 참위를 억누르며, 절개와 지조를 추앙하고 간사함과 아첨을 축출하며, 중국을 귀하게 여기고 이적은 천하게 여기는 것과 같은 것들이다. 이 모두가 위대한 삼강오상에 관련되지 않는 것이 없다"[100]고 엄준하고 통렬하게 비평했다. 하지만 이하지변에 대한 판단 기준은 대부분 역사가들이 자의적으로 정한 것이기 때문에 그 역시 상당히 유동적이다. 강희제도 이 점을 알아챘지만, 한동안 적절한 수정 방법을 찾지 못했다.

이를 거울삼아 건륭제는 문신文臣을 모아 『역대통감집람歷代通鑑輯覽』을 편찬했고, 친히 논평한 후에 『어비역대통감집람御批歷代通鑑輯覽』을 엮어냈다. 그리고 또 나중에 건륭제의 논평에서 요점을 골라내 『평감천요評鑑闡要』라는 책을 편찬했다. 이 책은 각 조마다 역사 사실을 평가하는 방식을 취했는데, 점차 역사 평가의 기준을 확정하는 방법을 모색하게 됐고 결국에는 하나의 범례가 되어 쉽게 바뀌지 않았다.

서술 규칙의 제정과 건륭제의 '절의관節義觀'

『평감천요』는 건륭제가 『자치통감강목』에 실린 역사 사건과 인물에 대한 평론을 모은 것으로, 처음에는 건륭제 개인의 견해였지만 나중에는 건륭제가 역사 평가의 보편적 기준으로 삼고자 의식적으로 노력했다. 그 속에서 청 황제가 이하지변 등 역사가 남겨놓은 난처한 문제를 처리한 방식을 볼 수 있다. 그중에서 몇 조를 골라 논의하고자 한다.

『거란개호요강契丹改號遼綱』에서 건륭제는 거란이 국호를 요遼로 바꾼 것은 척발씨가 국호를 위魏로 바꾼 것과 근본적으로 같은 것이어야 하고, 서술 체계도 일치해야 한다고 지적했다. 하지만 『자치통감강목』에서 척발씨를 '위'라고 언급했지만 거란을 '요'라고 하지 않은 것을 보고, 사마광이 송의 신하이기 때문에 『자치통감』을 쓸 때 적국인 거란을 남송과 같은 '국'으로 감히 쓸 수 없었을 것이라고 추측했다. 『자치통감강목』은 이런 방법을 지속시켜나갔다. 사마광과 주희 두 사람은 모두 이하지변에 대한 깊은 의식은 없었으나, 후대 일부 사람이 그 말을 확대하여 '차이점을 억지로 끌어다가 위魏라고 적어 중국 역사로 편입시켰고, 거란이라고 적어 이민족 역사로 배척했다.' 종족 간의 차이가 이렇게 확대됐다. 건륭제는 여기까지 읽다가 참지 못하고 호되게 꾸짖기 시작했다. "진부한 유생들이 뜻을 왜곡하는 것이 정말이지 등롱에다 뼈로 만든 살을 더해 그 빛을 막는 것과 같구나." 건륭제가 보기에는 고대에 탄환 하나 들어갈 정도의 작은 땅도 모두 '국國'으로 자칭했건만, 거란은 그토록 강성했음에도 '국'이라 칭할 자격이 없는 것은 참으로 말이 안 되는 일이었다.[101]

　『자치통감강목』에서 상대적으로 명확한 부분은 구체적인 역사 서술을 요구했다는 점이다. 주희는 일찍이 직접 그 범례를 정했고, 그중에서 '이적'과 '화하' 관계에 관한 서술 원칙을 구체적으로 이렇게 규정했다. "중국에 왕이 있을 때 이적이 들어온 것을 입구入寇 혹은 구모군寇某郡이라고 한다." 그리고 "신하의 모반에 대응하여 정식으로 군사를 일으킨 것을 정征이나 토討라 하고, 신하가 아닌 이적에 대응하는 것은 벌伐이나 공攻이나 격擊이라 한다."[102] 명대 이후가 되면, 역사 서술 규칙은 더욱 정밀해졌고, 구체적인 법규는 번잡한 느낌마저 주었다. 방효유는 죽음과 관련한 서술 원칙 및 그 신분에 상응하는 관계에 대해서 더욱 엄격한 규정을 만들었다.[103]

　이런 원칙들은 송과 금의 대항의 역사를 구체적으로 다루는 과정에서 문제가 됐다. 왜냐하면 건륭제가 보기에 『자치통감강목』에서 남송과 금의 역사를 서술할 때 위에서 언급한 원칙이 전혀 적용되지 않았기 때문이다. '구寇'라는 글자는 단지 변방 민족이 통일 왕조를 향해 공격할 때만 사용할 수 있었다. 한대의 흉노와 당대의 일릭 칸頡利可汗(579~634)이 구寇에 해당한다. 송 휘종과 흠종 이전까지 북송은 여전히 통일 왕조였고, 남도 이후에 금의 신하와 조카로 자청했으니 만일 금을 '입구入寇'라고 서술하면, 이는 '임금이 신하를 침범하고' '숙부가 조카를 침범하는' 격에 해당하니, 황당무계한 주장임이 분명하다. 그래서 건륭제는 '구寇'를 일률적으로 '침侵'으로 고치라고 했는데, 이렇게 되면 양국이 상호 침략한 것이 되어 "왕을 존중하는 『춘추』의 본의도 전혀 잃지 않는 것이다."[104]

원에 대한 태도 역시 마찬가지였다. 건륭제의 인식은 다음과 같았다. 원 순제順帝는 사막으로 도망쳤을 때 다시 나라를 수복하려는 마음을 항상 품고 있었기 때문에, 비록 국통을 상실했어도 '구'라고 쓸 수 없다. 이는 송이 비록 금을 향해 신하나 조카를 자청했지만, 그들의 북벌 행위를 '구'로 표현할 수 없는 것과 마찬가지다. 하지만 『명사明史』는 여전히 이전 체례를 답습하여 원병元兵의 행동을 모두 '구'라고 했다. 이것은 매우 부당한 서술이므로 당연히 금·원·송의 상호 침략에 근거하여 바로 고쳐야 한다.[105] 건륭제가 『자치통감강목』의 내용을 이렇게 구체적으로 수정한 것은 주희의 역사관과 도덕적 권위에 대해서 의문을 제기할 수 있을뿐 아니라, 주희 이후 도통이 어디에 있는가라는 귀속 문제도 새롭게 인정할 엄두가 생겼음을 암시한다. 심지어 "『춘추』는 천자에 관련된 일을 서술하고 있다"고 느꼈기 때문에 유학자들은 이에 대한 논의를 함부로 해서는 안 될 듯했다.

건륭제는 신하의 일관성 있는 지조를 유독 강조했지만, 민족에 따라 군신의 신분을 확정한 것은 아니었다는 점은 주목할 만한 가치가 있다. 예를 들어 청나라 사람들은 비록 금의 후예이지만 역사 서술에서는 기본적으로 일종의 '일통관一統觀'의 각도에서 언급했다. 이는 관습적으로 행해지던 종족 구별이 아니기 때문에, 명대 이래 '이하관夷夏觀'의 한계를 벗어났다. 이 점은 북송의 역사에 대한 다음의 평가에서 분명히 드러난다. 『속자치통감강목』에서 "금이 상황上皇·후비后妃·태자太子·종친과 군대를 약탈했다고 운운한 것은 금을 폄하하려는 의도인데, 이는 금이 처음에는 송에 굴복하지 않았다가 송이 서약을 파기하여 분쟁이 일어나자 결국 전쟁에까지 이르게 된 것임을 모르고 한 말이다. 수도 변경汴京이 함락되자 흠종은 투항 의사를 밝혔고, 이에 황실 일가를 이동시킨 것이다. 이는 국가 간 침략에서 일상적으로 일어나는 일일 뿐, 금의 잘못이 아니다"라고 했다. 이는 마치 금을 변호하는 것처럼 보이지만 신하의 충절이라는 관점에서 주희 이래의 '정통관'을 온전하게 채택한 것이다. 건륭제는 이렇게 생각했다. "범경范瓊(?~1129)은 송의 신하이지만 나라를 위해 순국하지 못하고 금의 장수의 뜻을 받들어 송 황제 휘종과 후비 등을 모욕하고 핍박하며 뜬금없이 이들을 달구지에 태워 압송했다. 같이 있던 모두가 당황해하다가 황제와 함께 포로가 됐다. 범경은 난신적자이니 『춘추』를 따른다면 반드시 주살해야 한다." 이 역시 송을 변호하는 말처럼 들린다. 마지막에는 올바른 서술에 대해 언급했다. "이전의 서술 방식은 대의에 대한 평가와 맞지 않기에 고쳐서 쓰고, 이로써 『속자치통감강목』의 잘못을 바로잡아 형벌의 준엄함을 보여주고 만세의 공명정대한 도리를 밝히고자 한다."[106]

「건륭사자상乾隆寫字像」, 구궁박물관 편찬, 주청루朱誠如 주편,
『청사도전清史圖典』「청조통사도록清朝通史圖錄」제7책, 『건륭조乾隆朝』하,
쯔진청출판사, 2002, 380쪽.

변절한 사인에 대한 평가에서 건륭제 역시 시종일관 지조를 지킨 사람만을 절렬지사節烈之士로 칭할 수 있다고 생각했다. 몽골이 북방을 점령한 이후 원 세조 쿠빌라이 칸은 북방의 명유名儒 요추姚樞(1201~1278)를 만나자, 그를 조정으로 불러들이려 했다. 또 얼마 후에는 명유 조복趙復을 얻었는데, 역사에서는 이를 다음과 같이 서술했다. "조복은 유학으로 세상에 이름을 떨쳤고, 제자들이 그를 강한선생江漢先生이라 불렀다. 포로가 되고 나서 몽골 땅으로 가기를 원치 않았고 죽기를 원했다. 요추가 그를 만류하고 함께 기거하면서 백방으로 그를 설득하며 '헛된 죽음은 무익하오. 나를 따라 몽골로 가는 것만이 생명을 보존할 유일한 길이오'라고 말했다. 그들이 연경燕京에 도착한 뒤 조복의 명성은 더욱 자자해졌고, 따르는 제자도 100여 명에 달했다. 이로 인해서 북방에서 비로소 경학을 알게 됐고, 요추 역시 처음 정주 성리학에 대한 책을 보게 됐다." 요추와 조복의 완전히 상반된 행동에 대한 건륭제의 평가는 매우 분명하다. "조복은 애초에 송을 향한 충절을 지켜야 명유로서 부끄럽지 않다고 생각했다. 그러나 요추가 적극적으로 그를 만류하고 나라를 위해 죽는 것이 무익하다고 설득했다. 단지 요추는 자신이 금에 불충했기 때문에, 조복까지 충절을 더럽히게 만들어 자신과 같은 꼴을 만들려 했을 뿐이다! 조복이 만약 대의에 밝았다면 마땅히 흔들림 없이 충절을 지켜야만 했다. 그러나 생명을 보존할 다른 방법이 없다는 유추의 말을 듣고는 결국 훼절하고 말았다. 이는 순절하려는 조복의 의지가 본래 굳건하지 못했던 데다가, 목숨을 구걸하고 요행을 바라는 것이 요추와 매한가지였기 때문이다. 경학經學이 북방에 전해지긴 했지만, 경학 자체가 사실 명예와 충절을 중시하지 않았던 것이다!"[107]

건륭제의 입장에서는, 송대 이후 확립된 종족 간의 충돌에 대한 평가 기준은 이미 아무런 작용을 하지 못한다고 보았다. 신하로서의 충절을 지킨다는 것의 핵심은 어느 종족을 위해서 일하는가가 아니라 자신의 입장을 시종일관 유지하는가에 있다. 다음은 금나라 사람의 변절에 관한 예다. "왕악王鶚은 금의 진사進士다. 금이 망하자 충절을 위해 죽어야 한다고 생각했다. 그러나 결국 부끄러운 줄 모르고 원을 섬겼고, 옛 임금을 위해 상복을 입어야 한다*는 핑계로 제사를 지내줄 것을 청했다. 이 일을 두고 장시태張時泰는 살해당한 남편을 위해 복수하지 않고 도리어 살인자를 섬기면서 죽은 남편을 위해 애도의 예를 다하기를 청하는 아녀자에 빗대었는데, 그 평가가 지나치지 않다."[108] 송을 배신한 신하를 혐오하던 이전의 평가와 비교해보면, 건륭제는 신하가 금인인지 송인인지 개의치 않았고 충절을 시종일관 유지했는지 여부를 중시했음을 알 수 있다. 만일 일관되게 충절을 지키지 못했다면 자기편으로 투항해온 사람이라도 가혹한 평가를 받을 수 있었다. 전겸익錢謙益에 대한 태도 역시 이와 같았다.

『어비역대통감집람』에서 건륭제는 허약한 기질에 거만하고 우유부단한 사람을 비판했다. 북제의 박사 웅안생熊安生이 후주에 투항한 것에 대해서 건륭제는 날카롭게 비판했다. "웅안생은 경서에 통달했으니 대의를 모를 리가 없다. 나라가 망했는데도 대문 앞을 깨끗이 치우고 이민족을 기다린 그의 행위를 두고 삼강오륜에서는 뭐라고 하겠는가? 그는 왕이 하사한 화려한 수레를 몰았으니 임금과 신하 모두 대의를 잃었다."[109] 남북조 시대의 북제의 대신 부복傅伏은 후주가 공격해오자 처음에는 저항

* 『맹자』「이루離婁」 하에 나오는 구절이다.

했다가 나중에 항복했는데, 건륭제는 그를 두고 절개 잃은 신하라고 비판했다. "부복은 처음에는 후주의 초빙을 거절하고 강개한 어조로 맹세하니 의지가 꺾이지 않는 것 같았다. 그러나 북제의 왕이 포로가 됐다는 말을 듣고 순식간에 변절하여 관직마저 마다하지 않았으니, 이는 소위 '죽음 앞에서도 그 절개가 변치 않아야 한다는 유사무이有死無二'*에 어긋나는 것이 아닌가! 충효를 들어 그를 질책하는 말조차 헛된 것이 아니겠는가!"[110]

수나라 말기의 장수 굴돌통屈突通이 당에 항복한 일에 대해 건륭제는 이렇게 평가했다. "굴돌통의 충절은 사뭇 굳건했다. 그러나 순간 스스로 자결하지 못하고 수치스럽게 원수를 섬기는 데 전력을 다했으니, 인내심이 부족한 사람으로 천고에 이름을 남겼다. 분개하여 순국하기는 쉽지만, 조용히 대의를 지키기란 어렵다 했는데, 참으로 반박할 수 없는 정확한 말이다."[111] 굴돌통은 잠시 망설였지만 신속하게 죽음을 택하지 않았기에 충절에 오점을 남겼다. 이를 통해 우리는 순국하지 못한 명말 유민의 자괴감을 알 수 있다. 건륭제는 왕조에 대한 충절의 척도를 일관성에 두었다. 적에게 투항하는 순간 절개를 잃어버리고, "허명뿐인 인사들은 애초에 중용하기에 부족하다. 게다가 한 몸으로 두 왕조를 섬겨 대의까지 손상된 마당에, 그 나머지는 질책해서 무엇하겠는가?"[112] 이 기준에 의하면 가혹한 비판이 줄을 이었고, 심지어 순국으로 주군에게 보답한 행위에 대해서조차 극도로 엄격한 수준을 요구했다. 순국하지 않으면 안 되는 상황이었고, 선택할 수 있는 다른 방법은 없었다. 예를 들어 가현옹家鉉翁

---

* 이 문장은 『좌전』 「희공僖公」 15년의 "임금의 은덕에 보답하려면 죽음 앞에서도 변치 않아야 한다 必報德, 有死無二"에 보인다.

과 고응송高應松은 둘 다 금으로 파견된 송의 사신인데, 한 명은 순국했고 한 명은 20년 동안 금에 체류했다. 이들에 대한 평가가 다른 것은 당연하다. "동시에 사신으로 갔으나, 고응송은 절식하여 죽었고, 가현옹은 한때 집정자의 위치에 있었음에도 나라의 멸망을 보고도 죽음으로 조국에 답하지 않고 여전히 제자들을 가르치며 뻔뻔하게 살았다. 비록 나라의 멸망에 눈물을 흘렸다한들 그 부끄러움을 덮지는 못한다. 게다가 말년에는 처사處土라는 칭호까지 받아들였으니 도대체 무슨 마음이었을까? 가현옹은 『춘추』에 정통했고 특히 대의에 밝았을 터인데, 새 왕조에서 관직과 봉록을 받지 않았다고 해서 용서할 수는 없다."[113]

만약 충절과 변절이라는 두 가지 마음을 모두 가졌다면 죄는 더 가중된다. 금의 한림학사이자 국사로 칭송받던 우문허중宇文虛中(1079~1146)에 대한 평가는 다음과 같다. "우문허중은 사신의 명을 받았지만 금에 남기를 자청했고 결국은 관직을 받고 제사를 담당했으니 송에 불충했다. 또한 투항하여 북쪽 왕조를 섬기면서도 금나라를 비방했으니, 금에도 예를 갖추지 못했다. 그의 인생은 아주 수치스럽고 죽음도 본인이 자초한 것이다. 그러나 『송사宋史』 열전에는 긍정적인 평가가 많고, 또한 왕륜王倫의 말을 믿고 그가 송나라에 충절을 지켰다고 여겼다. 역사서에서 역사 사실과 다르게 비방하고 칭찬한다면, 이를 믿을 수 있겠는가."[114]

원나라 명유 허형許衡에 대한 태도도 하나의 예가 될 수 있다. 허형이 원에서 관직을 지낸 일은 사대부들 사이에서도 원래 민감한 화제였다. 건륭제는 '출사와 은거出處'의 기로에 선 명말 청초 사인의 곤경을 특별히 언급하면서, 허형이 임종 전 유언에서 원에서 관직을 지냈던 일을 후회한다고 유언한 것에 대해 사인들과는 다르게 판단했다. 건륭제는 허형이 원을 섬긴 데에는 충분한 이유가 있기 때문에 비방해서는 안 된다고 여겼다. "허형은 송 조정에서 관직을 맡은 적이 없기에, 원을 섬겼다고 해서 결코 충절을 저버린 것은 아니다. 재능 있는 인재가 자신의 주군을 선택하는 것은 당연한 일로, 비난할게 뭐 있는가? 관직과 봉록을 받고 조정에 등청했지, 세상을 등지고 고고하다고 잘난 척하지 않았으니, 어찌 군신의 정해진 본분을 어긴 것이라 할 수 있겠는가? 이 두 가지 설이 모두 틀렸음은 변론의 여지 없이 분명하다." 허형이 임종 때 관직 지낸 일을 후회한 부분에서, 관직명을 기록하지 않은 것은 고인에 대한 금기의 예를 표한 것임이 분명하지만, 이는 그럴 필요가 없는 일이다. "『속자치통감강목』에서 허형이 임종 직전에 아들에게 남긴 유언 때문에 끝내 관직명을 밝히지 않았는데, 이것은 사실 서술의 원칙에 위배된다. 논자들 중에 허형이 원을 섬기지 말았어야 했다고 말하는 자들은 그를 깎아내려 폄하한 것이고, 간혹 원이 그를 신하로 삼지 말았어야 했다고 말하는 자들도 있으나, 이 주장은 특별한 예로 취급하여 기록하지 않았다. 두 가지 주장 모두 이치에 어긋난다." 오히려 허형의 원 관직 문제는 앞뒤로 근거가 부족해 보이고, 서술하는 가운데 그의 긴장된 심리 상태도 감출 필요가 없었다. 허형은 처음에 원의 부름에 응하지 않는다면 '도를 행할' 기회를 놓치는 것이라고 생각했고, 끝내 죽음을 앞둔 상황에서는 관직을 거절하고 절개를 지키지 못한 것을 후회하면서 시호를 봉하지 말기를 희망했다. 건륭제는 이런 앞뒤가 안 맞는 모순적인 행동이 의심스럽다고 말했다. 건륭제는 다음과 같이 판단했다. "이것은 임종 전에 정신없이 한 말이 아니라 후대 사람들이 곡해한 것이다. 허형은 그야말로 명유인데, 앞뒤가 이처럼 모순될 리가 없다. 특별히 관직을 고쳐 기록함으로써 『속자치통감강목』의 잘못을 바로잡는다."[115]

왕조 교체기의 이전 왕조 신하들에 대한 표현에서도 건륭제는 민감한 반응을 보였다. 명 태조의 일화를 읽을 때의 반응이 아주 흥미롭다. 『건륭어비강감乾隆御批綱鑑』에 보면 명초 『원사』를 편찬할 때 산림에 은거하는 은사들을 초빙했다는 기록이 있다. 원의 한림학사인 위소危素(1303~1372)가 원의 수도에 있는 보은사報恩寺로 들어가서 우물에 몸을 던져 죽고자 했는데, 절의 스님이 "국사國史는 당신밖에 아는 사람이 없다"라며 만류했다. 만일 당신이 죽는다면 국사도 사라진다는 뜻이었다. 위소는 일리 있는 말이라 생각하여 원을 위해 순국하려던 마음을 접었고, 얼마 후에 추천을 받고 궁궐에 들어가 한림시독학사翰林侍讀學士에 제수됐다. 역사의 기록은 다음과 같다. "어느 날 황제께서 동각東閣의 측실에 계실 때에 위소가 창문 밖으로 뚜벅뚜벅 지나가는 발걸음 소리가 들렸다. 황제께서 '누구인가?'라고 묻자, '노신老臣 위소입니다'라고 답했다. 황제께서 웃으면서 '짐은 문천상文天祥인 줄 알았소'라고 말씀하셨다." 위소가 일부러 이전 왕조의 노신 흉내를 낸 것에 대해 건륭제는 이렇게 반응했다. "만약 역사의 흥망을 자신의 생사로 삼은 것이라고 말한다면, 역사서가 완성된 뒤에는 짐짓 적의 편을 드는 척했다가 뜻을 이룬 뒤 자결했던 정영程嬰*의 예를 좇아 자결로 자신의 의지를 밝힘으로써 신하로서의 절개를 온전히 지켜야만 했다. 창문 밖에서 신발 소리를 뚜벅뚜벅 내

---

* 정영(?~기원전 583)은 춘추시대 진晉나라의 협객으로, 당시 이름난 경卿 조순趙盾과 그의 아들 조삭趙朔의 친구다. 경공景公 3년에 진의 사구司寇 도안고屠岸賈가 조삭을 죽이고 그 집안을 멸하려 하자, 공손저구公孫杵臼와 함께 조씨의 고아 조무趙武를 숨겼다. 그러고는 공손저구가 조삭의 아들을 감추어 기르고 있다고 고발해서 그를 죽인 뒤에 조무를 잘 돌봤다. 후에 경공이 한궐韓厥의 말에 따라 조씨의 옛 땅과 봉읍을 돌려주고 도안고를 죽인 뒤에야, 정영은 죽음으로써 공손저구의 희생에 보답했다.

다가, 후안무치하게도 스스로를 노신老臣이라 자처하다니, 부끄러움을 모르고 다섯 왕조에서 연이어 승상 노릇을 했던 풍도馮道*와 무엇이 다르단 말인가! 명 태조(주원장)는 원나라의 협박에도 굴하지 않고 절개를 지키다 죽은 남송의 문천상을 들어 그를 풍자했고, 적군을 당해내지 못하자 자결한 여궐余闕을 들어 조롱했다. 살고 싶어 의리를 잊는 이런 소인배 모두에게 경계하게끔 지적하는 것이 부월형斧鉞刑보다 더 엄준하도다."[116] 역사 서술의 엄정함은 '죽음'의 방식에 대한 다양한 묘사에도 깊은 영향을 끼쳤는데, 소위 '형벌의 엄중함(부월지위斧鉞之威)'이 그것이다. 원말 진우량陳友諒(1320~1363)**은 옛 주군인 서수휘徐壽輝를 죽이고 한漢 황제로 자칭했다. 『자치통감강목』에서는 원래 '시弑' 자를 사용하여 이 살인 행위를 서술했다. 그러나 건륭제는 이렇게 생각했다. '시'는 정통 왕조에서 아랫사람이 윗사람을 살해한 것을 지칭하는 표현이다. 원말의 진우량은 진秦나라 말기의 진승陳勝·오광吳廣의 거병과 비슷하고, "도적끼리 서로 죽이는" 격에 해당하여 군신 간의 명분이 기본적으로 존재하지 않는다. 따라서 '시' 자를 사용할 자격이 없고, 이 사건은 '해害' 자로 바꿔서 서술해야 한다고 했다. 그는 또 다음과 같이 말했다. "당시 사건은 단지 진승·오광이 일으킨 반란에 지나지 않으며, 항우가 의제를 죽인 것과는 다르다.

---

* 풍도(882~954)의 자는 가도可道이고 호는 장락로長樂老다. 영주瀛州 경성景城 사람으로 오대五代의 재상을 지냈다. 풍도는 일찍이 연왕燕王 유수광劉守光을 모셨으나, 후당, 후진, 후한, 후주 등 여러 나라에서 관리를 지냈다. 후당의 장종莊宗, 명종明宗, 민제閔帝, 말제末帝, 후진의 고조高祖, 출제出帝 등 전후 10명의 임금을 모셨다. 후에 역사학자들에 의해 염치를 모르는 간신의 우두머리로 평가받았다.

** 진우량은 원 말기의 군웅 세력 중 한 명이자 주원장이 명나라 건국 시 멸망시킨 반란 세력 중 하나였다. 면양沔陽(지금의 후베이湖北 성 셴타오仙桃) 사람으로, 원나라 말기 국세가 쇠해지자 서수휘의 홍건군에 들어가 반원 봉기에 참가했고, 1357년 이후 통수가 되었다. 1360년 서수휘를 죽이고 스스로 제위에 올라 국호를 대한大漢이라고 했다.

도적끼리 서로 죽이는데, 무슨 명분이 있단 말인가? 어찌 난신적자를 예로 들었는가?"[117]

'형벌의 엄중함'은 남에게만 적용하고 자신은 정작 꾀를 내어 벗어나려는 사인 집단에게 닥칠 수도 있다. 연왕燕王 주체朱棣가 모반하여 강을 건너서 수도를 침공하기 하루 전날, 수찬修撰인 왕간王艮과 호광胡廣, 해진解縉이 사업司業 오부吳溥의 집에 모였는데, 이 세 사람이 보인 태도는 완전히 달랐다. 해진은 대의를 언급했고, 호광은 비분강개했고, 왕간만이 묵묵히 한쪽에서 눈물을 흘렸다. 세 사람이 떠난 뒤 당시 어린 나이였던 오부의 아들이며 후에 저명한 학자가 된 오여필吳與弼이 "호광 아저씨는 죽음으로 충절을 지킬 수 있으니 진정한 호걸이네요!"라고 감탄했다. 오부는 아들 말이 틀렸다며, 세 사람 중 왕간만이 순국할 수 있는 사람이라고 말했다. 이 말이 채 끝나기도 전에 호광이 가족들에게 돼지를 잘 돌보라고 이르는 소리가 들려왔다. 오부는 말했다. "보거라, 돼지 한 마리조차 아까워하는 사람이 어찌 자신의 목숨을 버릴 수가 있겠느냐?" 얼마 뒤 왕간의 집에서 곡소리가 들려왔는데, 왕간이 약을 먹고 죽은 것이었다.

이 일화에 대한 건륭제의 해석은 남달랐다. 충절을 지키고자 죽는 것은 신하의 본분이므로 왈가왈부 논쟁할 필요가 없다. 관건은 오부가 다른 사람의 죽음의 동기에 대해서는 정확하게 파악했으면서 정작 자신은 한쪽으로 비켜나서 마치 이 일과 무관한 듯이 행동한 것이다. 이 행위가 오히려 논쟁할 만하다. "오부는 왕간이 순국할 것이고 호광이 죽지 못할 것이라고 판단했고 그 예상은 정확히 들어맞았다. 오부는 왕간과 마찬가지로 선비로 이름을 날렸으니, 대의를 위해서 목숨을 버려 모범이 되어야 마땅하거늘, 어찌 남 탓은 잘하면서 유독 자신에게는 관대하단 말인가?

인내하며 온전함을 꾀해야 하는데 결국은 치욕스럽게 충절을 버렸으니, 남의 눈의 작은 털은 찾아내면서도 정작 제 눈썹은 보지 못하는 꼴이다. '돼지 한 마리도 아까워한다'는 말이 냉혹하기는 하지만, 복숭아나무로 만든 인형과 흙으로 만든 인형이 서로 비웃는 것*과 무엇이 다르단 말인가?"[118]

'군사君師'와 '도치道治' 역할의 일치

『평감천요』에서 이미 여러 차례 역사의 정론을 반복적으로 언급한 이상, 모든 개인적 차원에서 재해석하려는 시도는 예의상 겉치레일 뿐 불필요해 보였다. 건륭제는 심지어 경연 중에 『자치통감』의 내용을 풀이할 때 극도로 짜증을 냈다. 건륭 25년(1760) 정월에 어사御史가 이십이사二十二史와 『자치통감강목』의 책들 중에서 치도治道에 관한 내용을 경연에서 다룰 것을 건의했지만, 건륭제는 "필요 없다"고 했다. 경연은 봄과 가을 두 차례 거행하는 의례로서 상징적 의의만 있을 뿐이었다. 그러나 "『자치통감』에 대해서는 유신들이 각 조를 나누어 편찬하고 계속해서 진상하라"고 특별히 칙령을 내렸다. 그는 이렇게 말했다. "자세히 검토 수정하되 그

---

* 이 이야기는 『전국책』 「제책齊策」과 『사기』 「맹상군열전孟嘗君列傳」에 실려 있다. 제齊나라 맹상군이 서쪽 진秦나라로 가려 할 때 수천 명의 사람이 가지 말라고 간언했으나, 듣지 않았다. 소진蘇秦이 그를 만류하며 말했다. "제가 이곳에 오면서 쯔수이 강淄水을 지나왔는데 그곳에 있는 흙 인형이 복숭아나무 인형과 서로 말을 나누며 복숭아나무 인형이 흙 인형에게 이렇게 말했습니다. '너는 서쪽 해변에 있는 흙이었는데 그 흙을 개어서 사람으로 만든 것이니, 하늘에서 큰 비가 내려 8월에 장마가 져서 강이 불어나면 너는 부서질 것이다.' 흙 인형이 말했습니다. '아니다. 나는 서쪽 해변에 있었던 흙이니 부서지면 다시 그곳으로 돌아가면 그뿐이다. 그런데 지금 동해의 복숭아나무를 깎아서 너를 인형으로 만들었으니, 비가 내려 강이 불어나면 너는 물에 둥둥 떠다니게 될 텐데 장차 어찌할 것인가?' 무릇 진나라는 사방이 꽉 막혀 있어 호랑이의 아가리 속으로 들어가는 것과 같은데 그대가 가도 되는지 모르겠습니다." 그리하여 맹상군은 가는 것을 그만두었다.

중에 볼 만한 것이 있으면, 반드시 내가 직접 비평을 하고 사건의 핵심을 밝혀서 선본善本으로 만들겠다. 강연 때 한두 가지 사건만 설명하고 역사 사실을 두루 살펴보았다고 여긴다면, 이는 하나만 건지고 만 가지를 누락하는 것으로 한낱 내용 없이 형식만 갖춘 글을 쓰는 꼴이 되니, 바로 옛사람들이 '전체를 다룬 역사서는 어디에서부터 말해야 하는가?'라고 한 것과 같은 상황이다."[119]

이 말의 이면에는 조정 신하들의 강연은 필요 없다는 뜻이 숨어 있다. 강연은 대부분 주희의 권위 있는 해석에 기대고 있었는데, 주희의 권위가 건륭제와 강희제의 해석에서 이미 많이 퇴색됐기 때문이다. 조정 신하들의 강연은 권위 있는 참고 텍스트로서의 원래 의미를 상실했을 뿐 아니라, 새로운 해석도 건륭제가 『평감천요』에서 정한 요지를 따라야 했다.

건륭제는 조부인 강희제보다 이런 의도를 더 철저하게 관철시키려 했다. 강희제가 『명사』 편찬과 관련하여 신하들에게 했던 훈계에 대략적인 의중이 엿보인다. "『명사』는 편찬하지 않으면 안 되고, 공론公論은 채택하지 않으면 안 되고, 시비는 가리지 않으면 안 되고, 사람의 마음은 설득시키지 않으면 안 된다." 역사 편찬의 중요성을 강조한 후에, 역사 편찬은 "관련 사항도 매우 많고, 조목도 아주 번다하다. 짐은 날마다 수많은 일을 다루는 데다 정신력에도 한계가 있어서, 상세하게 열람할 수 없다. 따라서 시비를 가볍게 논하고자 하니, 나중에 공론할 것이 생기면 잘못은 모두 짐에게 있다"고 했다. 이것은 강희제에게 '공론'에 대한 경외심이 있었고, 자신의 뜻으로 논란의 소지가 있는 '사적 견해'를 강요하기를 원치 않았음을 보여준다. 따라서 그는 역사 판단의 권력을 '평소 덕망이 있고 명성이 드높은' 일군의 사인관료들에게 넘겨주었다. 심지어 자신감 없는 어조로 다음과 같이 말했다. "경들의 중론이 옳다 하면 옳은 것이니, 간행하되 간혹 헤아려볼 것이 있으면 공개적으로 다시 논의한다. 나는 한 글자도 결정하지 않을 것이고 그만한 식견도 없다."[120] 중대한 역사 사건에 대해 식견이 없다고 말한 것은 틀림없이 과장일 것이다. 그러나 만약 강희제가 황권이라는 자신의 뜻으로 '공론'을 재단할 방법을 찾지 못한 것이라면, 자신의 황권으로 역사관에 대한 해석을 농단한 것 역시 어쩌면 당시의 정확한 역사적 실상이었을지도 모른다.

조부와 달리 건륭제는 유지諭旨에서 '사의私意'와 '공론'의 관계를 어떻게 다룰 것인지 수차례 언급했다. "『자치통감강목』은 『춘추』의 뜻을 모범으로 삼아 서술하고 엄정하게 편찬하여 만세의 공명정대한 도리가 됐으니 편향된 사견은 전혀 용납하지 않는다." 그리고 "역사가의 붓은 『춘추』의 정론을 따르는데 어찌 사적 견해를 제시하고 공도를 폐기할 수 있는가?"라고 말했다. 건륭제는 강희제보다 훨씬 대담하게 '공론'을 처리했다. 강희제는 실제로 청조의 사관들이 양사良史가 될 만한 '역사 인식'이 충분한지에 대해서 깊은 의구심을 표했다. 『명사』를 편찬하는 사관의 능력을 의심하여, "오늘날 자신의 의견을 고집하여 임의로 마구 서술하는 사관이 있는데, 이런 책이 완전할 수 있는가?"라고 말했다. 또 이런 사관들은 "경박하고 비루하여 제멋대로 문장을 고치고도 스스로 옳다고 믿는다"[121]고 했다. 하지만 강희제는 공론의 처리로 세간에 화젯거리를 남겨서는 안 된다고 염려했기에, 역사 평론에 개인의 색깔을 짙게 남기를 원치 않았다.

건륭제는 공론의 기준을 정할 때 전적으로 자신의 뜻에 따라 독단적으로 결정했다. 『자치통감집람』의 편찬과정 중에, 그는 "책의 서술 체계

중에 대일통과 관련된 것은 모두 짐이 사전에 수정하고 고쳐서 세상에 내놓는다"라고 했다. 역사 기록의 표준으로서, 특히 남-북 분할로 야기된 '이하지변'의 역사 문제는 직접 옳고 그름을 판단하여 결정했다. 후에 편찬된 『자치통감강목속편』에서 송·요·금·원의 역사를 다룬 부분에 대해 그는 다음과 같이 말했다. "광의의 뜻이 훼손된 것을 발견하면 황자들과 군기대신軍機大臣에게 주어 가감하고 윤색하도록 하여 공자의 『춘추』 체제에 맞추었다. 그 부분에 쪽지를 붙여서 짐에게 올리면 짐이 검토했다." 그리고 새로 편찬한 역사서의 맨 앞에 유지를 놓고, 무영전武英殿에 보내어 원본과 대조하여 수정한 다음 교직성交直省의 독무督撫에게 한 부 보내 "원본과 대조하여 수정할 것을 골라내라"[122]고 했다.

이 유지에서 건륭제는 공자의 『춘추』 체계를 기준으로 삼았음을 강조했다. 그렇다면 그는 주희가 『자치통감강목』에서 만든 규칙을 어떻게 보았는가? 송 이후 사림의 역사 편찬은 대부분 『자치통감강목』의 포폄 원칙을 따랐다. 건륭제는 주희의 『자치통감강목』 체례대로 『명기강목明紀綱目』을 편찬하라는 명을 내렸지만, 나중에 관부에서 편찬한 역사서 중에는 "중국을 귀하게 여기고 이적을 업신여기는" 주희의 종지에서 점점 멀어진 것이 있다. 그가 보기에 주희의 규칙을 따른 역사서는 사실의 기록과 평론에서 모두 심각한 오류가 있었다. 특히 『명기강목』은 "검토가 정확하지 않다"며 군기대신에게 원서와 별도로 개정본을 만들어 자신의 평가를 기다리라고 했다. 건륭제의 세심한 성격은 다음의 말에서 충분히 드러난다. "『자치통감강목』 세 편을 이미 읽어보기는 했지만, 예전에 올린 것을 읽어보니 최근의 상세한 논의에는 미치지 못한다." 그리고 "『자치통감집람』의 서술 체계는 모두 짐이 직접 절충하고 고쳐 근본이 서고 공정함이 바로잡혔으니 법칙으로 삼을 만하다. 이번 『자치통감강목』 개편 때도 마땅히 이에 근거해 처리해야 한다"[123]고 했다. 이것은 주희의 역사 포폄관을 향한 공개적인 도전이며, 내면의 뜻은 선진의 '대일통'관을 이용해서 주희가 세워놓은 화이지분의 역사관을 불식시키려는 것이다.

다음의 예를 살펴보자. 건륭 30년(1765)의 유지 중에, 주희의 이하관夷夏觀을 새롭게 해석한 것이 있는데, 사실은 지역 구분에 따른 종족 우열론을 수정한 것이다. 그는 먼저 이렇게 말했다. "중국이 안쪽에 있고 이적이 바깥쪽에 있는 것은 역사의 상례다. 다만 중국인을 다루고 중국의 사건을 기록함에 있어 사마광과 주희의 경우 그 관점과 체재가 매우 엄격했다. 그러나 이것도 정통을 명확하게 분별하려는 것에 불과했으며, 함부로 비방하는 것은 없었다."[124] 건륭제가 말한 '상례'란 남송 이후 주희가 『자치통감강목』에서 확정한 남북 지역을 경계로 이하의 신분을 나누던 역사 서술의 원칙이다. 심지어 '정통'의 확립 배후에도 '남-북' 대치의 논리가 작용했다. 촉나라를 '정통'으로 존숭하고, 위나라의 지위를 낮춘 것이 그 예다.

청초의 황제 중에 송대 유학자와 주희를 가장 추앙한 이는 강희제다. 그는 『일강사서해의日講四書解義』의 편찬을 명했는데, 이제삼왕二帝三王(요·순, 우왕·탕왕·문왕)의 다스림의 근본은 도에 있고, 도의 근본은 마음에 있다고 생각했다. 또한 심성의 이치를 분석하고 육경을 보좌하여 성현의 도를 송대 유학자들보다 상세하게 잘 드러낸 사람은 없다고 밝혔다. 그리고 명 영락 연간에 편찬한 『성리대전性理大全』을 자주 읽는다고 공언하며 자신의 느낀 바를 말했다. "천지음양의 핵심을 궁구하고, 성명인의性命仁義의 뜻을 밝혀서 주경主敬·존성存誠의 요체를 찾아내니 율수律數의 정밀한 의미가 드러났다. 도통의 원류에서 군덕君德과 성학聖學, 정교政敎와 기강紀綱에 이르기까지, 크고 작은 것이 모두 갖추어지고 표리가 일치하지 않은 것이 없다. 진실로 도학의 연원이며 다스림의 준칙이다."[125] 이 말은 표면적으로는 '도학' 신도의 말처럼 보이지만, 여기서 한 걸음 더 나아가 추측할 수 있는 것은 강희제 역시 '도통'의 전승 계보를 인정했다는 점이다. 특히 이제삼왕이 성공한 이유가 '도'의 작용에 있고 '도'에 대한 송대 사인의 책임감과 해석이 '삼대三代의 영광을 부흥'시키는 핵심임을 간접적으로 인정한 것이라고 오해하기 쉽다. 그러나 다음의 글을 자세히 읽어보면 이런 인상을 바꿀 수 있다. 같은 글의 서문 앞부분에서 강희제는 이렇게 말했다. "짐이 생각건대, 고대 성왕이 하늘을 계승해 지극한 자리에 올라 만백성의 임금과 스승 노릇을 하게 된 까닭은 비단 그들이 다스리는 법에 밝아서일 뿐만 아니라, 마음과 도를 다루는 법에 정심하면서 면밀하기 때문이기도 하다. 중용을 지키라는 가르침은 요·순 때부터 비롯됐으니, 제왕의 학문이 여기에서 말미암지 않은 것이 없었다. 마음心을 설명하면서 '인심人心은 위태롭기만 하고, 도심道心은 은미하기만 하다'*고 하고, 성품性을 설명하면서 '사람이 항상 지니고 있는 성품을 따르면서 백성이 그 법도에 편안해해야만 왕 노릇 할 수 있다'**고 한다. 대개 천성이란 모두가 공감하는 이치이고 인심은 본래부터 지니고 있는 선량함이라, 모든 선함이 이로부터 나온다. 이에 근거하여 통치하는 법도를 세운다면

---

* 이 구절은 『상서』 「우서虞書」 「대우모大禹謨」에 나오는 표현이다. 앞서 "마음과 도를 다루는 법에 정심하면서 면밀하기 때문이기도 하다"나 "중용을 지키라는 가르침" 등도 모두 이 구절에서 보이는 표현을 근거로 한 것이다.

** 이 구절은 『상서』 「상서商書」 「탕고湯誥」에 나오는 표현이다. 원서엔 '유후惟后(~해야만 왕 노릇 할 수 있다)' 뒤에 아무런 구분 없이 문장이 이어지고 있지만, 이는 문장 부호가 탈락한 것이다. 인용문은 여기까지고 그 뒤는 강희제의 말이다.

그것은 순수한 천덕天德과 왕도王道가 되고, 이에 근거하여 백성을 이끈다면 모두를 하나의 풍속으로 만들어 이끄는 다스림이 된다. 자신의 몸을 닦아 높은 이치에 이르려 하면서 이러한 도를 외면한다면 무엇으로 할 수 있겠는가!"126

여기에서 '마음을 다루는 법心法'은 아무리 정밀하고 세심해도 '다스리는 법治法'의 보조적인 도구로 나타나는 것이며, '나라를 다스리는 원칙을 세우는' 제왕지학帝王之學의 유기적인 구성 성분으로서 단독으로는 존재 의미가 없음을 알 수 있다. 요·순·삼대의 다스림에 이르는 방법은 "고대 제왕의 심법과 도법의 정밀함을 헤아리는 것"이다. 여기에는 제왕의 공적만 있고 사인의 그림자는 없는 듯하다.

또 다른 서문에서, 강희제는 이 뜻을 더 철저하게 나타냈다. "하늘이 내린 성현이 임금이 되고 스승이 된다. 대대로 도통이 전해지는 것은 대대로 치통治統이 전해지는 것이다." 자신은 '군왕과 스승'이라는 두 가지 신분을 겸하고 있고, 도통의 전승은 응당 '치통'과 표리를 이루어야 한다고 분명하게 밝혔다. 그러나 도를 전승하는 데 송대의 전적이 역사적으로 작용했음을 표면적으로는 인정했다. 특히 사서四書가 전승된 "이후에 이제삼왕, 즉 요, 순, 하나라 우왕, 은나라 탕왕, 주나라 문왕의 도가 전해졌고, 사서가 있은 후에 오경五經의 도가 갖추어졌다"고 했다. '성현의 가르침'은 백성을 위해서 만든 것이라고 했다. 핵심은 뒤에 나오는 이 말에 있다. "도통은 사서에 있고 치통도 사서에 있다. 역대 재덕을 겸비한 군주가 업적을 이루는 데 이 뜻을 존중하고 밝히지 않은 것이 없다." 여기서 사서의 의미를 강조했지만, 도의 함의를 해석할 자격이 누구에게 있는지는 확실하게 말하지 않았고 또 누가 백성을 교화하고 풍속을 이끄는 역할을 맡을 것인지도 구체적으로 밝히지 않았다. 단지 포괄적으로 이렇게 말했다. "풍속의 원류를 알려면 먼저 민심을 바로잡아야 하고, 민심을 바로잡으려면 먼저 학술에 밝아야 한다. 이 책의 대의에 따라서 성현의 뜻깊은 말을 다 알 수 있다면, 이것으로 백성을 교화하고 풍속과 예절이 상통하는 사회를 만들 수 있으며, 요·순·삼대 문명의 융성함도 기대할 수 있다."[127]

건륭제는 어려서는 정주이학의 굳건한 신봉자였지만, 만년에는 주희의 학문을 여러 번 비판했다. 그 이유는 꽤 복잡하다. 송대 이후 사인의 정치 참여도가 과도하게 높아지면서 권력을 군왕과 함께 나누는 지경에 이르렀다. 건륭제는 여기에 심한 반감이 있었는데 「서정이론경연찰자후程頤論經筵札子後」에서 제기된 유명한 논의를 끌어냈다. 건륭제가 송대 사인의 기세가 고양됐던 상황을 보며 매우 놀라움을 느꼈던 지점은 다음에 있었다. "만약 재상이 되면, 뜻밖에도 천하의 다스림을 자신의 임무로 여겨 군주를 안중에 두지 않았으니 이것은 절대 있어서는 안 될 일이다."[128] 그가 보기에 송대 사인은 비록 도통 전승의 자격이 있었지만, 신하로서 때로는 월권하기도 했다. 군왕만이 '도통'을 겸하는 이중 역할을 할 수 있고, 이는 또한 삼대 성왕의 이상적인 경지였지만 안타깝게도 당·송에서는 이를 실현하지 못했기 때문이다. '군왕과 스승君師'의 자격이 일치해야 교화를 제대로 할 수 있다고 건륭제는 생각했다. 그는 이렇게 해석했다. "하늘의 명으로 군사君師가 되는데, 백성의 감정을 절제시키고 인성의 선함을 회복할 수 있게 하여 그 도를 행한다. 따라서 도를 닦는 것을 교教라고 하지, 도 이외에 별도로 교라고 부를 만한 것이 없다." 그는 또 고대 성왕들이 나라를 다스리던 모습을 그림으로 그리기도 했다. "고대 성왕들은 백성을 다스리는 데 인仁으로 점차적으로 시행하고, 의義로 연마하고, 예로 절제하고, 음악으로 조화시켰다. 가르치고 함양하여 덕이 날로 발전하면 도는 저절로 닦아진다. (…) 그래서 군사君師가 도를 책임지고 닦아야 도가 헛되지 않게 된다."[129] 건륭제의 뜻은 다음과 같았다. '도'는 허황된 말이 아니라 행동 논리이므로 구체적인 행동과 실천에서 벗어날 수 없다. 도의 작용은 민심과 풍속을 교화하는 과정에서 드러나는 것이고, 이런 경지에 오르려면 '치도'의 수단을 사용해 현실화해야 한다. 이것이 바로 삼대 성왕이 후대 사람들보다 뛰어난 점이다.

건륭제와 송대 사인은 한·당을 낮게 보고 자신들을 과도하게 높이 평가했다는 측면에서 비슷하지만, 흥미롭게도 그 차이점은 건륭제가 한·당·송의 황제들을 모두 비판한 데 있다. "삼대 이후 치세의 번영은 한 문제文帝, 당 태종太宗, 송 인종仁宗이 이루었다. 이들은 아침저녁으로 게으름 피우지 않고 근면하여 해이해지지 않았다. 그러나 근본에 힘쓰지 않고 말단에 힘써서, 베푸는 정치만 있고 가르치고 기르는 것을 실현시키지 못했다. 그래서 한·당의 다른 황제에 비하면 뛰어난 군주이지만, 삼대와 비교하면 평범한 군주일 뿐이다. 다른 가르침이 없으니 실행할 수 없고, 도가 세상에 밝혀질 길도 없다."[130] 이 말의 뜻은 다음과 같다. '후삼대後三代'로 불리는 한·당·송은 정치나 영토 면에서 결코 중대한 잘못이 있었던 것은 아니지만, 한·당·송의 황제들이 '교화'의 권력을 수중에 장악하지 못했다는 점이 관건이었다. 즉 사인을 방임해서, 사인만이 '도'를 해석하고 실행할 권력을 독점하도록 만들었다는 뜻이다. 이것이 바로 '삼대'의 성왕처럼 '군왕과 스승'의 두 가지 역할을 겸할 수 없었던 이유다. 건륭제는 뒤이어 이런 폐단을 고칠 방법을 제시했다. "임금이 정말 덕으로 백성을 새롭게 하고, 도를 닦아 교화할 수 있다면 아침에 도를 행하면 저녁에 효과가 나타날 것이니, 뭐가 어렵겠는가?" 그리고 예전의 "우매하고 무능한 군왕은 능력이 없어서 못하고, 현명한 군왕은 할 수 있지만 하찮게 여겼다. 이로 인해 삼대의 다스림은 하루아침에 회복되지 않았고 백성이 본디 갖고 있는 도도 하루아침에 밝힐 수 없었다."[131]

강희제와 비교해볼 때 건륭제는 군왕이 '치권治權'과 '도통道統'을 동시에 점유해야 하는 이유를 직접적으로 강조했을 뿐 아니라, 사인 계층이 '도통'의 발언권을 독점할 권리가 없고 황제의 통치권을 감독하고 나누어 행사할 권리는 더더욱 없다고 암시했다. 그는 '삼대'의 다스림을 다시 실현하지 못하는 중요한 원인이 바로 한·당·송의 황제들이 모두 '도통'의 결정권을 하찮게 여겼거나 혹은 사인의 수중에서 황제가 그것을 가져오지 못한 데 있다고 여겼다. 따라서 그는 송대 이후 사대부들이 '도통'에 기대어 황권에 대항했던 최후의 보루를 파괴했다. 여기까지 '삼대를 회복'하려는 구상과 '치도합일治道合一'의 청사진에 대한 황제의 생각을 개략적으로 서술했다. 이제 이에 대한 청초 사림 계층의 반응으로부터 그 효과를 검증해볼 수 있다.

사인의 반응: 원매를 예로 들어

남송의 주희가 '도통'의 계보를 세운 이후, 사림에는 공통된 인식이 생겨났다. 즉 삼대 때 성왕은 '도통'과 '치통'을 겸비했었는데, 삼대 이후에 '도통'이 사림 계층으로 내려가 '치통'을 가진 황제와 가깝지도 멀지도 않은 갈등 상황에 처하게 됐다는 인식이다. 송대 이후 '도통'이라는 문화

자원을 가진 사림의 엘리트들은 '문화'가 '정치'보다 고차원임을 강조했고, 도덕수양을 통해서 군왕과 백성을 교화할 의무를 가지게 됐다. 군주들은 분명 이런 생각을 매우 싫어했다. 그래서 상술한 "천하를 자신의 임무로 여기는" 사상은 청초에 날로 모호해지고 심지어 구체적으로 표현하지 못하는 상태가 됐다. 원매袁枚의 주장을 통해서 이를 확인할 수 있다.

원매는 친구를 대신해서 편지 답장을 쓴 적이 있다. 편지에서 '도통'을 어떻게 규정할지를 논의했다. 원매는 먼저 상대방의 관점을 인용했는데, 상대방의 주장은 이랬다. "주공 이전에 도통은 왕에게 있었다. 공자·맹자에서 정호·정이 형제와 주희에 이르면서 도통은 사림에 있었다. 한·당의 군신은 도통을 서로 나누지 않았다."[132] 이 말은 송·명 이래 사림 계층의 전통적인 견해를 답습한 것이고, 심지어 '도통' 전승의 계보를 표준화한 정의로 볼 수도 있다. 특히 군주는 '도통'을 가질 자격이 없다고 밝혔다. 하지만 원매는 이렇게 생각하지 않았다. 그는 답장에서 '도'가 자족적인 존재임을 인정했지만, '도'가 계통적인 것임은 근본적으로 부정했다. 다음의 말은 이 의미를 분명하게 드러내고 있다.

"도에는 통統이란 것이 없으며 마치 대로大路와 같다. (…) 저것이 도에 맞으면 도로 귀속시킨다. 저것이 도에 맞지 않으면 저절로 도에서 내쳐진다. 도는 본디 스스로 존재하는 것이라서 한 번도 끊겼던 적이 없다. 후대의 유생들이 점점 도 외에 통統 자를 붙여서 오늘은 도통이 군주에게 있고 내일은 도통이 사인에게 있다고 여긴다. 마치 형체가 있는 듯이 주고받으며 물건인 듯이 감춘다. 도란 매우 공평한 것인데 갑자기 그것을 사사롭게 만들고, 또한 도란 매우 넓은 것인데 갑자기 그것을 편협하게 만드니, 비루하구나!"[133]

이는 사실상 남송 이래의 '도통관'을 없앤 것이다. 이어서 원매는 '도'가 어느 특정 집단이 점유하여 향유하는 것이 아니라 보편적인 권력의 형태라고 말했다. "삼대 때, 도통은 군왕에게 있었지만 사림에게 없는 것도 아니었다. 삼대 이후에, 도통은 사림에게 있었지만 군주에게 없는 것도 아니었다. 도에 맞는다면 누구든지 도를 가질 수 있고, 도에서 벗어난다면 누구라도 도를 잃을 수 있다."[134] 도는 자신의 원류와 계통을 잃었을 뿐 아니라 누구든지 가질 수 있는 것으로 변했다. 이 광범위한 해석은 주희 이래 오직 사인만이 소유했던 '도통' 권위의 전통적인 계보를 훼손시켰다.

편지의 말미에서 원매는 다음과 같이 꽤 깊이 있는 추측을 했다. 건륭제가 요·순을 언급하지 않고 한 문제, 당 태종을 자주 언급한 이유는 '한·당'은 시대가 멀지 않아서 당시의 정치를 검토하는 것이 쉽지만, 요·순·삼대는 시대가 멀어서 근거를 제시하기가 어렵기 때문이다. 이 추측이 역사 사실과 일부 다르다고 해도, 앞에서 이미 인용하고 논증한 대로 강희제와 건륭제는 '삼대 회복'을 자주 언급했다. 그러나 원매의 뜻은 편지의 말미에서 분명하게 드러나는데, 상대방에게 "그대가 보낸 편지에서 황제를 요·순처럼 존숭하지만, 요·순의 말은 인정하지 않으니 어찌된 일이오?"[135]라고 질책했다. 이 말을 앞에서 상대방이 "도통이 사림에게 있었지만 한·당의 군신은 도통을 서로 나누지 않았다"라고 한 말과 연결해서 심층적으로 해석해보면, 원매가 건륭제를 요·순·삼대와 동격에 놓았을 뿐 아니라, 건륭제가 '도통'을 회수한 정치적 조치를 절대적으로 인정했음을 알 수 있다. 이처럼 건륭제의 조치에 대해 인정하는 방식이 상당히 애매하지만, 문장의 행간을 보면 당시 이런 정서가 널리 퍼져 있었다는 것을 감지할 수 있다.

원매는 다른 글인 「책수재문오도策秀才文五道」에서 이런 견해를 더욱 확실히 했다. 이 글은 질문의 방식으로 '도통'이란 마음대로 독점할 수 있는 것이 아님을 주장했다. "소위 도통이라고 하는 것은 성현이 되고자 한 말에 불과하다. 성현이 되면 도통을 공유한다. 통과 비통이라는 것도 개인적으로 갖다 붙인 것이다."[136] 특히 '정통'과 '도통'의 정수와 윤곽의 파악에 있어서, 원매는 도통을 공허한 무형의 것으로 보았다. "정통을 논하는 자들은 마치 산수나 영토처럼 볼 수 있는 듯 말하지만, 도라는 것은 비어서 형체가 없는 것이다. 정통을 주었느니 받았느니 말하지만, 그것을 어깨에 메고 등에 진 것을 본 사람이 있는가? 요·순·우·고皐는 같은 시대에 살았으니 당시에는 사통四統이 있었다. 그렇다면 통이 너무 가깝지 않은가? 공자와 맹자 이래로 정주에 이르기까지 1000년의 세월 동안 일통이 없었다. 그렇다면 통이 너무 멀지 않은가? 심한 경우는 계보를 그려 도통의 계파까지 정하는 자가 있는데, 거기에는 은거하면서 뜻을 구하는 사람도 있고, 세상을 등지고 남들에게 알려지지 않아도 후회하지 않는 사람도 포함되어 있으니, 이것은 어떻게 처리할 것인가?" 원매의 마지막 결론은 세상을 깜짝 놀라게 한다. "도통에 대한 논의를 폐기해야만 성인의 가르침이 위대해질 것이다."[137] 원매는 자유로운 개성으로 이름을 떨쳤다. 그의 일관된 행적으로 보건대, 사람을 놀라게 하려고 이런 기괴한 논의를 한 것이 아니다. 만일 통상적인 사고방식에 입각하여 그가 '도통'을 멸시한 것이 일종의 표준적인 반역 행위라고 생각한다면 이는 완전히 잘못된 것이다. 앞서 언급한 편지글에 나타난 생각과 결합시켜보면, 원매의 사상은 도리어 청초 황제의 사상 기조와 딱 들어맞는다는 것을 알 수 있다. 왜냐하면 '도통' 계보를 훼손한 것은 '도'가 원매 같은 사인의 시야에서 철저히 사라졌음을 의미하는 것이 아니라, 단지 송대 이래 사인의 '도'에 대한 독점을 부정함으로써 '도'의 소유권을 공손하게 황제의 수중으로 다시 돌려준 것에 불과했기 때문이다. 이는 청나라 황제들이 줄곧 '삼대 회귀'를 강조하고 이로써 '도치합일道治合一'의 통치 목표를 실현하고자 한 것과 일치한다.

4절
유민 사학史學에 내재된 정신의 집단적 붕괴

개인의 역사 편찬과 고국에 대한 그리움

명말에 청조로 유입된 유민들은 역사를 서술하여 사실을 밝히려 했고, 여기에 망국에 대한 그리움을 드러냈다. '잔산잉수殘山剩水'의 이미지는 왕조 멸망 후 암담한 처지에서 나왔고, 분노가 말에 넘쳐났다. 따라서 유민들은 명대의 역사를 서술하면서 '잔산잉수'를 그리워하는 심정을 나타냈다. 대명세는 다음과 같이 말했다. "요즘 세상에는 글 쓰는 것을 쓰레기처럼 하잘것없다 여기지만, 저는 다른 취미가 없이 그저 글쓰기만을 싫증내지 않고 좋아합니다. 명대의 문헌에 뜻을 둔 지 20여 년, 남아 있는 자료를 모으고 일화를 살피다보니 마음속에 100권의 책이 들어 있게 됐고, 하고 싶은 말이 넘쳐나 목구멍을 살짝 건드리기만 해도 튀어나올 지경입니다."[138] 선조의 문헌을 수집하는 것은 나라를 잃고 오랑캐에게 침략당한 통한을 드러내는 한 방법이었다. 그래서 표현할 때도 꽤 고심해야 했다. "제가 쓴 글들은 대부분 세상에 대해 분개하고 증오하는 마음을 담은 것이라서 세상 사람들에게 감히 보여줄 수가 없는데, 말로 죄를 지을까 두렵기 때문입니다."[139] 청초 사인의 심리에는 '잔산잉수'의 회상적 이미지가 상당히 짙었다. 그러나 황제의 태도도 변화가 심하고 글에 대한 감독도 때로는 느슨하고 때로는 엄격했다. 그 이유는 황제와 유민의 심리적 힘겨루기가 결코 하루아침의 탐색이 아니라 상대방의 심리에 대한 장기간의 탐색 과정이었기 때문이다. 이는 일부 사인에게 명말의 역사를 기술한다는 구실로 완곡하게 혹은 자의적으로 마음에 쌓인 응어리를 풀어낼 수 있다는 일종의 허상을 심어주었다. 대명세의 뜻은 다음과 같았다. "저는 예전부터 명나라 역사에 깊은 통한이 있어서, 걸핏하면 당시의 일을 묻기를 좋아합니다. 그러나 사대부들과의 교류도 적고 사대부 중에도 여기에 신경 쓰는 이가 없습니다. 또한 저는 많은 곳을 돌아다니지 않아서 견문도 넓지 않습니다. 그러나 역사를 서술하고자 하는 저의 이 뜻은 항상 마음에 품고 있습니다."[140]

조국 멸망에 대한 대명세의 통한은 결국에는 강희제 때 첫 번째 문자옥을 초래했다. 대명세로 대표되는 강남 사림의 태도는 강희제에게 늘 마음의 근심거리였다. 왜냐하면 그들은 역사를 논하면서 남명을 유비의 촉에 비유하거나 정통성을 지니고 있다는 뜻을 내비쳤고, 송대의 남북 대치 상황을 수시로 현실에 빗대어 강희제의 심기를 거슬렀기 때문이다. 대명세는 다음과 같이 한탄했다. "예전에 송이 망했을 때는 탄알만큼 작디작은 섬*의 한구석에서 얼마 지나지도 않아 멸망했지만, 그래도 역사는 그 일을 기록했습니다. 오늘날 명나라 망명 왕조의 면모를 살펴보면, 홍

---

* 여기에서 섬은 광둥 성 장먼江門 신후이新會 구 남쪽에 있는 애산崖山을 말한다. 1277년 송나라가 멸망한 이듬해 육수부陸秀夫 등이 남송의 마지막 황제인 조병趙昺을 옹립하여 이곳에서 원에 저항했다. 1279년에 애산이 원에 함락된 뒤 육수부는 조병을 업고 투신해 죽었다.

광제弘光帝는 난징에서 황제 노릇을 했고, 융무제隆武帝는 푸젠 지역에서 황제 노릇을 했고, 영력제永曆帝는 광둥·광시와 윈난·구이저우 지역에서 황제 노릇을 했습니다. 그들이 황제 노릇한 장소들은 서로 수천 리나 떨어져 있었고, 전후로 17~18년 정도의 시간 동안 유지됐습니다. 『춘추』의 뜻으로 헤아려보면, 어찌 소열제 유비가 중원이 아닌 촉 땅을 잠시 할거하거나, 남송의 마지막 황제 조병趙昺이 애주崖州에서 마지막 결전을 치렀던 것만 못하겠습니까? 그러나 남명의 역사는 점차 사라져 파묻혀버렸습니다."[141]

대명세는 강희제 시기에 글에 대한 정책이 상대적으로 관대해졌기 때문에 '잔산잉수'를 정리하고자 하는 역사 서술의 포부를 마음껏 펼칠 수 있을 것이라 낙관적으로 생각했다. 그래서 격앙된 어조로 의론하며 다음과 같이 주장했다. "근래에 글에 대한 단속이 느슨한데도, 금기시하고 꺼리는 자가 매우 많습니다. 산속에 숨겨놓고 간신히 그 대강만 적어놓은 경우도 천 개 중에 십분의 일 정도 남아 있을 뿐입니다. 책을 내지 않으니 그것을 모을 호사가들도 없고, 전해진다 해도 오래지 않아 바람처럼 사라지거나 차가운 재가 됐습니다. 그리고 나이 많은 노인들과 전직 관료와 유민들이 잇달아 세상을 떠나니 문헌은 고증할 수 없거나 이리저리 흩어져버렸습니다. 성패의 득실과 충신의 절개, 난적의 배신, 이리저리 떠돌던 정황을 후세에 알릴 방법이 없으니, 어찌 탄식하지 않을 수 있겠습니까!"[142] 그는 자신이 사마천司馬遷이나 반고班固는 아니지만 남은 기록을 정리할 생각에 "나는 아무런 공적도 없는 별 볼 일 없는 사람이지만, 개인적으로 역사를 정리할 뜻을 가지고 있다"고 자신의 생각을 내비쳤다. 비록 자신이 사대부들과의 교류도 적고 자기의 생각이 냉대를 받을 수도 있었지만, "이 뜻은 늘 마음에 품고 있다"[143]고 했다. 이런 집착은 황제의 눈에는 아주 위험한 것이었다. 얼마 뒤 대명세는 극형에 처해져 명말 '잔산잉수'에 대한 미련은 단지 침묵 속에서만 느껴야 함을 예고했다.

대명세가 말한 것은 '개인私人'이 역사를 다루고자 하는 포부였다. 개인의 역사 편찬은 조정의 역사 편찬보다 자료 선택에 있어서 광범위하다. 조정의 자료 수집은 특정한 정치적 목적에 얽매이기 쉽다. 예를 들면 한림원이 각 주와 군에서 자료를 수집할 때 숭정제와 관련된 사적 가운데 변경 지역에 대한 일은 자연스럽게 도태됐다. 사관들이 구입하려는 자료들도 "남에게 알려지지 않은 미덕이나 숨겨진 인재에 관한 것, 패관稗官의 비문碑文, 사관이 모르는 곳에서 나온 기록"은 포함하지 않았다. 따라서 한 시대의 온전한 역사를 구성할 조건을 갖추지 못했다. 유민들의 역사 편찬은 아주 고독한 일이었다. 몸소 뼈에 사무치는 명대의 역사를 체험했지만 마음대로 서술했다가는 청의 미움을 사기 때문에, 역사 서술에 뜻을 둔 사인들은 꿈에서나 기대하게 됐다.

고염무는 만년에 친구에게 쓴 편지에서, 자신이 이미 노년에 들어섰지만 명 멸망의 통한을 잊을 수가 없다고 말했다. "나는 이미 늙었네. 열다섯 살 때부터 역사책을 보고 관보를 열람해서 세상사에 대해 모르는 것이 없다네. 지난 50년간 흥망성쇠의 이유를 가슴에 품고 살았기에 늘 잊을 수가 없었네."[144] 그리고 "사서 편찬은 과거를 거울삼아 현재에 교훈을 주는 것"이라고 했다.[145] 그가 『일지록』을 쓴 이유도 "어지럽고 더러운 것을 없애고 옛것을 배우고 중국 고유의 것을 이용하여, 후학들에게 많은 것을 들려주고 후대 제왕의 통치를 기다리는 것"[146]이라고 했다. 흥망성쇠의 깊은 뜻이 이 말에 담겨 있다. 유민인 왕원王源의 부친은 숭정제의 사건을 기록한 청초의 야사가 '오류투성이'라고 분개하여 『숭정유록崇禎遺錄』을 편찬했다. 편찬의 목적은 "만에 하나라도 사실을 기록하여 유언비어를 막고 무고한 평가를 바로잡아서, 이후 『명사』를 편찬하는 데 근거가 되고자 함이다."[147] 숭정제의 억울함을 바로잡는 것이 이렇듯 유민 사학의 중요한 사안이 됐다. 유민들 중에는 역사 기록을 빌미 삼아 울분의 정서를 표출하는 이들도 있었다. 고당皐堂 이업사李鄴嗣(1622~1680)가 『서한절의전론西漢節義傳論』을 썼는데, 전조망은 제사題辭에서 이것이 세상사를 빗댄 것이라고 설파했다. "이 책이 어찌 전한前漢 사람만을 두고 한 말이겠는가? 오호라! 언설을 보고 그 뜻을 추측하려니, 탄식이 나오고 눈물이 흐른다."[148]

전겸익은 자신의 심정을 다음과 같이 말했다. "마음에 담을 쌓고 살았는데, 이리저리 생각해보니 세상은 이처럼 넓고 명 왕조는 300년이란 긴 시간 동안 인재를 양성해왔습니다. 타고난 자질이 우수한 인재로는 좌구명左丘明·사마천·반고·범엽范曄과 같은 무리가 있어, 석실石室의 유문遺文을 모으고 궁전의 일전逸典을 찾아서 책으로 엮어내어, 위로는 선조의 위패를 모시고 아래로는 후세에게 가르침을 주었습니다. 만일 내가 죽지 않고 살아 역사서 완성을 직접 볼 수 있다면, 아침에 역사 서술을 준비하는 것을 보고 저녁에 죽는다 해도 혼백에 원한이 사무치는 일이 없을 것입니다."[149] 그러나 그는 옛 고국의 역사서를 보지 못하고 눈을 감았다. 전겸익은 개인의 역사 편찬에 대해서 한탄을 금치 못했다. "유민들이 나이가 들어 역사를 편찬할 때는 지팡이를 짚고 농사를 그만둘 때다. 이것은 불탄 강운루絳雲樓*의 남은 잿더미를 수습하고 불탄 파초원芭蕉園**의 풀을 정리하는 것과 같으니, 약간의 위로인들 바랄 수 있겠는가?" 그는 "매번 뜻을 같이하는 사람과 함께 살펴보면서 탄식했다. 티끌처럼 산산이 흩어진 자료들을 모으니 감격과 부끄러움이 교차하는"[150] 지경에 이르렀다. 그리고 지방 문헌을 수집하는 것에도 고국의 명맥을 이어 나가는 사명을 몰래 담았다. 주학령朱鶴齡(1606~1683)은 지방지 편찬 목적을 언급할 때 이렇게 말했다. "군과 읍의 지방지를 편찬하는 사람이 접할 자료는 매우 신선하고 많다. 한 지역의 역사도 국사와 마찬가지로 중요하다. 그런데 명이 망한 뒤 옛 가문의 족보는 나날이 사라지고 사람들의 이동도 점차 모호해졌으니, 이런 때에 자료 수집에 크게 힘써서 300년간의 전고典故를 분명하게 갖추어놓는다면 나중에 훌륭한 역사가가 자료를 취하고자 할 때 도움을 줄 수 있을 것이다. 바로 이런 것이 우리 같은 여러 군자의 책임이 아닌가?"[151]

고국은 붕괴되고 문헌이 산실됐으니, 온전한 국사를 편찬하는 일은 황실에서 부서를 세워 조직해도 불가능했고 오히려 유민들에 의해 많이 이루어졌다. 개인의 역사 편찬은 항상 야사野史의 모습으로 나타났기 때문에 '국사'와 '야사'의 가치에 대한 논쟁이 일어났다. 대명세는 국사와 야사의 차이를 이렇게 설명했다. "역사가 의지하고 있는 것에는 두 가지가 있다. 하나는 국사이고, 하나는 야사다. 국사는 사관들의 손에서 나오기 때문에, 과장이 지나치기도 하고 꺼려서 상세하게 서술하지 못하기도 한다. 그리고 여러 신하의 공과와 현명하고 어리석음, 시종본말에 대해서 완전하지 못한 것이 상당히 많아서, 부득이하게 야사에서 널리 구할 수밖

---

*　청초 전겸익의 장서각으로, 화재로 인해 소실되었다.
**　지금의 베이징 타이예 호太液池 동쪽에 위치해 있다. 『명태조실록明太祖實錄』의 초고를 이곳에서 불태워 없애버렸다.

에 없는 상황이다." 이와 반대로, "야사는 자신의 선호에 따라 좋고 나쁨을 가렸기 때문에 사견이 드러나므로, 다른 것보다도 말이 제대로 전달되지 못할까, 듣는 이가 알아듣지 못할까, 전하는 이가 제대로 살피지 않을까 염려된다. 같은 사건이라도 그 기록이 다를 수 있고 같은 인물이라도 그 평가가 다를 수 있다."[152] 대명세와 같은 시기에 살았던 장이상張履祥은 '관사官史'와 '정사正史'의 가치에 대해 회의적인 태도를 보였다. "명은 역사서가 없다고 할 수 있다. 야사나 집안의 기록은 신빙성이 없고 국사는 『실록實錄』에 남아 있는데, 『실록』에는 수식과 과장이 많다. 『고황제실록高皇帝實錄』*은 건문제建文帝 때 고쳤고 영락제永樂帝 때도 고쳤으며, 그 후에도 또 고쳤다. 고치다보면 반드시 삭제할 것이 생기게 마련인데, 호오시비를 따지지 않아 사실을 밝히지 못하니 그 사건의 진위를 믿을 수 있겠는가? 명이 이러니 분명 다른 조대도 마찬가지일 것이다."[153]

'국사'와 '야사'에 모두 이런 결함이 있다고 한다면, '믿을 만한 역사서'의 척도는 또 무엇인가? 대명세는 '믿을 만한 역사서'의 서술은 편찬자의 '사람을 알아보고 세상을 논하는知人論世' 능력에 달려 있다고 보았다. 그는 예를 들어서 역사 기록이 "같은 것을 보아도 표현이 다르고, 같은 것을 들어도 표현이 다르고, 같은 것을 전해 들어도 표현이 다르니 내가 어떻게 옳은 것을 선택할 수 있겠는가?"[154]라고 말했다. 그리고 『상서尙書』에 나오는 "세 사람이 점을 쳐서, 그중 의견이 같은 두 사람의 말을 따른다"**는 구절을 인용한 뒤 자신의 생각을 밝혔다. "두 사람이 맞으면

---

* 여기서 『고황제실록』은 『대명태조고황제실록大明太祖高皇帝實錄』, 즉 주원장 시기의 실록을 가리킨다.

** 이 구절은 『상서』 「주서周書」 「홍범洪範」에 보인다.

두 사람의 의견을 따르겠다. 두 사람의 말이 틀리면 다른 한 사람의 말을 따르겠다. 세 사람 모두 맞더라도 그들의 말을 따르지 않는 것은 그 당시의 세상을 논한 것일 뿐이기 때문이다."[155] 즉 역사 판단의 정확성 여부는 집단의 감각이나 관념이 일치하는지가 아니라, 역사적 추세에 대한 편찬자 개인의 감각과 판단 능력에 달려 있다는 것이다. 특히 역사 변천과정을 겪은 편찬자의 경험과 판단 능력은 매우 중요하다. 이른바 "그 처지가 돼서 현장에 있는 듯이 하고, 그 심정이 돼서 변화를 헤아리는 것이 논세論世다. 내가 그 인물이 살았던 시대를 논하면서, 야사를 쓴 사람의 시대도 속속들이 이해하여, 그 인물이 어떤 사람인지, 현명한지 아닌지, 주장이 옳은지 그른지, 당사자의 입장인지 제삼자의 입장인지, 직접 본 것인지 전해 들은 것인지를 헤아려야만 한다.* 역사서에 논술된 바의 의미를 보고 포폄의 이유를 살피고, 다른 책에서 이를 증명하고 국사國史를 참고하여, 사심을 버린 채 사실을 추구하며 사사로운 감정이 없게 해서 따져본다면, 그래도 그중에 따를 만한 것도 있고 따를 수 없는 것도 있긴 하겠지만, 이미 열에 여덟아홉은 찾았다고 할 수 있다."[156]

주의 깊게 봐야 할 것은 지인논세知人論世는 종종 개인의 의식과 인상에서만 나오는 것이어서, 관사官史가 결코 따라잡을 수 없다는 점이다. 장이상은 다음과 같이 말했다. "사관의 직분을 맡은 자는 본디 역사 사건의 당사자도 아니고 직접 보고 들은 자도 아니다. 따라서 그들은 전해 들은 것에 사사로운 감정이 개입되는 것을 조심해야 한다. 또한 한 사람의 손에서 완성되는 것도 아니고, 일시의 담론에 의해 결정되는 것도 아니다.

---

* 원서의 인용문에는 "其爲得之遜德者乎?"라고 되어 있지만, 여기서 '德'은 '聽'의 오자다. 게다가 앞에 대구인 "其爲得之親見者乎?"가 아예 빠져 있다. 이에 모두 고쳐 번역했다.

이렇다보니 비록 좌구명이 다시 살아 돌아온다고 해도 어떻게 정확한 사실을 전할 수가 있겠는가?"[157] 장이상은 역사 편찬자의 직접 경험을 유난히 중시했다. 그래서 역사서는 한 사람에 의해서 완성돼야 비로소 세태를 통찰할 수 있고, 자신의 식견을 통해서 직접 겪은 역사 사건을 묘사해야 의론이 분분함으로써 발생하는 오류의 편차를 막을 수가 있다고 강조했다.

개인의 역사 편찬 과정에서 역사 사실에 대한 경험을 강조한 것은, 청초 유민 역사가들 대부분이 명말의 혼란을 직접 겪었기 때문에 고국의 역사를 애써 지켜내려는 특수한 심리와 관련이 있다. 동시에 명말의 자유로운 학술 풍토가 배출한 사림의 분위기와도 밀접한 관련이 있다. 명말 사림의 학문 풍토는 개성과 독자성을 중시했고 상호 비판으로 성숙해지는 것을 중시했다. 따라서 역사 편찬 역시 개인의 사상과 감정의 자유로운 표현이지, 어느 집단에서 분업화하여 판에 박힌 듯이 찍어내는 낡은 고서가 아니었다.

대명세는 개인과 집단의 역사 편찬의 차이점에 대해서 집중적으로 언급한 적이 있다. "역사 편찬자가 문헌을 참고하고 역사서를 두루 살펴보며, 붓을 들고 핵심을 파악하고 범례를 만들지만 이 역시 일개 양사良史에 지나지 않는다. 나는 후대의 역사 편찬자들이 평소에 역사학에 통달한 사람의 얘기도 들어보지 않고 문장의 법칙도 모를까 염려스럽다. 여러 명이 나누어서 편찬하는 것은 사람마다 맡은 부분만 담당하고, 한 명이 떠나면 다른 사람이 와서 하다보니, 책이 완성되기도 전에 이미 수십 수백 명의 손을 거치게 되고, 결국 시간이 지나도 책이 완성되지 못한다." 결국 "어눌한 기능공들을 모아서 그릇을 만들고, 겁쟁이들을 모아서 군대

를 만들면, 그 그릇은 깨질 수밖에 없고 그 군대는 패할 수밖에 없다." 그
는 사마천·반고·구양수를 '명장명인'의 예로 들었다. 이들은 모두 개인
의 역사 편찬이기 때문이다. 『신당서』가 결코 구양수 한 사람의 손에서
결정되지 않았다면 질적 수준은 『오대사』와 나란히 견줄 수 없었을 것
이다. "역사란 전문가가 아니면 그 소임을 감당할 수 없음을 이를 통해서
알 수 있다."¹⁵⁸

　　방포方苞(1668~1749)는 「만계야묘표萬季野墓表」에서 만사동萬斯同의 일화
를 얘기한 적이 있다. 하루는 만사동이 방포와 대화를 하던 중, '사사私史'
가 '관사官史'보다 뛰어난 점을 얘기하다가 감탄을 금치 못했다. 만사동은
사마천과 반고가 뛰어난 재능을 갖추었고 가학을 계승했으니, 편찬한 역
사서 역시 "사건은 믿을 수 있고 문장도 아름답다"고 생각했다. 이후 역사
가들의 책들도 능력은 비록 이 두 사람에는 미치지 못하지만 "관부에서
편찬한 역사서의 난삽함보다는 낫다"고 생각했다. 그는 역사 서술을 남
의 집을 방문하는 것에 빗대어 말했다. 우선 가옥의 구조를 알고 나서 그
집안의 재산 상태와 예의질서의 기본적인 상황을 파악해야 한다. 시간
이 좀 지나면 온 집안 식구의 성격과 개성을 알 수 있는데, 그래야 집안
을 다스리는 것에 대해 얘기할 자격을 갖추게 된다. 이와는 반대로, "관사
는 급하게 여러 사람의 손을 거쳐 만들어지기 때문에 자료 선택의 타당
성을 살필 겨를이 없다. 이는 마치 길거리를 지나가는 사람을 불러다 집
안일을 상의하는 것과 같다." 만사동은 자신보다 몇 살 어린 방포를 격려
하며 말했다. "나는 자네가 이 일을 하기를 바라네. 자네의 재능이 아까
울 뿐 아니라, 여러 명이 나누어 쪼개서 쓰면 한 시대의 치란治亂과 현간賢
奸의 종적이 흐려져 분명하지 않기 때문이네."¹⁵⁹

개인의 역사 편찬은 상당히 어려운 일이다. 전겸익은 이렇게 말했다. "오늘날 한 사람이 일시에 한 시대의 일을 망라하기에는, 황궁에서 훈련된 관리의 가르침도 없고 역사 편찬 기관의 도움도 없다." 그러나 세 가지 장점이 있다. 역사를 정리하는 사람은 "과감하게 판단한 것을 써내려가고, 섬세한 필치로 세세한 부분까지 비판하고, 쇠락한 이들의 편을 들고 부패한 이들을 원수처럼 대하기를 꺼려하지 않으니, 이것이 첫 번째 좋은 점이다. 부지런히 뜻을 추구하면서, 연월을 짜 맞추고, 백발이 되는 것을 무릅쓰고 역사서를 쓰는 것을 낭비라고 여기지 않으니, 이것이 두 번째 좋은 점이다. 독창적으로 역사서의 범례를 만들고, 자질구레하고 부스러기 같은 내용도 번거로워하지 않으니, 이것이 세 번째 좋은 점이다."[160]

하지만 개인의 역사 편찬은 고국의 역사에 대한 경험에서 나온 것이다. 역사 서술의 동기가 비록 고국의 문헌 보존에 있지만, 붓끝에서는 억울함, 슬픔, 그리움의 정서가 때때로 흘러나온다. 간혹 고국의 유로遺老로서의 감정을 표현했는데, 새 왕조와는 간극이 있는 구 왕조의 신분임을 불시에 드러냈다. 이 때문에 청초 황제의 의구심을 피하기 어려웠다. 대명세는 문자옥 때문에 화를 당했는데, 민국 시기에 이 사건을 회고하는 이들은 청초의 문자 탄압의 살벌함에 탄식할 수밖에 없었다. 그들은 대명세가 문자의 화를 당한 이유를 다음과 같이 보았다. "천하가 막 안정을 되찾자, 문유학사文儒學士의 논의는 사회 풍조를 바꾸고 민심을 흔들어 불안정하게 만들기에 충분했다. 그리고 그즈음 종족 혁명의 주장이 일어나서 대대로 쌓아온 기초가 하루아침에 사라질 수 있으니, 군왕은 반드시 그 싹을 잘라 엄벌에 처해야 했다. 이는 심사숙고한 것으로, 어쩔 수 없는 일이다."[161]

개인의 역사 편찬이 멸망한 전 왕조의 문헌 보존을 소임으로 삼은 것은 새 왕조에 치명적인 위협이 되지는 않았다. 그러나 역사 편찬을 구실로 자신의 뜻을 표현하고 사료 선택에 구 왕조 회복의 뜻을 은연중에 포함시킨다면, 분명하게 표명하지는 않았더라도 금기를 어기는 것이다. 청초에는 개인이 이전 왕조의 역사를 서술하면서 종종 '경세經世'라는 비교적 애매모호한 슬로건을 내세웠다. '경세'라는 말은 중성적으로 보이지만, 사실은 구체적인 역사 상황과 항상 맞물려 있고, 때로는 특정한 의미를 부여받기 때문에 자세히 분석해봐야 한다. 만사동은 '경세'의 의미를 이렇게 설명했다. "내가 말하는 경세란, 시기에 따라 보완한다는 소위 경제經濟 운운하는 것이 아니다. 고금의 경국經國의 계획을 취하여 일일이 그 본말을 따지고 적합한지 헤아려서 일대의 규범을 정하는 것이다. 이렇게 되면 오늘은 자리에 앉아 말로 할지라도 훗날에는 실행할 수 있게 된다."[162] 이 말은 다소 모호하지만, '경세'의 뜻은 조정의 경제지학經濟之學을 위한 해석이 아님이 분명하다.

다시 대명세의 생각을 살펴보자. "역사란 정치의 연혁과 전장典章의 득실에 대한 원인, 그리고 사건의 성패득실과 사람의 사정邪正을 기록하여 선을 빛내고 악을 징벌하여 만세의 법칙과 경계로 삼는 것이다. 그래서 성인聖人은 천하를 다스릴 때 쇠락할 것을 근심하지 않고 오직 역사로 유지하려 했다."[163] 이 말은 역사로 '세상을 다스린다經世'는 뜻을 포함하고 있다. 이들 사람은 모두 명청 교체기에 '경세'를 논했지만, 대부분은 명나라 멸망을 구실로 흉중의 응어리를 쏟아내는 수준을 벗어나지 못했다. '경세'를 넓은 의미로 쇠망衰亡으로 이해하여 경계의 뜻으로 풀이한다고 해도, 그 깊은 의미는 여전히 명 왕조의 회복에 있었다. 그래서 사림의 마음을 '개인의 역사 서술·경세의 포부·고국 회복'의 궤적으로 그려낼 수 있다. 왕조 교체기에 개인의 역사 편찬은 결코 단순한 개인의 회고적 행위로 볼 수 없다. 이는 옛 고국의 위태로운 운명을 보살피고 지킴으로써 한족의 정통을 지키려는 몸짓이었다.

'사사私史'와 '관사官史' 관계에 대한 황제의 인식 변화

청초 '사사'의 짧은 유행은 명말 야사野史의 성행을 이어받은 것이다. 명말 만력 이후에, 야사의 유행은 거의 '관사'와 대등한 형세를 이루었다. 이에 명말 사인은 역사 편찬이 전대보다 훨씬 자유롭다고 생각했다. 온예림溫睿臨은 『남강일사南疆逸史』에서 만력 이후의 역사서는 '군더더기'라고 했다. 야사가 성행한 이유를 그는 이렇게 말했다. "이전의 역사 편찬은 대가들의 손에서 이루어졌기에 나중에 이것을 저본으로 한 자들은 감히 비평을 할 수가 없었다. 조정에서 시비를 논의하는 것은 의론이 분분하고 뜻이 전도되어 믿고 따를 만한 것이 없었는데, 도리어 야사에서 제대로 서술하고 있었다."[164] 유응익喻應益은 담천談遷의 『국각國榷』에 서문을 쓰며 이렇게 말했다. "역사가 산실되면 재야에서 구하니, 야사가 없어서는 안 되는 상황이 된 지도 오래됐다. 하늘이 역사를 보존하는 것은 시비 판단의 권한을 후세에 남겨주기 위해서다. 삼대 이후, 국가의 흥성과 시비의 분별에 나만큼 밝은 자가 없다. 따라서 야사도 오늘날처럼 성행한 적이 없다." 그는 『국각』이 야사를 집대성한 '믿을 만한 역사'라고 생각했다. 유응익의 마음속에는 뿌리 깊은 관념이 하나 있었는데, 바로 『춘추』가 '야사'이고 공자가 『춘추』를 쓴 것은 사적인 행위로 조정과는 무관하다는 것이다. 그는 『춘추』가 "한 사람의 논의로 일가지언一家之言을 이루었다"고 했다. 그리고 "공자의 『춘추』는 노나라의 『춘추』가 아니다. 그래서 관직은 도서 담당 벼슬에 속하지 않았고, 기록은 황실의 문고에 두지 않았고, 완성된 책은 천자의 보관소에 보관하지도 않았다"라고 단정했다. 이로써 『춘추』는 "야사의 본보기"로 간주됐다.[165]

담천은 『국각』의 서문에서 명의 사관史館이 점차 관방화되는 추세를 비판했다. 그는 명초까지만 해도 사관 안에는 포의布衣의 자리가 있었다고 회고하면서, "나중에는 관리가 아니라면 감히 사관에 들어갈 엄두도 내지 못했고, 그 뒤에는 관각館閣(한림원)에 전담 관원을 따로 두어서 관리만 허용했기 때문에 반고나 범엽같이 재능이 있어도 사관에 들어갈 수 없었다"고 했다. 그는 "아! 명나라의 인재 등용 법령이 끊긴 것이 이토록 심각하도다. 그래서 역사는 날이 갈수록 구차해지고 300년이 지나자 낮은 자리로도 참여할 수 없게 됐다"라고 개탄했다. 그는 결국 "세상일이란 혼자 하면 이루어지고 여럿이 하면 성사되지 않는다. 모든 일이 이러하다"[166]고 여겼다. 날로 쇠락해가는 개인의 역사 편찬에 대해 아쉬움을 표현한 것이다.

'사사私史'는 청초의 일정 기간 상당히 발전했고, 관사의 부족함을 보완한다고 인식되어 '사사'와 '관사'는 병존하는 듯했다.[167] 강희 8년(1669) 반영환潘永圜은 『독사진체讀史津逮』 4권을 썼고, 사관史官 이장상李長詳이 서문에 이렇게 썼다. "국사 외에 패관의 야사가 있지만 저자의 이름이나 책의 이름은 모른다. 국사는 학자들이 넘볼 수 있는 것이 아니다. 패관의 야사가 할 수 있는 것은 국사도 할 수 있다." 반영환 자신도 이렇게 인정했다. "패관이 써놓은 야사는 헤아릴 수 없을 만큼 많다. 옛것을 배우는 사인은 바다를 건너려는데 건널 나루터가 없는 처지와 같다. 개인이 편찬한 것들은 과거시험의 비용 마련을 위한 것이거나 혹은 그저 들은 것을 기록한 것으로 저마다 원하는 것을 얻었다. 그래서 내용이 얕고 요점이 적으며, 간단하되 핵심이 없다. 평생 읽어도 나루터가 어디인지 묻느라고 헛수고를 할 뿐이다."[168] 하지만 그는 여전이 민간에서 패관 야사가 유통되는 합법성을 인정했다.

역사 사실에 대한 '사사'의 평가를 대하며, 청초 황제는 심리적으로 층차가 분명한 변화를 보였다. 강희제는 『명사』 편찬이 매우 중요하고, 반드시 "후대인들이 진심으로 탄복할 가작"이어야 한다고 진작부터 깨닫고 있었다. 그는 송과 원의 역사가 사실과 다른 것이 많아서 "지금까지도 사람들이 진정으로 수긍하지 않는다"고 했다. 그는 당시의 역사 서술 상황에 대해서도 극도로 불만을 가졌다. "지금 사관들 중에는 자신의 주장을 하는 자도 있고 소문에만 근거해 쓰는 자도 있고 패관 야사를 이용하는 자도 있다. 자의대로 마구 써대니 이런 책을 어찌 완벽하다고 할 수 있겠는가?"라고 하여, '공론公論'의 중요성을 강조했다.[169]

세종世宗 옹정제는 집권 4년에 왕경기王景祺와 사사정査嗣庭 사건을 조사할 때 '사사'에 대한 생각을 밝혔다. "공자가 『춘추』를 지은 이후 대대로 이것을 따라서 각 시대마다 역사서를 써서 법계法誡를 드러냈다. 오늘날 도리에 어긋난 사람이 시비를 뒤집고 사사로이 기록을 행하는 것을 용인한다면, 역사서는 하나같이 믿을 수가 없게 되니 이 어찌 천고의 죄인이 아니겠는가?"[170] 이 말은 사학이 생긴 이래로 황제가 최초로 개인의 역사 편찬을 공개적으로 부정하고 개인의 편찬을 왕조의 역사로 삼아서는 안됨을 천명한 것으로 볼 수 있다.[171]

『흠정명사欽定明史』, 건륭 4년(1739) 무영전판본武英殿刻本.
구궁박물원 소장·편찬, 주청루朱誠如 주편, 『청사도전淸史圖典』
「청조통사도록淸朝通史圖錄」 제7책, 『건륭조乾隆朝』 하, 쯔진청출판사, 2002, 397쪽.

패관 야사의 편찬에 대한 옹정제의 태도는 날로 엄격해졌다. "사람은 익숙한 것에 싫증내고 새로운 것을 좋아한다. 패관 야사와 호사가 무리 들이 만든 책은 흥미로워 귀가 솔깃해진다. 내 생각에 이들은 모두 허구 의 이야기로 황당무계하고 허황되어 논할 가치가 없다. 무릇 말과 사건을 기록하는 것은 나라의 큰 의식이다. 후대가 이것을 믿을 만한 근거로 삼 을 것이니 어찌 소홀히 할 수 있는가?"[172]

옹정제는 집권 기간이 짧아서 역사서 편찬에 대해서 구체적으로 따 져볼 겨를이 없었다. 그러나 건륭제에 와서는 상황이 변했다. 건륭 23년 (1758) 12월에 어사 탕선갑湯先甲(1712~1778)이 상소를 올려서 형법에 융 통성이 필요하다고 아뢰었다. 관아에 올라온 "헛소문을 날조하고 야사를 소장한" 사건에 대해서 절충하여 형량을 정해야 한다는 것이다. 이런 사 건을 맞닥뜨리게 되면 "마땅히 범한 죄명으로 죄를 언도해야지 큰 사건 으로 간주해 온갖 궁리를 짜내어 한데 모을 필요가 없다"고 했다. 즉 사 건에 연루시켜 확대해서는 안 된다는 뜻이다. 그러나 이에 대한 건륭제의 대답에는 일말의 너그러움도 없었다. "『동명력東明歷』 등과 같이 야사 소 장 사건 중 법으로 반드시 다스려야 할* 책은 사악한 말로 어리석은 백성 을 선동하고 있을 뿐 아니라, 본조를 마음대로 폄하하는 말까지 있는데, 이를 반역이라 부르지 않으면 무엇을 반역이라고 부르겠는가! 무릇 왕의 영토 안에 먹고사는 백성이라면, 이런 책을 보자마자 머리카락이 곤두 설 정도로 화가 치밀어야 마땅하거늘, 오히려 두루뭉술하게 관용을 베푼

---

* 원서의 인용문엔 "卽如收藏野史內法在必治者"라고 나오지만 사실은 '史' 뒤에 '案' 자가 탈락된 것 이다. 구두에도 문제가 있어 "卽如收藏野史案內, 法在必治者"라고 봐야 적절하므로 번역도 이를 따랐 다.

다면 그 사람은 분명 우리 청나라의 신하가 아닐 것이다. 이외에 부적을 쓰고 약을 파는 무리들은 줄곧 논의의 대상이 되지도 않았으니, 당초 일일이 역모 사건에 엮였던 적이 있었단 말인가!"173

야사에 대한 건륭제의 태도는 사사私史와 사론私論에 대한 통제가 날로 엄격해진 것과 관련이 있다. 각종 '관사'의 편찬에 대해서 건륭제는 강희제처럼 '공론'에 맡기지도 않았을뿐더러, 최종 결정권은 황제 한 사람에게 달려 있음을 공개적으로 강조했다. 역사 인물에 대한 평가 기준에 대해서도 건륭제는 '사사'의 사적인 평가를 조금도 허용하지 않았다. 건륭 30년(1765), 그는 국사관에서 편찬한 『만한대신열전滿漢大臣列傳』 중의 평가가 시비가 불분명하다고 질책했다. 국사國史는 "신뢰할 수 있는 공적인 시비분별이다. 따라서 털끝만큼의 거짓도 용납하지 않는다. 장점과 단점이 같이 서술되어야 공정한 평가에 도움이 된다. 사실에 근거하여 올바르게 서술하면 그 인물이 현명한지 아닌지는 저절로 드러난다. 만약 쓸데없이 미화하고 심지어 그 단점을 줄이고 장점을 과장한다면 칭찬만 있고 비판은 결여된 것이니, 어찌 『춘추』의 후예로서 엄중한 기준을 적용했다고 하겠는가?"174

이 글에서 '공公' 자가 여러 차례 나온다. 표면적인 뜻은 사실에 근거하여 서술하되 미화해서는 안 된다는 것이고, 실제적인 뜻은 '사론私論'을 종식시켜 기준을 정하겠다는 것이다. 색액도索額圖(1636~1703), 명주明珠(1635~1708), 서건학徐乾學(1631~1694), 고사기高士奇(1645~1704)에 대한 평가에 대해 '죽은 자의 묘비에 좋은 말로 평가諛墓'하는 현상이 재발할까 건륭제는 염려했다. 그래서 "관방官方이 그들을 위해 전기를 쓰지 않으면 사람들이 함부로 그들을 평가할 것이다. 나중에는 사실조차도 모르게 되고 집안의 기록도 대부분 행장이나 묘지명에 그칠 것이다. 후손들은 조상을 드러내려 할 것이고 제자들은 '죽은 자의 묘비에 좋은 말로 평가'를 잘 하기 때문에 사전私傳에는 찬양만 넘쳐날 것이다. 이러면 사실을 알기 어려워진다." 여기서 강조한 것은 '공언公言'과 '사언私言'의 대치다. 설사 상세히 언급하지 않은 국사 속 전기라고 해도 "그 안에서 집필자가 사견을 따른다면 제대로 평가하기 어렵다"라고 했다. 그래서 부서를 열어 다시 편찬할 것을 요청했고, 대신大臣을 총재總裁로 파견하고 실록實錄의 기록 및 내각內閣의 홍본紅本* 소장 자료를 대조하여 사실에 근거하여 편찬하라고 했다. 게다가 마지막에는 지속적으로 내용을 건륭제에게 올려서 건륭제가 "직접 심사하여 믿을 만한 역사서로 남기"고자 했다.[175]

이는 곧 건륭제의 심사를 거친 역사 사실만이 분명한 것이고 후세에 전할 수 있다는 뜻이다. 이 점은 강희제가 대신들의 '공의公議'에 맡겨서 직접 결정에는 참여하지 않았던 방식과 근본적으로 다르다.

역사적 인물들이 청 왕조에 대한 불경스러운 발언을 한 것에 대해서 건륭제는 매우 민감해했다. 그는 항상 사관들에게 조칙을 내려서 어떻게 평가를 내릴지와 청의 명예를 깎아내리는 표현들을 삭제할 것을 친히 지적했다. 건륭제는 전겸익의 『초학집初學集』과 『유학집有學集』을 읽다가 청조를 폄하하는 곳이 한두 군데가 아님을 우연히 발견하고 다음과 같은 결론을 내렸다. "전겸익은 결국 명의 신하로서 충절을 지켰기에, 그의 문장이 청조를 비방한 것은 당연한 일이다. 그러나 나중에 청의 신하가 된

---

* 내각대고內閣大庫는 내각에서 문서나 파일을 보관해두는 장소로, 쯔진청紫禁城 동남쪽에 위치해 있다. 내각대고는 홍본고紅本庫와 실록고實錄庫로 구분된다. 홍본고는 홍본, 전적, 국방 관련 문서를 보관하는 곳이고, 실록고는 서적, 삼절표문, 표갑表匣, 주변국에서 올린 표문을 보관하는 곳으로, 여기서는 바로 이 두 곳에 있는 자료를 참고했다는 말이다.

뒤에도 예전에 하던 미친개의 헛소리를 책에 넣은 것은 절개를 저버린 수치심을 감추기 위한 것에 지나지 않는다. 참으로 비루하고 부끄러운 일이다."[176]

전겸익처럼 태도가 불분명한 사람에 대해서 건륭제는 수시로 비판했다. 표면적으로는 역사적 평가를 '공론'의 기초 위에 바로 세우려는 것이었고, 실제적으로는 사가私家의 사론史論을 폄하하여 청조에 대한 '충의忠義' 의식을 새롭게 세우려는 것이었다.

'충의'를 새롭게 세우기 위한 첫 단계는 명말의 항청抗淸 인물들을 적대적인 입장에서 평가하기를 피하는 것이다. 이들의 '충의'를 이하夷夏의 민족적 관점에서 한족 정권에 대한 충성심이 아닌, 보편적인 의미로서 군주에 대한 충성심으로 이해하는 것이다. 건륭제 중기 이후에 발표한 역사 서술에 관한 일련의 조칙을 통해서 이런 변화를 뚜렷하게 발견할 수 있다.

건륭 31년(1766)의 조칙에서는 명말의 역사 서술에 대해 구체적으로 의견을 명시했다. "국가가 세워질 초기에, 순순히 복종하지 않는 사람은 응당 비합법적인 인물로 내침으로써 백성의 이목과 마음을 통일시켰다. 하지만 지금 나라가 세워진 지 100년쯤 되어 나라의 국사를 만들고 믿을 만한 역사서를 후세 사람에게 전하니, 한 글자로 인해 칭찬과 비판이 나뉘므로, 편찬할 때 당연히 사실대로 적고 국법을 잘 드러내야 한다. 즉 명말의 황도주黃道周, 사가법史可法은 당시 청군에 항거했으므로 반드시 죽여야 할 사람이다. 하지만 지금 다시 생각해보면 그들은 자기의 군왕을 위해 절의를 다한 것으로 그러한 절의를 덮어버려서는 안 된다. 짐은 이를 가상하게 여기는 바이니, 어찌 이들을 싸잡아 위조僞朝의 신하로 대할 수 있겠는가! 총재 등이 국사 편찬을 맡으면서 명의 역사만 나오면 부정적으로 깎아내리는데, 본디 우리 청 왕조의 신하로서 취한 서술 태도다. 그러나 이 책은 모두 짐이 친히 심사할 것이니 구속되거나 꺼릴 필요가 없다. 그렇다고 해서 규율 없이 무질서하여 천리天理나 인정人情에 어긋난 서술을 해서도 안 된다. 따라서 특별히 이 유지를 내리니, 사관들은 모두 짐의 뜻을 잘 이해하여 기준으로 받들어 크고 올바른 도를 드러내야 한다."[177] 건륭 40년(1775)에 건륭제는 사가법에게 '충정忠正'이라는 시호를 친히 내렸고, 이듬해에 출판한 『흠정승조순절제신록欽定勝朝殉節諸臣錄』에서 사가법을 '한 시대의 완전한 인물'이라고 칭찬했다.[178]

사실 순치 연간에 순치제는 이미 명말 충신의 가족을 위로하는 데 신경을 썼다. 왕원王源의 기록에 따르면, "세조가 정권을 세운 초기에, 명을 위해 순국한 신하들을 방문하여 제단을 마련하여 제사를 지냈고 융성하게 시호도 내렸다." 명말 충신인 황도주의 아내는 현지 관리의 간섭을 받지 않았고, 당시 지방관 역시 "충의지심忠義之心을 고취하려는 조정의 뜻을 이해하고" 예를 갖춰 황도주의 아내를 대했다. 왕원은 이에 감탄했다. "흥망의 역사를 살펴보면 종종 적국의 충신을 원수로 대하여 살해하고 그 자손도 말살했는데, 이는 내게 저항하는 자는 모두 적으로 여긴 것이다. 그들을 죽이지 않으면 내게 저항하는 이는 많아지고 나를 따르는 이는 적어진다. 그러나 이는 제왕의 흥성이 천명에 달려 있고, 인력으로 다룰 수 있는 것이 아니라는 점을 모르는 것이다. 내가 만일 적국의 충신을 원수처럼 대하지 않는다면, 천하의 그 누가 충의에 감격하지 않겠는가. 내가 적국의 반란자를 죽이면 천하는 다른 마음을 품을 것이니 누가 반란을 두려워하지 않겠는가."[179] 심지어 광시 지역의 호사가는 숭정제를 위해 순절한 사람을 위한 절을 만들어달라는 상소를 올렸다.[180]

역사 서술에 대한 황제의 태도를 청초 사림은 이미 짐작했다. 온예림은 『남강일사』에서 명말 신하에 대한 평가 기준을 어떻게 정할지에 대해서 만사동에게 문의한 기록을 남겼다. 그는 '앞에 서서 항거'하거나 혹은 '성곽 안에서 시신이 된' 명나라 신하들이 "마치 금기를 거스른 듯"이 기록되는 것을 염려했다. 만사동은 이렇게 답했다. "왕조의 흥망은 어느 시대나 있고, 사람은 각자 자신의 주군을 섬긴다. 흥성한 왕조에서는 분노하지 않고 그 뜻을 따를 뿐이다. 그래서 충신을 위해 제사를 지내고 시호를 주어 대대로 이어지며 미담을 드러내고 있다." 그는 순치제가 명말의 충신을 드높였던 일을 언급하면서, "칭찬과 죽임은 병행할 수 있다. 역사 담당 부서를 설치하여 이미 각종 야사를 받들었으니 그것을 기피하여 싫어할 필요가 없다"[181]라고 했다. 서생다운 낙관적인 태도를 보인 만사동은 역사 서술에 대한 청나라 황제들의 요구가 얼마나 가혹한 것인지를 과소평가했다.

역사 포폄의 권리를 자발적으로 포기하다

건륭제의 유지에는 '법계法誡'라는 말이 자주 등장하는데, 공정한 역사 서술의 취지와 흔히 연관된다. 건륭 30년(1765)의 조칙에서 대소신료의 사적에 대해서 "일단 공정하게 하여 법계가 된다"[182]라고 했다. 또 『자치통감집람』의 편찬 교정을 밝힌 유지에서 "체계와 서술 방식은 모두 내가 직접 절충한 것으로, 공명정대하여 법칙이 될 수 있다"[183]라고 했다. 이 말은 건륭제의 검토를 통과해야만 공정성을 확보할 수 있고 공론의 법칙으로 확정될 수 있어 후대의 귀감이 될 수 있다는 것이다. 이것을 강희제가 역사서를 읽다가 깨달은 바와 비교하고자 한다. 강희제는 송나라의 역사를 보던 중에 다음과 같이 말했다. "천하의 큰일이 한 사람에 의해 처리된다면, 책을 보고 이치에 밝아야 하고 마음에서 통찰력이 나와야 한다. 그래야 즉각적으로 결정할 수 있으며, 권력이 당연히 신하에게 이양되지 않는다. 만일 마음에 정해놓은 의견이 없다면 권력은 어쩔 수 없이 신하에게 넘어갈 것이고 점차 기강이 해이해질 것이다. 차지해야 할 권력이 신하에게 넘어갔으니, 이러고도 실패하지 않는 경우는 드물다."[184] '공론'과 '법계'의 저울이 황제 한 사람에게 집중돼야 한다는 이 생각은 강희제 때 이미 싹텄고, 건륭제 때 와서 바꿀 수 없는 법칙으로 정해졌다. 이와 같이 청초 사가私家 역사 중에 흥망성쇠의 역사의식과 포폄사관은, '공론'과 '법계'의 깃발 아래 가해진 제약과 속박 가운데 지리멸렬하게 소멸됐다. 설령 역사에 대한 개인의 발언이라 하더라도, 포폄의 말을 최대한으로 줄여서 공론이 정한 기준에 저촉되지 않으려 했다.

전대흔錢大昕(1728~1804)은 『이십이사고이二十二史考異』 서언에서 "게다가 헛된 의론을 일삼는 가난뱅이 서생들이 있어 포폄을 제 임무로 여기며 똑똑한 척한다. 이들은 제멋대로 아픔의 상처를 만들어내고, 시대를 점치지 못하며, 시대 흐름을 읽어내지 못한다. 실행하기 어려운 것을 남에게 강요하고, 받아들이기 어려운 것을 들어 남을 책망한다. 또한 진술한 뜻이 너무 심오하고 마음이 지나치게 각박하여, 나는 감히 따라할 수가 없다."[185]

왕명성王鳴盛(1722~1797)은 역사를 읽는 사람은 함부로 개인의 생각을 드러내어 논의를 진행해서는 안 된다고 생각했다. 이렇게 되면 '법계'에 저촉되기가 쉽기 때문이다. 역사가의 직분은 "단지 전장제도의 사실을 고증하고, 수천 년 이래 설치된 연혁을 손바닥 들여다보듯이 꿰는 것이다. 간혹 법法에 맞기도 하고 계戒에 맞기도 한 것은 다른 사람의 선택을 기다리면 된다."[186] 이것은 고증학자의 역사 인식이다. 역사 사실에 대한 판단은 "사건에는 아름다운 것도 있고 추악한 것도 있다. 역사를 읽는 사람 역시 억지로 문장을 만들어서 덧붙이거나 줄여서 평가할 필요는 없다. 그러나 사건의 사실을 고증할 때, 연도와 사건을 기준으로 기록을 대조하고, 전해 들은 바와 다른지 일일이 분석하여 의혹을 없애야 한다. 이렇게 하고도 칭찬할 것이 있거나 비판할 것이 있다면, 천하의 공론을 들으면 될 것이다"[187]라고 했다. 왕명성은 황제의 법계 규제하에서 자신감이 상당히 줄어들었다. 그리고 고증이 충분히 상세하면 "의론과 포폄은 오히려 적절치 않다"고 했다. 또한 의론과 포폄을 '허虛'에 귀속시켰는데, 마치 그 가치가 고증의 실재보다 낮은 듯했다. "의론과 포폄은 모두 허문虛文일 뿐이다. 역사 기록자들이 기록한 것과, 역사를 읽는 자가 고증한 것이 모두 사실과 합치되기를 바랄 뿐이다. 이밖에 또 무엇을 바라겠는가?"[188] 따라서 "역사를 읽는 자들은 의론으로 법계를 요구할 필요는 없고 다만 전장제도의 사실을 고증해야 한다. 또 포폄으로 칭찬하거나 비판할 필요는 없고 다만 전장제도의 사실을 고증해야 하니, 역시 경서를 읽을 때와 마찬가지다. 그러므로 경서를 읽는 것과 역사를 읽는 것은 같다고 말하는 것이다."[189]

이 말의 문맥 사이에는 사론 포폄의 '법계'는 개인이 정할 수 없는 것이고 반드시 황제가 정해놓은 '공론'을 따라야 한다는 뜻이 숨어 있다. 따라서 역사 편찬자의 임무는 단지 전장제도와 역사 흐름의 원류를 정리하여 자연스럽게 역사적 정황을 드러내면 그 임무를 완성한 셈이 된다.

평가는 역사가의 직분이 아니다. 이는 마치 경서를 읽는 것과 같아서 "문자의 뜻을 바로잡고, 발음을 판별하고, 훈고를 해석하고, 주석에 통달"하면, "뜻이 절로 드러나고 도가 그 안에 있게 된다."[190] 왕명성은 다음의 예를 들어서 설명했다. 만약 어떤 사람이 단것이 먹고 싶어서 돈을 가지고 여기저기 다니며 단것을 줄 수 있는지를 묻는다면 그는 틀림없이 원하는 것을 얻지 못한다. 그러나 사탕을 사면 단것을 맛볼 수 있다. 짠맛을 원하는 사람도 마찬가지다.

마지막에 왕명성은 자신의 책을 스스로 낮추면서, 사실은 책을 쓸 생각이 없었고 기본적으로 '저작'이라 말할 수 없다고 했다. "책을 읽고 교감하면서 알게 된 것을 출판한 것일 뿐이니, 이것을 기준으로 삼으면 후대인들을 다스릴 수 있다. 처음부터 새롭고 탁월한 아이디어가 있어서 책을 쓰려 한 것은 아니다. 소위 사견을 제시하고 의론을 펼쳐 법계를 밝히고, 일부러 문장을 쓰고 포폄을 더하거나 줄여서 내용을 수정할 권리를 사명으로 여긴다면, 이는 모두 내가 더더욱 본받고 싶지 않은 바다."[191]

역사 포폄이라는 권력을 사인이 자발적으로 포기한 원인은 복잡하고 다양하여 분석하기 쉽지 않다. 그러나 역사 서술에 가해진 황제의 규칙이 제약 요소인 것은 의심할 여지 없다. 사인의 반발심에 황제는 민감하게 반응하고 그로 인해 생겨난 통제의 기교 역시 미묘한 작용을 했다. 문자로 죄를 지은 방포方苞는 감회가 유별났다. 방포는 대명세의 『남산집南山集』에 서문을 썼다가 문자옥에 연루되어 유배를 당했다. 나중에 강희제가 남서방南書房으로 불러들이자, 어제御制 악률樂律과 역산曆算 서적의 교감에 협조했다. 옹정제가 즉위한 이후 사면을 받았고, 가족 중 사건에 연루되어 팔기八旗에 배치된 자들 역시 사면받아 원적原籍을 회복했다. 이에 대해 방포는 매우 감격하여 『양조성은공기兩朝聖恩恭紀』에서 그 심정을 표현했다. "황제께서 신의 가속을 사면하셨으니 성조의 긍휼지심을 엿볼 수 있었습니다. 신을 어떻게 보시고 이렇게 큰 덕을 내리셨습니까? 저는 스스로 어리석고 비천하며 쇠약하고 병들었다고 생각하지만 미천하나마 보답을 하고 싶습니다."[192]

옹정 원년(1723)에 방포는 원적을 회복하고 이듬해에 고향에 가서 부모상을 치렀으며, 옹정 3년(1725)에 베이징으로 가서 황제의 은덕에 감사를 표했다. 그는 『성훈공기聖訓恭記』에서 옹정제와 나눈 대화를 자세히 기록했다. 옹정제는 강희제가 처리한 『남산집』 사건에 대해서 나름의 해석을 했다. 이 해석은 사건에 연루되어 떠났던 방포를 직접적으로 언급한 것이다. 그러나 해석에 반영된 것은 문자옥에 관련된 반역 지식인들을 대하는 청초 황제의 태도였다. 옹정제는 방포에게 말했다. "경이 마음 깊이 내게 감격한 것은 잘 알고 있다. 짐이 말하고 싶은 것은 예전에 경이 죄를 지었을 때 말하지 못한 속사정이 있었고, 짐이 그 속사정을 알고 경을 사면했다는 것이다. 짐이 용서한 것은 경의 속사정이고, 선제 강희제께서 갖고 있던 것은 법도였다. 강희제께서는 경의 속사정을 모르는 상황에서 극형을 면해주셨고 내정內廷에 배치하여 잘 대우해주셨으니, 이는 경이 선제의 은덕을 입은 것이다. 짐의 관대함은 여기에 기초해서 이루어졌다. 만일 경이 내 은덕을 입고도 선제께서 경의 속사정을 몰랐다고 생각하여 마음속으로 조금이라도 의심하고 원망을 한다면, 경의 충심은 물론 내 효심에도 해를 입히는 것이다. 짐의 은덕에 감동했다면 선제의 은덕에 더 감동해야 한다. 그러면 경의 충심도 빛을 발할 것이고 짐의 효심 역시 완성될 것이다."

옹정제의 말에 방포는 마치 천상의 옥구슬 소리를 들은 듯 감동하여 목이 메어 말을 잇지 못했다. 그래서 다음과 같이 황제의 말씀을 공손하게 기록했다. "짐은 오직 공명정대한 마음으로 도에 따라 행하고 선제의 뜻한 바 일을 모두 이어서 기술하니 경과 같은 노학자는 이 뜻을 알아야 한다. 고로 경에게 말하노니, 경이 짐의 마음을 알고, 천하가 모두 짐의 마음을 알게 하라."[193] 이것은 방포의 입을 빌려 사인에 대한 태도를 밝힌 것이다. 방포는 당연히 깨달은 바가 있어 다음과 같이 말했다. "이 말씀으로 신 방포를 가르쳐주셨으니, 천하 만세토록 신하된 자들이 알 것이며, 군부君父의 대의에 감동하여 충효를 다할 것입니다. 따라서 신 방포를 긍휼히 여기신 것을 천하 만세토록 곤궁한 처지에 놓인 사인들이 알 것이며, 성왕의 덕에 감동하여 정성을 다하지 않는 자가 없을 것입니다. 이는 바로 『중용』에서 말한 '말을 하면 곧 대대로 세상의 원칙이 되다'가 아니겠습니까!"[194] 이 일화는 사인이 역사 서술 포폄의 권리를 자발적으로 포기한 원인 가운데 하나로 볼 수 있다.

제7장

'경세' 관념의 변천과
청나라 '대일통' 역사관의
구조

학자가 익힌 바가 관부官府의 소관이나 국가의 정치와 교화에서
나오지 않았다면, 그 쓰임 또한 사람의 일상생활에서 나오지 않았을 것이다.
이 까닭에 삼대 이후 육경을 높이는 것은 단지 부득이한 일이라고만 여겼지,
따로 육경을 도가 담겨 있는 책이라고 여긴 적은 없었다.*

— 장학성

---

* 이 구절은 『문사통의文史通義』 「원도原道」 중에 보인다.

시작하는 말: '경세'에 대한 새로운 해석

건륭 시기의 학자 장학성章學誠(1738~1801)의 저작에는 '경세'란 말이 여러 번 나온다. 가장 대표적인 예로 그는 『문사통의文史通義』 「절동학술浙東學術」 중에서 "사학史學은 경세하는 바이기에, 본래부터 근거 없는 말로 저술하지 않았다"[1]라고 확실히 밝혔다. 후세 사람들도 흔히 그의 사학을 '경세사학'이라고 부른다.[2] 하지만 이상한 것은 '경세'란 말은 지금 사람들이 볼 때, 장학성과는 거의 상관없는 특정한 시대에 속한 것으로 여겨진다는 사실이다. 여기서 특정한 시대란 '왕조 교체' 시기이거나 '혁명' 시기에 해당한다. 보통 '왕조 교체'라는 말은 명말에서 청초의 역사를 특별히 지칭하는 말이다. '혁명'은 청말부터 민국 시기로 접어드는 기간의 대명사로 상정된다. '경세' 풍조로 유명한 지식 그룹은 기본적으로 거의 다 이 두 가지 변혁 시기, 즉 '명말 청초'와 '청말' 시기에 존재했다. 그러나 이것을 기준으로 '경세'에 대한 장학성의 다양한 주장을 살펴보면 그의 주장은 앞서 말한 기준과는 일치하지 않는 듯하다.

그렇다면 과연 어떤 사람이 '경세'를 내세울 자격을 갖추었다고 할 수 있는가? 모두가 이미 잘 알고 있는 명사名士들을 나열해보자. 우선 명말 청초의 '왕조 교체'는 '경세치용經世致用'의 삼대가三大家인 고염무, 황종희, 왕부지의 등장을 이끌었다. 그리고 청말의 쇠락과 서양 침입이라는 충격적인 자극은 공자진과 위원의 '경세의식'을 일깨웠다. 따라서 '경세'는 사람들의 인식 속에서 습관적으로 역사적인 '변혁' 시기 및 혁신 의식과 대등하게 맞물려 있었다. 장학성은 확실히 이러한 '경세'의 계보에 끼어들 수 없었기에 결국 조용히 사라지고 말았다.

1984년 타이완에서 '근대중국경세사상학술회의近代中國經世思想研討會'가

열렸을 때, 뤼스창呂實强은 개막사에서 다음과 같이 '경세'에 대한 보다 좁은 범위의 정의를 내렸다. "경세사상은 글자 그대로 나라를 다스리며 백성을 구제하고, 세상을 다스리며 실용에 힘쓴다는 뜻입니다. '경세'는 본래부터 개선과 유신維新의 경향이 내포되어 있었고, 이 점은 이후 중국의 근대화 문제와도 긴밀하게 관련이 됩니다."[3] '경세' 개념 중 "나라를 다스리며 백성을 구제한다"는 의미는 그저 근대 변혁의 시기에만 유용하게 쓰였을 뿐, 그 밖에는 별다른 의미를 갖지 못했다.

분명히 장학성은 앞서 언급했던 급변의 두 시기에 살았던 사람이 아니라, '성세盛世'라고 불렸던 건륭 시기를 살았던 사람이다. 이 시기는 청초 사인들의 우환과 상처가 '성세'라는 화려함과 시끌벅적함 속에서 이미 사그라들었고, 근세 들어 중국과 서양이 첨예하게 대립하는 대동란의 시기는 아직 도래하지 않았던 때였다. 장학성이 말한 '경세' 역시 분명 변혁의 시기라는 기준에 부합하지는 않는다. 왜냐하면 그의 '경세'는 단기간의 유신 같은 변혁을 고취하는 것이 아니라, 기존의 통치 질서를 오래도록 유지하자는 주장이었기 때문이다.

대대적으로 경세를 주장했건만, 장학성이 경세를 주장한 유명 학자의 계보에 끼지 못했다는 사실은 좀 이상해 보인다. 사실 달리 생각해보면, 장학성은 당당하게 경세의 계보에 올라야 한다. 경세란 비단 '변형된' 왕조 교체 시기 및 이와 관련된 급진적인 행위와 관련이 있을 뿐만 아니라, 평범한 시대에 나타난 평화로운 '일반적인' 통치 질서와도 관련이 있기 때문이다. 이렇게 보지 않는다면, 경세의 의미를 잘못 이해하거나 최소한 경세의 진정한 의미를 편협하게 만들어버릴 것이다.

경세는 고대 사상의 맥락 속에서 매우 복잡한 의미를 지닌다. 장하오

張灝는 '경세'에 입세入世, 치도治道, 치법治法 세 가지 의미가 있다고 말했다. 그가 보기에 입세 정신은 주로 정치에서 발현되는데, 당초 경세란 단어에는 '치세治世(세상을 다스린다)' '이세理世(세상을 다스린다)' '치리천하治理天下(천하를 통치한다)'의 뜻이 있었고, 개인이 자신을 수양하는 목적은 정치에 참여해 사회를 이끌기 위함이었다. 이런 '정치본위政治本位'의 인생관은 변혁 시기에도 적합했을 뿐만 아니라, 일반적인 정치 질서의 유지에도 적합했다. 그렇지 않았다면 정치가 인격의 확대란 개념을 실현하지 못했을 것이다.

인격본위의 정치관은 송명이학宋明理學에서 말하는 '치도治道(도를 다스린다)'와 '치체治體(본체를 다스린다)'인데, 이는 정치의 기본적인 원칙이기도 하다. 이를 바탕으로 송명 유학자들은 '경세'를 논할 때 '치도'뿐만 아니라 '치법治法(법을 다스린다)'까지 언급했다.[4] 구체적으로 말하자면 치법이란 치도의 원칙을 실현하는 데 쓰이는 규범을 말하는 것인데, 그것을 실현하는 구체적인 진행 방식도 포함된다. 이는 모두 경세의 의미에 포함된 '일반적인' 의미이지 '변형된' 의미가 아니다. 이런 기준에서 보면 경세를 해석하는 데 있어서의 의미는 좀더 풍부해진다.

경세 중 '치법'적 의미와 역사의 '일반적인' 관계를 논하고자 한다면, 왕조 교체 시기라는 제한에서 벗어나 왕조의 일상적인 통치 측면에서 경세의 의미를 해독해야 한다. 왕조 교체 시기나, 심지어 왕조가 교체된 이후에도 일부 지식인들은 량치차오가 말한 것처럼 왕조의 고압적인 지배 아래 자유로운 이상理想을 버리고 고증考證의 길로 접어들었다. 하지만 량치차오의 이러한 '억압설'은 경세의 의미 중 '치도'의 측면에서, 왕조에 대한 반항적인 요소가 황권에 의해 해체되어 사인의 경학經學이 결국 문헌의 진위를 가리는 변위학辨僞學이나 글자의 소리나 뜻을 따지는 소학小學 같은 단편적인 측면으로 몰려버린 것만을 설명했다. 그러나 '치법'의 측면에서 이 같은 설명은 왕조가 '대일통大一統'의 이데올로기를 확립하는 데 금문경학今文經學 등의 학문이 미친 영향을 설명하지는 못했다.[5] 또한 그런 설명은 '성세'에서 상당수의 사람들이 고증의 비실용적인 특징을 극도로 혐오하고 비판하면서 내건 기치가 바로 경세인 것을 주의 깊게 살피지 않은 것이었다. 예를 들어 장학성은 "오늘날에는 문장의 도에 대해 더 이상 논하는 사람이 없다. 그러나 사람들이 서로의 재주와 지식을 다투게 되면서, 고증을 가지고 시비와 우열을 겨루게 되었다. 이 모두가 명성만 뽐낼 줄 알면서 진정한 도에는 무지몽매한 짓이다"[6]라고 했다. 이런 비판은 왕조 교체 시기에만 나타난 것 같지만, 사실은 경세 중 '치법'의 의미를 밝힌 것으로 청나라 초기 경세사상의 연속으로 간주할 수 있다.

예를 하나 더 들어보자. 명나라 말기 진자룡과 서지부徐志孚가 『황명경세문편皇明經世文編』을 지었는데, 왕조 교체라는 의미에서 이 책의 경세적 의도를 이해한다면, 진자룡의 편찬 취지는 당연히 나라를 다스리는 것, 심지어는 반만反滿이라는 목적까지도 포함되어 있었다. 하지만 나중에 청나라 사인이 편찬한 『황조경세문편』에 담긴 경세의 내용은 '치법'의 통치 유지에 더 가까운 데다가, 경세의 의미가 변형된 상태가 아닌 일반적인 상태를 지향하게 만들었다. 심지어 경세 사조의 시기는 왕조 교체 시기로 엄격히 한정되었는데, 구체적으로 말하자면 '명말 청초'와 '청말', 이 두 차례의 특정한 역사적 시기에 한정시켜버린다고 할 수 있었다. 이로써 '청나라 중기'라는 이 긴 시기는 사람들의 관심 밖으로 점차 사라져버렸다. 이런 오독誤讀의 문제점은 공교롭게도 '경세'의 '치도'를 변혁의 시기에 반항의 역할을 할 수 있는 차원쯤으로만 이해하게 만들어버리면서, 사실은 '치도' 역시 정치 질서를 유지하고 기본적으로 안정적인 현실을 유지하는 기능이 있음을 전혀 고려하지 않게 만들어버렸다는 점이다.

만약 이 점을 인정한다면, 경세의 의미 속에 제도의 배치와 구축을 강조하는 치법 사상이 결코 사인들의 독점물이 아니라 왕권과 호응하며 만들어진 것임을 간파할 수 있을 것이다. 치법을 설계하면서 시도되는 정치적인 실천은 시대의 변혁에 근거를 제공했을 뿐만 아니라, 새 왕조를 합법화하는 데도 정신적 토대를 제공해줄 수 있었다. 이 부분은 이전의 연구자들이 소홀히 한 부분이다. 테다 스카치폴Theda Skocpol은 국가를 사회사 연구에 적용해야 한다고 주장하면서 사회사의 파편화가 제국의 변천을 총체적으로 인식하는 데 방해가 된다고 말했다.[7] 그에 따르면, 제왕 정치에 대한 시각 역시 사인 세계에 적용해야 한다고도 말할 수 있을 것이다. 이렇게 적용했을 때의 결과로, 첫째, 요즘 해외의 연구에서 중국의 사인 계층을 과도하게 현실을 초월한 자족적인 존재로 간주하는 폐해를 면할 수 있으며,[8] 둘째, '정치'를 단순하게 사인 계층의 사상 자유를 억압하는 외재적인 기호로만 이해하는 폐해를 피할 수 있을 것이다. 그리고 이로부터 상호 작용의 측면에서 청 왕조가 합법적으로 건립되었다는 의미를 살펴볼 수 있을 것이다. 이번 장은 장학성의 사상 체계를 예로 들어, 장학성의 '경세'에 담긴 의미가 청나라의 '대일통' 이데올로기에 어떠한 유도 작용과 호응 작용을 하는지 살펴보면서, 아울러 이로써 청나라 사인의 정신세계가 어떻게 변천했는가를 살펴볼 것이다.

'사언私言'은 어떻게 황실의 '공언公言'으로 전환되었나

명나라 말기는 '사언'이 유행하고 범람했던 시기다. 이 같은 상황은 강학이 서원에서 흥성했고 사적인 결사가 유행했으며, 출판업이 성행하고 강남에 다수의 장서루가 건립된 사실 등에서 잘 드러난다. 특히 양명학의 영향을 받은 강회講會는 '사적私的'인 특징이 아주 뚜렷했는데, 종종 '반항적인' 경향이 도드라지기도 했다. 강회의 장소는 보통 서원이나 절이었다. 특별한 공간과 묵상하고 교유하는 학습 풍조의 결합은 점차 사람들에게 이학異學(유학 이외의 학문)을 드러내고자 하는 상상을 하게 했다.[9] 개인의 거리낌 없는 주장들은 강학이란 기치 아래 마치 넝쿨마냥 서원과 절에 만연했는데, 이러한 상황은 통치자들이 지극히 꺼리는 바였다. 그래서 명말에는 장거정張居正이나 위충현魏忠賢이 서원을 엄격히 금지하는 조치를 내리기도 했다. 하지만 강학으로 생겨난 사적인 교유 방식은 제어할 수 없는 속도로 사방에 퍼져나갔다. 특히 강학에는 종종 현실의 정치를 비판하거나 여론의 득실을 따지는 풍조가 있었다. 그래서 청초가 되자, 강학은 붕당 간의 알력을 초래한 원흉으로 지적되면서, 명나라가 천하를 잃는 주된 원인 중 하나로 꼽히게 되었다.

명청 왕조 교체 시기에 사인들은 스스로 반성했는데, 종종 강학의 실질적인 결과를 그 반성의 출발점으로 삼곤 했다. 최종적으로 그들은 강학에서의 '허황된 주장空言'들이 아무런 실익이 없었으며, 붕당이 나라를 망쳤다고 결론지었다. 이 같은 인식으로 인해, 명나라 유민들이 사적으로 모여 학문을 교유하던 유행은 외형상 불법으로 여겨져 멀리 내쳐졌다. 이러한 상황이야말로 청초 황제들이 보고 싶어했던 광경이었다. 당시 황실의 명의로 명말의 풍조를 비난했던 주장들은 사인들의 개인적인 주장과 거의 궤를 같이하는데, 그 주장은 결국 명나라의 멸망은 사인의 몸가짐이 그릇된 데에서 연원했다는 것이었다. 그래서 관방에서 사언私言의 금지를 널리 강조했던 조치도 자연스레 명분을 얻고 이치에 맞는 일이 되었다. '사언'은 강학의 사상적인 매력을 갖춘 채 사인들의 상호 교류 네트워크까지 연계되었을 뿐만 아니라, 명말 시기 일련의 유행과도 연관이 있었다. 일련의 유행이란 서적의 대량 인쇄가 손쉬워져서 서적 가격이 날로 저렴해지고, 강남 장서루의 증가로 인해 사인士人들이 원래는 쉽게 볼 수 없었던 책들까지 살펴볼 기회가 많아진 것을 말한다. 이렇듯 서적의 유통이 손쉬워지면서 '사언'이 널리 퍼질 새로운 길이 생겨났지만, 동시에 명조가 강학으로 인해 멸망했다는 청조 황제의 주장 역시 서적의 소장과 유통을 통제하기 위한 메타적인 정치적 배경을 제공하면서, 제국 통치의 관점을 받아들이게 되었다. 이 때문에 '경세'의 의미는 사회를 '통치'하는 풍조에 점차 물들게 되었다.

장학성은 줄곧 요직을 맡고자 하는 뜻을 가지고 있었지만, 평생 관료 사회 안에서 핵심적인 지위에 오른 적이 없었고, 거의 한평생을 사회 기층인 서원에서 가르치거나 지방 정부에서 지방지地方志 편찬 작업을 했다. 그래서 그는 사회 기층에 대한 교육과 지방지를 편찬하는 원칙에 대해 아주 많은 견해와 논의를 내놓을 수 있었다. 그 주장을 자세히 살펴보면, 장학성은 늘 온 힘을 다해 다음과 같은 일관된 주장을 펼쳤다. 그 주장을 간단히 추려보자면 다음과 같다. '도'는 '삼대三代'의 역사 속에서 생겨났고, 아울러 삼대 이후로는 역사 속으로 사라져버렸다. 현실에서 '도'의 진정한 이치를 찾으려면 "정치와 도가 하나였던治道合一" 최초 상태를 회복해야 한다. 아울러 장학성은 '도'가 '사언'의 범람과 함께 존재했기 때문에 특별히 주의해서 추려내야만 그 목표한 바를 달성할 수 있다고 여겼다. 장학성의 '경세관經世觀'은 이 같은 주장에 근거해 성립된 것이었다. 이제 이러한 장학성의 주장을 일일이 분석해보도록 하겠다.

유장설儒藏說: 공과 사의 구분

주영년周永年은 임급산인林汲山人이란 별호를 가지고 있었다. 이 별명은 산둥 성 지난濟南 리청歷城 구 사람인 그가 샘물 옆에 자신의 집을 지으면서 얻게 된 것이다. 장학성과 그의 관계가 어느 정도 밀접했는지는 정확히 알 수 없다. 알 수 있는 것이라곤 그저 주영년이 사인들에게 소장하고 있는 전적典籍 자료를 공유하자는 글을 쓴 적이 있는데, 이 글이 사인들에게 꽤 영향을 끼쳤고, 장학성이 이 글을 보고 답신한 적이 있다는 것뿐이다. 주영년의 전기傳記를 참고하면, 그는 복장, 음식, 가무, 여색, 유희에는 전혀 관심이 없고, 책을 사는 것만이 그의 유일한 취미였다고 한다. 어느 집에 진귀한 책이 있다는 것을 알면 반드시 구입했으며, 그가 소장한 책은

5만 여 권에 달했다.[10] 그리고 자기가 소장한 책이 늘어갈수록 유가 전장 중 유실된 것이 많다는 사실에 탄식했다.

그는 불교와 도교가 자신들의 서적을 아주 유용한 방법으로 보관하는 데 반해 유가의 전적은 그렇지 못하다는 점에 실망했다. 불교와 도교는 자신들의 서적을 조용하고 인적이 드문 곳에 모아놓아서 전쟁이나 화재 같은 큰 재난을 피할 수 있었고, 후세 사인은 불장과 도장 중에서 잃어버린 것을 찾을 수 있었다. 반면 유가의 전적들은 이곳저곳에 흩어져 있어 체계적으로 보관되지 못했다. 그는 "관부官府나 개인이 소장하고 있는 서적들이 많기는 하지만, 오래되면서 흩어져 없어지는 경우가 많았다"고 하면서 그렇게 된 이유는 바로 이 서적들을 그저 고정된 장소에 모아두기만 했을 뿐, 교환할 수 있는 네트워크를 형성하지 못했기 때문이라고 했다. 그 결과 "한 장소에만 소장하기에 천하에 두루 소장될 수 없고, 한 세대만 소장하기에 만세토록 소장되지 못했다."[11]

흥미로운 점은 장학성 역시 불교와 도교에서 서적을 소장하는 방법을 칭찬했는데, 이는 주영년의 관점과도 자못 상응한다는 것이다. 장학성은 이렇게 말했다. "유가 서적이 흩어져 유실된 경우, 학자들이 이미 그 전승되는 바를 잃어버린 지가 오래됐더라도 오히려 불교와 도교 쪽에서 이를 구할 수 있을 때가 있다. 이는 불교와 도교는 책을 소장하면서 오래도록 보존하기 때문이다."[12] 두 사람이 비록 잘 아는 사이는 아니었다 하더라도,* 서적을 소장하는 방법에 있어서는 서로 긴밀하게 연결되는 공통된 인식을 가지고 있었던 것이다. 그 공통된 인식이란 바로 불교와 도교의

---

* 실제로 장학성과 주영년은 친한 벗이었다. 장학성은 따로 주영년의 전기를 짓기도 했다. 『장씨유서章氏遺』 권18에 실린 「주서창별전周書昌別傳」이 바로 주영년의 전기다.

방식을 본받아 유가 서적을 소장하는 것이 서적 소장의 정도正道라는 것이었다. 주영년의 의도는 유가 서적을 나누어 곳곳의 학궁學宮들, 서원들, 유명한 산들, 오래된 사찰들에 소장하고 있다가 "우연히 잔결殘缺되는 상황이 생기면, 서로 소장하고 있는 책으로 이런 잔결 사태를 대비할 수 있게" 한다는 것이었다.

하지만 주영년의 주장을 자세히 살펴보면, 그의 진정한 의도는 서적의 소장이 아니라 원활한 서적의 유통이라는 것을 알 수 있다. 그는 머릿속으로 다음과 같은 그림을 그려보았다. "정말로 천리千里 이내에 유가 서적이 소장된 곳이 여러 군데 있다면, 영민한 사인은 식량을 싸가지고 가거나 방을 빌려 머물면서 그 서적들을 읽을 것이다. 그렇게 되면 수년 안에 옛사람들의 전반적인 진면모를 대략이나마 엿볼 수 있고 그 사인은 재성才性을 이룰 수 있다. 이것이 어찌 일은 절반만 하면서 곱절의 효과를 거두는 것이 아니겠는가?"[13] 그가 이렇게 말하는 의도는 너무나 분명했는데, 바로 불교와 도교처럼 서적을 아무도 모르는 깊은 산속에 숨겨두면 되는 것이 아니라, 반드시 모든 사람이 그 소장한 서적을 읽을 수 있도록 해야 한다는 것이었다. 그는 서적을 소장한 곳이라면 어디든지 희귀한 서적을 인쇄해 널리 유통시킬 수 있는 활자 인쇄 장비를 구비해야 한다고 주장했다. 이 같은 주장은 앞서 그가 한 말의 의미를 더욱 분명하게 드러내준다. 그는 수십 년 동안 "보기 드문 글과 희귀한 서적이 점차 유통되면, 처음에는 축적되는 바가 적더라도 결국엔 많아질 것이요, 게다가 대충만 봐도 전반적인 진면목을 엿볼 수 있으니, 이는 한 개인의 역량이 어떠한지도 상관이 없고, 책을 얼마나 많이 가지고 있는지도 상관없이, 누구나 실행할 수 있고 어느 곳에서나 시행할 수 있을 것"[14]이라는 낙관적인 예측을 했다. 심지어 그는 학비 면제의 '의학義學'에도 서적을 모아두는 방법을 구상했는데, 서적의 유통을 바라는 절실함이 그의 주장 속에 충분히 드러나고 있다.

보통 사람은 자기 집에 수많은 책을 소장하고 있다면 자기 혼자 읽으면 될 것을, 굳이 다른 사인까지 신경을 써서 모두가 읽을 수 있게끔 할 필요가 있을까 하는 의문이 들 것이다. 그러나 주영년의 전기를 보면 그가 일찍부터 서적을 모두에게 공개하려는 생각을 가지고 있었음을 알 수 있다. 주영년 전기의 작가에 따르면, 그가 스스로 '자서원籍書園'을 만들어 책을 모으고 소장 목록을 수정한 속내는 바로 "북방의 학자들은 직접 책을 보지 못한 데다가 직접 배울 스승까지 적다보니 학업을 완성한 이가 없기 때문이었다." 그래서 주영년 전기의 작가는 "만약 주영년 선생께서 자서원에서 가르침을 펼치셨다면, 응당 한두 명의 신예가 나올 수도 있었을 텐데, 이런 좋은 뜻을 실현하지 못하고 가슴에 품고만 있다가 돌아가셨다"[15]고 한탄했다. 이같이 북방의 미약한 학풍에 대한 강조는 남방과 북방의 학풍이 비단 서로 다를 뿐만 아니라, 장서의 규모나 유통에 있어서도 현격한 차이가 있었다는 사실을 말해준다.

강남은 인재와 각종 문화가 모여 있는 곳이었고, 이러한 문화적 전승은 청나라 중기까지 이어졌다. 그래서 소장된 서적 역시 강남 지역을 둘러싸고 유통 네트워크를 형성했다. 북방에도 가끔 1만 권 이상의 서적을 소장한 장서가가 있긴 했다. 주영년의 자서원 외에 예로 들 만한 북방의 장서가와 장서루로는 랴오청聊城 사람 양이증楊以增(1787~1856)의 해원각海源閣, 허베이河北 진정眞定(지금은 정딩正定) 사람 양청표梁淸標의 초림서옥樵林書屋, 딩저우定州 사람 왕호王灝(1823~1888)의 괄재括齋, 산시山西 링스靈石 사람 경문광耿文光(1830~1908)의 만권정화루萬卷精華樓, 흥퉁洪洞 사람 동문환董文煥(1833~1877)의 연초산방研樵山房, 산시陜西 싼위안三原 사람 이석령李錫齡의 석음헌惜陰軒 등이 있었다. 하지만 그들이 소장한 서적의 규모나 수량은 강남과 비교가 되지 않았다. 판평수范鳳書는 청나라 때 1만 권 이상의 서적을 소장한 장서가들을 통계 낸 적이 있었는데, 그 결과 총 543명의 장서가를 언급했다. 543명의 장서가 중 화이허淮河 강을 경계로 남쪽은 449명 정도로 86.2퍼센트를 차지했고, 북방은 94명으로 17.3퍼센트를 차지했다.[16]

더 중요한 점은 강남의 서적 유통 능력이 북방과는 비교도 안 될 정도였다는 것이다. 명말부터 남방에서는 매우 특색 있는 출판시장이 생겨났다. 명나라 사람의 관점에 따르자면, 이런 시장은 주로 오 지역(지금의 장쑤, 안후이), 월 지역(지금의 저장), 민閩 지역(지금의 푸젠), 이렇게 세 지역을 중심으로 분포되어 있었다. 그중에서 가장 출판을 잘하는 지역은 오 지역이었고, 출판량이 가장 많은 곳은 민 지역이었다. 강남에서 수준 높은 서방書坊은 대부분 난징南京, 우시無錫, 서歙 현에 위치해 있었다. 질이 나쁜 서적을 출판하는 상인들은 대부분 푸젠 지역에 흩어져 있었다. 특히 전국적인 출판 중심지인 민 지역의 난핑南平 젠양建陽 구에 많았다.[17] 어떤 학자들은 청대 출판업이 지리적으로나 사회적인 분포로 볼 때 명대에 비해 훨씬 빠른 속도로 확산되었음에 주목했다. 이러한 확산에 결정적인 역할을 한 것은 휴대나 조작이 용이한 인쇄기계, 즉 목판인쇄 기술과 기계였다. 목판인쇄 기술자는 꼭 높은 학식과 기술을 필요로 하는 것이 아니어서, 1~2년의 수습 과정만 거치면 전문적인 판각 기술자가 될 수 있었다. 심지어 어떤 인쇄소는 아예 훈련을 받은 적이 없는 부녀자와 할 일 없는 농민들을 고용해서 판각 작업을 시키기도 했다.[18] 유통의 속도와 확산 범위로 볼 때, 강남 서적시장은 곧장 베이징까지 전파되었고, 각종 전적의 필사본은 베이징과 강남에 있는 서적시장에서 빈번하게 유통됐다. 항저우 진기당振綺堂의 주인 왕헌汪憲(1721~1771)과 같이 가세가 기운 장서가들은 종종 빚을 갚기 위해 소장하고 있던 진본珍本과 선본善本을 내다 팔았다. 명나라 모진毛晉(1599~1659)이 소장했던 급고각汲古閣의 많은 서적도 여러 곳을 전전하다가 서적시장에서 대량으로 싼 값에 팔렸다.[19] 서적의 간행과 유통도 순수한 학술에서 학계의 상업적인 간행으로 전환되었다. 많은 학자에게 생전에 자신의 저술을 간행할 수 있는 기회가 주어지면서, 이전처럼 사후에야 그의 제자나 후손들에 의해 출판될 필요가 없게 되었다.

장서와 출판의 유통이 상업화로 치우치게 된 것은 휘상徽商(안후이 휘주徽州 출신의 상인집단)의 대대적인 개입과 관련이 있었다. 휘상들은 사업을 하면서 틈틈이 아원雅園을 세워 문인이나 고상한 인사들과 시를 주고받으며 교유했고 서적을 소장하고 읽는 취미를 가졌다. 예를 들면 주영년의 몇 안 되는 친한 친구 중에서 정진방程晉芳(1718~1784)은 신안新安 땅의 유명한 염상鹽商이었다. 기록에는 "요즘 양회兩淮 지역이 매우 부유한데, 그중에서도 특히 정씨程氏 가문은 매우 호화롭고 사치스러워서 가희歌姬, 무녀舞女와 사냥개, 말이 집에 많았다. 그러나 정진방 선생은 홀로 묵묵히 유학을 좋아해서, 가진 재물을 소진해가면서 서적 5만 권을 사고 박학다식한 사인들을 초빙해서 함께 토론했다"[20]라고 되어 있다. 정진방이 소장한 책의 수량은 얼추 주영년과 비슷했다. 주영년은 북방에 살았고 정진방은 남방의 휘주에 살았는데, 주영년이 강남 정씨 가문의 부유함에 자극을 받았다는 기록은 없지만, 주영년의 말 속에는 강남의 호학好學 풍조를 빌려다 북방의 학술 풍조를 진작하는 자양분으로 삼으려는 의도가 보인다.

장서와 출판의 유통에 있어서 상업화 추세가 날로 분명해지긴 했지만, 동시에 휘상 출신의 장서가들은 다른 각도에서 주영년의 구상에 호응했다. 예를 들면 지부족재知不足齋의 주인이었던 포정박鮑廷博(1728~1814)은 책을 좋아해서 책을 구하는 데 돈을 아끼지 않는 것으로 명성을 얻었으며, 항상 다른 사람들에게 자신이 소장한 책을 빌려주었다. 매번 진귀한 책을 얻을 때면, 종종 서로 베껴 쓰면서 잘못된 부분을 고치고 바로잡는 것을 즐거움으로 삼았다. 또한 경제적으로 가난하지만 학문에 매진하는 벗들에게는 곧잘 자신의 책을 선물하기도 했다.

서적의 유통을 강화하자는 요구도 명말부터 이미 강해지고 있었다. 숭정 말년에 조용曹溶(1613~1685)은 「유통고서약流通古書約」을 지어, 장서가들에게 소장한 책의 목록에 따라 분야별 서적의 내용과 권질卷帙의 수량 등에서 빠진 바가 있는지 살펴보고, 서로 가지고 있는 것과 빠진 것을 교환하는 데 편의를 도모하자고 건의했다. 구체적인 방법으로 "주인은 아랫사람을 시켜서 책을 정확히 베끼게 하고, 교열을 거쳐 오자가 없게끔 한 뒤에, 한두 달 안에 각자 베낀 바를 가져와 서로 교환하자"고 했다. 이렇게 하면 "좋아하는 책을 구하러 따로 집 밖을 나설 필요가 없고 옛사람이 남긴 도를 깨닫는 효과가 있으며, 자신이 소장한 서적이 갈수록 많아지고, 남방과 북방 모두에서 시행할 수가 있다"[21]고 했다. 이를 보면, 주영년의 '유장설儒藏說'이 여기에서 유래된 것임을 알 수 있다. 조용은 청초에 송원宋元의 선본을 소장한 명가名家였지만, 그가 사적인 교환 방식으로 서적을 유통하고자 했던 바람은 실현되지 않았고, 그의 장서들은 대부분 유실되고 말았다.

그러나 주영년이 '유장설'을 발표한 데는 좀더 깊은 의도가 있었다. 이는 원래 개인에게 속해 있던 소장 서적들을 유통의 가속화를 통해 학술계가 공유할 수 있도록 공공 자료로 전환시키는 것이었다. 조용이 제시했던 개인 사이의 계약에 의해 서적을 교환하자던 방법은 주영년이 구상한 공유 네트워크의 개념과는 큰 차이가 있었다. 여기서 더 중요한 것은 일단 유통이 어느 정도 시행되어 그 네트워크가 일정 규모를 갖추게 되면 누가 이 네트워크의 방향을 결정할 것인가 하는 문제였다. 이 점에 있어서 주영년의 생각은 두루뭉술했다. 그는 그저 "한 현의 수장이 한 현의 서적을 공유하게 할 수 있고, 한 지역의 명문호족名門豪族은 한 지역의 서적을 공유하게 할 수 있다"[22]라고만 말했다. 이 말에는 두 가지 방안이 제시되어 있는데, 하나는 정부가 나서서 네트워크를 조직하는 것이고, 또 다른 하나는 지방의 명문호족이 네트워크를 관리하는 것이다.

개별 가문의 관리 능력 상실: 유통의 질서화

그러나 이렇게 모호했던 '유장儒藏'은 장학성에 이르러 그 의미가 분명해졌다. 장학성이 지은 『자서원서목藉書園書目』 「서敍」에서는 선진先秦 시기에 주목했다. "옛날에는 관부官府에서 서적을 관리했기 때문에, 도道는 기器에 담겨 있었다. 그래서 『시』『서』 같은 육예六藝는 학자가 옛 전장제도典章制度에 대해 배우는 것일 뿐이었다." 그러다 나중에는 "예부터 내려오던 관직이 관리 능력을 상실하자, 학자들이 지향할 바가 없어졌던 것이다." 이 말은 후세에 서적을 소장하는 작업이 뒤죽박죽 되었던 이유가 "관부에 의한 관리"가 없어졌기 때문이라는 뜻이다. 따라서 그 핵심 논점 역시 개인적인 서적 교환을 주장한 주영년의 '유장설'에서, 유실된 서적이 빨리 "관부에 의한 관리"로 돌아가는 것으로 바뀌었다. 아래에서 살펴볼 장학성의 글은 이 점을 매우 명확하게 지적하고 있다.

"삼대 이후에 태어난 사인이 설령 관부에서 관리해온 서적이나 스승으로부터 전승된 학문에 뜻을 두어도 자신만의 심득心得을 얻을 수 없다면, 여러 서적을 두루 섭렵해도 학문적인 성취를 이루지 못한다. 또한 각종 서적과 각종 주장을 두루 살펴볼 수도 없을 뿐만 아니라, 아무런 여한 없이 이른바 자신만의 심득을 갖춘 학문을 성취한 경우도 없다. 이것이 주영년이 서적을 찾아서 모으고, 소장하고, 서적의 목록을 만들어 분류했던 이유다. 서적을 오래도록 보존하려는 취지였다."[23]

주영년의 이런 주장은 사실 본래의 취지와는 이미 크게 달라진 것이었다. 주영년은 서적이 개인에 의해 관리될까봐 깊이 근심하여, 공공의 영역에서 유통과 교환이 이루어져야 한다고 강조했지만, 도대체 누가 나서서 이런 유통을 관리할 것인지에 대해서는 확실하게 밝히지 않았다. 그는 그저 서적들이 자유로이 유통, 전승될 수 있다는 차원에서 이 문제를 생각했을 뿐이었다. 장학성은 개별 가문에서 관리되던 장서들이 흩어지면서 뒤죽박죽되어버렸다고 생각했다. 그래서 그는 "관리와 스승이 하나였던 때官師合一"의 회복이라는 관점에서 서적의 관리와 유통 과정을 관찰했다. 주영년과 장학성의 주장 사이에는 비단 '공과 사'의 구분이란 차이가 있을 뿐만 아니라, 민간과 관부 중 누가 서적을 관리할 것인가에 대한 근본적인 차이가 있었다.

장학성은 강남의 유명 장서루들이 '개별 가문'이라는 틀에 얽매여 있

음을 다음과 같이 지적했다. "요즘 장서 목록을 만드는 데 있어 천일각天
一閣, 녹죽당菉竹堂, 전시루傳是樓, 술고당述古堂 등의 장서루들이 앞다투어 목
록을 작성하니, 개별 가문에서 수집한 서적들은 거의 옛날 서적들 수와
엇비슷했다. 그러나 혹자는 이를 가지고 박학다식을 자랑하고, 혹자는
이를 가지고 소장한 서적의 수량을 따지다보니, 장서의 취지가 불과 한때
의 서적들을 보관하는 것일 뿐 더 이상 오래도록 보관하는 것을 생각하
지 않게 되었다. 이렇게 되자 한 가문이 소장한 책들로 목록을 만들면서,
더 이상 그리된 까닭을 밝혀 천하에 이를 확산시킬 수 없었다. 그 장서가
들의 지혜가 얼마나 깊은지, 얼마나 공익을 지향하는지, 혜택이 얼마나
폭넓은지를 보면 주영년 선생의 그것과 비교할 때 얼마나 뒤떨어져 있는
가!"[24]

위 글에서는 여러 번 '공公과 사私'에 대해 언급하고 있다. 강남 장서루
들이 '개별 가문'에 국한되어 서적들을 자유롭게 유통시키지 못하는 것
에 대한 장학성의 질책은 사실 앞서 인용한 글에 담긴 구상과 직접적으
로 상응한다. 다시 말해 관부가 나서서 서적의 소장과 유통을 관리하기
를 바랐던 것이다. 이는 적어도 사적인 것을 공적인 것으로 전환하려는
주영년의 '유장' 구상을 확장한 것이다. 다시 말해 서적이 유통의 영역에
들어간 것은 진정한 '공공의 영역'이라고 할 수 없고, 관부가 나서서 구
체적으로 시행하고 제도적으로 운영해야지만 비로소 '공'이란 의미를 나
타낼 수 있다는 뜻이다.

관부에 서적을 소장하고자 했던 장학성의 구상은 건륭 37년(1772)에
황실에서 편찬한 『사고전서四庫全書』를 통해 그 정당성과 실례를 확인할
수 있다. 『사고전서』의 편찬 계기는 바로 유실된 서적을 수집해서 관부

에 그 정수를 모아놓자는 것이었다. 건륭제가 했던 말이 있는데, 그 내용을 보면 개별 가문에서 서적을 소장하는 것에 대한 폐단을 배척한 장학성의 주장과 호응한다. 놀랍게도 건륭제는 강남의 개별 가문에서 소장한 서적의 분포 상황을 마치 손바닥 들여다보듯 훤하게 알고 있었다. 그는 일찍이 강남의 관원들에게 유명한 장서가들이 지닌 장서루의 구체적인 위치를 묘사하면서 다음과 같이 지적한 적이 있다. "과거 동남 지역에서 장서가 가장 풍부했던 곳으로는 쿤산昆山 서씨徐氏의 전시루傳是樓, 창수常熟 전씨錢氏의 술고당述古堂, 자싱嘉興 항씨項氏의 천뢰각天籟閣, 주씨朱氏의 폭서정曝書亭, 항저우 조씨趙氏의 소산당小山堂, 닝보寧波 범씨范氏의 천일각天一閣 등이 유명했고, 그 외에도 헤아릴 수 없을 만큼 많았다. 원래 소장하던 서적의 목록은 오늘날까지 여전히 사람들에 의해 베껴져 전해오고 있다. 그런즉 장서가의 자손이 그 장서들을 지킬 수 없어서 이리저리 유전되어 다른 사람의 소유가 된다 하더라도 그 장서의 이동을 잘 살펴보면 세상에서 사라진 것이 아니다. 설령 다른 지역에 흩어져버린다고 해도 어디서든 그 종적을 찾다보면 다시 모으기가 어렵지 않다."[25] 이러한 건륭제의 의도와 목적은 어떻게 개인이 소장하고 있는 것을 모을 것인가 하는 문제로 귀결됐다.

건륭제는 심지어 민간 서적을 구입하고 판매하는 판로와 유통의 특성에 대해서도 상세하게 파악하고 있었다. 그는 조서 중에서 특별히 쑤저우의 서적 판매상인 '고객賈客'을 언급했는데, '고객'은 전문적으로 고서古書를 구입하는 일에 종사했다. 건륭제는 구체적으로 두 가지 예를 들었다. 산탕山塘 일대에 서점을 연 김씨 성을 가진 서적상은 가업으로 대대로 이 일을 하면서, 어떤 고서가 현존하는지 혹은 일실되었는지, 그리고 원래 누구 소유였다가 누구의 소유로 바뀌었는지를 훤히 알고 있었다. 그리고 또 후저우湖州 지역에는 책을 파는 배가 있어서 전문적으로 각 주현州縣을 돌아다니며 서적을 판매했는데, 책을 파는 배 주인은 장서가들과 아주 친했고, "그 주인에게 이전에 아무개가 소장하고 있던 아무개 책에 대해서 혹은 과거 구입했던 아무개 판본에 대해 물어보면 속속들이 알지 못하는 것이 없었다."[26] 그래서 건륭제는 특별히 장저총독순무江浙總督巡撫에게 그 사람을 찾아가 책에 대해 문의하는 일을 일임했다.

이렇게 책을 모으고 수집하는 상황은 개인의 서적 유통에도 지대한 영향을 끼쳤다. 대대적으로 책을 수집하게 한 황제의 명령은 점차 민간 장서가들의 호응을 얻게 되었는데, 특히나 왕계숙汪啓淑(1728~1800)의 개만루開萬樓, 포정박의 지부족재知不足齋와 같이 휘상을 배경으로 하는 장서가들이 바친 서적은 500~600종이 넘었다. 건륭제는 여러 번 조서를 내려서, 장서가들이 바친 서적을 모두 베껴서 사본을 만든 뒤 원본은 다시 주인에게 돌려줄 것을 허락했다. 그러나 대부분의 경우 반환되지 못했다. 그 많은 진본珍本들은 종종 권신權臣과 이 업무를 맡아 처리하던 관리들의 차지가 되어버렸다. 많은 장서가가 수십 년 동안 간직해왔던 진본들이 하루아침에 허공 속으로 사라져버린 것이다. 일례로 저장浙江 성 츠시慈溪 사람 정대절鄭大節의 이로각二老閣에서 소장해온 서적 중 "절반 정도가 사고관에 보내졌다."[27] 범무주范懋柱(1718~1788)의 천일각은 책을 바치라는 압력 때문에 어쩔 수 없이 "소장된 책은 천일각 밖으로 절대 나갈 수 없다"는 엄격한 규정을 고칠 수밖에 없었다. 다행히 천일각은 억지로나마 보존됐지만, 다른 삼대 장서가, 즉 마유馬裕, 포사공鮑士恭(약 1750~?), 왕계숙은 이후로는 더 이상 많은 장서로 세상에 명성을 얻지 못했다.*

강남 사인들은 이에 대해 유감스러웠지만 별다른 이의를 제기하지는 않았다. 이는 서적의 유통이 개인으로부터 관부의 소장으로 전환되는 과정에서 강제적으로 시행되기 시작했다가, 시간이 흐를수록 점차 합법화되었음을 보여준다. 이는 또한 장서의 성격이 날로 '독자적'이거나 '개인적'인 것에서 관부의 관리로 전환되는 것을 사인들이 묵인했음을 보여주는 것이기도 했다. 이러한 과정은 원매의 예를 통해 확인할 수 있다.

저장의 재자才子 원매袁枚는 강녕江寧 소창산小倉山에 거주하면서 책을 소장하는 자신의 서재를 '소호헌所好軒'이라고 명명했는데, 장서가 45만 권에 달했다. 「소호헌기所好軒記」란 글에서 원매는 다음과 같이 밝혔다. "혹자가 이렇게 물었다. '원매 선생께서는 기호가 매우 다양한데도, 어찌하여 책에 대한 기호만 가지고 소호헌이란 이름을 지었습니까? 아마도 다른 기호에 비해 책에 대한 기호가 더 대단하기 때문일 것 같은데, 책에 대한 기호가 다른 기호와 비교했을 때 어째서 대단합니까?' 이러한 질문에 나는 이렇게 대답했다. '저는 음식을 좋아하고, 미녀를 좋아하고, 집짓기를 좋아하고, 돌아다니기를 좋아하고, 벗을 사귀기 좋아하고, 산수자연을 좋아하고, 고대 예의제도에 쓰이던 옥기玉器나 주기酒器를 좋아하고, 유명한 사람의 서예나 그림을 좋아하고, 책을 좋아합니다.' 그러자 혹자가 다시 물었다. '책에 대한 기호가 다른 기호들에 비해 다를 바가 없다면, 어찌하여 책에 대한 기호만 가지고 소호헌이란 이름을 지었습니까?' 이러한 질문에 나는 이렇게 대답했다. '여색은 혈기왕성한 어린 시절에 즐길 수 있는

---

* 황애평黃愛平, 『사고전서찬수연구四庫全書纂修硏究』, 36쪽. 범무주(천일각), 포사공(지불족재), 왕계숙(개만루), 마유, 이렇게 네 사람은 조상 대대로 모아온 진귀한 장서가 많아 당시 장서사대가藏書四大家로 손꼽혔다. 당시 네 사람이 조정에 진상한 책은 500종이 넘었다고 한다.

것이고, 음식은 배고플 때 즐길 수 있는 것이고, 벗 사귀기는 뜻을 같이해야만 가능한 것이고, 돌아다니기는 날씨가 맑아야 가능한 것이고, 건물이나 꽃과 돌, 골동품은 갓 샀을 때나 즐길 만한 것들이라 때가 지나고 나면 흥미가 적어집니다. 그러나 책이란 것은 어리고 건장할 때나, 늙고 병들었을 때나, 굶주리고 추울 때나, 비바람이 몰아칠 때나 할 것 없이 즐기지 못할 때가 없습니다. 게다가 읽을 책이 무궁무진하니, 이 까닭에 다른 기호보다 대단한 것입니다.'" 결국 원매는 자신의 주장에 대해 다음과 같이 결론을 내린다. "다른 기호들은 다른 사람도 갖고 있는 것인데, 책에 대한 기호만은 제가 좀 유별나기에 '좋아하는 것所好'이란 이름을 책에 귀결시키는 것도 타당합니다."[28] 원매는 평소 성격이 아무 거리끼는 바 없이 제멋대로였고, 벗 사귀기와 여행을 좋아했지만, 유독 책에 대해서만큼은 홀로 체득해야 하는 것이라고 주장했다. 원매의 이런 말들은 책을 모으는 요결이 '나 홀로獨'에 있음을 강조하고 있다.

건륭제가 책을 모은다는 칙령을 내린 뒤, 원매의 생각에도 미묘한 변화가 생겼다. 즉 책을 소장하는 데 있어서 '나 홀로'여야 한다는 생각에 변화가 생긴 것이다. 그 스스로도 이러한 생각의 변화를 기술한 적이 있었다. "내가 간직한 책 중에서 좀 희귀한 책의 사본寫本은 모두 다 관부에 바치거나 벗에게 빌려주다보니, 열에 예닐곱은 뿔뿔이 흩어져버렸다." 이를 이상하게 여긴 벗들의 질문에 원매는 이렇게 설명했다. "세상천지에 끝내 흩어지지 않는 물건이 어디 있겠는가? 내게서 떨어져나가야 한다면 제자리를 찾게 해줄 따름이고, 내 자신에게 있다면 직접 보면 그뿐이다. 옛 장서가들은 직접 손으로 베껴 쓴 책들이 매우 많아서 나보다 열 배는 더 많았지만, 그들의 자손들 중 어떤 이는 『논어』를 땔감으로 썼고, 어떤 이는 36만 권의 책을 물에 빠뜨렸다. (…) 오늘날 내 보잘것없는 장서들이 성왕聖王의 장서고藏書庫에 들어갈 수 있게 되었으니, 내 장서들의 입장에서 보면 이미 다행인 셈이다. 게다가 관부에서 내가 책을 바친 것을 공로라 여기고, 벗들은 내가 책을 빌려주었다고 감사해하니, 나 자신의 입장에서 보더라도 더더욱 다행인 셈이다."[29] 이런 원매의 자조적이면서도 마음 쓰라린 기록은 그의 장서가 대체로 두 가지 이유로 흩어졌음을 보여준다. 첫 번째는 관부에 바친 다음에 완전히 사라진 경우다. 그렇지 않았다면 원매가 이렇게 한탄할 이유는 없었을 것이다. 두 번째는 벗들이 빌려간 이후 돌려주지 않은 경우로, 이 역시 책이 유실되는 원인 중 하나였다. 최소한 '나 홀로' 나를 위해 책을 읽는다는 심리는 이미 사라졌던 것이다.

장학성은 강남의 서적 유실 상황에 대해서도 깊이 깨달은 바가 있었다. 그는 이렇게 말했다. "30년 전 베이징에서 헌책을 팔던 이들은 대부분이 저장浙江 지역의 명문가에게서 그 헌책을 샀었다. 그런데 최근 10년간은 더 이상 저장 지역에서 헌책을 사려 하지 않는다." 장학성은 아무래도 관부가 서적의 소장과 유통에 개입해야 한다는 생각을 견지한 듯하다. 예를 들면 일본이나 유구국琉球國(지금의 오키나와)의 상인들이 장쑤와 저장 지역에서 높은 가격으로 책을 구입하는데도 해당 지역 관리들이 이를 제대로 조사하지 않는다는 얘기를 듣고는, 해당 지역의 고위 관리가 나서서 상선商船이 사사로이 서적을 밀매하는 것을 엄금해야 한다고 건의했다.[30]

장학성이 볼 때 유실되었던 책을 모으고 유통본을 간행하는 것은 정부가 마땅히 해야 하는 공공사업의 일종이지, 개인들이 자질구레하게 교류할 일이 아니었다. 그래서 그는 지방의 고위 관리들이 좀더 이러한 작업에 참여해야 한다고 건의했다. 그는 산음山陰의 제생 왕수실王樹實의 집에 사승謝承의 『후한서後漢書』가 소장되어 있다는 소식을 듣고는, 당시 저장학정浙江學政을 맡고 있던 완원阮元(1764~1849)에게 최대한 빨리 그 책을 가져올 것을 건의했다. 장학성은 개인 장서가였던 왕수실을 매우 괴팍한 사람으로 묘사하면서 그가 희귀한 서적들에 정신이 팔렸다고 말했다. 장학성은 왕수실이 다른 사람이 그의 서적을 빌려가 베껴 쓰는 것을 두려워하는 이유가 "옛사람의 유물이 파손될까 저어해서"일 것이라고 생각했다. 장학성은 왕수실에 대해 "자기 집의 서적을 마치 먼 외국에서 들여온 귀한 향초인 양 향주머니를 열면 향기가 날아가버리고, 또 도교의 부적 비방祕方인 양 세상에 전해지면 신령함을 상실할 것으로 여긴다"며 비난했다. 바로 왕수실과 같은 이들의 이기심 때문에 "그 고을의 유지가 힘이 없는 것은 아니지만 금품을 준다 해도 그를 움직이지 못하고, 조정 관리에게 권력이 없는 것이 아니지만 강요하지 않으면 얻을 수 없는" 상황을 초래하고 말았다고 했다. 비록 이와 같은 어려움이 있었지만 장학성은 완원에게 "차근차근 잘 이끌어내면 꽉 막힌 바를 점차 열리게끔 만들 수 있을 것이니, 이렇게 하면 설령 이미 사라져버린 왕희지王羲之(303~361)의 「난정집서蘭亭集序」의 진적眞迹이라 할지라도 나타나게 만들 수 있을 것"이라고 권했다.[31] 또한 "왕수실 집에는 장서가 많으니, 그가 수집한 장서 중에는 분명 이미 사라지거나 아주 보기 드문 서책이 많을 것이기에, 지금 가서 그런 서책들을 찾아 그 전부를 간행할 수도 있고, 아니면 중요한 것만 뽑아서 편찬할 수 있을 것"[32]이라고 주장했다.

이상 장학성의 논의를 통해서, 초보적으로나마 감지할 수 있는 사실은 다음과 같다. 서책을 소장하는 것은 결코 간단한 개인행동이 아닐뿐더러, 개인이 의견을 낸다고 본격적인 분위기를 조성할 수 있는 것도 아니다. 반드시 계획적이고 통일된 관리를 통해, 장서 유통에 대한 통제와 황실에 진상하는 순차적인 경로가 필요하다. 이는 비단 황제의 권력을 원활하게 운용하는 문제일 뿐만 아니라, '개별 가문'에서 장서를 독점하는 것과 관련이 있으며 이에 대한 장학성의 비판 속에서 우리는 '경세'의 논리와 논조를 확인할 수 있다. 다시 말해서 장학성이 좀더 신경 쓴 것은 사상의 자유로운 교환과 전파가 아니라, 어떻게 하면 서책의 유통에 좀더 통제를 가할 것인가 하는 문제였다. 이러한 사고는 '경세'의 '치법'적인 측면에 비교적 근접해 있었다.

2절

'관리와 스승은 하나'라는 복고의 진상

장학성이 습관적으로 '치법治法'의 측면에서 서적의 보관과 유통을 생각했던 것은 결코 그가 방 안에서 혼자 고심한 끝에 그리된 것이 아니었다. 이는 청초 황제들의 정치적 방침에 대한 호응이었고, 심지어는 훈계의 결과라고도 말할 수 있다. 동시에 장학성만의 독특한 독서 이력이나 경험과도 관련이 있었다. 청초 황제들은 "옛 도道를 상고하고 문명을 숭상한다稽古右文"는 명목으로 대규모 총서를 편찬하고 숨어 사는 명사名士들을 초빙하여 전에 없던 성공을 거두었다. 인기를 끄는 방법에 있어서는 이전 시대 황제들과는 비교할 수 없을 정도였다. 청초 학계의 많고 많은 명사들 중에서, 이후 청나라 학술 분야의 거장이라 불리게 되는 학자들은 거의 다 황제가 기획한 일련의 문화 사업들과 복잡다단하게 연계되어 있었고, 그 학자들 중에는 전대흔, 대진戴震(1724~1777), 주영년, 소진함邵晉涵(1743~1796), 정진방 등의 이름도 포함되어 있었다. 그래서 『사고전서』의 편찬 과정을 살펴보면, 당시 명사들의 상호 교류에 대한 전반적인 지형도를 그려낼 수 있다.

장학성이 교류했던 인적 네트워크를 보면, 장학성의 경력에 있어서 중요한 역할을 했다고 할 만한 인맥이 두 갈래로 나뉜다. 한 갈래는 필원畢沅(1730~1797), 주균朱筠(1729~1781), 풍정승馮廷承(1728~1784)과 같은 지방 고관들이다. 그들은 "사인을 키운다養士"는 기치 아래 장학성이 생계를 꾸려나가는 데 경제적 도움을 주었다. 장학성은 거의 평생을 지방 고관들이 구축한 여러 사인 그룹 안에서 계속 유동적으로 자신의 명망을 쌓아 올릴 수가 있었다. 또 다른 갈래는 함께 학문을 갈고닦을 수 있었던 벗들이다. 대표적인 예가 대진이나 이후 유명한 막료가 되었던 왕휘조汪輝祖(1730~1807)와의 교류다. 장학성은 인생 유전 속에서 비록 높은 지위나 관직을 얻지는 못했지만 생계에 있어서 아주 궁핍한 상황에 몰린 적은 거의 없었다. 상당히 긴 시간 장학성의 수입은 대체적으로 19세기 중엽 지현知縣의 수입과 비슷했는데, 이는 당시 서원의 주강主講 수입의 여섯 배에 육박하는 수준이었다.[33] 장학성은 상대적으로 경제적인 여유가 있어서 다른 현명한 학자들과 함께 사고관의 『사고전서』 편찬 작업에 몸담을 필요까지는 없었지만, 확실히 관료 네트워크가 제공해주는 현실적인 혜택을 편안하게 누리고는 있었다.

장학성의 '경세' 관념 중 '치법' 논리의 강조는 자신이 여러 관직을 전전하며 지방 관련 문헌을 정리하는 것을 생계 수단으로 삼았던 경험에서 생겨난 것이기도 하지만, 동시에 고위층 사인들과의 끊임없는 교유 경험과도 상관이 있었다. 그중에서도 주균은 이러한 장학성의 교유 네트워크의 핵심적인 위치를 차지하고 있었다.

사인으로서의 기질과 유실된 서책을 수집하는 '관부 관리'의 품격

건륭 37년(1772) 정월 4일에 건륭제는 유실된 서책들을 찾아서 구입하라는 조서를 내리면서 다음과 같이 말했다. "궁중에 소장하고 있는 서적이 적지는 않지만, 고금 이래 저작을 지은 이는 수천수백 명이 넘는다. 그 저작들 중 어떤 것은 명산名山 속에 숨겨져 궁중 도서관에는 아직 없는 경우가 있다. 이런 저작들은 응당 제때에 찾아서 모으고 궁이 있는 베이징에 보내어, '옛 도를 상고하고 문명을 숭상하는稽古右文' 풍조가 흥성하고 있음을 널리 드러내야 할 것이다."[34] 이후부터 유실된 서책을 모으는 사업이 전국적인 규모로 펼쳐지기 시작했다. 건륭제가 대규모 유서類書를 편찬하는 방법으로 천하의 서책을 모았던 동기가 무엇인지에 대해서는 이미 많은 학자가 여러 차례 기술한 바 있다. 어떤 학자는 청초 강희제가 이민족 출신의 지배자로서 늘 자신과 한인 문화와의 큰 격차에 대해 아주 예민하게 반응했고, 이러한 예민함이 잠재적인 조바심을 내게끔 만들었다고 여겼다. 그래서 한편으로는 급히 이민족의 모든 문화를 전면적으로 인식하거나 통째로 삼킴으로써 잠재적인 심리상의 위협을 해소하려 했고, 또 다른 한편으로는 끊임없는 의심에 계속해서 '자신과 다른 대상'을 만들어낸 뒤 이를 공격하려고 했다. 강희제가 한족 문화를 통째로 삼키는 데 들인 노력의 수준은 청대 이전 그 어떤 한족 출신의 황제도 따라잡을 수 없을 정도였는데, 그 까닭이 바로 여기에 있었던 것이다. 그러나 한족 문화까지 아우르려는 강희제의 성향은 기본적으로 한족 사인들의 태도와 정반대였다. 한족 사인들은 한학漢學과 송학宋學이라는 학파를 따로 구축해서 각자 자신만의 '도통道統'의 전승 계보를 만드는 데 집중하고 있었다. 그러나 황제가 광적으로 모든 것을 아우르기 위해 집착하는 상황에서, 서로 입장을 나누어 논쟁하는 방식에 기초하는 학술 구분들은 존재할 수 없었기에 결국 하나로 병합되었다. 이는 명말 붕당 풍조를 비판하는 황제의 논조와도 딱 맞아떨어졌다.

건륭제에 이르러 한족 문화에 대한 태도에 변화가 생겼다. 강희제는 주자학을 존숭하며 자기 자신을 충분히 수양할 것을 주장했다. 그리고 정치와 교화의 근원은 황제의 도덕적 완벽함과 연계될 뿐, 외재적인 황권皇權의 압박과는 상관없다고 했다. 그러나 건륭제는 오경五經을 높여 정치와 교화를 의미하는 황권의 상징으로 간주했다. 건륭제가 각종 대규모 유서 편찬에 급급했던 것은 강희제처럼 '치도治道'를 추구했던 것이 아니라, 완벽한 황권의 상징을 구축하려 했던 것이었다. 이 같은 시도는 종종 학술 자체와는 전혀 관련이 없었다.[35]

황제와 사인들 간의 상호 영향이라는 새로운 측면에서 건륭제가 내린 조서의 요지要旨에 대한 해석을 살펴보면 그 해석이 좀더 풍부해지는데, 특히나 앞에서 인용했던 장학성의 글에 담긴 사고와 자못 일치한다는 사실을 발견할 수 있다. 다시 말해 건륭제의 조서나 장학성의 주장은 모두가 흩어진 장서를 최대한 빨리 "관부에 의해 관리"되는 곳에 모아야 함을 강조하고 있다. 물론 이런 사고의 형성이 황제가 사인들에게 영향을 끼친 것인지 아니면 정반대인지는 확실하게 판명할 수 없다. 그렇지만 여전히 건륭제의 조서나 장학성의 주장에서 양자가 부합된다는 흔적을 찾아내고, 이를 근거로 그 연원을 헤아려볼 수는 있다. 양자가 부합된다는 흔적은 이후 관리들의 상주문과 황제의 조서가 오가는 상호 작용 속에서 곧바로 드러났다.

건륭제가 조서를 내린 뒤 11개월이 지났을 때, 안후이 학정安徽學政인 주균朱筠은 건륭제에게 상주문를 올려 유실된 서책을 수집하고 『영락대전永樂大典』을 교열하는 일에 대한 자신의 견해를 밝혔다. 그는 건륭제가 응당 "과거의 필사본이나 판각본"과 "비석이나 청동기에 새겨진 비문碑文과 명문銘文"을 찾아내는 데 좀더 신경을 써야 한다는 것을 일깨우기도 했지만, 그의 상주문에서 가장 핵심적인 내용은 바로 "장서의 목록을 만드는 일과 내용을 교열하는 일을 함께 중시해야 한다"는 것이었다. 그 방법으로 신하들을 뽑아 "서적을 교열하는 임무를 분담시키는데, 『칠략七略』 분류법에 의거하거나 사부四部 분류법에 근거하면서* 서책마다 그 책의 득실을 비교하고 대의요지를 추려서 본 서책의 맨 앞부분에 기술하게 한 뒤 이를 진상하여 황제께서 하룻밤에 살펴보시게 하는 것"을 제안했다.[36]

장학성의 전기를 보면, 장학성은 주균과 아주 친했다. 주균이 베이징에서 무영전武英殿의 학사學士로 있을 때 장학성은 주균을 스승으로 모신 적이 있었다. 그리고 건륭 36년(1771)에서 건륭 41년(1776)까지 장학성은 주균에게 직접적으로 경제적인 도움을 받기도 했고, 주균의 소개로 베이징에서 활동하는 여러 사인과 친교를 맺기도 했으며, 그 후엔 곧바로 주균을 따라 안후이 지역을 누비기도 했다. 주균이 교유하는 사인 그룹에는 장학성 이외에도 소진함, 홍량길洪亮吉(1746~1809), 왕중汪中(1745~1794), 오란정吳蘭亭(1730~1801)과 같은 뛰어난 사인들이 있었다. 당시 저장에서 활동하던 대진戴震과 왕염손王念孫(1744~1832)도 종종 주균

---

* 『칠략』 분류법이란 이름과는 달리 육예략六藝略, 제자략諸子略, 시부략詩賦略, 병서략兵書略, 수술략數術略, 방기략方技略, 이렇게 6가지로 분류하는 방법이다.(일곱 가지 '략' 중 나머지 하나는 '집략輯略'인데, 이는 총론격인 내용으로 도서 분류 범주가 아니다.) 이는 한漢대에 유흠劉歆이 궁중 도서관의 책을 정리하면서 만든 도서 분류법이다. '사고四庫' 분류법이란 책을 경부經部, 사부史部, 자부子部, 집부集部, 이렇게 4가지로 분류하는 이른바 사부四部 분류법을 말한다. 위진남북조를 거쳐 수당대 이후로는 사부 분류법이 주류를 차지하게 된다.

을 방문할 정도로, 주균 문하門下 사인 그룹의 명성은 강남 전 지역으로 퍼져 있었다.

주균이 빈번하게 상주문을 올렸던 시기가 바로 장학성과 가장 친하게 지낼 때였다. 이때 장학성은 목록학과 지방지地方志 편찬에 깊은 관심을 보이고 있었다. 이런 관심은 그의 학술 생애에서 시종일관 관통되었지만, 목록학에 대한 구상과 세상을 놀라게 할 빼어난 재주는 단지 주현州縣에 대한 지방지를 편찬할 때만 가끔 드러났던 것으로 보인다. 결국 그의 이러한 재능은 황제에게까지 알려지지는 못했다. 그런데 전혀 뜻하지 않게도 장학성의 경세 사상은 주균이라는 관리의 상주문을 통해 간접적으로 건륭제의 눈에 띄게 되었다.

장학성과 주균이 '내용 교열校讎'과 '목록 작업著錄'에 대해 토론을 했다는 직접적인 기록은 남아 있지 않다. 그러나 여러 상황으로 볼 때, 아무래도 주균의 대저택에서 토론이 벌어졌던 것으로 보인다. 후스胡適 (1891~1962)는 주균이 상주문에서 밝혔던 견해가 장학성과 소진함, 그리고 주균 문하의 사인 그룹과의 토론으로부터 나왔을 가능성이 있다고 추정했다.[37] 비록 주균의 상주문 중에서 『칠략』 분류법과 사부 분류법이라는 두 가지 목록 작성 방법 중 한 가지를 선택할 것을 건의한 것은 장학성의 견해와 전혀 부합하지는 않았다. 또한 사고관四庫館이 개설된 이후 건륭제가 채택한 사부 분류법은 장학성이 구상한 목록학과 상당히 큰 차이가 있었다. 하지만 유흠劉歆의 『칠략』 분류법이든 아니면 사부 분류법이든 상관없이, 황실의 검열과 인정을 거친다면 모두 '관리와 스승은 하나'라는 옛 법도를 추종하게 되었고, 두 분류법 중 어느 것이든 사인들이 황권의 문화 정책에 의도적으로 호응하려는 일종의 잠재된 욕망을 여

전히 반영하고 있었다.[38]

주균의 상주문에서 장학성이 구상한 목록학의 영향을 받았다는 직접적인 증거는 찾지 못했지만, 간접적인 증거는 많다. 특히 장학성의 '서책을 구하는 일'과 '서책을 정리하는 일'을 똑같이 중시하는 사고는 주균의 상주문에 있는 "장서의 목록을 만드는 일과 내용을 교열하는 일을 함께 중시해야 한다"는 사상의 또 다른 표현이라고 할 수 있다. 장학성의 입장에서 보면, '서책을 구하는 일'은 '서책을 찾아내는 일' '목록 작업'과 같았고, '서책을 정리하는 일'은 '내용을 교열하는 방법校讎之法'에 해당하는 것이었다. 장학성은 정초鄭樵(1104~1162)와 같은 이전의 역사학자들이 '서책을 구하는 일'의 방법과 절차만 언급하고 '서책을 정리하는 일'의 방식에 대해서는 언급하지 않았다고 판단했다. '서책을 정리하는 일'의 형식은 개인이 완성할 수 있는 것이 아니라, 관부가 나서야만 실현 가능한 것이었다. 또한 관부는 유실된 서책의 내용과 교화 능력에 대해 심사하고 간추리는 임무를 책임져야 했다. 장학성은 이렇게 주장했다.

"전해 들은 바를 기록하면서 『시』『서』와 뒤섞어버린다면, 아마도 진실과 거짓이 섞여서 혼란스러워질 것이다. 또한 책장수나 이야기꾼은 대도大道를 알기도 하고 시시콜콜한 얘기를 알기도 한다. 백성의 노래나 풍속에는 올바른 것도 있고 편벽된 것도 있다. 산속의 은일거사도 있고 전문 분야에서 이름을 날리는 이도 있으며, 보잘것없는 재주나 편벽된 장기長技도 있고 미관말직의 자질구레한 얘기도 있다. 이 드러나거나 사라지는 모든 것은 한번에 널리 구한다고 집대성할 수 있는 것이 아니고, 한번에 논의한다고 그 핵심과 상세한 수준까지 이해할 수 있는 것도 아니다. 이런 것들은 평소 주현州縣의 학교를 책임지고 있는 선생들이 가르치면서 옳은 바를 따져서 바로잡아 목록을 만들어야 한다. 이는 마치 집집마다 신원을 밝히는 호적이 있는 것과 같다."

장학성의 이런 주장은 목록을 만드는 작업 자체가 유실된 서책을 선별해내는 측면에서 교화 작용을 일으킨다는 말이다. 장학성은 이 주장에 뒤이어 다음과 같이 말했다. "역사를 기록하는 사인이 정말 도道의 요체를 천명한 뒤 이것이 영원토록 전해지게 만들려면 관부에 맡겨 그 처분을 따라야 한다. 이렇게 된다면 서책이 관부에서 관리되어 흩어지고 사라지지 않게 될 것이니, 이것이 첫 번째 편리함이다. 서책을 관리하는 일에는 내용을 검토하는 작업이 포함되어 있어서 기괴하고 사특한 주장이나 음란하고 방탕한 표현들이 숨겨지지 않으며 발견된 것들을 근거로 금지하는 조례를 만들 수 있으니, 이것이 두 번째 편리함이다. 책을 구할 때 목록에 따라 검색하면 직접 찾아다니는 수고를 덜 수 있으니, 이것이 세 번째 편리함이다. 궁중의 소장된 책이 부족하면 지방 관청의 책으로 이를 검토하고, 지방 관청의 책에 오류가 있으면 궁중의 책으로 바로잡으면 된다. 그러면 서로 보탬이 되고 정리한 문헌이 성대하다고 칭송받을 것이니, 이것이 네 번째 편리함이다."[39] 또 장학성은 응당 '서책을 정리하는 일'이 중요하기 때문에 '서책을 구하는 일'을 하기 전에 미리 의논하고 확정 지어야 한다고 주장했다.

이러한 주장의 핵심은 바로 '서책을 구하는 일'이든 '서책을 정리하는 일'이든 상관없이 모두가 관부의 통일적 설계와 안배에 따라 차근차근 전개되어야만 한다는 것이었다. 그래야만 사특하거나 반역을 도모하는 내용들이 무질서한 서책 정리를 틈타 범람하는 상황을 방지할 수 있으며, 최종적으로 "정리한 문헌이 성대하다고 칭송받는" 효과를 거둘 수 있다고 그는 말했다. 다음의 말은 이러한 의미를 더욱 명확하게 밝히고 있다. "서책을 관부에서 관리하면서 개인이 사사로이 소장하는 것을 금지하는 것이 옛 법도에 가장 부합된다."[40]

'기주記注'와 '찬술撰述'의 구분: 복고를 기치로 내걸다

장학성의 글에는 일관되게 복고적인 성향이 농후하게 담겨 있다. 그는 '삼대' 이전의 서책은 모두 직위에 있는 사람이 관리해야 한다고 주장했다. 이렇게 해야 서책이 민간에 유실되면서 뒤죽박죽이 되어버리는 상황을 피할 수 있다고 본 것이다. 그는 특히 제자백가가 등장한 뒤 각자 자신의 견해만 고수하는 것이 쉬워지면서 서책에 담긴 '도'에 대해 함부로 해석하다가 이단으로 빠져버렸다고 여겼다. 그래서 장학성은 선진제자에 대해 지워지지 않는 반감을 지녔고, 언제나 여러 각도에서 온 힘을 다해 제자백가를 비판했다. "제자백가는 대도大道에 완전히 부합하지는 않았지만, 그들이 자신의 주장을 견지함에 근거가 있으며, 자신의 주장을 말함에도 나름대로의 이치를 가지고 있었던 까닭은 예외 없이 『주관周官』의 관리체제에 근거해 나왔기 때문이다. 지리멸렬하여 도에 부합되지 않는 것은 스승의 가르침이 관리의 관리를 받지 못해서 말류의 학파가 각자 마음대로 지껄이고 있기 때문이지, 선왕의 도에 대해 아무런 깨달은 바가 없어서 직접 일가一家의 학문을 세운 것은 아니다"[41]라고 했다. 관리가 학문을 관리하지 못해서 사사로운 학파가 범람한 상황을 매우 가슴 아파했던 것은 장학성이 되풀이해 기술했던 주제였다.

이러한 주제는 '기주記注'와 '찬술撰述'의 관계에 대한 논의에도 반영되었다. '기주'와 '찬술'의 관계에 대한 장학성의 논의는 이미 많은 학자가 다루고 있다.[42] 내가 보기에는 '관부에 의한 관리'를 숭상하고 '사사로운 생각私意'을 배제하자는 측면에서 이해해야지만, 장학성의 원래 의도를 파악할 수 있을 것 같다. 이제 모두에게 잘 알려진 장학성의 글을 인용하면서, 이를 분석의 기초로 삼겠다.

"삼대 이전에 기주記注에는 정해진 규칙이 있었으나 찬술撰述에는 정해진 명칭이 없었고, 삼대 이후에 찬술에는 정해진 명칭이 있었으나 기주에는 정해진 규칙이 없었다. 기주에 정해진 규칙이 없어지니 사료를 취하는 것이 어려워졌고, 찬술에 정해진 명칭이 생겨나니 책을 이루는 일이 손쉬워졌다. 책을 이루는 일이 쉬워지니 문文이 질質을 앞서게 되었고, 사료를 취함이 어려워지니 거짓된 바가 진실을 어지럽혔다. 거짓됨이 진실을 어지럽히고 문이 질을 앞서니, 사학史學은 망하지 않았다지만 사실은 이미 망해버린 셈이 됐다."[43] 이 주장의 의미를 간략하게나마 풀어낸다면 다음과 같다. 삼대 이전의 서책은 '관부에 의한 관리' 아래 있었기 때문에 대단한 권위를 지녔다. 따라서 해당 관직에 있는 자가 관례대로 역사적 사실을 기술하기만 하면 자신의 직분을 완수할 수 있었다. 삼대 이후에는 문헌을 관리하는 관리가 자신의 직분과 권위를 상실했다. 그래서 이후로는 역사를 기록하는 사람이 내키는 대로 상상력을 발휘하여 자신이 이해한 대로 역사를 기록하다보니 사사로운 일가一家의 해석으로 전락하기 쉬웠다. 이렇다보니 진실한 역사는 도리어 자료의 기술記述이 뒤죽박죽되어 명확하게 파악하기가 어려워지고 말았다. 장학성은 '문-질' 관계론을 통해 이 상황을 다음과 같이 설명했다. 삼대 이전에는 역사에 대한 기록을 중시해서 비교적 질박했지만, 삼대 이후 사람들은 각자 '사사로운 생각'을 서술하다보니 화려하면서도 경솔하게 됐다.

일본 학자 야마구치 히사카즈山口久和는 정초의 말을 인용하여, 장학성이 과거를 어떻게 계승하고 있는지에 대해 논증했다. 정초는 『통지通志』에서 이렇게 말했다. "사서史書라는 것은 관부의 기록이다. 서책이라는 것은 유생들이 지은 것이다. 사마천 이래에 사서라고 지은 것은 다 서책일 뿐이지, 사서가 아니다." 히사카즈는 정초가 말하는 '서책'은 역사 자료에 해당되고 '사서'는 저술된 역사에 해당된다고 보았다.[44] 내가 보기에 이런 해석은 정초의 본래 의도와는 정반대되는 해석이다. 만약 정초의 이 주장을 장학성이 말한 '기주'와 '찬술'의 관계론에 대비해본다면, 정초가 말하는 '서책'은 '찬술'에 해당되고, '사사로운 생각'을 자유롭게 서술하는 상태를 말한다. 그리고 '사서'는 '기주'에 해당되며 삼대 이전에 소장된 서적은 관부의 기준에 맞는 것이다. 이렇게 볼 때, 정초와 장학성의 삼대 전후의 역사 기술에 대한 판단과 포폄은 일치한다고 할 수 있다.

다시 '저술'에 관한 장학성의 논의를 인용해 그 원래 의도를 좀더 분명하게 드러내보겠다. "저술은 문사文辭로 부연敷衍되지 않을 수 없었고, 문사에는 그 숭상하는 바가 생기지 않을 수 없었다. 후세 사람들은 전인前人들에게 있었던 부득이한 동기도 없으면서 그 숭상하는 바만으로 문사를 추구하면서도, 도리어 저술함을 천명이라고 자임했다. 이 까닭에 전국시대에는 문장文章이 극성했지만, 동시에 그 쇠락의 기미 역시 이미 이때에 징조가 나타났다."[45] 이 말은 후세 사람의 저술이 점점 사장辭章에 치중되면서, 권위를 가진 저술이 원래 지녔던 옛 법도를 상실해버렸다는 뜻이다.

역사 기술에 대해 장학성은 자신만의 독특한 '지식론知識論'이 있었다.

그가 보기에 '도'의 전파는 글쓰기가 얼마나 화려하냐는 외면적인 문제에만 성패의 여부가 달려 있는 것이 아니었다. 삼대 시기 '도'의 전파는 구전에만 의지했다. 전국시대 이후 죽백竹帛에 글을 쓰기 시작하면서 '사사로운 생각'들이 범람했고, 결국 "기주記注에 정해진 규칙이 없어진" 상황이 되었다. 장학성은 「시교詩教」에서 옛날과 오늘의 상황이 다르다는 점을 인정했다. "후세에는 죽백의 효능이 구전을 능가했지만, 옛사람이 말로써 전한 바는 문자로 기록된 것보다 나았다." 옛사람의 장서란 모두가 손으로 베껴 쓴 것이었다. 인쇄 기술이 발달함에 따라 학자들은 서책을 쉽게 얻을 수 있었고, 결국 "직접 보고 들은 바나 읽은 서책은 이전 사람들보다 많아졌을지 몰라도, 생각의 정밀함은 옛날보다 훨씬 못해졌다."

옛사람들은 글을 기록하고 보관하는 등의 과정이 너무 번잡해서 체력적으로 힘들었기 때문에 "문장을 간결하면서도 엄밀하게 짓게" 되었다. 글쓰기에 있어서도 뜻을 전달하면서도 간결해야만 했고, 너무 길거나 자질구레해서는 안 되었다. 그렇지 않으면 글을 쓰는 데 들여야 하는 비용이 지나치게 많았기 때문에 "번잡한 상황을 맞닥뜨리자 스스로 엄밀하게 간추리게 됐는데, 이 역시 당연한 것이었다." 그러나 이후에 종이와 붓이 등장하면서 대나무에 칼로 새기고 비단에 칠을 하는 것보다 글쓰기가 열 배는 편해지다보니, 문장이 번잡해지면서 쓸데없이 길어졌다. 이러한 상황은 문인들이 내키는 대로 글을 쓰는 습관을 조장했고, 이에 당시 학풍도 가볍고 행하기 쉬운 길을 지향하게 됐다. 장학성은 이 같은 변화를 '질質'에서 '문文'으로의 변화 때문이라고 보았다.* 장학성은 글쓰기 도구의

---

* 원문엔 '質'과 '文'의 위치가 반대로 되어 있지만, 문맥상 오류가 분명해 두 개념의 위치를 바꿔서 번역했다.

변천이 지식론에 끼친 영향을 다음과 같이 개괄했다. "책 읽기를 함부로 하게 된 것이 모두 인쇄본이 많아진 탓만은 아니겠지만, 인쇄본이 많아진 것이 책 읽기를 함부로 하게 된 이유의 절반은 넘게 차지한다. 글을 짓는 이들이 글을 번잡하게 짓게 된 것이 모두 종이와 붓의 편리함 때문만은 아니겠지만, 종이와 붓의 등장이 글을 짓는 이들이 글을 번잡하게 짓게 된 이유 중 절반을 차지한다. 판각해서 인쇄하면 필사해 책을 만드는 수고를 면할 수 있고, 종이와 붓을 사용하면 대나무에 칼질하고 비단에 칠하여 쓰는 수고를 피할 수 있으니 그 효과가 작은 것이 아니다. 그러나 학자들의 잘못은 이렇게 된 이유를 생각하지 않는다는 것이다. 그렇다고 해서 인쇄 기술이나 종이와 붓을 만든 이들을 탓할 일은 아니다."[46]

간결하고 빈틈없는 옛사람의 문장에 대한 칭찬의 배후엔 사실 다음과 같은 논리가 함축되어 있었다. 그것은 바로 문인의 글쓰기는 응당 사사로운 생각이 드러나는 것을 제어하고 최대한 고대 성인이 남긴 사상의 진면모를 유지해야만 한다는 논리였다. 이는 아마도 장학성 혼자만의 구상이 아니라, 청초 사인들이 공유하던 생각으로 보인다. 그렇지 않다면, 어째서 그렇게 많은 사인이 자발적으로 『사고전서』 편찬 작업에 참여했는지를 설명하기가 곤란해진다. 『사고전서』의 편찬은 유실된 서책을 찾아 모으는 작업으로부터 시작해, 틈틈이 청나라에 방해가 되는 서책들을 제거해버리는 작업도 병행했고, 작업의 진행 방식은 갈수록 폭력적으로 변해갔다. 황제의 행동 논리는 당연히 자체적인 특징을 가지고 있기 때문에 결코 사인의 행동과 완전히 일치할 수는 없다. 그렇다고 해서 이것이 결코 양자가 완전히 접점을 상실한 관계임을 의미하진 않는다. 건륭제는 방해가 되는 서책들을 제거하는 작업에 대해 따로 언급하지는 않았지만,

'찬술' 중에 포함된 '사사로운 생각'을 제거해 '기주'의 합법성을 회복하려는 의도 안에 이미 포함되어 있었다. 다르게 표현하자면, 건륭제의 목적은 사료를 보존하는 방법을 통해 개인의 자유로운 주장과 이단 사상을 금지하는 데 있었다고 말할 수 있겠다.

'사사로운 생각'의 제거: 유민관遺民觀과 역사 쓰기

주균朱筠이 상주문을 바친 뒤, 주균의 사인 그룹과 장학성의 많은 친구 중 적지 않은 이들이 직간접적으로 『사고전서』의 편찬에 참여했다. 편찬의 취지는 상당히 많은 사인의 지지를 받았다. 이 사람들 중에는 장학성의 친구인 왕명성王鳴盛, 왕중汪中, 홍양길洪亮吉도 있었다. 일부 장서가들, 예를 들면 주영년과 정진방 등도 직접 『사고전서』 편찬 작업에 참여했는데, 그들은 『사고전서』를 편찬하는 과정에서, 유실된 서책을 구하는 작업에 참여하는 동시에 법령에 저촉되는 서책을 찾아내어 금서로 만드는 작업에도 참여하는 이중적인 태도를 지니고 있었다. 장학성은 『사고전서』의 편찬에 직접 참여하지는 않았지만, 그 후 그가 사서史書, 목록학과 관련해 진행했던 편찬 작업의 과정을 살펴보면 『사고전서』 편찬의 취지와 끊임없이 호응하고 있음을 알 수 있다. 건륭 52년(1787)에 장학성은 허난 총독河南總督 필원畢沅의 막부에 들어가 『사적고史籍考』를 편찬하는 일에 참여했는데, 그때 장학성이 홍양길에게 보낸 편지를 보면 『사고전서』 「자부子部」의 목록을 참고하여 얻은 심득心得이 자못 많았음을 인정하고 있다.[47] 장학성이 『사고전서』 편찬 중에 유실된 서책을 찾는 작업에 대해 여러 번 동의를 표하고 있다는 사실은 의심할 여지가 없다. 그러나 중요한 것은 서책을 구하는 행위 아래 깔린 황제의 깊은 의도에 그가 정말 확실하게 호응했는가 하는 점이다. 법령에 저촉되는 서책을 거둬들이는 건륭제의 작업에 대해 장학성이 직접적으로 지지를 표명한 증거를 찾을 수는 없다. 단지 장학성의 주장 중에서 간접적으로나마 그의 관점이 어떠했는지를 파악할 수 있을 뿐이다.

『사고전서』를 편찬하는 과정 중 저촉되는 서책에 대해 취한 태도는 만주족에게 불리한 언급들을 제거하거나 개정하는 것이었다. 더욱이 명말의 사서史書나 명나라 유민遺民의 기록은 최우선적으로 감시 대상이 됐다. 사실 이런 조치는 마음대로 사서를 고치라고 권하는 것이었다. 이 때문에 명말 유민의 사서 기술에 대한 태도는 바로 사인과 황제 간의 생각차이를 헤아리는 중요한 기준이 됐다.[48] 우리는 이에 근거해 장학성의 '유민관'을 살펴볼 수 있다. 장학성은 명말 유민의 신분과 언행에 대해, "망한 나라의 음악은 슬프긴 해도 원망하지는 않는다亡國之音, 哀而不怨"는 자기심리를 조절하는 기준으로 헤아려야 한다고 주장했다. 그는 다음과 같이 말했다. "집안이 망하고 나라가 망했다면 반드시 그렇게 만든 이유가 있기 마련이다. 망하기 전에는 반드시 구제할 방법을 생각해야 하지만, 망하고 난 뒤에는 슬퍼할 뿐이다. 자신이 저질렀던 실수는 슬퍼하지 않으면서 그저 새로 등장한 왕조를 원망하는 것은 자신의 부모가 죽은 것이 비통하다고 남에게 부모가 있음을 원망하는 것과 같다. 그래서 원로 유민들은 유구무언有口無言이 되었고, 시문詩文을 짓더라도 충실함과 후덕함을 지키고 슬퍼하면서도 차마 밖으로 표현하지는 못했다. 욕과 비방을 능사로 하는 이는 분명 진정한 유민이 아니다."[49] 이 말의 뜻은 명나라 유민들은 종종 망해버린 옛 나라에 대한 생각에 침통해하며 자기 내면의 울

컥하는 심정을 제대로 해소하질 못하지만, 사실 자신에게 있는 잘못을 반성하고, 새로운 왕조의 각종 시도와 조치에 대해 의심하지 말며, 원망의 마음을 억누르면서 충실함과 후덕한 면모를 보여야만 한다는 것이다. 이는 유민이 필수적으로 거쳐야 하는 과정인 듯했다.

이런 화기애애하고 겸손한 태도를 갖춘 이후라면, 왕조 교체 시기의 역사를 기술하는 데도 당연히 '군신대의君臣大義'라는 기준에 따라 옳고 그름을 변별할 수 있었다. "한 왕조가 세워지면 반드시 이전 왕조의 역사를 정리해야 하는데, 왕조 교체 시기에는 모든 옳고 그름에 대한 판단이 입장에 따라 달라진다. 사관이 이때 어느 한쪽의 입장에 치우치지 않고서 오로지 군신대의만을 따진다면, 이치상 거리낌 없는 표현은 용납이 안 될 것이다. 공자는 『춘추』를 지을 때 존귀한 분이나 어버이에 대해 거리낌 없이 표현하는 것을 용납하지 않았다. 그런즉 멸망한 이전 왕조의 남겨진 충신이라면 세대가 바뀐 뒤에야 자신의 충성이 드러남을 응당 정해진 상례常例로 삼아야 한다. 그런 연후에야 이전 사람이 빠뜨리고 이후 사람이 보충하는 바를 모두 귀신에게 물을 수 있고 후대의 성인聖人을 기다릴 수 있으니, 이것이 바로 지당하여 변치 않을 이치인 것이다."[50] 여기서 '멸망한 이전 왕조'란 명나라를 가리킨다. 신하들이 제각기 자기 군주를 위하는 것은 '군신대의'의 원칙에 부합되는 것이다. 따라서 '임금'에 대한 충성이야말로 가장 큰 '공公'이다. 개인의 은원이나 시비에 근거한 그 어떤 관점이나 사상, '사사로운 생각'을 자유롭게 발설할 때도 모두가 반드시 이 보편적인 기준을 지켜야만 하는 것이다.

장학성이 보기에 왕조 교체 시기 이전 왕조의 역사를 쓰는 사람은 종종 그 역사의 당사자이기도 했기 때문에 당시의 전후 사정에 매몰되고 복잡한 분쟁에 얽매여 종종 세상 사람들의 은원이나 후대하고 박대했던 문제까지 언급했으니, 공평한 입장을 유지하면서 모든 측면을 두루 고찰한다는 것은 매우 어려운 일이었다. 이는 장학성이 늘 지적한대로 "글의 뜻이 슬픔에 속앓이를 하면서도 차마 밖으로 표현하지는 못하는 데 있으니, 그 서글픔과 속에 담아둔 원망이 사람을 감동시키는 것이다. 그러나 새로운 왕조에 대해 거리끼는 바가 있어 사관이 두루뭉술하게 표현해버리기에 시시비비가 뒤섞여 후세 사람들은 살펴 판단할 방법이 없었다."[51] 게다가 몇몇 후손은 권세가들에게 빌붙어 '청탁'을 넣기도 했는데, 이 모두는 '사사로운 생각'에서 나오는 것이었다. 이 모든 것은 사관의 판단을 방해할 수 있었고, 복잡하게 시시비비를 따지는 문제는 일정한 시간이 흘러야만 후세의 역사가가 비로소 명확하게 판단할 수 있었다.

장학성은 "이전 사서에서 빠진 것은 반드시 후세 사서에 근거해 보충해야 한다"라고 했는데, 그러면 누가 이전 사서를 식별하는 중요한 역할을 맡을 것인가? 역사가가 그저 개인의 사사로운 생각으로 역사의 옳고 그름을 판단한다면 확실히 이런 능력과 시야를 갖추지 못한 것이다. 개인의 '사사로운 생각'은 관리가 관리하는 공적인 형식으로 밝혀야 진정한 설득력을 지닐 수 있다. 우리는 다음의 인용문에 담긴 깊은 뜻을 살펴볼 수 있다.

"관부에 의한 관리와 정치, 교화의 법도가 시행되는 경우가 아닌데, 문을 걸어 잠그고 집에서 저술을 하는 이는 예외 없이 모두 깊은 우환이 있는 사람이다. 우환이 뭔지도 모르면서 함부로 저술하는 이는 함께 문장을 논할 만한 사람이 아니다. 본래 해결할 우환도 없으면서 함부로 우환이 있는 척하는 것은 돌이나 쇠붙이가 아무런 이유도 없이 소리를 내고, 쫓지도 않았건만 짐승들이 갑자기 도망가버리는 것과 매한가지이니, 이는 요망한 귀신의 수작일 따름이다."[52]

이 인용문이 암시하는 바는 우환의식이 없어도 안 되지만 관부에 의한 관리하에서 승인을 받지 않고 막무가내로 우환의 목소리를 내는 사람 역시 요망한 귀신으로 간주되어 질책을 당해야 한다는 것이다. 이 주장은 왕조 교체 시기 각자가 독자적인 견해를 펼치던 혼란스러운 상황, 특히나 공공연히 혹은 암암리에 새로운 왕조인 청나라에 대한 공격과 비난이 그치지 않았던 상황을 배경으로 하고 있었다. 이 때문에 전 왕조, 즉 명나라에 대한 역사 쓰기는 비단 개별적인 역사적 인물들의 시시비비뿐만 아니라, 청나라 건국에 대한 합법성의 문제로까지 연결됐다. 청나라는 이민족의 신분으로 중국을 차지해 대통일을 이루어냈기에, 이전의 왕조들보다 합법성에 대한 위기가 훨씬 심각하게 대두됐다. 이와 동시에 더더욱 절박했던 것은 '사사로운 생각'의 제한을 받던 역사 쓰기를 '공공의 생각公意'에 부합시키기 위해 전면적으로 말살시킬 필요가 있었다는 점이다.

청나라가 처음 중원에 발을 들여놓을 때 내건 구호는 틈적闖賊, 즉 이자성을 섬멸하고 명나라의 정통성을 회복한다는 것이었지만, 이민족 출신이라는 청나라의 신분은 상당히 오랜 시간 문화적 정통성을 계승하는 데 방해가 되었다. 명나라 유민들은 '이하夷夏'의 차이*에 대한 변별을 강조하며 청나라가 합법하지 않다는 생각을 확대시켰다. 청초의 황제들은 진작부터 이 문제를 인식하고 있었지만, 건륭제에 이르러서야 비로소 역사 쓰기를 통해 근본적인 해결 방안을 찾기 시작했다. 건륭제는 청나라에 항거한 의사義士를 표창하는 비정상적인 방법으로, 왕조 교체기 '군신대의君臣大義'의 특수하면서도 보편적인 의미를 천명했다. 그리고 종족에 대한 '이하지변夷夏之辨'의 엄격한 구분을 해소함으로써, '이하' 담론 자체에 과도하게 편협하다는 혐의를 씌워버렸다. 동시에 이하 담론을 특정한 시간대에 국한해버림으로써 아주 짧은 일시성—時性을 갖게끔 만들었다.

역사 쓰기에 대한 이런 기술적인 조작들은 분명히 사인 계층의 인정을 받았다. 이는 "중국의 사대부들은 변화가 필요할 때 변하지 않으려 했던 것은 아니다"[53]라는 루쉰의 표현과 딱 맞아떨어진다. 앞서 인용한 장학성의 주장 역시 정통성의 수립은 역사 쓰기의 기교와 밀접한 관계가 있다고 말한다. 장학성이 생각하기에 왕조 교체 이후의 역사 기록은 모두가 공정무사하기가 너무 어려웠다. 왜냐하면 "새로운 왕조의 사관은 전 왕조 보기를 마치 원수를 대하듯 하지 않을 수 없기 때문이다." 장학성의 다음과 같은 문장은 건륭제의 조서에 많이 보이는 표현과 거의 완전하게 일치한다. "우리 청 왕조는 난적들을 토벌하러 산해관에 들어와 끊어지고 망한 왕조의 뒤를 잇고 충의를 포상하고 기리니, 천심과 인심이 모두 우리 왕조로 귀의했다. 당초에 우리 청 왕조는 옛 왕조인 명나라를 그저 구휼해주려는 의도뿐이었기에, 왕조를 뒤바꾸려 했다는 혐의는 전혀 없었다. 게다가 명나라 역사를 판단할 때도, 여러 차례 삼가 공정하게 하라는 입장을 밝혔다. 이 까닭에 사관이 명나라 역사를 쓰기 위해 붓을 들었을 때도 사사로이 기피하는 바가 전혀 없었다. 이는 역대 왕조의 역사 쓰기에 적용되던 규칙에 구애받지 않았다."** 이 글은 일찍이 여러 번 인

---

* 화하華夏와 그 외의 오랑캐들을 엄격히 구분하는 기준을 말한다. 주로 '이하지변'이나 '이하지분夷夏之分'으로 표현된다.

** 「설림說林」,『문사통의신편신주文史通義新編新注』, 222~223쪽. 이 문장의 출전은 잘못 표기되었다. 이 문장은 『병진차기丙辰箚記』에 보인다.(『을묘찰기乙卯札記·병진차기丙辰箚記·지비일찰知非日札』, 중화서국, 1986, 67쪽)

용된 적이 있는데, 여기서 주목하고자 한 것은 역사 쓰기에 있어서 '사사로운 입장'과 '공적인 입장'에 대한 장학성의 이해다. '사사로운 입장'이 개입되면 전 왕조의 시시비비에 구애를 받으니, 역사를 기록하면서 왕조의 교체에 적응하지 못한 심리적 묘사로 채워지게 된다. '공적인 입장'에 서면 사사로운 영역에서의 은원관계를 초월하여, 궁극적으로 역사 쓰기가 군신대의를 지키고 선양하게 된다. 그래서 장학성은 다음과 같이 아첨하듯이 자신의 패부에서 솟구치는 진심어린 감탄을 표현했던 것이다. "당唐·우虞·삼대三代 이래로, 우리 위대한 청나라만큼 천하의 공정함을 획득한 왕조는 없었다."

사사로운 개인이 만들어내는 '비방誹言'을 철저하게 끊어버리고, 현재 시행되는 제도의 조치를 인정하는 것은 비단 개인적인 자기검열일 뿐만 아니라, 역사적인 선례 속에서 정신적으로 위축되는 합리적이고 합법적인 이유를 검증할 필요가 있었다. 『사기』가 '한 무제를 사사로이 비방한 책'이냐 아니냐 하는 논쟁이 존재하는 이유다. 장학성은 일련의 사람이 사마천의 '자술自述' 중에서 "발분하여 『사기』를 지었다"는 구절을 두고 "한 무제를 원망하고 비난하는" 정서가 깔려 있다고 생각해 『사기』를 '무제를 사사로이 비방한 책'이라고 배척한다는 사실을 발견했다. 장학성은 이런 관점에 전혀 동의하지 않았다. 그는 다음과 같이 말했다. "그래서 후세 사람들은 문장을 논하는 데 있어서, 사마천을 비방을 능사로 삼는 사람으로 여기게 됐고, 은근히 남을 비방하는 문장을 짓는 것이 사관의 큰 권한쯤으로 여기게 됐다. 혹자는 이를 앙모하여 아예 모방하는 문장을 짓기까지 했다. 이는 완전히 난신적자의 마음으로 망령되이 『춘추』의 엄정한 필법에 빌붙으려는 것이니, 이 역시 도리에 어긋나는 짓이 아닌가!"⁵⁴ 장학성이 보기에 사마천이 "발분하여 『사기』를 지은 것"은 자신의 불우한 처지를 한탄한 것일 뿐이었는데, 이처럼 사사로운 개인의 입장에서 자신의 근심을 표현했다고 해서 이를 함부로 "임금에 대한 비방"으로 여겨서는 안 된다고 여겼다. 그런 식으로 생각한다면 "대의大義는 어떻게 천명하며, 심지心志는 어떻게 바로잡을 수 있겠는가?"

장학성은 사마천이 감히 "한 무제를 비난한 것"인지 아닌지에 대한 논쟁이 사마천 개인의 득실에만 과도하게 구애되어 오히려 천도天道와 인사人事의 관계를 궁구하려던 사마천의 포부가 어떤 의미였는지를 과소평가해버렸다고 생각했다. 사마천이 『사기』를 지은 것은 사사로운 개인의 행위였지만, 「유협열전遊俠列傳」과 「화식열전貨殖列傳」 같은 편들에서 개별적으로 비분강개하는 표현을 한 것만 빼면 "『사기』의 나머지 편들은 모두가 고금을 넘나들면서 육예六藝를 기준으로 절충하고 있는데, 어떻게 사마천이 한 무제를 비난했다고 할 수 있단 말인가?" 『사기』의 내용은 대부분 사마천 자신만의 '독자적인 견해一家之言'에 국한되지 않고, 역사의 보편적인 변천에 관심을 두고 있었기 때문에, 『사기』는 응당 '경세'의 모범으로 간주되어야만 한다고 여겼다.⁵⁵ 장학성은 여기서 한 걸음 더 나아가 이렇게 주장했다. "주자는 일찍이 이렇게 말한 적이 있다. '「이소」는 군주를 그다지 원망하지 않았건만 후세 사람들이 군주를 원망한 것이라고 함부로 지나치게 견강부회했다.' 내 생각에 사마천의 『사기』도 함부로 임금을 비방한 것이 아니라, 『사기』를 읽은 이들의 마음 자체가 공정하지 않았기 때문에 그리 읽은 것이리라. 자기 자신이 험난한 삶을 살게 되었다고 임금까지 원망하거나 비방하는 것은, 이를 핑계로 천고에 전할 명성을 얻으려는 짓거리다. 이는 어리석어 자신의 타고난 분수에 만족하지 못하는 것으로, 명교名敎의 죄인이 되어 천리天理에 의해 주살당할 만한 일이 거늘, 어디 그런 저술 중에 전해질 만한 것이 있겠는가?"[56] 결국 장학성은 『사기』의 풍격에 대해 "표현이 완곡하고 풍자가 많긴 하지만, 모두 명교에 어긋나지 않는다"고 정의했다.[57] 다시 말해 때때로 완곡하게 간언諫言을 하기도 하고 문득 자신의 운명을 탄식하는 말을 기술하기도 하지만 모두 정상적인 모습이라는 것이다. 그러나 사사로운 개인의 감정이 하염없이 확산되는 것을 억제하고, 심리 변화의 속도 역시 당시 추세의 요구에 맞춰야 할 필요는 있었다.

이러한 요구는 명나라 유민들에게 격렬한 분노를 억제하라고 경고하는 것인 동시에 역사의 현실적인 상황 앞에서 개인의 사사로운 생각은 어쩔 수 없이 현실을 따라야 한다고 권면하는 것이었다. 이는 건륭제가 다음과 같이 던졌던 의문에 대한 대답 같다. 건륭제는 조서에서 이렇게 의문을 표한 적이 있다. "매번 역사서를 볼 때마다 포폄에 확정된 평가가 거의 없었다. 그러니 사마천 같은 훌륭한 역사가조차 『사기』에 사사로운 자기 생각을 드러내면서, 아첨하며 과도하게 말들을 늘어놓지 않으면 원망과 질시로 마구 비난했으니, 다른 역사서들은 보지 않아도 어느 정도일지 가히 짐작하겠다."[58] 장학성은 전혀 숨기거나 에두르지 않고 건륭제의 문자옥에 대해 자신의 놀란 감정을 다음과 같이 기술했다. "책을 쓰는 일에는 두 가지 큰 금기가 있습니다. 바로 시비를 걸어 성인을 비난하거나 금기를 가지고 임금을 건드리는 경우인데, 이는 천리가 용납하지 않는 바입니다." 그러고는 이어서 다음과 같이 권계하고 있다. "그러나 사람이 진실로 대략이나마 대의를 알고 있고, 조금이라도 문리에 통달했다면, 어찌 이같이 큰 금기를 범할 수가 있겠습니까!"[59] 이것은 분명 조정의 법령이 반복적으로 이런 금기를 범한 이들을 추살追殺하는 상황에서 너무 놀라 나온 자연스러운 반응으로, 글쓰기에 있어서 어찌 써내려가야 할지를 심리적인 경험을 통해 자연스레 깨달은 것이다.

군신대의라는 가르침을 따르는 역사 쓰기는 이상하리만치 강력한 견인 능력을 갖추고 있었고, 심지어는 역사 인물을 평가하는 데 표준화의 효과까지 있었다. 장학성은 역사소설 속에 보이는 민간화된 개인적 표현에 대해 반감을 품고 있었는데, 이는 역사소설 속 군신관계의 형상이 자신의 마음에 이미 형성된 군신대의와 상충되는 바가 있기 때문이었다. 장학성은 일찍이 『삼국지연의』의 유비와 제갈량, 관우 등의 인간관계를 평가한 적이 있었다. 그가 보기에 도원결의 장면에서 유비, 관우, 장비가 호형호제하는 것은 군신관계에 어긋나는 일이었다. 대부분의 이러한 묘사는 『수호전』에서 천하고 거친 사람들이 산속에 모여든 형상을 모방해 유비와 관우, 장비, 제갈량의 관계를 설정한 것인데, 장학성의 보기에 이는 더더욱 채택해서는 안 되는 방식이었다.

장학성은 유비가 한나라 황위를 계승하기 전의 제갈량 형상을 예로 들면서 "그저 『수호전』의 군사軍師 오용吳用과 비슷하다"고 한 뒤, 바로 "이것이 얼마나 누추한 식견인가!"라고 탄식했다. 그가 보기에 이런 역사소설을 엮어낸 자들은 아무런 식견을 지니지 못했고, 옛날 소설의 틀을 벗어나지도 못했다. 물론 이는 심각하게 책망할 일은 아니었다. 그러나 골치 아픈 점은 "그 역사소설은 정통성을 높이기 위한 의도에서 유비와 제갈량을 매우 숭상했지만, 안타깝게도 지은이의 식견은 비루했다"는 것이었다.[60] 장편 역사소설은 군왕의 독단적인 정치 결단의 영역을 건드렸는데, 다시 말해 사사로운 존재가 '공적인 영역'을 범접한 것이었다. 장학성이 보기에, 순수한 사실을 기록한 역사서들이나 완전히 허구에 근거해 독자를 끌어들이는 『서유기』 『금병매』 같은 소설들은 모두 다 고상한 도에 아무런 손상을 가하지 않는 서적들이었다. 하지만 유독 『삼국지연의』처럼 7할은 사실이고 3할은 허구인 작품은 군신대의*를 전복시키기 때문에 응당 없애버려야 할 대상이었다.

---

* 원문엔 '군신대의君臣大義'가 '군부대의君父大義'로 되어 있지만 문맥상 오자로 판단, 고쳐서 번역했다.

3절
왜 '주공'을 숭상하고
'공자'를 낮게 평가하는가

'도道'는 중국 사상사에서 시종일관 신비스러우면서도 중요한 위치를 점하고 있다. 문인들의 논의란 도의 기원과 도가 어떻게 작용하는가라는 주제를 비켜갈 수 없었다. 도의 발생과 연속을 밝힌 많은 주장 중에서 매우 인상적인 것은 장학성이 언제나 전력을 다해 주공周公의 지위를 높이면서 동시에 공자와 선진제자의 역할은 폄하했다는 사실이다. 옛 문헌에서는 줄곧 '성왕聖王'과 '성인聖人'의 구분이 존재했다. 이 둘의 차이는 성왕은 덕과 지위를 모두 갖추었지만, 성인은 덕만 갖추었을 뿐 지위는 갖추지 못했다는 것이었다.* 성왕은 이상적인 도덕을 갖춘 인격의 화신일 뿐만 아니라 사회와 정치를 성공적으로 실천해야만 했다. 선진의 경전에서는 오래전부터 '성왕'의 자격에 대한 논의가 있어왔다. 예를 들

---

* 성왕과 성인의 구분은 상당히 낯설다. 일반적으로 고문경학古文經學에서는 유덕유위有德有位의 작자作者를 성인이라 칭하고, 유덕무위有德無位한 술자述者를 현인賢人이라고 칭한다. 여기서 말하는 성왕은 성인 주공周公에 해당하고, 성인은 현인 공자에 해당한다. 성왕과 성인의 구분은 렁더시冷德熙의 『초월신화: 위서정치신화연구超越神話: 緯書政治神話研究』란 책의 설정을 차용한 것인데, 이것은 공자를 현인이 아닌 성인으로 간주하는 금문경학今文經學의 위서緯書를 설명하면서 그 안에서 주공과 공자의 지위를 구분하기 위한 설정이다.

면 『장자』 「천하天下」에서는 "안으로는 성인이 되고 밖으로는 왕 노릇을 하는 것內聖外王"이 성왕이 갖추어야 하는 기본적인 요소라고 주장했다. 『묵자』 「천지天志」 중에서도 덕과 지위를 모두 갖추었는지에 따라 삼대 三代 성왕의 계보를 배열하면서 "예전의 삼대 성왕은 요, 순, 우, 탕왕, 주 문왕, 주 무왕이다"라고 했다. 하지만 이상하게도 이 계보에는 주공周公이 빠져 있다.

사실 주공이 맡은 역할은 아주 미묘했다. 주공은 "예법을 제정하고 음악을 만들어서制禮作樂" 주나라 왕을 보좌했다. 겉으로 보면 왕위에 오르지 못했지만, 정치적 사안을 처리하는 전권을 가지고 있었다. 선진제자들은 종종 주공을 "도가 천하 사람들에 의해 갈가리 찢겨진" 이후의 인물로 여겼다. 주공 이전에 이제삼왕二帝三王이 천하를 가졌을 때는 성왕이 등장하는 시대였다. 주공 이후에는 "천하에 도가 없어지면서 예악과 정벌이 제후로부터 나오게 되었다." 그래서 성인만 남고 성왕은 사라지게 되었다. 이런 상황이 발생하게 된 것은 춘추시기에 이르러 학문이 사사로운 개인에게 넘겨지면서, 학문이 관부에 의해 관리되던 기존의 상황을 뒤바꿔버렸기 때문이다. 그러자 성왕과 성인의 역할이 분리되어버렸는데, 이는 교화와 정치가 이로부터 양단으로 갈라졌음을 암시한다. 공자는 이때 성인으로서 세상을 구하고자 나타났다. 그는 덕은 갖추었으나 지위는 갖추지 못했기 때문에 '소왕素王(백의제왕白衣帝王)'이라고 불렸는데, 즉 '공왕空王(헛된 왕)'*이라는 뜻이다. 확실히 공자의 역할에는 부족한 부분이 있었기에 반드시 그의 형상을 새롭게 포장해야만 정신적인 매력을 가질 수

---

* 사실 '공왕'은 부처의 존칭 중 하나다. 불교에서는 온 세계가 모두 공空이므로 부처를 '공왕'이라고 부르기도 했다. 하지만 여기서는 '아무 실속이 없는 왕'이란 뜻으로 쓰인 듯하다.

있었다. 이에 한대의 유학자들은 다음과 같은 방법을 생각해냈다. 그들은 계속해서 각양각색의 '위서緯書'를 만들었다. '위서'란 각종 신화神話를 모아놓은 것으로, 유교의 경서를 모방한 위작들이었다. 이런 '위서'들을 통해 그들은 공자에게 기이한 외모와 초월적인 능력을 부여했고, 결국 공자를 왕권에 대한 통제력을 갖춘 인물로 만들었다. 이런 '위서'의 서술에서 공자는 비단 신령한 동물인 기린에게서 천명을 부여받았을 뿐만 아니라, 한대 황실을 위해 미리 법을 만들어두었고, 장차 유씨가 황위를 얻을 것이라고 예측해내는 초능력까지 지니고 있었다. 그래서 어떤 사람은 그를 '정치 신화'의 제작자라고 부르기도 한다.[61] 비록 대부분 매우 짧은 시간이고 일시적이긴 했지만, 이 시기에 공자는 정사政事에까지 간여할 수 있는 권위를 지니게 됐다.

지위가 없는 공자의 '성인' 형상은 사실 북송 시기 이후부터 순수한 '도통道統'의 전담자가 되었다. 공자는 마음에만 근거해 '도'의 종지宗旨를 전승했으며, 직접적으로 제도의 설치를 통제할 수 없었다. 이런 역할로의 포장은 '도'와 '정치'라는 구별을 강조하는 것이었다. 그 후 공자는 왕권을 교화하고, '도'로써 '실세'에 대항한다는 이중적인 역할을 맡게 됐다. 그러나 개인적으로 교화하고 실천한다는 측면이 지나치게 강조되었기 때문에 기본적으로 왕권 정치의 작용과는 동떨어진 것이었다. 이것은 송나라 이후의 유학자들이 마음속 정신의 역량에 의지해 왕권의 확장을 제한하면서도, 왕과의 균형적인 관계까지 고려해야 했음을 설명한다. 제도적인 뒷받침이 결여되었기 때문에, 유학자들이 도통을 지키기는 갈수록 어려워져만 갔고, 그 결과 청초 황제의 억압 가운데 마음속으로 지켜오던 바조차 점차 왜곡되어갔다. 장학성이 공자와 주공의 위치를 다시금 새롭게 배치한 것으로부터 그의 심리적 전향의 복잡한 계기를 엿볼 수 있다.

공자 출현의 의미

앞서 기술한 바대로 '도'의 전승과 '제도'의 설치 관계에 대한 장학성의
논의에는 잘 음미해볼 만한 현상이 보인다. 그것은 바로 장학성이 자신의
글 중 여러 곳에서 전력을 다해 주공의 지위를 높이는 동시에, 공자의 형
상을 폄하했다는 사실이다. 다음의 문장은 그 전형적인 주장이다.

"천지가 생긴 이래로 당·우·하·상나라에 이르기까지, 모든 성인이 천
자의 지위를 얻어 세상을 경륜하고 교화한 것은 하나같이 도체道體의 때
마침 그러함에서 나온 것이었다. 주공은 문왕·무왕의 덕을 완성하면서
이제삼왕의 완비된 바를 계승하고, 은나라에 의거하고 하나라를 거울삼
으면서 더 이상 보탤 것이 없는 경지에 다다랐던 까닭에, 이에 의지하여
전장제도를 만들고 주나라의 도로써 옛 성인의 성취를 모았기에 집대성
이라 한 것이다. 공자는 덕은 있었으나 지위가 없어서 제도를 만들 수 있
는 권리를 얻을 길이 없었기에 하나의 성과조차 열거할 것이 없었으니,
어디 집대성할 만한 것이 있었겠는가?"62

이 글에서 주공은 "덕과 지위를 모두 갖추었다"고 간주되지만 공자는
"덕을 갖추긴 했으나 지위는 갖추지 못했다"고 여겨진다. 이것은 두 사람
을 구별하는 중요한 표식이다. 또한 주공은 왕의 지위를 갖추었기 때문
에 그가 가지고 있던 육경六經은 "관부에 의해 관리되는" 품격을 지니지
만, 이후 공자를 비롯한 선진제자의 경서는 민간에 흩어진 다음에야 비
로소 각각 학파의 제자들에게 '경經'의 내용으로 강의할 기회를 얻는다.

선진제자가 강론한 말들은 주공의 그것보다 품격이 한 단계 낮아진 것으로, 즉 경보다 한 단계 낮은 '전傳'으로서의 의미만 있을 뿐이어서, 그 가치가 확실히 낮았다. 장학성은 "육경은 모두 주공의 옛 전적으로, 관부의 관리에서 나온 것이라 모두 법도로 삼을 수 있었다. 그래서 이를 조술祖述할 뿐, 따로 지어내지 않았다. 육경이 관부의 관리를 잃자 유학자들은 육경 가르치는 것을 자신의 생업으로 삼으면서 육경을 높여 경經이라고 칭했던 것이다. 성인을 따르는 이라면 어찌 사사로운 생각으로 제목을 짓고 억지로 경이란 이름을 갖다 붙여, 후세 사람들의 이목을 어지럽힐 수가 있단 말인가!" 그래서 "관부에서 늘 법도로 삼던 바를 경經이라고 하고, 유학자들이 경을 가르치는 것을 전傳이라고 하니 그 체재가 확연히 구별되는 것이다"[63]라고 했다.

장학성은 경학의 계보를 기술하면서, 공자의 개인적 신분은 그가 예악을 제작할 수 있는 자격을 갖는 데 방해가 되었을 뿐만 아니라, 도덕적 자원을 갖춘 자로서의 우세까지도 점하지 못하게 만들었다고 주장했다. 이른바 "정치와 교화는 둘로 나뉘지 않고治教無二, 관리와 스승은 하나인데官師合一, 어찌 공허한 말로 사사로운 주장을 남겼는가!"[64]라는 장학성의 주장은, 지위를 갖추지 못한 자가 내놓은 가르침이란 자신의 사사로운 주장이란 이유로 실익이 없는 공허한 말이 되어버린다는 것이다. 이 같은 해석은 후세 유학자들이 만들어낸 "도에 근거해 실세에 저항하는以道抗勢" 공자의 형상을 크게 훼손했을 뿐만 아니라 자연스레 소멸시켰다.

장학성은 심지어 선왕이 왕위를 얻어 도를 실천한 결과가 육경이므로, 사사로운 생각으로 육경을 이해하려는 것은 매우 신중해야만 한다고 경고하기도 했다. "만약 그것이 함부로 지은 것임을 모른 채, 성현을 흉내

내는 잘못을 저지르고 아울러 왕의 법도를 참칭하는 죄까지 저질렀다면, 너무나 신중하지 못한 것이 아닌가!"[65] 그는 제자백가가 사사로운 생각으로 경서를 함부로 해독하는 행위에 대해 "제자백가가 지리멸렬하여 완전한 도에 부합하지 않는" 이유는 바로 "스승의 가르침이 관부의 관리를 받지 못하고, 말류의 학자들이 각자 사사로운 생각을 함부로 말했기 때문"이며, 또한 "전해지는 선왕의 도에서 아무런 얻은 바 없이 스스로 일가의 학문을 세운 것은 아니다"[66]라고 크게 폄하했다. 심지어는 사사로운 저술이 정치와 교화에 보탬이 될 만한 가치가 있다는 것을 아예 인정하지 않았다. 왜냐하면 관리와 스승이 관리하던 전장제도는 모든 관리가 만백성을 다스리는 일종의 근거였기에 한 사람의 힘으로는 해낼 수 없는 것이었기 때문이다. "이 까닭에 성왕은 문자를 통일하여 천하를 평안하게 했을 뿐, 정치와 교화를 위한 전장제도에 사용되는 것이 아닌데도 한 개인의 저술을 짓는 일은 없었다."[67] 여기서 볼 수 있는 것처럼 장학성은 사관의 저술이 정치와 교화에 쓰일 수 있는지 없는지를 가치 판단의 유일한 기준으로 삼았다.

'도道'와 '기器'의 관계에 대한 재해석

장학성이 보기에, 공자의 출현은 그저 삼대가 쇠락한 이후 정치와 교화가 분리된 상황에서 세상을 구제하기 위한 일종의 선택이었다. 또한 주공의 전장제도를 보존하여 정치와 교화가 하나인 상태政敎合一를 지속시킨다는 맥락에서 억지로 인정한 것일 뿐이었다. 이른바 "관부가 관리능력을 상실한" 뒤에야 "스승의 가르침에 보존될" 수가 있는 것이었다. 스승의 가르침으로 보존된다는 것 역시 개별 학파의 주장 중 하나에 불과해서 관부가 "정치와 교화의 전장제도"를 보존하는 것과는 전혀 다른 의미이기에, 근본적으로 '치세治世'의 근거가 될 수 없었다. 이러한 이해는 공자 형상에 대한 이전 유학자들의 평가와 완전히 어긋나는 것이었다. 모두 알다시피 한·송 이래로 임금에 의해서든 사인에 의해서든, 수시로 '삼대'로 복귀하자는 주장이 등장했었다. 주공은 삼대의 황금시기를 살았지만, 그렇지 못한 공자는 그저 주공이 남긴 사상의 진수를 지킬 수 있었을 뿐, 자신의 견해를 자유롭게 펼칠 수는 없었다. 이 때문에 삼대라는 틀로 회귀하여, 주공을 높이고 공자를 폄하하는 주장은 사람들을 놀라게 할 만한 것이 전혀 아니었다. 그러나 유가에서 펼치는 논지의 맥락에서 보자면, 공자는 절대 단순히 주공의 사상을 복제했던 것만이 아니라 이후의 믿고 따르는 제자 문하생들과 함께 '도통道統'을 구축해냈다. 이 도통은 송대 이후에 심지어 '치도治道'와 서로 견제와 균형을 이룰 정도로까지 승격됐다.

위잉스는 송나라 때 한·당·송으로 이어지는 이른바 '후삼대後三代'라는 개념이 나타났다는 사실을 발견했다. 그 당시에는 보편적으로 삼대를 지향하고 한·당 시기를 폄하하는 관점이 유행했고, 송대가 한·당 시기보다 낫다는 논의가 있었다. 사실 송나라는 영토나 정치 같은 실질적인 업적 측면에 있어서는 한·당 시기에 비할 바가 아니었지만, 문화적인 측면에 있어서는 한·당 시기의 성취를 뛰어넘고 있었다. 구체적으로 말하자면 유가의 도통은 '치통治統'의 근원으로 존재했고, 도통의 역할은 이전 시기보다 훨씬 더 대단했다. 문화를 정치보다 중시하는 것은 송나라 '삼대' 개념의 기본 속성이 되었는데, "사인과 임금이 함께 천하를 다스리는" 상황이 잠깐이나마 실현되었던 것 역시 도통이 치통을 견제하기 시작했음을 증명해준다.[68] 문화로 정치를 견제하고 균형을 맞출 수 있다는 유학자들의 신념은 원나라 초기까지 줄곧 지속됐다. 양유정楊維楨이 말했던 "도통이란 치통이 존재하는 근거다"라는 한 마디가 그 핵심을 여실히 보여준다. 다시 말해 치통의 합법성은 도통에 의지해야만 한다는 뜻이다. 이런 관점에서 볼 때, 공자를 '도통'의 근원을 밝히는 형상으로 삼는 것은 분명 공자를 도드라지게 만드는 것이고, 그 지위도 상당히 높아졌다고 할 수 있다.

그러나 장학성이 보기에 정치와 도가 하나 되는 상황은 오직 삼대 시기에만 있던 일이었다. 후세에 정치와 교화가 분리된 결과, 공자가 주공의 뜻을 전달하는 역할을 맡기는 했지만, '도통'의 근원이 되지는 못했다. 왜냐하면 '도'란 독립적으로 의미를 갖는 것이 아니기 때문에, '치통'의 합법성을 평가하는 근거가 될 수 있는지에 대해 더 이상 말할 필요조차 없었다. 『논어』 같은 유가 문헌이 '경'이라고 칭해지지 않는 이유는 "그것이 실제 정치제도에 근거한 것이 아니기 때문이었다."[69] 왜냐하면 장학성이 주장하는 바의 핵심은, 주공이 "지위를 갖추었던 것"에 비해 공자는 '지위'가 없으면서도 도를 전한 것 자체가 이미 억지스러웠다는 데 있기 때문이다. 만약 다시 '사사로운 주장들'이 범람하게 내버려둔다면, 덕을 상실할 가능성도 높아질 것이었다. 이는 사실 공자가 도통을 전하는 데 있어 꼭 제도를 초월하는 합법성을 갖출 필요는 없다는 것을 이미 암시하고 있다.

장학성은 주공과 공자의 문제에 대해 극단적인 공리주의 입장을 보였다. 그가 보기에 '도'에 대한 모든 사사로운 주장과 해석들은 반드시 제도가 실행되는 범위 안에서 자리를 잡아야만 했다. 그렇지 않다면 공허한 말일 뿐 아무런 실익도 없는 학문이라는 비난을 받아야 했다. 이러한 사고는 특히 장학성이 '도道'와 '기器'의 관계를 천명하는 가운데 매우 분명하게 기술되었다. 장학성이 보기에 후세 사람들이 '육경'을 도가 담긴 책이라고 여긴 것은 근본적인 착각이며, '육경'은 우선적으로 '도'가 아닌 '기'였다. 그는 한 걸음 더 나아가 이렇게 주장했다. "학자가 익힌 바가 관부에서 관장하던 바와 국가의 정치 교화에서 나오지 않았다면, 그 쓰임 또한 일상적인 실제 필요에서 나오지 않은 것이다. 이 까닭에 삼대 이후 육경을 높이는 것은 단지 부득이한 일이라고만 여겼지, 따로 육경을 도가 담겨 있는 책이라고 여긴 적은 없었다."[70] 이 주장의 의미는 그 어떤 학자가 하는 작업이라 할지라도 응당 국가의 제도를 따르고 실천해야만 하며, '실질적인 일事'과 분리된 '도'는 근거할 바가 없게 된다는 것이다. 후세 사람들은 비록 선왕의 모습을 직접 보지 못하고, 선왕이 직접 사업을 진행하는 품격을 살필 수도 없지만, 여전히 '기'의 형상을 상상하면서 그 안에 담긴 '도'의 의미를 가늠할 수 있다.

가장 중요한 것은 학자들이 자기 잘난 맛에 기의 범위를 벗어나서 도의 내용에 대해 함부로 추측해서는 안 된다는 점이다. 자칫하다가는 "기와 분리된 도를 이야기하는" 실수를 범하고 말 것이다. 그래서 장학성은 다음과 같이 판단을 내렸다. "유가의 부류는 육경을 지키면서, 육경이 단지 도를 담고 있는 서적일 뿐이라고 여겼다. 무릇 세상천지 어디에 기와 분리된 도를 이야기하거나, 실체를 벗어난 그림자가 존재하는 경우가 있겠는가! 저들은 천하의 사물과 일상생활을 버리고 육경만을 고수하며 도를 얘기하는데, 진실로 저들과는 함께 도를 이야기할 수 없구나."[71] 도는 관부의 관리라는 틀을 벗어나면 잡을 수 없는 그림자가 되고 만다. 장학성의 주장 중에는 이와 유사한 비유가 흔히 보이는데, 그 결론은 물론 "관리와 스승은 하나라는" 가르침이다. "관리와 스승 그리고 정치와 교화가 하나 되어 있을 때는, 천하의 총명한 자들이 그 하나 된 바에 틀 지워졌다. 그래서 기에 도가 존재했고 사람들 마음속에는 이를 함부로 넘어서려는 생각이 없었다. 관리와 스승, 정치와 교화가 분리되자, 총명한 자들이 틀 지워지지 않게 되었고, 일음일양하며 수시로 변화하는 도의 변화가 편벽한 천성에 귀착되면서, 각자 자신의 편벽한 천성에 근거해 본 바를 본래부터 그러한 것으로 여기게 되었다. 하지만 이 역시 자연스러운 추세일 뿐이었다."[72]

'제도'는 '도'가 존재하는 '기'이기 때문에 도의 경계와 범위를 규범화할 수 있다. 이런 '제도지상주의'를 최고로 받드는 것은 공리적으로 심지어는 폭력적으로까지 사용되는 제도에 대해 공감하고 있다는 의미다. 장학성이 볼 때, 진秦나라가 『시』와 『서』를 금지한 목적은 법령을 배우는 이들에게 "관리를 스승으로 삼으라"고 요구함으로써, 결과적으로 "도와 기가 하나 되어, 관리와 스승, 정치와 교화가 서로 분리되지 않는" 상황을 만들어내려는 데 있었다. 후세에는 "정치와 학문이 이미 분리된 상태여서 하나로 합쳐질 수 없었는데", 이는 제도가 순조롭게 시행되던 진나라만도 못한 상황이었다.

'도'가 제도에 대한 추종과 실체를 갖춘 제도의 실천 효과에 의지할 수밖에 없다는 점을 지나치게 강조하는 것은 의심할 여지도 없이 심각한 결과를 초래했다. 바로 도가 현실을 초월하는 사상적인 역량을 갖추지 못하게 되었을 뿐만 아니라, 송대 이후 치통에 대해 유가의 도통이 지녔던 강력한 견제 능력이 인정받지 못하게 되었다는 점이다. 그래서 민간에 흩어져 있는 도에 대한 개인적이고 다양한 이해는 자연스레 '불법적'이고 '이단적'인 것으로 판명되고 말았다. 이러한 사상적 계보에서는 당연히 공자가 주공의 뜻을 고지식하게 그대로 전승하면서 정치와 문화에 대해서 개인적인 견해를 조금도 내놓지 않는 형상으로 그려졌다. "그래서 공자는 주공의 가르침을 본받아 따로 지어내지 않았고, 육경을 드러냄으로써 주공의 옛 전장제도를 보존하면서, 감히 기를 버린 채 도를 말하지 않았다."[73]

장학성의 이러한 주장은 따로 노리는 목표가 있었다. 장학성의 창끝이 향한 곳은 바로 "자기 잘난 맛에 사는 사람들이 모두 자기 자신이 주장하는 바를 진정한 도덕道德이라 여기는" 상황이었다. 이는 "제자백가가 앞다투어 도를 말하는" 상황에 대한 통한에서 나온 것이다. 그래서 장학성은 이렇게까지 말했다. "도는 기에 의지하여 현현하는 것이지, 사람에 의해서 이름 지워지는 것이 아니다. 사람들이 도에 대해 말하면서부터 도는 사람마다 그 이름이 달라지게 됐다."[74]

역사 속에서 '도'를 해체하고 '도'의 질서를 다시 세우기 위한 조건

장학성이 주공을 높이 받들면서 공자는 폄하한 심리의 심층을 살펴보면, 사실 그의 내면세계에 문명사에 대한 인식이 있다는 것을 알 수 있다. 장학성은 고대사, 특히 삼대의 역사에 대해 총체적 인식이 있었다. 그가 보기에, 고대 사회에서 정치와 문화는 확연하게 분리될 수 없는 것이었고, 기능적 관리에 대한 요구에 따라야 했기에 제도들도 국가의 총체적인 계획 안에서 설계되어야 했다. 데이비드 니비슨David Nivison의 정리에 따르면, 장학성은 인간세계의 질서 중 기능적·관리적·행동적인 측면이 전통적·문화적·지식적인 측면과 나뉠 수 없다고 여겼다.[75] 지식에 대한 기술은 관부의 부서별 설계와 밀접하게 연계되어 있어서, 해당 지식의 전승은 해당 부문을 관장하는 관리들의 행동과 긴밀하게 관련되어 있었다. 지식은 전문적인 학문이고 국가 해당 부서에 전속되는 것이었기 때문에, 국가의 의도에 따라 관리해야만 효과적이었다. 이와는 반대로, 난세 중에 "관부가 관리능력을 상실"한 상황이 나타난다면, 학문은 관부에서 분리되어 사사로운 개별 학파의 수중에 떨어지고 말았다. 그렇게 되면 전문적인 학문의 권위가 없어지는데, 이 문제를 해결하는 유일한 방법은 바로 지식을 관부의 관리 아래로 복귀시키는 것이었다. 이런 생각은 송대 이후 유학자들의 지식관과는 완전히 대치되었다.

우리가 알고 있듯이, 유가 '도통'의 구축과 전승은 송대 이후의 사인들의 노력으로 만들어진 계보다. 이 계보의 핵심적인 관점은 도의 먼 근원은 주공까지 거슬러 올라갈 수 있지만, 공자는 결코 조술만 할 뿐 스스로 지어낸 바 없이 성왕의 말을 되풀이하는 형상이 아니라 스스로 지어낸 바가 있어야 한다는 것이다. 북송 때에 이르러 초보적으로나마 도의 전승 계보가 구축되었다. 이 계보에서 도는 '기器' 혹은 그 어떤 제도에 의지해야 기능을 할 수 있는 것이 아니라, 심성心性을 형상화하고 정치가 시행되는 방향을 통제할 수 있는 초월적인 역량으로 여겨졌다. 이런 역량을 갖게 된 사인은 비단 관리부서의 규범이나 제약을 받지 않게 되었을 뿐만 아니라, 주공의 뜻을 정확히 계승하는 것에만 만족하지 않고 오히려 정반대로 황제를 교화하고 심지어는 황제와 함께 국가를 다스리는 책임을 졌다.

이상과 현실 사이에 끼어 있는 듯한 이러한 '도'에 대한 계승의식은 최소한 명말까지 계속되면서, 사인들이 정치에 간섭하는 발언을 하게끔 해주는 정신적 지주가 되었다. 청초 사인들은 명나라가 왜 망했는지를 반성하며 이로부터 역사적 교훈을 찾았는데, 이는 자연스레 송학末學에 대한 반성에서부터 시작되었다. 송학이 한때 황권에 의해 정통으로 숭상되던 상황은 건륭제에 와서 변화를 맞았다. 건륭제가 경학을 높이 받들고 송학을 소홀히 했던 것은 그 목적이 예의를 핵심으로 하는 정치 체계를 수립하는 데 있었다. 건륭제는 어릴 때부터 이학理學을 배웠지만, 중년이 된후에는 갑자기 경학을 높이 받들면서 유독 주자를 심하게 비판했다. 어떤 학자는 『사고전서』를 편찬한 전후 시기를 건륭제가 경학을 높이 받들고 이학을 폄하하기 시작하는 분기점이라고 간주했다.[76]

장학성이 주공을 높이 받들고 공자를 폄하한 배경에는 이학에 대한 공격도 있었다. 예를 들어 그는 이학을 "도와 분리된 기를 말하는" 표본으로 간주했다. "송유末儒가 등장해서 무조건 많이 외우거나 화려한 수식에만 매진하는 이들과 다투었는데, 송유는 이 모든 것이 그들이 기에 탐닉했을 뿐 도는 몰랐기 때문이라 여겼다. 무릇 기만 탐닉할 뿐 도는 모르는 이들이라 할지라도 기에 근거하여 그 안에 담긴 도를 보여주면 될 일이건만, 사람들에게 기를 버린 채 도를 말하게 하려고 하니 이것이 바로 송유의 폐단이다."[77] 이 주장의 의미는 기를 버리고 도를 말하는 것이 삼대의 법도에 합치되지 않을뿐더러, 동시에 공자가 전한 주공의 뜻과도 부합하지 않는다는 것이다. 그는 좀더 직접적으로 송유를 비판하기도 했다. "단지 송유의 폐단은 학문, 문장, 경세제민, 공리 밖에서 따로 도를 찾는다는 것이다. 도로 자신들의 학파를 이름 지어 '도학道學'이라고 칭하면서, 밖으로는 경세제민과 공리를 경시하고 안으로는 학문과 문장을 경시한다. 보잘것없는 자신의 학문을 지키면서 스스로 옳다고 여기고, 머리에 든 것도 없으면서 심성이니 천명같이 추상적인 주제만 공허하게 얘기한다. 그래서 통달한 유학자들이 송학에 대해 얘기하는 것을 수치로 여기는 것도 이상할 게 없다."[78] 송학에 대한 이러한 공격은, 비록 그 이유가 송학에는 경세가 빠져 있다는 데 있긴 했지만, 독립적으로 도통을 계승한 송학의 합법성을 상실케 하기에 충분했다. 다시 말해서 사인들 스스로 자신들의 학문적 근거인 송학을 공격하면서 도통의 계승에 의문을 던지기 시작한다면, 이는 정치를 초월하는 도의 역량을 자연 해체시킬 뿐만 아니라 동시에 황권을 제약하는 동력까지 상실하게 만드는 것을 의미했다.

"육경은 모두 역사서다六經皆史"라는 장학성의 유명한 표명 역시 도의 신성성을 전복시키려는 시도에 동참한 것이었다. 그는 『문사통의文史通義』 「원도原道」 중에서 "도는 육경에 구비되어 있다. 정심한 뜻이 육경 이전에 숨겨져 있는 경우는 육경에 대한 장구훈고章句訓詁로 충분히 밝혀낼 수 있다. 그러나 세상이 변하여 육경 이후에 나온 것은 육경이 말해줄 수 없기에, 육경의 요지를 요약하여 때에 따라 찬술함으로써 대도大道를 궁구하는 것을 귀하게 여겼던 것"[79]이라고 주장했다. 이 주장은 육경에 시간성을 부여한 것이다. 이는 육경이 '삼대' 같은 특정한 역사적 시기에 존재하는 도의 의미 중 일부만을 기술할 수 있을 뿐이며, 일단 시간이 흐르고 장소가 바뀌면 도의 의미에도 변화가 생겨 원래의 의미를 고수할 수 없음을 말한다. 이렇게 본다면 공자가 육경으로 도를 전파한 것 역시 역사적인 시간의 제약을 받는 일이므로, 공자가 육경으로 밝힌 주장은 결국 공자가 살았던 춘추시대 도의 의미일 뿐이다. 이로부터 유추해보면, 도에 대한 송대와 이후 왕조의 계승 역시 시간성을 지니기 때문에, 그 어떤 주장이라도 특정한 역사적 현장에서만 적용할 수 있다. 그렇다면 도통이 완전하게 계승되는 계보가 정말로 존재하는가의 여부가 문제로 대두된다.

"육경은 모두 역사서"라는 주장은 양날의 검과도 같아서, 한편으론 육경의 신성성을 해체할 위험성이 있었다. 이 때문에 공자 이후, 특히 송대 이후 도통 계승의 보편성에 의문을 던질 수 있었을 뿐만 아니라, 서로 다른 시대에 존재했던 '삼대'라는 관념의 보편적인 제약을 해체해버릴 수도 있었다. 다른 한편으론 육경이 관부의 관리에서 나왔다는 사실을 강조하다보니 사람들이 '도'와 '정치'는 서로 하나가 되어야만 제대로 작동할 수 있다고 쉽게 오해할 수 있었다. 이는 이후에 황권이 "도와 정치가 하나"인 체계를 구축하는 데 가장 유력한 지원이 되었다. 건륭제는 일찍이 이에 대해 다음과 같이 언급했다. "덕과 정치를 별개의 것이라고 간주하는 경우는 죄다 덕을 본체로 삼고 정치를 작용으로 삼아 내외로 구분하는 경우다. 이렇게 구분해 덕과 정치를 별개의 것으로 보면, 물아物我라는 관념이 생겨난다. 물을 아끼는 정치는 결국 하늘의 덕을 체득한 것이 아니다. 성인께서 덕과 정치를 하나로 간주한 것은 타고난 양심에 근본해 덕을 닦는 데 있어서 스스로 덕을 닦는 것을 자기 자신을 위한 것이라 여기지 않고, 천덕天德을 다루어 정치를 펼치는 데 있어서 자신이 정치를 펼치는 것이 백성에게 미친다고 여기지 않았던 것이다. 이는 덕이 바로 정치요, 정치가 바로 덕이기 때문이다."[80] 여기서 알 수 있듯이, 이와 같은 상황이 조성된 것은 우선 황제가 이렇게 되도록 조종한 결과이기도 하지만, 이 같은 조종에 대해 사인들 스스로도 인정했다는 점 역시 반드시 고려해야 할 요소다.

청나라가 산해관 안으로 들어온 이후, 청초의 몇몇 황제는 이전 사인들이 빈번하게 천명했던 '도'와 '정치'를 분리시키려는 주장의 연혁에 대해 깊이 이해하고 있었다. 그래서 줄곧 '도통'과 '치통'의 절충에 온 힘을 기울였다. 황제는 자신들의 정치적인 역량을 이용해 강제로 문화 영역을 침범하고 문화사상의 발전 방향을 간섭하거나 아예 통제함으로써 사인들이 가지고 있던 황권에 대한 사상적인 초월성을 제약했다. 그러나 이러한 목적을 이루는 것은 절대 쉬운 일이 아니었다. 황제는 번잡하고 중요한 정사를 처리하는 데 있어서 온 천하에 황제의 위엄을 느끼게 할 만한 능력을 보여주어야만 했을 뿐만 아니라, 유가의 학문을 수양하는 데 있어서도 탁월한 재능을 드러내야 했다. 특히 강남의 사인들이 모두 두 눈 부릅뜨고 주시하는 상황에서, 황제의 문덕文德과 체면을 유지하는 것은 결코 쉬운 일이 아니었다. 이는 일반적인 노력을 훨씬 넘어 심혈을 기울여야만 하고 그에 상응하는 대가를 치러야만 하는 일이었다. 청초에 이미 사인들은 강희제가 "도와 정치를 하나로 합칠 수 있는" 비범한 능력을 가지고 있음을 인정했다. 이광지는 이 같은 상황을 다음과 같이 묘사했다. "주자 이래로 황상(강희제)에 이르기까지 또 500년이 걸렸다. 황상께서는 진정한 군왕을 바라는 기대에 부응하시고 직접 성현의 학문을 지니셨으니, 이는 하늘이 장차 요순 시기 같은 태평성대의 천운天運을 다시 열고 도통과 치통을 합치시려는 것이 아니겠는가?"[81]

황제에게 아첨하는 요소를 제외한다면, 이광지의 표현은 비록 의문문의 형식을 취하기는 했지만 강희제가 도와 정치라는 두 갈래 계통에서 정통의 위치를 점한다는 것에 대해서만큼은 아무런 의문도 표하지 않고 있다. 이 점은 장학성의 기억 속에서도 확인된다. 장학성은 자신의 필기 筆記에서 강희제가 학문과 공리功利 간의 관계를 어떻게 다루었는지 그리고 자기 자신이 이 사실에 대해 심리적으로 어떻게 반응했는지를 기술했다. 장학성의 이 문장은 군기대신 양국치梁國治(1723~1786)가 강희제가 일흔이 넘어서도 전혀 나태해지지 않고 시사詩詞, 가부歌賦를 익히는 모습을 보고 크게 감동해서, 황상에게 이제는 건강을 좀더 챙기셔야 한다고 권했던 기억에서 연원한 것이었다. 이제 그만 건강을 좀 챙기시라는 양국치의 권고에 강희제는 이렇게 답했다. "경들은 짐이 서생으로 원고를 간행하여 이름을 남길 요량이라고 여기는 것인가? 짐은 명성을 얻는 것에 관심이 없고, 다른 서생들과 시의 우열을 견줄 생각도 없다. 짐의 하루 일과는 인시(오전 5시)에 시작해서 해시(오후 11시)에 끝나는데, 그 사이 군기대신들과 각 부처의 수장들을 돌아가며 만나고, 상주문을 읽어보고, 조상의 유훈과 옛 실록을 살펴보며, 나머지 시간에는 경서와 사서를 읽고, 사관史館이나 비각秘閣 등에서 진상한 책들을 보다보니, 일마다 해야 할 시간이 따로 있다. 이런 와중에 한숨 돌리는 휴식도 절대 빠질 수는 없는데, 시를 짓는 것이 바로 짐의 휴식시간이다. 그런데 만약 휴식시간에 소일거리가 없다면 사치스럽고 방자한 마음이 그 틈을 파고들게 된다. 그래서 매일 시를 짓는 과제를 정해놓아 스스로 방종해지는 것을 막을 따름이다."[82]

이 기록을 살펴보면 청나라 황제의 하루 일과 속에는 도와 정치의 수양에 필요한 각종 지식이 포괄되어 있다는 것을 알 수 있다. 또한 도 차원의 공부가 정치 업무의 틀 안에 엄밀하게 배치되어 있는 것이, 근본적으로 도가 독립적인 지위를 갖추지 못하고 있는 듯하다. 이에 '시를 짓는 과제'와 같이 원래 휴식에 속하는 활동조차도 자신의 욕망을 억누를 수 있는 "방종해지는 것을 막는 도구"로 규정되고 있다. 사실 이 같은 상황은 상상의 나래를 펼칠 수 있는 휴식 활동이 독립적으로 존재하는 의의를 없애버릴 수 있다. 그리고 사인의 활동이라는 틀 안에서 시사詩詞를 서로 주고받는 행위조차 본질적으로 도의 의미를 담고 있어야 한다는 말이기도 하다. 이러한 시의 기능화에 대한 강희제의 해설은 확실히 장학성의 내면에 영향을 끼쳤다. 장학성은 선망의 어투로 이렇게 찬탄했다. "삼대 이후로 언제 이런 훌륭한 일화를 들을 수 있었는가? 이는 실로 삼대 이후의 사람들이 이룰 수 있는 바가 아니었다."*

　　장학성은 삼대라는 개념을 쓰면서, 도와 정치를 모두 섭렵한 강희제의 지식수준이 삼대 이후의 임금과 사인들은 도저히 다다를 수 없는 경지에 도달해 있다고 여겼다. 왜냐하면 원래는 오로지 삼대에만 도와 정치가 하나로 귀결될 수 있었기 때문이다. 이는 청초의 황제가 일단 도의 진정한 의미를 장악하기만 한다면, 청 왕조 전체가 "관리와 스승은 하나이던官師合一" 삼대의 상태로 돌아갈 수 있음을 암시해주는 것이었다.

　　바꿔 말하자면, 장학성이 보기에 도와 정치의 통합과 분리에 있어서 강희제는 도와 정치가 응당 각자의 분야를 지켜야 한다는 송대 이후 사인들이 조성한 전통적인 공동 인식을 약화시켰다. 반면에 문화도 응당 정치의 질서를 따라야만 한다는 사고는 강화시켰다. 문화가 정치에 종속된

---

* 『지비일찰知非日札』, 중화서국, 2006, 275쪽. 이 말은 장학성이 한 말이 아니라 양국치가 한 말이다. 저자의 착각으로 여겨지지만, 일단 책의 문맥을 따라 번역했다.

다는 것은 바로 송대 이후 사인들이 통렬하게 비판하던 상황이었지만, 장학성은 이에 동의했다. 장학성은 또 예를 들면서 동시대 사인들에게 이렇게 경고했다. "유생들은 황상의 덕이 얼마나 드넓은지를 모른다. '요순이 중용을 지키는 데 인심은 위태롭고 도심은 은미하기에 오로지 정성을 다하고 전심전력 마음을 하나로 모으셨네'*라는 표현을 신하가 임금을 칭송하는 표현으로 삼기만 한다는 것은, 이른바 평생토록 하늘을 이고 땅을 밟고 살면서도 하늘이 얼마나 높고 땅이 얼마나 두터운지를 모르는 것이다. 유생들은 집정대신들의 언행과 공식명령 등의 기록을 유의하지 않으면 안 된다. 그렇지 않으면 꽉 막힌 답답한 벽과 다름없으니, 비록 옛 서적을 두루 읽었다고 해도 취할 바가 없을 것이다."[83] 유생들로 하여금 집정대신들의 언행과 공식명령 등의 기록을 잘 살펴보라고 채근한 것은 분명 '관리'의 기준을 사인들에게 요구한 것이다. 이것은 공리와 문화의 관계에 대한 강희제의 해석으로부터 계발을 받은 것이라고 할 수 있다.

유생들은 공리적인 사업을 실천할 능력을 갖추어야만, 비로소 문화에 대한 황상의 태도를 제대로 이해할 수 있었다. 이러한 사고방식은 일상적인 정치체제에서 경세적인 관점이라고 봐도 무방할 것이다. 원래의 화두로 돌아가자면, 주공을 높이고 공자를 폄하한 시도는 절대 일반적인 의미에서의 학술적 논의가 아니라, 청초 황제의 '도와 정치의 합일'이라는 구상과 정확하게 부합하는 사고방식이었다. 강희제가 주공의 화신이라고 말할 만한 증거는 없기 때문에, 장학성이 청대를 정치적 기능과 문화가 하나로 합쳐졌던 '삼대'로 회귀했다고 할 만한 시대로 상상했는지는 알

---

* 이 표현은 『상서』「대우모大禹謨」에 나오는 이른바 '16자 심결心訣'을 요약한 것이다.

수 없다. 그러나 장학성이 표상한 주공의 형상이 청대 현실정치와 문화와
의 관계에 투사되어 다시금 새롭게 이해되었다는 것만큼은 분명하다.

4절
관리를 스승으로 삼다: 지방지 편찬과 대일통의 문화적 구성

지방지는『상서尚書』「우공禹貢」에서 기원했고, 그 체제는 송대에 이르러 성숙해졌으며, 명·청대에 극성했다. 일반적으로 얘기되듯이, 명대 지방지의 편찬은 해당 지역의 강학講學 풍조와 밀접한 관련이 있었고, 그 내용은 종종 지방의 민속, 토산품, 사인의 품행을 강조하는 것이었다. 많은 지방지가 그 지방 선현들을 칭송하여 관방식 계보를 구축하는 것 이외에도 양명학 강회 활동의 방식과 내용을 기록하고 있었다. 또한 특별히 신경 써서 해당 지방의 학문 계보 중 자랑할 만한 사건을 널리 선전함으로써 지방에 소속된 사인들의 정체성을 강화시켰다. 뤼먀오펀呂妙芬의 지적처럼, 장시 지역『길안부지吉安府志』를 편찬한 이는 길안의 두드러진 요소인 소박한 민풍과 충의의 모범으로 구양수, 안진경, 문천상文天祥처럼 지역성을 초월해 보편성을 획득한 지방 선현들을 강조한 것 이외에도, 추수익鄒守益(1491~1562), 나홍선羅洪先(1504~1564) 같은 양명학 계통의 지방 사인 그룹까지도 강조했다.[84] 이는 지방지를 편찬할 때 상대적으로 사적인 영역이 강화되었음을 보여준다. 이런 지방지의 편찬 방식은 명말 사사로운 개인의 강학 풍조 흥성이라는 시대적 배경과 불가분의 관계를 맺고 있었다. 그러나 청대 지방지의 편찬은 명대와는 전혀 다른 성격을 보여준다.

'치사治史'와 '치국治國'

장학성은 젊은 시절부터 다음과 같은 목표를 가졌다. "대장부로 태어나서 사관史官이 될 수 없다면, 응당 고관대작을 따르며 그 밑에서 서기書記를 맡아 현시대의 일들을 세세히 기록하고 논평하면서 그 문장이 현시대에 쓰일 수 있게 해야 합니다. 예를 들어 지방지를 편찬하는 것 역시 이런 일들 중 하나입니다."[85] 장학성은 평생토록 불우했다. 그의 많은 벗이 사고관에 초빙되었을 때, 장학성은 외로이 그 주변을 맴돌고 있을 뿐이었으니, 당시 그의 우울하고 답답한 심사는 가히 짐작할 수 있겠다. 장학성이 사고관에 들어가지 못한 것은 건륭제가 채택했던 '사고四庫' 분류법과 장학성이 지지했던 『칠략七略』의 편찬 원칙에 큰 차이가 있어서일 수도 있다. 그렇다고 해서 이 같은 현실이 근본적으로 장학성의 '경세' 성향에 영향을 끼치진 않았다. 장학성이 평생 자신의 정력을 가장 많이 쏟아부은 작업은 바로 지방지 편찬이었다. 그러나 그는 줄곧 지방지 편찬을 절대 우연히 시도한 개인적인 작업으로 간주하지 않았다. 그에게 지방지 편찬은 『사고전서』의 편찬 작업과 마찬가지로 제국의 문화적 기획 속에서 중요한 구성 요소였다. 결국 이 모두가 '공적' 영역인 '관방官方'에서 새롭게 역사를 쓰는 시도와 동일하게 여겨졌다. 각종 역사 쓰기의 방식은 그 층차와 영역의 크기에 따라, 서로 맞물리면서 하나의 완정한 구조를 이루었다. '지방지'의 성격은 사실 국사國史 편찬 계획 중 가장 낮은 층차에 속했다. 지방지는 반드시 다음과 같은 두 가지 특징을 갖추어야만 했다. 첫 번째 특징은 지방지가 국사 편찬할 때 취사선택하기 위해 제공되는 지방 문헌 자료라는 점이었다. 이 점에 대해 장학성은 다음과 같이 개괄했다.

"한 조대朝代의 역사서가 있고 한 나라의 역사서가 있으며, 한 가문의 역사서가 있고 한 사람의 역사서가 있다. 그러나 옛이야기 정리와 전문적인 가학의 의미에 밝지 못하니 한 조대의 역사서에 대해 아는 이가 드물어졌다. 주현의 지방지와 여러 나라의 역사 기록의 의미에 밝지 못하니 한 나라의 역사서에 대해 아는 이가 드물어졌다. 족보를 짓는 데 사관의 공유된 법도를 따르지 않으니 한 가문의 역사서에 대해 아는 이가 드물어졌다."

두 번째 특징은 지방지가 가장 기층의 역사 쓰기 틀 안에서 '사사로운 주장'의 존재를 없애면서, 시종일관 '공적인 주장'의 집단적인 기술 원칙을 지킨다는 점이었다. 장학성은 위의 인용문에 뒤이어 이렇게 주장했다. "제자백가가 역사서의 체제에 밝지 못해 각자 사사로이 문집을 짓다보니, 한 사람의 역사서에 대해 아는 이가 드물어졌다."[86]

제국이 정통성을 구축하는 데 지방지가 어떤 작용을 했는가에 대한 이해는 장학성의 역사 쓰기에 대한 사고를 이해하는 핵심적 문제라고 할 수 있다. 그의 견해에 따르면, 지방지란 지리에 관한 전문 서적도 아니고, 지역의 문헌 자료를 모아 '엮은' 책도 아니며, 아무개 학파의 지역적 특색을 다룬 읽을거리도 아니었다. 지방지란 바로 청대 모든 역사 문헌을 수집하는 사업과 역사를 다시 쓰는 작업의 구성 요소였다. 장학성이 보기에, 송·원대 이래로 문인들은 종종 지방지를 '지리에 관한 전문 서적'이라고 오인했고, 명대 문인들은 대부분 '남들과 주고받는 필묵筆墨'쯤으로 오인했다. 청대에 들어오면서 비록 실질을 숭상하는 풍조가 생겨나긴 했지만, 이 역시 지방지를 '문헌을 두루 모은 학자'의 글로 이해할 뿐이었다. "그래서 지방지를 만들면서 문헌을 두루 모아 편찬하는 것은 당초 꺼리는 바가 아니었습니다. 바로 문헌을 두루 모아 지리 전문 서적이라고 스스로 규정짓는 것을 꺼렸던 것입니다. 지방지는 지은이가 의식적으로 편집해 저술한 책인 것을 모르고,* 또 문헌을 두루 모으는 것이 저술을 위한 자료임을 모르면서 스스로 천하의 능사能事를 달성했다고 여깁니다. 이 때문에 비록 모든 문헌을 두루 모은다 해도 여전히 기록할 만한 것이 없고, 현자들은 요즘 유행하는 풍조에 의문을 품는 것입니다."[87] "지방지란 해당 지역의 지리를 고증하는 것이다. 지리의 연혁을 밝히는 데 전력을 다한다면 지방지 작업은 이미 끝난 것"이라는 대진의 주장에 대해, 장학성은 대진이 지방지 편찬 목적을 지나치게 편협하게 보아서, 결국 역사서가 경세의 도구라는 관점과 합치될 수 없도록 만들어버렸다고 여겼다.

장학성은 역사 쓰기의 전체 구상 중에서 '역사 연구治史'와 치국治國의 경세 목표를 시종일관 긴밀하게 연결시켰다. 지방지 역시 '국사' 편찬의 기층 작업으로, 사료를 두루 모아서 사관의 해석을 기다리는 준비 작업이었다. 장학성은 지방지가 국사 편찬의 틀 안에서 합당한 지위를 갖기 위해 오래된 지방지의 유전流傳 계보를 구상해냈다. 장학성은 이렇게 자신의 논지를 전개했다. "오래전 '외사外史'라는 관직은 사방의 지방지를 관

---

* 이 부분은 생략 부호 없이 원저에는 빠져 있으나 『문사통의文史通義』 원문에 근거, 보충해 넣었다.

장하는 임무를 맡고 있었고, 지방지는 각 제후국에 흩어져 있다가 중앙 조정에 역사를 편찬하는 자료로 제공되었다." 이 같은 장학성의 주장에 대해 어떤 사람은 이후 제국의 체제는 이미 봉건제에서 군현제로 바뀌었는데, 그렇다면 지방지를 국사 성격의 문헌으로 활용해서는 안 되는 것 아니냐고 질문했다. 이에 대해 장학성은 다음과 같이 대답했다. 지방지를 관장하는 지방 기구를 살펴보자면, 그 지방 기구의 수령은 모두 조정의 이부吏部에서 임명되었기에, 이전 제후국처럼 지방의 귀족 자제가 파견되는 것과는 달랐다. "그래서 지방지에 제후가 자신이 정한 연호로 연도를 기록할 수 없을 뿐이었다."[88] 그러나 지방지가 조정의 역사 편찬을 위해 준비되는 지방 문헌의 역할을 한다는 것만은 아무런 차이가 없었다. 겉으로 보기에 춘추시기에는 제후국들이 각자 정치를 펼쳤기에 "후세 지방 할거 시기의 국사 사업에서처럼 지방지 사업을 시행하지는 못한 것처럼 보이지만" 사실 역사 쓰기에 있어서는 여전히 통일된 규칙을 준수하고 있었기 때문에, 그 도리는 군현제를 시행할 때와 아무런 차이가 없었다. "사람들은 『주관周官』의 법도가 바로 문자를 통일하고 바퀴 너비를 같게 만든 태평성대의 산물임을 모른다. 사실 제후가 중앙 조정의 법도를 받드는 것은 후세의 군현과 다르지 않았다."[89]

장학성이 재삼 강조하고자 했던 것은 사사로운 학파에는 저술이 없다는 점이었다. 그래서 이후 '지방지'가 국사에 문헌 자료로 제공될 자격이 없던 이유도 '지방지'가 사사로운 학파 저술의 성격을 띠면서, 문헌 자료로 채택될 때 그 범위가 사사로운 개인의 취향과 견해에 국한되고 말았기 때문이었다. 그는 다음과 같은 말로 이 같은 상황을 설명하고 있다.

"오늘날의 지방지는 지방지가 아니다. 그 내용이 예스럽고 고급스러운

것은 문인들이 장난삼아 지은 짧은 기록과 간결한 문장을 모아놓은 것
일 뿐이다. 그 내용이 비루한 것은 공문서이거나 강호를 떠돌면서 재주
를 팔기 위해 지은 글이나 대충 유행에 따라 남과 주고받은 글일 뿐이다.
진정한 사인들은 늘 이 같은 문장을 힐난했다. 국사는 아래로 가문의 족
보, 행장, 문집, 기록 등에서 자료를 취하지 않을 수 없는데, 이것이 이른
바 '예禮를 잃어버리면 재야에서 이를 구한다'*는 말이다. 그러나 사사로
운 학파가 저술하게 되면서 사실이 아닌 부분이 들어 있을까 걱정되어,
증거로 삼을 만한 지방지가 없게 되었다. 그래서 힘들게 일일이 직접 고증
했으니, 오류를 사실이라고 믿는 폐단 역시 피할 수 없을 것이다."[90] 지방
지의 원류와 계보에 대한 논증을 통해, 장학성은 다음과 같이 명쾌하게
결론지었다. "지방지가 없어지면서 국사가 그 폐해를 고스란히 받았다.
지방지가 국사를 짓는 데 신빙성 있는 자료로 간주되지 못하면서 헛되이
만들어만 놓았을 뿐 제대로 사용되지 못했다. 이른바 '각져야 할 술잔이
각지지 않은 것'**처럼 지방지가 지방지답지 않구나!"[91]

정치·교화의 보조적 역할

국사 편찬을 위해 지방 문헌 자료를 비축한다는 명확한 동기 외에도, "관
리를 스승으로 삼는다以吏爲師"는 주장을 삼대의 질서를 회복하는 잠언으
로 삼은 것은, 그 주장이 장학성의 주장 중 심리적 지주라 할 만큼 중요
한 위치를 차지하고 있었기 때문이다. 장학성이 보기에 진秦나라는 두 가

---

* 이 표현은 『한서』 「예문지藝文志」에 보인다.
** 이 표현은 『논어』 「옹야雍也」에 보인다.

지 원칙을 가지고 있었다. 그중 법률을 스승으로 삼아 『시』와 『서』의 전파를 금지한 것은 옛날부터 전해지는 도에 역행하는 행위였지만, 또 다른 하나 "관리를 스승으로 삼는 것"은 삼대부터 전해져온 오래된 법도의 연장이었다. 왜냐하면 "삼대가 흥성했을 당시, 천하의 학문이란 모두가 관리를 스승으로 삼아 배우지 않았던 경우가 없었기 때문이다. 『주관』의 360가지 관직은 천도로부터 인사에 이르는 모든 학문을 갖추고 있었다. 관직을 맡아서 직분을 다하면서 당초 그 관직을 부여한 하늘의 뜻까지 망치지 않은 관리는 모두 천하 사람들의 스승이 될 만한 재목인 것이다."[92] 적어도 진나라는 최소한 관부가 전장제도를 관장했다는 측면에 있어서만큼은 복고의 가치를 지니고 있었다. 그래서 응당 "법률을 스승으로 삼는以法律為師" 행위와는 구분해서 바라봐야 한다. "진나라는 옛날부터 전해지는 도에 역행하는 행동을 많이 했지만 여전히 부합하는 면도 있었으니, 그것이 바로 '관리를 스승으로 삼는 것'이었다."[93]

"관리를 스승으로 삼는 것"을 지방 행정의 차원에 구체적으로 적용해본다면, 이는 지방 정부가 지방지의 편찬을 '행정' 조치의 일환으로 간주한다는 것이다. 장학성이 보기에 "문장이란 행정 속에서 살펴보는 것"일 뿐이었다. 관리의 주체라는 관점에서 보자면, 삼대 이후의 역사기록은 문학을 짓는 유학자에게 귀속되었지, 해당 관직이 관리하게끔 되지 않았다. 결국 역사 사실은 화려한 미사여구로 기술되었지만, 더 이상 법적인 제약은 받지 않았다. 장학성은 '문文'과 '질質'이라는 기준을 들어 이렇게 평가했다. "그런즉 삼대 이후로는 질을 떠나 문을 따지게 되니 역사 사실에 대해 말하기가 어려워졌다." 이런 맥락에서 장학성에게 주현의 지방지 편찬은 아주 구체적인 지방 행정의 조치로 여겨졌다. 심지어는 이부·호부·

병부·형부의 업무와 동등하게 보였을 수도 있었으리라. "주현에서 지방지를 편찬하는 것은 옛날 제후국의 역사서를 짓는 것과 마찬가지이기에 이부·호부·병부·형부의 업무가 구체적으로 그 안에 구비되어 있는 것이다. 지금 중앙에서 파견 나온 높은 관리는 없지만 그 지역의 서리胥吏가 있는데 이들 역시 각자 해당하는 직분을 지키고 있다. 그래서 옛 사건과 제도에 대한 정보를 이들만큼 갖추고 있는 이가 없고, 행정과 법치에 대한 정보 역시 이들만큼 갖추고 있는 이가 없다. (…) 이런 까닭에 문서를 관리하는 하급 관리인 서리를 영사令史라 부르고 그들의 수장을 전사典史라고 불렀던 것이다. 영사와 전사라는 명칭 중 '사史'가 옛 사건과 제도를 관리하는 관리라는 의미를 가졌다는 것을 깨닫는다면, 지방지를 편찬하는 요체를 터득할 수 있을 것이다."[94]

지방지 편찬이 관직제도와 지방 행정에 미치는 영향에 대해 장학성은 확실하게 이해하고 있었다.

"오늘날 어떤 주현은 기록할 바가 간단하고, 어떤 주현은 기록할 바가 번잡하다. 옛 사건과 제도를 관리하는 장고掌故나 영사令史가 각 주현의 경우에 맞춰 시행할 체제를 제정하는데, 완전히 이조·호조·병조·형조 같은 육조六曹의 일인 것은 아니다. 그러나 한 현에서 그 현의 일들을 기록할 때 현의 체제에 따라 지방지 형식을 결정해서, 그 범례와 세부 목차를 만든다면 더더욱 그 현의 사정을 잘 살펴볼 수가 있을 것이다. (…) 오늘날 그 강령을 밝히고 지방지를 확실하게 편찬하여 사람들로 하여금 지방지를 통해 현의 법도를 지키게 하고, 법도를 통해 각 직분을 명확하게 밝힌다. 그래서 이러한 작업을 잘 시행하고 전수하면서 뒤이어 맡을 만한 인재를 찾았던 것이다. 이것이 옛사람들의 이른바 '결승結繩 문자를 서계

書契 문자로 바꾸니 모든 관리가 이로써 다스렸다'[*]는 것으로, 모두 이러한 도道였다."[95]

심지어 장학성은 지방지 편찬을 지방 행정의 체현으로 간주하여, 전담 인력을 구해 담당하게 해야 하며, 지방지 편찬을 전담할 '지과志科'를 설립해야 한다고 여겼다. 왜냐하면 이렇게 해야만 비로소 관리와 스승이 하나 되어 직분을 지키던 삼대의 유습에 부합하기 때문이었다. "그래서 주현의 지방지를 짧은 시간에 편찬할 수는 없다. 평소에 여러 하급 관리 사이에 지방지 편찬을 위한 지과를 따로 설립한 뒤 그들 중 어느 정도 문장에 밝은 자를 뽑아 지과를 맡긴다. 그리고 확실히 정해진 법규를 만들어 그들로 하여금 그에 따라 지방지를 기록하게 하면 마치 공문서에 공식적인 격식이 있듯이 정확한 격식이 생길 것이다. 이렇게 된다면 잘난 척하며 자기 멋대로 지어내려는 폐단은 없게 될 것이다."[96] 사실상 이것은 '지방지 편찬'을 지방 행정의 일환으로 간주한 것이다. 이는 지과라는 고정된 기관을 통해 지방지 편찬을 관료화 시스템 안에 편입시키면서 서리의 직분 중 하나로 바꿔버린 것이다.[97]

이런 사고를 따라가다보면, 장학성은 지방의 정보가 반드시 『주례』에 기획된 원칙을 따르면서 6관官과 이에 따른 360가지 관속官屬[**]에 집중해 재야 사인들이 함부로 다루는 풍조를 막아버려야 한다고 여긴 것이 분명하다. 당시 상황은 "간혹 호사가들이 지방지를 편찬하기도 하는데, 거개가 잠시 탐방한 내용에만 근거했다. 대부분 인품과 학식이 용렬해서 그

---

[*] 이 표현은 『주역』 「계사전繫辭傳」 하에 보인다.

[**] 『주관周官』이라고도 불리는 『주례周禮』는 총 6관으로 천관天官, 지관地官, 춘관春官, 하관夏官, 추관秋官, 동관冬官(동관은 이미 일실되었다)으로 나뉘고 그 예하 관직을 합하면 360종에 달한다.

지방지의 범례가 제대로 만들어진 경우는 거의 없었다. 심지어는 사사로운 감정으로 기록할 대상을 모함하거나 뇌물을 받고 글을 써주는 경우까지 있었다." 이처럼 사사롭게 자행되는 거짓말들은 모두 반드시 역사 편찬의 시스템으로 관리되어야만 근절될 수 있었다. 「화주지예문서례和州志藝文書例」에서 장학성은 문헌이 민간에 흩어져 있는 상황에 대해 깊은 불만을 표시했다. "서책이 이미 천하에 흩어져 총괄하는 바가 없어져버렸다. 그래서 문헌을 기록하고 분류하는 방법이 등장해서 활용되게 됐다. 이 역시 추세상 어쩔 수 없는 것이었다." 서책에 대한 통일된 분류와 기록은 "관리와 스승이 하나 되기 위한" 구체적인 실천과정이 되었고, 동시에 지식의 온전하고 완벽한 상태를 유지하기 위한 방법을 찾는 길이기도 했다.

지방지 편찬이 관료 체제의 기능과 밀접하게 연관되어 있기에, 이를 그 구성 성분으로 간주할 수도 있었다. 이렇다보니 개인의 영역에서의 글쓰기에 어떻게 간섭할 것인가 하는 문제가 대두됐다. 심지어는 지방지에 수록된 개인 영역의 족보까지도 "국사를 지을 때 취사선택하기 위한" 자료로 간주됐다.[98] 장학성은 또한 족보학이 개인의 수중에 떨어지면서 야기된 폐단에 대해서 공격하는 것도 잊지 않았다. "오늘날 창장 강 이남 지역은 문화가 매우 흥성하다보니 그 풍조가 부화浮華해졌다. 강남 사인 가문의 족보는 종종 조상 중 유명한 현인에게 빌붙거나 조상의 덕행을 과장해서 기술하기도 했기에, 그들의 폐단은 허황되다는 것이었다. 황허 강이북은 풍속이 질박해서 그 지역 사람들 역시 대부분 거칠고 꾸밈이 없었다. 그렇다보니 족보학이 제대로 갖추어지지 않아서 종종 자손들이 자신의 증조부나 고조부의 이름조차 기억하지 못했다. 간혹 기록된 족보가 있다고는 하지만 너무 성글어서 제대로 고찰할 수 없었기에, 그들의 폐단은 너무 조악하다는 것이었다." 그 원인은 바로 "족보가 관부에 의해 관리되지 않고 역사서를 짓는 권한이 통솔되지 않았기 때문이었다." 이 말은 이렇게 뒤집어 말할 수도 있다. "족보가 관부에 의해 관리되면, 관련된 사안은 잘 모이고, 관련된 사람은 호적에 드러난다. 그렇게 되면 천하까지 균형 잡힌다."[99]

다른 글에서 장학성은 지방지 편찬을 학교 제도와 상응하는 교화 작업으로 간주했다. 그는 지방지 편찬이 "학술적 양심을 바로잡는" 역할을 할 수 있다고 여겼다. "문장은 천하에 흩어져버렸고 사관 역시 전문적으로 관리하는 바가 없었기에, 문자가 통일된 시대이건만 오로지 학교의 스승師儒만이 이를 가르칠 수 있었고 주현의 지방지만이 서책의 분류를 갖추고 있었다. 이런 지방지에 의해 예부터 정해진 법칙으로 지어져서 지방에서 보존되었다. 이렇게 보존되었기 때문에 조정의 사자使者가 돌아다니며 직접 수집할 때를 대비하고, 궁중 도서관을 관장하는 비서秘書가 판정을 내리길 기다리게 된다. 그중에 괴이하거나 사특한 내용이 있다 해도 그들이 보고 들은 바로 바로잡을 수 있으니, 그렇게만 된다면 문장과 전적들은 잘 모이고 학술적인 양심은 규범을 잘 지키게 될 것이다."[100]

장학성의 서적 분류법은 황실의 가장 큰 문화 사업이었던『사고전서』편찬의 형식으로 채택되지 못했고, 지방지에 대한 그의 고찰 역시 당시엔 아무래도 광범위하게 활용되기 어려웠다. 그는 평생 고관대작이 된 적은 없었지만, 이런 그의 이력은 학풍과 지방 풍조의 교화에 있어서만큼은 황실의 목표와 호응하는 데 아무런 문제도 없었다. 그의 지방지 편찬 의도와 황실의 치세 사상은 완전히 일치했다. 다음의 주장은 이 같은 장학성의 속내를 그대로 드러내고 있다. "엎드려 생각건대, 황상께서는 옛것을 살피시고 문치를 숭상하시며 경서의 뜻을 밝히시고 역사서를 가늠하심으로써, 정치와 학문을 밝히셨다. 요순처럼 중용을 지키시며 공자처럼 역사서에 첨삭한 것은 천고에 보기 드문 바다. 국사國史 외에도 삼통三通*과 『사고전서』의 여러 서책은 각기 자신의 유파를 갖추고 있고 분류가 확실하기에 서로 교차되면 이점이 있을 뿐 서로 문란해지는 경우는 없었다. 이것이 이른바 '각자 자신이 알고 있는 직책을 맡는다'는 것이다."[101] 이 문장엔 지방지 편찬을 제국의 문화 사업에 포함시키고자 하는 장학성의 절절함이 드러나 있다. 이런 심정은 장학성의 일관된 사상, 즉 지방지의 편찬이 "정치와 교화를 돕는" 역할을 할 수 있다는 장학성의 굳은 신념을 반영해주고 있다. 그리고 이를 통해 과거 관부의 통치 풍격이 어떤 궤적을 그려왔는지도 확인할 수 있다.

"지방지란 비단 문헌을 세상에 드러내 상찬하는 것뿐만 아니라 정치와 교화까지도 도울 수 있다. 지방지에 실린 지도를 살펴보면 선덕산善德山과 도원산桃源山은 창더常德의 진산鎭山이고, 점수漸水, 잠수潛水, 창랑수滄浪水는 창더의 천택川澤이다. 이 같은 자연풍광 속에서 아련히 옛사람의 맑은 풍모가 보고 싶어지기에, 지금의 말세와도 같은 저열한 풍속을 다시금 진작할 수 있다. 이전의 역사적 자취를 찾아보면, 복파장군伏波將軍 마원馬援이나 사례司隷 응봉應奉 같은 사람들은 한나라 때 오랑캐를 제압했고, 이고李翶나 온조溫造 같은 사람들은 당나라 때 수리 사업을 크게 일으켰다.

---

* 일반적으로 '삼통'은 당唐 두우杜佑의 『통전通典』, 송宋 정초의 『통지通志』, 원元 마단림馬端臨의 『문헌통고文獻通考』를 가리키지만 여기서는 청나라 건륭제 때 지은 『속통전續通典』『속통지續通志』 『속문헌통고續文獻通考』『황청통전皇淸通典』『황청통지皇淸通志』『황청문헌통고皇淸文獻通考』를 포함하고 있는 듯하다.

이에 지역에 맞춰 제도를 적용하고 때에 맞춰 변화했던 과거의 일들은 모두가 문관, 무관, 지방 장관이 스승으로 삼아야 할 바다." 그래서 그는 다음과 같이 탄식했다. "정치의 불변적 요소와 언어의 요체는 본래 두 가지로 나뉘지 않건만 정치에 어두운 자들은 이를 살피지 않는구나."[102]

　　장학성은 또 다른 글에서 『스서우 현지石首縣志』를 편찬한 왕유병王維屏에 대해 "『스서우 현지』는 왕유병 선생 한 분이 지으신 것이지만 옛날의 훌륭한 사관조차 그 수준을 따라잡지 못할 것이다"[103]라고 평가했다. 장학성에게 훌륭한 지방지는 지방의 정치를 이끌어나가는 역할을 할 수 있는 것이었다. 이는 바로 '주장言'으로 '실제 사안事'의 성향과 성격을 규범화할 수 있다는 말이었다. 이 점에 대해 장학성은 다음과 같은 해석을 내놓았다. "정치란 실질적인 사안이고 지방지란 주장이다. 세상에 멋들어진 주장이 있어도 실제 사안에는 들어맞지 않을 수 있다. 하지만 주장에 조리와 일관성이 없는데도 실제 사안이 도리어 질서정연하게 펼쳐진 적이 있다는 말은 들어보지 못했다."[104]

문자는 어떻게
옥사가 되었는가

짐은 지금까지 말이나 글로 사람에게 죄를 뒤집어씌우지 않았다.
— 건륭제

짐은 정정당당하게 일을 처리해 천하의 공신력을 얻을 수 있었다.
그런 짐이 설마하니 조서를 내려 전대의 전적을 찾아내고 문제점을 들춰내서
책을 소장한 사람에게 죄를 뒤집어씌우겠는가?
— 건륭제

시작하는 말: 건륭제의 눈에 비친 '천일생수天—生水'

1774년은 건륭제가 황제가 된 지 39년이 되던 해였다. 그해 6월 어느 날, 어서방御書房의 책상 위에 도면 한 장이 놓여 있었다. 건륭제는 몸을 구부린 채 그 도면을 자세히 보고 있었는데, 북좌남향의 고전 건축물 도면 같았다. 이것은 양회염도兩淮鹽道 인저寅著가 방금 올린 강남의 장서루 천일각天—閣의 건축 도면이었다. 건륭제는 요즘 기분이 좋았다. 『사고전서』를 편찬하며 공포한 장서 수집 유지가 몇 차례 반복된 뒤 그해부터 순조롭게 집행되기 시작했다. 저장 닝보寧波 최대의 장서루인 천일각의 주인 범무주范懋柱(1721~1780)는 638종의 도서를 골라서 조정에 바쳤는데, 양저우揚州 염상 마씨馬氏 형제 다음으로 많은 책이었다. 그를 본보기로 다른 장서가 3명도 수백 종의 책을 바쳤다. 건륭제는 기쁜 마음에 직접 유지를 내려 『고금도서집성古今圖書集成』 한 부씩을 주어 이들을 표창했다.

이런 기분 탓에 건륭제는 며칠 전부터 느닷없이 강남의 유명한 장서루의 구조에 관심이 생겼다. 그는 이 장서루가 벽돌과 기와로 만들었기 때문에 화재의 위험도 없으며 명대부터 청초까지 한 번도 손상되지 않았다고 들었다. 그래서 그는 이 장서루를 세울 때 왜 나무를 쓰지 않고 돌로만 만들었고, 또 서가의 구조가 어떠했는지 알고 싶었다. 인저가 바친 도면에는 건륭제가 알고 싶어하는 모든 것이 명확하게 그려져 있었다. 도면을 보던 중에 인저가 올린 상주문의 한 구절이 순식간에 건륭제의 뇌리를 스쳤다.

천일각 앞에 일찍이 연못 하나를 팠는데, "전해오는 말에 따르면, 연못을 파기 시작했을 때 땅에서 얼핏 '천일天—'이란 두 글자와 같은 형태를 보고, '천일생수'의 의미가 생각나 그것을 장서각의 이름으로 삼았다고 한다. 천일각은 여섯 칸으로 되어 있는데, 이는 '지육성지地六成之(땅의 수 여섯이 그 물을 완성시켰다)'의 의미에서 취했다. 그래서 서가의 높이, 길이, 너비 및 책장의 수량과 치수는 모두 육六이란 숫자와 관련되어 있다."[*1]

이 구절을 읽었을 때 건륭제는 자기도 모르게 가슴이 뛰었다. 그는 이 말이 사회에 널리 알려진 우언과 같다고 느꼈다. 장서루가 취한 '천일생수'란 말은 사실 '강남江南'이 천하의 문종文宗이라는 의미가 내포된 은유적 표현으로, 상당히 자부심이 강한 이름이다. '강남'은 일찍부터 인문학의 중심지였고, 청초 황제들의 눈에도 특별한 지역으로 인식되었다. 강남은 각종 반청운동이 빈번하게 일어나는 곳이자, 패역무도한 여론의 발원지였다. 그래서 그들은 천하의 문종인 강남의 위치를 인정하면서도 필요할 때는 시시각각 여론의 확산을 방비하고 억제해야 했다. 따라서 '천일생수'란 말에서 천하를 업신여기는 문화적 횡포를 느낀 건륭제는 약간의 불쾌감을 느꼈고, 모종의 행동을 취해야 한다고 생각했다.

천일각의 도면을 자세히 보고 연구했던 그날 이후로 건륭제는 천일각

---

* 원래 "天一生水, 地六成之"라는 표현은 전설의 '하도낙서河圖洛書'에 있었다고 전해지는데, 현재 직접 확인이 가능한 것은 집일輯佚된 『상서대전尙書大傳』의 일문佚文에서다. 천일각의 이름, 즉 '天一'과 방의 칸수나 여타 다른 수치를 모두 6과 관련지은 것이 이 구절과 연관이 있다. 즉 물의 기운水氣을 상징하는 숫자를 사용해 최대한 서재의 화재를 막아보려는 바람이었던 것이다. 게다가 '天一'이란 표현은 '발원지'나 '근원'의 의미도 가지고 있었다. "天一生水, 地六成之'에 대해서는 다음의 주석들을 참고하여 그 이해를 도울 수 있다. 『상서』「홍범洪範」의 "오행은 첫 번째가 물이요, 두 번째가 불이요, 세 번째가 나무요, 네 번째가 쇠요, 다섯 번째가 흙이다五行: 一日水, 二日火, 三日木, 四日金, 五日土"란 구절에 대해 전한의 공안국은 "이 모두가 오행이 연달아 숫자를 만들어낸 것이다(皆其生數)"라고 전傳을 달았고, 다시 이에 대해 당의 공영달은 다음과 같은 소疏를 달았다. '『주역』「계사전」에서는 이렇게 말했다. '하늘의 수는 1이고, 땅의 수는 2이다. 하늘의 수는 3이고, 땅의 수 4이다. 하늘의 수는 5이고, 땅의 수는 6이다. 하늘의 수는 7이고, 땅의 수 8이다. 하늘의 수는 9이고, 땅의 수는 10이다.' 이것이 바로 오행이 서로 연달아 만들어낸 숫자다. 하늘의 수 1이 물을 낳고, 땅의 수 2가 불을 낳고, 하늘의 수 3이 나무를 낳고, 땅의 수 4가 쇠를 낳고 하늘의 수 5가 흙을 낳았다. 하지만 이렇게만 두면 양과 음 모두 짝이 없게 된다. 그래서 다시 땅의 수 6이 물을 완성하고, 하늘의 수 7이 불을 완성하고, 땅의 수 8이 나무를 완성하고, 하늘의 수 9가 쇠를 완성하고, 땅의 수 10이 흙을 완성한다. 이에 음양이 각자 짝을 갖추면서 만물이 완성될 수 있는 것이다.'"

의 구조대로 국가 장서루 4곳, 즉 문연각文淵閣, 문진각文津閣, 문원각文源閣, 문소각文溯閣의 건립을 고려하기 시작했다. 그중에서 문원각은 "어원御園의 공터에 천일각의 구조를 그대로 모방해 짓고 문원각이라 이름 지었다." 「문원각기文源閣記」에서 건륭제는 일찍이 '물水'과 '원源(발원지)'의 관계를 상세히 설명한 바 있다. 『사고전서』를 편찬한 뒤에 그는 먼저 '천일각'의 구조에 따라 서고를 설계했음을 인정했다. "천일각의 구조를 본떠 서가를 만들고 책을 쌓아두게 했다." 건륭제는 천일각의 건축 스타일과 그 안에 담긴 의미를 잘 알았다. 그는 생각했다. "천일각의 칸수나 기둥, 서까래의 크기는 다 의미가 있다. '천일생수, 지육성지天一生水, 地六成之(하늘의 수 1이 물을 낳고, 땅의 수 6이 그 물을 완성했다)'에서 그 뜻을 취했다."

다음 말에서 건륭제는 '물水'과 '문文'의 기원을 대응시켜 그 관계를 은유적으로 설명했다.

"물로 비유하자면 경經은 문의 발원지源이고, 사史는 문의 물길流이다. 자子는 문의 물갈래支이고 집集은 문의 지엽적인 물갈래派*다. 물길·물갈래·지엽적인 물갈래가 모두 발원지에서 분류되어 나온 것처럼, 집集·자子·사史는 모두 경經에서 나온 것이다. 그래서 사부四部의 책을 보관할 때 경을 가장 중시했는데, 문을 물에 비유하자면 그 발원지를 거슬러 올라가기 위해서다. 천일각의 장서 역시 이와 크게 다르지 않을 것이다."[2]

이 말은 표면적으로는 천일각 및 그것이 은유하는 '강남'의 문종으로서의 지위를 인정해주는 것 같다. 하지만 7년 뒤 건륭제는 국가 장서루 문소각文溯閣의 기문記文을 쓸 때 문화의 발원지에 대해 새로운 해석을 내

---

* 원서엔 '派'가 '脈'으로 되어 있으나 이는 오기로, 「문원각기」의 원문에 근거해 수정했다.

놓았다.

"바다의 발원지를 따져보면, 모든 물은 각각의 발원지가 있지만 모두 다 바다로 모여든다. 그러다보니 바다는 물의 끝자락일 뿐 발원지가 아닌 듯하고, 바다의 끝자락이라 할 수 있는 미려尾閭*가 어디로 새는지 모르겠지만, 결국 물은 돌고 도는 것이니 바다가 그 발원지가 된다. '처음을 근원으로 하여 그 끝으로 돌아간다'는 순환의 원리는 『주역』 「계사전」에서 그 단서가 보인다. '진津'은 물의 발원지를 찾아가는 길이라서 '이를 거슬러 올라가는 것溯'이다. 그래서 진津이나 소溯 역시 사실은 물의 발원지에 다다르기 위한 못淵이다. 물의 체용體/用이 이와 같은데, 글의 체용이라고 해서 유독 이와 다르겠는가?"[3]

이 글에서는 에둘러 말하고 있지만, 그 의미는 아주 명확하다. 즉 '천일각'은 '강남' 문종의 상징으로, 역사상 강남 문화의 원동력이었다 하더라도 대일통大一統이라는 정치적 틀 안에서 자신만의 적절한 위치를 찾아야 한다는 것이다. 이 과정은 모든 강줄기가 바다로 흘러들어가는 것처럼 어쩔 수 없는 것이다. 은유적으로 표현된 '바다海'는 사실상 『사고전서』를 편찬하는 과정에서 천하의 비서祕書를 수집하고 법령에 저촉되는 금서禁書를 조사한다는 이중의 목적 아래에서 드러난 대일통의 사상이라 할 수 있다.

'모든 강물은 바다로 모여들기 마련이다衆源歸海'라는 이론으로 '문'의 '체용'을 설명해내고 그것을 다시 정치의 중심인 베이징과 문화의 중심인 강남이라는 공간적 대치 관계로 치환해냈다. 훗날 장음張鎏(1761~1829)은

---

* 전설에 나오는, 바다의 물이 새어나가는 곳으로 『장자』 「추수秋水」에 보인다. 여기서는 바다의 끝이란 의미로 쓰였다.

이에 대해 깊이 깨달은 바가 있어 이렇게 말했다. "사고칠각四庫七閣*의 이름은 모두 '물 수水' 자를 편방偏旁으로 하고 있다. 전장鎭江 문종각文宗閣의 경우 표면적으로는 '물 수' 편방이 없어 다른 사고각과 달라 보이지만, '종宗'에 담긴 의미를 자세히 살펴보면 본래 '강이나 하천은 모두 바다로 모여든다'는 의미가 들어가 있다."[4] 이 말은 설령 강남이 인문의 집결지가 되어야 하는 더 많은 이유를 가지고 있다 하더라도, 청 조정의 대일통이라는 '바다' 속으로 회귀해야 한다는, 즉 대일통이라는 정치적 틀 속에서 행동해야 한다는 뜻이다. 문화일통이라는 '대원칙' 안에서 강남의 문종文宗은 그저 '용用'의 자격만 있을 뿐이었다.[5]

물론 수백 년 동안 축적되고 널리 유전되어온 '강남' 신화를 철저하게 뒤엎는다는 것이 어찌 쉽겠는가? 이 같은 시도는 분명 강남 지식인들의 지속적인 저항을 받을 수밖에 없었다. 그래서 강남 신화를 지속적으로 써내려가면서 개찬하는 과정은 한시도 긴장을 늦출 수 없는 시도의 연속이었다.

---

* 『사고전서』를 보관해둔 장서루를 말하는데, 북방의 문연각文淵閣, 문진각文津閣, 문원각文源閣, 문소각文溯閣과 남방 양저우揚州의 문회각文匯閣, 전장의 문종각, 항저우杭州의 문란각文瀾閣을 말한다.

1절
"은거를 핑계로 불교로 귀의한다"고 반드시
"모두 피안에 갈 수 있는 것"은 아니다

'관풍觀風'의 의미 변화

건륭제는 '천일생수天一生水'의 의미를 해석하면서 문종文宗으로서의 강남
에 대한 우려와 강남을 황실의 장서 '바다'로 끌어들이려는 자신감을 보
여주었다. 이런 자신감에는 다 이유가 있다. 그의 눈에 비친 『사고전서』
는 아주 깊고 넓은 지식의 바다로서 어떤 이단의 소리도 이 안에 들어오
면 형체도 없이 녹아 없어질 것이었기 때문이다. 그러나 이 자신감에는
강남에 대한 두려움과 미움이 혼재되어 있었다. 강남에 대한 흠모와 증오
의 감정은 건륭제가 등극하기 전인 강희제와 옹정제 때도 뿌리치지 못했
다. 전하는 말에 따르면 심지어 강희제는 남순 때도 강남에 오래 머물고
싶어하지 않았다. 또한 옹정제는 강남 사대부의 기풍을 극도로 싫어했다.
왕경기와 사사정의 문자옥文字獄*을 처리한 이후부터 옹정제는 저장의 풍
습이 경박하고 심지어 다른 성보다 심하다고 생각했다. 그래서 문자옥을
전담하기 위해 저장에 관풍정속사觀風整俗使**라는 직책을 만들고, 전담
관리 한 명을 보내 "풍속을 살피게 했다.""힘써 지방의 명문세가와 백성

656 | 강남은 어디인가

으로 하여금 두려움을 알게 하고, 천한 풍습을 모두 없애 소박함으로 귀의하게 해 함께 천자의 교화를 누리고 있음을 밝히는 데"[6] 그 목적이 있었다.

심지어 그는 다른 성지聖旨에서 위협하듯 말했다. 자신이 집정하는 내내 도처의 "풍속이 부박하고 민심이 흉흉하며, 오만방자한 무리가 종종 조정을 비방하고 뼈 있는 말을 잘한다. 심한 경우는 글로 거리낌 없이 비방한다." 또 왕경기, 사사정처럼 정부를 비방하는 사람이 더는 안 나온다고 보장할 수도 없다고 했다. "태평성대를 원치 않는 한족"을 향해 옹정제는 더 강경하게 말했다. "간사한 사람이 선동해 한 지역이 불안해지면, 너희들은 아무 일 없이 목숨을 보존할 수 있을 것 같은가? 평소 정부를 원망할 때 이런 것까지 계산에 넣었는지 모르겠구나!"[7]

옹정제는 강남의 사인과 관원들에 대해 본능적으로 반감을 표했다. 예를 들어 한번은 관원을 훈유할 때, 우연히 저장 사람 요삼진姚三辰(?~1737)의 "황제의 말을 인정하지 않는 말투나 태도"를 보고 "심보가 나쁘고, 전혀 황제를 두려워하는 기색이 없다"고 판단하여, 이 불쌍한 사람을 변방인 알타이의 수자리로 보내버렸다.[8] '강남' 사인들에 대한 옹정제의 악감정은 강남 전체 민풍에 대한 경계와 공포로 발전했다.

---

* 옹정 4년(1726)에 장시江西 성 주고관 사사정이 과거의 시제로 『시경』의 '유민소지維民所止'를 택했는데, 이 시제는 엄청난 파란을 몰고 왔다. 바로 '유維' 자와 '지止' 자가 옹정제의 연호인 '옹정雍正'에서 위의 변만 뺀 것으로, 이것이 옹정제의 목을 베겠다는 의미로 받아들여졌다. 분노한 옹정제는 사사정과 그의 구족을 죽였다. 또한 한림원 학사 서준徐駿은 상소문에서 '폐하陛下'의 '폐陛' 자를 들개를 뜻하는 '폐狴' 자로 바꾸어 써서 삭탈관직되었다. 이에 문자도 모르면서 자기 마음대로 뜯어고친다면서 옹정제를 비아냥거리는 내용의 시를 지었고, 결국 옹정제의 분노를 사 참수형에 처해졌다.

** 관직명으로 옹정 4년에 저장에 처음으로 두었고, 그 뒤로 푸젠福建, 광동廣東, 후난湖南 등의 성에도 설치했다. 지방을 순찰하거나 풍속을 계도하는 일을 담당했다. 특수 상황에만 일시적으로 생겨난 관직이다.

옹정 5년(1727) 2월 4일, 저장 성 핑후平湖에서 황제가 현민 전체를 몰살하려 한다는 유언비어가 나돌았다. 그런데 이제 막 마무리된 문자옥의 주역 왕경기가 일찍이 핑후에서 지낸 적이 있었기에 그곳의 한 무뢰배가 이런 유언비어를 퍼뜨리자 백성은 두려움에 도망가기 시작했고, 결국에는 지현知縣이 집집마다 찾아가 그 상황을 설명하고 나서야 민심이 비로소 안정됐다. 하지만 3월 7일에 전당錢塘 현에서도 이런 소문이 났다. 이 소문은 샤오산蕭山, 하이닝海寧 등의 지역에까지 영향을 미쳐 백성은 무서워서 도망쳤고, 결국 여러 번 상황 설명을 한 뒤에야 안정되었다. 같은 해 7월 저장 성 하이닝에서 재차 이런 소문이 돌자, 결국 옹정제가 직접 나서서 국면을 진정시킬 수밖에 없었다.

"이것은 개과천선의 여지가 없는 간악한 무리가 짐의 엄중한 처사를 원망해서 벌인 짓이 틀림없다. 그 야차 같은 놈들이 술수를 부려 백성을 미혹시켰다. 또한 백성은 평소 짐의 본심을 몰랐기 때문에 그들의 말에 쉽게 움직였다."[9]

이를 통해 볼 때 옹정제는 이미 '사풍士風'과 '민풍民風'을 연결시켜 관찰하기 시작했으며, 둘은 가끔 서로 영향을 미치기도 한다고 생각했다. 이로 인해 강남에 대한 옹정제의 의심과 공포는 더욱 심해졌고, 이런 상황에서 '관풍정속사'를 설치하는 것은 어쩌면 당연한 결과였다.

관풍정속사의 설치는 당대의 제도에서 시작됐다. 그러다 명대에 와서 부원部院* 및 감사監司 관리들이 각 부, 현에 가서 사인들을 조사하고 인사고과를 살피면서 그 지역의 사풍과 민풍을 관찰했기 때문에 '관풍觀風'이

---

* 청대 각 성의 순무巡撫가 병부시랑兵部侍郎과 도찰원우부도어사都察院右副都御史를 겸직한 데서 순무를 부원이라 칭했다.

라 불렀다. 그런데 명대에 관풍정속사를 가장 많이 맡은 사람은 순안어사巡按御使다. 순안어사는 재임 동안 관할 지역의 각 부, 주, 현을 돌며 그 지역의 생원들에게 관풍 시험을 보게 했다.[10] 우리가 알고 있듯이 사사정의 문자옥은 과거시험의 폐단에서 시작됐다. 강남의 부박한 사풍이 강남의 당쟁과 과장에서의 부정행위 등과 같은 전통적인 사인들의 풍습에서 비롯됐고, 옹정제는 바로 이에 대한 관찰과 상상에 기초하여 관풍정속사를 설치했던 것이다.[11] 그러나 2년 뒤에 발생한 증정曾靜의 문자옥*으로 옹정제의 '관풍'에 대한 이해는 완전히 바뀌었다. 이러한 변화는 강남 사풍에 대한 정의를 새로 내리고, 또한 강남 사풍의 영향력과 전파력에 대한 새로운 인식을 갖게 했다.

'관풍'에 대한 생각의 변화는 옹정제가 증정의 문자옥을 처리하는 과정에서 잘 드러났다. 옹정제는 반역의 계획을 담은 서신을 보낸 주범 증정과 직접 가담한 장희張熙는 방면했지만, 이 사건과 그저 간접적인 관계만 있고 죽은 지 이미 오래된 강남 사인 여유량呂留良(1629~1683)을 끌어내서 신랄하게 문책했다. 관리들과 일반 사인들은 이처럼 이치에 어긋나는 옹정제의 행동을 이해하지 못했지만, 이러한 행동은 옹정제의 솔직한 생각을 반영하는 것이었다. 투서 사건은 후난湖南 사인에게서 나왔지만

---

* 옹정 7년(1729), 남송의 충신 악비岳飛(1103~1141)의 21세손 악종기岳鍾琪가 쓰촨 성과 산시陝西 성 총독으로 있을 때 시골 선비 증정이 "악비의 자손이라면 마땅히 선조를 본받아서 오랑캐인 청나라 조정을 타도해야 될 것이 아닌가 (…)"라는 편지를 보냈다. 악종기는 증정을 잡아들인 뒤 베이징에 이를 고발했다. 조사 결과 증정의 사상은 저장 출신의 성리학자 여유량의 저서에서 배운 것으로 판명되었다. 옹정제는 증정을 불러들여 청나라 조정을 비난하는 27가지 이유를 진술케 하고, 화이지변을 신랄하게 비판했다. 결국 옹정제의 논리에 말려들어 증정은 자신의 잘못을 반성했다. 옹정제는 이런 과정을 책으로 엮어 편찬하고 관료나 독서인들에게 반드시 읽도록 했는데, 이 책이 『대의각미록大義覺迷錄』이다. 옹정제는 신하들의 반대를 무릅쓰고 증정을 풀어주는 대신 여유량을 부관참시하고 그의 아들을 참형에 처함으로써 일을 마무리했다.

패역의 원천은 여전히 강남에 있었다. 강남에 살았던 여유량은 직접 반역의 계획을 담은 서신을 건네거나 청 정부를 공격하지는 않았지만, 저서를 남긴 것이나 사상을 전파한 일은 용서받지 못할 죄였다. 증정은 그저 강남의 반역의 글을 제작하고 전파한 부호符號에 불과했다. 그래서 옹정제는 증정과 여유량의 지역적 차이와 인문 정신이 만들어낸 결과의 차이를 특별히 지적했다.

"여유량은 저장의 인문 정신이 발달한 지역에서 태어났고, 그의 학식은 외딴 지역에 사는 무지한 증정과는 비교가 안 된다." 따라서 "조정에 대한 증정의 비방은 유언비어를 잘못 들어서 그렇게 된 것이지만, 여유량은 모두 자신의 마음속으로부터 요망한 것을 만들어낸 것"으로 보인다. 바로 이 때문에 강남 사인들의 행위는 확실히 더 두려운 것이었다.

옹정제의 이 같은 걱정은 후난과 강남 사인들의 절개를 평가하는 당시 사람들의 이야기 속에서 입증됐다. 창수常熟 사람 구식사瞿式耜(1590~1650)와 장링江陵 사람 장동창張同敞(?~1650)은 남명 조정의 핵심 인물로, 함께 구이린桂林에서 순절했다. "한 사람은 태연자약하게, 또 한 사람은 비분강개하게" 전혀 다른 죽음의 모습을 보여주었다. 그렇기 때문에 이를 본 한 후난 사람은 아주 기이하게 생각했다.

"기이하도다! 오 땅 사람은 우리 초 땅 사람이 능히 알 수 있는 바가 아니구나. 초 땅 사람은 욕망도 참을 수도 있고 고생도 감내할 수 있으며, 비분강개한 자라야 비로소 죽을 수 있다. 반면 오 땅 사람은 오랫동안 여유롭게 자족하면서 원림園林, 음악, 시와 술 등을 오늘 실컷 즐기다가도 내일 기꺼이 죽을 수 있으니 정말 괴이하다."12 강남 사인들이 우아하게 죽음을 맞이하는 행동은 정말이지 이해하기 어려웠다. 기꺼운 마음으로 죽음을 일상처럼 맞이하며 절개를 지키는 강남 사인들의 풍습은 청초의 통치자들이 두려워하고 꺼리는 또 다른 종류의 태도였다.

더욱 중요한 것은 이른바 '사인들의 풍습'이란 것이 결코 역대 전통사회에 출현했던 과거시험장의 부정행위나 붕당의 편들기와 같은 것이 아니라, 청조의 황제들이 가장 꺼리는 강남 지역·고유의 '이하지변夷夏之辨' 사상, 그리고 이와 표리 관계를 이루는 절조를 지키고 스스로를 고무하는 각종 행위였다는 점이다. 이런 사상이 끊임없이 강남의 유민 사인들에게서 나와 전염병처럼 사방에 퍼졌기 때문에 증정 등과 같은 사람들에게 청 왕조에 대한 반역 의식을 불러일으켰다. 이 때문에 옹정제는 이렇게 확신했다.

"하물며 증정은 중국과 이민족에 대한 잘못된 생각을 가지고 망령되이 의심을 품었다. 그가 만약 여유량의 책을 읽지 않고 여유량의 의론이 벌떼같이 일어나는 것을 보지 않았다면 기꺼이 만족하며 지냈을 것이고, 또한 거리끼는 바가 있어도 감히 글로 드러내지 않았을 것이다. 이를 통해 볼 때 여유량의 죄가 제일 크고, 증정과 비교해도 몇 갑절은 더 심하다."[13]

사실 옹정 4년(1726)에 강남 지역에서 백성을 학살할 것이라는 유언비어가 계속해서 나돌았다. 이때는 왕경기와 사사정의 문자옥이 처리된 이듬해로 사회가 겨우 안정을 찾아갈 때였다. 옹정 4년 12월 20일 옹정제는 화가 나서 저장 사인들의 과거 응시 자격을 정지시키고, 풍속이 순박해지면 재차 유지를 내려 응시 자격을 회복시켜줄 생각이었다. 저장 출신의 이부시랑 심근사沈近思(1671~1727)는 황제의 비위를 맞추기 위해 이렇게 비난했다. "저장에는 역도의 씨가 많다. 월 땅의 물도 이 때문에 창피해하고 오 땅의 산도 모두 이를 부끄러워한다."[14] 이렇게 스스로 고향을 깎아내리는 방법은 옹정제에게 다소의 위안을 주었다. 즉 황제가 진노한 상황에서 강남의 사인들도 당연히 심근사와 같은 두려움을 지니고 자성하는 마음을 가질 것이라고 여겼다. 그러나 뜻밖에도 옹정 5년(1727)에 이런 유언비어가 또 강남에서 출현했다. 이를 빌미로 옹정제는 공포 분위기를 조성했으며, 결국 본인이 직접 나서서 사태를 진정시킬 수밖에 없었다.

옹정제는 진작부터 강남의 민풍이 좋지 않다는 것을 알고 있었다. 이때 정국은 명말부터 시작된 강남 사족과 노복들과의 관계를 재정립할 시점에 놓여 있었다. 명말 강남의 사인들은 가복家僕을 두는 것을 좋아했는데, 많게는 1000명이 넘는 경우도 있었다. 그러나 명말 청초에 일부 가복들이 소동을 일으키면서 약탈과 고발을 일삼는 풍조가 붐을 이루었다. 명말의 노변奴變은 청나라 통치자를 향한 반란이 아니라 강남 사족에 대한 반란이었다. 강남의 쑹장松江, 쑤저우蘇州, 자딩嘉定 등지에도 이런 일이 많았다. 하지만 황제의 눈에 비친 오중吳中 지역의 민변은 보편화된 강남 민풍의 하나로, 명말 강남 사인과 노변이 서로 호응하여 기득권층을 전복하려는 첫 번째 움직임이었다.[15] 모든 생각이 하나로 귀결됐는데, 마치 모든 행동이 여유량의 언행과 연관되어 있는 것 같았다. 심지어 애초부터 아무 관계가 없는데도 비슷한 사건만 일어나면 그렇게 보았다. 예를 들어 펑후의 현민 모두를 몰살할 것이라는 유언비어가 막 돌았을 때 사람들은 왕경기가 펑후에서 잠깐 살았다는 사실을 떠올리고 사건을 연결시켜 여기서부터 실마리를 찾기 시작했다. 옹정제의 최종 결론은 그해 하이닝과 펑후의 현민 학살 소문은 모두 "여유량 한 사람이 선두에 서서 이끌었기 때문에 모든 마을 사람이 따라 해서 그렇다"[16]는 것이었다.

더욱더 용인할 수 없는 것은 일부 지방 관리들까지도 '유종儒宗'으로서의 여유량의 역할을 인정했다는 것이다. 지방 관리들은 임지에 도착한 뒤 여유량의 사당을 찾아가 편액을 올렸는데, 이것은 이미 하나의 관례처럼 되어 있었다. 저장 순무 이위李衛(1687~1738) 역시 임지에 도착한 뒤 이 관례를 따랐고, 관풍정속사로 있던 왕국동王國棟(?~1735)은 뜻밖에도 여유량의 제자 엄홍규嚴鴻逵의 집에 가서 편액을 증정했는데, 이는 옹정제가 애초에 관풍정속사를 설치했던 의도와는 완전히 어긋나는 것이었다. 이를 통해 볼 때 여유량은 강남에서 모종의 상징적인 의미를 지니고 있었음을 알 수 있다.

옹정제는 확실하게 여유량을 강남의 민심과 풍속을 해치는 상징으로 처리했다. 그는 다음과 같이 염려했다. "여유량의 사특한 주장들이 혹세무민하여, 백성의 마음을 꽉 막아버리니 도저히 풀 길이 없게 됐다. 그리고 천하의 도리는 다 사라져버리니, 백성을 임금도 부모도 모르는 사람으로 만들어버린 듯하다. 여유량이 저장 성에 끼친 재앙은 어디가 끝인지 모르겠구나."[17]

그로부터 몇 년 뒤 건륭제는 득의양양하게 자금성 내의 책상에 엎드려 천일각의 건축 도면을 보면서 드디어 한숨을 돌리게 됐다. 강남 문화의 발원지로 상징되는 천일각의 위상을 이미 사방에 분포된 네 곳의 황실 서가가 대신하게 됐기 때문이다. 『사고전서』는 큰 자기장처럼 모든 강물을 받아들였으므로 유종儒宗으로서의 여유량의 이미지는 그 속에서 모두 사라져 종적조차 찾아보기 힘들었다. 그래서 첸무도 이후 여유량의 작품과 사상이 파묻히고 사라진 것에 대해 탄식하지 않을 수 없었다.

건륭제는 아버지 옹정제만큼 마음이 독하지는 않았지만 일하는 스타

일은 훨씬 더 꼼꼼하고 신중했다. 옹정제는 공개 토론의 방식으로 강남의 풍속을 해치는 역당을 찾아내고 후세 통치자들이 사상죄로 사람들을 처벌할 수 있는 선례를 열었다. 그러나 황실의 암투와 추문을 드러내는 대가를 치러야 했다. 그래서 후세에 옹정제 시대의 문자옥은 표면적으로는 중화와 오랑캐의 문제로 포장하고 있지만, 대부분 권력 투쟁과 관계있다[18]고 평가하는 사람도 있었다. 옹정제는 수차례 "본조에서는 '오랑캐夷狄'라는 명칭을 꺼리지 않는다"고 발표했다. 그러나 건륭제에 이르러 '오랑캐'라는 황실의 신분을 해결하지 않으면 청나라의 합법성에 위협받을 상황이 되자 건륭제는 강남에 나도는 이하지변에 대해 너그러울 수 없었다. 건륭제는 관풍정속사라는 관직을 없애버렸지만 관풍정속의 강도는 낮추지 않았을 뿐만 아니라 오히려 제도화시켰다. 이것은 서적의 유통 과정에서 드러난 제재에서 확인할 수 있다. 옹정제는 권모술수에는 뛰어났지만 실제 사상 전파의 담지체인 서적의 판매와 유통은 시종일관 통제하지 못했다. 어느 유지에서 그는 이렇게 걱정했다. "지금 그의 책들을 모두 불태우면서 만약 다 없애버리지 못한다면 일은 허사로 돌아갈 것이다. 그러나 만약 모두 없애버린다면 나중에 그의 책을 보지 못한 자들은 도리어 그의 저술이 성현의 정신을 잘 밝혀낼 수 있었던 것인지 궁금해하며 그 책을 다시 보지 못하는 것을 안타까워할 것이다."[19]

이 두 가지 변명은 여유량의 저서를 근절시키지 못한 자신의 무력함을 인정하지 않는 말투이지만, 동시에 스스로 자신이 없음을 드러낸 것이다. 그래서 옹정제는 다음과 같은 절충안을 취했다. 대학사 주식朱軾(1665~1736)을 시켜 여유량의 『사서강의四書講義』를 자세히 검열하게 한 뒤 각 조목에 따라 반박하며 『박여유량사서강의駁呂留良四書講義』라는 책을 출판해 국자감에 반포함으로써 여유량 저서에 맞불을 놓는 것이었다. 그래서 옹정제에서부터 건륭제에 이르는 동안 '관풍觀風'의 정의가 바뀌었다. 옹정제의 관풍은 '이하지변'에서 시작했지만, 자신의 권력 투쟁을 위한 합법적인 근거를 찾는 데 목적이 있었다. 따라서 문자옥 당시 강남 사인들에 대해 여전히 수세적인 입장을 취할 수밖에 없었다. 반면 건륭제는 행정기구에서 관풍이라는 직책을 없애고 겉으로는 이하지변에 별 뜻을 두지 않았지만, 사실은 비정상적인 관풍 수단을 통해 이하지변을 민간 합법성의 기초로 삼는 강남 사인을 철저하게 제거할 생각을 하고 있었다.

'사상죄思想罪'에 대한 판단과 인지는 날로 명확해져갔다. 옹정 8년 (1730), 광둥 후이라이惠來 현학교유縣學敎諭 굴명홍屈明洪은 『대의각미록』을 읽다가 '굴온산屈溫山'이라는 글자가 자기 부친의 이름인 굴옹산屈翁山(굴대균의 자)과 비슷한 것을 보고 자발적으로 아버지 굴옹산의 시문을 가지고 현 관청에 가서 자수했다. 옹정제는 증정의 예에 비추어 관대하게 그를 용서해주었다. 이를 통해 볼 때 옹정제는 사상죄 자체에 대한 정의와 예방을 더 중시했지, 사상죄가 어떻게 글이나 문장을 통해 전파되는지, 즉 사상죄의 전파 시스템과 과정에 대해서는 깊이 연구하지 않았음을 알 수 있다. 그러다 건륭제 때 와서 상황에 새로운 변화가 생겼고, 이런 변화의 원인은 굴대균屈大均으로부터 시작됐다.

금릉 '의관총 사건'으로 야기된 화두

부친 옹정제에 비해 건륭제는 학문에 조예가 깊고 근면한 황제인 것 같다. 그런 근면함이 그를 더욱 세심하게 만들었다. 그는 후각이 발달한 사냥꾼처럼 자기 통치의 합법성을 위협하는 민간의 패역무도한 언사를 꾸준히 쫓아다녔다. 이는 건륭제가 즉위한 지 39년이 되던 해부터 가속도를 내기 시작했다. 바로 그해에 『사고전서』의 편찬은 책의 수집 단계를 넘어서서 금서를 회수하는 단계로 접어들기 시작했다. 대량으로 찾아낸 금서는 계속해서 그의 책상에 쌓여갔다. 이 방대한 분량의 책을 대충 훑어보는 다른 황제들과는 달리 건륭제는 그 안의 모든 말을 꼼꼼하게 읽고 끊임없이 모반의 실마리를 찾아냈다. 그러던 어느 날, 그는 우연히 굴대균의 시문을 뽑아 읽다가 난징南京 우화대雨花臺에 굴대균의 의관총衣冠冢이 있다는 사실을 발견했다. 또 굴대균이 지은 「자작의관지명自作衣冠志銘」의 다음 구절을 읽었다. "때를 기다려 출사해 옛 성현의 도를 실천하고 싶을 뿐, 죽을 때까지 초야에 묻혀 지내고 싶지는 않다." 이 구절을 읽었을 때 건륭제는 매우 흥분했다. 그의 기억에 따르면 우화대는 바로 명나라의 옛 수도 금릉에 위치해 있었다. 초야에 은거하고 있는 굴대균의 그림자가 건륭제의 마음을 흔들어놓은 것이다. 건륭제는 안절부절못하여 즉각 하루에 400리를 가는 긴급 문건*을 양장 총독 고진高晉(1707~1778)에게 보내 이 일을 조사하게 했다.

이것은 옹정제의 생각과는 다르다. 옹정제는 증정의 문자옥을 처리할 때 여유량을 벌하고 증정은 풀어주었다. 그는 강남을 민심을 어지럽히는 모든 악의 근원지로 보았다. 또한 자신의 능력에 한계가 있음을 알고 있었기에, 강남의 사상이 다른 지역으로 확산되는 것을 잠시 제지할 수 있

---

* 청대 역참驛站 제도 중 군기처軍機處 문건은 일반적으로 하루에 300리까지 전달되어야 했다. 긴급 상황인 경우 하루에 400리, 600리, 800리까지 전해지는 문건도 있었다. 이때는 하루에 400리를 가는 긴급 문건을 보냈던 것이다.

을 뿐이었다. 반면에 건륭제의 머릿속에는 더욱 복잡한 정치 지도가 그려져 있었다. 이런 정치 지도는 강남의 학문적 영향력이 확산되는 것을 저지하고, 또 다른 지역에서 강남으로 유입되는 사상의 흐름도 막아, 두 사상이 결합되거나 발전의 동력으로 제공되는 것을 방어하는 데 그 목적이 있었다.

건륭제의 의심은 근거가 없는 것이 아니다. 명말 이래로, 강남 일대의 유민들은 수차례의 화를 피해 광둥으로 내려갔다. 비교적 유명한 사람으로는 명대의 우시無錫 사람 왕세정王世楨이 있다. 명나라 멸망 이후 그는 광둥과 푸젠 지역에 살면서 마음속의 울분을 털어냈다. 창수常熟 사람 설희薛熙는 여행으로 이름났는데, 「진초지제유기秦楚之際遊記」라는 시를 지어 망국의 한을 풀어냈고, 광둥에 간 뒤로는 굴대균과 시문을 주고받으며 『옹산시초翁山詩鈔』의 평어評語를 썼다. 우진武進 사람 운일초惲日初(1601~1678)는 반청 운동 실패 후 광둥에 내려왔고, 우장吳江 사람 반뇌潘耒(1646~1708)는 고국에 대한 그리움을 적은 『영유집嶺游集』을 썼다. 광둥성을 포함한 다른 성의 문인지사들은 이들을 성원하기 위해 거꾸로 빈번하게 강남 지역을 드나들면서 난을 피하거나 친구를 방문했다. 실의에 빠진 이들의 소탈한 행동은 명말 사인들의 풍격과 아주 비슷했다. 예컨대 북쪽 사람 왕홍찬王弘撰(1622~1702)은 일찍이 네 번이나 강남땅을 밟으며 난징, 양저우, 쑤저우, 상위上虞, 자싱 등의 지역을 16~17년 동안 정처 없이 돌아다녔다.[20] 왕홍찬은 강남의 많은 유민과 왕래했다. 여유량은 왕홍찬과 만난 적은 없지만 편지를 주고받은 적은 있었다. 여유량은 왕홍찬을 북방을 유력했던 강남 사람 고염무에 비견하며 이렇게 칭찬했다. "선생께서 뛰어난 재능과 탄탄한 실력으로 관서關西 지방의 학문을 진작시키고 성현들의 유지를 이어가고 있다는 소문을 들었습니다. 달빛은 하늘에 걸려 있고 도깨비불은 빛을 잃었으니, 오직 선생과 고염무 등 몇몇 군자에게 기대할 뿐입니다."[21]

청대의 필기筆記에는 이런 기록이 나온다. 일찍이 강희 연간(1662~1722)에 죽타竹垞 주이준朱彝尊(1629~1709)은 굴대균을 데리고 항저우의 한 술집에 갔다가 만취하여 벽에 이렇게 적었다. "이 건물을 무시하지 마시오. 슈수이秀水(지금의 저장 성 자싱) 사람 주십朱+과 난하이南海(지금의 광저우) 사람 굴오屈五가 일찍이 이곳에 머물렀다네. 훗날 이곳에 오른 사람들은 신선이 황학루黃鶴樓에 오른 장관이라 여겨도 괜찮겠네."[22] 이를 통해 볼 때 이 두 곳, 즉 저장과 광둥 유민들의 호기가 명나라 말기와 맞닿아 있고, 서로 의기가 통함을 알 수 있다. 심지어 강희 연간에 저장 위야오餘姚 사람 소정채邵廷采가 친구에게 보낸 편지에는 이렇게 적혀 있었다. 자신은 광둥을 유람한 적은 없지만 굴대균이 "당대의 이름난 명사이고, 문장으로 의협을 행한다"는 것을 익히 알고 있으며, "그 사람과 교류하고 싶지만 이미 죽었다는 소문을 들었다. 그에 대한 평판이 정말인지 나는 판단할 길이 없다"라고 하면서 친구에게 자기 대신 알아봐줄 것을 희망했다. 또 친구에게 명말 광둥의 3대 충신 진자장陳子壯(1596~1647), 장가옥張家玉(1615~1647), 진방언陳邦彦(1678~1752)의 유고를 대신 수집해주기를 부탁하면서 "그들의 자손과 교류해 기개를 더욱 높이기를 희망한다고 했다."[23] 목재牧齋 전겸익錢謙益은 『유학집有學集』에서 청초 사인들의 교류에 대해 일찍이 이렇게 평가했다. "몇 마디 말로 친교를 맺고 죽음을 가벼이 여기고 의기를 더욱 중시하니, 고대의 협객이라 하더라도 이들보다 낫지 않다."[24]

천인커는 특별히 행각승의 면모를 드러낸 '함가화상函可和尙(1612~ 1660)'을 예로 들었다. 함가는 명말의 예부상서 한일찬韓日纘의 아들로 출가한 지 여러 해 됐다. 그는 숭정 말년에 광둥에서 장닝江寧으로 들어가 『대장경大藏經』을 인쇄했다. 그의 비명에 이렇게 적혀 있다. "갑신년(1644) 변고 때 그는 몹시 비통해했다. 강남에 남명 정권이 수립된다는 말을 전해 듣고 잠시 『대장경』을 맡겨놓고 관리의 배를 얻어 타고 금릉(난징)으로 들어갔다. 때마침 청군이 첸탕錢塘 강을 건너와 어떤 이는 살해당하고 어떤 이는 자살했다는 말을 듣고 모두 찾아가 조의를 표했다." 청군이 강남을 평정한 뒤에는 오랫동안 강남에 머물면서 돌아오지 않았다. 홍승주洪承疇가 발급한 인패印牌(호패의 일종)를 손에 넣은 뒤 성문을 지나가다 압수수색을 당했는데, 짐 보따리에서 복왕福王 주유숭朱由崧(1607~1646)이 완대성阮大鋮(1587~1646)에게 준 원고가 나왔고, 당시 시사를 언급하고 있는 『경변經變』이라는 책이 들어 있었다.[25] 이는 강남 사인과 광둥 사인들이 친교를 맺었다는 또 다른 일례다.

17세기 광둥 사람들이 북방을 유람할 때는 뱃길이 잘 통하지 않았다. 특히 명청 교체기인 40~50년간은 광둥의 선박이 북상하기가 힘들었다. 광둥 사람이 베이징으로 과거를 보러 가거나 유학을 가려면 일반적으로 장시나 후난을 거쳐 창장 강을 따라 동쪽으로 내려가야 했다. 장쑤에 도착하면 다시 대운하를 따라 북쪽으로 올라가야 하는데, 이때 주로 뱃길을 이용했다. 강남 일대는 북쪽으로 올라가는 길목의 중심이고, 금릉은 명 왕조의 제2의 수도였기 때문에 광둥 사인들은 금릉을 그리워했다. 그래서 과거를 보러 가는 사인이나 관원들은 종종 수로로 가기를 원했고, 그 김에 강남을 방문하거나 혹은 금릉을 관광하기도 했다. 그런데 청초에 들어와서는 일반 사인들이 지나가는 길에 장쑤 성과 저장 성을 유람하는 것 이외에 신분이 특별한 유람 단체도 생겼다. 즉 강남에 남다른 의미를 가진 일부 광둥 사람들이 방문했는데, 겸사겸사 왔던 이전의 유람과는 달랐다.

평얼캉馮爾康은 일찍이 강남에 가서 유람했던 광둥 사람들의 이름을 열거했다. 그 가운데 '영남삼대가嶺南三大家'* '북전오자北田五子'** '강남칠자江南七子'*** 등의 12인은 남다른 뜻을 품고 강남을 유람했다. 굴대균, 진공윤陳恭伊(1631~1700), 하강何絳은 특히 두 번이나 고향을 떠나 강남에 와서 머물렀다. 1652년, 진공윤은 선상에서 멀리 금릉을 바라보다가 자기도 모르게 이렇게 읊었다.

옛 도읍에 석양 질 무렵 　　　　　　　　　故都殘照在
바라보니 그 기세 더욱 높아라 　　　　　　　一望尙崢嶸

굴대균은 난징의 영곡사靈谷寺를 방문했을 때 이렇게 감탄했다.

한없이 원망스런 흥망성쇠 　　　　　　　　興亡無限恨
한 줄기 종소리에 다 사라지네 　　　　　　消得一聲鍾

---

* '영남삼군嶺南三君'이라고도 한다. 청초에 시로 함께 이름을 날렸던 광둥 출신의 3대 시인으로, 굴대균, 진공윤, 양패란을 말한다.

** 청대 광둥 출신의 시인 진공윤, 도유陶窳, 양무기梁無技, 하형何衡, 하강을 말한다.

*** 원문은 영남칠자라고 되어 있으나, 강남7자의 오기로 보인다. 강남칠자는 청淸의 왕창王昶, 왕명성王鳴盛, 오태래吳泰來, 전대흔錢大昕, 조문철趙文哲, 조인호曹仁虎, 황문련黃文蓮을 말한다. 건륭 연간에 시문으로 이름났고, 모두 장쑤 출신이라 '강남칠자' 혹은 '오중칠자吳中七子'라 불리기도 한다.

금릉에 대한 굴대균의 감정 표현은 비할 데 없이 침통했다.

망국의 한을 어쩌할 거나   如何亡國恨

모두 창장의 동쪽에 있구나   盡在大江東[26]

　광둥 사인들이 금릉을 방문하는 목적 중의 하나는 그 지역의 명말 유민들과 함께 숭정제를 기념하고 명효릉明孝陵*을 참배하기 위해서다. 예를 들어 금릉 유민 왕원탁王元倬은 해마다 3월 19일에 임무지林茂之 등의 6명과 함께 집에서 제사를 지냈다. 1659년, 1660년에 마침 금릉에 머물고 있던 굴대균이 그들과 함께 제사를 올렸다. 굴대균은 명효릉을 찾아가 참배하다가 주둔하고 있던 청군이 효릉전孝陵殿의 나무 기둥을 자르는 것을 우연히 보았다. 굴대균은 서둘러 돈을 써서 효릉의 수목을 베지 못하게 했다.[27]

　건륭제는 광둥 사람들이 금릉에 자주 나타나 비밀스런 행동을 했다는 사실을 후세인들만큼 정확하게 알지는 못했다. 또한 굴대균이 금릉에서 비밀리에 명 황제의 제례에까지 참석한 사실도 불을 보듯 명확하게 알지는 못했다. 그러나 굴대균의 시문을 읽었을 때 그는 자신의 예민한 후각으로 굴대균의 의관총衣冠冢이 금릉에 있다면 그것은 영원히 화근 덩어리가 될 것이고, 명대 유민들이 선제를 숭배하고 제사지내는 데 있어 일종의 비밀스런 지표가 될 수 있다고 판단했다. 그래서 지방 관리에게

---

* 명나라 태조 주원장과 효자고황후孝慈高皇后馬氏의 합장묘다. 효릉은 홍무洪武 14년(1381)에 짓기 시작했는데, 이듬해 마황후가 죽고 9월에 안장했기 때문에 '효릉孝陵'이라 이름 지었다. 난징 최대의 제왕의 능일 뿐만 아니라 중국 최대의 능침 중 하나다.

어떤 대가를 치르더라도 이 묘의 소재지를 책임지고 알아내라고 명했다.

양장 총독 고진高晉은 건륭제의 밀서를 받고 장닝江寧 번사藩司 민악원閔鶚元(?~1797)에게 우화대에 가서 찾아보라고 했다. 민악원은 먼저 비석을 구매한다는 핑계로 교관敎官들을 불러 모으고, 그 지역의 일화를 잘 아는 신사紳士들을 모아 우화대 부근의 사찰에 풀어 비밀리에 조사하게 했다. 민악원 자신도 직접 우화대에 가서 그 주위를 모두 답사하면서 일체의 묘와 비문은 물론이고 땅에 쓰러져 있는 비석까지도 일일이 조사하고 표기했지만 별 수확이 없었다. 고진은 여기서 단념하지 않았다. 그는 직접 사람들을 데리고 나가 조사하다가 우화대와 목말정木末亭이 각각 반 리쯤 떨어진 서남쪽과 동남쪽의 산기슭에 위치하고, 또 산비탈에 몇 개의 사원이 산재해 있고, 그 사이로 무덤 몇 개가 얼핏 보인다는 사실을 알게 되었다. 고진은 나이든 승려와 도사들을 불러 모아 캐물었다. 우화대와 목말정은 관광 명승지이고 "산속의 오두막집과 사찰, 술집, 다방은 여행객이 왁자지껄하게 모이는 곳입니다. 만약 그런 사실이 있다면 벌써 소문이 자자했을 것이고 그러면 다들 모를 리 없습니다. 설마하니 일부러 숨겨 죄를 자처하겠습니까?"[28]라고 대답했다. 고진은 이 대답에 만족해하지 않고, 다시 산기슭과 산 아래를 샅샅이 살피고, 비석을 발견하면 민악원을 시켜 석회로 표기까지 하면서 조사했으나 끝내 아무것도 찾아내지 못했다. 이 일은 나중에 흐지부지됐지만 건륭제의 의심 많은 성격은 이미 지방 관리들의 일 처리 스타일에도 영향을 미쳤고, 훗날 강남을 규제하는 데에도 많은 영향을 끼쳤다. 우리는 곧 이 고진이라는 인물이 금서를 수색하는 관리의 명단에 자주 출현하고 있음을 보게 될 것이다.

은일 풍조와 도첩度牒 제도

강남에 대한 청조 황제들의 또 다른 이미지는 다음과 같다. '은거를 핑계 삼아 불교로 귀의한다托隱逃禪'라는 말은 구실에 불과할 뿐 진짜 이유는 패역무도한 언행과 관계가 있다는 것이다. 많은 사람이 이미 '은거를 핑계 삼아 불교로 귀의'하는 것은 명나라 유민들이 지조를 지키겠다는 굳은 의지를 보여주는 행동이었다는 점에 주목하고 있었다. 이것은 도관이나 절에 들어가 세상을 피해 사는 은둔적인 행동과는 확연히 다르고, 그 의미는 명말 강학의 유풍과 불가분의 관계에 있다. 동시에 유불도 합일의 흐름과도 관계가 있다. 명말의 유불도가 결합한 사상 경향은 학문의 길을 다원화시키기 시작했다. 사실 명말 청초의 다원화된 사조는 불학佛學의 해오증오解悟證悟*에서 나와 다시 사방으로 전파되어 하나의 풍조를 이루었다. 해오증오는 오히려 세속에서 도리를 증명하는 방식을 거치면서 발전하게 됐다. 시윤장施閏章(1619~1683)은 「무가대사육십서無可大師六十序」**에서 명말 유민 방이지方以智(1611~1671)에 대해 이렇게 말했다. "그의 학문에 대한 노력과 관심은 유달리 남달랐고, 두루 통달했음을 알 수 있다. 천지, 인물, 상수, 역법, 의학, 점술 등을 기가 막히게 이해하고 책을 쓰기도 했다. (…) 다른 사람과 이야기할 때 제자백가를 망라하고 불법까지 풀어 설명하는데 그 내용이 상당히 풍부하고 밝히고 낮이고 끝이 없었다."29 여기서 언급하고 있는 것은 바로 불학을 빌려 세상의 도리를 말하고 있

---

* 불교 용어로, 진리를 이해한 뒤에 터득하는 것을 해오라고 하고, 실천을 통해 진리를 터득하는 것을 증오라고 한다.

** 명말 4공자 중의 한 사람인 방이지의 출가 후의 호다. 젊어서 '복사復社' 활동에 참가했다. 명나라 멸망 이후 청나라에 협조하지 않고 남쪽의 오령五嶺으로 가서, 홍지弘智라 이름을 바꾸고 승려가 되었다.

다는 것이다.

불교와 유학이 통하는 중요한 점은 바로 "세상사를 겪으면서 중생을 이롭게 할 수 있다涉世利生"는 것에 대한 재인식이다. 청초의 논변에서 이런 문장은 어렵지 않게 볼 수 있다. "『법화경』에 이런 말이 있다. 세상을 다스리는 말이나 생업을 돕는 일은 모두 현실과 괴리되어서는 안 된다. 화엄華嚴 오지五地의 보살은 모르는 것이 없고 불가능한 것이 없다. 세간의 사부辭賦, 역법, 각종 기예 등도 통달하지 않은 것이 없다. 그런 까닭에 세상사를 겪으면서 중생을 이롭게 할 수 있다. 『법계품게法界品偈』에 이런 말이 있다. 지혜를 두루 갖추면 막히는 것이 없다. 의술 등 육서六書와 구수九數*, 천문, 지중상地象相, 길흉화복, 무불료無不了에 두루 통달했는데, 누가 불교가 중국에 들어오면 이런 방면의 서적에는 정통하지 못할 것이라 했는가?"[30]

지금 사람들은 '계몽啓蒙'을 논할 때 서양 학문의 도입에서부터 명말의 정국을 견강부회하곤 한다. 그러나 사실은 시대의 변화에 직면해 불학佛學에서 그 이론을 가져와 시국에 대처한 것이고, 유학에 응당 있어야 할 의제로 변해 있었다. 모두 통한다는 회통會通의 전통은 청초에도 여전히 유민들 사이에서 암묵적으로 유행했으며, 이는 유람遊覽의 유행과도 긴밀하게 연결되어 있다. 오늘날의 학자들은 명말 청초에 유람이 유행하기 시작했다는 사실에 주목하고 있다.[31] 그런데 청초 사인들은 '불교로 귀의하는逃禪' 풍격으로 선인들의 자취를 찾아다니고 유적을 방문함으로써 내

---

* 『주례』「지관사도·보씨地官司徒·保氏」에 따르면 공경대부의 자식들을 육례六藝로 교육시켰는데, 그 가운데 다섯 번째가 육서이고 여섯 번째가 구수다. 구수는 후한 정현鄭玄에 따르면 방전方田, 속미粟米, 쇠분衰分, 소광少廣, 상공商功, 균수均輸, 영불족영不足, 방정方程, 구고句股인데, 이는 중국에서 가장 오래된 계산법이다.

심 절개를 지키려는 굳은 의지가 있었으니, 이것은 오늘날 여행을 다니는 사람들의 심리와는 확연히 다르다.

이런 예는 아주 많다. 사서에 다음 기록이 있다. 방이지와 중천상인中千上人 등 대여섯 사람은 대나무 뗏목 위로 달이 뜨자 호수에서 노를 저으며 말했다. "연꽃 향기 바람에 날리고 느릅나무 그림자에 안개 자욱하네. 나무 사이로 노을 같은 밤 구름, 키 같은 달이 언뜻 언뜻 보이네." 대나무 뗏목은 죽백나무 그림자 사이에서 맴돌고, 달빛이 나타났다 사라졌다 하니, 뗏목도 이리 왔다 저리 왔다 했다. 목적지에 도착하자 주인은 "호숫가에서 횃불을 들고 손님을 기다리네." 이는 정말이지 배 타고 여행하는 한 폭의 그림이다.

그런데 손님들 가운데 "평원상인平遠上人은 차를 내어 손님을 대접하면서 지난 흥망성쇠를 이야기하고 함께 유람을 갈 사람이 없음을 탄식했다. 그러는 사이 초루譙樓의 종소리가 세 번이나 울렸다."[32] 깊은 밤 사람의 심금을 울리는 처연한 광경은 호수의 아름다운 경치가 단순하게 그려낼 수 있는 것이 아니다.

『청우암기靑又庵記』에 보면, 방이지는 일찍이 문천상文天祥의 묘지를 찾지 못하자 이런저런 생각이 떠올랐다. "이 무덤은 사인들이 문산文山 문천상의 선산이라고 하는데 비기碑記를 찾을 수가 없다. 이 땅의 바깥은 큰 강이 둘러싸고 있고, 안으로는 은근히 감싸고 있는데, 혹시 여기가 아닐까?"[33] 이것은 또한 무엇을 보여주고 있는 것 같은가?

청초 사인들의 '은거를 핑계로 불교로 귀의하는' 행위가 황제들의 주의를 끈 것은 명말 유민들이 속세의 신분과 불교의 신분을 택할 때 극도의 불확실성을 보여주었기 때문이다. 동치제同治帝 때 어떤 사람이 굴대균의 인품을 꾸짖으며 이렇게 말했다. "느닷없이 종적을 감추고 스님이 되더니 어느 날 갑자기 옷을 갈아입고 도사가 됐다. 그러다 또 도교를 버리고 유학을 하는 등 주관이 없으니, 인품이라고 말할 것도 없다."[34] 굴대균의 금릉 '의관총'을 조사할 때 고진도 상주문에서 이렇게 말했다. "죄인 굴대균은 극악무도한 사람입니다. 그는 살아생전에 선비도 됐다가, 스님도 됐다가, 도사도 됐다가 다시 환속했습니다. 행적이 묘연하고 속내를 알 수 없습니다."[35] 뤄쉐펑羅學鵬의 말은 여기서 근거한 것인지도 모르겠다. 전조망全祖望(1705~1755)도 일부 승려가 된 사인들의 행동에 여전히 세속적인 원래 모습이 남아 있음에 주목했다. 예컨대 전광수錢光綉는 원래 미식가로, "차 한 잔, 죽 한 그릇도 손수 만든 것이 아니면 만족하지 않았고, 다른 사람이 만든 음식은 그냥 지나쳤다." 불문에 입적한 뒤에도 여전히 "매일매일 자라탕을 먹고, 소 심장 전을 만들어 먹었으며, 순주醇酒를 손에서 놓지 않았다." 그래서 전조망은 이렇게 평했다. "선생이 유교를 피해 불교에 입문한 것은 본래 그 근기根基가 비슷해서였지만, 당시 격분시키는 일들에 자극을 받아서 본색을 드러내지 않은 적이 없었다."[36] 여유량도 마찬가지로 농부, 사인, 서적상인 등 다중적인 모습을 띠고 있었다. '사士'의 색채가 이미 여러 직업과 좀더 밀접한 연대를 맺었다.

여유량은 일찍이 제생의 신분을 버리고 불교에 귀의했지만 도리어 절에 들어가지 않고 부근 산중에서 오두막을 짓고 살았다. 여유량은 「자제승장상찬自題僧裝像贊」에서 자조적인 말투로 말했다. "승려 같기도 하고 아니기도 하니 승려라 말할 수 없다. 속인 같기도 하고 아니기도 하니 애당초 속인이라 해서도 안 된다. 종파에도 참여하지 않고 경전을 강독하지도 않는다. 불경은 전혀 모르니 계율로 묶기도 난감하다. 아내도 있고 자식도 있으며, 술도 마시고 고기도 먹는다. 하지만 기운 자리가 얼룩한 두루마기를 입고 두발은 짧고 머리는 벗겨졌다. 그래서 유학자들은 나를 보고 '이단아'라 하고 스님은 '우리 사람이 아니다'라고 한다."[37] 이를 통해 볼 때 불문에 들어간 본인조차도 신앙과 무관한 다른 동기가 있음을 숨기지 않았다. 당시 어떤 사람이 여유량에게 이렇게 물었다고 한다. 당신은 평생 유학의 옹호자로서 불교와 도교를 배척하면서 살았는데, 속세를 피해 불문에 들어간 이번 행보는 세상 사람에게 구실을 만들어주는 것이 아닙니까? 이에 대해 여유량은 침묵으로 대답했다. 오두막을 짓고 살면서 "오직 사방에서 학문을 배우러 온 사람들과 아침저녁으로 같이 붙어 다니면서 염계 선생 주돈이의 음풍농월을 닮고자 했다."[38] 은거와 속세에서 동떨어진 모호한 신분은 '불교로의 귀의逃禪'란 이름을 빙자한 또다른 목적이 있을 것이라는 의심을 사기에 충분했다.

그래서 건륭제는 승려를 구별해낸다는 명목 아래 강남 사인들의 이동을 규제했다. 강남 일대의 엘리트 사인들은 청초에 '자폭自爆'하는 심정으로 극단적인 행동을 했다. 유생의 의복을 불태우고, 조상의 사당에서 울고, 성에 들어가지도 않고 가족을 버리기도 했다. "은거를 핑계로 불교로 귀의"하는 것은 그 많은 선택 중의 하나일 뿐이다.[39] 세상을 피해 은거하는 듯한 이런 행동은 지식인들 사이에서도 논쟁의 여지가 많았다. 어떤 사람은 가사를 입으면 외관상 이민족의 통치를 무시하는 효과를 불러일으킬 수 있다고 생각했는데, 이것은 만주족의 변발령에 대한 신체적 저항이며, 정치적 태도에 대한 최소한의 위장이다. 예를 들면 1645년 쑹장松江이 함락된 뒤 진자룡은 한동안 가사를 입음으로써 행동으로 항거했다.[40]

또 '불교로의 귀의逃禪'를 이민족에게 굴복하는 것과 같다고 단정하는 사람도 있었다. 사인 축연祝淵(1614~1645)은 이렇게 생각했다. "머리를 깎고 한쪽 다리는 무릎을 꿇고 한쪽 다리는 세우는 호궤胡跪는 이민족의 가르침이다. 우리의 것을 버리고 저들의 것을 취한다면 소나 양과 무슨 차이가 있겠는가!"[41] 쌍방의 의견이 어떻게 대립하든지 간에 사실상 '은거를 핑계 삼아 불교로 귀의托隱逃禪'하는 것은 정치적 태도를 신체적으로 표현함으로써 이하지변의 입장을 견지하는 행위가 되기 시작했다. 복식의 교체를 통해 표현된 반항 의식은 청초 황제들로 하여금 강남 사인들의 은거 생활을 더욱 의심하게 만들었다. 그래서 옹정제 말년에 승려의 인원수와 활동 범위를 규제하기 위해 도첩度牒을 발행할 생각을 하기 시작했다. 필립 쿤Philip A. Kuhn 등을 비롯한 일부 학자들은 승려로 사칭한 하류층을 감독하기 위해 도첩을 발행했다고 생각했다. 건륭 연간 중엽에 발생한 '변발 사건剪辮案'은 이와 관련 있다. 정확한 출간 연도를 알 수 없는 「가훈家訓」에서 승려, 도사, 유랑민, 건달 등은 모두 호적을 알 수 없는 이들로, 본분을 지킬 줄 모르는 사람들이라고 했다.[42] 실제로 명말 불교로 귀의한 사인들은 원래부터 적지 않은 가산을 소유하고 있었고, 불교로 귀의한 이후에도 어느 정도의 경제력이 있었다. 따라서 주변의 유랑민들과는 달랐지만, 통치자의 입장에서 보면 그 위험도는 상당히 비슷했다.

은거를 핑계 삼아 불교로 귀의한다는 명분으로 위장한 엘리트 계층의 이동은 청초 황제들의 눈에 기존의 안정된 사회 질서를 무질서하게 만든다고 비쳤다. 따라서 '무질서'에 대한 공포는 그들이 강남 문제를 처리하는 데 있어 우선적으로 고려해야 할 초점이 되었다. 따라서 엘리트 계층이든 유랑민이든 승려와 도사의 이름으로 계층 이동을 한다면 모두 다 제거의 대상에 들어갔다. 그 밖에 일부 사인이 불문에 들어간 후 행했던 '고행苦行'의 이미지는 외형적으로 유랑민의 모습과 비슷해 구분하기 어려웠다. 예를 들어 방이지가 청원산靑原山에 들어가자, 당시 사람들은 그를 이렇게 평가했다. "머리를 깎고 구족계具足戒를 받았으며, 수양에만 빠져 있었다. 가난한 선비도 감당할 수 없을 정도의 거친 옷을 입고 거친 음식을 먹었다."[43] 방이지의 승복 옷차림은 유랑민과 다르지 않았지만, 중요한 것은 왕부지의 다음 말이다. 방이지가 불문에 들어간 뒤 "초대한 사람은 하나같이 절조가 높은 사람들이었다. 또한 서원을 다시 부흥시키고 추수익, 섭표聶豹(1486~1563)의 유업을 정리했는데, 문하에 투구를 쓴 사병들은 없었다."[44] 이것이 바로 건륭제가 가장 꺼리는 것으로,『대청회전大淸會典』에서 승려와 세인 간의 왕래를 금지한다는 규정의 기저에 깔린 속내이기도 하다.

청대는 옹정 연간(1723~1735)까지는 엄격한 도첩제度牒制가 없었다. 기본적으로 실시했다가 그만두었다가 했다. 그러나 건륭제는 등극하자마자 승려의 신분을 구분 짓기 시작했으며, 엄격하게 도첩을 발행했다. 역대 황제들이 승려의 확산을 금지했던 이유는 다음 두 가지 목적 때문이었다. 하나는 사원과 백성의 이권 다툼이 세속의 경제활동에 영향을 미치는 것을 방지하기 위해서다. 다른 하나는 악한이 승려들 틈에 숨어 화를 피하는 것을 방지하기 위해서다. 청초 순치제, 강희제와 같은 몇몇 황제의 불교사원에 대한 규제는 비교적 느슨한 편이었다. 옹정제 자신도 방술이나 불도를 좋아했다. 그는 번왕 시절 자신의 저택이 백림사柏林寺에서 가까웠기 때문에 한가할 때 승려들과 만나 불경과 불도에 대해 강론하기도 했다.[45] 등극한 지 3년째 되던 해에 그는 승려 굉소처宏素處가 준『금강경』에 황제의 이름을 빙자한 서문이 있고 이것이 간행되어 민간에 널리 퍼졌다는 이야기를 들었다. 옹정제는 몹시 노해 예부禮部에 유지를 내려 자신의 뜻을 밝혔다. 자신이 일찍이 승려와 가까이 지내기는 했지만 "지금은 황제의 몸으로, 국정을 돌보면서 어찌 사사로이 불법을 이용해 천하를 다스리겠는가?" 또 그는 강남 쑤저우 등지에서 승려가 성지聖旨를 사칭해 사건을 벌였다는 소문을 듣고, 특히 이런 것들이 자신의 명성에 큰 해를 끼친다고 생각했다.[46] 그러나 옹정제는 승려들에 대한 어떤 강경한 제재 조치도 취하지 않았다. 그러다 옹정 13년(1735) 9월 건륭제가 등극한 뒤에 조서를 내려 도첩제를 부활시킬 것을 명했다. 그 이유는 다음과 같다. "각 성의 승려 중에 진심으로 출가하여 도를 닦는 사람은 백 명에 한두 명도 되지 않는다. 신분이 낮은 무뢰한, 건달이 모여서 식사하고 범죄자가 그 안에 숨어 있기도 하다." 이런 사람들은 "나라의 규율을 무시하고 오점을 더할 뿐이니, 이와 같은 폐단은 이루 다 말로 표현할 수가 없다."[47]

다른 성지에서 건륭제는 승려를 근절하는 순수하고 전통적인 이유를 댔다. "승려가 한 명 늘면 농민이 한 명 줄어든다. 그리고 이들은 농사를 짓지 않지만 음식을 먹을 수 있을 뿐만 아니라 심지어 더 좋은 음식을 먹는다. 이들은 옷감을 짜지 않지만 옷을 입을 수 있고 심지어 더 좋은 옷을 입는다."[48] 도첩을 발부하는 과정에서 저항을 받아 실효성이 없어졌을 때 그는 승려와 도사를 금지하는 또 다른 중요한 이유를 이렇게 강조했다. "승려와 도사의 신분으로 나쁜 짓을 해 법을 어기고 제멋대로 굴며 훗날 온 천하를 돌아다닌다면 더욱 저지할 수 없다. 그런 까닭에 도첩제를 부활시켜 그 선악을 구분 짓고, 그 진위를 판별해내어 불도에 뜻을 둔 사람으로 하여금 불교의 계율을 수행할 수 있게 하려 한다. 또한 시정의 무뢰배가 그 안으로 숨어들어 불교와 도교의 오점이 되게 해서는 안 된다."[49]

확실히 이익 분쟁을 걱정하기보다 사회 질서의 안정을 중시했다고 볼 수 있다. 훗날 건륭제가 갈수록 도첩제를 엄격하게 실시한 이유도 이와 상당히 유사하다. "정말이지 승려와 도사들의 출신 성분은 아주 다양하다. 그 가운데 세상사에 관여하지 않고 전심으로 수련하거나 엄격하게 계율을 지키는 사람은 백 명 가운데 한두 명도 안 된다. 그런데 건달이나 호적이 없는 사람은 공짜로 밥과 옷을 얻기 위해 출가한다. 또한 나쁜 짓을 하여 법을 어긴 범죄자들은 죄가 두려워 종적을 숨기고 요행으로 법망을 피하기도 하는데, 이런 경우는 셀 수도 없이 많다."[50] 건륭 원년(1736)에 와서 이런 생각은 구체적 행동으로 바뀌었다. 예부에서 각 지방관에게 칙령을 하달해 "각 승려와 도사의 나이와 용모, 본적, 수도원을 낱낱이 조사하여 책자를 만들고, 신분증을 다 모아 예부로 송치해 도첩을 발급한다."[51] 심지어 건륭제는 도첩 배포의 일을 지방 보갑保甲의 업무의 일부분으로 생각했다.

건륭 2년 성지에서 명확하게 말했다. "심지어 불량배들이 나쁜 짓을 하여 법을 어기고 부득이 승려나 도사가 되어 심문을 피할 수 있었기에 온갖 나쁜 일을 다 해도 숨겨주고 받아들였다." 도첩을 발급하는 방법은 민간의 보갑제保甲制와 비슷해서 죄인들을 숨겨줄 수가 없었다.[52] 이런 생각에 따라 승려의 모집 인원수까지도 엄격한 규정을 세웠다. 뽑을 사람, 제적할 사람, 계속 남아 있을 사람을 반드시 책자에 표시해야 하고 계속 남아 있는 사람의 수는 제적할 사람의 수보다 많아서는 안 된다. 그리고

"일단 사람을 받아들이면 반드시 도첩을 받아야 한다. 이때 반드시 원래 발급 받았던 도첩에 선사의 나이와 용모, 본적, 삭발한 날짜까지 상세히 적어두어야 하고, 다섯 사람의 보증서도 구비해야 한다. 이렇게 하면 선사가 죽어도 대대손손 전해져 따로 발급할 필요가 없다"[53]라고 했다. 이런 감시 시스템은 보갑제의 구상과 밀접한 관계가 있었다.[54]

2절
역서逆書의 색출과 '사람 다루는 기술'

큰 것을 얻기 위해 작은 것을 풀어주다

청나라 세조 옹정제는 증정曾靜이 던진 역서 사건을 처리할 때 큰 것을 얻기 위해 작은 것을 놓아주는 방법을 써 증정을 풀어주고 여유량을 책망했다. 그의 이런 이상한 행동은 당시 조정을 뒤흔들어놓았다. 옹정제의 생각은 이랬다. '강남'은 명말 이래 줄곧 사상의 중심축이자 이상 행동의 근원지다. 또 다른 지역에서 나온 이단적인 언사는 이 광원光源에서 발사되어 나온 다른 색깔의 스펙트럼에 불과하다. 그래서 이 발원지를 없애야만 비로소 스펙트럼의 전파와 확산을 효과적으로 저지할 수 있다. 이런 의미에서 여유량은 사악한 강남 문인 집단을 나타내는 하나의 기호에 불과하다. 그런데 옹정제는 부관참시를 통해 여유량의 유골을 훼손시킨 뒤에야, 거미줄처럼 촘촘한 강남의 장서루와 서적 유통 시스템을 발견했다. 옹정제는 문자의 전파와 유통을 효과적으로 저지할 수 없었다. 집집마다 분포되어 있는 책장 모퉁이의 서적은 말할 필요도 없고, 어디에서부터 조사를 시작해야 할지 몰랐다. 심지어 옹정제의 눈에는 여유량 개인의 저서를 소각하는 일조차 어찌할 수 없는 정도였으니, '강남' 일대의 모든 역서逆書를 근절시키는 것은 더더욱 말할 필요도 없었다.

그러나 옹정제의 아들인 건륭제는 여기서 만족하지 않았다. 그가 봤을 때 부친 옹정제와 강남 사인들의 힘겨루기는 이제 겨우 서막을 열었을 뿐이었다. 진정한 대결은 건륭 중기부터 뜨거워지기 시작했다.

여유량의 행위를 모종의 정치적 사건과 관련 있다고 보는 옹정제와 달리 건륭제는 강남의 지리와 인문 환경을 상세히 검토하고, 문화의 분포 요소도 확실하게 가슴에 새겨 넣었다고 할 수 있다. 예를 들어 『사고전서』 서적 수집 공고 후에 건륭제가 지방관에게 반포했던 유지를 보면 강남의 장서 상태에 대해 이렇게 묘사하고 있다. "또한 장쑤나 저장 같은 큰 성의 유명한 장서가는 손으로 꼽을 수 없을 만큼 많다. 간혹 그 집이 없어지더라도 그의 서적은 다른 사람의 수중에 들어가 있다. 쑤저우와 후저우湖州를 왕래하는 서상書商과 서선書船들은 모두 그 내막을 잘 알고 있기 때문에 책을 찾아내는 것이 어렵지 않다."[55] 또 다른 유지에서 그는 서상과 서선의 움직임을 더 구체적으로 거론했고, 심지어 일부 유명한 서상의 이름까지도 말할 수 있었다.[56]

강남 일대의 서적 유통 구조와 분포 상황을 잘 이해하고 있었기 때문에 건륭제는 서적 수집이 순조롭게 진행될 것이라는 자신감이 있었다. 이러한 상황은 지방 관리들의 판단에도 영향을 주었다. 예를 들어 건륭 37년(1772) 유통훈劉統勳(1698~1773)을 통해 보내온 황제의 성지에는 미리 선입견으로 예단하는 점이 있었다. "그 사이에 집안 대대로 전해오는 선본이 있으면 더욱 소중하게 간직할 것이다. 그러나 일단 옛일을 고찰하고 문치文治를 숭상한다는 유지를 듣고, 또한 담당 관리에게 전사본轉寫本

을 만들어 잘 관리하게 한다는 것을 들으면 다투어 책을 낼 것이다." 그러나 결과는 예측과 정반대로 나타났다. 유통훈은 일반 서점에서 책을 구하는 것이 매우 힘들 뿐만 아니라 개인 기부는 더 말할 필요도 없다는 것을 알게 됐다. 강남 서적의 유통 구조에 대한 충분한 인지는 건륭제에게 자신감을 가져다줬지만, 일이 이렇게 되자 오히려 가슴을 졸이는 상황이 되었다. 건륭제는 이대로 나간다면 자기 아버지처럼 강남 서적의 유통과 범람을 묵인할 수밖에 없고 또 금지할 힘도 없으며 결국 흐지부지될 것이라 느꼈다.

이번 성지에서 건륭제는 초조감을 강하게 표출했다. "도성 인근의 북쪽 5개의 성과 서점이 가장 많은 저장 지역에서는 다시 이전의 평계를 대는 것인가? 이것은 책에 대한 짐의 간절한 뜻을 심히 모르는 바다."[57] 일부 총독과 순무의 서적 수집이 지연되자 건륭제의 의심은 더욱 깊어갔다. 심지어 총독, 순무와 강남의 장서가들 사이에 모종의 묵계가 형성됐을 것이라 의심했다. "총독과 순무들은 전인들이 남긴 저서가 모두 한 사람의 손에서 나온 것이 아님을 알고 있기 때문에, 혹여 그 가운데 불온한 문구가 있을 경우 자신들이 연루되지 않을까 걱정해서 책을 그냥 놔두기로 마음먹은 것이 틀림없다. 따라서 장서가들도 그 뜻을 알아차리고 일절 비밀에 부치고 발설하지 않으니 뭐라 할 말이 없는 것이다." 다시 말하면, 총독과 순무들이 책임질 일이 생길까 두렵고, 또 곤란한 일이 생길까 걱정되어 차라리 장서가들과 협의하여 서적 헌납을 저지하기로 했다는 것이다.

이런 상상 속에서 나온 협약 네트워크를 철저하게 깨뜨리기 위해서 건륭제는 '책의 수집'과 '금서 지정'이라는 완전히 다른 두 개념을 일부러 명확하게 설명하면서 강남의 장서가들이 이를 잘 이해하고 구별하기를 바랐다.

"문인들이 책을 쓰고 자신의 이론을 확립할 때는 각자가 자신의 신념을 쏟아낸다. 그러다보면 간혹 전해 들은 이상한 말도 있고, 실제 사실에 어긋나는 말도 있기 마련인데, 이것은 피할 수 없는 것이다. 그 대략적인 내용에 볼 만한 것이 있다면 함께 수집해 보관해도 무방하다. 남북조 역사를 쓸 때 상호 비방하는 것처럼 설령 글자의 뜻이 마음에 저촉되거나 걸리는 부분이 있다 하더라도 그것은 전대 사람들의 편협한 견해이고, 요즘과는 무관한데, 굳이 벌벌 떨 필요가 있겠는가? 짐은 공명정대하게 일을 처리해 천하의 공신력을 얻을 수 있었다. 그런 짐이 설마하니 조서를 내려 전대의 전적을 찾아내고 문제점을 들춰내서 책을 소장하고 있는 사람에게 죄를 뒤집어씌우겠는가?"[58] 이후에 벌어진 역사를 살펴보면 문자를 빌미로 사람을 벌하지 않겠다는 건륭제의 공개적인 말이 강남 문인들을 옭아매는 함정이 됐다는 것을 알 수 있다.

얼마 후, 건륭 39년(1774) 8월 5일에 각 성의 총독과 순무에게 유지를 내렸다. 이 유지는 표면적으로는 각 총독과 순무에게 책의 수집 속도를 높이라는 것이었지만, 장쑤 성과 저장 성 일대의 서적 유통 상황을 언급하는 후반부에서는 도리어 조금씩 검을 빼어드는 살벌한 말투로 말했다. "책에 혹시라도 황당하고 불온한 문구가 있으면, 이를 남겨 후학들을 미혹되게 해서는 안 된다. 책을 진상하면 파기하고 그 집에서 책을 보관할 필요가 없다고 알려주고, 책을 소장했던 사람에게는 아무 책임도 묻지 않겠다. 또한 총독과 순무의 경우도 책을 수집해 보낸 것뿐이니 역시 뭐라 않겠다." 이 말을 통해 건륭제는 책을 수집하는 진정한 목적을 은근

슬쩍 드러내보인 것이다. 그러나 이것은 온정주의라는 얇은 베일을 쓴 것에 불과하다. 이 베일 뒤에는 '강남'을 겨냥한 건륭제의 칼날이 숨어 있었다.

과연 얼마 지나지 않아 이 암시는 바로 다음과 같이 분명하게 고시告示됐다. "글이나 문장으로 나라를 중상모략하는 일은 장쑤와 저장 두 성에서 주로 한다. 장시江西, 민월閩粵(푸젠), 후광湖廣 등의 지역에서도 마찬가지이니, 어찌 자세히 조사하지 않을 수 있겠는가?" 지방 관리들은 갑자기 말을 바꾼 건륭제의 독촉에 확실히 적응하지 못했다. 대부분은 의아해하고 일부 관리들은 어쩔 줄 몰라 했다. 양광 총독 이시요李侍堯(?~1788)는 처음에 이렇게 핑계를 댔다. "광둥 동부 지역의 서상들은 여태까지 장쑤와 저장 두 곳에서 책을 사들여 서적을 유통시켰을 뿐 결코 신서를 판각한 적이 없습니다."[59] 이런 어정쩡한 태도는 곧 건륭제의 질책을 받았다. 각 성에서 바친 수만 종류의 책 중에서 불온서적이 한 권도 없을 수 있겠는가? "하물며 명나라 말기에는 야사가 많이 나왔고, 개중에는 나라를 비방하거나 임의적으로 쓴 내용들도 있다. 또한 뜬소문이나 이상한 이야기 속에는 틀림없이 본조를 헐뜯는 말도 있을 것이다. 따라서 이번 조사를 통해 모두 폐기하고 이단패설을 근절시켜 민심을 바로잡고자 하니 결단코 좌시해서는 안 될 것이다."

이때가 되어서야 이시요는 사태의 심각성을 깨달았다. 그는 명말의 개인이 펴낸 야사 속에 들어 있는 불온한 말들이 민간에 전해질 것이라는 것을 미처 생각지 못했으며, 매우 "어리석었다"[60]고 자책했다. 그래도 그는 판위番禺 동생童生 심사성과 굴대균의 후손에게서 『옹산시외翁山詩外』와 『옹산문외翁山文外』 등 몇 가지 문헌을 찾아내고 보고하는 데서 대충 마무리지었다. 그러나 장쑤와 저장의 지방 관리들은 건륭제의 하문에 보고할 때도 그다지 신경 쓰지 않았고 요점도 파악하지 못했다. 고진高晉, 살재薩載(?~1786), 삼보三寶 등의 강남 총독과 순무들은 차례대로 상소를 올리면서 하나같이 불온서적이 없다고 아뢰었다. 이런 상황은 더욱 의혹을 낳았고, 결국 건륭제는 엄하게 책망했다.

"지금 이시요가 광둥에서 굴대균의 시문을 찾아냈는데 장쑤, 저장 지역에 그런 책이 없을 리 만무하다. 설마하니 고진 등의 능력이 이시요만 못해서 그런가? 아니면 장쑤, 저장의 장서가들이 짐의 뜻을 깊이 깨닫지 못해서 그런가?"[61]

이런 건륭제의 조급함은 건륭 39년 8월 초5일, 11월 초9일, 10일에 연이어 내린 성지에서 드러났다. 불온서적을 찾아내라는 건륭제의 독촉에 각 성, 특히 강남의 총독과 순무들이 반응하기 시작했다. 그러나 이런 반응은 건륭제의 의도를 정말로 이해해서가 아니라 자신들이 행동으로 실천했다는 것을 보여주기 위해서였다. 예를 들면 안후이 순무 배종석裵宗錫(1712~1779)은 9종의 서적을 바쳤는데, 그중 하나인 『속편명기편년續編明紀編年』에 "본조가 세워진 뒤에도 남명의 연호인 홍광弘光, 융무隆武 등을 정통 왕조로 인정하는 것은 정말 대역무도하다"[62]라고 했다. 이것은 확실한 생트집이지만 건륭제의 재촉에 어찌할 수 없음을 보여주는 예이기도 하다. 장쑤 순무 살재는 『오학편吾學編』 등 겨우 8종의 서적을 찾아내 바쳤는데, 그의 설명은 더욱더 어물쩍 넘어가는 것 같았다. "강남 사람들은 이치를 따지고 들기를 좋아합니다. 또한 폐하께서 말씀하신대로 글이나 문장으로 나라를 중상모략 하는 일은 다른 지역보다 더 많으니, 불온서적은 이 8종의 책에서 그치지 않을 것입니다."[63]

감시 후각의 양성

각 성, 특히 강남 지역의 금서 조사가 두서가 없고 대책이 없자 건륭제는 초조한 나머지 지방 관리에게 효율을 높일 방법을 찾으라고 격려했다. 책을 수집하는 과정에서 저장 순무 옹학붕熊學鵬(1715~1779)은 일찍이 현지 부문서원敷文書院의 제생 가운데 책을 좋아하는 사람 몇 명을 선발해, 해서楷書로 수집해온 책을 베껴 써서 황제에게 올려 검열케 하고, 원본은 원래 주인에게 돌려주어 소장케 했다. 이 방법은 한동안 장서가들의 걱정을 없애고, 건륭제의 칭찬을 받았다.[64] 금서를 조사하는 과정에서 건륭제는 명나라 말기에 금서를 철저하게 금지하지 못했던 이유가 조사의 범위를 서점, 장서루와 같은 공공 유통 지역으로 한정시키고 사적인 공간까지 깊이 들어가지 못했기 때문이라는 것을 잘 알게 됐다.

건륭제가 이 문제에 속수무책으로 있을 때 장시 순무 해성海成(?~1794)이 건륭제의 마음에 딱 드는 방책을 내놓았다. 그는 상소에서 건륭제와 같은 고민을 하고 있다고 언급한 뒤 일반적으로 지방의 신사들은 수사 과정에서 잘 협조해 "스스로 알아서 책을 빠뜨리지 않고 다 바친다"고 했다. 관건은 초야의 글을 모르는 사람이나 몰락한 학자 집안의 숨어 있는 이단아로, 이들의 잠재적 위험은 감시체제 밖에 있다는 것이다. "궁벽한 시골의 우민들은 본래 글을 모르지만 집에 가지고 있는 종잇조각에 혹여 불경한 내용이 있을지도 모릅니다. 특히 학자 집안의 자손들이 몰락하여 판매하는 낡은 책 상자 안에 전대에 일실된 책이 반드시 없다고는 할 수 없습니다. 또한 일자무식이라 책을 다 내놓았다고 하지만, 그래도 책을 다 헌납했다고는 할 수 없습니다."

이런 상황에 대비해 해성이 내놓은 방법은 다음과 같았다. 즉 주현의 지방 행정기구를 이용해 "지보地保*를 불러 모아 가가호호에 폐하의 뜻을 알리고, 완질이든 아니든 모두 바치게 하고 책값을 시가보다 배로 쳐줍니다. 쓸 만한 책은 서국書局에 보내 검열하고, 그렇지 않은 책은 돌려줍니다. 그중에 반드시 소각해야 할 책이 있으면 첨지를 붙여 폐하게 올리면 됩니다. 여기에 좀더 신경을 써서 주현의 성실함을 조사하고, 필요한 책값은 공문을 내려 신하들의 양렴은養廉銀(청나라 때 녹봉 외에 추가로 관리에게 준 돈)에서 대게 하면 됩니다."[65]

건륭제는 이 방법이 세포 조직처럼 각 가정 깊숙이 침투해 내분을 불러일으킬 수 있고 따라서 확대할 만하다고 생각했다. 그래서 각 성에서 찾아낸 역서가 "그리 많지 않고 추세로 보아 보편적으로 적용할 수 없을 것 같은" 상황에 건륭제는 각 성에서 이를 본받아 타당하게 일을 처리하라고 했다.

건륭제는 강남에 대한 의심의 끈을 늦추지 않았다. 건륭제는 구이저우貴州 순무 대리로 있던 강남 사람 위겸항韋謙恒(1715~1792)이 금서를 도성으로 보내 자신의 검열을 받지 않고 서국書局에 반납한 사실을 알았을 때 즉시 그를 나무랐으며 말에 근심이 넘쳐났다. 건륭제는 다행히 구이저우 사람들이 '아둔' 해서 어쩌면 금서가 널리 퍼지는 일은 일어나지 않을 것이라 생각했다. 만약 장쑤나 저장 지역이었다면 "소각해야 할 책이 있다는 소리를 들으면 틀림없이 기뻐할 만한 신기한 일이라 생각하고 함부로 엿보거나 심지어는 개인적으로 필사해서 보관하거나 돌려서 볼 것이다. 소각하고 금지해야 할 책인데도 도리어 다수의 판본을 남기는 형국이 되

---

* 청나라 때 실시된 지방자치제도로 마을의 치안 담당을 맡은 사람을 말한다. 진한秦漢 때의 정장亭長, 수당隋唐 때의 이정里正, 송나라 때의 보정保正에 해당한다.

니 이 일을 어찌 하겠는가!" 이것은 강남 사인들에 대한 건륭제의 고정관념을 보여준다. 이로부터 건륭제는 위겸항이 "강남 사람이라서 이런 일에 편안하고, 또한 생각이 안 미치는 것인가?"라고 생각했다. 이로 미루어 보건대 아주 신중하고 극도로 조심하는 상황이기 때문에 건륭제는 강남 출신의 관리에게도 악감정을 가질 수밖에 없었다.

지방 관리들의 금서를 찾아내는 후각과 수사의 민감성은 건륭제가 훈련시킨 결과다. 지방 관리들과 자신의 감각과 호흡을 맞추는 것은 사실 쉬운 일이 아니었다. 다음 예를 들어 관리들이 후각을 양성시키는 과정을 살펴보자.

건륭 39년(1774) 9월 8일, 저장 순무 삼보는 확신에 차서 아뢰었다. "황당무계하고 불경스런 내용에 법에 저촉될 만한 말이 적혀 있는 소각해야 할 책을 함부로 보관하려는 이해 안 되는 사람을 일찍이 보지 못했습니다."[66]

양장 총독 고진도 장쑤와 저장의 금서를 조사한 이래, 다음과 같이 아뢰었다. "신은 불온서적을 직접 보지 못했을 뿐만 아니라, 총국위원總局委員 번사藩司 민학원閔鶴元 및 다른 두 명의 교관들 역시 각 서적에 불온한 내용이 있는지 검열해본 적이 있으나 증거로 내세울 만한 것이 없었습니다."[67] 지방의 고위 관리조차도 건륭제가 책을 수집하는 깊은 뜻을 이해하지 못하는 마당에 지방의 하층 관리들은 더 말할 나위도 없었다. 건륭제로부터 심한 꾸중을 들은 뒤에도 삼보는 여전히 '장서가'를 대상으로 머리를 굴리고 있었다. "전에 거둬들인 책은 주로 지방의 장서가들이 소장한 것이었습니다. 그러나 이곳은 땅이 넓고 산간 지역도 많아서 일시에 모두 다 조사하기 어렵습니다." 그의 관심은 여전히 변방 지역의 장서가에 집중되었고 심지어 서적을 내준 적이 있던 강남의 장서가 포사공鮑士恭을 고문으로 초빙하여 "유심히 살펴보라"[68]고 했다.

장시 순무 해성의 상소가 계기가 되었다. 그는 '장서가'와 지방의 명문가에 목표를 둘 뿐만 아니라 시골 마을의 "가가호호까지 황제의 뜻을 알리고"[69] 특히 낫 놓고 기역자도 모르는 향신 집안의 자제들까지 놓치면 안 된다고 했다. 일찍이 굴대균의 의관총의 행방을 찾으러 도처를 돌아다녔던 고진도 해성을 따라서 각 지방 관리들이 교관에게 위탁해 "책을 소장하고 있는 집, 서점, 작은 시장, 황량한 갯벌 등을 직접 찾아가서 명말 청초의 저서를 두루 조사하는" 방법을 내놓았다. 얼마 후 해성의 "지보地保를 불러 모아 가가호호에 황제의 뜻을 전달하자"는 방법은 건륭제를 통해 각 성의 총독과 순무에게 전달됐고, 금서의 수색 범위가 장서가와 신사 계층의 범위를 넘어 일반 대중과 농민 등 글을 모르는 사람의 집까지 확대됐다.

이런 조처하에 삼보는 건륭 40년(1775) 정월 19일에 『황명종신록皇明從信錄』 등 10여 종의 책과 『굴옹산시사선본屈翁山詩詞選本』 3부를 찾아냈다. 같은 해 3월 19일에 더욱 구체적인 방법을 채택했다. 보갑을 조직해서 금서를 조사할 때 "문패는 원래 세대별로 나누어주는 것이니, 주현에서는 보정保正에게 엄명하여 문패를 나누어줄 때 집집마다 황제의 유지를 고지하게 하고, 무릇 집안에 명말 국초(청초)의 서책이 있으면 완질이든 아니든 간에 모두 바쳐야 한다"[70]고 했다.

건륭 41년(1776) 12월 13일의 성지에서 해성을 본보기로 삼아 표창하고, 이를 빌려 강남 순무들에게 힘껏 책을 바치라고 독촉했다. "전대의 책들을 조사하는 과정을 살펴보니 해성만이 열의와 성의를 다했다. 따라서 전후로 소각해야 할 금서들을 사들이고 모았는데, 장쑤와 저장 두 성보다 더 많다."

건륭제는 다음 의문이 생겼다. "장쑤 성과 저장 성은 천하의 문물이 모이는 곳으로, 책을 소장하고 있는 집이나 책을 파는 서점이 다른 성보다 배로 많다. 따라서 구입하고 모은 책이 장시 성보다 부족해서는 안 된다. (…) 장쑤와 저장은 몇 차례 금서를 제출한 뒤로 지금은 계속해서 보내지 않고 있다. 또한 장차 서적을 어떻게 구입할 것인지, 어떻게 기한을 연장할 것인지에 대한 타당한 방법도 내놓지 않고 있다. 반드시 사실에 근거해 남김없이 보고하기 바란다." 이 모두는 강남의 총독과 순무들이 최선을 다해 일을 하지 않은 결과였다.[71]

이런 질책성의 성지를 받자 '강남'의 총독과 순무들은 매우 억울해했다. 삼보는 강남의 서적 분포가 고르지 않아서 그렇다고 해명했다.

"대개 저장 성의 장서는 본래 항저우, 자싱, 후저우, 닝보, 사오싱 등 다섯 지역에 가장 많습니다. 하지만 이 다섯 지역의 장서가들은 대부분 신사들로, 대개 책에 불온한 내용이 있으면 책을 사거나 보관하려 하지 않고, 서상들도 이런 책은 거의 판매하지 않습니다. 또한 여러 차례 황제의 유지를 공포했고, 그 가르침도 분명하기에 모두들 조심해야 하는 것도 알고 있습니다. 그래서 감히 금서를 숨기거나 스스로 죄를 짓고 싶어하지 않습니다. 그런데 진화金華, 취저우衢州, 엄주嚴州(지금의 젠더建德), 원저우溫州, 처주處州(지금의 리수이麗水) 등 다섯 지역은 길은 멀고 오지입니다. 명대의 불경한 책은 어쩌면 그 조상이 남긴 것일 수도 있지만, 자손들이 공부를 하지 않아 검사할 수도 없습니다. 그런 까닭에 신은 여러 차례 마음을 쓰고 매번 담당자에게 엄명하여 자주 방문케 하는데, 서적의 양이 아주 적습니다. 마음을 써서 조사하고 구매하지만 수확은 거의 없습니다."[72]

삼보의 변명은 나름 일리가 있었다. 먼저 각 성의 서국에서 각종 서적을 구매한 뒤 검열을 거치는 것이 서적 수집의 일반적인 절차였다. 그러나 책을 수집하는 가장 중요한 경로는 사방을 떠돌아다니는 소상인을 이용하는 것이었다. 『규봉집虯蜂集』 사건을 수사할 때 서상 서경국徐經國은 이렇게 자백했다. "평소 저는 향촌이나 진鎭에서 옛날 물건이나 서적을 사들입니다. 본 현에서 서국을 열고 불온서적을 구매했기 때문에 안평安豊 진에서 계속해서 이름도 모르는 사람의 책 10여 종을 구매해 서국에 가서 팔았습니다. 서국에서 검토하던 중에 『대의각미록』 4권, 『통기찬通紀纂』 5권, 『박물회전博物匯典』 6권, 『규봉집』 1부가 나왔습니다. 서국에서 1냥 5전에 이 4종의 책을 사들이고 나머지 책은 모두 돌려주었습니다."[73]

장쑤蘇 순무 양괴楊魁는 이런 이유를 댔다. 장쑤 지역은 "책을 쓰거나 문집이나 서간집을 출판하기를 좋아하는 사람이 원래 많습니다. 이런 종류의 서적이나 목판은 각자 회수합니다. 또한 널리 통용되고 읽히던 책들도 대개 오랫동안 감춰두면 후세의 사람들이 모를 수도 있습니다. 두루 유지의 내용을 깨닫고 책을 모으고 있다 할지라도 한꺼번에 말끔히 다 없애기는 어렵습니다."[74]

틀린 말은 아니지만 건륭제의 심문에 관리들의 스트레스는 이만저만이 아니었다. 삼보는 결국 건륭 42년(1777) 8월 초4일에 좋은 방법을 생각해냈다. "시간이 한가한 교관敎官을 각각 본적本籍이 있는 부府로 파견하면 친척이나 친구의 집을 방문하기가 쉬우니 관청 대신에 서적을 자세히 검사할 수 있습니다."[75]

건륭제는 크게 칭찬하면서 이렇게 지시했다. "교관들의 본적이 본성이므로 이들이 본적을 왕래하면 소란도 일으키지 않고 친척이나 친구의 집에 소장된 서적도 틀림없이 잘 알 것이다. 그러면 조사 또한 수월하고, 들어오는 책도 많아질 것이다."[76]

하지만 이런 방법이 다른 성에도 적용될 수 있을지가 문제였다. 해성은 장시의 경우 시간이 한가한 교관은 20여 명밖에 안 된다고 했다.[77] 그러나 이 방법은 '강남'에서는 아주 유효했다. 장쑤 순무 양괴가 말했다. "시험 삼아 잡무를 보좌하는 등 시간이 아주 많은 사람을 뽑아 특별히 책 구매와 금서 색출의 업무를 위임합니다. 이 사람들이 거둬들인 책의 수량을 문서에 상세히 기록해두었다가 나중에 결원이 생겨 관리를 충원할 때 책의 권수에 따라 순서를 정하면 됩니다. 이렇게 하면 각 위원들은 모두 적극적으로 일에 뛰어들 것입니다. 각자 서상書商과 서방書坊 및 책을 가지고 있는 집에 황제의 뜻을 전달해 책을 헌납하게 하고, 또 일을 분담하여 책을 구매하고 수시로 서국에 보낼 것입니다."[78] 시간이 한가한 일부 사람들의 노력으로 1만 여 권의 금서를 찾아냈다.

황제의 격려를 받은 뒤 열을 내기 시작한 삼보는 후광 총독湖廣總督으로 옮긴 뒤에도 여전히 금서 덕에 승진한 쾌감과 즐거움에 빠져 건륭 43년 (1778) 3월 25일에 황당한 건의를 했다. 불온서적의 강남 유통은 "일이 발생한 뒤에 조사해서 책을 소각하는 구조이기 때문에 근절하기가 힘듭니다." 그러니 아예 "누구나 읽는 경서나 과거시험의 답안지를 출판하는 것 이외에 학식이 깊은 학자가 저서나 예술 서적을 출판하려면 먼저 원본正本과 사본副本을 적어 현지 교관敎官을 통해 학신學臣에게 보내서 심사하게 합니다. 책에 오류가 없고, 세상에 도움이 될 만하면 원본과 사본에 날인한 뒤 본학本學으로 돌려보내, 사본은 보관하고 원본은 저자에게 돌려주어 간행하게 하십시오. 심사 없이 사적으로 간행한 경우 불온한 문구가 없더라도 지방관을 시켜 다 소각시키고 혹시 불경한 내용이 있으면 바로 처벌해야 합니다. 또한 지방관을 시켜 판각공에게 서적을 간행하는 경우 반드시 학신의 날인이 있는 책만 간행할 수 있음을 알려주라고 해야 합니다."[79]

실제 증명되었듯이 이런 뒷일을 고려하지 않은 방법은 지나치게 황제에게 영합하는 느낌을 주었기 때문에 끝내 건륭제의 재가를 받지 못했다.

이런 체계적인 금서 색출 습관은 총독과 순무급 관리들의 후각을 배양시켰을 뿐만 아니라 하급 관리들의 금서 색출 능력을 제고시키는 동시에 부분적으로 지방 관리의 구조와 책임의 범위를 변화시켰다.

『규봉집』 사건의 처리 과정에서 주목할 만한 부분이 있다. 『규봉집』은 싱화興化 문리文吏 심전삼沈殿三이 불온서적을 수매하다가 우연히 발견한 것이다. 건륭제가 금서를 조사하기 시작한 뒤 장닝江寧과 쑤저우蘇州에 서국을 세워 책을 수집하는 이외에 불온서적을 색출하는 일은 현까지 확산됐다. 심전삼이 일했던 싱화에도 책을 바치는 서국이 세워졌다. 심전삼은 당시 현의 예방서판禮房書辦으로, 서국 내에서 금서 색출을 책임지고 있었다.

현급 관청의 예방서판의 업무에 대해 취퉁쭈瞿同祖는 이렇게 지적했다. 중국 관아의 공무 전통에 따르면 주와 현의 서리書吏는 일반적으로 이방吏房, 호방戶房, 예방禮房, 병방兵房, 형방刑房, 공방工房으로 편성되어 있다. 그래서 서리들은 '이방서리(이서)' '호방서리(호서)' 등으로 불렸는데, 각각 특정 방의 사무와 공문을 처리했다. 예방은 제사 의식, 사찰과 도관, 학교, 시험 및 표창을 담당했다. 지방 행정기관에서 서리는 없어서는 안 되는 중요 인물로 주로 문서나 공문서를 관리한다. 따라서 읽기와 쓰기 능력은 그들이 갖추어야 할 기본 자격 요건 중 하나다.

전하는 말에 따르면 일부 지방 관리들은 테스트를 할 때 명료한 공문을 작성할 줄 알거나 서법에 뛰어난 자는 뽑고, 그렇지 않은 자는 도태시켰다고 한다.[80] 그리고 일부 업무 처리를 위해서는 기본적인 계산도 할 줄 알아야 했다. 과거에 급제하지 못한 사람, 즉 최하 단계의 과거조차 통과하지 못한 사람들은 공부를 포기하고 서리가 됐다.

총독과 순무의 성지를 통해서 우리는 심전삼이라는 사람의 신분을 어렴풋하게 알 수 있을 뿐, 그에 대해 알 수 있는 구체적인 자료는 없다. 그러나 기본적으로 그가 예부서리를 지낸 사실에서 과거시험의 최하 단계의 합격자인 생원이었을 가능성은 거의 없다는 사실을 알 수 있다. 그가 서국에서 일하면서 금서 수집을 맡은 것도 예방에서 파생되어 나온 직책이고, 이런 직분은 심전삼에게 딱 맞았다.[81] 그래서 심전삼은 소상인에게서 책을 사고 금서를 색출해내며 그들에게 일정 비용을 지불했다.

금서를 찾아내고 수집하는 시스템은 현 이하의 지방 정부에서는 실제적으로 주로 지보를 통해 진행됐다. 취퉁쭈가 살펴본 바에 의하면, 지보地保('지방地方'이라고도 불리는 지방 치안 담당자 혹은 지역 간수를 말함)는 주의 관리나 지현이 도시의 매 구획마다 또는 향촌에 위임한 대리인이다. 지보는 주·현의 관리를 위해 공문서 전달을 맡아 관리의 명령을 시골 사람이나 성 안팎의 주민들에게 전달했다. 또한 수상한 사람을 감시했고 절도, 살인, 소금 밀매, 방화 등의 사안을 보고하는 책임도 졌다. 장학성이 지은 『융칭 현지永淸縣志』의 기록에 따르면, 직례성直隸省 융칭永淸의 지보는 다음과 같다. 현 정부 소재지에 두 명, 성 밖의 4개의 교외 지역에 각각 1명씩을 두었고, 하나의 마을 혹은 두세 마을에 지보 1명씩을 두었다. 동부 지역의 78개 마을에 모두 66명, 남부 지역의 74개 마을에 모두 60명의 지보를 두었다.[82] 장학성은 북방 현 지역의 지보의 분포 상황을 말하고자 한 것이지만, 그가 살았던 건륭 시기 강남 지보의 분포도도 이와 큰 차이가 없었을 것이다. 지보는 특정 공무에 필요한 물품 구매 관리를 책임지고 있는 동시에 요역의 의무가 있는 백성을 확보하여 수시로 차출 지시에 대비해야 한다. 따라서 '금서禁書 색출'은 그들이 일정 기간 내에 해야 할 '특정 공무' 중의 한 가지였음을 알 수 있다.[83]

흩어져 있는 몇몇 사료에서 볼 수 있듯이 가가호호까지 황제의 뜻을 전해주는 지보의 물샐틈없는 그물망식의 수사는 현지 사인들에게 큰 스트레스였다. 예를 들어 왕중유王仲儒의 『서재집西齋集』에 대한 수사를 받은 그의 증손은 어쩔 수 없이 『서재집』의 조판을 제출했다. 당시 양장 총독으로 있던 살재가 『서재집』을 도성에 보냈고, 대학사 아계阿桂가 검열하던 중에 불온한 말을 발견한 뒤 장쑤 순무에게 조판을 조사해서 처벌하게 했다. 조판의 발견과정은 정말 전설적이었다. 『서재집』의 220개 조판은 원래 왕도王度의 삼촌 왕주로王周鷺의 집에 소장되어 있었다. 왕주로는 생활하기 힘들 정도로 가난해 문을 닫아걸고 밖으로 나가 날품을 팔아먹고 살았다. 담벼락이 무너지는 바람에 왕도는 대나무 상자 안에 가득 담겨 있는 서판書板을 발견했다. 또 관청에서 제시한 금서목록을 보고 혹시라도 불온한 내용이 있을까 두려워 지보를 불러와 건륭 43년(1778) 11월 12일에 서판 220개를 모두 들고 현에 가서 제일 먼저 상납했다.[84]

이와 같은 일련의 과정에서 주목할 만한 점이 있다. 왕도는 서판의 내용도 보지 않고 그저 불온한 문구가 있을까 걱정되어 주동적으로 서판

윌리엄 알렉산더William Alexander, 「타판자打板子」(1793),
劉璐·〔영〕吳芳思(Frances Wood) 편역, 『帝國掠影: 英國訪華使團畫筆下的淸代中國』,
런민대학출판사, 2006, 128쪽.

을 제출했다. 또한 지보를 데리고 갔다는 것은 건릉제와 지방 관리가 취했던 방법이 아주 효과적이었음을 설명하고 있다. 이런 반복적인 수사는 일반 사인들에게 극도의 혼란을 조장했고, 특히 명말 유민의 후손들에게는 더욱 큰 스트레스를 주었다. 왜냐하면 그들은 선조의 책 중에서 도대체 어떤 내용이 당시의 금기에 저촉되는지 판단할 수 없었기 때문이다.

대명세는 다음의 예를 들어 시대의 변화가 유민의 후손에게 영향을 끼치고 있음을 보고 탄식한 적이 있다. 대명세는 일찍이 원나라 시인 인보仁甫 백박白樸(1226~약 1306) 후손의 부탁으로 그의 시집 『천뇌집天籟集』의 서문을 썼다. 백씨 집안은 이 시집을 보유한 지 400년 정도 되었는데 여러 번의 전쟁통에도 잃어버리지 않고 잘 보존했기에 대명세는 이렇게 감탄했다. "고인의 작품은 현명한 후손이 이를 드러내 칭찬함이 있어야 사라지지 않을 수 있다." 이런 상황을 명말의 문헌과 대비해보면 비통하기 그지없다. 그래서 대명세는 "지금 나는 친화이秦淮 강가에 머물고 있는데, 그곳에 살던 한두 유민들의 저서가 많이 있다고 들었다. 그들은 살아 있을 때 세상에 책이 전해지길 바랐지만 그렇게 되지 않자 책이 없어질까 걱정된 나머지 주체할 수 없이 울면서 죽을 때 자손들에게 전해주었다고 한다." 그래서 "나는 그 집을 찾아가서 정성스럽게 인사하고 책을 빌려 조판해서 세상에 전하기를" 희망했다. 그러나 도리어 벽에 부딪혔다. "그들의 자손들은 완강히 거절하면서 책이 유포되어 되레 세상에 이름이 드러날까 두려워했다." 대명세는 결국 이렇게 탄식했다. "아! 조부가 돌아가신 지 채 몇 년도 되지 않았는데 자손들은 그의 저서를 원수 보듯 하니 결국에는 그들의 저서가 사라질 수밖에 없다. 그들의 후손이 만약 이 문집을 보고 자신들을 백씨의 후손과 비교하면, 부끄러움에 이마에서 땀이 나고 등에 땀이 배지 않을까 모르겠다."[85] 이들 자손들이 조부의 저서를 정말 적대시했는지는 모르겠지만, 사실 그것은 그다지 중요하지 않다. 정말 중요한 것은 유민의 자손들이 이와 같은 두려움을 갖게 된 이유가 건륭제의 금서령 반포와 날로 심해지는 독촉과 관련 있다는 점이다.

『자관』사건이 초래한 시문時文 추가 제재의 풍조

각종 금서목록을 보면 여유량이 주연급이기는 하지만, 양장 총독 고진이 건륭 42년(1777) 5월에 없애야 할 서판 목록을 상주했을 때에야 비로소 여유량의 시문時文(팔고문) 서적 『천개루어록天蓋樓語錄』이 처음 제시됐다. 이때는 건륭 39년(1774) 8월 5일 금서령을 반포한 지 3년쯤 지난 해였다. 그 이전에 수사한 책의 목록에는 여유량의 시집과 문집만 있었다. 이것은 건륭 42년부터 금서 색출 전략이 크게 달라졌음을 의미한다. 즉 수사의 범위가 더 확대됐다는 말이다. 하지만 이때 색출해낸 당시 서적은 아주 적었다. 건륭 42년 8월의 금서목록에는 『황명관과皇明館課』2부 13권만 등록되어 있었다. 이는 건륭제의 태도 변화와 직접적으로 관계가 있다. 건륭 37년(1772) 정월의 유지에 "서점에서 파는 과거 준비용 팔고문과 기타 등등을 제외하고" 모두 사들여야 한다는 말이 있는데, 이를 통해 볼 때 이때까지만 해도 팔고문은 징집 대상이 아니었음을 알 수 있다. 문자옥을 따지는 기준에도 종종 팔고문에 대한 수사는 빠져 있었다. 예를 들어 이임영李任渼의 책에서 여유량을 추앙하는 문구를 발견했지만, 건륭제는 도리어 이렇게 그를 두둔했다. "그러나 이임영이 가리키는 것은 전적으로 경서 해설이나 팔고문에 관한 것으로, 그때는 아직 여유량 사건이 일어나지 않은 때다. 그러니 애초에 그가 역도 여유량을 따르고자 한 것은 아니다."[86] 또한 여유량의 팔고문을 징집 대상에서 가볍게 제외시켰다. 그런데 건륭 40년(1775) 양장 총독 고진이 이렇게 불만을 토로했다. "특히 경서만을 들이파는 선비 중 일부는 오직 과거 응시용 팔고문만 알아 사서四書, 본경本經, 고문古文, 시문時文 외의 책은 모두 처박아둡니다."[87] 이를 볼 때 팔고문은 확실히 불온서적에서 배제됐다.

이 점은 하나도 이상하지 않다. 금서 색출은 『사고전서』 편찬 과정에서 파생되어 나왔고, 특히 팔고문은 애초에 수사 대상이 아니었기 때문이다. 이 역시 사서 편찬 전통의 역사 사례를 따른 것이다. 『신당서』 「예문지藝文志」에 비록 소설가류는 수록되어 있지만, 응제시應制詩나 시첩시試帖詩는 실려 있지 않다. 『명사』 「예문지」에도 이름난 사람의 팔고문이 실려 있지 않다. 따라서 『사고전서』를 편찬할 때도 자연스럽게 팔고문이나 시첩시집은 채록하지 않았다.[88] 그러나 건륭 42년 말부터 43년 이후, 팔고문 저작이 금서목록에 대량으로 출현한 데는 나름의 속사정이 있다. 관건은 건륭 42년 10월 장시 성 『자관字貫』 사건의 발생에 있었다. 왕석후王錫侯(?~1777)가 『강희자전康熙字典』을 고치고 별도로 『자관』을 출판한 사건이 건륭 42년 10월에 발생했다. 이때 장시 순무 해성은 왕석후의 거인 자격을 박탈하는 선에서 사건을 처리했는데, 건륭제는 이 처벌이 너무 가볍다고 생각했다.

건륭제는 『자관』 제1권의 서문 뒤에 있는 범례를 읽다가 그중 한 장에서 성조聖祖(강희제)와 세종世宗(옹정제)을 병렬한 것*을 발견하고 크게 분노한 뒤 해성에게 책을 직접 검열하지 않은 것을 책망했다. 어떻게 "천박한 하급 관리가 마음대로 첨지籤紙를 붙인 것만 믿고 다시 직접 검열하지 않을 수 있단 말인가?" 황제의 다음 비답을 볼 때 황제는 여전히 마음속의 분노를 억누르지 못하는 것 같았다. "하물며 서문은 책의 첫 페이지라 책을 펼치면 바로 보이는데, 해성은 설마하니 눈동자가 없어서 보지 못했단 말인가? 아니면 보고도 대수롭지 않게 생각하고 그냥 두었단 말인가? 황제를 존경하는 신하의 마음은 어디에 있단 말인가? 난신적자가 있다면 모두들 나서서 주살해야 하는 도리는 또 어디로 갔단 말인가?"

화제는 다시 왕석후의 신상으로 돌아갔다. "왕석후는 거인擧人으로서 어찌 이리도 교만하고 불경하단 말인가? 최근에 들어 생활이 궁핍하고 마음에 불만이 넘쳐났기 때문에 이를 글로 드러냈다. 평상시에 그가 지은 시문에서는 어떤 비방을 했는지 모르겠다. 이런 패역무도한 무리는 천지도 용납하지 않기에 그 행위가 저절로 드러나게 했다. 따라서 철저히 조사해서 그 죄를 낱낱이 밝히고 바로잡아야 한다."

이 성지는 『자관』 등의 책을 자세히 조사해야 하는 것은 물론 그 밖의 다른 서적까지도 망라해야 한다는 의미였으므로 당연히 팔고문도 포함됐다.[89] 그래서 건륭 43년 11월 25일에 장쑤 순무 양괴楊魁에게 내린 유지에서 왕석후가 편찬하고 수정한 시문류時文類의 저서를 언급했다. 유지에는 이런 지적이 있었다. "『경사경經史鏡』과 『당인시첩상해唐人試帖詳解』에 명예 상서尙書 전진군錢陳群(1686~1774)의 서문이 있으니 서문을 쓴 전씨 집안에 훈시하여 두 책을 헌납케 하라." 이 유지에서 시문류의 서적까지 조사 대상으로 넣어야 한다고 밝히지는 않았지만, 명확한 암시가 들어

---

* 책을 만들 때 황제나 황실에 관계된 표현은 '대두擡頭'라고 하여 무조건 책 가장 윗부분으로 올려야 했다. 만약 책에서 강희제와 옹정제를 언급하려면 무조건 '성조聖祖(강희제)'를 책 맨 위에 올리고, 다시 '세종世宗(옹정제)'을 다음 줄 맨 위에 올려야 하는데, 『자관』에서는 '성조'를 쓴 뒤 바로 그 아래 '세종'을 쓴 것이다.

있다. 이 이후로 『당인시첩상해』와 같은 시문류 서적도 지방 관리의 수사 대상에 들어갔다.

윈구이 총독雲貴總督 이시요李侍堯는 금서 색출에 관한 상주문에서 팔고문 전파의 위험성에 이미 주목하고 있었다. 그는 여유량의 팔고문 선집에 대해 이렇게 말했다. "또 여유량 부자는 극악무도합니다. 그가 선집한 『팔가고문八家古文』의 서문과 범례, 또 그들이 선록한 『천개루우평天蓋樓遇評』의 시문時文은 여전히 선비들에게 많이 읽히고 있습니다. 어찌 세상에 이런 배은망덕한 인사의 글이 돌아다니게 놔두십니까?"[90] 이로부터 얼마 뒤 후광 총독湖廣總督 삼보, 저장 순무 왕담망王覃望(?~1781), 장시 순무 학석郝碩(?~1784)은 왕석후가 편찬한 『국조시첩상해國朝試帖詳解』 『당시분류상해唐詩分類詳解』 『국조시관초집國朝詩觀初集』 『국조시관이집國朝詩觀二集』 등을 모두 찾아냈다.[91]

이시요는 나중에 윈난雲南에서 시첩이 돈 원인을 분석하고 이렇게 말했다. "윈난에는 장시에서 무역하러 온 사람이 많다. 또한 과거시험을 준비하기 위해서 시첩이 필요했기 때문에, 장시 사람들이 돈 벌 생각에 들여왔다." 이시요는 더 나아가 시첩의 위해성을 간과했던 이전의 태도를 바로잡아 "역도 여유량의 다른 시첩 판본이 보이면 전부 소각해야 한다"[92]고까지 생각했다.

구이저우 순무 도사덕圖思德(?~1779) 역시 상소에서 여유량의 팔고문에 대해 언급하고 있다. "『천개루비평』 『의관』 『시경회찬상해』 『사서문』 등은 모두 역도 여유량의 저서입니다. 그는 극악무도한 사람으로, 어찌 세상에 그의 단 몇 마디의 말이라도 돌아다니게 놔둘 수 있겠습니까!"[93]

우연의 일치인지 일부러 그런 건지는 모르겠지만, 건륭 43년 3월 23일에 건륭제는 필원畢沅이 올린 소각 대상 목록 가운데 특별히 주필朱筆로 여유량의 『사서어록四書語錄』과 이탁오李卓吾의 『분서焚書』 두 책에 점을 찍고는 책이 도성에 도착하는 대로 먼저 올리게 했다.[94] 이것은 상당히 심상치 않은 행동으로 우연이라고 보기에는 힘들다. 우리로서는 이 두 책을 검토하고 난 뒤의 건륭제의 진짜 반응을 알 수 없다. 그러나 이런 행동을 통해 여유량의 저서에 대한 탄압이 새로운 단계에 진입했음을 추측할 수 있다. 사실 옹정제가 증정의 사건을 처리할 때 증정의 제자 장희張熙는 옹정제에게 경고성 발언을 하고, 자기는 여유량의 팔고문에서 '존왕양이尊王攘夷'의 사상을 배웠다고 인정했다. "저장 성에 여유량이라는 사람이 있는데, 작은 재주로 세상 사람을 속여 명예를 훔치고 있습니다. 시문 평선으로 유명해지고, 글을 간행하여 돈을 벌고 있던 와중에 마침 나라가 흥성하고 문치 사회가 도래해 그의 글이 널리 퍼질 수 있었습니다. 일시에 과거 공부를 하는 사람들에게 전해져 모두 그에게 미혹되어서 그의 문장은 팔고문의 금과옥조가 되고, 경서 강의로 일대종신이 됐습니다."[95]

주고받은 공문서를 통해 알 수 있듯이, 여유량의 시문과 이후 대명세의 시문은 모두 『자관』 사건에 연루되어 조사를 받고 금서가 됐다. 이시요는 상주문에서 이렇게 말했다. "지난번에 색출한 왕석후의 『당시시첩』 1종과 오늘 또 찾아낸 11부는 생원들이 과거시험을 준비하면서 많이 읽은 책이라 이미 널리 전파됐을 것이니, 지금 다시 명을 내려 누락되는 것이 없도록 재수사해야 합니다." 또 이어서 '여유량의 『선본選本』과 『제설題說』 6종'은 이미 전에 두 차례에 걸쳐 첨지를 붙이고 색출해내 소각했다고 말했다.[96] 이를 통해 볼 때 팔고문의 소각은 이미 황제의 암묵적인 허락을 받았음을 알 수 있다. 또한 『자관』 사건을 통해 여유량의 팔고문이 끊임없이 연루되어 소각됐음을 알 수 있다. 또 다른 공문도 이를 증명한다. 민저 총독閩浙總督 종음鍾音이 올린 금서 수색 상주문에서는 먼저 '역도' 왕석후의 『자관』 40권을 중점적으로 언급한 뒤, 『당시시첩상해』 17부, 『당인시첩상해』 5권을 언급했다. 뒤에 붙인 서목에 여유량의 『사서강의』 22부, 『천개루우평』 2부가 들어가 있다.[97] 건륭제의 호된 질책은 확실히 지방 관리의 금서 수사에 대한 자각성을 높이고, 금서 수색에 대한 민감도도 키웠다. 심지어 황제의 유지에 없는, 즉 심사 대상에 들어가 있지 않은 불온서적도 그동안 길러진 수색 감각에 따라 자동적으로 금서목록에 집어넣기도 했다.

원구이 총독 배종석裵宗錫은 서적을 색출하는 과정에서 이런 특수한 수사 능력을 배운 것 같다. 그는 자발적으로 왕석후의 서적을 금서목록에 넣으면서 이렇게 썼다. "지난번에 역도 왕석후가 낸 『당시서첩』 1종을 거둬들였다고 상주했는데, 오늘 또 15부를 색출해냈습니다. 이 역도가 펴낸 『국도시첩國朝試帖』 1종을 오늘 또 5부 색출해냈는데, 모두 황제의 유지에 따라 찾아낸 금서라서 도성의 사고관으로 보내 소각해야 합니다. 그외에 수사 목록에 없는 『고권탐주집考卷探珠集』이 있는데, 그 안에는 왕석후의 팔고문이 실려 있습니다. 이것은 여유량의 팔고문이 다른 선집에 실려 있는 것과 동일한 경우입니다. 이런 극악무도한 자의 자취는 짧은 말도 남겨서는 안 되니 마땅히 유지를 받들어 모두 소각해야 합니다." 또 뒷부분에서 여유량의 『역해제설선본易解題說選本』도 언급했다.[98] 이를 통해 보건대 여유량의 팔고문에 대한 조사는 왕석후의 『자관』 사건에서 파생되어 나왔음은 의심의 여지가 없다.

기타 상주문에 나타난 말투에서 『자관』 사건으로 찾아낸 여유량의 팔고문 선집이 갈수록 많아졌다는 것을 추측할 수 있다. 구이저우 순무 도사덕은 왕석후의 『당시시첩분류상해』 등의 책을 찾아냈다고 보고한 뒤, 금서목록 중에서 여유량의 『천개루우평』과 『천개루사서강의』 등의 시문 외에도 『평황도암문고評黃陶庵文稿』『평금진합고評金陳合稿』『이당형천문고伊唐荊川文稿』『평강우오가문고評江右五家文稿』『평금정희문고評金正希文稿』『평진대사문고評陳大士文稿』 등을 추가로 넣었다.[99] 이를 통해 종류가 훨씬 많아졌음을 알 수 있다. 그 밖에 여유량이 평가한 팔고문 문집 『북서루시문집北書樓詩文集』『한송암일고寒松庵佚稿』『고처재시문집古處齋詩文集』 등의 책도 연루됐다.[100]

여유량의 팔고문 색출은 그의 시문집을 조사하는 것보다 훨씬 더 어려웠다. 여유량은 청초 주자학의 대유大儒로 여겨져 시와 문장이 널리 전파되긴 했지만, 그래도 사대부 범위에서만 많이 전해졌다. 그러나 팔고문 선집을 읽는 독자 중에는 과거를 출세의 목적으로 한 초급 수준의 사인이 더욱 많이 포함됐기 때문에 독자의 범위는 몇 배나 확대됐다. 『자관』 사건 이후 각 성에서 수사한 금서목록에 여유량의 이름이 자주 출현하는 것을 볼 수 있다. 이것은 바로 그의 팔고문이 산시陝西, 산시山西, 산둥山東, 장시江西, 강남江南, 푸젠福建, 구이저우貴州, 광둥廣東, 광시廣西 등 여러 성에까지 널리 유포되었기 때문이다. 특히 지방 관리들의 관심사는 팔고문이 개입되면서 그들이 수색해야 할 금서의 작업량이 아주 많아졌다는 사실이었다. 여유량이 평점을 단 팔고문이 각종 문집에 산재해 있기 때문에 소각해야 할 금서를 분별해 찾아내는 데 더 많은 공력을 기울여야 했다. 예를 들어 삼보三寶는 저장 순무에서 민저 총독閩浙總督으로 옮겨가 푸젠 지역의 금서를 처리할 때, 확실히 경험이 많다는 것을 보여줬으며 뛰어난 인내심과 세심함을 드러냈다. 그래서 심지어 그다지 유명하지 않은 책인 『대언집代言集』 같은 책에서 여유량을 추앙한 부분을 찾아내기까지 했다. 그리고 세간에 유통되는 각종 팔고문 선집 중에서 여유량의 말을 인용하고 있는 책까지 모두 색출해냈다. 예를 들어 황서黃瑞가 엮어낸 『사서강의록四書講義錄』, 장용덕張庸德이 보충한 『사서존주회의해四書尊注會意解』, 무명씨가 평한 『역과묵선歷科墨選』, 오사옥吳士玉이 선집한 『역과소제문선歷科小題文選』 및 이패림李沛霖이 엮어낸 『역과정묵질의집歷科程墨質疑集』 등에 모두 여유량의 평어가 들어 있었기 때문에 이것들은 모두 소각 대상이 됐다.[101]

황창黃裳은 여유량의 팔고문이 소각됨으로써 다음과 같은 영향을 주었다고 논한 바 있다. "여유량은 팔고문과 서당의 독본을 평가하고 선집하는 것으로 먹고산 사람이기 때문에 그 영향력은 아주 컸다. 그의 책을 소각한 뒤로 변방 지역의 사인들은 읽을 책이 없어졌기 때문에 이를 대체할 만한 새로운 독본을 인쇄하기에 바빴다."[102]

문자옥의 중압감에 재구성된 사인士人 풍조

금서 수사가 청초 사인들의 생활에 끼친 영향은 매우 컸다. 많은 유민의 자손들은 종종 아무 사정도 모른 채 목숨을 잃기도 했다. 강남의 사인 사회에서도 문자옥의 압박 때문에 남몰래 고발을 당해 감옥에 잡혀간 사람도 적지 않았다. 『한한록閑閑錄』 사건이 바로 그런 예다.

강남 쑹장부松江府 사람 채현蔡顯(1697~1767)은 옹정 7년(1729)의 거인擧人이었다. 호는 한어閑漁이며 친구들과 술을 마시며 시를 주고받기를 좋아했다. 그의 저서로는 『한어한한록閑漁閑閑錄』『소행잡식宵行雜識』『담상한어고潭上閑漁稿』『강초시화江蕉詩話』등이 있다. 그중 『한어한한록』은 건륭 32년 봄에 간행됐다. 멍썬孟森의 고찰에 따르면 『한어한한록』은 『입부잡록笠夫雜錄』이라는 이름으로 간행된 적이 있었다. 그런데 『잡록雜錄』중에 "지방의 신사紳士를 질책한 부분이 많은데, 모 지부知府, 모 어사御史, 이李 아무개, 왕王 아무개, 막莫 아무개 등이다." 심지어 같은 읍 생원의 잘못도 꼭 집어내어 질책하고 또 "향현사鄕賢祠에 들어가 봄가을로 제사를 받는 아무개 신사, 절효사節孝祠에 들어간 아무개"를 질책했다. 멍썬은 이렇게 생각했다. "이런 것은 모두 허사모許祠茅가 '잘못된 의론이 많다'라고 한 것에 해당하며 군의 아무개 신사에게 미움을 받는 증거가 됐다. 이런 역사적 모함 역시 사소한 원망 때문에 생겼을 수 있다. 『잡록』에 이런 기록이 있다. 채현이 도성에 있을 때 동향 진사 황지준黃之雋과 함께 동향 출신의 어사를 뵈러 갔다가 거절당했다. 얼마 후 황지준은 내성으로 옮겨갔고, 채현 역시 초빙되어 관아로 들어갔다. 어느 날 초청장 하나를 받았는데, 그 위에 자신을 문전박대했던 어사의 이름이 적혀 있었고 채현에게 정중히 경의를 표하고 있었다. 채현은 '어떤 위치에 있느냐에 따라 아첨하고 푸대접하는 세상인심을 보고 이를 경멸하며 그와 왕래하는 것을 거절했다'고 기록했다."[103]

멍썬은 이렇게 평가했다. "이 이야기에서 드러낸 일은 세상에 늘 있는 일이거늘, 이런 일까지 기록하고 있는 것으로 보아 채현도 소심하기 짝이 없다. 채현 역시 촌구석의 별 볼 일 없는 선비였던 듯하다. 문자 때문에 사형당하는 세상이라 형옥이 범람하고 자신의 뜻에 조금만 거슬려도 고발했음을 미루어 알 수 있다." 다시 말해 채현은 마음이 좁은 탓에 죽음의 화를 당한 것이지만, 문자 정책의 법령이 매우 엄격했음은 사실이다. 또한 이를 통해 일상생활의 아주 작은 사건이 한 사람의 운명까지 결정할 수 있음을 확인할 수 있다.

하지만 이런 운명은 당사자가 모르는 사이에 생겨날 수도 있다. 『잡록』에 강남 창수常熟 생원 풍서馮舒에 대한 기록이 나온다. "풍서는 각종 업무 논의를 하다가 현령 구사달瞿四達의 비위를 거슬러 그의 원한을 샀다. 구사달은 풍서의 「회구집자서懷舊集自敍」가 태세정해太歲丁亥를 사용하고 본조의 국호와 연호를 쓰지 않았으며, 시구 가운데 불온한 말이 들어 있다고 비방해 그를 하옥시킨 뒤 죽여버렸다. 그래서 세상에서 그를 '한 집안을 풍비박산 낸 현령破家縣令'이라 불렀다."[104] 그런데 이 현령은 또한 전겸익의 문하생이었다. 이 기록은 후에 공교롭게도 채현 자신의 운명을 예언한 참언이 됐다. 그의 책에 나와 있는 기록이 현지 사인의 심기를 건드렸는데, 허사모許嗣茅*는 『서남필담緖南筆談』에서 이렇게 말한다. "그의 시에는 잘못된 의론이 많아 고을 사람들이 그를 싫어했다. 그가 옛사람의 「자모란紫牡丹」의 시구를 인용하자 당시 사람들은 여기에 반역의 뜻이 들어 있다고 여겼고, 이 때문에 그는 결국 죽임을 당했다." 허사모는 이렇게 추측했다. "마을의 신사紳士 아무개가 그를 싫어했지만, 지부知府 종공鍾公도 채현이 미쳤다고 생각해서 그를 죽여버렸다."[105]

비극은 사람의 말로 시작되어 점점 쌓여가는 것이다. 오직 채현만이 이를 자각하지 못하고 "다른 사람을 비평하는 것은 잘 알았지만 자기방어는 할 줄 몰랐다." 채현에게는 왕원정王元定이라는 제자가 있었는데, 그

---

* 『서남필담』은 청대의 허사모가 지은 책이다. 원문에는 허사제許嗣第로 되어 있는데 여기서 '第'는 '茅'의 오기로 보인다.

역시 생원이었다. 왕원정은 박식한 재능과 식견을 믿고 "다른 사람의 글을 보면 잘 비웃었기 때문에 사람들은 그를 '왕하하王哈哈'라고 불렀다." 왕하하는 일찍이 하인 한 명을 쫓아낸 적이 있었다. 왕하하가 『한한록閑閑錄』 사건에 연루되어 수자리(국경 경비)를 서러 갔을 때 그 하인은 이미 무관이 되어 있었는데, 그를 보고 "왕하하에게도 이런 날이 있구나"라고 비웃었다. 이 이야기를 통해서 채현 제자의 운명도 그와 닮아 있고, 그렇게 된 원인도 유사함을 알 수 있다. 그래서 명썬은 이렇게 평했다. "스승이 오만하니 제자도 오만하다. 당시 재주가 많고 거리낌 없이 자유분방하던 사인들은 대부분 그의 문하에 들어갔다. 굳은 의지도 여기서 생겨났고 관리들의 모함도 여기서 생겨났다."[106] 문제는 그가 이런 증오의 대상이 됐음에도 스스로 그 사실을 몰랐다는 점이다. 그의 말에 따르면 "『한어한한록』에는 결코 잘못된 구절이 없는데 당시 그곳 사람들이 아무렇게나 떠들어대면서 그 안에 비방과 원망의 글이 넘쳐난다고 생각해 익명으로 투서하거나 벽보를 붙이며 공개적으로 거론하니" 그는 두려움에 스스로 자수의 글을 올렸다.[107] 이를 통해 볼 때 그때까지만 해도 채현은 여전히 자신만만했다. 이런 자신감은 건륭제에게서 단시간 내에 검증되는 듯했다.

당시 건륭제는 양장 총독 고진이 적어 올린 『한한록』의 문장들을 잘못 이해하고 있었다. 그의 말은 대부분 "실의에 찬 원망의 말"이며, "조정을 훼손시키는 말이 없고 다른 역도와는 상황이 다르니" 그냥 방면할 생각이었다. 그런데 뜻밖에도 자세히 읽어보니 문제점이 발견됐는데, 책에 다음과 같은 사실이 적혀 있었다. "대명세는 『남산집南山集』 때문에 죽었고, 전명세錢名世*는 연갱요年羹堯 사건** 때문에 죄를 얻었다." 이것은 모두 사실이지만, 이렇게 대놓고 말해서는 안 된다는 것이 건륭제와 강남 사인들 간의 일종의 묵계였다. 하지만 채현은 이 묵계를 대놓고 위반했으며 강남 지방 관리들은 그의 이런 '역적 행위'를 전혀 몰랐기 때문에 정말 괘씸하게 느꼈다. 건륭제는 고진이 이 책을 직접 보지 않고 하급 관리를 시켜 대신 검열했다고 의심했다. "지방 관리들은 여태까지 인습에 얽매여 군사 업무나 문자옥을 만나면 일절 말하지 않고 숨기려 한다. 그렇기 때문에 변변치 않은 문자로 그들의 죄를 덮어주고 중요한 문제도 더 이상 지적하지 않으려 한다."[108]

고진을 질책한 뒤 건륭제는 다시 채현의 심리에 대해 설명했다. "보아하니 이 역도는 원래 사악한 기운에 사로잡혀 있고, 글은 좀 알지만 집에 박혀 있으면서 뜻을 이루지 못했다. 마침내 궤변을 늘어놓고 과장되게 떠들어대면서 운 좋게 죽음을 피해 명성을 얻기를 바랐다. 훗날 사람들이 채현이 옳다고 여길까 두렵고, 세상인심에도 영향을 끼칠까 걱정된다."[109] 이 지적은 『한한록』을 빌려 명성을 구하려 한 것을 질책하고 있지만, 지방 신사들을 질책하는 것과도 부합한다. 이 역시 건륭제의 지시로 부륵혼富勒渾(?~1796)이 살펴본 저장의 민풍이 교활하다는 판단과 맞아떨어졌다. 건륭제는 특별히 채현이 '사악한 기운戾氣'에 사로잡혀 있다고 언급했다. 자오위안은 일찍이 '사악한 기운'이란 말로 명말의 시대 분위기를 표현하면서 이때의 사인들이 황제의 학정하에 '기세등등하게 행동하고氣

---

* 원문에는 전명사錢名士라고 되어 있지만 이는 전명세錢名世의 오기다.

** 옹정제 때 총애를 받던 연갱요가 총애를 잃은 뒤 사형에 처해지면서, 연갱요 일파들이 한꺼번에 처벌을 받았다. 전명세는 연갱요와 같은 해 같은 과거시험을 통과한 친구였기에, 연갱요가 처형에 처해질 때 함께 처벌받았다.

矜'‘격분하며氣激'‘내키는 대로 거리낌 없이 행동하고任氣'‘충동적으로 행동하는' 등 기이한 행동을 사칭하여 불경스럽게 행동했다고 생각했다. 하지만 이런 ‘배포 있는 사인 기풍'은 건륭제에 의해 좌절됐다.[110]

채현의 죄명이 이렇게 확실한 것은 불온한 말뿐만 아니라 향간에 횡행하는 ‘사악한 기운' 때문이다. 그의 행동 방식은 이미 세상의 인심에 영향을 미쳤으니, 이 점에서 그의 죄는 확실해졌다. 하지만 누가 그 결과를 알 수 있었겠는가? 건륭제의 고심은 채현의 사건이 확정된 뒤에 해답을 얻었다. 즉 불온한 문자의 기준에 대한 건륭제와 강남 사인들 간의 묵계 역시『한한록』을 통해 더욱 강화됐다. 문자옥으로 확정된 사건의 경우도 ‘은어隱語'로 피휘해야 했다. 후세 사람은『한한록』대신『입부잡록』이라 했고, 그가 잡혀 처형을 당한 것을 ‘도산으로 돌아갔다歸道山'*라고 했으며 그 자손은 귀양을 가 변경의 수자리를 살면서 ‘외지에서 살았다客於外' 고 밝혀야 했으니, 그의 저작들이 후세에 전해지지 않는 원인이 됐다.[111]

또 다른 유명한 문자옥『규봉집』사건에서 일부 유민의 후손들이 생활에서 받은 영향을 발견할 수 있다.『규봉집』사건을 보면 이린李騏은 유민의 형상으로 나타나는데, 그는 "포의를 입고 복건을 쓰면서도 본조의 제도를 따르지 않았다." 이린은 사후 일가친척도 없고 뒤를 이을 가까운 후손도 없으며 남길 가산도 없었기 때문에 대를 이을 양자도 들이지 않았다. 그는 싱화興化에서 먹고살기 힘들어 양저우로 가서 글을 가르치면서 생활했다.『규봉집』은 양저우에서 누가 그에게 간행해준 것인지 알수가 없고, 친척 중에 보관하고 있는 사람이 아무도 없었다. 또한 모든 서

---

* ‘도산으로 돌아가다'는 송나라 때부터 사람의 죽음을 점잖게 에두르는 표현이다.

판도 언제 누가 싱화의 사당으로 보내 보관하게 된건지 몰랐고, 그곳 감
생監生들도 아무도 가져다 본 사람이 없었다. 건륭 16년(1751) 집안사람 이
경만李庚萬이 사당에서 향촉을 관리하다가 이 판목을 보고 쓸모없다 여
겨 매일 장작으로 사용했다. 집안 사람 이한벽李漢碧, 이인창李仁昌은 우연
히 이것을 보고 집안 사람들에게 그 사실을 알려 처벌하려 했다. 이경만
의 동생이 사정한 탓에 이경만은 사당에서 쫓겨나는 것으로 마무리됐다.
『규봉집』은 여러 차례 시련을 겪은 뒤에야 겨우 원판 하나를 남길 수 있
었다.[112]

결론
하나의 장소, 네 가지 문제

$|$

이 책에서 가리키는 '하나의 장소'는 물론 '강남' 지역을 말한다. 하지만 우리가 알고 있는 '강남'은 일반인의 인식 속에 박힌 지리적 개념의 강남이 아니라, 사인과 제왕들이 각자 생각하는 상상 속의 강남 이미지다.

남송 이전까지 역대의 제왕들은 '중원 쟁탈'을 목표로 삼았고, 이를 합법적 지위를 인정받는 상징적 사건으로 보았다. 이 같은 사상의 지배 아래 공간적 영토를 얼마나 가지느냐에 따라서 통치의 합법성이 결정됐다.

남송 이후 사인과 제왕들의 생각은 계속해서 변했다. 영토를 확장하려면 반드시 '도道'를 이해하고 준수해야 했다. 무력 침탈에는 문화 제약이라는 족쇄가 덧씌워졌고, 이로부터 '강남'의 특수한 의미는 두드러졌다. 사실 중국 고대사에서 북방 '중원'이 지녔던 우아함과 질박함은 화하 문명의 발원지로서의 풍모와 함께 오랑캐의 침범으로 오염됐다. 그래서 어떻게든 강남의 수려한 경치와 연결시켜 한족의 문명을 고수한다는 이미지를 가져야 했다. 북풍北風이 남쪽에 흘러들어가 반드시 '강남'의 화려한 문풍을 받아들여야만 야만의 기운을 다 씻어낼 수 있다. 청나라의 황제들이 중원의 주인이 된 뒤 늘 직면했던 문제는 바로 강남의 이미지였다.

'대일통大—統'의 진의는 쟁탈이라는 두 글자에서 자유로울 수 없다. 쟁탈은 모든 제국의 건립과정에서 필요한 물적 토대이자, 중원을 차지하는 법적 근거이기도 하다. 그러나 우리는 생각해봐야 한다. 강남을 직면했을 때 복잡하게 얽혀 있는 '도덕적 승계'와 '영토 확장' 간의 관계를 어떻게 깔끔하게 설명할 것인가. 이를 이민족 제왕들의 정통성의 문제로, 영토 확장과 복종을 단순한 무력 자랑으로 해석해서는 안 된다. 결국 '회유懷柔'라는 밑그림을 그리게 됐고, 이 밑그림은 강남의 사대부 전통과 관계가 있다. 그래서 강남이라는 '장소'는 우리가 토론해야 할 화두가 됐고, 이런 배경 아래 나는 해결해야 할 다음 네 가지 문제를 제시하고자 한다.

1. 명에서 청으로: 연속인가, 단절인가?

명청사明淸史 연구는 주로 두 가지 추세로 나뉜다. 하나는 명대와 청대는 완전히 단절된 두 시기로, 사상과 문화적 측면에서 커다란 차이가 있다고 보는 관점이다. 이런 논단은 대체로 량치차오 이래의 사상사 연구에서 시작됐다. 예를 들어 그는 '왕학王學' '경세經世' '고증考據' 등의 명청 사상사에 대한 전통적 분류를 통해 그 차이점을 제시했다. 다른 하나는 명에서 청으로의 역사적 변화에는 연속성이 있다는 관점이다. 사인들의 생활 태도와 문화양식은 기본적으로 명나라의 화려하고 다양한 풍격을 따랐는데, 명대에 일어난 상업 소비의 번영이 청대까지 이어졌기 때문에 이런 문화적 특징이 나타났다고 보는 것이다. 물론 만주족의 침입으로 잠시 중단되긴 했지만 말이다.

표면적으로 볼 때 상술한 두 견해는 나름 설득력이 있다. '명明'과 '청淸'의 문화 풍격은 단순하게 사상의 복잡성과 다원성의 측면에서 살펴봐도 상당한 차이가 있고, 명과 청을 완전히 다른 두 가지 형태로 구분해도 나름 이유가 충분하다. 그러나 명대의 일부 사상과 지식 그리고 사치스러운 생활태도와 신흥 소비 방식은 청대 때 끊임없이 부활했고, 예술과 문학에 대한 추구도 명대와 밀접하게 관련되어 있다는 것이 재차 증명됐다. 따라서 최근 상업의 발전을 통해서 문화의 흥기와 굴절을 살피는 저서가 많아짐에 따라 자연스럽게 명청의 연속성을 강조하고 있고, 그 증거도 충분하다.

이 책에서 규명하고자 했던 것은 명청 문화의 연속과 단절은 하나의 다른 시대 주제 아래에 놓고 관찰해야 효과가 있다는 점이다. 즉 서로 다른 시각에서 동일한 현상을 볼 때 받는 느낌이 매우 다를 수 있다는 것을 말한다. 예를 들어 명말 유민들의 비정상적 행위는 왕조의 교체라는 측면에서 보면 단순히 만주족에 대한 반역행위로 보이지만, 사실은 시대의 단절에 대한 상징적인 표현이다. 그러나 자기반성적 입장에서 보면 이 행위는 자신이 속한 명말 문화에 대한 자기 검토와 비판으로 볼 수도 있다. 이런 태도는 청나라 사람들이 일관되게 주장한 '질박質朴'한 북방의 생활태도와 일부 합치된다. 청초淸初의 제왕들이 근검, 붕당의 폐해, 예의 중요성을 들어 명대 문화를 비판할 때 명말 유민들 역시 '문질文質' 관계, 강학의 폐해, 예의의 재건 등을 통해 명대 문화를 비판했는데, 바로 이 지점에서 적대적인 쌍방이 잠재적인 동맹 관계로 변할 수 있음을 발견할 수 있다. 만주족 침입에 대한 청초 사인들의 적대적 태도와 명나라 문화를 거부하는 반성적 태도는 기묘하게 상쇄되고, 이로부터 청 정권 자체의 합법성에 대한 비판적 태도도 약화됐다.

이민족에 대한 반항과 명대 문화에 대한 반성이라는 두 가지 임무가 청초의 특수한 환경과 겹치면서 청의 제왕들은 '도통道統'의 권력을 장악할 기회를 얻었다. 이런 저항적 자세와 사치를 반대하는 '질박'한 풍조가 결합된 뒤, 질박함을 생활 규범으로 삼았던 만주족은 한족 사인들의 전통적 가치관에 공동체 의식을 느끼게 된다. 하지만 명대 문화에 대한 반성적 태도는 공교롭게도 만주족 문화가 우뚝 설 수 있는 새로운 출발점이 됐다. 여기에는 명대 문화의 언론과 행동을 반대하는 주장, 예컨대 '반강학反講學' '반결사反集社' '반당쟁反黨爭' '반심학反心學' 등과 불교로의 귀의, 은거, 방랑 등의 각종 괴이한 방식이 정신적 해탈의 추구를 포기한다는 측면에서 도리어 새로운 제왕들의 통치를 인정하는 공모행위로 변질될 수도 있다. 물론 이들의 공모가 의식적으로 만들어진 것은 결코 아니다.

'남송南宋-명말明末'의 은유적 연관성은 공간적 분할에서 시작되고 그 논리는 다음과 같다. 남송의 주희는 '도통道統'과 '도학道學'을 상층교화와 하층교화의 측면으로 나누어 이야기했고, 명대의 왕양명은 '사회'적 측면에서 교화 원리를 제시했지만, 제왕들의 '관심觀心'도 매우 중시해 이것을 수신修身의 필요조건으로 삼았다. 하지만 남명南明-청초清初의 대치정권에 놓여 있던 사인들의 사상적 논리는 더욱 복잡해 보였다. '문文에서 질質로'는 명말 청초의 사인이 '출사와 은거出處' 사이에서 선택할 때 처했던 윤리적 어려움과 불가분의 관계에 있다. 그들의 괴벽한 언어와 행동은 왕조 교체기에 당했던 참혹한 경험에서 나온 것이다. 따라서 이들은 과거의 사치스러운 생활을 부끄러워하며, '황폐해진 산수殘山剩水'를 회복시키고 기층으로부터의 '예'를 회복하는 일에 높은 열정을 갖게 됐다. 이는 명대 양명학이 남긴 '사회화社會化'의 노선을 따르면서 야만족의 남침을 막으려는 목표와도 관계 있다. 강학에서 빠져나오고, 사치를 억제하고, 도시문명을 반대하고, 시골의 순수함을 노래하고, 삼대를 제창하는 것, 그리고 여론에서 성행한 '문에서 질로의 회귀' 주장 등은 이런 시대적 배경과 뗄 수 없다.

동시에 이것은 당시 사인들로 하여금 논리적 모순에 빠지게 했다. 즉 명말 사조에 대한 규탄과 반대는 사인들의 정신적 기상을 효율적으로 높이는 데, 예를 들어 사인들에게 '제세濟世'와 '경세經世' 등의 실용적 기능을 강화하는 데 그 목적이 있었다. 그러나 다른 한편으로는 사인의 풍격을 세속의 평범한 가치관과 동일시하는 방향으로 흘러가게 만들었다. 나아가 정신세계는 점차 평범해지고 '문文에서 질質로'라는 구호 아래 청초 제왕들이 주장했던 질박한 풍격의 북방 이념과 일치되어갔다. 양자 간의 무의식적인 합류로 인해 제왕들은 보이지 않게 사인들의 정신을 지배하게 됐는데, 이는 명대에는 상상도 할 수 없는 일이었다. '경연회강經筵會講' 중에 사인과 제왕은 각자가 이해한 경전에 대해 반복적으로 토론하고 제어하면서 서로 역할이 바뀌게 됐다. 이런 과정에서 '상질尙質'을 핵심으로 한 청초 사인들의 재건 노력이 청초 통치자들의 정책과 의외로 일치함으로써 상황은 더욱 복잡해졌다. 조정에서의 경전 해독은 갈수록 제왕들의 현실적 목표에 굴복하게 된 반면, 남송 이래의 사인들이 강조했던 초월적 정신은 결핍되어갔다. 제왕들의 경전 해석에 대한 점유와 권위적인 지배 방식은 결국 사인들을 '치통治統'의 노예로 만들었다.

2. 주자에 대한 존숭과 억압: 도통의 유지인가, 도통의 개작인가?

청초 강남 사인과 군왕들 사이에는 줄곧 복잡한 갈등이 존재했다. 청초의 명말 유민들은 늘 역사에 대한 추억과 은둔행위로 옛 왕조에 대한 미련과 새로운 왕조에 대한 불만을 표현했다. 또한 이들은 명말 사인들의 기풍도 명나라 멸망에 일부 책임을 져야 한다고 비판했는데, 이것은 청초 황제들이 명나라의 통치상 과실을 청산하는 과정에서 청 왕조의 합법성을 확립하려는 의도와 표면적으로 상당히 일치했다. 쌍방이 각자의 생각을 품고 있었기 때문에 반성의 심층적 목적은 종종 다르게 나타났다. 이렇게 되면 다음과 같은 상황이 발생할 수 있다. 즉 쌍방이 어떤 고전적 사상을 매개로 자신의 비판 의도를 표현할 때 사인은 종종 어떤 측면에서 황제의 언어권에 편입될 위험을 가지고 있다. '송학宋學'과 주자에 대한 태도의 일치는 분석의 한 예가 될 수 있다.

일부 현상에서 보이듯 청초에는 황제든 사인이든 모두 주자학을 존숭했지만, 양자의 출발점은 서로 달랐다. 사림의 목적은 학계의 풍조를 파괴한 명말의 공허한 담론에 대한 반성, 이로부터 양성된 사림의 강학 풍조와 유람이 명말 정국에 끼친 영향, 나아가 사림들이 명나라 멸망에 있어 짊어져야 할 역사적 책임을 검토해 지금의 '오랑캐夷狄' 정권을 인정하지 않는다는 점을 드러내는 데 있었다. 또한 최종 목적은 기층 사회의 전통 예의를 재건하는 것이었다. 반면 청초 황제들, 예를 들어 강희제가 '주자학을 존숭'한 것은 이민족의 신분으로 중원에 들어와 한족 군왕 정권이 신봉했던 사상을 이어받아 정통성을 확보하기 위해서였다. 이처럼 양자의 의도는 정반대였다. 그렇지만 아이러니하게도 쌍방의 '주자학 존숭'은 모두 명대 사림의 풍조를 폄하하는 데서 출발했기 때문에 적어도 표면적으로는 동일한 경향을 띠고 있었다. '주자학 존숭'의 풍조는 옹정제, 건륭제 때에 와서 갑자기 '주자학 억압抑朱'으로 바뀌었는데, 주자학의 대가 여유량呂留良 일가의 멸문지화가 그 예다. 건륭 시기에 사림에서 대량의 '벽송闢朱' 언론이 나타나기 시작해 장학성章學誠은 다음과 같이 감탄하기에 이르렀다. "요새 슈닝休寧 땅과 서歙 현 땅의 젊은이와 준걸 가운데 정주程朱를 비판하지 않은 자는 고금에 '통달한 사람通人'이라 부르지 않는다."[1]

그러나 옹정제와 건륭제의 '주자학'에 대한 태도는 달랐다. 옹정제는 한족 사인들이 고수했던 '이하지변夷夏之辨(오랑캐와 한족의 구분)'으로 조성된 사상적 배신과 이질적인 정통에 대한 문제를 어떻게 대응할 것인가를 가장 많이 고려했다. 그래서 증정曾靜 사건을 처리할 때 주희의 사상에서 청 왕조의 합법성을 확립하는 데 불리한 역사 관념이 포함되어 있다는 사실을 발견했다. 반면 건륭제는 '대일통'의 건립을 전면적으로 생각했기 때문에 주자학에 대한 태도가 더욱 복잡하고 애매해졌다. 그래서 일면으로는 건륭제의 유지에서 종종 주자를 비판하는 언사가 나오는가 하면, 다른 일면으로는 도통의 내재적 함의를 억지로 구별해내어 자기 것으로 만들어 사용하기도 했다.

과거 중국 학계는 기본적으로 하나의 사유방식을 형성했다. 즉 청대 고증학의 출현은 사상계의 급진적인 정치 요구에 대한 청 정부의 속박이 초래한 결과로, 학자들은 어쩔 수 없이 잡다한 학문의 좁은 공간에 갇히게 됐다고 인식한다. 그러나 내가 보기에 고증학의 번성은 건륭제가 의도하여 만들어낸 결과이지 사인들이 핍박을 받아 선택한 사상적 전향이 결코 아니다. 청대 고증학의 출현은 건륭제의 대일통이라는 문화적 틀에 대한 생각과 다소 관계가 있다. 예를 들어『사고전서』등의 문화공정文化工程의 시작과 추진은 모두 판본과 편찬 기술의 측면에서 고증학의 절대적인 지지를 필요로 한다. 청조 고증학의 흥성은 바로 국가의 정통 관념을 확립하는 과정에서 파생되어 나온 결과가 틀림없고, 고의적으로 실시한 정치적 수단일 수도 있다. 이런 배경을 잘 알지 못하고 고증학의 탄생을 사림 내부의 치학治學 형식의 자연적 변화 논리로 보는 것은 청나라 정치가들의 학술에 대한 간섭을 과소평가하는 것이다.

건륭제가 '경학經學'을 제창했던 일련의 언행을 통해서도 위의 관점을 증명할 수 있다. 건륭 원년(1736) 4월, 건륭제는 황제의 칙령으로 편찬한 경서를 널리 배포하고 생원은 경전을 강독하라고 명을 내렸다. 건륭제는 총리사무왕대신總理事務王大臣에게 유지를 내려 예로부터 경학이 흥성하면 인재가 많아지고 인재가 많아지면 대중화되고 다채로워질 것이라고 말했다. 그리고 각 성의 순무와 번사 등의 관리들에게 특별히 서상書商들을 모집하여 "마음대로 경전을 인쇄하고 매매하게 하라"고 명했다. 그의 목적은 "서상들이 즐겨 인쇄를 하면 사인들이 책을 구매하기가 쉬워진다. 가가호호 책을 읽어 경전이 널리 보급되기를 바란다"[2]는 것이다. 6월 병술일에 또 명을 내려『예서禮書』를 만들게 했다. 건륭 2년(1737) 10월, 사인들에게 유지를 내려 "학문의 중심은 경의經義에 있다"라고 일깨우며 이렇게 말했다. "경經 한 권을 읽으면 그 깊은 뜻을 알 것이고 이것을 바탕으로 쓴 글은 자연 순수하고 우아할 것이다. 보잘것없는 진부한 팔고문 100여 편을 그대로 외워 과거시험을 준비한다면 사인의 학문은 황폐해지고 사인들의 품위도 떨어질 것이다."[3]

심지어 건륭제는 직접 문장을 써가며 예의禮儀와 음률音律을 고증했다.

과도륜科道輪 등에게 경사經史를 올려 풀이하고 경전의 의미를 해석하게 했다. 이런 방식으로 신하들이 경학에 치중할 수 있도록 끊임없이 자극했고, 나아가 과거시험의 내용에도 영향을 미쳤다. 어떤 신하는 심지어 상소를 올려 시험을 감독하는 한림翰林과 첨사詹事 등의 신하들을 시부詩賦가 아니라 경학의 주소注疏로 시험 보게 하자고 했다. 이 건의는 비록 받아들여지지 않았지만 건륭제의 칭찬을 받았다. 건륭제 때 주자학이 이데올로기의 주류에서 빠진 적은 없었지만, 경학 연구의 중요성이 더욱 강조됐다. 건륭제는 여러 차례 구경九卿, 총독總督, 독무督撫에게 명해 경학 연구에 전념하는 사람을 추천하게 하여 그들에게 관직을 수여하기도 했다. 이후 추천받은 경학 인재들은 『사고전서』의 찬수관이 되었다. 건륭 9년 (1744), 건륭제는 과거 준비생들이 사서四書에만 전념하고 다른 경전은 거의 중시하지 않는 것을 알고 바로 유지를 내렸다. "요즘에는 사서의 내용에만 전념하고 후장後場에서 보는 경의經義는 소홀히 하고 있다. 사실 경문은 학문의 내용을 점검하기 위함이고, 후장은 학문의 실용성을 점검하기 위한 것으로, 각각 깊은 뜻이 있으니 구분지어 학습해서는 안 된다."[4] 건륭제는 경의와 사서 모두 중요하다고 강조하면서 "사서 가운데 문장이 뛰어나지만 뜻이 분명하지 않은 것은 수록하지 않았다"[5]라고 했다. 심지어 경학은 "세도인심世道人心에 영향을 끼칠 수 있기"[6] 때문에 경학을 숭상해야 한다고 주장했다. 건륭제는 나중에 이 몇 마디 말로 결론을 내렸다. "오직 경학만이 모든 정치의 원천이고 사서만이 정치를 살필 수 있는 본보기다."[7] 이를 통해 볼 때 '경학'은 '실학'의 확장된 표현으로 사인들의 학문적 방향을 변화시켰으며, 나아가 학문의 우열을 판단하는 기준이 됐음을 알 수 있다.[8]

경의經義에 대한 고증학이 '주자학'의 주지를 천명하는 데 억제 작용을 했다는 말은 대진戴震이 받았던 오해를 예로 설명할 수 있다. 대진은 경의經義에 대한 상세한 고증 실력으로 사고관四庫館에 들어갈 수 있었으나, 그의 '벽송闢宋' 의견은 평소 고증학자들의 질책을 받았다. 그런데 기이한 것은 고증학자들이 그 '벽송' 내용으로 그의 반역성을 공격한 것이 아니라, 많은 경우 오히려 그가 한학의 가법을 지키지 않고 과도하게 '송학宋學'에 가까운 언사를 사용했다는 관점에서 그의 반역적인 경향을 비판했다는 점이다.[9] 우리는 늘 대진의 '벽송'이라는 표면적 뜻에서 출발하여 그것이 지닌 '계몽' 사상을 찬양해왔다. 사실 그에 대한 학계의 비판의 목소리 속에서 경학이 '고증학'과 '관학官學' 사이에서 복잡하고 애매한 관계에 놓여 있음을 발견할 수 있다. 그러나 일부 학자가 생각하는 관학에서 멀어지려는 도피적 자세는 결코 아니다. 건가乾嘉 경학經學 역시 한대 경전의례의 맥락 정리를 통해 민족 부흥을 도모하려 했던 청초 경학의 경세적 목적과는 확실히 다르다.

장학성의 예를 다시 들면, 재야 사인으로서 장학성은 사고관에 들어가지는 못했지만 일찍이 '주자의 학문을 경멸하는 자'들을 비판했다. 그들은 단지 주자학의 성명설性命說이 쉽게 허무하고 현묘한 사상으로 빠져드는 면만을 보고 싫어했다는 것이다. 사실 주자학을 계승하고 청초까지 살았던 고염무도 "옛것을 잘 알고 경서에 통달한 사람服古通經之人"[10]이다. 심지어 고염무, 황종희도 주자학의 고증학적 측면을 "경학 학자보다 훨씬 뛰어나게"[11] 전승했다고 말할 수 있다. 이것은 주자를 숭배하는 사람을 다른 한편으로 '경학자'로 볼 수 있다는 의미다. 겉으로 보면 칭찬인 것 같지만 실제로 청초 주자를 존숭했던 학자들의 도통 계승과 이민족의 침략에 대항하기 위한 경세 실천의 의도를 완전히 오해한 것이다. 장학성이 삼대 선진先秦 사상을 논할 때 의도적으로 '사학私學'의 의미는 뺐는데, 이는 그가 청나라의 대일통 개념 구축 과정에 간접적으로 맞춘 것으로 봐도 좋다. 따라서 문제는 '송학末學'과 '고증학' 간의 논제의 중첩성에 있는 것이 아니라, 청나라 정치의 합법성을 구축하는 데 있어 어떤 의미를 가지느냐에 있다.

여기서 내가 말하고자 하는 것은 사림과 황제들 간의 공모를 무시해서는 안 된다는 점이다. 과거의 지식인 연구는 사인 계층이 황제에게 대항했고 이런 대립의 상태에서도 사림의 정신은 정치에 오염되지 않았을 뿐만 아니라, 정치상의 실수와 폐단을 오히려 고칠 수 있다는 것을 보여주고 있다. 그리고 또 일부 학자는 '경학'을 사림의 소유물로 보았고, 제왕과 민중을 교화의 대상으로만 보았다. 이 책에서 규명하고자 하는 것은 청대 황제들이 '치통治統'과 '도통道統'을 함께 받아들이자, 사림들은 제왕을 교화하지 못했고, 또한 청조 황제들 스스로도 '제왕경학帝王經學'을 형성해 유가 경전에 대한 자기 나름대로의 논리를 갖추게 됐다는 점이다. 일단 이러한 기능이 갖춰지자 '도'에 대한 사림의 신봉과 이해를 천천히, 그러나 완강하게 제거해나갈 수 있었다. '도道'에 대한 사인들의 마음이 초월적이라 확신하고, 도가 모종의 도덕적 순수성을 가지고 있다고 믿는다면 역사의 진실에서 점점 멀어질 것이다. 우리는 이런 상황에서 사림의 정신 구조와 신분의 공동체 의식은 제도와 사상의 틈바구니에 끼어 있을 때 비로소 자신의 위치를 확실하게 인지할 수 있다는 것을 알 수 있다. 현재의 문화보수주의자들은 항상 측은한 마음으로 사인들의 정신적 집착과 위대함을 높이 칭찬하지만, 이는 도리어 청나라 이후 사림 정신의 쇠퇴와 변천과정을 회피하고 무시하는 것이다. 결국 우리로 하여금 스스로를 돌아볼 기회를 잃게 만드는 것이라고 할 수 있다.

3. 일반적인 경세관과 그 변형

이 책에서 다루고 있는 또 하나의 주제는 '경세經世'의 의미에 대한 서로 다른 생각이다. 경세 사상의 발생은 사회 현상을 바꾸는 행동 양식과 관계가 있다. 사람들은 경직된 '제도', 극에 달한 정치적 부패와 시대에 뒤떨어진 사상에 불만을 가진다. 경세는 당연히 '사인' 계층의 사상이 치열하게 충돌하여 생긴 결과다. 따라서 경세관은 사회가 급변하는 시대나 왕조가 교체될 때 주로 생긴다. 명말 청초와 청말 민초의 급진적인 사인과 신사상의 영향을 받은 지식인의 모습이 우리의 뇌리를 스친다. 그러나 나는 이 모두가 경세관의 '변형적' 표현이라고 생각한다. 한편, 사인은 기존 사회 제도의 옹호자이자 정통 관념의 논증자로서, 더 많은 시간과 공간 속에서 그들의 사상은 현행 통치 시스템에 대해 인정하는 경향을 보인다. 이러한 그들의 행동 논리에서도 마찬가지로 경세의 풍격이 나타나는데, 이런 풍격은 경세관의 '일반적인' 면을 드러내고 있는 것에 불과하다.

옌부커閻步克는 이렇게 논했다. 춘추전국시대의 인사 변동은 '학사學士'와 '문리文吏'의 분화로 나타났고, 그 뒤를 이어서 '사도師道'와 '이도吏道'로 나누어졌다고 보았다. 장학성은 그때의 역사를 읽으면서 '천의天意'에 의해 그렇게 된 것이라고 말했다. "그 뒤로 치治와 학學이 나누어졌는데, 하나가 되지 못한 것은 하늘의 뜻이다."[12] 그는 "도술이 장차 천하를 분열시킬 것이다道術將爲天下裂"라는 장자의 사상도 이어받았다. '사土'는 예의를 전승하는 군자로서, 봉건 신분, 예악교양禮樂敎養, 행정집사 등 다양한 의미를 지니고 있으며 그 역할도 다양하다. 하지만 '이吏'는 순수한 기능적 호칭일 뿐 봉건 신분, 예악교양과는 관계없다.[13] 진秦나라 때는 문리를 중용한 반면 유생은 버렸기 때문에 조정의 기강이 무너졌다. 한나라 이후 상황이 크게 바뀌면서 문리와 유생의 역할은 상호 보완되고 합쳐졌다. 이런 분화와 융합을 볼 때 '사대부 정치'의 측면에서 유생들이 어떻게 제도의 소용돌이 속으로 들어가 어떤 역할을 수행했는지를 깊이 살펴봐야 한다.

또 다른 각도에서 '사土'의 분화를 해석할 수 있다. '사'는 삼대 이후 '도道'를 전승하고 전파하는 자로 그 역할이 바뀌었다. 이런 해석은 유생들이 종종 제도와 법률적 기능을 초월하여 자발적으로 모범생의 역할을 하고 있음을 강조한 것이다. 도는 자주 제도권의 틀을 벗어나 정신적인 영역으로 들어갔다. 또 도의 현실 제도에 대한 초월성은 나중에 '도통道統'을 가진 신유학자가 길을 헤매는 사람에게 방향성을 제시해주는 가장 매력적인 모습이 됐다.

사실 '사土'의 역할이 분화되든 융합되든, 또 '도道'의 정치에 대한 초월성은 모두 역사의 변천과정에서 나온 모습들이다. 나는 이런 모습들이 역사의 변천과정에서 적당한 시기에 출현한 것이지 단면적인 모습과 형태만으로 나오지는 않았을 것이라 생각한다. 관건은 '입세入世'와 '지도持道' 사이에서 어떻게든 규칙과 경계를 준수해야 한다는 것인데, 확실한 것은 명확한 대답을 할 수 없는 문제라는 것이다. 북송 이래의 유학자 대부분은 자기가 지키는 도통을 수단으로 군왕을 교화했는데, 도의 관철이 출세의 중요 조건이 됐다. 명대의 도는 자유로운 강학과 직관적인 깨우침의 방식으로 나타났다. 그러나 장학성의 사유구조에서 보면 도는 도리어 역사화되어 초월적인 의미를 잃어버렸다.

표면적으로 보면 장학성의 역사관은 일반 유학자들과 마찬가지로 '퇴화론退化論'을 주장하고 있다. 그는 삼대 이후의 역사는 쇠퇴하고, 평범해지고 불완전해졌다고 생각했다. 여기서 도는 서주 시대에 절정에 이른 뒤에 나온 파편이며, 분열은 사물이 극에 달한 뒤에 돌아오는 결과다. 하지만 장학성의 '퇴화역사관退化歷史觀'은 송명 시대의 신유학과는 근본적으로 다르다. 송명 시대의 유학자들은 '도덕구세론道德救世論'의 존재를 믿었다. 그래서 공자 이후의 사회가 완벽하지는 않았지만 도라는 시스템에 의지해 사람의 마음을 다스림으로써 구세救世의 목적을 달성할 수 있었다고 생각했다. 그러나 장학성은 근본적으로 이런 가능성을 믿지 않았다. 그는 현 사회 제도가 정치, 사회 질서와 부합하는 순수한 마음을 유지하는 능력만 갖추면 된다고 믿었다. 그의 입장에서 보면 이렇게 하면 역사적 증거도 구비하는 셈이 된다. '성인聖人'은 종종 역사적 환경의 제약을 받기 때문에 공자는 도술道術이 분열된 뒤에 도의 한 일면을 전승할 수 있었다. 반면 '성왕聖王'은 환경의 영향을 받지 않는데, 그것은 자신의 지위로 '도를 실천할 수 있기' 때문이다.

송명 유학자들은 도는 끊임없이 전승되어 명확한 노선을 형성해야 확실하게 서술하고 표현할 수 있으며, 이렇게 해야 도가 보편화되고 절대화될 수 있다고 보았다. 반면 장학성은 도는 역사 속에서 끊임없이 변주되고 없어지기도 해, 추상적이고 심리적인 측면에서 공허하게 서술할 수밖에 없기 때문에 반드시 물질 형식 속에 존재해야 한다고 보았다. 구체적으로 말하면 당대의 '제도制度' 권역에서 그 흔적을 찾아야 한다고 생각했다. 따라서 그는 다음 두 가지 생각은 옳지 않다고 보았다. 하나는 반드시 명백한 도의 전승 체계를 구축해야 한다는 것이다. 이것은 삼대 이전의 도의 완벽성에 대한 배신인데 송명의 유학이 바로 이런 오류를 범했다. 둘째는 도의 본질을 찾는 것을 오직 고전 문헌을 정리하는 기술적 측면으로 보고 도의 진의에 대한 추구를 가려버리는 것이다. 이는 청초 고증학과 훈고학에 대한 장학성의 비판적 반응이었다.

장학성은 사고관신四庫館臣들 대부분이 '성령이 없는 사람無性靈之人'이라고 하면서 "각고의 노력을 하면서도 성령이 없으면 다른 사람의 노예일 뿐이다"라고 했다. 구체적으로 논하면, "사고관이 열린 이후 가난한 선비들은 책을 교정하는 일로 먹고살았다. 박식함을 탐내지만 학문의 두서가 없는 자들이다. 모든 저술은 그 목적은 고려하지 않고, 두서없이 분량에만 신경 쓴다." 이런 병폐의 출발은 "많이 폐기하는 것보다는 많이 보존하는 것이 낫다"는 관점의 영향을 받아서다. "두서없는 내용이 실리는 것을 알면서도 후세 사람들이 고증할 때 보탬이 될 것이라는 핑계를 대는데, 이는 정말 잘못된 일이다." 그는 이어서 종류 구분도 하지 않은 채 고증하고 모두 받아들이는 악습을 비판했다. "천백 년 전의 물건은 천백 년이 지난 뒤에 고증할 수 있다. 그렇다고 해서 시장의 장부, 어린아이의 졸필, 하층 관리의 사건 장부, 부부의 서찰, 심지어 우물과 절구에 사용된 벽돌, 뒷간의 주춧돌 등을 증거로 수집할 수 있다고 해도 어찌 이를 남겨 후세의 고증을 기대할 수 있겠는가?"[14]

장학성은 작품 활동 중에 한때 '시대의 흐름'을 거스른 적이 있는데, 이렇게 말했다. "시대의 흐름을 돌리고 싶으면 시대의 흐름을 거슬러야 한다. 시대의 흐름은 형조의 법률보다 훨씬 무섭다."[15] 고증학을 비판하는 것은 '시대의 흐름'에 대한 반역이지만, 그의 말은 도리어 '시대의 흐름'을 고취시키는 역할을 해 적극적 반항을 하지 못했다. 그가 항상 말하는 것처럼, 문장은 삼대의 것을 모방해도 좋지만 당장의 제도 건설에 부담이 되어서는 안 된다. 설령 자기의 뜻에 반대될지라도 이 제도가 허용한 '시대의 흐름'에 맞춰야 한다. 그렇지 않으면 '성세盛世의 누'가 될 것이라고 했다. 그는 말했다. "옛날에는 나라의 기강을 바로잡고 구제한 신하가 있었고, 충의와 절개를 지키던 군자도 있었고, 문장 도덕의 석학도 있었으며, 고상하고 은둔생활을 하던 은자도 있었다. 종종 유유자적한 마음을 죽간에 쓰고 책으로 엮어내도 그다지 성덕에 누가 되지 않았다." 특히 "문장은 고대의 것을 배워도 괜찮지만 제도는 반드시 현재를 따라야 한다"는 마지막 두 구절이 핵심이다. 제도는 당연히 왕조의 예교질서를 포함하는데, 이 질서는 개인이 마음대로 지배하여 고를 수 있는 전범이 아니라, 거스르면 안 되는 법조항이다. 장학성은 여기서 아주 직설적이고 강경한 말투로 "본조의 예교는 정밀하고 엄숙하여 의심이 들면 신중하게 가려냈는데, 삼대 이래로 이렇게까지 엄숙한 때는 없었다"라고 했다. 그래서 그런지 그는 다음과 같은 현상을 보고 이렇게 통탄했다. "명사들이 출판한 시 원고를 볼 때마다 전집全集을 보기 전에 먼저 제목을 보는데, 여자들의 아름다운 마음을 적고 있거나, 기녀들과 주고받은 수창시를 기록하고 자칭 풍류제자라고 하면서 옛사람들도 마찬가지였다고 말하고 있다. 지금을 살아가는 요즘 사람들은 본조의 법령조차 제대로 모르면서 어떻게 문장을 논하는지 모르겠구나!"[16] 문장을 논하는 일은 법령을 장악하는 정도에 따라 결정된다는 말에서 우리는 급변하는 명말의 사상적 흔적을 찾아볼 수 없다.

이를 원매의 생각과 비교해볼 수도 있다. 앞서 원매가 관부의 핍박을 받아 책을 친구들에게 나누어주거나 관에 바쳤다는 이야기를 한 적이 있었는데, 원매는 일찍이 당시의 마음을 표현했다. 그 가운데는 고증학에 창조성이 결여되어 있다는 날카로운 비판도 있고, 고증, 저서, 장서와의 관계에 대해 논한 글도 있다. 그는 이렇게 구분했다. "무릇 책은 자료용이 있고, 참고용이 있다. 참고용 책은 수만 권이 있어도 부족하고, 자료용 책은 수천 권만 있어도 남는다. 왜 그런가? 책을 쓰는 사람은 자기 생각을 책에 녹여 넣기 때문에 책이 많으면 오히려 번잡해진다. 반면에 책을 참고로 하는 사람은 스스로 고생해서 책을 찾기 때문에 책이 적으면 빠지는 부분이 생긴다." 그렇다면 "책을 쓸 때 자기 생각을 녹여 넣는다"는 경우는 구체적으로 어떤 사람을 가리키는 것인가? 이에 대해 명확하게 말한 적은 없지만 개인의 저서 활동에 대해 밝힌 그의 생각에서 이를 대충 읽어낼 수 있다. "책을 쓰는 것은 장인이 집을 짓는 것과 같다. 그래서 항상 집의 전체 구조에 대해 골몰하지 나무조각 같은 것은 생각하지 않는다. 고증은 계리計吏가 산가지를 들고 우마나 무기, 진기한 물건을 살 때 복잡한 계약서에서 반드시 증거를 찾아내고, 또 규圭나 촬撮, 호毫나 리釐 등과 같은 세세한 것*까지 다투듯이 아주 세밀하게 해야 한다." 양자의 차이는 "하나는 창조성을 강조하고, 하나는 계승을 강조한다. 하나는 무에서 유를 창조하고, 하나는 사실에 기대어 쌓아둔다. 하나는 인습을 고수하는 일을 부끄러워하고, 하나는 모방을 일삼는다. 하나는 정신적 노

---

* 모두 부피나 길이의 기준이다. 촬은 되升의 천분의 일, 규는 되의 만분의 일의 부피이고 호는 치寸의 천분의 일, 리는 치의 만분의 일의 길이를 말한다. 모두 아주 미세함을 상정한다.

동이며 하나는 육체적 노동이다. 둘을 비교하면 책을 쓰는 것이 더 낫다."
그리고 마지막에 이렇게 감탄했다. "하지만 본조에 고증을 하는 사람이
너무 많은 것이 괴롭다. 그렇게 되면 참고용 책이 어찌 다 흩어지지 않겠
는가!"[17] 그의 이런 심정은 『사고전서』 편찬에 절대 굴복하는 것이 아니
고, 책을 쓰는 사람은 반드시 독특한 품성을 지녀야만 책을 모아 편찬하
는 정부의 의도를 완곡하게 거절할 수 있다고 말하는 것이다. 장학성이
여러 차례 원매에게 불만을 토로했던 것도 어쩌면 당연한 일이다.

위의 논술을 통해서 볼 때 장학성은 내적 모순에 빠진 듯하다. 그는
'제도制度'와 '도道'가 완벽히 구현된다 하더라도 모두 삼대의 치治를 넘
어설 수 없다고 생각하는 동시에 현 제도의 합리성을 인정하기도 했다.
첸무의 견해에 따르면 "현 군주의 제도를 귀하게" 여기는 동시에 그것을
'도'의 현실적 의미를 확인하는 기본 틀로 삼았다. 청나라 유학자들은 당
대 군주의 주요 정신과 결코 일치하지 않는다 하더라도 그저 옛 성인의
말씀만을 읽었는데, 이것이 장학성이 고증학을 비판했던 이유 중의 하나
였다.[18] 그렇다면 장학성은 이 곤경을 어떻게 해결했는가? 장학성의 사
상 속에서 '문장'과 '도덕'의 범위에 속한 모든 것은 '정사政事'의 표현 형
식일 뿐, 단독으로 존재할 수 없다. 이런 의미에서 출발해 그는 "당대 군
주의 제도에 통달하지 않으면 국가에 쓸모없을 수도 있다"[19]고 고증학자
들을 비판했다. 그래서 그는 삼대 이후의 문장은 삼대 '유제遺制'의 속박
을 받지 않아도 되지만 삼대 이후의 정치 제도는 삼대의 '유의遺意'를 따
르지 않으면 안 된다고 생각했다.[20] 이로부터 장학성이 청조의 통치제도
를 인정하게 된 이유를 알 수 있다. 이러한 인정은 전통적인 인지과정에
서 나온 것이고, 또한 현실 정치에 대한 예민한 고려에서 나온 것이다. 청

초 황제들의 일련의 치교治敎 합일 조치는 바로 '삼대'로 돌아가기를 원하는 제도론자에 대한 응답이었다. 건륭 2년(1737) 8월, 건륭제는 손가감孫嘉淦(1683~1753)의 건의를 받아들여 국자감國子監에 경의재經義齋와 치사재治事齋를 설립했다.

"명경과明經科의 응시생들은 육경 가운데 최소한 경 하나는 공부해야 하고 다른 경서經書도 겸하면 좋다. 황제의 명으로 만든 책과 기타 책들도 열심히 읽어 경전의 출처를 알아야 한다. 또 윤리도덕과 일상생활에서 실제에 맞게 명확하게 설명할 줄 알아야 한다. 치사재에서 공부하는 이들은 역대의 전례典禮, 부역賦役, 법률法律, 국방邊防, 수리水利, 천관天官, 수로河渠, 산법算法 가운데 한 가지는 전문적으로 해야 하고 다른 것들도 하면 좋다. 열심히 그 원류를 따지고, 이점과 폐단을 연구해야 한다."[21]

이를 통해 볼 때 경학 연구를 '경세치용經世致用'의 기능과 똑같은 과목으로 보고 있음을 알 수 있다. 따라서 '경세'의 이념도 반드시 여기에서 출발하여 제도가 우선이라는 생각 속에서 발현되어야 한다.

4. 청나라의 대일통과 강남의 특수한 지위

중국 사람은 어떤 일을 할 때 줄곧 '추세勢'에 따라 행동하고 '이치理'에 맞춰 행동하기를 좋아했다. 추세는 대자연을 분석할 수 있고 역사의 발전 추세를 분석할 수도 있으며, 마찬가지로 정치 관리와 예술 창조의 영역에도 운용할 수 있다. 예를 들어 문학가나 예술가 모두 추세의 잠재력을 이용해 제일 좋은 효과를 얻기 위해서 추세를 운용했다. 문장이나 회화의 전체적인 구성도 마찬가지다. 정치가들은 통치의 합법성을 확립하는 과정에서 이전 세대의 추세에 대한 대체적인 맥락을 답습할 수도 있었지만, 시대의 변화에 상응해서 자신의 상황에 맞게 조정할 수도 있었다.

다른 한 가지도 중요하다. 추세의 배후에는 늘 '이치'라는 버팀목이 있다. 중국의 역사관은 각 역사적 상황과 관련된 추세를 강조하고, 사람들에게 역사 사건 뒤에 숨어 있는 진리를 보게 한다. 통치의 책략에서만 보면 이치는 사회가 순조롭게 발전하는 이상을 나타내고 도덕 질서의 변하지 않는 일면을 보여준다. 추세는 어느 특정한 역사 상황에서 힘의 강약관계로 인한 이로운 추세를 가리키는 것이며, 사람들은 실제로 그 힘에 의지하여 이득을 취할 수 있다.[22] 현명한 통치자라면 '이치'와 '추세'를 분리해서 운용해서는 안 된다. 현실이나 실리적 측면을 고려해서 단지 추세만 강조하면 '패도覇道'처럼 보일 것이고 이치의 측면도 함께 고려하면 '왕도王道'를 펼쳤다고 인정받을 수 있다. 한편으로는 추세의 유리한 조건을 이용해 정권을 얻을 수 있고 다른 한편으로는 도덕을 중시하면서 이치의 규칙을 준수해야만 비로소 기존의 권위를 유지할 수 있다. 반드시 "이치에 근거하여 때를 얻어야 하고因理以得時" "추세를 따름으로써 이치를 따라야만順勢以循理" 양자가 교대로 잘 운용되어 합리적인 상황이 될 수 있다.

청나라의 통치자들은 대일통의 정치를 할 때 이치와 추세가 상호 공존하는 원리를 따라야 했다. 청초의 내지와 변방 지역에 대한 무력 정벌과 영토 확장을 위한 노력 및 이후 서북 몽골 부락에서 "여러 번왕을 세워 추세를 분산시키는" 전략을 실시했는데, 모두 추세에 따라 움직인 본보기라 할 수 있다. 그 원리는 '추세勢'로 '추세勢'를 누르는 것이 아니라, 자신의 '추세勢'로 내부를 견제해 평화로운 통치 효과를 얻는 데 있다. 이것은 조절의 역할을 강조한 것이지 군사력의 강약을 비교한 것이 아니다.

대일통의 얼개는 산수화를 그리는 것과 같다. 구도를 잡을 때 모두 대세 大勢에 착안하여 전체적인 윤곽을 잡은 뒤에 세부적으로 꾸민다. 이는 추세부터 선점해 권력을 잡을 수 있는 유리한 조건을 만드는 것이다. 그런데 대세가 정해진 뒤에 대일통의 국면을 유지하려면 반드시 도덕과 '이치'의 제약을 준수해야만 진정한 통치의 합법성을 얻을 수 있다. 이치는 내재화된 도덕 이상을 바탕으로 하고, 외재적인 예의와 규칙을 행위의 방식으로 한다. 영토의 확장은 먹물이 사방으로 스며들어 추세에 따라 퍼지는 것과 같고, 권위의 유지는 이치를 골격으로 해서 세부적 수식을 하는 공필화工筆畫의 화법과 맞아떨어진다. 확장(추세에 따라서 함)과 수습(이치에 따라서 함)은 똑같이 중요하지만 이치의 실시는 영혼을 깨우치는 작용을 한다.

첸무는 진한秦漢 이래 중화제국의 건설은 어느 한 지역의 중심 세력이 사방을 정복하는 것이 아니라 실제로 사방의 우수한 역량들이 공동으로 참가해 통일된 중앙을 형성했다고 생각했다. 또한 사방은 결코 계급의 구분이 없기 때문에 왕조의 건립은 "중앙을 형성하는 것이지, 사방을 정복하는 것이 아니다." 그는 중국과 로마를 비교해 말했다. 로마는 방에 걸린 하나의 거대한 등처럼 사방을 비추고 있고, 진한은 방 곳곳에 등이 걸려 있어서 빛을 낸다. 그래서 로마는 거대한 등이 깨지자 사방이 모두 캄캄해졌지만 진한은 사방의 등불이 한꺼번에 다 꺼지지 않으면 빛은 완전히 사라지지 않을 것이다.[23] 첸무는 이를 일러 '평화로운 대일통'이라고 했으며, 이는 다음과 같은 결과를 불러왔다. 중국의 정치제도가 늘 중앙 집권에 편중되어, 사방의 합병에는 관심을 갖지 않게 만들었다. 또 늘 평화에만 관심을 기울였고, 부강에는 신경쓰지 않게 했으며, 관할지의 안전에만 관심을 기울이고 침략에는 많은 신경을 쓰지 않았다. 대외적으로는 "문덕文德을 밝혀 불러들이고" 대내적으로는 "백성이 적음을 걱정하지 않고 균등하지 않을까를 걱정한다不患寡而患不均"[24]라고 했다. 역시 '추세勢'와 '이치理'의 관계를 어떻게 처리하면 좋은지에 대해 이야기하고 있다.

이스라엘 사회학자 아이젠슈타트S. N. Eisenstadt는 일찍이 서양과 중국의 정치체제를 비교하면서 중국의 통치자들은 '문화적' 취향과 목표에 집중한다고 했다. 이것은 '집체集體-행정行政' 혹은 '경제經濟-사회社會'적 취향과 목표를 가진 정권과는 다르다. 중화제국의 문화적 취향과 목표는 정치 전략의 실천과정에서도 깊은 영향을 미쳤다. 중국 통치자들이 특정 문화 전통, 문화질서, 문화양식의 유지를 특별히 강조하기 때문이다. 이 세 가지는 정권이 유지될 수 있는 기본적 틀이기 때문에 모든 정치적 목표는 반드시 이를 따라야 한다. 일반적으로, 관료주의 국가에서 통치자들은 인적 자원과 경제 자원을 축적해야만 권력을 쟁취하고 정치적 목표를 실현할 수 있었다. 하지만 통치자들이 문화 취향의 가치를 굳게 믿기 때문에 필요한 자원의 수량이 때로는 상대적으로 적었다. 중화제국의 통치자들은 영토 확장, 강성한 군대, 경제성장에는 그다지 신경을 쓰지 않았다. 이런 목표를 이루려면 값비싼 대가를 치러야 하지만, 이를 두 번째로 놓았을 때는 거대한 자원을 쓸 필요가 없었던 것이다.[25] 구체적으로 청조의 합법성 건립과정을 보면 역시 '이치'가 '추세'를 제약하는 존재였음을 알 수 있다.

청나라 초기의 다년간의 전쟁과 영토 확장을 보면 표면적으로 청초에는 군사 정벌과 영토 확장을 특별히 중시했던 것처럼 보인다. 그러나 실제로는 '추세'의 운용에 상당히 신중했고, 문화 이념의 핵심인 '이치'의 가치 제약을 많이 받았다. 건륭제는 '십전무공十全武功'을 자랑했지만 실제 대다수의 전쟁은 허세처럼 보인다. 준가르를 평정할 때만 실제적으로 효과가 있었지 대금천大金川, 소금천小金川 원정, 안남과 미얀마 원정, 티베트의 구르카를 보위한 전쟁은 모두 군사적 위협을 과시했을 뿐 실제적인 효과는 전혀 없었던 것 같다. 하지만 군사 정벌 이후 안남과 미얀마 등의 국왕들은 예의상 신하라 칭하고 군왕으로 책봉되었는데, 이를 통해 문화 침투의 위력이 드러났다. 사실 이것은 문화의 '이치理'로 대일통의 추세를 널리 퍼뜨리는 정신에 부합한다. 물론 정치적 목적을 고려해 일으킨 전쟁이 없는 것은 아니다. 금천과 같은 작은 지역에 거대한 병력을 투입해 "사자가 토끼를 잡듯이" 오랫동안 공격했다. 금천을 지도에서 사라지게 만들었지만 그 대가는 너무나 컸고, 얻은 것보다 잃은 것이 더 많았다. 이 전쟁은 청나라 변방 지역의 안전을 실현하기 위한 중요한 과정이었다. 변방이 안전해야 각자 자기 자리를 잘 지키고 '예의'로 통치할 수 있기 때문이다. 이 전쟁은 추세의 폭력을 지나치게 강조했다는 의심을 받기도 하지만, '문화'로 통치와 정치의 합법성을 실현하려는 종전의 궤도를 벗어나지 않았다.

정치는 항상 문화적 가치와 지향의 부속물로 드러난다. 이것은 추세의 변화가 반드시 이치의 인정과 해석을 거쳐야 합리성을 얻는 것과 같다. 이는 송나라 이후 역대 통치자들이 지켜온 이념이다. 청나라의 황제 역시 예외가 아니었다. 그들은 역대 황제들보다 영토 확장에 더 힘을 썼지만, 이목표를 관철시키기 위한 그들의 능력은 큰 의미에서 여전히 문화 지향을 결정하는 사림 집단에 달려 있었다. 그래서 청나라 황제들의 통치 합리성에 대한 고려와 강조는 여전히 이런 문화 지향에서 벗어날 수 없었다.

청나라의 황제들은 다양한 집체적 확장 목표를 강조했지만, 유가 사대부는 이런 목표를 제한하며 문화적 목표와 이념의 확립을 중요시했다. 이 논쟁의 근원은 송나라 '신유학新儒學'의 변화에 있었다. 이 책에서 표명했듯이 남송의 '도통道統' 논증은 '사람과 지역 간의 관계人地關係'에 대한 신 개념을 바탕으로 나왔다. 남송의 정치와 군사는 영토 확장은 고사하고 국토를 지키는 것 자체도 힘들었다. 일통一統을 형성하기도 어렵거니와 일통의 세勢는 더욱 언급할 길이 없었다. 그래서 필연적으로 정치상 필요한 '문화(이치)'의 분량과 '이치理의 추세(군사, 지리 확장 행위)'에 대한 제약을 강조하는 수밖에 없었다. 이치의 기능은 날로 확대되어 정치가 신봉하는 진리가 되었다. 행정의 방향에 지대한 영향을 끼쳤고, 심지어 문화질서의 연속은 정치적 생존의 기본 조건이 되었다. 이것은 전형적인 송나라의 문구다. 그래서 류쯔젠劉子健은 송나라 때 모든 제국의 '기질' 변화가 일어난 것을 놀라워했고 이를 일러 '내재적 전향'[26]이라고 했다. 송나라 때 문관이 행정을 주도하고 문화적으로는 '사인'의 사상이 정치 운영에 끼친 잠재적 지배가 극에 달했기 때문이다.

이민족으로 중원에 들어온 청나라의 황제들은 '예의'를 통해 각종 복잡한 민족 관계와 사회 질서를 유지했다. 마찬가지로 '강남'에서 전해 내려온 문화유산으로 각종 복잡한 민족 관계와 사회 질서를 유지했다고도 볼 수 있다. 이전 시대와의 차이점은 다음과 같다. 청나라 사인들은 이전 세대의 사인들이 '이치'로 '추세'의 방향을 맞추었던 능력을 갖추지는 못했다. 그러나 청나라 황제들이 대일통을 통한 영토 확장과 통치상의 성공을 이루는 데 있어, 추세로 하여금 이치에 비견할 만한 강력한 지배 작용을 갖추게 했다. 따라서 도통을 바탕으로 한 이치는 점차 추세에 잠식되어 흔들리기 시작했다. 가장 전형적 예로는 청나라의 황제들이 통치의 합법화를 이루려고 한 것이고, 도(이치)와 치(추세)가 분리된 전통 혹은 추세(치)가 이치(도)에 견제당하는 국면을 타파하려 한 것이다. 청나라 황제들은 '문자옥' 등 일련의 통치 전략을 통해 사인 계층의 정신적 분위기를 변화시키고 사인들을 역대 이래로 군왕과 다툰 최대의 실패자로 만들었다. '강남' 역시 사라져가는 사인 문화의 축소판이자 이에 대한 상징이 됐다.

후기

|

청말의 역사와 중화민국 역사를 연구하던 사람이 경솔하게 청초 역사를 연구하면 새로운 견해를 도출하기 쉽지 않다는 것을 잘 알고 있다. 청초의 역사는 이미 상당히 성숙된 연구 영역이다. 내각 서고에 꽉 차 있는 한어漢語, 만주어滿洲語, 몽고어蒙古語로 쓰인 작품과 서류 등의 자료는 강력한 연구의 기초 자료로 제공되었다. 청나라 역사에 대한 선배들의 해석과 평가도 줄줄이 나오고 있고, 훌륭한 저서도 계속 나오는 등 이미 상당한 성과를 거두었다. 심지어는 후배들이 이 분야에서 토론할 거리가 더 이상 없을까봐 걱정할 정도다. 그렇기에 조금이라도 잘못하면 기왕의 결론에 빠지고 중복될 가능성이 크다. 그래서 지금의 연구자들은 새로 발굴한 일부 자료를 연구 진척의 중요 척도로 삼고, 찾기 어려운 공문서檔案 자료를 지나치게 숭상해 이것이 도리어 상술한 청나라 역사 연구를 제약하는 요소가 되기도 했다. 그런데 황칸黃侃 선생은 이렇게 말했다. 연구의 가치는 자료의 '발견'뿐만 아니라 '발명'에도 있다고. 나는 이렇게 생각한다. 청초 역사를 연구할 때 찾기 어려운 자료를 발굴하는 것도 물론 중요

하지만 기존 문서에 대한 새로운 해석을 더 중시해야 한다. 이 책을 쓸 때 인용한 자료는 기본적으로 전인들이 이용한 적이 있거나 언급했던 적이 있는 사료다. 예를 들면 문집, 실록, 필기, 지방지, 연극 등이다. 그래서 '발견'이라는 측면에서는 기대할 만한 것이 없고 그저 기존 사료에 대한 새로운 분석을 통해 청나라 황제와 사인의 관계라는 논제에서 새로운 '발명'을 하려고 애썼다.

'사士'에 대한 연구는 이미 충분한 성과를 거두었다. 그러나 내가 보기에 기존의 '사' 연구는 주로 사상사적 측면에서 이루어졌다. 그래서 '사'의 역할을 당시의 역사 환경에서 분리시켜 세속의 가치와 의미를 초월했다고 부각시켰다. 특히 '추세勢'에 대항하는 '사'의 정치적 능력을 언급하며, 이 과정에서 '사'의 발전 궤적을 적고 있는데, 이들은 지나칠 정도로 순수하다. 사士 정신으로 무장한 문화보수주의자들은 사람들의 동정을 불러일으킬 만큼 천진난만했다. 이 책은 '사'를 다시 복잡한 정치 환경 속에 넣고 그들의 현실적 처지, 그들이 굳건하게 지키려 했던 가치관이 어떻게 현실에서 해체되고 개조되고 재편성되었는지 그 참혹한 과정을 고찰하는 것을 목적으로 한다. 나아가 가치관을 지키기 위한 사인들의 냉혹성과 실패할 수밖에 없는 역사적 운명을 피하지 않고 직면하고자 한다.

내가 보기에 사의 신분과 사상은 늘 정치와 뗄 수 없는 긴장관계를 유지하고 있다. 그러나 이런 긴장감 때문에 정치권력의 통제에서 벗어나 독립적으로 사상을 초월하지는 못했다. 특히 청나라 때 이런 긴장감은 끊임없이 왕권에 의해 소멸되었는데, 이 점에서 서방 역사와 근본적으로 다르다. 최근 들어 청말에 이미 시민사회와 공공영역이 출현했다는 견해가 나오고 있는데, 이는 모두 청 이후의 사 계층이 정치적으로 당했던 잔혹한 운명을 이해하지 못한 데서 나온 천진난만한 생각이다.

최근에 흥기한 지역사회사, 특히 신문화사에서 '사士'의 역사적 역할을 다시 연구하기 시작했다. 문화사 연구자는 일련의 예를 들어 이를 증명했다. 강남의 사인들은 이미 구체적인 교류 시스템을 건립하기 시작했고, 이 시스템은 개인 장서루, 서적, 서원, 유람 등을 통해서 성공적으로 지식 공동체를 구축하는 동시에 독립적인 역할을 수행했다. 이런 해석은 청나라 때는 '학술'만 있고 '사상'은 없다, 사인들은 독립된 세력이 없다는 진부한 견해에 대한 답변이자, 민국 초 지식인들이 청대 사인을 평가하는 데 대한 반박에서 나왔다. 일부 지식인들은 황권의 압박을 받아 고증학으로 학문 연구를 돌릴 수밖에 없었고 이로부터 세상사에는 무관심해졌는데, 이것은 청 중엽 이후 사인들의 중요한 특징이 되었다. 그러나 그들은 고증학의 출현이 황제의 권력이 만들어낸 결과였다는 것을 미처 깨닫지 못했다. 건륭제는 고의로 '경학經學'을 제창해 '이학理學' 내의 '이하지변夷夏之辨(오랑캐와 한족의 구분)' 등 정통관의 건립에 불리한 요소를 제거하려고 했다. 이는 강희제가 주자학을 내세워 유가의 정통을 계승하려던 생각과는 달리, 더 교묘하고 복잡하게 사인들을 통제하려는 생각이었다. 이런 의미에서 보면, 사인들의 정치적인 도피는 아주 표면적인 현상에 불과하다. 황권의 압박을 거절하는 표현이 아니라 공교롭게도 황제의 권력이 만들어낸 결과다. 이런 측면에서 고증학의 발생 의의를 이해하지 않으면, 도리어 '사상'의 특수성만을 강조해 청 왕조의 잔혹한 규제를 고의로 회피하고, 또 고도의 테크닉만 발전했다는 것이 역사적 사실이 되어버린다. 이 책은 사회사와 신문화사의 여러 명제를 관찰한 뒤, 청 전기와 중기 '사인'과 황권 간의 복잡한 대립관계를 재구성해서 현대의 지식인과 국가 정권 간의 관계를 깊이 이해하는 데 그 목적이 있다. 고전을 통해 현대를 비유한다고 감히 말할 수는 없지만, 당대의 문화현상을 비판하려는 깊은 뜻도 담겨 있다. 이 깊은 뜻을 알아주는 사람이 있다면 정말 기쁘고 안심이 될 것이다.

최근 들어 청대 초기의 역사 연구를 하게 된 것은 정말 우연이다. 2005년 국가 청사편찬위원회 주임인 다이이戴逸 선생의 요청을 받아 『청사淸史』 통기通紀 부분 편찬에 참여할 기회를 얻었다. 이를 통해 방대한 국가 문화 사업을 깊이 이해하게 되었을 뿐만 아니라 청대 초기에 관련된 많은 자료를 접할 수 있었다. 이런 기회로 연구 범위가 청말 민초에 머물지 않고 시대를 더 거슬러 올라가게 되었다. 이 자리를 빌려 특별히 나를 믿어주신 다이이 선생에게 감사드리고자 한다.

1990년대에 출판한 『유학 지역화의 근대적 형태: 삼대 지식인 집단의 상호 작용의 비교 연구儒學地域化的近代形態: 三大知識群體互動的比較硏究』 이후부터 이 책을 내기까지 나는 중국 역사 발전 형태에 대해 점차 체계성을 갖추게 되었다. 『유학의 지역화儒學地域化』에서는 유학이 지역별로 분포된 이후 근대 지식인들에게 미친 지식의 전승 방식과 행위 방식의 영향을 집중적으로 연구했다. 중국 내부의 전통 사상이 서학의 충격을 받았을 때 적극적으로 어떤 역할을 했는지를 강조했다. 키워드는 '공간'이다. 5년 전에 출판한 『'환자'의 재구성再造"病人"』의 부제는 '중서의학의 충돌에서 본 공간정치'이고 중국 역사에서 '공간'의 의미를 어떻게 새로 정의내릴 것인가의 문제를 다루었다. 변화의 측면에서 말하자면 중국 근대 변혁의 과정에서 정치가 문화에 미친 미시적 통제 작용과 '공간'의 관계에 관심을 두기 시작했다. 이 책의 제목에서 '강남'이라는 지역 명칭을 사용해 '공간'

과 '지방'의 관계를 다루었다. 근 20년의 연구 성과를 대충 살펴보면 '강남' 문제에서 시작해서 '유학의 지역화'라는 개념에 대해 사고하고 다시 중서의학의 갈등이 어떻게 공간 이동을 통해 중국인의 '환자' 형상과 현 당대의 역사와 정치구조를 만들었는지에 이르기까지 3부작의 서사구조를 구성했다. 시간 순서로 배열하면 이 책이 3부작 가운데 첫 번째에 해당한다.

이 책은 많은 친구의 지지와 격려 속에 완성되었다. 청나라의 경세관經世觀(제7장) 때문에 열린 소규모 토론회에서 양리화楊立華, 장즈창張志強, 장메이江湄, 톈리녠田立年, 천밍陳明, 하이칭海青에게서 정곡을 찌르는 의견을 들었다. 쑨장孫江, 황싱타오黃興濤, 샤밍팡夏明方, 허자오톈賀照田, 쑨거孫歌, 왕후이汪暉, 왕밍밍王銘銘, 판광저潘光哲, 자오강趙剛, 가오왕링高王凌, 세마오쑹謝茂松, 차오신위曹新宇, 왕전방王震邦, 왕다오환王道還,. 리즈위李志毓, 슝웨젠熊月劍 등은 나의 의견에 전적으로 동의한 것은 아니지만 이 책에 여러 가지 좋은 의견을 제시해주었다. 2007년 12월, 류허劉禾 교수의 요청으로 컬럼비아대에서 열린 소규모 좌담회에 참가해 청나라 '대일통大一統'의 역사관을 재고해야 한다는 초보적인 생각을 제기했다. 기본 얼개는 이 책에 거의 다나와 있다. 류허 교수의 초청에 감사드린다. 2008년 11월 도쿄대에서 장학성의 사상을 어떻게 평가할 것인가에 관련된 내용을 발표한 적이 있다. 무라타 유지로村田雄二郎 교수의 초청에 감사드린다. 2009년 말 타이완 중앙연구원 근대사연구소를 방문했을 때 책의 일부 내용을 가지고 발표했다. 황커우黃克武, 장위파張玉法, 장서우안張壽安, 장저자張哲嘉, 뤼먀오펀呂妙芬, 라이후이민賴慧敏, 류룽신劉龍心 등 여러 선생님의 가르침을 받았다. 류훙창劉洪強은 이 책에 관련된 자료와 출처를 확인해주었고 슝웨젠熊月劍은 관련

이미지 자료를 골라주었다. 후난湖南의 궁두청龔篤淸 선생에게 특별히 감사를 표한다. '문질지변文質之辨'에 관련된 내 발표를 보고 친히 장문의 편지를 써서 문장의 내용에 관한 구체적 의견을 제시해주셨다. 성실한 군자의 기품을 지닌 그의 논변 스타일은 요즘 인터넷에서 학술 규범을 지킨다는 명분으로 툭하면 인신공격을 하는 악습과는 달리 보기 드물게 진솔한 고풍적 태도를 보여주셨다. 이 책의 일부 내용은 중화서국판 『신사학』과 『청사연구』『사회학연구』 등의 간행물에 나누어 발표했다. 뤄린羅琳 여사에게 특별히 감사를 표한다. 뤄린 여사의 파격적인 승인 덕분에 이 책 역사학의 일부 내용을 사회학의 1급 간행물에 발표하게 되었다. 부족한 글로 사회학계 학자들의 가르침을 받을 기회를 주신 것에 감사드린다.

서론

1 羅友枝,『淸代宮廷社會史』, 中國人民大學出版社, 2009, 2쪽.

2 陳智超 編,『陳垣來往書信集』, 上海古籍出版社, 1990, 818쪽.

3 錢穆,『國史大綱』, 商務印書館, 1996 修訂 제3판, 1쪽.

4 錢穆,『國史大綱』, 商務印書館, 1996 修訂 제3판, 32쪽.

5 錢穆,『中國歷代政治得失』, 三聯書店, 2001, 143쪽.

6 錢穆,『國史大綱』, 商務印書館, 1996 修訂 제3판, 12쪽.

7 錢穆,『中國近三百年學術史』, 商務印書館, 1997, 1쪽.

8 陳垣,『元西域人華化考』, 上海古籍出版社, 2008, 96쪽.

9 何炳棣,「捍衛漢化」上,『淸史研究』제1기, 2000.

10 陳寅恪,『唐代政治史述論稿』, 上海古籍出版社, 1997, 16쪽, 27~28쪽.

11 饒宗頤,『中國史學上之正統論』, 上海遠東出版社, 1996, 75쪽.

12 청나라 군주들이 '예의'로 내외간의 차별을 해소하고자 한 통치 책략에 관련해서
   는 왕후이汪暉,『現代中國思想的興起』上, 제2부「帝國與國家」(三聯書店, 2004,
   579~590쪽)를 참고.

13 顧誠,『南明史』, 中國靑年出版社, 1997, 3쪽.

14 衛周安(Joanna Waley-Cohen),「新淸史」(董建中 譯),『淸史研究』, 2008 제1기.

15 張勉勵,「再觀淸代在中國歷史上的重要性-介紹一篇西方研究淸史問題的論文」,『淸史
   研究』, 1998 제2기.

16 Michael G, Chang, *A Court on Horseback*: *Imperial Touring & The
   Construction of Qing Rule, 1680~1785*., Harvard University Asia Center, 2007.

17 周振鶴,「釋江南」,『中華文史論叢』제49집.

18   錢泳,『履園叢話』권4,「水學」'水利'條, 中華書局, 1979. 다른 학자의 견해는 이와 크게
      다르지 않다. 예를 들어 리보중李伯重에 의하면 '강남'은 창장 강 남쪽 장쑤 성에 속하
      는 강녕江寧(난징南京), 전장鎭江, 창저우常州, 쑤저우蘇州, 쑹장松江 5부府와 타이창
      太倉 1주州, 그리고 저장浙江 성의 항저우杭州, 자싱嘉興, 후저우湖州 3부 지역으로, 모
      두 8부 1주가 포함된다. 이 지역은 내부적인 생태 조건에서 통일성이 있으며, 모두 타이
      후太湖 수역水域에 속하고 경제적으로도 상호 연계가 매우 긴밀하다. 그리고 외부적으
      로는 산과 강 등의 천연적인 장애물이 있어 인근 지역과 명확한 경계를 이룬다.(李伯重,
      「簡論'江南地區'的界定」,『中國社會經濟史研究』, 1991 제1집)
19   陳寅恪,「錢牧齋致瞿稼軒書」,『柳如是別傳』, 三聯書店, 2001, 1036쪽.
20   錢杭,『十七世紀江南社會生活』, 浙江人民出版社, 1996, 12쪽.
21   錢杭,『十七世紀江南社會生活』, 浙江人民出版社, 1996, 12쪽.
22   孔飛力(Philip A. Kuhn), 陳謙 等 譯,『叫魂: 1768年中國妖術大恐慌』, 上海三聯書店,
      1999, 95쪽. 필립 쿤의 책은 우리나라에『영혼을 훔치는 사람들: 1768년 중국을 뒤흔든
      공포와 광기』(이영옥 옮김, 책과 함께, 2004)로 번역되어 있다.—옮긴이
23   梅爾淸(Tobie Myer-Fong),『淸初揚州文化』, 復旦大學出版社, 2004.
24   『大義覺迷錄』권1.

제1장

1   이해에 황종희가 여유량의 집에서 그의 아들을 가르치면서 두 사람의 왕래가 점점 빈
     번해졌다.(包賚,『淸呂晚村先生留良年譜』, 臺灣商務印書館, 1978, 69쪽) 이 모임에서 황
     종희도「송석문화망천도宋石門畫輞川圖」라는 시를 지었다. 그는 시에서 그림 안에 있
     는 만력 연간 이 회화 작품을 모사한 작가의 제사題詞를 언급하며 만력 연간에 "당시
     예원에는 풍류가 넘치고, 태평 성세에는 나가고 물러남이 이롭지 않음이 없도다. 훌륭
     한 정원 없는 산수가 어디 있으랴만, 설령 산수가 없어진다 하더라도 버리지 않으리當
     時藝苑多風流, 太平進退無不利. 何處山水無名園, 卽無山水亦不棄"라고 한탄만 한 것은
     아니다. 이 시에서 만력 연간과 청나라 초기의 상황을 대비시키는 그의 심정을 느낄 수
     있다.(『黃宗羲全集』제11책, 浙江古籍出版社, 2005, 367~368쪽)
2   『呂留良年譜長編』, 中華書局, 2003, 129쪽.
3   卜正民(Timothy Brook),『縱樂的困惑-明代的商業與文化』, 三聯書店, 2004. 우리나라
     에는『쾌락의 혼돈: 중국 명대의 상업과 문화』(이정·강인황 옮김, 이산, 2005)로 번역되
     어 있다. 巫仁恕,「晚明的旅遊活動與消費文化-以江南爲討論中心」,『中央研究院近代史
     硏究所集刊』제41기, 87~141쪽; 余英時,「士商互動與儒學轉向-明淸社會史與思想史之
     一面相」, 陳弱水, 王汎森 主編,『臺灣學者中國史硏究論叢·思想與學術』, 中國大百科全
     書出版社, 2005, 164~211쪽.
4   葉尙皋,「獄中自述」, 瑞安 孫延釗,『明季溫州抗淸事纂』(陳光熙 編,『明淸之際溫州史料
     集』, 上海社會科學院出版社, 2005, 59쪽)에서 재인용.

5   全祖望,「陸雪樵傳」,『全祖望集匯校集注』, 上海古籍出版社, 1999, 972쪽.

6   葛云芝,「五十雙壽序」,『同人集』권2. 李孝悌,「冒辟疆與水繪園中的遺民世界」,『戀戀紅
     塵: 中國的城市·欲望和生活』, 上海人民出版社, 2007, 68~69쪽에서 재인용.

7   白謙愼,『傅山的世界-十七世紀中國書法的嬗變』, 三聯書店, 2006, 159쪽.

8   청초에 철갑에 들어 있던 『심사心史』에 대해 읊은 작품이 많다. 예를 들어, 고염무顧炎
     武는「정중심사가井中心史歌」에서 다음과 같이 노래했다. "문득 보니 기이한 책이 세상
     에 나왔는데, 천하에 가득한 유목 기마병들에 또 한 번 놀라네. 하늘은 세상의 도가 반
     복되리라는 것을 알고, 이 책을 내게 보이셨네. 30여 년 만에 다시 보게 되었는데, 같은
     맘 같은 어조 또 같은 시절이로다忽見奇書出世間, 又驚牧騎滿江山. 天知世道將反覆,
     故出此書示臣鵠. 三十餘年再見之, 同心同調復同時."『顧亭林詩文集』, 410쪽.

9   卞僧慧,『呂留良年譜長篇』, 130쪽.

10   卞僧慧,『呂留良年譜長篇』, 129쪽.

11   「周公謹硯」,『黃宗羲全集』제11책, 1987, 281쪽.

12   周亮工,『讀畫錄』권2.(白謙愼,『傅山的世界-十七世紀中國書法的嬗變』, 147쪽에서 재
     인용)

13   趙紅娟,『明遺民董說研究』, 上海古籍出版社, 2006, 354쪽.

14   趙紅娟,『明遺民董說研究』, 上海古籍出版社, 2006, 346쪽.

15   全祖望,「跋明崇禎十七年進士錄」,『全祖望集匯校集注』, 1324쪽. 이런 은유 전통은 심
     지어 민국民國 시기 청나라 유민 심리에 대한 표현에도 이어졌다. 천인커는 '잔산잉수'
     로 왕국유가 청나라를 위해 죽은 것을 비유했다. 그는「왕국유만련王國維挽聯」에서 다
     음과 같이 말했다. "17년의 긴 세월 동안 영혼을 잃은 나라, 여전히 남겨진 잔산잉수, 굴
     원과 같은 마음으로 죽음을 택하셨네. 새로 손을 댄 오천 권의 장서, 갑골문·금문과 같
     은 기이한 글자들을 검토하고자 하니, 황망히 그 유명을 받들어 마음 쓰고자 하네十七
     年家國久銷魂, 猶餘剩水殘山, 留與累臣供一死. 五千卷牙籤新手觸, 待檢玄文奇字, 謬
     承遺命傷神." 루쉰의 글에서도 '잔산잉수'로 남송의 처지를 비유했다. "그런데 남송의 작
     은 조정은 여전히 잔산잉수 사이의 백성에게 위엄을 내세우고 잔산잉수 사이에서 향락
     을 즐겼다."(魯迅,「田軍作『八月的鄕村』序」,『魯迅全集』제6권, 人民文學出版社, 1996,
     268쪽 참고) 이러한 것들을 통해 그 은유의 전통이 오래되었다는 것을 알 수 있다.

16   유민의 표현이 은밀하고 읽기 어려운 것에 관해 위잉스는 깊이 깨달은 바가 있었다. 그
     는『방이지의 만년 절개 고찰方以智晩節考』의「자서自序」에서 "방이지의 만년 절개를
     고찰하는 데 있어 통상적인 고증考證에서는 볼 수 없는 또 다른 어려움이 있다. 즉 그
     은어 시스템을 풀어야 한다는 것이다. 은어로써 마음을 전달하는 것은 명말 청초 시기
     에 가장 성행했다. 왕조 교체기에 노래하고 울 만한 일들이 많지만 유민은 차마 그 사실
     을 감춰둘 수도 없었고 또 감히 직접 말할 수도 없었다. (…) 어떠한 사물이든 그 평정을
     유지할 수도 없고 또 소리 내어 울 수도 없으면 그 소리가 메아리치며 굴절된다. 그래서
     은어 시스템이 나오게 된 것이다."(余英時,『方以智晩節考』, 三聯書店, 2004, 4쪽)

17   「長陵所賞書畫家」, 葉盛,『水東日記』, 中華書局, 1980, 35쪽.

18   명말 소품문小品文 중에서도 '잔산잉수'라는 말이 수시로 등장한다. 장대는『도암몽억

陶庵夢憶』에서 그의 할아버지가 조산曹山을 유람하고 사자암獅子岩에서 악기를 연주한 일을 기록했다. 도석령陶奭齡(?~1640) 선생은 장난삼아 산신령에 대한 격문檄文을 지어 그의 할아버지가 악기를 연주한 것이 산과 계곡을 오염시켰다고 성토했다. 장대의 할아버지도 격문을 지어 반박했다. "누가 이를 대자연의 걸작이라고 하는가? 그저 잔산잉수일 뿐!" 그러자 도망령陶望齡(1562~1609) 선생이 도석령 선생을 비웃으며 말했다. "문인이여, 어찌 그 필봉을 잘못 놀렸는가? 스스로 인정하고 차라리 '잔산잉수' 네 글자를 암벽에 새기는 것이 낫겠네."(「曹山」, 『陶庵夢憶』, 岳麓書社, 2003, 232쪽) 여기서 '잔산잉수'는 확실히 부정적인 의미를 지니고 있으며 멸망한 이전 왕조를 그리워하고 애도하는 정치적인 의미는 들어 있지 않았다.

19 「紀九峰墓志銘」, 『黃宗義全集』 제10책, 505쪽.
20 錢穆, 「讀明初開國諸臣詩文集」, 『中國學術思想史論叢』 6, 安徽敎育出版社, 2004, 94쪽.
21 錢謙益, 「韓蕲王墓碑記」, 『牧齋初學集』 권44, 上海古籍出版社, 1985, 1136쪽. 원문은 다음과 같다. "與河東君泊舟京江, 指顧金焦二山, 想見兀術窮蹙打話, 蕲王夫人佩金鳳瓶傳酒縱飮, 枹鼓之聲, 殷殷江流, 澒沸中遂賦詩云: '餘香墜粉英雄氣, 剩水殘山俯仰間.' 相與感慨歎息久之."
22 錢謙益, 『牧齋有學集』 권14, 『錢牧齋全集』 5, 上海古籍出版社, 2003, 863쪽.
23 건염제: 남송 황제 고종高宗의 첫 번째 연호가 건염(1127~1130)이다.
24 趙紅娟, 『明遺民董說硏究』, 上海古籍出版社, 2006, 362쪽.
25 「入幕記」, 『談遷詩文集』, 遼寧敎育出版社, 1998, 197쪽.
26 「高相國誄」, 『談遷詩文集』, 242~243쪽.
27 全祖望, 「水雲亭記」, 『全祖望集匯校集注』, 1091쪽.
28 全祖望, 「張相國寓生居記」, 『全祖望集匯校集注』, 1118쪽.
29 『南雷詩歷』 권3(『黃宗義全集』 제11책, 299쪽).
30 戴名世, 『憂庵集』 第25條(王樹民 等 編校, 『戴名世遺文集』, 中華書局, 2002, 93쪽).
31 戴名世, 『憂庵集』(王樹民 等 編校, 『戴名世遺文集』, 中華書局, 2002, 95쪽). 명말 유민은 명 효릉 주변의 나무가 여러 차례 훼손된 일을 심각하게 여기고 이것을 '왕기王氣'가 파괴된 증거로 생각했다. 장대張岱는 명나라 임오년 주순신朱純臣(?~1644)과 왕응화王應華가 왕명을 받고 능원을 수리한 일에 대해 말했다. "시든 지 300년 된 나무를 모두 잘라내어 장작으로 쓰고 뿌리까지 뽑았는데 땅 아래로 몇 장丈이나 되었다. 식자들은 지맥을 상하게 하여 왕기를 없앨 것이라고 걱정했다. 오늘날 과연 갑신년의 변고가 일어났으니 왕응화는 참형을 당해도 속죄할 수 없다."(「鍾山」, 『陶庵夢憶』, 岳麓書社, 2003, 9쪽)
32 「哀江南三篇」, 『陳確集』, 中華書局, 1979, 744쪽.
33 全祖望, 「余生生借鑑樓記」, 『全祖望集匯校集注』, 1123쪽.
34 全祖望, 「桓溪全氏義田記」, 『全祖望集匯校集注』, 1138쪽.
35 全祖望, 「不波航記」, 『全祖望集匯校集注』, 1125쪽.
36 梁份, 『懷葛堂集』 권1(趙園, 『明淸士大夫硏究』, 404쪽에서 재인용).
37 陳垣, 『明季滇黔佛敎考』, 河北敎育出版社, 2000, 402쪽.

38 陳垣, 『明季滇黔佛教考』, 403쪽.

39 陳垣, 『明季滇黔佛教考』, 422쪽.

40 『呂留良年譜長編』, 176쪽.

41 「乙酉六月祭先人文」, 『談遷詩文集』, 234쪽.

42 邵廷采, 「宋遺民所知傳」, 『思復堂文集』, 浙江古籍出版社, 1987, 205~206쪽.

43 『廣陽雜記』 권4, 197쪽.

44 『廣陽雜記』 권4, 188쪽.

45 『魏叔子文集外篇』 권10, 524쪽.

46 「與人書九」, 『顧亭林詩文集』, 93쪽.

47 「道俗論上」, 『陳確集』, 中華書局, 1979, 168쪽.

48 「與人書九」, 『顧亭林詩文集』, 93쪽.

49 「道俗論下」, 『陳確集』, 170쪽.

50 李孝悌, 『中國的城市生活』 「序」, 新星出版社, 2006 참고.

51 왕판썬王汎森, 「明末淸初的一種道德嚴格主義」, 『晚明淸初思想十論』, 復旦大學出版社, 2004. 왕판썬은 명말 문화 연구자들을 완곡하게 비판했다. "일부 저서에서는 당시 사상과 언론 가운데 '욕欲'의 요소를 지나치게 강조했으며, 이에 따라 사상 해방의 측면도 지나치게 강조했다. 때로는 한두 마디 말만 인용하면서 불가사의할 정도로 과장했다."(『晚明淸初思想十論』, 8쪽 참고)

52 白謙愼, 『傅山的世界-17世紀中國書法的嬗變』, 三聯書店, 2006, 147~149쪽.

53 趙園, 『明淸士大夫硏究』, 北京大學出版社, 1999, 3~5쪽.

54 曾羽王, 『乙酉日記』(『淸代日記匯抄』, 上海人民出版社, 1982, 13쪽).

55 『嘉定屠城紀略』, 上海書店, 1982, 256~257쪽.

56 『嘉定屠城紀略』, 上海書店, 1982, 254쪽.

57 『嘉定屠城紀略』, 上海書店, 1982, 264쪽.

58 『嘉定屠城紀略』, 上海書店, 1982, 264쪽.

59 李洵, 「論明代江南地區士大夫勢力的盛衰」, 『下學集』, 中國社會科學出版社, 2006, 203쪽.

60 葉夢珠, 『閱世編』 권5, 上海古籍出版社, 1981, 117쪽.

61 葉夢珠, 『閱世編』 권3, 上海古籍出版社, 1981, 79쪽.

62 黃淳耀, 「送趙少府還松江詩序」, 『陶庵集』 권2, 22쪽(『康雍乾時期城鄕人民反抗鬪爭資料』, 中華書局, 1979, 507쪽에서 재인용).

63 計六奇, 「黟縣僕變」, 『明季南略』 권4, 中華書局, 1984, 270쪽.

64 婁東 無名氏, 『硏堂見聞雜記』(文秉 等, 『烈皇小識』(外一種), 北京古籍出版社, 2002, 306쪽).

65 「近鑑」, 『楊園先生全集』, 권38, 中華書局, 2002, 1035~1036쪽.

66 同治 『黟縣志』, 『黟縣三志』 권6, 上, 「人物補」 「忠節」, 3쪽(『康雍乾時期城鄕人民反抗鬪爭資料』, 中華書局, 1979, 506쪽에서 재인용).

67 嘉慶 『黟縣志』 권15, 「藝文」, 27~29쪽(『康雍乾時期城鄕人民反抗鬪爭資料』, 中華書局,

1979, 505쪽에서 재인용).

68 吳騫, 『愚谷文集』 권4, 8쪽(『康雍乾時期城鄉人民反抗鬪爭資料』, 中華書局, 1979, 508쪽에서 재인용). 삭비반削鼻班에 관한 상세한 사항은 謝國楨, 「明末農民大起義在江南的影響-'削鼻班'和'烏龍會'」, 『明末淸初的學風』, 上海人民出版社, 2006, 249~264쪽을 참고.

69 王士禎, '記載失實'條, 『池北偶談』 권10, 中華書局, 1982, 235쪽.

70 朱鴻瞻, 『時變記略』(陳光熙 編, 『明淸之際溫州史料集』, 158쪽).

71 「鹽州篇」, 『陳確集』, 684쪽.

72 顧公爕, 「明季縉紳田園之盛」, 『消夏閑記摘抄』 上, 6쪽(『涵芬樓秘笈』 제2집에 보임. 『康雍乾時期城鄉人民反抗鬪爭資料』, 中華書局, 1979, 509쪽에서 재인용). '노변奴變'의 원인에 대해 다음과 같은 논의도 있었다. 홍광제가 즉위할 당시 조서에 '여민갱시與民更始(백성과 함께 다시 시작한다)'라는 말을 했는데 민중들은 이 말을 오해했다. " '여민갱시'라는 말이 와전되어 노비들은 모든 것을 바꾸고자 했으며 옛 주인을 더 이상 받들어 모시지 않았다. 그리고 상하이부터 민항閔行, 저우푸周浦, 항터우行頭, 샤사下沙, 이퇀一團, 화팅華亭의 여러 읍에서 노비 천백여 명이 무리를 지어 집집마다 돌며 노비문서를 빼앗았다. 노비들이 그 주인을 죽이는 일이 자주 발생했다."(曾羽王, 『乙酉日記』, 『淸代日記匯抄』, 上海人民出版社, 1982, 16쪽) 또 쑹장松江 향신鄉紳이 회충사懷忠社를 만들어서 의병을 일으켜 청군에 반항했는데 노비들을 제외시켰다고 격분하여 '노변'을 일으킨 예도 있었다.(같은 책, 33쪽)

73 謝國楨, 『明淸之際黨社運動考』, 176~184쪽.

74 「光祿大夫太子太保禮部尙書兼東閣大學士塞庵錢公暨配一品夫人孫氏合葬墓誌銘」, 『談遷詩文集』, 212쪽.

75 婁東 無名氏, 『研堂見聞雜記』(文秉 等, 『烈皇小識』(外一種), 北京古籍出版社, 2002, 329쪽 참고).

76 董含, 『三岡識略』, 孟森 『心史叢刊』, 遼寧出版社, 1998, 3쪽에서 재인용.

77 婁東 無名氏, 『研堂見聞雜記』, 332쪽.

78 顧公爕, 『丹午筆記』, 江蘇古籍出版社, 1999, 156쪽.

79 曾羽王, 『乙酉日記』(『淸代日記匯抄』, 上海人民出版社, 1982, 24~25쪽).

80 王欽豫, 『一笑錄』(陳光熙 編, 『明淸之際溫州史料集』 245쪽). 순치 9년(1652) 왕흠예王欽豫는 관부의 강요에 대비하여 미리 준비를 했다. "여러 명문대호들은 적자가 많이 쌓였다. 사방으로 빚을 내도 관부의 빚을 갚지 못한다. 다행히 나는 적자가 많지 않으니 어려움 없이 금방 갚을 수 있다."(같은 책, 247쪽) 그런데 이런 상황은 왕조 교체기에 그리 많지 않았다.

81 「振寶張府君墓志銘」, 『黃宗羲全集』 제11책, 39쪽.

82 孟森, 『心史叢刊』, 3쪽, 9쪽.

83 顧公爕, 「哭廟異聞」, 『丹午筆記』, 156쪽.

84 葉夢珠, 『閱世編』 권5, 116쪽.

85 葉夢珠, 『閱世編』 권5, 117쪽.

주 | 751

86 葉夢珠, 『閱世編』 권5, 123쪽. '주소안奏銷案'의 상세한 고증 자료로는 孟森, 「奏銷案」, 『心史叢刊』, 1~17쪽 참고.

87 葉夢珠, 『閱世編』 권5, 124쪽.

88 白謙愼, 『傅山的世界-17世紀中國書法的嬗變』, 147쪽.

89 王汎森, 「淸初士人的悔罪心態與消極行爲-不入城, 不赴講會, 不結社」, 『晚明淸初思想十論』, 187~247쪽. 명말 청초의 문헌 중에서 더 극단적인 예를 찾을 수 있었다. 예를 들어 딩하이定海 사람 사태진謝泰臻은 사당에서 곡을 한다든지, 사대부 복장인 두건과 옷을 버린다든지, 스스로를 추방하는 등의 행위를 끊임없이 했다. 역사 기록에 의하면, "선사先師의 사당에 들어가 북을 치면서 통곡하고, 두건과 옷을 불태우고, 벽에 걸린 거문고를 꺼내 연주했는데 소리가 나지 않았다. 거문고를 밀치고 일어나 말했다. '사람과 거문고가 모두 죽었다.' 하루는 갑자기 책상에 서신을 남기고 가출했다. '아이들이 힘들게 추구하는 바가 없으니 나는 내 뜻을 따르겠다.' 가족들이 그의 행방을 추적하다가 톈퉁산天童山으로 찾아갔다. 그는 무성한 초목 사이에 털썩 주저앉아 있었는데 이미 머리를 깎고 행각승이 되어 있었다. 눈 내린 밤에 맨발로 수십 리를 다니고 얼음 위에 드러누웠다. 가끔 자신이 쓴 글을 모아 높은 봉우리나 깊은 절벽에 올라가 소리 내어 읽었으며 야생 부자를 따서 생으로 먹었다. 이렇게 4, 5년이 지난 후 경인庚寅 8월 바다에 뛰어들어 죽었다.(邵廷采, 「明遺民所知傳」, 『思復堂文集』, 231쪽)

90 『留書』 「文質」, 『黃宗羲全集』 제11책, 2쪽.

91 『留書』 「文質」, 『黃宗羲全集』 제11책, 4쪽.

92 許三禮, 「海寧縣志理學傳」(『陳確集』, 1쪽).

93 吳騫 輯, 「陳乾初先生年譜」 卷下(『陳確集』, 851쪽).

94 「送鄭禹梅北上序」, 『黃宗羲全集』 제11책, 28쪽.

95 「子劉子行狀卷下」, 『黃宗羲全集』 제1책, 浙江古籍出版社, 1985, 260쪽.

96 王源, 「華鳳超先生年譜字」, 『居業堂文集』 권12, 中華書局, 1985, 189쪽.

97 「光祿大夫太子太保禮部尙書兼東閣大學士塞庵錢公曁配一品夫人孫氏合葬墓志銘」, 『談遷詩文集』, 213쪽.

98 「哭高相國文」, 『談遷詩文集』, 237쪽.

99 邵廷采, 「明巡撫蘇松副都御史世培祁公傳」, 『思復堂文集』, 浙江古籍出版社, 1987, 105쪽.

100 邵廷采, 「宋遺民所知傳」, 『思復堂文集』, 200쪽.

101 熊開元, 「宋陸君實先生遺迹序」, 『魚山剩稿』, 上海古籍出版社 影印本, 1986, 438쪽.

102 黃宗羲, 「陳乾初先生墓志銘」(『陳確集』, 8쪽). 자오위안은 이 점에 대해 다음과 같이 해석했다. "광적인 시대에서의 기형적이고 병적인 역사 분위기와 언론 환경에서 빠져 나와 '기본적인 먹을 것 입을 것'을 추구하는 일상적인 상태로 돌아오고, '도道'와 '학學'이 원래 기반으로 삼은 기본 생존과 기본 명제로 돌아오고자 힘껏 노력했다. 극단화된 도덕론을 교정하는 데 유가의 '중中'이라는 개념은 확실히 그 적합성을 드러냈다."(『明淸之際士大夫硏究』, 北京大學出版社, 1999, 51쪽)

103 「禪障」, 『陳確集』, 445쪽.

104 呂文忠, 「呂晩村先生行略」, 『呂晩村先生文集』 부록 「行略」(『續修四庫全書』 1411, 集部, 別集類, 上海古籍出版社, 61쪽).

105 葉夢珠, 『閱世編』 권4, 102쪽.

106 瑞安 孫延釗, 『明季溫州抗清事纂』(陳光熙 編, 『明淸之際溫州史料集』, 48쪽).

107 「備忘四」, 『楊園先生全集』, 권42, 1168쪽.

108 葉夢珠, 『閱世編』 권4, 87쪽.

109 「與蘇易公」, 『顧亭林詩文集』, 206~207쪽.

110 朱鴻林, 「陳白沙的出處經驗與道德思考」, 『中國近世儒學實質的思辨與習學』, 北京大學出版社, 2005, 185~219쪽.

111 「與友人論學書」, 『顧亭林詩文集』, 41쪽.

112 「入幕記」, 『談遷詩文集』, 198쪽.

113 「遙哭張蒍山先生文」, 『談遷詩文集』, 237쪽.

114 「題家宰張蒍山先生手札」, 『談遷詩文集』, 270쪽.

115 「入幕記」, 『談遷詩文集』, 198쪽.

116 「入幕記」, 『談遷詩文集』, 198쪽.

117 「答友人」, 『二曲集』, 中華書局, 1996, 197쪽.

118 邵廷采, 「明遺民所知傳」, 『思復堂文集』, 211~212쪽.

119 邵廷采, 「陳執齋先生墓表」, 『思復堂文集』, 439쪽.

120 「答李紫瀾書」, 『顧亭林詩文集』, 64쪽.

121 邵廷采, 「贈陶克己先生序」, 『思復堂文集』, 268쪽.

122 邵廷采, 「贈陶克己先生序」, 『思復堂文集』, 269쪽.

123 「答李紫瀾書」, 『顧亭林詩文集』, 64쪽.

124 「與李中孚書」, 『顧亭林詩文集』, 82쪽.

125 「家宰徐忠襄公傳」, 『談遷詩文集』, 154쪽.

126 「家宰徐忠襄公傳」, 『談遷詩文集』, 154쪽.

127 「與當事論出處」, 『二曲集』, 中華書局, 1996, 195쪽.

128 「使子弟出試議」, 『陳確集』, 172~173쪽.

129 「使子弟出試議」, 『陳確集』, 172쪽.

130 「試訟說」, 『陳確集』, 251쪽.

131 「道德論上」, 『陳確集』, 169쪽.

132 屈大均, 「壽王山史先生序」(山史 王弘 撰, 『翁山佚文輯』 卷中). 趙園, 『明淸士大夫研究』, 280쪽에서 재인용.

133 「許魯齋論二」, 『楊園先生全集』 권19, 564쪽.

134 邵廷采, 「贈越掾序」, 『思復堂文集』, 281쪽.

135 邵廷采, 「陳執齋先生墓表」, 『思復堂文集』, 439쪽.

136 「答廣文魏聞野書」, 『湯斌集』 上, 中州古籍出版社, 2003, 175쪽.

137 「出處同異議」, 『陳確集』, 173~174쪽.

제2장

1 「與施愚山書」,『呂晚村先生古文』(『四庫禁毀書叢刊』 子部 36, 12쪽).
2 「楳華閣齋規」,『呂晚村先生文集』 권8, 196~197쪽.
3 余英時, 「明代理學與政治文化發微」,『宋明理學與政治文化』, 廣西師範大學出版社, 2006, 10~57쪽.
4 「質亡集小序」,『呂晚村先生文集』(續集) 권3, 234쪽.
5 佚名,『吳城日記』 卷中, 江蘇古籍出版社, 1999, 223쪽.
6 王汎森, 「淸初士人的悔罪心態與消極行爲-不入城, 不赴講會, 不結社」,『晚明淸初思想十論』, 復旦大學出版社, 2004, 187~247쪽.
7 張岱,『陶庵夢憶』 「煙雨樓」, 岳麓書社, 2003, 220쪽.
8 張岱,『陶庵夢憶』 「閏中秋」, 260쪽.
9 張岱,『陶庵夢憶』 「自序」, 1쪽.
10 「與老友董東里書」,『陳確集』, 中華書局, 1979, 86쪽.
11 佚名,『吳城日記』 卷上, 江蘇古籍出版社, 1999, 205쪽.
12 佚名,『吳城日記』 卷上, 江蘇古籍出版社, 1999, 230쪽.
13 「與周靑士書」,『魏叔子文集』 外篇 권6, 280쪽.
14 瑞安 孫延釗,『明季溫州抗淸事纂』(陳光熙 編,『明淸之際溫州史料集』, 40쪽).
15 瑞安 孫延釗,『明季溫州抗淸事纂』(陳光熙 編,『明淸之際溫州史料集』, 41쪽).
16 「復來成夫書」,『陳確集』, 90쪽.
17 「華陰王氏宗祠記」,『顧亭林詩文集』, 109쪽.
18 「華陰王氏宗祠記」,『顧亭林詩文集』, 108쪽.
19 「寄友人」,『黃宗羲全集』 제11책, 248쪽.
20 「與唐灝儒」,『楊園先生全集』 권4, 中華書局, 2002, 78쪽.
21 「山居雜咏」,『黃宗羲全集』 제11책, 235쪽.
22 「題劉忠宣公遺事」,『楊園先生全集』 권20, 中華書局, 2002, 587쪽.
23 王欽豫,『一笑錄』(陳光熙 編,『明淸之際溫州史料集』, 240쪽).
24 「貢士黃君墓誌銘」,『魏叔子文集』 外篇 권18, 892쪽.
25 「答某書」,『呂晚村文集』 권2, 173쪽.
26 全祖望, 「五嶽遊人穿中柱文」,『全祖望集滙校集注』, 上海古籍出版社, 1999, 378쪽.
27 「紀交贈計需亭」,『楊園先生全集』 권16, 490쪽.
28 「言行見聞錄一」,『楊園先生全集』 권31, 882쪽.
29 「與何商隱」,『楊園先生全集』 권5, 142쪽.
30 「與唐灝儒三」,『楊園先生全集』 권5, 78쪽.
31 黃宗羲, 「陳乾初先生墓志銘」,『陳確集』, 8쪽.
32 「曾永安湖樓序」,『陳確集』, 232쪽.
33 「曾永安湖樓序」,『陳確集』, 233쪽.
34 「葬社啓」,『陳確集』, 504쪽.

35 「古農説」, 『陳確集』, 268쪽.

36 「答吳仲木十二」, 『楊園先生全集』 권3, 59쪽.

37 「與凌渝安六」, 『楊園先生全集』 권3, 178쪽.

38 「言行見聞錄一」, 『楊園先生全集』 권31, 871쪽.

39 「答周鳴皋」, 『楊園先生全集』 권24, 661쪽.

40 「初學備忘上」, 『楊園先生全集』 권36, 993쪽.

41 「書里士事」, 『楊園先生全集』 권23, 659쪽.

42 「書里士事」, 『楊園先生全集』 권23, 659쪽.

43 「立身四要曰愛曰敬曰勤曰儉」, 『楊園先生全集』, 권47, 1356쪽.

44 熊開元, 「琅琊世譜序」, 『魚山剩稿』, 上海古籍出版社 影印本, 1986, 445쪽.

45 「祭錢字虎文」, 『楊園先生全集』 권22, 648쪽.

46 「學者以治生爲本論」, 『陳確集』, 159쪽.

47 「學者以治生爲本論」, 『陳確集』, 159쪽.

48 「初學備忘下」, 『楊園先生全集』 권37, 1016쪽.

49 「答汪苕文」, 『顧亭林詩文集』, 195쪽.

50 「輯祝子遺書序」, 『陳確集』, 中華書局, 1979, 241쪽.

51 『高宗純皇帝實錄』 권86, 乾隆 4年 己未 2月 戊寅. 『清實錄』 제10책, 中華書局, 영인판, 1985, 341쪽.

52 「投當時揭」, 『陳確集』, 中華書局, 1979, 366쪽. '화장火葬 금지'는 명나라 중기 일부 관리들이 제창한 적이 있다. 예를 들어 담약수湛若水는 광둥廣東 쩡청增城에서 「사제향약沙堤鄕約」을 시행했다. 그가 편찬한 「성약훈聖約訓」의 두 부록에 「마을에 의총을 세우고 화장을 금지하는 것에 대한 공문告鄕里立義阡禁焚尸帖子」과 그의 집안사람 담흥湛興의 「화장을 금지하고 빈민의 장례에 의총을 새로이 세우게 하는 것에 대해 관청에 올리는 문서告擧禁焚尸及令貧民皆葬新置義阡狀子」가 수록되어 있다. 그런데 실제로 이행된 상황을 보자면, '화장 금지법'은 담약수가 난징에서 기무機務 참사參事로 있을 때 비로소 실시됐으며, 향신鄕紳으로서 민간에 있을 때 자발적으로 추진한 결과가 아니었다. 따라서 청초 강남 사인들의 행위와는 차이가 있다.(朱鴻林, 「明代嘉靖年間的增城沙堤鄕約」, 『中國近世儒學實質的思辨與習學』, 北京大學出版社, 2005, 278쪽 참고)

53 「初學備忘下」, 『楊園先生全集』 권37, 1018쪽.

54 「備忘四」, 『楊園先生全集』 권42, 1171쪽.

55 趙園, 『明淸士大夫硏究』, 128쪽.

56 「兩異人傳」, 『黃宗羲全集』 제11책, 52쪽.

57 『黃宗羲全集』 제10책, 613쪽.

58 「保聚附論」, 『楊園先生全集』 권19, 581쪽.

59 「與吳仲木書」, 『陳確集』, 83쪽.

60 蘇惇元, 「張楊園先生年譜」, 『楊園先生全集』附錄, 1503쪽.

61 陳子龍, 「修立義冢序」, 『安雅堂稿』 권5, 遼寧敎育出版社, 2003, 86쪽. 송나라 사람도 '화장'은 불교에서 온 풍속이라 중국에서는 적당하지 않다고 생각했다. 고염무는 화장

하는 풍속이 송나라 때부터 이미 있었고 강남에서 성행했다고 지적했다. 성행하게 된 원인은 "사람은 많고 땅은 좁기 때문이었다. 부모 형제와 같은 지친至親의 장례라 하더라도 시신을 모두 불태워버렸다."(「火葬」, 『日知錄集釋』, 560~562쪽)

62 「言行見聞錄二」, 『楊園先生全集』, 권32, 918쪽.
63 「寄祝二陶兄弟書」, 『陳確集』, 67쪽.
64 『陳確集』, 348쪽.
65 「近鑒」, 『楊園先生全集』 권38, 1036쪽.
66 「與李元仲」, 『魏叔子文集』 外篇 권7, 344쪽.
67 「保聚事宜」, 『楊園先生全集』 권19, 577쪽.
68 「保聚事宜」, 『楊園先生全集』 권19, 577쪽.
69 「問目」, 『楊園先生全集』 권25, 692쪽.
70 「初學備忘下」, 『楊園先生全集』 권37, 1020쪽.
71 「言行見聞錄三」, 『楊園先生全集』 권33, 936쪽.
72 「楊子書繹序」, 『魏叔子文集』 外篇 권8, 364~365쪽.
73 「輯祝子遺書序」, 『陳確集』, 238쪽.
74 「備忘四」, 『楊園先生全集』 권42, 1191쪽.
75 「備忘四」, 『楊園先生全集』 권42, 1195쪽.
76 瑞安 孫延釗, 『明季溫州抗清事纂』(陳光熙 編, 『明淸之際溫州史料集』, 56쪽).
77 王欽豫, 「一笑錄」(陳光熙 編, 『明淸之際溫州史料集』, 上海社科院出版社, 2005, 222쪽).
78 瑞安 孫延釗, 『明季溫州抗清事纂』(陳光熙 編, 『明淸之際溫州史料集』, 39쪽). 사실 명말이라는 특수한 상황에서 고례古禮를 회복한다는 것에는 '불교를 반대'하고 '오랑캐를 배척한다'는 두 가지 동기가 함축되어 있었다. 장서우안張壽安이 얘기한 것처럼 유가 문화에 불교와 도가의 예속禮俗이 뒤섞이면서 유가 문화의 가치는 그 '예의형식'을 잃어버린 후 돌아갈 곳이 없게 되었다. 확실히 이것은 명말 사회에 나타난 심각한 현상이었다. 그러나 유자儒者들이 팔을 휘두르며 소리 높여 "옛 예의로써 지금의 풍속을 바로잡는다"라는 구호를 외친 것은 분명 더욱 발전된 학술 양상이었다. 장서우안은 장이기張爾岐의 예를 인용했다. 장이기는 명나라가 망한 다음에 청인들의 복장과 머리 양식을 거부하고 어머니를 모시고 산에 들어가 은둔하며 과거시험에 응시하지 않았다. 청나라 군대가 그의 아버지와 형제를 죽였다는 것이 그 이유였지만 한족 문화가 오랑캐의 손에 넘어간 것에 대한 분개도 하나의 이유였다. 명말 유로遺老들의 예禮를 재건하자는 주장에는 불교를 반대하고 풍습을 바로잡는 것 외에 한문화를 보존시킨다는 깊은 의도가 있었다.(張壽安, 「18世紀禮學考證的思想活力-禮敎論爭與禮秩重省」, 中央硏究院近代史硏究所, 2001, 37쪽)
79 「諸子世杰三十初度敍」, 『魏叔子文集』 外篇 권11, 579쪽.
80 「廣宋遺民錄序」, 『顧亭林詩文集』, 中華書局, 1983, 34쪽.
81 「張都督文集序」, 『談遷詩文集』, 99쪽.
82 「許魯齋論一」, 『楊園先生全集』 권19, 564쪽. 장리상張履祥은 "원元의 정치는 오랑캐의 도이다. 노재魯齋(허형의 호)가 얘기한 것 중 원나라가 실행할 수 있는 것이 한두 가지

라도 있었을까?"라며 의심스러워했다.

83 周振鶴 撰集, 『聖諭廣訓: 集解與研究』, 上海書店, 2006, 507쪽.

84 『高宗純皇帝實錄』 권19, 乾隆 元年 丙申 五月 庚戌. 『淸實錄』 제9책, 469~470쪽.

85 周振鶴 撰集, 『聖諭廣訓: 集解與研究』, 上海書店, 2006, 344쪽.

86 「願學記三」, 『楊園先生全集』 권28, 764쪽.

87 唐甄, 「尙治」, 『潛書』 下篇 上, 中華書局, 1963, 104쪽.

88 唐甄, 「除黨」, 『潛書』 下篇 下, 中華書局, 1963, 163쪽.

89 「續續朋黨論」, 『魏叔子文集』 外篇 권1, 76~77쪽.

90 「記與孝感熊先生語」, 『顧亭林詩文集』, 196쪽.

91 「與友人論門人書」, 『顧亭林詩文集』, 47쪽.

92 「與潘次耕札」, 『顧亭林詩文集』, 168쪽.

93 「答子德書」, 『顧亭林詩文集』, 75쪽.

94 『康熙起居注』 제2책, 1525쪽.

95 「題東林列傳」, 『淸高宗御製詩文全集』, 제10책, 701~702쪽.

96 「題東林列傳」, 『淸高宗御製詩文全集』, 제10책, 701~702쪽.

97 「與溫伊初論轉移風俗書」, 『林昌彛詩文集』, 上海古籍出版社, 1989, 310쪽.

98 「與溫伊初論轉移風俗書」, 『林昌彛詩文集』, 上海古籍出版社, 1989, 310~311쪽.

99 「與溫伊初論轉移風俗書」, 『林昌彛詩文集』, 上海古籍出版社, 1989, 311쪽.

100 「與友人論文人書」, 『顧亭林詩文集』, 47쪽.

101 황종희와 같은 유민은 강희 연간에 이미 일부 관리를 위해 비문을 쓰거나 전기문을 짓기 시작했다. 그는 글을 쓸 때 청나라를 '성조聖朝'라고 칭하고, 청나라 군대를 '왕사王師'라고 불렀으며, 강희제를 '성천자聖天子'라고 했다.(郭英德, 「黃宗羲的人生定位與文化選擇-以康熙年間爲中心」, 陳平原 等 主編, 『晩明與晩淸: 歷史傳承與文化創新』, 湖北敎育出版社, 2002, 28쪽 참고) 바이첸선白謙愼도 명나라 유민과 청나라 관직에 나간 한족 관원들의 밀접한 관계에 주목했다.(白謙愼 編, 『傅山的世界-17世紀中國書法的嬗變』에서 '傅山同仕淸漢官的關係' 부분을 참고)

102 유민과 청나라 한족 관원들의 교제에 관련한 연구로 白謙愼 編, 『傅山的交往和應酬-藝術社會史的一項個案硏究』, 上海書畵出版社, 2003을 참고.

103 「交遊尺牘·李本晟」, 『黃宗羲全集』 제11책, 383쪽.

104 「交遊尺牘·李本晟」, 『黃宗羲全集』 제11책, 383~384쪽.

105 「交遊尺牘·湯斌」, 『黃宗羲全集』 제11책, 386쪽.

106 「交遊尺牘·湯斌」, 『黃宗羲全集』 제11책, 386쪽.

107 「宋世風俗」, 『日知錄集釋』, 476쪽.

108 『聖祖仁皇帝實錄』 권190, 康熙 37년 戊寅 10월 丙子. 『淸實錄』 제5책, 1016쪽.

109 『世宗憲皇帝實錄』 권58, 雍正 5년 丁未 6월 壬寅. 『淸實錄』 제7책, 891쪽.

110 『高宗純皇帝實錄』 권3, 雍正 13년 乙卯 9월 壬戌. 『淸實錄』 제9책, 194~196쪽.

111 『高宗純皇帝實錄』 권16, 乾隆 元年 丙辰 4월 丙寅. 『淸實錄』 제9책, 427~428쪽.

112 葉夢珠, 「士風」, 『閱世編』 권4, 83쪽.

113 『高宗純皇帝實錄』 권42, 乾隆 2년 丁巳 5월 戊子.『淸實錄』 제9책, 746쪽. 인용된 『尙書』 편목은 각각 「益稷」, 「皐陶謨」, 「堯典」이다.

114 『高宗純皇帝實錄』 권123, 乾隆 5년 庚申 7월 庚寅.『淸實錄』 제10책, 806쪽.

115 「學校」,『黃宗羲全集』 제1책, 10쪽.

116 朱鴻林,『中國近世儒學實質的思辨與習學』(北京大學出版社, 2005)에서 진덕수, 구준, 담약수 관련 부분을 참고.

117 「經筵日講始末」,『中國野史集成』 제39책, 巴蜀書社, 1999, 61쪽.

118 「錢唐傳」,『明史』 권139, 「列傳」 27, 中華書局, 1974, 제13책, 3982쪽.

119 「文震孟傳」,『明史』 권251, 「列傳」 139, 中華書局, 1974, 제21책, 6497쪽.

120 「孫承宗行狀」,『牧齋初學集』 권47, 1163쪽.

121 건륭제는 명나라의 경연이 의식儀式의 의미만 있고 정사政事에 실질적으로 도움이 안된다고 보았다. 그는 다음과 같이 말했다. "군신이 날마다 마주 보고 정사를 논함에 있어 반드시 실적이 있어야 한다. 그런데 명나라 때 경연 강의는 형식만 갖췄을 뿐 내용은 없었고, 황제가 조서를 내려 대신들에게 음식이나 선물을 하사하면 대신들은 황은에 감사의 예를 표하고 의례적인 응답만 몇 마디하면서 정사에 부지런히 힘쓴다고 여겼으니 이는 이미 저속할 뿐이다."(『乾隆御批綱鑑』 권105, 黃山書社, 1999, 6483쪽) 건륭제의 판단은 명나라 야사에 나오는 전설을 근거로 했을 가능성이 많다. 장일규蔣一葵의『장안객화長安客話』에 다음과 같은 기록이 있다. "경태景泰 연간 초에 경연이 시작됐다. 강의가 끝날 때마다 환관에게 명하여 돈을 땅에 늘어놓고는 강관들에게 그것을 주워 황은皇恩으로 여기게 했다. 이때 고곡高穀(1391~1460)은 60여 세였는데 구부리고 펴는 것이 불편하여 돈을 하나도 줍지 못했다. 이름은 모르겠지만 어느 한 강관이 늘 돈을 주워 그에게 주었다." 이것은 거의 모욕에 가까운 행동이었다. 그러나 시강학사侍講學士 이시면李時勉 같은 사람은 그것을 따를 가치가 없다고 여겼다. "어느 날 경릉제景陵帝(선종宣宗 주첨기朱瞻基)가 돈을 가지고 와 사관史官에게 그것을 땅에 뿌리라고 하고는 강관들에게 주워 가지라고 했다. 이시면이 똑바로 서 있는 것을 보고는 황제가 그를 앞으로 불러 소매 속에 있는 돈을 하사했다."(蔣一葵,『長安客話』,『中國野史集成續編』 제26책, 巴蜀書社, 2000, 449쪽)

122 「經筵講章」,『고양집高陽集』 권14 淸初刻嘉慶補修本(『四庫禁毀書叢刊』 集部 제164책, 北京出版社, 1999).

123 『高陽太傅孫文正公年譜』 권1(于浩 輯,『明代名人年譜』 제10책, 北京圖書館出版社, 2006).

124 『高陽集』 권14.

125 『陳子龍文集』 上冊, 華東師範大學出版社, 1988, 200쪽.

126 『世祖章皇帝實錄』 권9, 順治 元年 甲申 10월 丙辰.『淸實錄』 제3책, 93쪽.

127 『世祖章皇帝實錄』 권61, 順治 8년 辛卯 10월 丁未.『淸實錄』 제3책, 478쪽.

128 『世祖章皇帝實錄』 권68, 順治 9년 壬辰 9월 壬辰.『淸實錄』 제3책, 539쪽.

129 『世祖章皇帝實錄』 권71, 順治 10年 癸巳 正月 戊寅.『淸實錄』 제3책, 562~563쪽.

130 『世祖章皇帝實錄』 권71, 順治 10年 癸巳 正月 丁酉.『淸實錄』 제3책, 567쪽.

131 『世祖章皇帝實錄』권88, 順治 12年 乙未 正月 壬子.『淸實錄』제3책, 698~699쪽.

132 白新良,『淸代中樞決策硏究』, 遼寧人民出版社, 2002, 110~111쪽.

133 『世祖章皇帝實錄』권88, 順治 12年 乙未 正月 丙午.『淸實錄』제3책, 693쪽.

134 『世祖章皇帝實錄』권88, 正月 庚戌, 695쪽.

135 『世祖章皇帝實錄』권88, 正月 辛亥, 696쪽.

136 『聖祖仁皇帝實錄』권41, 康熙 12年 癸丑 2月 丁未.『淸實錄』제4책, 548쪽.

137 白新良,『淸代中樞決策硏究』, 156쪽.

138 『御批續資治通鑑綱目』권21,『四庫全書』史部, 제694책, 186쪽.

139 『聖祖仁皇帝實錄』권54, 康熙 14年 乙卯 4月 辛亥.『淸實錄』제4책, 702~703쪽.

140 『聖祖仁皇帝實錄』권67, 康熙 16年 丁巳 5月 己卯.『淸實錄』제4책, 857쪽.

141 『聖祖仁皇帝實錄』권67, 5月 癸卯, 860쪽.

142 「辛酉二月初侍講筵紀事二首」,『湯斌集』, 中州古籍出版社, 2003, 694쪽.

143 「辛酉二月初侍講筵紀事二首」,『湯斌集』, 中州古籍出版社, 2003, 694쪽.

144 통계에 의하면, 건륭제 재위 60년 동안 열린 경연은 단지 49회에 불과했다.(林存陽,『淸初三禮學』, 社會科學文獻出版社, 2002, 287쪽)

145 『高宗純皇帝實錄』권146, 乾隆 6년 辛酉 7월 癸亥 朔享.『淸實錄』제10책, 1095쪽.

146 『高宗純皇帝實錄』권60, 乾隆 3년 戊午 正月 癸亥.『淸實錄』제10책, 4쪽.

147 『高宗純皇帝實錄』권63, 乾隆 3년 戊午 2월 丙午.『淸實錄』제10책, 31쪽.

148 『高宗純皇帝實錄』권64, 乾隆 3년 戊午 3월 甲寅.『淸實錄』제10책, 39쪽.

149 『高宗純皇帝實錄』권125, 乾隆 5년 庚申 8월 甲寅.『淸實錄』제10책, 829쪽.

150 『高宗純皇帝實錄』권136, 乾隆 6년 辛酉 2월 丁未.『淸實錄』제10책, 967쪽.

제3장

1 全祖望,「小山堂祁氏藏書記」,『鮚埼亭集外編』권17(『全祖望集匯校集注』, 上海古籍出版社, 1999, 1067쪽).

2 『柳南隨筆』권4, 77쪽.

3 王船山,「識小錄」,『船山遺書』권6, 北京出版社, 1999, 3889쪽.

4 「戊戌房書序」,『呂晩村先生文集』권5,『續修四庫全書』1411, 集部 別集類, 上海古籍出版社 影印本, 157쪽.

5 錢穆,『中國近三百年學術史』上, 商務印書館, 1997, 90쪽.

6 謝國楨,『明淸之際黨社運動考』, 6쪽.

7 兪正燮,『癸巳存稿』권8, '釋社'條.

8 錢穆,『中國近三百年學術史』上, 86쪽.

9 梁啓超,『中國近三百年學術史』, 天津古籍出版社, 2005, 4쪽.

10 全祖望,「陸大行環堵集序」,『全祖望集匯校集注』, 上海古籍出版社, 1999, 1216쪽.

11 『復社紀事』, 199쪽.

12 『復社紀事』, 182쪽.

13 『復社紀事』, 183쪽.

14 『復社紀事』, 200쪽.

15 何宗美, 『明末淸初文人結社硏究』, 南開大學出版社, 2003, 170쪽.

16 小野和子, 『明季黨社考』, 上海古籍出版社, 2006, 263쪽.

17 『復社紀略』, 231쪽.

18 『復社紀略』, 284쪽.

19 小野和子, 『明季黨社考』, 上海古籍出版社, 2006, 274쪽.

20 『復社紀略』, 232쪽.

21 小野和子, 『明季黨社考』, 275쪽.

22 『復社紀略』, 232쪽.

23 錢穆, 『呂晩村學述』(『中國學術思想史文叢』 8, 安徽敎育出版社, 2004, 136쪽).

24 「東皐遺選序」, 『呂晩村先生文集』 권5, 『續修四庫全書』 1411, 集部, 別集類, 150쪽.

25 「東皐遺選序」, 『呂晩村先生文集』 권5, 『續修四庫全書』 1411, 集部, 別集類, 150쪽.

26 邵廷采, 『思復堂文集』 권7.

27 戴名世, 「溫瀅家傳」, 『戴名世集』 권7, 201쪽.

28 戴名世, 「溫瀅家傳」, 『戴名世集』 권7, 201쪽.

29 陳垣, 『明季滇黔佛敎考』 권5, 254쪽.

30 『碑傳集補』 권36.

31 『呂譜』, 79쪽.

32 『呂譜』, 80쪽.

33 『楊園先生全集』 권32.

34 『碑傳集補』 권36.

35 『呂譜』, 82쪽.

36 「戊午一日示諸子」, 『呂晩村先生文集』 권8, 『續修四庫全書』 1411, 集部, 別集類, 上海古籍出版社, 205쪽.

37 「手錄從子亮功遺稿」, 『呂晩村詩·萬感集』, 『續修四庫全書』 1411, 集部, 別集類, 上海古籍出版社, 3쪽.

38 『大義覺迷錄』 권4.

39 『碑傳集補』 권36.

40 「朱銘德傳」, 『戴名世集』 권7, 209쪽.

41 「耦耕詩」, 『呂晩村詩·倀倀集』, 『續修四庫全書』 1411, 集部, 別集類, 19쪽.

42 「耦耕詩」, 『呂晩村詩·倀倀集』, 『續修四庫全書』 1411, 集部, 別集類, 20쪽.

43 「跋八哀詩歷後」, 『呂晩村先生文集』 권6, 『續修四庫全書』 1411, 集部, 別集類, 181쪽.

44 『呂譜』, 143쪽.

45 『呂譜』, 142쪽.

46 『呂譜』, 147쪽. 진미공陳眉公(진계유)은 「고의건정告衣巾呈」에서 "인생은 흐르는 물과 같으니, 공명이 무슨 소용인가? 인생을 깊이 헤아려보니 마치 거울에 비친 꽃을 꺾는 듯하

다. 반평생을 수습하여 깊은 산속의 작은 풀처럼 살고자 한다"라고 했다.(『柳南續筆』 권
3, 183쪽)

47　『大義覺迷錄』 권4.
48　「祭錢子輿文」, 『呂晚村先生古文』, 『四庫禁毀書叢刊』 子部 36, 85쪽.
49　「復王山史書」, 『呂晚村先生古文』, 『四庫禁毀書叢刊』 子部 36, 46쪽.
50　「戊午一日示諸子」, 『呂晚村先生古文』, 『四庫禁毀書叢刊』 子部 36, 81쪽.
51　「戊午一日示諸子」, 『呂晚村先生古文』, 『四庫禁毀書叢刊』 子部 36, 81쪽.
52　「寄董方白」, 『呂晚村先生古文』, 『四庫禁毀書叢刊』 子部 36, 26쪽.
53　『呂晚村先生古文』, 『四庫禁毀書叢刊』 子部 36, 26쪽.
54　「復黃九烟書」, 『呂晚村先生古文』, 『四庫禁毀書叢刊』 子部 36, 30쪽.
55　「客座私告」, 『呂晚村先生古文』, 『四庫禁毀書叢刊』 子部 36, 79쪽.
56　「客座私告」, 『呂晚村先生古文』, 『四庫禁毀書叢刊』 子部 36, 79쪽.
57　「後耦耕詩」, 『呂留良年譜長編』, 153쪽.
58　「與徐方虎書」, 『呂晚村先生古文』, 『四庫禁毀書叢刊』 子部 36, 45쪽.
59　「與甥朱望子帖」, 『家訓』 권4.
60　「客座私告」, 『呂晚村先生古文』, 『四庫禁毀書叢刊』 子部 36, 79쪽.
61　「與沈起廷書」, 『呂晚村先生古文』, 『四庫禁毀書叢刊』 子部 36, 26쪽.
62　「與沈起廷書」, 『呂晚村先生古文』, 『四庫禁毀書叢刊』 子部 36, 30쪽.
63　「與沈起廷書」, 『呂晚村先生古文』, 『四庫禁毀書叢刊』 子部 36, 30쪽.
64　「復裁之兄書」, 『呂晚村先生古文』, 『四庫禁毀書叢刊』 子部 36, 39쪽.
65　顧鳴塘, 『『儒林外史』與江南士紳生活』, 商務印書館, 2005, 124쪽.
66　顧鳴塘, 『『儒林外史』與江南士紳生活』, 商務印書館, 2005, 124쪽.
67　「反賣藝文」, 『呂晚村先生古文』, 『四庫禁毀書叢刊』 子部 36, 78쪽.
68　「賣藝文」, 『呂晚村先生古文』, 『四庫禁毀書叢刊』 子部 36, 77쪽.
69　「反賣藝文」, 『呂晚村先生古文』, 『四庫禁毀書叢刊』 子部 36, 78쪽.
70　「反賣藝文」, 『呂晚村先生古文』, 『四庫禁毀書叢刊』 子部 36, 78쪽.
71　「后耦耕詩」, 『呂晚村詩·俍俍集』, 『續修四庫全書』 1411, 集部, 別集類, 23쪽.
72　「與姜汝高書」, 『呂晚村先生文集』 권2, 89쪽.
73　「與高旦中書」, 『呂晚村先生文集』 권2, 87쪽.
74　『呂譜』, 165쪽.
75　「與高旦中書」, 『呂晚村先生文集』 권2, 87쪽.
76　「寄董方白」, 『呂晚村先生古文』, 『四庫禁毀書叢刊』 子部 36, 25쪽.
77　陳康祺, 「周永年治生三變」, 『郎潛紀聞四筆』, 中華書局, 1990, 41쪽.
78　『儒林外史』, 人民文學出版社, 1977, 167쪽.
79　『儒林外史』, 人民文學出版社, 1977, 219쪽.
80　『儒林外史』, 人民文學出版社, 1977, 224쪽.
81　「庚子程墨序」, 『呂晚村先生文集』 권5, 154쪽.
82　『楊園先生全集』 권7.

83 『呂譜』, 201쪽.

84 『呂譜』, 202쪽.

85 陳梓, 『陳一齋先生文集』 권5(『呂譜』, 202쪽).

86 『呂譜』, 462쪽.

87 『呂子評語』正編 卷首, 『續修四庫全書』 948, 子部, 儒家類, 64쪽.

88 『呂譜』, 202쪽.

89 『呂子評語』正編 卷首, 『續修四庫全書』 948, 子部, 儒家類, 64쪽.

90 「東皐遺選舊序」, 『呂晚村先生古文』, 『四庫禁毀書叢刊』 子部 36, 61쪽.

91 「東皐遺選舊序」, 『呂晚村先生古文』, 『四庫禁毀書叢刊』 子部 36, 61쪽.

92 「選大題序」, 『呂晚村先生文集』 권5, 159쪽.

93 「答葉靜遠書」, 『呂晚村先生古文』, 『四庫禁毀書叢刊』 子部 36, 41쪽.

94 「與某書」, 『呂晚村先生文集』 권2, 105쪽.

95 「答葉靜遠書」, 『呂晚村先生古文』, 『四庫禁毀書叢刊』 子部 36, 41쪽.

96 「答葉靜遠書」, 『呂晚村先生古文』, 『四庫禁毀書叢刊』 子部 36, 41쪽.

97 「古處齋集序」, 『呂晚村先生古文』, 『四庫禁毀書叢刊』 子部 36, 54쪽.

98 「古處齋集序」, 『呂晚村先生古文』, 『四庫禁毀書叢刊』 子部 36, 54쪽.

99 「古處齋集序」, 『呂晚村先生古文』, 『四庫禁毀書叢刊』 子部 36, 54쪽.

100 「五科程墨觀略序」, 『呂晚村先生古文』, 『四庫禁毀書叢刊』 子部 36, 65쪽.

101 「答柯寓匏·曹彝士書」, 『呂晚村先生古文』, 『四庫禁毀書叢刊』 子部 36, 18쪽.

102 「程墨觀略論文」, 『呂晚村先生文集』 권5, 162~163쪽.

103 「程墨觀略論文」, 『呂晚村先生文集』 권5, 163쪽.

104 「朱子全書序」, 『康熙御製文集』 4, 권21, 2295~2297쪽.

105 黃進興, 「清初政權意識形態之探究—政治化的道統觀」, 『中央研究院歷史言語研究所集刊』 第58本 第1分, 1987.

106 黃進興, 「清初政權意識形態之探究—政治化的道統觀」, 『中央研究院歷史言語研究所集刊』 第58本 第1分, 1987.

107 呂留良 撰, 周在延 輯, 清康熙金陵玉堂刻本, 『天蓋樓四書語錄』(『四庫禁毀書叢刊』 經部 1, 北京出版社, 1997, 119쪽).

108 윌리엄 시어도어 드 배리William Theodore de Bary, 狄百瑞는 여유량이 정통正統 이학理學을 표방했지만 '선지사상先知思想'과 반항 정신을 지니고 있었다고 주장한다.(『儒家的困境』, 北京大學出版社, 2009, 70~86쪽)

109 「答張菊人」, 『呂晚村先生文集』 권1.

110 『呂晚村先生四書講義』 권14, 『續修四庫全書』 經部 四書類, 422쪽.

111 『呂晚村先生四書講義』 권14, 『續修四庫全書』 經部 四書類, 422쪽.

112 『呂晚村先生四書講義』 권14, 『續修四庫全書』 經部 四書類, 633~634쪽.

113 呂留良 撰, 周在延 輯, 清康熙金陵玉堂刻本, 『天蓋樓四書語錄』(『四庫禁毀書叢刊』 經部 1, 北京出版社, 1997, 89쪽).

114 『清聖祖聖訓』 권9 「聖治」, 康熙 56年 11月 辛未.

115 청나라 정강政綱 형성에 대한 연구로는 창젠화常建華의『청대의 국가와 사회 연구淸代的國家與社會硏究』(人民出版社, 2006, 15~39쪽)를 참고.

116 『淸高宗聖訓』권25「聖治」, 乾隆 51年 2月 壬午.

117 『呂晚村先生四書講義』권26,『續修四庫全書』經部 四書類, 560쪽.

118 『呂晚村先生四書講義』권29,『續修四庫全書』經部 四書類, 585쪽.

119 常建華,『淸代的國家與社會硏究』, 42쪽 참고.

120 艾爾曼(Benjamin A. Elman),『經學, 政治和宗族: 中華帝國晚期常州今文學派硏究』, 江蘇人民出版社, 1998, 23쪽.

121 『呂晚村先生文集』권6,『續修四庫全書』1411, 集部, 別集類, 165쪽.

122 呂留良 撰 周在延 輯, 淸康熙金陵玉堂刻本,『天蓋樓四書語錄』(『四庫禁毁書叢刊』經部 1, 北京出版社, 1997, 383쪽).

123 『呂晚村先生四書講義』권17,『續修四庫全書』經部 四書類, 505쪽.

124 『呂子評語正編附刻』,『四庫禁毁書叢刊』經部 8, 北京出版社, 2000, 390쪽.

125 『呂晚村先生四書講義』권17,『續修四庫全書』經部 四書類, 594쪽.

126 『呂子評語正編附刻』,『四庫禁毁書叢刊』經部 8, 北京出版社, 2000, 390쪽.

127 『呂晚村先生四書講義』권17,『續修四庫全書』經部 四書類, 594쪽.

128 『全祖望集匯校集注』, 上海古籍出版社, 1999, 1065쪽.

129 艾爾曼(Benjamin A. Elman),『從理學到樸學—中華帝國晚期思想與社會變化面面觀』, 江蘇人民出版社, 1997, 108쪽. 우리나라에는『성리학에서 고증학으로』(양휘웅 옮김, 예문서원, 2004)로 번역되어 있다.

130 卜正民(Timothy Brook),『縱樂的困惑—明代的商業與文化』, 三聯書店, 2004, 188~189쪽.

131 陳宝良,『明代儒學生員與地方社會』, 中國社會科學出版社, 1995, 458쪽.

132 顧炎武,『日知錄集釋』권16,「十八房」, 岳麓書社, 1994, 382쪽.

133 陳宝良,『明代儒學生員與地方社會』, 459쪽.

134 倪會鼎,『倪文正公年譜』권1, 中華書局, 1994, 5쪽.

135 吳敬梓,『儒林外史』, 人民文學出版社, 1977, 246~247쪽.

136 吳敬梓,『儒林外史』, 人民文學出版社, 1977, 165쪽.

137 吳敬梓,『儒林外史』, 人民文學出版社, 1977, 183쪽.

138 甘熙,『白下瑣言』권2, 光緖 16年 筑野堂印本.

139 吳敬梓,『儒林外史』, 人民文學出版社, 1977, 385쪽.

140 吳敬梓,『儒林外史』, 人民文學出版社, 1977, 491쪽.

141 『柳南續筆』권2,「時文選家」, 163쪽. 청초 시문時文의 편선編選, 각인刻印 및 발행 상황에 관한 연구로는 구밍탕顧鳴塘의『『儒林外史』與江南士紳生活』, 商務印書館, 2005, 235~245쪽을 참고.

142 『晚村先生家訓眞迹』권2,『續修四庫全書』子部 儒家類, 20쪽.

143 「與董方白書」,『呂晚村先生文集』권4, 130쪽.

144 『晚村先生家訓眞迹』권2,『續修四庫全書』子部 儒家類, 29쪽.

145 「與董方白書」, 『呂晚村先生文集』 권4, 129쪽.

146 『晚村先生家訓眞迹』 권3, 『續修四庫全書』 子部 儒家類, 35쪽.

147 吳涵, 「唐文呂選序」, 『呂譜』, 284쪽.

148 錢陸燦, 『天蓋樓四書語』 「序」, 『四庫禁毀書叢刊』 經部 1, 北京出版社 影印本, 6~7쪽.

149 戴名世, 「九科大題文序」, 『戴名世集』, 中華書局, 1986, 101쪽.

150 『呂譜』, 386쪽.

151 『呂譜』, 387쪽.

152 『呂譜』, 385쪽.

153 『呂譜』, 394쪽.

154 『呂譜』, 391쪽.

제4장

1 曾靜, 「歸仁說」(『大義覺迷錄』 권4).

2 王汎森, 「從曾靜案看十八世紀的社會心態」, 『大陸雜誌』 제85권 제4기.

3 王夫之, 『宋論』, 中華書局, 1964, 132~133쪽.

4 『大義覺迷錄』 권1.

5 『大義覺迷錄』 권4.

6 白謙愼, 『傅山的世界-十七世紀中國書法的嬗變』, 三聯書店, 2006, 141~152쪽.

7 「畫網巾先生傳」, 『戴名世集』, 中華書局, 168~170쪽.

8 閻步克, 「魏晉南北朝的質文論」, 『樂師與史官: 傳統政治文化與政治制度論集』, 三聯書店, 2001, 293쪽.

9 黃宗羲, 「文質」 『留書』, 『黃宗羲全集』 제11책, 浙江古籍出版社 1~2쪽.

10 黃宗羲, 「文質」 『留書』, 『黃宗羲全集』 제11책, 浙江古籍出版社, 4쪽.

11 청초의 '문질文質'과 세운世運, 문운文運의 관계, 특히 왕조 교체기의 '문질'과 '이하지변'의 관계에 대해서는 자오위안의 논의를 참고.(趙園, 『制度·言論·心態-明淸之際士大夫硏究續編』, 北京大學出版社, 2006, 351~384쪽)

12 「小雅四」 『詩廣傳』, 『船山全書』 제3책, 岳麓書社, 1992, 391쪽.

13 정착 민족이 유목 민족의 침략에 반복적으로 당하는 일은 '문화' 민족에게 커다란 심리적 스트레스가 되었는데, 이는 세계사를 통해서 볼 때 보편적인 현상이었던 것 같다. 마크 블로흐Marc Bloch는 이러한 현상에 대해 다음과 같이 말했다. "헝가리 유목 민족과 사라센인Saracen, 스칸디나비아인Norsemen의 연합 세력은 서유럽의 정착 민족에게 큰 위협이었다. 그들의 우세는 기술적 면에 있는 것이 아니라 그들의 생활방식과 관련이 있었다. 예를 들어 몽고인과 헝가리인의 생활방식은 전쟁에 유리했다. 교전 상황에서 양쪽의 숫자와 역량이 비슷할 때 유목 생활에 익숙한 쪽이 종종 승리를 거두었다. 이러한 관점은 고대 세계에서 거의 보편적으로 적용되며 적어도 정착 민족이 정치제도를 개선하고 과학적인 군사 기기를 만들어내기 전까지는 널리 적용되었다.(마크 블로흐,

馬克·布洛赫, 『封建社會』 上卷, 商務印書館, 2004, 115쪽 참고)

14 「策林一·忠敬質文損益」, 『白居易集』 제4책, 권62, 中華書局, 2005, 1301~1303쪽.

15 『全唐文』 권317(『續修四庫全書』 1639, 集部, 總集類, 上海古籍出版社 影印本, 227~228쪽).

16 「策問·問古今文質之弊」, 『陳亮集』 권15, 中華書局, 1987, 169쪽.

17 『陳亮集』 권15, 170쪽.

18 「漢論·章帝」, 『陳亮集』 권18, 204쪽.

19 「策問·問古今文質之弊」, 『陳亮集』 권15, 173쪽.

20 「策問·問古今文質之弊」, 『陳亮集』 권15, 173쪽.

21 「策問·問古今文質之弊」, 『陳亮集』 권15, 49쪽.

22 『陳亮集』, 3쪽.

23 건륭제는 명말의 정국을 다음과 같이 평가했다. "강동은 창장 강 하류에 있지만 남송 때 임안臨安의 위치와 비슷하다." 또 다음과 같이 말했다. "대저 복왕福王이 강남에서 자립할 수 있었다면 송宋 고종高宗의 경우처럼 남북으로 나뉘어 통치할 수 있었다. 그러나 날로 무도해지니 천명과 민심이 떠나버렸다. 이는 공격하는 우리 병사의 역량이 막대했던 것이 아니라 지키는 그들이 스스로 예기神器를 잃어버렸기 때문이다."(『乾隆御批綱鑑』 권160, 黃山書社, 2002, 7147쪽, 7123쪽)

24 陳祖武 點校, 『李塨年譜』, 中華書局, 1988, 151쪽.

25 『顔習齋先生言行錄』 卷下, 『顔元集』, 中華書局, 1987, 699쪽.

26 『李塨年譜』, 124쪽.

27 「題丁菡生自家話」, 『錢牧齋全集』 제6책, 上海古籍出版社, 2003, 1636쪽.

28 溫聚民 著, 『明魏叔子先生禧年譜』, 臺灣商務印書館, 1980, 58쪽.

29 溫聚民 著, 『明魏叔子先生禧年譜』, 臺灣商務印書館, 1980, 60쪽. 시사詩詞의 풍격과 관련된 또 다른 논의에서 위희는 질박한 시풍의 중요성을 더욱 명확히 언급했다. "내가 논한 시문은 공교로우면 좋지 않다는 말이 아니라 그 질質에 의지함을 귀하게 여긴다는 말이다. 호랑이와 표범의 털은 무늬가 화려하고 여우와 담비의 털은 깊고 두꺼워서 사람에게는 화려한 치장이 되지만 가죽이 그 바탕이 되고 있는 것이다. 『좌전』에 '가죽이 존재하지 않으면 어찌 털이 붙어 있겠는가?'라는 말이 있다. 그 바탕을 잃어버리면 그 가죽을 벗기고서 호랑이와 표범의 털을 붙여놓는 것과 같으니 어찌 치장이 될 수 있겠는가!"(같은 책, 127쪽)

30 顔元, 『存學編』 권4, 『四存編』, 中華書局, 1957, 99쪽.

31 「雍也」 『四書正誤』(『顔元集』, 190쪽).

32 「述而」 『四書正誤』(『顔元集』, 194쪽).

33 唐甄, 「非文」 『潛書』, 古籍出版社, 1955, 63~64쪽.

34 唐甄, 「非文」 『潛書』, 古籍出版社, 1955, 63~64쪽.

35 「立品說別荔城張生」, 『二曲集』, 中華書局, 1996, 233쪽.

36 「與嚴穎生」, 『楊園先生全集』 권4, 中華書局, 2002.

37 '外國風俗條', 『日知錄集釋』, 岳麓書社, 1994, 1037쪽.

38 『李塨年譜』, 73쪽.
39 「備忘三」,『楊園先生全集』권41, 1157쪽.
40 李塨,『顏元年譜』, 30쪽.
41 「訂交序」,『戴名世集』, 142쪽.
42 손기봉孫奇逢은 다음과 같은 문장을 의자에 새겨놓았다. "그냥 놓여 있는 의자 하나 한밤중이 되면 앉는다. 대나무로 문을 만들고 끈으로 침대를 엮어 바람 소리, 눈 소리 듣는다. 성긴 울타리, 해진 자리는 질박하고 초라하여 화려하지 않구나."(湯斌,『淸孫夏峰先生奇逢年譜』, 臺灣商務印書館, 1981, 12쪽 참고)
43 王聞遠, 「西蜀唐圃亭先生行略」(唐甄,『潛書』附錄, 226쪽).
44 『李塨年譜』, 90쪽.
45 「備忘三」,『楊園先生全集』권41, 1135쪽.
46 「近古錄二」,『楊園先生全集』권44, 1272~1273쪽.
47 『張楊園先生年譜』,『楊園先生全集』附錄, 1516쪽.
48 「論語下·先進」,『四書正誤』권4(『顏元集』, 205쪽).
49 청초 사상계에서의 『日譜』의 역할은 왕판썬王汎森,「日譜與明末淸初思想家: 以顏李學派爲主的討論」,『晚明淸初思想十論』, 復旦大學出版社, 2004, 118~185쪽 참고.
50 『李塨年譜』, 170쪽.
51 溫聚民 著,『明魏叔子先生禧年譜』, 臺灣商務印書館, 1980, 19쪽.
52 『顏元年譜』, 33쪽.
53 『顏元年譜』, 34쪽.
54 『李塨年譜』, 7쪽. 이공李塨은 당시 사람들에 대한 평가도 이를 기준으로 했다. 예를 들면, 그는 이의무李毅武를 위해 쓴 「묘지명墓誌銘」에서 "형제들에게 극진하고 친구들에게 공손하여 한가로이 지낼 때도 손님을 모시듯이 했다. 한여름에도 의관을 갖춰 입고 농담이나 허튼 행동을 하지 않았다. 의롭지 못한 일을 보면 악취를 맡은 것처럼 코를 막으며 멀리 피했다. 길에서 옛 성현이나 충신, 효자의 무덤을 지나칠 때는 말을 타고 있으면 반드시 말에서 내렸고 걸을 때면 정색하고 빨리 걸었다. 친구의 잘못을 충고해도 친구가 듣지 않으면 쳐다보며 눈물을 흘렸다"라고 칭찬했다.(같은 책, 35쪽) 학생의 태도나 성품에 대해서도 이와 같이 요구했는데, 예를 들면 학생 왕곤승王昆繩이 해학적인 말투로 경전을 해독하자 이러한 태도는 비교적 인정에 가깝다고 여기며 도학道學은 아니지만 호걸豪傑이라고 칭할 수 있겠다고 했다. 이에 이공은 "그대의 해학이 친하게 한다는 말은 잘못되었다. 해학이 지나치면 희롱하고 포악해져 사람들이 원망하고 화를 내는데, 어찌 친하다고 할 수 있는가?"라고 비판했다.(같은 책, 119)
55 『李塨年譜』, 40쪽.
56 『李塨年譜』, 41쪽.
57 『顏元年譜』, 55쪽.
58 『顏元年譜』, 34쪽.
59 『顏元年譜』, 34쪽.
60 『李塨年譜』, 42쪽.

61 『李塨年譜』, 129쪽.

62 『李塨年譜』, 45쪽.

63 「南北學派不同論」, 『清儒得失論-劉師培論學雜著』, 人民文學出版社, 2004, 227쪽.

64 「南北學派不同論」, 『清儒得失論-劉師培論學雜著』, 人民文學出版社, 2004, 227쪽.

65 『思問錄』, 『船山全書』 제12책, 岳麓書社, 1993, 467~468쪽.

66 「江南父老難北方子弟」, 『陳子龍文集』 上卷, 華東師範大學出版社, 1998, 292쪽.

67 「上孝宗皇帝第一書」, 『陳亮集』 권15, 1쪽.

68 黃宗會, 『縮齋文集』, 上海古籍出版社, 1983, 7~8쪽.

69 黃宗會, 『縮齋文集』, 上海古籍出版社, 1983, 8쪽.

70 黃宗會, 『縮齋文集』, 上海古籍出版社, 1983, 3쪽.

71 黃宗會, 『縮齋文集』 「序」, 上海古籍出版社, 1983, 4쪽.

72 『明夷待訪錄』 「建都」(『黃宗羲全集』 제1책, 21쪽).

73 『康熙帝御制文集』 一, 臺灣學生書局, 1966, 297쪽.

74 『雍正朝起居注冊』 제1책, 雍正 四年十二月, 中華書局, 1993, 884쪽.

75 『高宗純皇帝實錄』 권484, 乾隆 二十年乙亥三月丙午, 中華書局影印本 제15책, 1986, 64쪽.

76 『清儒得失論-劉師培論學雜稿』, 258쪽 참고.

77 陳寅恪, 『唐代政治史述論稿』, 上海古籍出版社, 1997, 16쪽.

78 『二程集』, 中華書局, 1981, 236쪽.

79 黃宗會, 『縮齋文集』, 9쪽.

80 賈敬顏, 『許亢宗行程錄疏證稿』, 『五代宋金元人邊疆行記十三種疏證稿』, 中華書局, 2004, 233쪽 참고.

81 賈敬顏, 『許亢宗行程錄疏證稿』, 『五代宋金元人邊疆行記十三種疏證稿』, 中華書局, 2004, 233쪽 참고.

82 賈敬顏, 『許亢宗行程錄疏證稿』, 『五代宋金元人邊疆行記十三種疏證稿』, 中華書局, 2004, 233쪽 참고.

83 賈敬顏, 『五代宋金元人邊疆行記十三種疏證稿』, 229~230쪽.

84 賈敬顏, 『五代宋金元人邊疆行記十三種疏證稿』, 230쪽.

85 『周易內傳』 권1(上), 『船山全書』 제1책, 75쪽.

86 『詩廣傳』 권2, 『船山全書』 제3책, 岳麓書社, 1992, 377쪽.

87 『詩廣傳』 권2, 『船山全書』 제3책, 岳麓書社, 1992, 377쪽.

88 『周易內傳』 권3(下), 『船山全書』 제1책, 368쪽.

89 『周易內傳』 권2(上), 『船山全書』 제1책, 163쪽.

90 『尙書引義』 권6, 『船山全書』 제2책, 411~412쪽.

91 『春秋世論』, 『船山全書』 제5책, 500쪽.

92 『尙書引義』 권6, 『船山全書』 제2책, 411~412쪽.

93 吳偉業, 「王茂京稿序」, 『吳梅村全集』, 上海古籍出版社, 1990, 748쪽.

94 『春秋世論』, 『船山全書』 제5책, 501쪽.

95 『春秋家說』上,『船山全書』제5책, 192쪽.
96 『詩廣傳』권3,『船山全書』제3책, 420쪽.
97 『詩廣傳』권3,『船山全書』제3책, 494쪽.
98 『春秋家說』下,『船山全書』제5책, 310쪽.
99 『思問錄外篇』,『船山全書』제12책, 468쪽.

제5장

1 梅爾淸(Tobie Myer-Fong),『淸初揚州文化』, 復旦大學出版社, 2004, 212~213쪽.
2 '문'은 한나라 때부터 이미 여러 의미를 가졌다.『일주서逸周書』「시법해諡法解」에서 "하늘을 날줄로 삼고 땅을 씨줄로 삼는 것(경천경지經天緯地)을 문이라고 한다. 도덕을 넓히고 두텁게 하는 것(도덕박후道德博厚)을 문이라고 한다. 배움에 힘쓰고 묻기를 좋아하는 것(학근호문學勤好問)을 문이라고 한다. 은혜를 베풀고 백성을 아끼는 것(자혜애민慈惠愛民)을 문이라고 한다. 백성을 근심하고 예의를 행하는 것(민민혜예愍民禮)을 문이라고 한다. 백성에게 작위를 내리는 것(사민작위賜民爵位)을 문이라고 한다." 황상타오黃興濤도 다음과 같이 생각했다. 즉 '문'은 도덕 교양의 수준과 학문 지식의 수준, 유가의 예악제도에 대한 이해와 교화를 이룬 상황, 민중을 사랑하는지와 아울러 민중에게 '실질적으로 베푼 것實惠'이 있는지의 여부, 심지어 백성을 뛰어나게 통치하는 '경천경지'의 능력을 보유했는지의 여부를 포괄한다(즉 '문화'는 문치 교화이지, 무력으로 통치하는 것이 아닌 다방면에 관련된 것이다). 황싱타오黃興濤, 「청말민국초 근대 '문명'과 '문화'개념의 형성과 그 역사적 실천晚淸民初現代'文明'和'文化'槪念的形成及其歷史實踐」,『근대사연구近代史硏究』, 2006 제6기 참고.
   원문에서는『일주서』가 『사기』로 되어 있지만 명백한 오류이므로 고쳤다. 인용문 중에서도 '도덕박후'는 원래 '도덕박문'으로 되어 있지만 이 역시 명백한 오류라 고쳤다. 판본에 따라 '도덕박문道德博聞'이라고 되어 있기도 하다.—옮긴이
3 賈敬,「許兀宗行程錄疏證稿」,『五代宋金元人邊疆行記十三種疏證稿』, 244~245쪽.
4 「寄示諸子家書」,『湯斌集』上, 中州古籍出版社, 2003, 218쪽.
5 「寄示諸子家書」,『湯斌集』上, 中州古籍出版社, 2003, 218쪽.
6 「寄示諸子家書」,『湯斌集』上, 中州古籍出版社, 2003, 220쪽.
7 「寄示諸子家書」,『湯斌集』上, 中州古籍出版社, 2003, 218쪽.
8 『高宗純皇帝實錄』권17, 乾隆元年4月辛卯,『淸實錄』第9冊, 中華書局 影印本, 1985, 448쪽.
9 『高宗純皇帝實錄』권262, 乾隆11年閏3月丁酉,『淸實錄』第12冊, 中華書局 影印本, 1986, 395쪽.
10 『春秋家說』卷上,『船山全書』第5冊, 146쪽.
11 『湯斌集』上, 218쪽.
12 『春秋家說』卷上,『船山全書』第5冊, 190쪽.

13 唐甄,「無助」,『潛書』 38쪽.

14 「子劉子行狀下」,『黃宗羲全集』 第1冊, 260쪽.

15 「答張一衡書」,『魏季子文集』 권8.

16 張穆 編,『清顧亭林先生炎武年譜』, 臺灣商務印書館, 1980, 92쪽, 109쪽.

17 「南巡筆記」,『康熙帝御制文集』 一, 臺灣學生書局, 1966, 319쪽.

18 「俟解」,『船山全書』 第12冊, 486~487쪽.

19 「續一笑錄」, 陳光熙 編,『明淸之際溫州史料集』, 上海社會科學出版社, 2005, 267쪽.

20 「古文淵鑒序」,『康熙帝御制文集』 권18, 311쪽.

21 「御批資治通鑑綱目全書序」, 影印文淵閣『四庫全書』 第692冊, 臺灣商務印書館發行, 1쪽.

22 「俟解」,『船山全書』 第12冊, 438쪽.

23 張壽安,『十八世紀禮學考證的思想活力-禮敎論爭與禮秩重省』, 中央硏究院近代史硏究所, 2001 참고.

24 「讀周禮書後」,『康熙帝御制文集』 第2集, 권40, 1216쪽.

25 「朱子全書序」,『康熙帝御制文集』 第4集, 권21, 2296쪽.

26 「農桑論」,『康熙帝御制文集』 권18, 293쪽.

27 「御批資治通鑑綱目」 권11,『文淵閣影印本四庫全書』 第689冊, 701쪽.

28 「御批資治通鑑綱目」 권10(上),『文淵閣影印本四庫全書』 第689冊, 631쪽.

29 「入江南境」,『南巡盛典』 권7,「天章」.

30 「江南意」,『南巡盛典』 권5,「天章」.

31 「恭奉皇太后駕臨金山記」,『南巡盛典』 권12,「天章」.

32 『高宗純皇帝實錄』 권5, 雍正 十三年 乙卯 十月 辛巳,『淸實錄』 第9冊, 230~231쪽.

33 中國第一歷史檔案館整理,『康熙起居注』 第3冊, 中華書局, 1984, 1837쪽.

34 『康熙起居注』 第1冊, 127쪽.

35 「欽奉上諭疏」,『湯斌集』 上, 中州古籍出版社, 2003, 67쪽.

36 「欽奉上諭疏」,『湯斌集』 上, 中州古籍出版社, 2003, 67쪽.

37 「欽奉上諭疏」,『湯斌集』 上, 中州古籍出版社, 2003, 67쪽.

38 「欽奉上諭疏」,『湯斌集』 上, 中州古籍出版社, 2003, 67쪽.

39 「內升奏對記」,『湯斌集』 上, 152쪽.

40 「寄示諸子家書」,『湯斌集』 上, 218쪽.

41 「賜蘇州巡撫陳宏謀」,『南巡盛典』 권23.

42 「渡江駐蹕天寧寺」,『南巡盛典』 권19.

43 「征君孫先生九十壽序」,『湯斌集』 上, 118쪽.

44 「戢山劉先生文錄」序,『湯斌集』 上, 94쪽.

45 「西澗集序」,『湯斌集』, 107쪽.

46 『雪亭夢語』「序」,『湯斌集』, 109쪽.

47 「答黃太沖書」,『湯斌集』 上, 187쪽.

48 「寄示諸子家書」,『湯斌集』, 210쪽. 역당易堂에 대한 논의는 자오위안,『역당을 찾아서-

명청교체기 사인 집단에 대한 서술易堂尋踪-關于明淸之際士人群體的敍述』(江西教育
出版社, 2001)을 참고.

49 「送宋牧仲分司贛關序」, 『湯斌集』上, 114쪽.

50 「答李襄水書」, 『湯斌集』, 177쪽.

51 「與宋牧仲書」, 『湯斌集』, 205쪽.

52 「答李襄水書」, 『湯斌集』, 177쪽.

53 「敬陳春秋詣講疏」, 『湯斌集』, 707쪽.

54 「門人范景手述十五條」, 『湯斌集』, 21쪽.

55 「門人范景手述十五條」, 『湯斌集』, 22쪽.

56 「志學會約」, 『湯斌集』, 26~27쪽.

57 「欽尊上諭, 以明教化, 以善風俗事」, 『湯斌集』, 605쪽.

58 「欽奉上諭事」, 『湯斌集』, 382쪽.

59 「嚴禁左道凶徒, 以端風尙, 以靖地方事」, 『湯斌集』, 617쪽.

60 「請毁淫祠疏」, 『湯斌集』, 83~84쪽. 탕빈이 '음사淫祠'를 금지하는 것에 대한 상세한 상
    황은 장주산蔣竹山의 「湯斌禁毁五通神-淸初政治精英打擊通俗文化的個案」, 『新史學』
    6卷 2期, 1995년 6월 참고.

61 「『孝經』易知」 「序」, 『湯斌集』, 100쪽.

62 「陳蘇松遭賦難淸之由疏」, 『湯斌集』, 58쪽.

63 「陳蘇松遭賦難淸之由疏」, 『湯斌集』, 58쪽.

64 「請毁淫祠疏」, 『湯斌集』, 84쪽.

65 「禁賽會演戱告諭」, 『湯斌集』, 574쪽.

66 「嚴禁奢靡告諭」, 『湯斌集』, 576쪽.

67 「與王抑仲書」, 『湯斌集』, 195쪽.

68 「擧行義倉, 以備饑荒事」, 『湯斌集』, 362쪽.

69 「申明農政, 以重本務事」, 『湯斌集』, 391쪽.

70 「議立社學, 以廣敎育事」, 『湯斌集』, 515쪽.

71 「評鑒闡要」 권1, 「太昊伏羲氏始敎民佃漁畜牧綱」條, 影印文淵閣 『四庫全書』 第694冊,
    420쪽.

72 『高宗純皇帝實錄』 권384, 乾隆16年 辛未 3月 庚戌, 『淸實錄』 第14冊, 中華書局 影印本,
    1986, 51쪽.

73 王汎森, 「淸初的下層經世思想」, 『晩明淸初思想十論』, 復旦大學出版社, 2004, 342쪽.
    楊念群, 「基層敎化的轉型: 鄕約與滿淸治道之變遷」, 『楊念群自選集』, 廣西師範大學出
    版社, 2000.

74 『高宗純皇帝實錄』 권399, 乾隆16年 辛未 9月 癸巳, 『淸實錄』 第14冊, 257쪽.

75 「示江蘇學政莊有恭」, 『南巡盛典』 권7, 「天章」.

76 『高宗純皇帝實錄』 권485, 乾隆20年 乙亥 3月 庚子, 『淸實錄』 第15冊, 76쪽.

77 『高宗純皇帝實錄』 권489, 乾隆20年 乙亥 5月 庚寅, 『淸實錄』 第15冊, 131쪽.

78 『高宗純皇帝實錄』 권472, 乾隆19年 甲戌 9月上 庚寅, 『淸實錄』 第14冊, 1110~1111쪽.

79 『高宗純皇帝實錄』 권727, 乾隆30年 乙酉春, 正月 乙丑, 『清實錄』 第18冊, 10쪽.

80 『高宗純皇帝實錄』 권726, 乾隆30年 乙酉春, 正月 丁巳, 『清實錄』 第18冊, 6쪽.

81 『高宗純皇帝實錄』 권415, 乾隆17年 壬申 五月下 己卯, 『清實錄』 第14冊, 中華書局 影印 1986, 433쪽.

82 『高宗純皇帝實錄』 권390, 乾隆16年 辛未 閏五月上 辛未, 『清實錄』 第14冊, 121쪽.

83 袁枚, 「儉戒」, 『小倉山房詩文集』, 上海古籍出版社, 1988, 1171쪽.

84 袁枚, 「答衛大司空書」, 『小倉山房詩文集』, 1490쪽.

85 袁枚, 「答衛大司空書」, 『小倉山房詩文集』, 1490~1491쪽.

86 袁枚, 「答衛大司空書」, 『小倉山房詩文集』, 1490~1491쪽.

87 袁枚, 「清說」, 『小倉山房詩文集』, 1615쪽. 이 글에서 원매는 사치한 행위와 검소한 행위에 대한 성인의 태도를 토론할 때 무의식적으로 '文文'과 '質質'을 구분하는 틀을 사용한 듯하다. 예를 들어 "사람들 가운데 성인이 있어서 사람들이 좋아하는 것을 더하고 기물로 사용하는 것을 꾸민 뒤, 너무 과할까 우려되는 부분은 예의로써 절제하게 했다"라고 말한다.

   원서의 쪽수 표기는 1515쪽으로 돼 있으나 「청설」의 이 인용문들은 1515쪽이 아닌 1615쪽에 보인다.—옮긴이

88 袁枚, 「清說」, 『小倉山房詩文集』, 1616쪽.

   원서의 쪽수 표기는 1516쪽으로 돼 있으나 「청설」의 이 인용문들은 1516쪽이 아닌 1616쪽에 보인다.—옮긴이

89 張世浣, 『重修揚州府志』(嘉慶 15年) 권3 「巡幸志三」, 2쪽. 余英時, 「士商互動與儒學轉向—明清社會史與思想史之一面相」에 재인용. 陳弱水, 王汎森 主編, 『臺灣學者中國史研究論叢·思想與學術』, 中國大百科全書出版社, 2005, 193쪽.

90 「自高旻寺行宮再遊平山堂即景雜咏六首」, 『南巡盛典』 卷15, 「天章」.

91 『乾隆朝起居注』 第31冊, 乾隆 46年 歲次 辛丑冬 十月 28日 丁酉, 519~520쪽.

92 「經筵緒論」, 『康熙帝御製文集』 권27.

93 『乾隆朝起居注』 第3冊, 乾隆 3年 戊午 6月 14日 乙未, 廣西師大出版社, 2002, 244쪽.

94 『高宗純皇帝實錄』 권383, 乾隆 十六年 辛未 二月 庚寅, 『清實錄』 第14冊, 34~35쪽.

95 『高宗純皇帝實錄』 권576, 乾隆 23年 戊寅 十二月 癸丑朔, 『清實錄』 第16冊, 331쪽.

96 「賜兩江總督黃廷桂」, 『南巡盛典』 권7, 「天章」.

97 『大清皇帝南巡始末聞書』, 華立, 「『唐船風說書』與流傳在日本乾隆南巡史料」, 『清史研究』, 1997 제3기, 100쪽.

98 『高宗純皇帝實錄』 권656, 乾隆 27年 壬午 3月 壬寅, 『清實錄』 第17冊, 343쪽.

99 「詠平山堂梅花」, 『南巡盛典』 권7, 「天章」.

100 「過淮安城」, 『南巡盛典』 권7, 「天章」.

101 『南巡盛典』 권3, 「恩綸」.

102 「順河集行館疊舊作韵」, 『南巡盛典』 권31.

103 「乾隆二十二年二月初三內閣奉上諭」, 『南巡盛典』 권69, 「褒賞」.

104 「過淮陽郡城」, 『南巡盛典』 권7.

105 朱宗宙,「明淸時期揚州鹽商與封建政府關係」,『鹽業史硏究』, 1998 第4期, 12~14쪽 표 참고.

106 姚世錫,『前徽錄』(來新夏,『淸人筆記隨錄』, 中華書局, 2005, 180쪽에서 재인용).

107 『淸史稿』권78,「輿服二」, 中華書局, 1976, 3063쪽.

108 黃卬,「風俗變遷」條,『錫金識小錄』권1.

109 『乾隆朝起居注』第31冊, 乾隆 46年 辛丑冬, 10月 28日 丁酉, 519~520쪽. 우런수巫仁恕 는 명나라 평민들의 복식이 청나라 궁정 복식의 변화에 영향을 미쳤다고 본다.(巫仁恕, 「明代平民服飾的流行風尙與士大夫的反應」,『新史學』권10 제3기, 1999, 55~109쪽 참 고) 라이후이민賴慧敏은 18세기의 모피 복식을 보면 유행과는 반대로 궁정에서 민간 에 영향을 미쳤다고 본다.(賴慧敏,「淸乾隆朝內務府皮貨買賣與京城時尙」,『故宮學術季 刊』권21 제1기, 2003, 101~134쪽 참고)

110 袁枚,「上兩江制府黃太保書」, 賀長齡 편찬,『淸朝經世文編』권20, 臺灣文海出版社, 732~733쪽.

111 『高宗純皇帝實錄』권390, 乾隆 16年閏5月上戊寅,『淸實錄』第17冊, 128쪽.

112 朱宗宙,「明淸時期揚州鹽商與封建政府關係」,『鹽業史硏究』, 1998年 第4期, 15쪽 참고.

113 乾隆『山陽縣志』권4, 王振忠,「明淸淮安河下徽州鹽商硏究」재인용,『江淮論壇』, 1994 제5기, 79쪽.

114 『高宗純皇帝實錄』권492, 乾隆 20年乙亥秋7月己卯,『淸實錄』第15冊, 186쪽.

115 『高宗純皇帝實錄』권657, 乾隆 27年壬午3月癸亥,『淸實錄』第17冊, 358쪽.

116 乾隆 26年4月18日(5月22日),『淸通鑑』권118.

117 史景遷(Jonathan D. Spence),『曹寅與康熙——一個皇室寵臣的生涯揭秘』, 上海遠東出 版社, 2005, 121쪽 참고. 청초 황제들은 겉으로는 근검한 생활을 강조했다. 옹정제雍正 帝 본인도 절약을 미덕이라 강조하고 자칭 사치는 질색이라고 했으나 당시의 문서를 통 해 그가 용품에 극도로 신경 쓰고 즐기는 생활을 중시했다는 것을 알 수 있다. 건륭제 도 검소하고 소박한 생활을 표방했으나 지출을 보면 더욱 사치스러웠다. 라이후이민賴 慧敏은『내무부주소당內務府奏銷檔』과『양심전조판처각작성주활계청당養心殿造辦處 各作成做活計淸檔』을 근거로 용포·음식·어가 등 방면에서 심혈을 기울인 정도가 쑤 저우의 소비 분위기를 이끌었다고 밝혔다. 쑤저우의 소비는 건륭제 때 갑자기 증가했다. 이는 건륭과 쑤저우 직조국의 궁정물자의 처분, 관원의 공물 처리, 제조업 점포에 대한 투자, 장거리 무역 참가 등과 관련 있다. 서민계층이 실크, 장식품, 골동품 등을 포괄한 각 분야에서 궁정을 모방하는 결과를 낳았다.(賴慧敏,「寡人好貨: 乾隆帝與姑蘇繁華」, 『中央硏究院近代史硏究所集刊』, 2005년 12월 제50기, 185~233쪽 참고)

118 楊聯陞,「從經濟上爲花費辯護-傳統中國的一種罕見觀念」,『中國制度史硏究』, 江蘇人 民出版社, 1998, 52~53쪽.

119 楊聯陞,「從經濟上爲花費辯護-傳統中國的一種罕見觀念」, 52~53쪽.

120 顧公燮,「消夏閑記摘抄」,『涵芬樓秘笈』第2集, 上卷, 27쪽. 余英時,「思想互動與儒學轉 向一明淸社會與思想史之一面相」재인용, 陳弱水·王汎森,『臺灣學者中國史硏究論 叢·思想與學術』, 中國大百科全書出版社, 2005, 193쪽에 수록.

제6장

1   徐鼒, 『小腆紀年附考』, 中華書局, 1957, 239쪽.
2   『史記』 「李斯列傳」.
3   『漢書』 「董仲舒傳」.
4   劉浦江, 「五德終始說之終結: 宋代以降傳統政治文化的嬗變」(陳蘇鎭 主編, 『中國古代
     政治文化硏究』, 北京大學出版社, 2009, 377~404쪽) 참고.
5   楊聯陞, 『國史探微』, 新星出版社, 2005, 30~42쪽.
6   楊聯陞, 『國史探微』, 新星出版社, 2005, 30~42쪽.
7   錢穆, 「讀明初開國諸臣詩文集」, 『中國學術思想史論叢』 六, 100쪽.
8   楊聯陞, 『國史探微』, 新星出版社, 2005, 34쪽.
9   『荷揷叢談』, 『中國野史集成續編』 第26冊, 巴蜀書社, 2000, 530쪽.
10   『大義覺迷錄』 권1.
11   『大義覺迷錄』 권2.
12   「平定準噶爾告成太學碑」, 『淸高宗御製詩文全集』 第10冊, 465쪽.
13   凌廷堪, 「十六國名臣序讚」, 『校禮堂文集』, 中華書局, 1998, 90~91쪽. 張壽安, 「凌廷堪
     的正統觀」(『第二屆淸代學術討論會論文集』, 臺灣高雄國立中山出版社, 1991年11月 수
     록). 이 글은 사림의 정통관과 황권의 정통관에 대해 상세히 기술하고 있다.
14   陳學霖, 「歐陽脩"正統論"新釋」, 『宋史論集』, (臺北)東大圖書公司, 1993, 415쪽 참고.
15   歐陽脩, 「原正統論」, 饒宗頤, 『中國史學上之正統論』, 上海遠東出版社, 1996, 92쪽.
16   陳師道, 「正統論」, 『後山居士文集』 下, 上海古籍出版社, 1984, 445~446쪽.
17   歐陽脩, 「正統論上」, 饒宗頤, 『中國史學上之正統論』, 99쪽.
18   歐陽脩, 「正統論上」, 饒宗頤, 『中國史學上之正統論』, 100쪽.
19   陳芳明, 「宋代正統論的形成背景及內容:史學史的觀點試探宋代史學之一」, 『食貨月刊』
     復刊 1卷 8期, 1971年 참고.
20   歐陽脩, 「正統論下」, 饒宗頤 『中國史學上之正統論』, 100쪽.
21   歐陽脩, 「正統論上」, 饒宗頤 『中國史學上之正統論』, 99쪽.
22   歐陽脩, 「正統論下」, 饒宗頤 『中國史學上之正統論』, 101쪽.
23   陳師道, 「正統論」, 『後山居士文集』 下, 上海古籍出版社, 1984, 445~446쪽.
24   歐陽脩, 「正統論下」, 饒宗頤 『中國史學上之正統論』, 100쪽.
25   歐陽脩, 「正統論下」, 饒宗頤 『中國史學上之正統論』, 101쪽.
26   蘇軾, 「後正統論三首·辯論二」, 『蘇東坡全集』 권21, (北京)中國書店, 1986, 285쪽.
27   司馬光, 「資治通鑑」 「文帝黃初二年」 권69, 中華書局, 1956, 第5卷, 2187쪽.
28   司馬光, 「資治通鑑」 「文帝黃初二年」 권69, 中華書局, 1956, 第5卷, 2187쪽.
29   章學誠, 倉修良 編注, 『文史通義新編新注』 「文德」, 浙江古籍出版社, 2005, 136쪽.
30   『欽定四庫全書總目』 권45, 「史部一」, 「正史類一」, 中華書局, 1997, 622쪽.
31   張宗泰, 「通鑑論正統閏統」, 饒宗頤, 『中國史學上之正統論』, 221쪽.
32   司馬光, 『資治通鑑·文帝黃初二年』 권69, 中華書局, 1956, 第5冊, 2187쪽.

33 鄭思肖,『心史·古今正統大論』,『四庫禁毁叢刊』集部 30, 68쪽.

34 鄭思肖,『心史·古今正統大論』,『四庫禁毁叢刊』集部 30, 68쪽.

35 전조망全祖望은 「심사제사心史題詞」에서 만사동萬斯同의 말을 인용해 『심사』는 하이엔海鹽 요숙상姚叔祥(이름은 사린士粦)이 쓴 것이라 의심했으나 증거가 충분하지 않았던 듯싶다. "요숙상은 무슨 이유로 책을 위조했는지 모르겠다. 비록 진본은 아니지만 명나라가 망할 기미를 보여준다"고 결론 내렸다.(『全祖望集匯校集注』, 上海古籍出版社, 1999, 1440~1441쪽 참고) 현대 학자 중한鍾焓은 『심사』 중의 『대의략서大義略敍』를 고증하여 그 안에 기록한 몇몇의 세부 내용을 관련 있는 비한문非漢文 자료와 몽골의 전설·풍습과 대조해본 결과 기타 한적漢籍 자료에는 볼 수 없는 내용이 수록된 것을 발견했다. 그래서 『대의략서』는 원나라의 문헌이라고 판정했다.(鍾焓, 「『心史·大義略敍』成書年代考」,『中國史研究』 2007년 제1기 참고)

36 『元史』 권161, 『列傳』 第48.

37 張栻, 「經世紀年序」, 『中國歷史上之正統論』, 116쪽.

38 葉適, 「紀年備遺序」, 『中國歷史上之正統論』, 118쪽.

39 劉子健, 『中國轉向內在: 兩宋之際的文化內向』, 江蘇人民出版社 2002, 34쪽.

40 余英時, 『朱熹的歷史世界: 宋代士大夫政治文化研究』, 三聯書店, 2004, 183쪽.

41 余英時, 『朱熹的歷史世界: 宋代士大夫政治文化研究』, 187~193쪽.

42 梁啓超, 「論正統」,『梁啓超史學論著4種』, 岳麓書社, 1985, 262쪽.

43 鄭思肖, 「心史」 「古今正統大論」,『四庫禁毁叢刊』集部 30, 69~70쪽.

44 楊維楨, 「正統辨」, 陶宗儀, 『南村輟耕錄』, 中華書局, 1959, 36쪽.

45 楊維楨, 「正統辨」, 陶宗儀, 『南村輟耕錄』, 中華書局, 1959, 36쪽.

46 楊維楨, 「正統辨」, 陶宗儀, 『南村輟耕錄』, 中華書局, 1959, 37쪽.

47 楊維楨, 「正統辨」, 陶宗儀, 『南村輟耕錄』, 中華書局, 1959, 37쪽.

48 康大和, 「宋史新編後序」, 饒宗頤, 『中國史學上之正統論』, 325쪽.

49 呂柟, 『涇野子內篇』 권8, 中華書局, 1992, 64쪽.

50 錢穆, 「讀明初開國諸臣詩文集」,『中國學術思想史論叢』六, 99쪽.

51 「諭中原檄」,『皇明詔令』 권1, 上海古籍出版社, 1995, 33쪽. 顧廷龍 主編『續修四庫全書』457部, 史部, 诏令奏議類.

52 朱元璋,『明太祖集』, 黃山書社 1991, 1쪽.

53 葉盛, 『水東日記』 권24, 「正統辨」, 中華書局, 1980, 238쪽.

54 宋訥, 『西隱集』 권7.

55 方孝孺, 「釋統中」,『遜志齋集』 권2, 臺灣商務印書館, 1986, 88쪽. 景印文淵閣四庫全書, 1235쪽.

56 章潢, 「論周秦晉隋唐正統」, 饒宗頤, 『中國歷史上之正統論』, 166쪽.

57 鄭思肖, 『心史』,『四庫禁毁叢刊』集部 30, 45쪽. "我朝聖人仁如天, 曆年三百猶一日. 形氣俱和禮樂修, 誰料平地生荊棘. 風輪舞破須彌山, 黑霿亂下千鈞石, 銅蟒萬古咀梵雲."

58 皇甫湜, 「東晉元魏正閏論」, 饒宗頤, 『中國歷史上的正統論』, 86쪽.

59 徐奮鵬, 「古今正統辨」, 饒宗頤, 『中國歷史上之正統論』, 160쪽.

60 胡翰,「正紀」, 饒宗頤,『中國歷史上之正統論』, 150쪽, 재인용.

61 方孝孺,「釋統上」, 饒宗頤,『中國歷史上之正統論』, 151쪽, 재인용.

62 方孝孺,「釋統上」, 饒宗頤,『中國歷史上之正統論』, 152쪽.

63 方孝孺,「釋統中」, 饒宗頤,『中國歷史上之正統論』, 153쪽.

64 方孝孺,「後正統論」, 饒宗頤,『中國歷史上之正統論』, 155쪽.

65 方孝孺,「後正統論」, 饒宗頤,『中國歷史上之正統論』, 155~156쪽.

66 章潢,「論宋元正統」, 饒宗頤,『中國歷史上之正統論』, 168쪽.

67 『讀通鑑論』, 976~977쪽.

68 楊愼,「廣正統論」, 饒宗頤,『中國歷史上之正統論』, 161쪽.

69 楊愼,「廣正統論」, 饒宗頤,『中國歷史上之正統論』, 162쪽.

70 丘濬,『世史正綱序』, 饒宗頤,『中國歷史上之正統論』, 163쪽 재인용. 비은費闇은 구준의 의견을 더욱 구체적으로 반복했다. "세도世道는 크게 3가지로 나눌 수 있다. 바로 세世, 국國, 가家이다. 세는 화이의 구분을 주로 삼고 반드시 화는 안에 있고 이는 바깥에 있다고 말한다. 국은 군주와 신하를 주로 하고 반드시 군주는 명을 내리고 신하는 그 명을 따른다고 말한다. 가는 아비와 자식을 주로 삼고 반드시 아비가 전해주고 자식이 계승한다고 말한다."(「世史正綱後序」, 饒宗頤,『中國歷史上之正統論』, 165쪽 재인용)

71 丘濬,『世史正綱序』, 饒宗頤,『中國歷史上之正統論』, 164쪽.

72 『讀通鑑論』, 1127쪽.

73 『讀通鑑論』, 1130쪽.

74 『讀通鑑論』, 927쪽.

75 錢穆,『中國學術思想史論叢』8, 69쪽.

76 『留書』,「史」,『黃宗羲全集』第11冊, 12쪽.

77 「古長城說」,『乾隆御製詩文全集』第10冊, 人民文學出版社 1993, 340쪽.

78 「西域同文志序」,『乾隆御製詩文全集』第10冊, 416쪽.

79 「平定準噶爾告成太學碑文」,『乾隆御製詩文全集』第10冊, 465쪽.

80 『大義覺迷錄』권1.

81 『大義覺迷錄』권1.

82 『乾隆朝起居注冊』, 乾隆49年甲辰秋7月初一日甲寅, 第34冊, 廣西師大出版社, 2002, 314~315쪽.

83 「命館臣錄存楊維禎正統辨論」,『乾隆禦制詩文全集』第10冊, 636쪽.

84 「命館臣錄存楊維楨正統辨論」,『乾隆禦制詩文全集』第10冊, 636쪽.

85 「命館臣錄存楊維楨正統辨論」,『乾隆禦制詩文全集』第10冊, 636쪽.

86 「命皇子及軍機大臣訂正通鑑綱目續編論」,『乾隆禦制詩文全集』第10冊, 643쪽.

87 「命皇子及軍機大臣訂正通鑑綱目續編論」,『乾隆禦制詩文全集』第10冊, 643쪽.

88 「命廷臣更議歷代帝王廟祀典論」,『乾隆禦制詩文全集』第10冊, 645쪽.

89 『乾隆朝起居注冊』, 乾隆 49年甲辰秋7月初一日甲寅, 第34冊, 廣西師大出版社, 2002년, 314~315쪽.

90 「日講通鑑解義序」,『康熙帝御制文集』二 권31, 臺灣學生書局, 1966, 1093쪽.

91 「日講通鑑解義序」,『康熙帝御制文集』二 권31, 臺灣學生書局, 1966, 1093쪽.

92 司馬光,『資治通鑑』권69,「魏紀一」,「文帝黃初2年」第5冊, 2187쪽.

93 「日講通鑑解義序」,『康熙帝御制文集』二 권31, 臺灣學生書局, 1966, 1092쪽.

94 「書通鑑綱目後」,『御御文集』一 권29, 415쪽.

95 「書通鑑綱目後」,『御御文集』一 권29, 415쪽.

96 「通鑑綱目序」,『御御文集』二 권32, 1097쪽.

97 「通鑑綱目序」,『御御文集』二 권32, 1097쪽.

98 「雜著」,『御製文集』二 권39, 1202쪽.

99 「淸會典事例·翰林院八·職掌卷」1051,『纂修書史』3, 529쪽.

100 『御批資治通鑑綱目』,「尹起莘發明序」, 臺灣商務印書館, 影印文淵閣『四庫全書』, 第689冊, 31쪽.

101 『評鑑闡要』권7, 臺灣商務印書館, 影印文淵閣『四庫全書』第694冊, 508쪽.

102 朱熹,『御批資治通鑑綱目』卷首上, 38쪽, 文淵閣四庫全書本.

103 방효유는 양국 간의 전쟁에 대해 상당히 구체적인 규정을 내렸다. "군사를 일으키는 것을 토討, 정征, 벌伐이라고 한다. 은혜를 베푼 것은 사赦, 대사大赦라고 한다. 형벌을 내리는 것은 주誅, 복주伏誅라고 한다. 윗사람에 대항하여 군대를 일으키는 것을 반反, 란亂, 범犯, 구寇, 침侵이라고 한다. 이웃 나라나 신하가 방만하면 반드시 구체적인 사건에 의거하여 폄하하고, 정통을 존중하면 비록 비천하여도 반드시 치하한다. 불행하게도 쇠락해져서 강폭強暴한 자의 통제를 받으면 굴복시켜서 신하로 삼는다. 강폭한 자는 이적夷狄이니 정통의 백성이 될 수 없고, 도적의 영웅일 뿐이니 그들에 대한 평가에 신중해야 한다. 군사를 일으켜 침략하는 것을 입구入寇라고 하고 그 군주의 이름도 기록한다. 그 군주가 죽으면 사死라고 한다. 무리지어 모의하여 정통에 해를 입힌 자들은 비록 공적이 많더라도 모두 사라고 하여 그 죄를 드러내고 악행을 끊는다. 중국 땅을 얻은 민족 중에 중국 정복의 뜻이 있어 반란을 일으킨 자는 기병起兵이라고 한다. 어떤 군郡을 얻으면 '어떤 군을 얻었다取某郡'라고 한다. 정통의 신하를 미혹한 것을 유誘라하고, 정권을 잡은 것을 집執이라고 하고, 죽인 것을 살殺이라고 한다. 장수와 재상은 그 주군의 이름을 기록한다. 정통의 신하가 이적에게 항복하면 이적이라고 한다. 죽으면 졸卒이라고 하지 않고 사死라고 한다. 정통을 위해서 힘쓴 자가 멸망하면 이문異文으로 쓰고 기쁨을 표한다. 정통이 멸망하면 상세하게 기록하고 수차례 보아서 애석함을 표한다."(方孝孺,『遜志齋集』권2,「釋統」下)

104 「晉主聞遼將南侵還東京目」,『評鑑闡要』권7, 文淵閣『四庫全書』第694冊, 508쪽.

105 「納克楚侵遼東綱」,『評鑑闡要』권10, 文淵閣『四庫全書』第694冊, 553쪽.

106 「乾隆御批綱鑑」(『御批歷代通鑑輯覽』을 지칭함) 권82, 黃山書社, 2002, 4993쪽.

107 『乾隆御批綱鑑』권92, 5605쪽.

108 『乾隆御批綱鑑』권93, 5671쪽.

109 『乾隆御批綱鑑』권46, 2513쪽.

110 『乾隆御批綱鑑』권46, 2514쪽.

111 『乾隆御批綱鑑』권48, 2669쪽.

112 『乾隆御批綱鑑』 권95, 5838쪽.

113 『乾隆御批綱鑑』 권96, 5869쪽.

114 『乾隆御批綱鑑』 권87, 5235쪽.

115 『乾隆御批綱鑑』 권95, 5810쪽.

116 『乾隆御批綱鑑』 권100, 6132쪽.

117 『乾隆御批綱鑑』 권99, 6090쪽.

118 『乾隆御批綱鑑』 권110, 6249쪽.

119 『乾隆起居注』第19冊, 廣西師大出版社, 2002, 27~28쪽.

120 「淸會典事例·翰林院六·職掌」 권1049, 『纂修書史』 1, 中華書局 影印本, 508~509쪽.

121 「淸會典事例·翰林院六·職掌」 권1049, 『纂修書史』 1, 508~509쪽.

122 「淸會典事例·翰林院八·職掌」 권1051, 『纂修書史』 3, 529쪽.

123 「淸會典事例·翰林院八·職掌」 권1050, 『纂修書史』 2, 519쪽.

124 「淸會典事例·翰林院八·職掌」 권1051, 『纂修書史』 3, 529쪽.

125 「性理大全序」, 『康熙帝御制文集』 권19, 303~304쪽.

126 「性理大全序」, 『康熙帝御制文集』 권19, 303~304쪽.

127 「日講通鑑解義序」, 『康熙帝御制文集』 권19, 306쪽.

128 「書程頤論經筵札子後」, 『淸高宗御制詩文全集』 第10冊, 708쪽.

129 「修道之謂教論」, 『淸高宗御制詩文全集』 第1冊, 57쪽.

130 「修道之謂教論」, 『淸高宗御制詩文全集』 第1冊, 57쪽.

131 『淸高宗御制詩文全集』 第1冊, 57~58쪽.

132 袁枚, 「代潘學士答雷翠庭祭酒書」, 『小倉山房詩文集』, 上海古籍出版社, 1988, 1517~1518쪽.

133 袁枚, 「代潘學士答雷翠庭祭酒書」, 1517~1518쪽.

134 袁枚, 「代潘學士答雷翠庭祭酒書」, 1517~1518쪽.

135 袁枚, 「代潘學士答雷翠庭祭酒書」, 1517~1518쪽.

136 袁枚, 「策秀才文五道」, 『小倉山房詩文集』, 1667쪽.

137 袁枚, 「策秀才文五道」, 1667쪽.

138 「與劉大山書」, 『戴名世集』, 中華書局, 1986, 11쪽.

139 「與劉大山書」, 『戴名世集』, 11쪽.

140 「與余生書」, 『戴名世集』, 3쪽.

141 「與余生書」, 『戴名世集』, 3쪽.

142 「與余生書」, 『戴名世集』, 2쪽.

143 「與余生書」, 『戴名世集』, 3쪽.

144 「答李紫瀾」, 『顧亭林詩文集』, 中華書局, 1959, 65쪽.

145 「答徐甥公肅書」, 『顧亭林詩文集』, 138쪽.

146 「與楊雪臣」, 『顧亭林詩文集』, 139쪽.

147 「先府君行實」, 『居業堂文集』 권18, 中華書局, 1985, 291쪽.

148 李鄴嗣, 『皐堂詩文集』, 浙江古籍出版社, 1988, 777쪽.

149 「答吳江吳赤溟書」,『錢牧齋全集』二, 上海古籍出版社, 2003, 1367쪽.

150 「答吳江吳赤溟書」,『錢牧齋全集』二, 上海古籍出版社, 2003, 1367쪽.

151 朱鶴齡,『愚庵小集』下, 上海古籍出版社, 1979, 477쪽.

152 「史論」,『戴名世集』, 403쪽.

153 『楊園先生全集』권27, 755쪽.

154 「史論」,『戴名世集』, 404쪽.

155 「史論」,『戴名世集』, 404쪽.

156 「史論」,『戴名世集』, 404쪽.

157 『楊園先生全集』권27, 755쪽.

158 「史論」,『戴名世集』, 405~406쪽.

159 「萬季野墓表」,『方苞集』上, 上海古籍出版社, 1983, 334쪽.

160 「少司空晉江何公國史名山藏序」,『錢牧齋全集』二, 849쪽.

161 馬其昶, 「南山集序」,『戴名世集』, 463쪽.

162 萬斯同, 「與從子貞一書」, 楊向奎,『清儒學案新編』一, 齊魯書社, 1985, 214~215쪽.

163 「史論」,『戴名世集』, 405쪽.

164 溫睿臨,『南疆逸史』「凡例」, 中華書局, 1959, 8~9쪽.

165 談遷,『國榷』「喻應益序」, 古籍出版社, 1958, 4쪽.

166 談遷,『國榷』「序」, 5쪽.

167 청초 사가私家의 역사 편찬에 대한 분석은 闞紅柳,『清初私家修史研究: 以史家群體爲 研究對象』, 人民出版社, 2008 참고.

168 『讀史津逮』自序, 524쪽.『四庫全書存目叢書』史部, 第41冊, 齊魯書社, 1996.

169 『清會典事例·翰林院六·職掌』권1049,『纂修書史』一, 508~509쪽.

170 中國第一歷史檔案館,『雍正朝起居注冊』第一冊, 中華書局, 1993 ,866쪽, 雍正 4年11月 27日乙卯條.

171 何冠彪, 「清代前期君主對官私史學的影響」,『漢學研究』第16卷 第1期, 1998年 6月, 155~184쪽.

172 「諭科甲出身官員」,『世宗憲皇帝御制文集』, 影印『四庫全書』本,『集部』239,『別集類』권 3, 7上~10上쪽, 第1300冊, 46~48쪽.

173 『乾隆朝起居注』第17冊, 廣西師大出版社, 2002, 552쪽.

174 『乾隆朝起居注』第24冊, 313~314쪽.

175 『乾隆朝起居注』第24冊, 313~314쪽.

176 『乾隆朝起居注』第28冊, 272쪽.

177 「清會典事例」권1050,『翰林院七·職掌三·纂修書史二』, 515쪽.

178 黃克武, 「史可法與近代中國記憶與認同的變遷」, 王笛 主編,『新社會史 3: 時間 空間 書 寫』, 浙江人民出版社, 2006, 253쪽 참고.

179 「黃忠烈公年譜序」,『居業堂文集』권12, 190쪽.

180 謝良琦, 「擬敕建崇禎死難諸臣廟記」,『醉白堂詩文集』, 廣西人民出版社, 2001, 151~152쪽 참고.

181 溫睿臨,『南疆逸史』「凡例」, 中華書局, 1959, 3쪽.

182 「乾隆朝起居注』第24冊, 418쪽.

183 「淸會典事例」第1050권,『翰林院七·職掌三·纂修書史二』, 519쪽.

184 『御批續資治通鑑綱目』권21, 文淵閣 影印本『四庫全書』第694冊, 186쪽.

185 『二十二史考異』,『續修四庫全書』第454冊, 上海古籍出版社 影印本, 1쪽.

186 王鳴盛,『十七史商榷』「序」,『續修四庫全書』第454冊, 137쪽.

187 王鳴盛,『十七史商榷』「序」, 137쪽.

188 王鳴盛,『十七史商榷』「序」, 137쪽.

189 王鳴盛,『十七史商榷』「序」, 139쪽.

190 王鳴盛,『十七史商榷』「序」, 139쪽.

191 王鳴盛,『十七史商榷』「序」, 139쪽.

192 『方苞集』권18, 上海古籍出版社, 1983, 516쪽.

193 『方苞集』권18, 上海古籍出版社, 1983, 516쪽.

194 「聖訓恭記」,『方苞集』권18, 517쪽.

제7장

1 倉修良 編注,『文史通義新編新注』, 浙江古籍出版社, 2005, 122쪽.

2 예를 들면 첸무는 장학성의 학문관이 '학술치용學術治用' 계열에 속한다고 말했다. "장학성은 학문을 논하는 데 있어서, 철저하게 자신이 직접 맞닥뜨리는 사안과 사물의 실용적인 측면을 위주로 했다. 이것이 이른바 학문으로 경세를 한다는 것으로, 헛되이 의리義理만 궁리하는 것은 그가 말한 학문에 해당하지 않는 것이다."(錢穆,『中國近三百年學術史』, 商務印書館 1987, 434쪽 참고) 저우치룽周啓榮과 류광징劉廣京도 장학성의 사상을 '학술경세學術經世'로 개괄한 바 있다.(「學術經世: 章學誠之文史論與經世思想」, 中央研究院近代史研究所 編,『近代中國經世思想研討會論文集』, 117~154쪽 참고) 저우위통周予同도 장학성이 말한 "육경六經은 모두 사서史書다"라는 주장의 목적은 바로 '경세'를 위한 것인데, 특히 '제왕경세帝王經世'를 강조한 것이라고 지적한 바 있다. 저우위통은 이렇게 말했다. "장학성이 말한 '사史'는 주로 '사의史意'를 갖추고 '경세經世'를 할 수 있는 사史를 가리킨다. 삼대 이전의 육경六經이란 '제왕帝王이 펼쳤던 경세의 대략을 보여주는 것'이기 때문에 '육경이 모두 사史인 것'이다. '이 천지간에 존재하는 모든 저작들'은 비록 사학史學과 관련이 있더라도 '사의史意'를 갖추지 못했고 '경세'를 하기에는 부족하기에, 그저 사찬史纂, 사고史考, 사례史例, 사선史選, 사평史評이라고 부를 순 있어도 사학史學은 아닌 것이다."(「章學誠六經皆史說初探」,『周予同經學史論著選集』, 上海人民出版社, 1983, 714쪽 참고) 한 가지 아쉬운 것은 저우위통이 "육경은 모두 사서다"라는 주장에 대해 송학宋學에 대항한 특징만을 지적했을 뿐, '제왕경세帝王經世'의 의도와 장학성의 '경세관經世觀'의 관계에 대한 논의는 전개하지 못했다는 점이다.

3 呂實强, 「開幕詞」, 『近代中國經世思想硏討會論文集』, 中央硏究院近代史硏究所, 1984 참고.

4 張灝, 「宋明以來儒家經世思想試釋」(中央硏究院近代史硏究所 編, 『近代中國經世思想 硏討會論文集』, 1984).

5 량치차오의 '억압설壓抑說'에 대해서는 량치차오의 『中國近三百年學術史』 중 「淸代學 術變遷與政治的影響」(天津古籍出版社, 2003) 참고. 왕후이는 그의 저서에서 금문경학 今文經學과 청나라가 합법적인 통치 질서를 세우는 것과의 관계를 언급했다.(汪暉, 『近 代中國思想的興起』 상권 第2部 「帝國與國家」, 三聯書店, 2004, 551~579쪽 참고)

6 章學誠, 『乙卯札記』, 中華書局, 2006, 237쪽.

7 斯考切波(Theda Skocpol), 『國家與社會革命: 對法國·俄國和中國的比較分析』, 譯林 出版社, 2001.

8 이에 대해서는 위잉스의 관점이 뚜렷한데, 그는 '사士' 계층이 어떤 '내재內在'적인 초월 성이 있다고 보는 경향이 있어서, 아무래도 '사' 계층과 제왕이 상호 협력하는 측면을 소 홀히 여겼다.(余英時, 「自序」, 『士與中國文化』, 上海人民出版社, 1987, 11쪽 참고)

9 卜正民(Timothy Brook), 『爲權力祈禱: 佛敎與晩明中國士紳社會的形成』, 江蘇人民出 版社, 2005.

10 桂馥, 「周永年先生傳」, 『碑傳集』 권15(『淸代碑傳全集』, 264쪽).

11 周永年, 「儒藏說」, 『中國古代藏書與近代圖書館史料』, 中華書局, 1982, 47~50쪽.

12 章學誠, 『校讐通義』 卷一, 「藏書」 第九(葉瑛 校注, 『文史通義校注』, 中華書局, 1985, 991쪽).

13 周永年, 「儒藏說」, 『中國古代藏書與近代圖書館史料』, 中華書局, 47~50쪽.

14 周永年, 「儒藏說」, 『中國古代藏書與近代圖書館史料』, 中華書局, 47~50쪽.

15 「周永年先生傳」, 『碑傳集』 권15(『淸代碑傳全集』, 264쪽).

16 范鳳書, 『中國私家藏書史』, 大象出版社, 2001, 264쪽.

17 卜正民(Timothy Brook), 『縱樂的困惑: 明代的商業與文化』, 三聯書店, 2004, 187쪽 참조. 푸젠福建 성 젠양建陽의 도서 인쇄와 상업 활동에 대해서는 Lucill China, *Printing for Profit, The Commercial Printers of Jianyang, Fujian, 11th-17th Centuries*, Cambridge: Harvard University Asia Center, 2002 참고.

18 包筠雅(Cynthia Brokaw), 「17~19世紀中國南部鄕村的書籍市場及文本的流傳」, 『淸史 譯從』 第7輯, 人民大學出版社, 2008, 44~45쪽을 참고.

19 艾爾曼(Benjamin Elman), 「從理學到樸學: 中華帝國晩期思想與社會變化面面觀」, 江 蘇人民出版社, 1997, 109쪽.

20 『嘯亭雜錄』 권9(張海鵬, 『明淸徽商資料選編』, 464쪽). 정진방程晉芳에 대해서는 翁方 綱, 「翰林院編修程君晉芳墓志銘」, 『碑傳集』 권50(『淸代碑傳全集』, 264쪽) 참고.

21 曹溶, 「流通古書約」, 『中國古代藏書與近代圖書館史料』, 31쪽.

22 「儒藏說」, 『中國古代藏書與近代圖書館史料』, 47~50쪽.

23 章學誠, 「『藉書園書目』 序」, 『文史通義新編新注』, 513쪽.

24 「『藉書園書目』 序」, 513쪽.

25 「辦理四庫全書檔案」, 乾隆 38年 3月 29日諭.

26 「辦理四庫全書檔案」, 乾隆 38年 3月 29日諭.

27 謝辰定, 『知恥齋文集』 상권, 「贈鄭簡香征君序」(黃愛平, 『四庫全書纂修硏究』, 人民大學出版社, 1989, 36쪽).

28 袁枚, 周本淳 標點校訂, 『小倉山房續文集』 권29 「所好軒記」(『小倉山房詩文集』 下, 上海古籍出版社, 1988, 1775쪽).

29 袁枚, 周本淳 標點校訂, 『小倉山房續文集』 권29 「所好軒記」(『小倉山房續文集』 下, 上海古籍出版社, 1988, 1776쪽).

30 「與阮學史論求遺書」(『文使通義新編新注』, 755쪽.)

31 「與阮學史論求遺書」(『文使通義新編新注』, 755쪽.)

32 「與阮學史論求遺書」(『文史通義新編新注』, 756쪽).

33 倪德衛(David Nivison), 『章學誠的生平與思想』, 台北 唐山出版社, 2003, 135쪽.

34 「論內閣著直省督撫學政構訪遺書」(中國第一歷史檔案館 編, 『纂修四庫全書檔案』 上, 上海古籍出版社, 1997, 1쪽).

35 鄧國光, 「康熙與乾隆的'皇極漢宋義的抉擇及其實踐: 淸代帝王經學初探」(彭林 編, 『淸代經學與文化』, 北京大學出版社, 2005, 101~155쪽) 참고.

36 「安徽學政朱筠奏陳購訪遺書及校核『永樂大典』意見折」(中國第一歷史檔案館 編, 『纂修四庫全書檔案』 上, 上海古籍出版社, 1997, 21쪽).

37 胡適, 『章實齋先生年譜』, 16쪽. 그리고 倪德衛, 楊立華 譯, 『章學誠的生平與思想』(台北 唐山出版社, 2003, 58쪽) 참고.

38 劉巍, 「章學誠'六經皆史'說的本源與意蘊」, 『歷史硏究』, 2007 第4期 참고.

39 「校讐條理第七」, 『校讐通義』(『文史通義校注』, 983쪽).

40 「校讐條理第七」, 『校讐通義』(『文史通義校注』, 983쪽).

41 『文史通義新編新注』, 「易敎下」, 17쪽.

42 그 예로 山口久和, 『章學誠的知識論-以考證學批判爲中心』, 上海古籍出版社, 2006, 203~212쪽 참고.

43 「書敎上」, 『文史通義新編新注』, 20쪽.

44 山口久和, 『章學誠的知識論-以考證學批判爲中心』, 206쪽.

45 「詩敎上」, 『文史通義新編新注』, 47쪽.

46 『乙卯剳記』, 194쪽.

47 倪德衛(David Nivison), 『章學誠的生平與思想』, 台北 唐山出版社, 2003, 132쪽.

48 루쉰은 옹정雍正·건륭乾隆 때 저작에 대한 처리 방식을 언급한 적이 있다. "완전 훼멸, 부분 훼멸, 일부 추출은 말할 필요가 없고, 가장 음험한 짓은 옛 서책의 내용을 고쳐버린 것이다. 많은 사람이 건륭제 때 편찬한 『사고전서』를 두고, 한 시대를 풍미할 만한 대작업이라 칭송하지만, 『사고전서』는 옛 서책의 격식을 파괴했을 뿐만 아니라 옛사람의 문장 자체를 함부로 고쳐버렸다. 또한 『사고전서』는 궁궐 내부에 소장했을 뿐만 아니라, 학문이 성행하는 주요 지역에 배치해두어 천하의 사인들이 읽게끔 함으로써, 우리 중국의 역대 저자들 중에 옹골찬 기개를 가졌던 이들이 있었음을 영원히 깨닫지 못하게 만

들어버렸다." 루쉰은 『사고총간속편四庫叢刊續編』 중 송나라 홍매洪邁의 『용재수필容齋隨筆』의 산거刪去 및 수정한 부분을 상세하게 고찰한 뒤, 이것이야말로 만주족의 청나라가 중국의 저자를 말살한 사례라고 여겼다.(「病後雜談之餘」, 『魯迅全集·且介亭文雜文』, 人民文學出版社, 182~185쪽)

49 『乙卯劄記』, 178쪽.
50 『乙卯劄記』, 222쪽.
51 「『章格庵遺書』目錄序」, 『章氏遺書』 권21, 第3冊, 商務印書館, 1936, 251쪽.
52 『乙卯劄記』, 262쪽.
53 「病後雜談」, 『魯迅全集·且介亭雜文』, 人民文學出版社, 1981, 168쪽. 루쉰은 또 청나라 초기에 나온 필기筆記인 『촉귀감蜀龜鑑』의 말을 예로 들었다. "성세盛世를 살게 되면 막막해서 뭐라 할 말이 없게 된다. 그나마 죽을 때까지 잊을 수 없는 은혜를 운운하거나, 태평성대를 이루게 된 연원을 살필 뿐이다." 이 표현에 대해 루쉰은 『춘추』에는 이런 기술記述이 없었다고 지적했다. 청나라 숙친왕肅親王이 활을 쏴 장헌충을 죽이자, 많은 사인이 감동했고, 이에 '춘추필법春秋筆法'까지 변하게 되었던 것이다.(같은 책, 169쪽)
54 「史德」, 『文史通義新編新注』, 267쪽.
55 장학성은 이렇게 말한 적이 있다. "그래서 사마천은 동중서의 천인성명天人性命의 학설에 근거해 경세의 책을 지은 것이다. 유학자들은 타고난 덕성德性을 높이기 위해 말로만 의리義理를 다루는 것을 공적이라고 여겼다. 이것이 바로 송학宋學이 진정한 군자에게 비웃음을 샀던 까닭이다."(『文史通義新編新注』, 121쪽) 장학성이 생각건대, 사마천은 '경세'를 했고 '송학'은 '공허한 말'일 뿐이었다. 분명한 것은 장학성이 '왕'을 보좌한다는 각도에서 사마천이 『사기』를 쓴 동기를 평가했다는 점이다.
56 「史德」, 『文史通義新編新注』, 267쪽.
57 「史德」, 『文史通義新編新注』, 267쪽.
58 『清會典事例』 권1050, 「翰林院六·職掌」(『纂修書史』 一, 514쪽).
59 「上辛楣宮詹書」, 『文史通義新編新注』, 657쪽.
60 『丙辰劄記』, 中華書局, 2006, 246쪽.
61 冷德熙, 『超越神話: 緯書政治神話研究』, 人民出版社, 1996, 162~192쪽.
62 「原道上」, 『文史通義新編新注』, 95~96쪽.
63 「漢志六藝第十三」, 『校讎通義』(『文史通義校注』, 1022쪽).
64 「原道中」, 『文史通義新編新注』, 100쪽.
65 「易教上」, 『文史通義新編新注』, 2쪽.
66 「易教下」, 『文史通義新編新注』, 17쪽.
67 「詩教上」, 『文史通義新編新注』, 17쪽.
68 余英時, 『朱熹的歷史世界: 宋代士大夫政治文化的研究』 上冊, 三聯書店, 2004, 184~198쪽.
69 「經解下」, 『文史通義新編新注』, 87쪽.
70 「原道中」, 『文史通義新編新注』, 101쪽.
71 「原道中」, 『文史通義新編新注』, 101쪽.

72 「原道中」,『文史通義新編新注』, 101쪽.

73 「原道中」,『文史通義新編新注』, 101쪽.

74 「原道中」,『文史通義新編新注』, 102쪽.

75 倪德衛(David Nivison),『章學誠的生平與思想』, 82쪽.

76 夏長樸,『乾隆皇帝與漢宋之學』(彭林 主編,『清代經學與文化』, 163~192쪽.) 이 논문은 일찍이『사고전서』의 편찬을 분기점으로 삼아, 건륭제가 이학理學을 높이 받들다가 한학漢學을 높이 받들게 되는 사상적인 변천을 논하고 있다.

77 「原道下」,『文史通義新編新注』, 105쪽.

78 「家書五」,『文史通義新編新注』, 822쪽.

79 「原道下」,『文史通義新編新注』, 104쪽.

80 『高宗純皇帝實錄』二, 권98, 乾隆 4年 8月 庚辰, 485쪽.

81 李光地,『榕村全書』(1829) 권10,「進讀書筆錄及論說序記雜文序」, 3쪽上~3쪽下.

82 『知非日札』, 中華書局, 2006, 275쪽.

83 『知非日札』, 中華書局, 2006, 275쪽.

84 呂妙芬,『陽明學士人社群: 歷史, 思想與實踐』, 新星出版社, 2006, 327~331쪽.

85 「答甄秀才論修志第一書」,『文史通義新編新注』, 842쪽.

86 「說林」,『文史通義新編新注』, 222쪽.

87 「報黃大俞先生」,『文史通義新編新注』, 633쪽.

88 「立方志三書議」,『文史通義新編新注』, 827쪽.

89 「立方志三書議」,『文史通義新編新注』, 827쪽.

90 「立方志三書議」,『文史通義新編新注』, 829쪽.

91 「立方志三書議」,『文史通義新編新注』, 829쪽.

92 「史釋」,『文史通義新編新注』, 271쪽.

93 「史釋」,『文史通義新編新注』, 271쪽.

94 「永清縣志六書例議」,『文史通義新編新注』, 968쪽.

95 「永清縣志六書例議」,『文史通義新編新注』, 968쪽.

96 「州縣請立志科議」,『文史通義新編新注』, 837쪽.

97 繆全吉,「章學誠議志(乘)科的經世思想探索」,『近世中國經世思想研討會論文集』, 157~175쪽.

98 「和州志氏族表序例上」,『文史通義新編新注』, 896쪽.

99 「永清縣志士族表序例」,『文史通義新編新注』, 956쪽.

100 「和州志藝文書序例」,『文史通義新編新注』, 917쪽.

101 「爲畢制府撰『湖北通志』序」,『文史通義新編新注』, 1008쪽.

102 「爲畢秋帆制府『常德府志』撰序」,『文史通義新編新注』, 1045쪽.

103 「爲畢秋帆制府撰『石首縣誌』序」,『文史通義新編新注』, 1052쪽.

104 「爲畢秋帆制府撰『石首縣誌』序」,『文史通義新編新注』, 1052쪽.

1 「弘曆諭軍機大臣傳諭寅著親往天一閣看其房間製造之法及寅著覆奏文」, 李希泌等 編, 『中國古代藏書與近代圖書館史料』, 中華書局, 1982, 39쪽. 인저의 상주문에서 언급한 이 말은 널리 전해진 듯하다. 완원阮元의 「영파범씨천일각서목서寧波范氏天一閣書目序」에도 이와 비슷한 말이 보인다. "장서는 천일각의 위층에 있다. 천일각은 6칸을 터서 한 칸으로 만들고 책장으로 칸막이를 했다. 아래층은 6칸으로 나누었는데, '하늘의 수 1이 물을 낳고, 땅의 수 6이 그 물을 완성시켰다天一生水, 地六成之'에서 뜻을 취했다." (阮元, 『研經室集』 권7, 商務印書館, 1937, 514쪽)

2 弘曆, 「文源閣記」, 李希泌等 編, 『中國古代藏書與近代圖書館史料』, 中華書局, 1982, 17쪽.

3 弘曆, 「文溯閣記」, 李希泌等 編, 『中國古代藏書與近代圖書館史料』, 中華書局, 1982, 17~18쪽.

4 張崟, 「文瀾閣『四庫全書』淺說」, 李希泌等 編, 『中國古代藏書與近代圖書館史料』, 443쪽.

5 장인이 이렇게 이름을 붙인 이유는 다음과 같다. "한마디로 말하면, 사명四明 범씨范氏의 장서루 '천일생수天一生水'에서 뜻을 취해 화재를 방비하길 바랐다."(張崟, 「文瀾閣『四庫全書』淺說」, 李希泌等 編, 『中國古代藏書與近代圖書館史料』, 443쪽) 이것은 부차적인 이유다.

6 史松 主編, 『清史編年』 第4卷(雍正朝), 人民文學出版社, 220쪽.

7 史松 主編, 『清史編年』 第4卷(雍正朝), 人民文學出版社, 223쪽.

8 史松 主編, 『清史編年』 第4卷(雍正朝), 人民文學出版社, 233쪽.

9 史松 主編, 『清史編年』 第4卷(雍正朝), 人民文學出版社, 270쪽.

10 陳寶良, 『明代儒生員與地方社會』, 中國社會科學出版社, 2005, 259~260쪽. 치루산齊如山의 말에 따르면 다음과 같다. "관리들은 처음 부임을 할 때 모두 돈을 내고 한 차례 시험을 봐야 했는데, 바로 관풍觀風이라는 것이다. 처음 부임할 때 그 지역의 문풍文風이 어떤지 모르기 때문에 반드시 시험을 치러 임지의 문장 수준을 살핌으로써 그 지역의 독서 풍습이 어떤지 파악할 수 있었다."(齊如山, 『中國的科名』, 遼宁教育出版社, 2006, 211쪽)

11 사사정, 왕경기의 문자옥은 황창黃裳의 『筆禍史談叢』, 北京出版社, 2004, 20쪽, 111~116쪽을 참고.

12 王應奎, 『柳南續筆』 권4, 中華書局, 1983, 207쪽.

13 『大義覺迷錄』 권4.

14 史松 主編, 『清史編年』 권4, 229쪽.

15 謝國楨, 「晚明奴變考」, 『明清之際黨社運動考』, 上海古籍出版社, 2004, 175~197쪽.

16 『大義覺迷錄』 권4.

17 『大義覺迷錄』 권4.

18 왕판썬은 건륭 시대의 대신들이 『세종실록世宗實錄』을 편찬할 때 『대의각미록』에 실린 몇몇 성지聖旨를 통해 궁정의 스캔들을 봤을 거라고 생각했다. 옹정제는 원래 자기가

임금이 된 과정이 정당하다고 설명하려고 했는데 이 과정을 설명하기 위해서 무의식중에 궁정의 많은 비밀을 폭로했다. 그래서 『대의각미록』이 반포된 뒤에 백성은 읽을수록 모호해지고 유언비어도 날로 늘어나 궁정의 흑막이 널리 회자되게 되었다.(王汎森, 「從曾靜案看18世紀前期的社會心態」, 『大陸雜誌』, 제85권 제4기, 8쪽)

19 卜僧慧, 『呂留良年譜長編』(이하 『呂譜』로 약칭), 中華書局, 2003, 391쪽.

20 「淸初明遺民奔走活動事跡考略」, 『趙儷生史學論著自選集』, 山東大學出版社, 2009, 238쪽.

21 「復王山史書」, 『呂晩村先生文集』 권2, 102쪽.

22 陳康祺, 『郎潛紀元初筆』 권9, 中華書局, 1984, 195쪽.

23 邵廷采, 『思復堂文集』, 浙江古籍出版社, 1987, 266쪽.

24 陳寅恪, 『柳如是別傳』, 三聯書店, 2001, 952쪽.

25 『淸史列傳』 권78, 「貳臣傳甲」, 「洪承疇傳」.

26 馮爾康, 「淸初廣東人與江蘇」, 『顧眞齋文叢』, 中華書局, 2003, 542쪽.

27 馮爾康, 「淸初廣東人與江蘇」, 『顧眞齋文叢』, 中華書局, 2003, 541쪽.

28 「高晉奏査訪雨花臺情形摺」, 『淸代文字獄文書』 上, 210쪽.

29 余英時, 『方以智晩節考』, 三聯書店, 2004, 248쪽.

30 余英時, 『方以智晩節考』, 三聯書店, 2004, 233쪽.

31 명말明末 사대부와 유람에 관한 것은 우런수巫人恕의 「晩明的旅遊活動與消費文化-以江南爲討論中心」, 『中央硏究院近代史所集刊』 제41기, 87~147쪽 참고. 또 다른 참고 서적으로는 티머시 브룩의 『縱樂的困惑-明代的商業與文化』, 三聯書店, 2004, 191~208쪽을 참고.

32 王愈擴, 『陶湖記』(余英時, 『方以智晩節考』, 251~252쪽).

33 方以智, 『靑又庵記』(余英時, 『方以智晩節考』, 207쪽).

34 『廣東文獻』 권4·권19, '羅學鵬語'(趙園, 『明淸士大夫硏究』, 北京大學出版社, 1997, 294쪽에서 재인용).

35 「高晉奏査訪雨花臺情形折」, 『淸代文字獄檔』 上, 210쪽.

36 全祖望, 「錢蟄庵征君狀」, 『全祖望集匯校集注』, 上海古籍出版社, 1999, 948쪽.

37 『呂譜』, 265~266쪽.

38 『呂譜』, 265쪽.

39 청초 사인들이 불교를 믿게 된 이유가 상당히 복잡하기 때문에 그에 대한 논쟁도 많다. 이에 대한 논쟁은 셰정광謝正光, 「錢謙益擧佛之前後因緣及其意義」, 『淸華大學學報』, 哲學社會科學版, 2006 第3期 참고.

40 卜正民(Timothy Brook), 『爲權力祈禱-佛敎與晩明士紳社會的形成』, 江蘇人民出版社 2005, 119쪽.

41 「祝月隱先生遺集」 권4(趙園, 『明淸士大夫硏究』, 北京大學出版社, 1997, 301쪽).

42 孔飛力(Philip A. Kuhn), 『叫魂-1768年中國妖術大恐慌』, 上海三聯書店, 1999, 948쪽.

43 『國朝畫識』 「無可傳」(余英時, 『方以智晩節考』, 36쪽).

44 王夫之, 「搔首問」, 『船山遺書』 第6卷, 北京出版社, 1999, 301쪽.

45 史松,『淸史編年』, 第4卷, 137쪽. 옹정제가 불도와 방술을 숭상했던 언행은 양치차오楊
    啓樵의『明淸皇室與方術』, 上海書店, 2004, 149~155쪽 참고.
46 史松,『淸史編年』, 第4卷, 137쪽.
47 「高宗純皇帝實錄」권3, 雍正 13年 乙卯 9月 己未,『淸實錄』第9冊, 189쪽.
48 「高宗純皇帝實錄」권6, 雍正 13年 乙卯 11月 辛丑,『淸實錄』第9冊, 263쪽.
49 「高宗純皇帝實錄」권8, 雍正 13年 乙卯 12月 庚辰,『淸實錄』第9冊, 315쪽.
50 「高宗純皇帝實錄」권94, 乾隆 4年 已未 6月 戊寅,『淸實錄』第10冊, 435쪽.
51 「高宗純皇帝實錄」권16, 乾隆 元年 丙辰 4月 庚午,『淸實錄』第9冊, 433쪽.
52 「高宗純皇帝實錄」권38, 乾隆 2年 丁巳 3月 乙亥,『淸實錄』第9冊, 694쪽.
53 「高宗純皇帝實錄」권69, 乾隆 3年 庚午 3月 壬申,『淸實錄』第10冊, 110쪽.
54 창졘화는 옹정에서 건륭 연간의 승려와 도사의 규제 문제에 관해 구체적인 연구를 했
    다.(常建華,『淸代的國家與社會硏究』, 人民出版社, 2006, 238~264쪽)
55 中國第一歷史檔案館編,『纂修四庫全書檔案』(『檔案』으로 약칭), 上海古籍出版社, 1997,
    68쪽.
56 『檔案』, 70쪽.
57 『檔案』, 6쪽.
58 『檔案』, 68쪽.
59 『檔案』, 41쪽.
60 『檔案』, 268쪽.
61 『檔案』, 283쪽.
62 『檔案』, 300쪽.
63 『檔案』, 303쪽.
64 『檔案』, 19쪽.
65 『檔案』, 313쪽.
66 「宮中檔乾隆朝奏折」, 乾隆 39年9月8日 및 浙江 巡撫 三寶 奏折.
67 『檔案』, 308쪽.
68 『檔案』, 313쪽.
69 『檔案』, 365쪽.
70 『檔案』, 365쪽.
71 『檔案』, 562쪽.
72 『檔案』, 569쪽.
73 『文字獄檔』, 365쪽.
74 『檔案』, 571쪽.
75 『檔案』, 643쪽.
76 『檔案』, 682쪽.
77 『檔案』, 734쪽.
78 『檔案』, 736쪽.
79 『檔案』, 797쪽.

80　瞿同祖, 『淸代地方政府』, 法律出版社, 2003, 70~71쪽, 76~77쪽.

81　『檔案』, 76쪽.

82　『永淸縣志』 권13(瞿同祖, 『淸代地方政府』, 法律出版社, 2003, 8쪽 재인용).

83　『檔案』, 10쪽.

84　『檔案』, 1313쪽.

85　『戴名世集』, 中華書局, 1986, 30쪽.

86　方濬師, 『蕉軒隨錄』, 中華書局, 1995, 278쪽.

87　『檔案』, 318쪽.

88　陸以湉, 『冷盧雜識』, 中華書局, 1984, 25쪽.

89　명썬은 일찍이 『자관字貫』 사건을 이렇게 평가했다. "식견이 좁은 학자로 원래 큰 이상 같은 것은 없었지만 결국은 후세에서 말하는 나라의 죄인이 되었다. 나라가 하찮것없는 필부를 적대시하는 꼴이 됐으니, 청 정부가 매우 경솔했다는 것을 알 수 있다."(『心史叢刊』, 遼寧敎育出版社, 1998, 207쪽)

90　『檔案』, 775쪽.

91　『檔案』, 780, 781, 782쪽.

92　『檔案』, 791쪽.

93　『檔案』, 793쪽.

94　『檔案』, 796쪽.

95　『大義覺迷錄』 권4.

96　『檔案』, 808~809쪽.

97　『檔案』, 798~799쪽.

98　『檔案』, 821쪽.

99　『檔案』, 833쪽.

100　『檔案』, 897쪽.

101　『檔案』, 1096쪽. 여유량의 금서에 대한 확실한 통계는 레미명천雷夢辰의 『淸代各省禁書匯考』(北京圖書館出版社, 1989)를 참고.

102　黃裳, 『筆禍史談叢』, 北京出版社, 2004, 52쪽.

103　孟森, 『心史叢刊』, 遼寧敎育出版社, 1998, 216쪽.

104　孟森, 『心史叢刊』, 遼寧敎育出版社, 1998, 220쪽.

105　孟森, 『心史叢刊』, 遼寧敎育出版社, 1998, 213쪽.

106　孟森, 『心史叢刊』, 遼寧敎育出版社, 1998, 218쪽.

107　『淸代文字獄檔』, 123쪽.

108　『淸代文字獄檔』, 128쪽.

109　『淸代文字獄檔』, 129쪽.

110　趙園, 『明淸之際士大夫硏究』, 9쪽.

111　孟森, 『心史叢刊』, 214쪽.

112　『淸代文字獄檔』, 364쪽.

결론

1　「又與朱少白書」, 『文史通義新編新注』, 783쪽.

2　『高宗純皇帝實錄』 권17, 乾隆 元年 丙辰 4月 辛卯. 『淸實錄』 第9冊, 448쪽.

3　『高宗純皇帝實錄』 권79, 乾隆 3年 戊午 10月 辛丑. 『淸實錄』 第10冊, 243~244쪽.

4　『高宗純皇帝實錄』 권221, 乾隆 9年 甲子 7月 己亥. 『淸實錄』 第11冊, 846쪽.

5　『高宗純皇帝實錄』 권222, 乾隆 9年 甲子 8月 丁未. 『淸實錄』 第11冊, 862쪽.

6　『高宗純皇帝實錄』 권352, 乾隆 14年 己巳 11月 己酉. 『淸實錄』 第13冊, 860쪽.

7　『高宗純皇帝實錄』 권759, 乾隆 31年 丁亥 4月 庚申. 『淸實錄』 第18冊, 357쪽.

8　천인커 선생은 청나라 '경학'의 번성과 사학史學의 쇠퇴 현상에 대해 다른 해석을 내놓았다. 그는 "과거 경학이 흥성했을 때 학자들은 빠른 결과를 얻기 위해 당 이후의 책은 읽지 않았다. 쉽게 명성을 얻으면 이익도 자연스럽게 따라서 얻을 수 있었다. 그래서 당시의 준걸들은 고증학자가 되어 사학을 내던지고 경학에 관심을 기울였다. 그중에서 조심스러운 사람은 문구 해석에만 그치고 문제는 토론하지 않았다. 허풍 떨기를 좋아하는 사람은 괴이한 일에 치우쳤기 때문에 그것을 깊이 연구할 수 없었다. 그중에서 사학을 연구하는 사람이 있다 하더라도 퇴직하고 난 뒤 여유 시간을 활용해 고증을 하니 세월을 보내기 위해 한 것으로 볼 수 있다. 당시 사학의 지위가 이렇게까지 떨어진 것을 보니 지금 생각해봐도 가슴 아픈 일이다. 청나라 경학이 지나치게 발전해 도리어 사학의 부진을 초래했다." 陳寅恪, 「重刻『元西域人華化考』序」(陳垣, 『元西域人華北考』, 上海人民出版社, 2009, 139쪽).

9　汪暉, 「重讀『孟子字義疏證』-兼談現代學術史上的戴震評價問題」, 『淸華歷史講堂初編』, 三聯書店, 2007.

10　「朱陸」, 『文史通義新編新注』, 128쪽.

11　「又與朱少白書」, 『文史通義新編新注』, 783쪽.

12　「原道中」, 『文史通義新編新注』, 101쪽.

13　閻步克, 『士大夫政治演生史稿』, 北京大學出版社, 1998, 135쪽.

14　『乙卯札記』, 221쪽.

15　「上辛楣宮詹書」, 『文史通義新編新注』, 657쪽.

16　「婦學」, 『文史通義新編新注』, 311쪽.

17　袁枚, 周本淳 校註, 『小倉山房續文集』 권29, 「散書後記」(『小倉山房詩文集』 下, 上海古籍出版社, 1988, 1777쪽).

18　첸무의 결론은 이랬다. "장학성은 세상물정에 맞게 사람들을 가르쳐 황제를 추존하게 했는데, 이것은 청대 유학 사조와는 반대이고, 결코 주류가 아니다. 역시 전진이 아닌 퇴보라고 말할 수 있다. 그래서 장학성은 당시 경학가들이 인생을 도피하려는 폐단을 고치고 싶었지만, 그가 제창했던 것은 실제 그것을 대신할 수 없었다."(錢穆, 「前期淸儒思想之新天地」, 『中國學術思想史論叢』 8, 安徽教育出版社, 2004, 9~10쪽)

19　錢穆, 「前期淸儒思想之新天地」, 『中國學術思想史論叢』 8, 安徽教育出版社, 2004, 9~10쪽.

20 「方志立三書議」,『文史通義新編新注』, 827~829쪽.

21 「高宗純皇帝實彔」권48, 乾隆 2年 丁巳 8月 癸亥,『淸實錄』第9冊, 826쪽.

22 余蓮,『勢: 中國的效力觀』, 北京大學出版社, 2009, 210~213쪽.

23 錢穆,『國史大綱』, 14쪽.

24 錢穆,『國史大綱』, 20쪽.

25 艾森斯塔得(S. N. Eisenstadt), 閻步克 譯,『帝國的政治體系』, 貴州人民出版社, 1992, 230, 233쪽.

26 劉子建,『中國轉向內在: 兩宋之際的文化內向』, 江蘇人民出版社, 2002.

옮긴이의 말

|

'강남江南'은 어디인가. 이 책의 제목을 처음 보았을 때는 이 책이 명청대 문화를 주도했던 중국 강남 지역, 즉 창장長江 강 이남의 문화를 소개하는 내용일 것이라고 단순하게 생각했다. 그러나 번역을 하면서 그것이 큰 착각임을 곧 깨달았다. 저자가 주목한 것은 일반인들의 인상 속에 박힌 지리적 개념의 '강남'이 아니라, 강남 사인士人과 청초 제왕들이 각자 생각하는 상상 속의 '강남'의 이미지이며, 그것은 만주족이 세운 청나라의 정통성과 합법성의 근거를 마련해줄 '강남' 사대부 전통의 핵심을 상징하는 것이었다. 즉 이 책은 청 왕조의 '정통관正統觀' 수립의 복잡한 배경과 내용을 탐색하면서 '도통道統'의 담지자였던 강남 사인들이 청나라 황제와 도통의 주도권 쟁탈과정에서 어떻게 '대일통大一統'의 협조자로 변모하게 되었는지를 고찰한 연구서다.

2010년에 출간된 이 책의 저자는 현재 중국 런민대 청사연구소 부소장이자 박사지도교수인 양녠췬 교수다. 그의 증조부는 중국 근대의 유명한 정치가인 양두楊度(1875~1932)이며 외증조부는 유명한 사상가이자 학

강남은 어디인가

자인 량치차오梁啓超(1873~1929)다. 근대 중국의 정치와 사상에 큰 족적을 남겼던 두 사람의 후예로서 그는 처음에 중국 근대 사회사 연구에 관심을 가졌고 『유학의 지역적 분포와 근대 지식집단의 변천儒學的地域分布與近代知識群體演變』이라는 제목으로 박사논문을 썼다.

그 후 그의 연구에 있어서 큰 화두는 '공간'이었다. 박사논문을 다듬은 저서 『유학 지역화의 근대적 형태: 삼대 지식인 집단의 상호 작용의 비교 연구儒學地域化的近代形態: 三大知識群體互動的比較研究』에서는 유학이 지역별로 전파되어 그 지역 지식인들에게 미친 지식의 전승 방식과 행위 방식의 영향에 대해 연구했으며, '중서의학의 충돌에서 본 공간정치'라는 부제가 달린 『'환자'의 재구성再造"病人"』에서는 중국 역사에서 '공간'의 의미를 어떻게 새로 정의내릴 것인가의 문제를 다루면서 중국 근대 변혁의 과정에서 정치가 문화에 미친 미시적 통제작용과 '공간'의 관계에 관심을 두었다. 그러다 연구의 시기를 이전 시대로 끌어올려 명말 청초의 역사를 연구하며 '강남'이라는 지역 명칭을 사용해 또 다시 '공간'과 '지방'의 관계를 다루었다.

또한 그는 '사士'를 다시 복잡한 정치 환경 속에 넣고 그들의 현실적 처지, 그들이 굳건하게 지키려 했던 가치관이 어떻게 현실에서 해체되고 개조되고 재편성되었는지 그 과정을 고찰하고자 했다. 나아가 가치관을 지키기 위한 사인들의 몸부림과 실패할 수밖에 없는 역사적 운명을 복원시키려 했다. 그리고 사회사와 신문화사의 여러 명제를 관찰한 뒤에 청 초기와 중기 '사인'과 황권 간의 복잡한 대립관계를 재구성하여 보여줌으로써 현대 지식인과 국가 정권 간의 관계를 이해하고 현재의 문화 현상을 이해하는 데 도움이 되기를 희망했다. "역사란 현재와 과거의 대화"라는 저명한 역사학자 에드워드 카의 말처럼 과거와 현재를 비춰보며 역사 연구가 현재의 문제를 해결하는 데 도움이 되기를 바라는 마음을 갖는 것이 비단 이 저자뿐이겠는가. 마침 역사교육을 둘러싸고 의견이 분분한 요즘, 다양한 시각으로 과거를 해석하며 현재를 사는 지혜와 안목을 길러내는 일이 더욱 절실하게 느껴진다.

이 책에서 다루는 큰 주제는 '정통성'의 문제다. 『열하일기熱河日記』「심세審勢」(『연암집燕巖集』 권14)를 보면 이런 표현이 나온다.

"중원의 사람들은, 강희제 이전엔 모두가 명나라의 유민이었으나 강희제 이후로는 청 왕조의 신민이 되었다中州之人士, 康熙以前皆皇明之遺黎也, 康熙以後, 卽淸室之臣庶也."

이 표현은 연암 박지원이 만주족이 세운 청나라에 대한 조선 선비의 망령된 다섯 가지 착각을 설명하면서 나온 것인데, 간단한 지적 같지만 상당히 상징적인 정의라고 할 수 있다. 그리고 좀 거칠게 말하자면 양녠 췬의 이 책, 『강남은 어디인가』는 박지원의 이러한 언명言明의 구체적인 논증이라고도 할 수 있겠다. 옹정제 시기를 중심으로 전후 강희제와 건륭제 시기까지 사회의 다양한 측면에서 발생한 변화의 고찰을 통해 오랑캐로 간주되던 만주족의 청 왕조가 어떻게 한족에게 정통성을 인정받게 되었으며, 그 과정에서 송대宋代 이래로 엄격한 화이론華夷論이 깊이 뿌리내리고 있던 한족漢族 지식인들이 어떻게 길들여지고 포섭되었는지를 날카롭게 포착하고 있다.

청대 역사와 사상을 이해하는 데 흔히 사용되는 가장 보편적인 틀은, 만주족이 비록 중국을 침략해 점거했지만 문화적으로 열등하다보니 점차 우수한 한족 문화에 흡수되어 결국 '한화'되고 말았고, 한족 사인은 문자옥文字獄과 같은 만주족의 무자비한 정치적 탄압을 피해 비정치적인 문헌 고증학에 함몰되고 말았다는, 매우 낯익으면서 낡은 통설이다.

이러한 중화중심주의적인 중국발 통설에 대한 구체적인 반박으로 등장한 것이 미국의 중국학계를 중심으로 하는 신청사New Ching History 학파다. 그들은 만주족의 민족적 정체성과 역사적 실체를 강조하기 위해, 중화중심주의적인 각도로 쓰인 한문 자료보다 청나라 연구의 시야를 청나라가 새로 개척한 중앙아시아까지 확대하고 만주족의 독자적인 색채가 확연한 만문滿文 자료를 적극 활용한다. 이 같은 탈중화중심주의적인 접근에 당연히 중국 주류 학계는 크게 반발했고, 결국 양자 간에 첨예한 논쟁이 벌어졌다.

이 같은 대립 구도에서 양녠췬의 『강남은 어디인가』는 새로운 연구의 틀을 제시하고 있다. 한문 자료를 근거로 한족 중심의 지역과 역사에 집중하고 있는 것은 분명 중국 주류학계의 것을 따르고 있다고 할 수 있지만, 청 왕조의 안정이 주도적이면서 면밀했던 계획에 의해 실현된 것임을 논증하고, 이에 대한 한족 지식인들의 심리적 변화와 사회적인 변모를 생동감 있게 묘사해낸 것은 분명 기존의 낡은 틀을 타파했다고 할 수 있다. 그리고 지적만 했을 뿐 직접 시연해 보여주지는 못했지만, 최소한 청나라를 '만주 제국'으로 간주하고 한족의 중국을 그 일부로 치부해 최대한 만주족을 돋보이게 하고 한족의 역할을 희석하고자 한 신청사 학파의 접근 방식을 뛰어넘을 수 있는 가능성을 보여주는 데에는 성공한 것으로 보인다.

한편, 이 책에서는 당시의 주요 개념들, 예컨대 '잔산잉수殘山剩水' '문질지변文質之辨' '화이지변華夷之辨' 등에 대한 분석을 통해 내용을 서술하고 있는데, 이는 아무래도 위잉스余英時 등이 즐겨 쓰는 관념사적인 접근방식을 사숙한 것으로 보인다. 그리고 그 논증에 있어서 사회의 다양한 문화적 측면과 그 변천을 천착해 들어가는 방식은 어느 정도 아날학파의 미시사적인 방식과 유사한 부분이 있다. 그러나 양녠췬의 방대하면서 집요한 연구의 궁극적인 목표는 청대사, 그리고 더 나아가 중국의 역사를 분석할 새로운 연구 틀framework의 구축이다. 이는 양녠췬의 주요 저술을 관통하는 키워드라고도 할 수 있다. 또한 서양 역사학의 용어를 빌려 중국 역사를 기술하는 것의 한계를 인식하고 중국 전통 속에서 개념을 끌어내 해석하려는 노력도 눈여겨보아야 할 지점이다.

　중국사에 대한 '새로운 연구 틀의 구축'이란 말은 쉬워도 그 실천은 지난한 것이다. 기존 틀의 타파를 시도하면서, 그 틀이 축적해온 구심력에 속한 수많은 도전과 반박에 직면할 수밖에 없기 때문이다. 그래서 양녠췬의 저작들은 대부분 논쟁적 요소를 함축하고 있었고 실제로 적지 않은 논쟁을 초래하기도 했다. 그중에서도 특히 『강남은 어디인가』가 가장 많은 논쟁거리를 촉발한 저술이 아닐까 싶다. 직접 저자 양녠췬을 만났을 때 당신의 저작들은 줄곧 논쟁거리였는데 이에 대해 어떻게 생각하느냐고 물었다. 그의 대답은 단호했다. 워낙 큰 주제를 다양한 측면으로 논증하다보니 디테일한 부분에서 오류는 발생할 수 있기에 이 같은 사소한 오류에 대한 지적을 받을 때마다 기록해두었다가 해당 저작의 수정본을 낼 때 바로잡고 있다고 했다. 하지만 이같이 사소한 오류는 자신이 구상하고 구축하려는 거시적 틀 자체에는 아무런 영향을 끼치지 못하며, 자신에 대한 대부분의 공격은 지엽적인 것이기에 대체大體에는 아무런 손상이 없다고 했다.

이외에도 실제로 워낙 다양한 분야를 다루다보니, 해당 분야의 전문가들이 보기엔 생소한 용어를 사용해 오히려 낯설어 보이는 경우도 있긴 하다. 하지만 이러한 오류나 단점들은 말 그대로 지엽적인 것이고, 중국사에 대한 새로운 연구 틀의 필요성을 명확하게 인식하고 이를 구축하기 위해 끊임없이 노력하는 그의 시도에 기꺼이 동의를 표하고자 한다.

　2015년의 여름과 가을은 잊을 수 없는 시간이었다. 나름 명청대의 역사와 문화에 대한 이해가 있다고 생각했는데 경經·사史·자子·집集을 망라한 수많은 인용 자료의 번역과 씨름하면서 밀려드는 자괴감을 어쩔 수가 없었다. 같이 공부하는 동료들끼리 머리를 맞대고 자료의 출처를 찾고 문맥의 의미를 다시 확인하며 저자의 의도를 제대로 전달해보고자 최선을 다했지만 번역에는 여전히 미진한 부분이 남아 있다. 부끄러운 번역이지만 중국 역사의 한 부분을 이해하는 데 조금이라도 도움이 될 것이라고 위로하며 여러 독자 여러분의 애정 어린 비판과 질정을 달갑게 받아들이고자 한다. 마지막으로 이 책이 출판되기까지 많은 조언을 해주신 여러 선생님과 애써주신 글항아리 관계자 여러분께도 다시 한번 감사의 말씀을 드린다.

2015년 12월
옮긴이 일동

찾아보기

ㅇ

강남은 어디인가

초판인쇄 2015년 12월 4일
초판발행 2015년 12월 18일

지은이 양녠췬
옮긴이 명청문화연구회
펴낸이 강성민
편집 이은혜 박세중 이두루 곽우정
편집보조 이정미 차소영 백설희
마케팅 정민호 이연실 정현민 양서연 지문희
홍보 김희숙 김상만 한수진 이천희
독자모니터링 황치영

펴낸곳 (주)글항아리 | 출판등록 2009년 1월 19일 제406-2009-000002호

주소 10881 경기도 파주시 회동길 210
전자우편 bookpot@hanmail.net
전화번호 031-955-1936(편집부) 031-955-8891(마케팅)
팩스 031-955-2557

ISBN 978-89-6735-275-2 93900

글항아리는 (주)문학동네의 계열사입니다.

이 도서의 국립중앙도서관 출판예정도서목록(CIP)은 서지정보유통지원시스템 홈페이지
(http://seoji.nl.go.kr)와 국가자료공동목록시스템(http://www.nl.go.kr/kolisnet)에서 이
용하실 수 있습니다. (CIP제어번호 : CIP2015032899)